लोक-चिंतन

ग्रंथमाला

स्मृति-शेष

स्मरण का समाज-विज्ञान

संपादक

नरेश गोस्वामी

वाणी प्रकाशन

CSDS

विकासशील समाज अध्ययन पीठ

(सीएसडीएस)

वाणी प्रकाशन

4695, 21-ए, दरियागंज, नयी दिल्ली 110 002

फ़ोन : +91 11 23273167 फ़ैक्स : +91 11 23275710

शाखाएँ

अशोक राजपथ, पटना 800 004, बिहार

कॉफ़ी हाउस कैम्पस, महात्मा गांधी मार्ग, इलाहाबाद 211 001, उत्तर प्रदेश

महात्मा गांधी अन्तरराष्ट्रीय हिन्दी विश्वविद्यालय, वर्धा 442 001, महाराष्ट्र

www.vaniprakashan.com
marketing@vaniprakashan.in
sales@vaniprakashan.in

Smriti-Shesh : Smaran Ka Samaj-Vigyan
Edited by Naresh Goswami

ISBN : 978-93-5518-359-0
Memoirs/Social Science

प्रथम संस्करण 2022
प्रकाशित प्रतियाँ 300

मूल्य : ₹ 895

आर. टेक ऑफ़सेट प्रिंटर्स, दिल्ली-110032 में मुद्रित

वाणी प्रकाशन का लोगो मक़बूल फ़िदा हुसेन की कूची से

माँ की स्मृति में

अनुक्रम

भाग 2. सृजन : साहित्य / आलोचना / भाषा / कला

दो शब्द

क़रीब एक दशक पहले विकासशील समाज अध्ययन पीठ (सीएसडीएस) के भारतीय भाषा कार्यक्रम की पूर्व-समीक्षित पत्रिका *प्रतिमान समय समाज संस्कृति* की संपादन-योजना बनाते समय स्मृति-शेष शीर्षक से एक स्तम्भ कल्पित किया गया था। जैसा कि हमेशा होता है, हर कल्पना के गर्भ में अदृश्य-अबूझी सम्भावनाएँ छुपी होती हैं। शुरुआती इरादा यह था कि दिवंगत हुए विमर्शकारों, समाज-चिंतकों और ज्ञानोत्पादन की दुनिया में योगदान देने वाली हस्तियों के चिंतन मनन के बारे में पाठकों को कुछ सूचना देते हुए इस स्तम्भ के तहत संक्षिप्त श्रद्धांजलि-लेखन किया जाए। लेकिन इस कल्पना को व्यवहार में उतारने की प्रक्रिया में यह स्तम्भ अनूठा रूप लेता चला गया। आज यह हिंदी में श्रद्धांजलि-लेखन का एक अभूतपूर्व नमूना बन चुका है। एक तरह से इन श्रद्धांजलियों ने प्रतिमान के पृष्ठों पर स्वयं को चिंतनशील जीवन के दस्तावेज़ों के रूप में दर्ज कर लिया है। इसीलिए *प्रतिमान* में प्रकाशित इस सामग्री को सुरुचिपूर्ण ढंग से संपादित करके एक संकलन के रूप में प्रस्तुत करने वाले नरेश गोस्वामी ने इसे स्मरण के समाज-विज्ञान की संज्ञा दी है।

ज़ाहिर है कि यह संकलन अलग-अलग मिज़ाज़, भिन्न-भिन्न अनुशासनों और विविध प्रवृत्तियों से बनी बौद्धिकताओं और रचनात्मकताओं का एक रंग-बिरंगा चित्र है। क्रमशः किये गये लेखन के संचित परिणाम के रूप में जब नरेश गोस्वामी ने यह तस्वीर बनाई तो समझ में आया कि कुछ नियोजित, कुछ अनियोजित और कुछ अनायास रूप से ऐसा घटित हो गया है जो शायद पहले कभी नहीं हुआ होगा। आम तौर पर ज्ञान के क्षेत्र में शिष्यों की क़लम से उनके गुरुओं के लिए श्रद्धांजलियाँ निकलती रही हैं। या फिर निजी तौर पर परिचित लोग स्मृतियों को उकेरते रहे हैं। यहाँ ऐसा अनिवार्यतः नहीं है। निजी तौर पर

पूरी तरह से अपरिचित और किसी की विद्वत्तापूर्ण उपलब्धियों से केवल पाठक के तौर पर दूरस्थ वाक़फ़ियत रखने वालों ने भी स्मृति-शेष लिखे हैं। इनमें अंग्रेज़ी से अनूदित स्मृति-शेष भी हैं, लेकिन इकतालीस लेखों में उनकी संख्या केवल तीन है। अंग्रेज़ी पर निर्भरता में आयी यह ज़बरदस्त कमी इस तथ्य की द्योतक है कि प्रतिमान अपने बुनियादी लक्ष्यों की तरफ़ बिना विचलित हुए बढ़ रहा है।

स्मरण का यह समाज-विज्ञान एक बात और कहता है। विमर्श-रचना और ज्ञानोत्पादन की दुनिया केवल और केवल विश्वविद्यालय प्रणाली के तहत किये जाने वाले अनुसंधान की मोहताज़ नहीं है। रचनात्मक साहित्य, साहित्यालोचना, सांस्कृतिक और राजनीतिक सक्रियता और अनुशासनों की सीमाओं में न बँधने वाला स्वतंत्र चिंतन भी इस संसार में अगर बराबर न सही, लेकिन एक उल्लेखनीय अहमियत तो रखता ही है। स्मृति-शेष के आईने में समाज-विज्ञान की कमोबेश प्रत्यक्षवादी दुनिया मानविकी के अनुशासनों और अनुभूतिपरक सृजनशीलता के साथ जुड़ कर एक नया बिम्ब बनाती हुई दिखती है।

नरेश गोस्वामी का संपादन और इस संकलन के लेखक बताते हैं कि जो हमें छोड़ कर चले गये, उनका स्थान रिक्त नहीं हुआ है। उनके विचार, भाव, शब्द, वाक्य, शीर्षक, विश्लेषण, विवाद और समग्र बौद्धिकता ने मिलकर एक ऐसी उपस्थिति रची है जिसकी ऊर्जा हमें सदैव तरंगित करती रहती है। प्रतिमान के बहुपठित पृष्ठों पर स्मृति-शेष ने कभी न ख़त्म होने के लिए जन्म लिया है। ग़ालिब ने ऐसे ही लोगों के लिए लिखा था :

है आदमी बजाय ख़ुद एक महशर-ए-ख़याल,
हम अंजुमन समझते हैं, ख़ल्वत ही क्यूँ न हो।

अभय कुमार दुबे

शरद, 2021

आभार

विकासशील समाज अध्ययन पीठ (सीएसडीएस) के भारतीय भाषा कार्यक्रम की पत्रिका — *प्रतिमान समय समाज संस्कृति* में प्रकाशित स्मृति-लेखों की यह किताब एक तरह से सामूहिक रचनाशीलता का प्रतीक है। 'स्मृति-शेष' के अंतर्गत छपने वाले इन लेखों से गुज़रते, उनकी नोक-पलक दुरुस्त करते और कुछेक लेखों में अपनी लेखकीय भूमिका निभाते हुए कई बार ख़याल उठता था कि इन आलेखों को एक जगह संकलित किया जाना चाहिए। बाद में, जब मैंने यह विचार अभय जी के सामने रखा तो उन्होंने न केवल तत्काल हामी भर दी, बल्कि पुस्तक की रूपरेखा तथा उसकी भूमिका के विषय में भी कई बहुमूल्य सुझाव दिये। ज़ाहिर है कि अगर आज यह किताब ख़यालगोई से चलकर मुद्रित पृष्ठ तक पहुँची है तो इसका श्रेय अभय जी को जाता है।

मैं संस्कृत साहित्य के मर्मज्ञ श्रद्धेय राधावल्लभ त्रिपाठी के प्रति विशेष रूप से अनुगृहीत हूँ। भारत में श्रद्धांजलि-लेखन के प्राचीन और मध्यकालीन साक्ष्यों-स्रोतों के संबंध में उनके परामर्श ने इस किताब की भूमिका को एकांगी होने से बचा लिया है।

प्रस्तुत आलेखों का यह चयन भारतीय भाषा कार्यक्रम से संबद्ध वरिष्ठ विद्वानों — आदित्य निगम, रविकान्त, हिलाल अहमद के प्रत्यक्ष-अप्रत्यक्ष सुझावों और प्रेरणा के बग़ैर पूरा नहीं हो पाता।

संकलन की तैयारी, संशोधन और पुनरीक्षण में मनोज मोहन और कमल नयन चौबे को उनके सर्जनात्मक सहयोग के लिए शुक्रिया कहना नाकाफ़ी होगा। किताब के आवरण में मृत्युंजय चटर्जी ने जिस कलात्मक संलग्नता और सूझ-बूझ का परिचय दिया है, उसके लिए धन्यवाद एक अपर्याप्त शब्द है।

इन आलेखों के टंकण और वर्तनी की ग़लतियों को दुरुस्त करने में चंदन शर्मा ने अपार धैर्य का परिचय दिया है। उनकी लगन और मेहनत को सलाम।

आख़िर में, अगर इतने हाथों की भागीदारी के बावजूद इस किताब में कमियाँ रह गयी हैं तो इसकी कुल ज़िम्मेदारी मेरी है।

नरेश गोस्वामी

अक्तूबर, 2021

भूमिका

स्मरण का विमर्श

एक वैकल्पिक प्रस्थान

स्मरण एक सचेत कर्म होता है। वह अतीत को केवल उसके निष्क्रिय या जड़ रूप में न देखकर वर्तमान से उसकी भिन्नता, समरूपता या सादृश्यता पर भी विचार करता है। इस तरह, वह अनिवार्य रूप से एक बहुवचनीय पद बन जाता है। मसलन, उसका एक रूप प्रक्रिया से वास्ता रखता है। दूसरा रूप शब्दार्थ-विज्ञान में खुलता है, तीसरा आत्मकथात्मक ब्योरों में दिखाई देता है और चौथा रूप अनुभूतिपरक होता है जो स्वयं अतीत के बजाय व्यक्ति द्वारा अतीत में अनुभव की गयी घटनाओं से संबंध रखता है। स्मृति का एक अन्य रूप यानी आदतों की निरंतरता को प्रचलित व्यवहार तथा परंपराओं के कूटार्थ और नियमों में चिह्नित किया जा सकता है। स्मृति के इस रूप की विशेषता यह होती है कि वह अतीत को एक ख़ास तरह की क्रिया या गतिविधि के ज़रिये वर्तमान में विन्यस्त करती है, जबकि स्मृति के अन्य रूप अतीत को एक अशेष अनुभव की तरह दर्ज करते हैं।

स्मृति के इन अन्यान्य रूपों में दिवंगत की स्मृति ख़ास जगह रखती है। इसे अक्षुण्ण रखने के लिए हर संस्कृति अपने-अपने प्रतीक गढ़ती है। श्रद्धांजलि-साहित्य के अध्येताओं का मत है कि प्राचीन यूनान के महाकवि होमर की कृति *इलियड* एक तरह से उसके नायक अकिलीज़ को समर्पित श्रद्धांजलि-लेख ही है।[1] इसी प्रकार, युरोप के प्राचीन और मध्यकाल में शासकों, संतों और धर्मयोद्धाओं की स्तुतियाँ लिखी जाती थीं। अंग्रेज़ी-भाषी दुनिया में प्रशस्ति (यूलॅजी) तथा अरबी, फ़ारसी और उर्दू में मर्सिया-लेखन की परम्पराएँ दिवंगत की स्मृति को संरक्षित रखने या उसे अग्रसारित करने का प्रभावशाली माध्यम रही हैं। ग़ौरतलब है कि फ़ारसी-उर्दू के काव्य-संसार

---

1 सैंड्रा मार्टिन (2013).

में एक विधा के रूप में मर्सिये का चलन मुहम्मद साहब के नवासे इमाम हुसैन के बलिदान से संबंधित रचनाओं से माना जाता है।

भारतीय संदर्भ में बात करें तो संस्कृत साहित्य में दिवंगत की स्मृति के नाना प्रसंग देखे जा सकते हैं। *ऋग्वेद* में मृत्यु से संबंधित एक मर्मस्पर्शी सूक्त है जिसमें जीवन की पुनर्प्राप्ति की इच्छा व्यक्त की गयी है। कालिदास के काव्य *रघुवंश* में अजविलाप और *कुमारसंभव* में रतिविलाप के मार्मिक प्रसंग मिलते हैं। उपर्युक्त रचनाओं में अज इंदुमती तथा रति कामदेव की आकस्मिक मृत्यु पर विलाप करते हैं। संस्कृत साहित्य के मूर्धन्य विद्वान राधावल्लभ त्रिपाठी के अनुसार अरबी, फ़ारसी, उर्दू अथवा युरोपीय कविता की तरह संस्कृत में विलाप-काव्य की स्वतंत्र परम्परा प्राचीन काल में इसलिए विकसित नहीं हो पायी क्योंकि इस साहित्य के रचनाकार मृत्यु को कोई शोकपूर्ण अथवा हृदय-विदारक घटना नहीं मानते थे। लेकिन, संस्कृत के परवर्ती साहित्य में शोक-काव्य के अनेक उदाहरण लक्षित किए जा सकते हैं। राजा विक्रमादित्य के निधन पर महाकवि सुबंधु द्वारा रचित यह श्लोक उल्लेखनीय है :

सारसवत्ता विहता नवका विलसन्ति चरति नो कङ्ककः।
सरसीव कीर्तिशेषं गतवति भुवि विक्रमादित्ये।।[2]

(जिस प्रकार सरोवर सूख कर स्थल-मात्र रह जाए, तो सारसवत्ता (सारसों का होना) नहीं रह जाती, न बगुले वहाँ रहते हैं, न कंक पक्षी ही, उसी प्रकार विक्रमादित्य के कीर्तिशेष हो जाने पर सा रसवत्ता (वह रसमयता) समाप्त हो गयी, नवक (नये कवि या राजा) विलास करने लगे और कौन किसको नहीं खा रहा या पीड़ित कर रहा!)

इसी क्रम में राजा भोज की मृत्यु पर कहा गया यह श्लोक भी देखा जा सकता है :

अद्य धारा निराधारा निरालंबा सरस्वती।
पण्डिताः खण्डिताः सर्वे भोजराजे दिवंगते।।[3]

---

[2] राधावल्लभ त्रिपाठी (2018) : 2277-2279.

[3] वही.

(आज धारा नगरी का आधार खिसक गया, सरस्वती का अवलम्ब जाता रहा। राजा भोज की मृत्यु से समस्त पण्डित जन श्रीहीन हो गये।)

ज़ाहिर है कि उपर्युक्त श्लोकों को श्रद्धांजलि-लेखन का आधुनिक प्रतिरूप नहीं माना जा सकता, किंतु उनसे दिवंगत के अवसान से पैदा हुए व्यापक सामाजिक शोक का अंदाज़ा ज़रूर लगाया जा सकता है।

संस्कृत की मध्यकालीन शोक-काव्य परम्परा में पहला उदाहरण मुग़ल बादशाह दारा शुकोह की हत्या से संबंधित है। दारा शुकोह की छवि धार्मिक सामासिकता के उन्नायक की है। उनकी संस्कृत के अध्ययन, हिंदू पौराणिक गाथाओं तथा वेदांत के अलावा ईसाई धर्म के भजनों और ईसा के चरित्र में भी दिलचस्पी थी। आध्यात्मिक विचारों का साझा मंच तैयार करने के लिए वे रहस्यवादियों, पण्डितों और ईसाई मिशनरियों से मेलजोल रखते थे। दारा शुकोह की पहल पर दो संस्कृत ग्रंथों— *भगवद्गीता* तथा *योगवशिष्ठ* का फ़ारसी में अनुवाद भी किया गया। इसके अलावा उन्होंने संस्कृत के कुछ पण्डितों की सहायता से फ़ारसी में ख़ुद भी बावन उपनिषदों का *सिर्रए अकबर* नाम से अनुवाद किया था। उल्लेखनीय है कि अठारहवीं सदी के युरोपीय विद्वान दारा के इसी अनुवाद के ज़रिये उपनिषदों से परिचित हुए थे। दारा ने वेदांत की शिक्षा काशी में पायी थी, जहाँ रामानंदपति त्रिपाठी उनके गुरु थे। काशी की विद्वत्-मण्डली दारा को भारत के उद्धारक के रूप में देखती थी। दारा शुकोह की हत्या पर रामानंदपति त्रिपाठी का यह पद तत्कालीन परिस्थितियों में उभरते नये राजनीतिक-सांस्कृतिक विकल्प की हत्या का भी शोक है :

येनेयं श्रीदकाशीसकलकविजनोद्दामदानप्रकाशी-
राकीर्णा धर्मवर्णामृतयुतसलिलैः संस्कृता स्वर्णदी च।
आकूपारं क्षितिशो नतिविनयमतिर्यश्च कत्रेश्वरस्तद्
दाराशाहेन्द्रमोलौ विपदि कथमहो जीवनीयं हि विश्वम् ॥[4]

(जो दाराशाह सारे कविजनों को प्रचुर धन देकर काशी को प्रकाशित करते रहे,

[4] राधावल्लभ त्रिपाठी (2018) : 1560-61. भोज की मृत्यु से संबंधित श्लोक के अलावा शेष सभी उद्धृत श्लोकों का हिंदी अनुवाद इसी पुस्तक से लिया गया है.

जिन्होंने धर्म के वर्णों (अक्षरों, रंगों) के जल से बहती संस्कृत की स्वरसरिता को प्रवाहित किया, जो समुद्र तक फैली इस भारत की धरती के सम्राट थे, नीति और विनय में रची बसी बुद्धि वाले थे, वे नहीं रहे, उनके बिना इस संसार में कैसे रहना होगा?)

अपने एक अन्य पद में रामानंद त्रिपाठी ने दारा को धर्म का उद्धारक, 'अपुण्य के पण्य या पापों के व्यवसाय में लिपटे दान से कलि को परास्त' करने वाले और 'पुण्य की अमृतनदी को प्रवाहित' करने वाला बताया है :

धर्मस्तुर्ययुगेन येन जयति त्वेकाङ्घ्रितां श्रावितो
यावत्, तावदपुण्यपण्यनिरतं निर्जित्य दानैः कलिम्।
यः पुण्यामृतवाहिनीं सुकृतवान् विश्वंभरः श्रीदवत्
दाराशाह विपत्सु हा कथमहो प्राणा न गच्छन्त्यमी॥[5]

कहना न होगा कि भारत के मध्यकालीन इतिहास की इस त्रासद घटना पर रामानंदपति त्रिपाठी की यह शोक-श्रद्धांजलि सामासिक संस्कृति की उस धरोहर की ओर भी इशारा करती है जो मौजूदा समय में लगभग धूल-धूसरित हो चुकी है। इसे भले ही औपचारिक श्रद्धांजलि का उदाहरण न माना जा सके, परंतु दिवंगत के महत्त्व को रेखांकित करने तथा उसकी स्मृति के बृहत्तर सामाजिक निहितार्थों की दृष्टि से यह एक अविस्मरणीय रचना है।

2

आधुनिक काल यानी प्रिंट-तकनीक, बुर्जुआ समाज के गठन तथा पत्र-पत्रिकाओं के नियमित प्रकाशन के बाद व्यक्ति या घटना का स्मरण आध्यात्मिकता के बजाय एक सेकुलर कर्म बन गया है। इस तरह कहा जा सकता है कि श्रद्धांजलि-लेख अथवा स्मृति-शेष प्रिंट-युग की परिघटना है।

आधुनिक काल में श्रद्धांजलि-लेख (ऑबिच्युरी) का पहला औपचारिक उदाहरण अठारहवीं सदी के पूर्वार्द्ध में लंदन से प्रकाशित होने वाले पत्र द *जेंटलमेंस मैगज़ीन* में मिलता है। दिलचस्प है कि तब तक श्रद्धांजलि-लेख का कोई निश्चित

---

[5] वही.

ढर्रा तैयार नहीं हो पाया था। उसमें शामिल रहते थे। इस तरह के श्रद्धांजलि-लेखन में अपने पीछे हज़ारों वारिस छोड़ कर जाने वाले व्यक्ति से लेकर जंगल में रहने वाले और पूरी तरह शिकार पर जीवन-निर्वाह करने वाले विचित्र लोग भी जगह पा जाते थे। श्रद्धांजलि-लेखन में नवाचार का श्रेय मुख्यतः जॉन ऑब्रे द्वारा लिखित *ब्रीफ़ लाइव्ज़* को जाता है। ऑब्रे ने इस किताब में अपने समकालीन दिवंगतों का संक्षिप्त जीवन-चरित पेश किया था। यह विलक्षण बात है कि लगभग ढाई सौ साल पहले लिखी गयी इस किताब के अधिकतर व्यक्तित्व श्रद्धांजलि-लेख के मौजूदा स्वरूप की तरह दर्शनशास्त्र, कला, विज्ञान और राजनीति से वास्ता रखते थे।

ब्रिगेट फ़ाउलर अपने शोध में बताते हैं कि इंग्लैंड में श्रद्धांजलि का यह मुद्रित रूप क़ॉफी-हाउस संस्कृति और नये पाठक-समुदाय के उभार से जुड़ा था। यह एक नये उभरते लोकवृत्त की ओर इशारा करता था जिसमें बुर्जुआ, दस्तकार और विशेषाधिकार से लैस पारम्परिक अभिजन पहली बार मुखामुखम हो कर बात कर रहे थे। लेकिन समाज के पूर्व-स्थापित पदानुक्रम में दरार आने के बावजूद अठारहवीं सदी के श्रद्धांजलि-लेखन का चरित्र मूलतः संरक्षणवादी बना रहा। मसलन, इस दौर के प्रमुख अख़बार द *टाइम्स* की श्रद्धांजलि-सूची में शामिल होने का एक निश्चित क्रम था। इसमें हाउस ऑफ़ लॉर्ड्स के सदस्य शीर्ष पर रहते थे और कला, साहित्य, विज्ञान, क़ानून, सेना से संबद्ध लोगों तथा हाउस ऑफ़ कॉमंस के सदस्यों का नंबर बाद में आता था। सदी के अंत तक आते-आते यह अ़खबार उच्च वर्गों के विशेषाधिकारों की हिमायत करने लगा था। ज़ाहिर था कि उसमें श्रद्धांजलि के पात्र की अर्हता भी पदानुक्रम पर आधारित वरीयता और वंशानुगत प्रतिष्ठा से तय होने लगी थी। श्रद्धांजलि-लेखन के क्षेत्र में *टाइम्स* के बेनामी, जड़ और यथास्थितिवादी नज़रिये को सबसे निर्णायक चुनौती बीसवीं सदी के आठवें दशक में मिली जिसका नेतृत्व द *डेली टेलीग्राफ* और द *इंडिपेंडेंट* जैसे अ़खबार कर रहे थे। इन अ़खबारों में जब श्रद्धांजलि के साथ लेखक का नाम प्रकाशित करने का चलन शुरू हुआ तो समय के साथ श्रद्धांजलि का स्वरूप भी ज़्यादा लोकतांत्रिक होने लगा।[6]

---

[6] देखें, बिग्रेट फ़ाउलर (2007) : 4-12.

यहाँ, आगे बढ़ने से पहले एक बार आधुनिक संस्कृत साहित्य तथा बंगला भाषा के विलक्षण रचनाकार; न्याय, वेदांत और योग के अध्येता तथा रंगपुर, बंगाल में बंगभंग विरोधी आंदोलन (1905) के संगठनकर्ता यादवेश्वर तर्करत्न (1851-1925) का उल्लेख करना ज़रूरी होगा। यादवेश्वर तर्करत्न की 1900 में प्रकाशित रचना *अश्रुविसर्जनम्* को एक सुदीर्घ श्रद्धांजलि के रूप में पढ़ा जा सकता है। यादवेश्वर तर्करत्न ने इस रचना में अपने समय की तक़रीबन सौ दिवंगत विभूतियों को काव्यात्मक श्रद्धांजलि अर्पित की है। राधावल्लभ त्रिपाठी के अनुसार यादवेश्वर ने इसे "अपने समय की संस्कृति का उजला दर्पण' बना दिया है। *अश्रुविसर्जनम्* का अधिकांश भाग काशी नगर की स्मृतियों—मंदिरों, गंगा में तैरती दीपमालाओं की छवियों, घाटों, बाज़ारों, चौराहों के साथ-साथ मृदंग, वंशी और झाँझ जैसे वाद्य बजाते भक्तों तथा गुरुकुलों के चित्रों से भरा है। इसमें बंगाली पण्डित हरिनाथ की व्याकरण-कक्षा, स्वामियों के मठ में चलने वाली वेदांत चर्चाओं और काशी के मार्गों पर घूमती योगनियों का चित्रण है। यादवेश्वर इस रचना में बंगाल से काशी में आकर बसे या अस्थायी रूप से रहने वाले रईसों, राजा की हवेलियों का नाम के साथ उल्लेख करते हैं।

इस कृति से काशी के विद्वत्संसार का एक विहंगम परिदृश्य प्रकट होता है जिसमें बापूदेव शास्त्री और राजाराम शुक्ल जैसे विद्वानों के नाम सामने आते हैं। यादवेश्वर बताते हैं कि बापूदेव शास्त्री का यश युरोप तक फैला था और राजाराम शुक्ल का सम्मान मैक्समूलर भी करते थे। इसमें तारानाथ तर्कवाचस्पति, प्रेमचंद्र विद्यावागीश, ताराचरण तर्करत्न जैसे पण्डितों के अलावा ईश्वरचंद्र विद्यासागर तथा बांग्ला में पहले साप्ताहिक पत्र की शुरुआत करने वाले कालीचरण राय जैसे समाज-सुधारकों एवं चिंतकों की जीवन-कथा भी मिलती है। यहाँ महर्षि अरविंद के पिता कृष्णधन घोष के जीवन, राजनीतिक-सामाजिक गतिविधियों तथा उनकी मृत्यु का वर्णन भी देखा जा सकता है। कृष्णधन घोष के प्रसंग में यादवेश्वर उनके इंग्लैंड की कौंसिल में भाग लेने, खुलना और रंगपुरी जैसे शहरों में उनके द्वारा बनवाए गये पुलों और बगीचों की चर्चा करते हुए यह भी बताते हैं कि कृष्णधन ने रंगपुरी में मैले से भरे एक नाले की सफ़ाई भी कराई थी। *अश्रुविसर्जनम्* के

ब्योरों में शैक्षिक संस्थाओं के संरक्षकों, विद्वानों के रईस आश्रयदाताओं और छोटी-बड़ी रियासतों के राजाओं के अवसान की तस्वीर भी उभरती है। उसमें अकाल, महामारी और बाढ़ से होने वाले चौतरफ़ा विध्वंस का दस्तावेज़ी हुलिया सामने आता है। इस तरह, यादवेश्वर दिवंगत लोगों के साथ काशी नगर के क्षय और समग्रतः भारत की गरिमा का श्रद्धांजलि-लेख लिखते हैं।[7]

3

समुदाय के अतीत, इतिहास और आत्म-बोध के संबंध में एमील दुर्खाइम (1858-1917) की प्रस्थापनाएँ आज सौ बरस बाद भी प्रासंगिक हैं। ग़ौरतलब है कि दुर्खाइम की क्लासिक कृति द *ऐलीमेंटरी फ़ॉर्म्स ऑफ़ रिलीजस लाइफ़* पहली बार 1912 में प्रकाशित हुई थी। दुर्खाइम ने इस किताब में दिखाया था कि किसी समुदाय की अस्तित्वगत निरंतरता में उसके द्वारा विकसित किये गये कर्मकाण्डों की क्या भूमिका होती है। उन्होंने इस रचना में प्रतिपादित किया कि कर्मकाण्ड समुदाय के पवित्र विश्वासों और उसकी आत्म-चेतना को ऊर्जस्वित करने और उनकी स्मृति को जीवंत बनाए रखने का काम करते हैं। उनसे समुदाय की सामूहिक चेतना के मूलभूत तत्त्वों को नया जीवन प्राप्त होता है। दुर्खाइम बताते हैं कि समुदाय के पवित्र विश्वासों के केंद्र में उसका सामूहिक तौर पर कल्पित अतीत या मिथकीय अतीत होता है। साझे विश्वास, साझी परम्पराएँ, पूर्वजों की स्मृति और सामूहिक आदर्श इसी कल्पित अतीत की ओर इशारा करते हैं। ग़ौर से देखें तो यहाँ कर्मकाण्ड और उनसे जुड़े प्रतीक एक ऐसी सामाजिक स्मृति के वाहक नज़र आते हैं जिनके बग़ैर सामूहिक अस्मिता तथा सामाजिक जीवन के नैरंतर्य की कल्पना नहीं की जा सकती। इस तरह, किसी समूह के मिथक मनुष्य और दुनिया के इच्छित आदर्श की ओर इंगित करते हैं। मिथकीय अतीत में समूह के सदस्यों की यह साझेदारी उनके सामने पूर्वजों की स्मृतियों को कुछ इस तरह साकार करती है कि समूह के सदस्य आत्मविश्वास और ऊर्जा से भर उठते हैं।[8]

---

[7] राधावल्लभ त्रिपाठी (2018) : 2004-2013.

[8] बारबरा ए. मीस्तल (2003) : 9-26.

इस संदर्भ में एमील दुर्खाइम का यह सूत्र भी विशेष महत्त्व रखता है कि स्मृति हमारे सामाजिक संबंधों में अंतस्थ रहती है। हालाँकि दुर्खाइम स्मृति की प्रत्यक्ष चर्चा नहीं करते, लेकिन उनके विश्लेषण में स्मृति, भाषा और अतीत एक-दूसरे के अंग-संग चलते दिखाई देते हैं। उनकी दृष्टि में स्मृति भाषा के ज़रिये अतीत का हाल दर्ज करती है। ज़ाहिर है कि इस दृष्टि से देखने पर स्मृति को अतीत के ज्ञान और सम्प्रेषण का स्रोत माना जा सकता है।

अतीत स्मरण के औपचारिक अवसर के रूप में ही नहीं, सामाजिक जीवन की बुनियादी प्रक्रिया में भी पैबस्त होता है। मसलन, उनकी यह अंतर्दृष्टि भाषा की सामाजिक भूमिका पर अनूठे ढंग से प्रकाश डालती है : हम एक ऐसी भाषा का प्रयोग करते हैं जिसके निर्माण में हमारा कोई योगदान नहीं होता; हम उन औज़ारों का इस्तेमाल करते हैं जिनके आविष्कार में हमारा कोई हाथ नहीं है; हम उन अधिकारों का आह्वान करते हैं जिनकी स्थापना में हमारी कोई भूमिका नहीं होती; और हर नयी पीढ़ी को ज्ञान का एक ऐसा भण्डार विरासत में मिलता है जिसे सँजोने में उसकी कोई मेहनत नहीं लगी होती।[9] ज़ाहिर है कि पीढ़ियों के बीच ज्ञान की इस संचार-प्रक्रिया के ज़रिये दुर्खाइम स्मृति की अवधारणा का संधान करते हैं। दूसरे शब्दों में कहें तो स्मृति केवल कर्मकाण्ड और अनुष्ठानों के द्वारा ही संचरण नहीं करती बल्कि आदतों, संस्कारों और सम्प्रेषण के ज़रिये भी अग्रसारित होती है। वह भाषा में अतीत के अवशेष अर्थात् ज्ञान और संप्रेषण के एक रूप की ओर इंगित करती है। यानी कोई समूह या समुदाय अपनी सांस्कृतिक सृजनशीलता का पुनर्नवीकरण भले ही सामूहिक आयोजन—कर्मकाण्ड, नृत्य, सामूहिक भोज या मेलों-ठेलों आदि के रूप में करता हो, परंतु उनके पीछे स्मृति की एक अव्यक्त संरचना मौजूद रहती है। प्रत्येक समाज अतीत के साथ एक तरह की निरंतरता प्रदर्शित करता है, और व्यक्ति तथा समूह उससे अपनी पहचान अर्जित करते हैं— दुर्खाइम का यह सूत्रीकरण सामाजिक जीवन के मूलभूत तत्त्वों और सामूहिक स्मृति के घनिष्ठ संबंध को रेखांकित करता है।

स्मृति के समाजशास्त्रीय तात्पर्य और उसके प्रकार्यों पर बेहद विचारोत्तेजक चिंतन करने वाले समाजशास्त्री मौरिस अलब्वैक्स (1877-1945) कहते हैं कि

---

[9] एमील दुर्खाइम (1971) : 212.

सामूहिक स्मृति प्रदत्त न होकर सामाजिक रूप से निर्मित होती है। अलब्वैक्स उसे सामूहिक मानस के किसी अव्याख्येय रहस्य की तरह देखने से इंकार करते हैं। उनका स्पष्ट मानना है कि समूह या संस्था के बजाय स्मृति का वाहक हमेशा व्यक्ति ही होता है किंतु अंततः व्यक्तिगत स्मृति सामाजिक स्मृति के बृहत्तर ढाँचे पर निर्भर करती है। उनके मुताबिक़ व्यक्ति जब विगत का स्मरण करता है तो इस क्रिया के केंद्र में वह सामाजिक समूह उपस्थित रहता है जिसके साथ उस व्यक्ति का संवादात्मक संबंध होता है। मसलन, बच्चे के रूप में हम परिवार का अंग बन कर अतीत का स्मरण करते हैं जबकि, एक वयस्क व्यक्ति के तौर पर अपने धार्मिक या कामकाजी समूह का अंग बन कर। अलब्वैक्स का मानना था कि वही स्मृति सबसे ज़्यादा टिकाऊ होती है जिसे सबसे ज़्यादा लोग याद रखते हैं। उनका स्पष्ट कहना था कि समूह के सभी सदस्यों की स्मृति एक समान नहीं होती; न उनकी स्मृतियों का ताप एक जैसा होता है, परंतु समुदाय की संरचना ही कुछ ऐसी होती है कि उसमें लोगबाग मुख्यतः उन्हीं स्मृतियों को याद रखते हैं जिनका समुदाय के बाक़ी सदस्यों की स्मृतियों से सही तालमेल बैठता है। इस प्रक्रिया में व्यक्ति की स्मृतियों का समूह की स्मृतियों अथवा सामूहिक स्मृति में विलय होने लगता है। व्यक्तिगत और सामाजिक स्मृति का यह संबंध कुछ इस तरह का होता है कि अगर व्यक्तिगत स्मृति समुदाय की अवधारणात्मक संरचनाओं से आबद्ध न हो तो वह धीरे-धीरे छीजने लगती है। इसके विपरीत, सामूहिक स्मृति की उम्र इसलिए ज़्यादा लम्बी होती है क्योंकि उसकी निरंतरता का सूत्र समुदाय के अंतस्तल में स्थित होता है। स्मृति की निरंतरता या सातत्य को साझे अतीत की तरह देखते हुए अलब्वैक्स उसे सामूहिक चेतना का अंग घोषित करते हैं।[10]

अलब्वैक्स अपने स्मृति संबंधी चिंतन में ऐतिहासिक स्मृति तथा आत्म-कथात्मक स्मृति को दो स्वतंत्र वर्गों में बाँट कर देखते हैं। इनमें ऐतिहासिक स्मृति लिखित दस्तावेज़ों तथा अन्य ऐसी ही संग्रहमूलक युक्तियों पर निर्भर करती है, लेकिन किसी ख़ास घटना के साथ जुड़ने पर वह एक जीवंत स्मृति

[10] लेविस ए. कोजर (1992) : 22-34.; एन्ना ग्रीन (2004) : 37-38.

बन जाती है। भारत के संदर्भ में कहें तो स्वतंत्रता दिवस और गणतंत्रत दिवस के रूप में राष्ट्रीय आंदोलन की ऐतिहासिक स्मृति हमारे लिए एक जीवंत अनुभव बन जाती है। इसके बरअक्स आत्मकथात्मक स्मृति हमारे अतीत के निजी अनुभवों पर आधारित होती है। इस स्मृति का एक विशेष लक्षण यह होता है कि अगर उसे समय के साथ दुबारा जाग्रत न किया जाए तो वह धुँधली पड़ने लगती है। व्यक्ति ऐतिहासिक स्मृति का स्मरण प्रत्यक्ष तौर पर नहीं करता। वह केवल पढ़ने, सुनने, सामूहिक तौर पर आयोजित कार्यक्रमों और त्योहार आदि के ज़रिये संसाधित होती है। इस तरह देखें तो अतीत सामाजिक संस्थाओं द्वारा पुनर्रचित किया जाता है। अलब्वैक्स का मानना था कि मौजूदा पीढ़ी ख़ुद को अपने निर्मित अतीत के समक्ष रख कर ही देख पाती है। अगर व्यक्ति मौजूदा पीढ़ी के अन्य सदस्यों के साथ विगत घटनाओं से संबंधित आयोजनों में भागीदारी न करे तो धीरे-धीरे अतीत के अवशेष समाप्त होने लगते हैं। संक्षेप में कहें तो अलब्वैक्स के अनुसार अतीत एक सामाजिक निर्मिति होता है। वह वर्तमान समय के विश्वासों, सरोकारों और आकांक्षाओं द्वारा संरचित होता है।[11]

4

पिछली शताब्दी में आठवें दशक के बाद अलब्वैक्स की उपर्युक्त प्रस्थापनाओं का ज्ञान के विभिन्न अनुशासनों पर गहरा असर पड़ा है। मसलन, अतीत के स्मरण तथा स्मृति के अंतर्संबंध पर विचार करते हुए सेमुएल हाइंस कहते हैं : स्मृति ही वह मानसिक क्षमता होती है जिसके ज़रिये हम अपने इतिहास को बहाल करते हैं या उसका संरक्षण करते हैं। इसमें घटनाओं की बहाली भी शामिल होती है। काल में पीछे की ओर जाने की इस कड़ी के बग़ैर हमारे मस्तिष्क में अतीत की एक छवि रहती है, परंतु वह छवि स्मृति न होकर सामाजिक निर्मिति, इतिहास जैसी कोई और चीज़ होती है। इसी तरह, अब बहुत से सांस्कृतिक सिद्धांतकारों ने व्यक्तिगत स्मृति को सामूहिक स्मृति में अंतर्निहित मान कर उसे अलग से महत्त्व देना छोड़ दिया है। मिसाल के तौर पर डेनियल

[11] लेविस ए. कोजर (1992) : वही.

शुडसन का तर्क है कि चूँकि स्मृति केवल भाषा की सांस्कृतिक निर्मिति के ज़रिये ही ज्ञापित की जा सकती है, इसलिए स्मृति का प्रत्येक रूप संस्कृति की सामूहिक स्मृति में निहित होता है। दूसरे शब्दों में, अब सांस्कृतिक अध्ययन के अधिकांश सिद्धांतकार इस पहलू पर ख़ास ध्यान दे रहे हैं कि व्यक्तिगत स्मरण में सांस्कृतिक भित्ति या साँचे अर्थात व्यक्ति की स्मृति के चतुर्दिक विन्यस्त सामूहिक स्मृति की क्या भूमिका होती है। सांस्कृतिक इतिहासकार बताते हैं कि समकालीन समाज पिछले वक़्तों के मुक़ाबले स्मृति के संरक्षण, संवर्धन और उसकी सार्वजनिक प्रस्तुति में ज़्यादा दिलचस्पी ले रहा है। स्मृति का यह उत्सव नए स्मारकों का निर्माण; पुराने फ़ैशनों की वापसी तथा फ़िल्म और टेलीविज़न के कार्यक्रमों में अतीत के मोहक चित्रण तक जाता है। स्मृति के इन नए उभरते स्थलों के मद्देनज़र इतिहासकार अब यह पूछने लगे हैं कि इतिहास के साथ कहीं सामूहिक स्मृति भी तो अस्मिता के संचार का प्रतिस्पर्धी माध्यम नहीं बन गयी है! सांस्कृतिक इतिहास के क्षेत्र में पिछले तीन दशकों के दौरान जो भी नया काम हुआ है उसके केंद्र में स्मृति और उससे संबंधित उत्सव-आयोजनों की बहुतायत रही है।[12]

सामूहिक स्मृति के परवर्ती अध्येता अलब्वैक्स की इस दलील से सहमत नहीं हैं कि अतीत वर्तमान के आग्रहों का प्रक्षेपण होता है। इस सिलसिले में बेरी श्वार्त्ज़ कहते हैं कि अगर अतीत को केवल वर्तमान का आईना मान लिया गया तो इतिहास में निरंतरता का तत्त्व ही ख़त्म हो जाएगा और इस तरह वह अलग-अलग समय और स्थानों पर ली गयी कुछ विशृंखल तस्वीरों का एक एलबम बन कर रह जाएगा। श्वार्त्ज़ की दृष्टि में अतीत हमेशा एक ठहराव और परिवर्तन; निरंतरता और नवीनता का संश्रय होता है। इसलिए इतिहास की सामूहिक स्मृति एक ही साथ संचयी भी होती है और वर्तमान के आग्रहों से भी निर्धारित होती है। वर्तमान समाज अपने इच्छित अतीत की रचना कर सकता है लेकिन वह इतिहास की कुछ दीर्घस्थायी संरचनाओं से पूरी तरह मुक्त नहीं हो सकता।

श्वार्त्ज़ यह भी कहते हैं कि व्यक्ति की निजी स्मृति ही सामूहिक स्मृति की बुनियादी इकाई होती है, लेकिन जहाँ तक विगत घटनाओं के बोध का प्रश्न है तो

---

[12] एन्ना ग्रीन (2004) : वही.

वह सामूहिक स्मृति की मध्यस्थता के बग़ैर संभव नहीं होता। व्यक्ति अपने व्यवहार और पहचान का मॉडल इसी सामूहिक स्मृति से प्राप्त करता है। सामूहिक और व्यक्तिगत स्मृति के अंतर्संबंधों पर विचार करते हुए श्वार्त्ज़ यह दृष्टांत देते हैं कि अगर एक-दूसरे से अलग और दूरस्थ भौगोलिक क्षेत्रों में रहने वाले अपरिचित व्यक्ति और समुदाय अतीत की कतिपय घटनाओं के संबंध में एक जैसी धारणा रखते हैं तो इसका मतलब यह है कि उनका यह व्यक्तिगत बोध एक बृहत्तर सामूहिक स्थिति की ओर संकेत करता है। इसलिए सामूहिक स्मृति को एक ऐसी वस्तु की तरह देखा जाना चाहिए जो व्यक्ति और समुदाय के बाहर स्थित होते हुए उनके बीच एक पुल का काम करती है। इस प्रसंग में श्वार्त्ज़ सामूहिक स्मृति और जनमत के बीच एक दिलचस्प सादृश्य स्थापित करते हुए कहते हैं कि दोनों के गठन की प्रक्रिया एक जैसी होती है तथा उनके प्रभाव भी एकसमान होते हैं। लेकिन, सामूहिक स्मृति केवल इस रूप में व्यक्त नहीं होती कि अतीत की घटनाओं के विषय में व्यक्ति का समुच्चित विश्वास क्या कहता है, बल्कि अपने प्रतिनिधित्व के लिए वह स्मरण के अनेकानेक रूपों और प्रतीकों का भी उपयोग करती है।[13]

सामूहिक स्मृति का रणनीतिक इस्तेमाल और उसमें कटाई-छँटाई का इतिहास स्वतंत्र अध्ययन की माँग करता है। राष्ट्र की परिकल्पना को वैधता प्रदान करने के लिए बहुधा सामूहिक स्मृति का ही इस्तेमाल किया जाता रहा है। कोई समुदाय जब राष्ट्र बनने की आकांक्षाओं से खदबदाने लगता है तो उसे अपने लिए एक इतिहास और प्रारब्ध की ज़रूरत पड़ती है। इसके बाद अपने वजूद की दावेदारी के लिए वह एक अनुकूलित अतीत की खोज करता है। कोई भी राष्ट्रीय आंदोलन राष्ट्र के इच्छित अतीत की निर्माण-प्रक्रिया में यही भूमिका अदा करता है : वह एक ऐसी विचारधारा की रचना करता है जो साझी स्मृतियों पर आधारित होती है।[14]

इस संदर्भ में परम्परा के पुनराविष्कार की प्रस्थापना पर भी एक संक्षिप्त दृष्टि डालना उपयोगी होगा। इस प्रस्थापना के सिद्धांतकारों का मानना है कि नयी

[13] देखें, बेरी श्वार्त्ज़ (1982) : 374-97.

[14] अर्नेस्ट गेलनर (1993).

परम्पराओं और कर्मकाण्डों का आविष्कार सामाजिक नियंत्रण के लिए किया जाता है। उनके अनुसार समाज की वर्चस्वशाली शक्तियाँ नयी परम्पराओं और कर्मकाण्डों का आविष्कार इसलिए करती हैं ताकि अतीत का एक ऐसा संस्करण प्रस्तुत किया जा सके जो सामाजिक-राजनीतिक सत्ता के मौजूदा असंतुलन और अनुक्रम से ज़्यादा भिन्न दिखाई न दे। उनके लिए महत्त्वपूर्ण सवाल यह है कि सामाजिक स्मृतियों का नियामक और कर्ताधर्ता कौन होता है। उनका स्पष्ट मानना है कि सामूहिक स्मृतियों का बाक़ायदा प्रबंधन किया जाता है और इस प्रबंधन का लक्ष्य मौजूदा सत्ता को वैधता प्रदान करना होता है। सामूहिक स्मृतियों के प्रबंधन की यह प्रक्रिया एक तरफ़ प्रतिकूल स्मृतियों को हाशिये पर ठेलती जाती है और दूसरी तरफ़ इच्छित स्मृतियों के इर्दगिर्द उत्सव का माहौल खड़ा करती है। यहाँ विस्मरण भी पूर्व-नियोजित होता है, और स्मरण भी।

सत्ता और प्राधिकार का वर्चस्वी तंत्र सामूहिक स्मृति को अपने हक़ और वैधता के लिए इस्तेमाल करना चाहता है, जबकि हाशिये के समूह सामूहिक स्मृति पर आधारित इस तंत्र का मुक़ाबला करने के लिए अपनी विशिष्ट स्मृतियों का आह्वान और विनियोग करते हैं। सामूहिक स्मृति और उससे असहमत या बहिष्कृत समूहों की स्मृतियों के इस द्वंद्व के चलते स्मृति राजनीतिक प्रतिस्पर्धा, लामबंदी और दाँव-पेंचों का अखाड़ा बन जाती है। राज्य की आधिकारिक विचारधाराओं या वर्चस्वी आख्यानों का विश्लेषण करते हुए हॉब्सबॉम और रेंजर यह दर्ज करते हैं कि सामूहिक स्मृति की गढ़ंत में राज्य की भूमिका प्रमुख होती है। इस संदर्भ में उनका यह सूत्र महत्त्वपूर्ण है कि परम्परा के पुनराविष्कार का सिलसिला जनाधारित राजनीति के साथ शुरू हुआ। और इसका मुख्य कारण यह था कि जनाधारित राजनीति से प्रतिकृत होता राज्य नयी परम्पराओं का निर्माण किये बिना नयी संस्थाओं, आदेशों और प्राधिकार के संबंधों एवं नये विश्वासों और मूल्यों का संवर्धन नहीं कर सकता था। लेकिन, समाज के सहज स्वीकृत और पुनरावृत्ति पर आधारित नियमों, कर्मकाण्डों तथा प्रतीकों आदि यानी पूर्व-प्रदत्त परम्परा के बजाय राज्य द्वारा प्रचारित और तराशी गयी 'आविष्कृत परम्परा' को हॉब्सबॉम एवं रेंजर एक अप्रामाणिक परम्परा मानते हैं।[15]

[15] देखें, एरिक हॉब्सबॉम एवं टेरेंस रेंजर (1983) : 1-14.

स्मृति के लोकप्रिय रूपों से संबंधित एक नयी प्रस्थापना वर्चस्वी व्यवस्था तथा स्थानीय समूहों की स्मृतियों के अंतर्संबंध पर ज़्यादा ज़ोर देती है। वह स्मरण के इन विशिष्ट रूपों को 'सार्वजनिक स्मृति', 'प्रति-स्मृति', 'प्रतिरोधी-स्मृति' तथा 'अनधिकारिक स्मृति' जैसे ख़ानों में वर्गीकृत करती है। हालाँकि इस प्रस्थापना के अध्येता इस बात पर बल देते हैं कि अतीत का वर्चस्वी विचार सत्ता की प्रौद्योगिकी और उसके व्यावहारिक तंत्र से वास्ता रखता है, परंतु वे परम्परा के पुनराविष्कार जैसी पद्धति से आगे जाकर अतीत को उसके विभिन्न चित्रणों में देखना चाहते हैं। वे अतीत के स्मरण में वर्तमान के आग्रहों की प्रधानता स्वीकार करते हुए इस धारणा से इत्तेफ़ाक़ नहीं रखती कि स्मृतियों की सामाजिक निर्मिति ऊपर से तय होती है। इसके उलट, इसके सिद्धांतकारों का मानना है कि स्मृति का निर्माण नीचे से भी किया जा सकता है क्योंकि लोगों की स्मृति अपने स्थानीय और विशिष्ट संदर्भ से चलकर ही किसी बृहत आख्यान का अंग बनती है। परम्परा को आविष्कृत गढ़ंत मानने वाली अवधारणा समाज को कर्ता के दर्जे से वंचित कर देती है, जबकि यह प्रस्थापना यह मान कर चलती है कि समाज के विभिन्न समूह एक वर्चस्वी स्मृति के बावजूद अतीत का अपना-अपना संस्करण गढ़ने में सक्षम रहते हैं। वे यह मानने से इंकार करते हैं कि सामाजिक स्मृतियों का नियंत्रण राज्य के हाथों में रहता है। इसके बजाय अधिकतर अध्येता यह मानते हैं कि अतीत का कोई एक मानक संस्करण नहीं होता समाज का हर समूह उसे अपनी-अपनी स्मृतियों के आधार पर रचता है।[16]

5

चूँकि सामूहिक स्मृति कोई स्थिर और शाश्वत संकल्पना नहीं होती, इसलिए हर विजेता और राजनीतिक सत्ता अपने साथ नये मिथक, प्रतीक, कर्मकाण्ड और नयी स्मृतियाँ लाती है। वह कतिपय स्मृतियों को अप्रिय और प्रतिकूल घोषित करके उनकी दराज बंद कर देती है और कुछ स्मृतियों को राजनीतिक समाजीकरण की मशीनरी के ज़रिये राष्ट्रीय जीवन की मुख्यधारा में स्थापित

---

[16] स्मृति के लोकप्रिय रूपों के अध्ययन से संबंधित यह प्रस्थापना मुख्यतः सेंटर फ़ॉर कंटेम्परेरी स्टडीज़, बर्मिंघम से संबद्ध पोप्युलर मेमॅरी ग्रुप द्वारा विकसित की गयी थी. देखें, बारबरा ए. मीस्तल (2003) : 60-74.

कर देती है। यह बात बीसवीं सदी के दौरान अस्तित्व में आये समाजवादी राष्ट्रों फ़ासीवादी इटली और नाज़ीवादी जर्मनी से लेकर उदारतावादी अर्थव्यवस्था की आमद के बाद वैश्विक स्तर पर उभरे छद्म राष्ट्रवाद की कार-गुज़ारियों में भी देखी जा सकती है। मसलन, शारी जे. कोहेन ने अपने अध्ययन में बताया है कि सत्तारूढ़ होने के बाद पूर्व-समाजवादी देशों ने राजकीय कर्मकाण्ड, शिक्षा तथा समाजीकरण की अन्यान्य युक्तियों द्वारा राष्ट्रीय इतिहास की स्मृति का एक इकहरा फ़ॉर्मूला तैयार किया था। जन-स्मृति से कतिपय घटनाओं और प्रसंगों की छाप मिटाने के लिए सर्वसत्तावादी और दमनकारी राज्य विस्मरण की बेहद नियोजित परियोजना भी चलाते हैं। इसी तरह, पीटर बर्क अपने अध्ययन में दिखाते हैं कि पूर्व-समाजवादी देशों में बलात् विस्मरण की परियोजना का कितने व्यापक स्तर पर इस्तेमाल किया गया था। मिलान कुंदेरा की प्रसिद्ध उक्ति— सत्ता के ख़िलाफ़ प्रतिरोध विस्मरण के प्रतिरोध का संघर्ष होता है, इसी परिघटना की ओर इंगित करती है। इसी तरह, किसी संस्कृति के स्मृति-स्थलों को नष्ट करके उसके इतिहास को विस्मृत करने का उदाहरण तिब्बत में देखा जा सकता है। चीन ने तिब्बत पर 1951 में क़ब्ज़ा करके उसके पूजा-स्थलों और बौद्ध विहारों को नेस्तनाबूद कर दिया था।[17] कहना न होगा कि आज भारतीय उपमहाद्वीप सामूहिक स्मृति की एक ऐसी राजनीति से जूझ रहा है जिसमें मौजूदा समय की वर्चस्वी सत्ता राष्ट्रीय आंदोलन में अपनी अनुपस्थिति की भरपाई के लिए सामूहिक स्मृति के नक़ली प्रमाण गढ़कर अपनी चुनिंदा स्मृतियों को राष्ट्र की सामूहिक स्मृति साबित करने पर तुली है।

श्रद्धांजलि-लेखन की इस समाजशास्त्रीय मीमांसा के अलावा उसका एक अस्तित्वगत पहलू भी है जिसे ज़ाक देरिदा के शोक-निबंधों में देखा जा सकता है। देरिदा दिवंगत के स्मरण को दार्शनिक धरातल पर ले जाते हैं। अपने मित्रों और बीसवीं शताब्दी के दिग्गज चिंतकों— रोलाँ बार्थ, लुई अल्थुसे, मिशेल फ़ूको तथा ल्योतार आदि की मृत्यु पर देरिदा का उद्बोधन भावाकुल वैचारिकता

[17] वही : 18.

की अनूठी उड़ान और दिवंगत के प्रति गहरे तादात्म्य का परिचय देता है। मृत्यु की अटलता और उससे उत्पन्न शोक पर उनका चिंतन अस्तित्व के गहरे सरोकारों की थाह लेता है। मृत्यु के बाद दिवंगत की असमाधेय अनुपस्थिति को देरिदा इस तथ्य की सूचना मानते हैं कि वह स्वयं के लिए नहीं केवल हमारे लिए जीवित हैं। इसलिए शोक पर केंद्रित अपने तमाम निबंधों में देरिदा इस बात के लिए बेहद सजग नज़र आते हैं कि दिवंगत मित्र का स्मरण राजनीतिक गणित, निजी प्रतिशोध, आत्मग्रस्तता या अपने आत्म को साफ़-सुथरा बनाने का साधन न बन जाए। वे इसे एक नैतिक दायित्व की तरह देखते हैं। लेकिन, ग़ौरतलब है कि अपने मित्रों को याद करते हुए देरिदा उनकी उपलब्धियों का उल्लेख नहीं करते। उनका स्मरण नितांत अंतरंग क़िस्म का है जिसे श्रद्धांजलि-लेख की श्रेणी में नहीं रखा जा सकता। स्थूल अर्थ में कहें तो देरिदा का मित्र-स्मरण मृत्यु का चिंतन ज़्यादा है। उसमें व्यक्ति के जीवन से जुड़े ब्योरे शायद इसलिए ग़ायब हैं क्योंकि देरिदा मुख्यतः दिवंगत के परिचित और घनिष्ठ मित्रों को संबोधित कर रहे होते हैं।[18] स्वयं में बेमिसाल और मूल्यवान होने के बावजूद इस तरह का स्मरण दिवंगत से अपरिचित लोगों और सामान्य पाठकों के लिए विशेष अर्थपूर्ण नहीं हो पाता, जबकि हमारी नज़र में श्रद्धांजलि-लेख का कम से कम एक उद्देश्य यह होना चाहिए कि वह दिवंगत की स्मृति को सामाजिक स्मृति के समकालीन प्रवाह में अवस्थित करके देखे।

अब एक बार फिर वैश्विक संदर्भ पर नज़र डालें तो पिछले दो दशकों के दौरान पत्र-पत्रिकाओं के पाठकों के बीच श्रद्धांजलि का स्तंभ पहले से ज़्यादा लोकप्रिय हुआ है। इंग्लैंड तथा अमेरिका के अधिकांश श्रद्धांजलि-लेखकों का मानना है कि इन वर्षों में श्रद्धांजलि-लेख पढ़ने वाले पाठकों का एक समर्पित वर्ग उभरा है। लेकिन अध्येताओं की नज़र में श्रद्धांजलि-लेखन का संसार मुख्यतः उच्च वर्ग और सामाजिक रूप से गतिशील लोगों तक ही सीमित है। बिग्रेट फ़ाउलर श्रद्धांजलि के स्वरूप में आठवें दशक में आए बदलाव को वर्गीय समावेशन की एक सीमित घटना से ज़्यादा महत्त्व नहीं देते। उनके मुताबिक़

[18] ज़ाक देरिदा (2001) : 1-30.

श्रद्धांजलि-लेखन का मौजूदा स्वरूप नैतिकता या आयु जैसे मानकों के बजाय प्रतिभा के तर्क पर टिका है। और यह एक ऐसा तर्क है जो अंततः उच्च-वर्गीय या अभिजन संस्कृति के पक्ष में खड़ा नज़र आता है क्योंकि उसमें केवल अच्छे, महत्त्वपूर्ण और विलक्षण ढंग से जिया गया जीवन ही उल्लेख के क़ाबिल माना जाता है। श्रद्धांजलि का साँचा जिस तरह गढ़ा गया है उसमें वह दिवंगत को सार्वजनिक स्वीकृति दिलाने और उसकी स्मृति को सुरक्षित रखने का ज़रिया बन जाती है। उसकी दिलचस्पी अधीनस्थ के बजाय ताक़तवर और प्रभुत्वशाली लोगों में ज़्यादा होती है। वह दिवंगत व्यक्ति को याद करते हुए विभिन्न संकेतों और संदर्भों के माध्यम से उच्च-वर्गीय बोध का ही प्रसार करती है।

अलग से कहने की ज़रूरत नहीं है कि श्रद्धांजलि-लेखन की सीमाओं और उसके वर्गीय पूर्वग्रहों के संबंध में ब्रिगेट फ़ाउलर की इस विवेचना से ज़्यादा असहमत नहीं हुआ जा सकता, परंतु फ़ाउलर श्रद्धांजलि-लेखन के किसी वैकल्पिक स्वरूप की चर्चा नहीं करते। उनका अध्ययन मुख्यतः श्रद्धांजलि-लेखन के ऐतिहासिक और समकालीन विन्यास की पड़ताल करता है। मुख्यधारा के अख़बारों और पत्रिकाओं में श्रद्धांजलि-लेखन एक ख़ास तरह के फ़ॉर्मूले पर चलता है जिसमें व्यक्ति की उपलब्धियों, प्रसिद्धि और विलक्षणता का गुणगान किया जाता है। ऐसे में, यह सवाल पूछना ज़रूरी हो जाता है: क्या श्रद्धांजलि का कोई ऐसा स्वरूप भी संभव है जो दिवंगत के कृतित्व और चिंतन को समाज की व्यापक सामूहिक स्मृति में अवस्थित करके देखता हो? निश्चय ही उसका ऐसा स्वरूप अलग तरह की तैयारी और धैर्य की माँग करता है।

समकालीन समाजों में स्मृति रूपांतरित होकर एक संस्थाबद्ध स्मृति बन गयी है। इतिहास के औपचारिक विमर्श से बाहर चहलक़दमी करती यह स्मृति संस्कृति के प्रचलित रूपों से वास्ता रखती है। वह संस्थाओं से लेकर फ़िल्म, मूर्तियों, स्मारकों आदि जैसी सांस्कृतिक कलाकृतियों, नियतकालीन कार्यक्रमों, त्योहारों आदि में छितरी होती है। वह सिर्फ़ साझे अतीत का आह्वान नहीं करती, बल्कि अपने बहुविध रूपाकारों में उसका नक़्शा भी बदलती रहती है। अमेरिका और ब्रिटेन में श्रद्धांजलि-लेखन (ऑबिच्युरी) एक

संस्थायी काम हो चुका है। श्रद्धांजलि लेखकों के अपने संगठन हैं। उनके वार्षिक सम्मेलन होते हैं जिनमें इस बात को लेकर विकट माथापच्ची का माहौल रहता है कि श्रद्धांजलि को दिलचस्प बनाने और उसकी रेटिंग बढ़ाने के लिए और क्या-क्या किया जा सकता है। इस तरह, धीरे-धीरे श्रद्धांजलि-लेखन का एक अनौपचारिक शास्त्र विकसित होता गया है : कुछ लोगों का मानना है कि स्मृति-लेख में दिवंगत व्यक्ति के जीवन की ख़ुशनुमा उपलब्धियों, उसकी किसी असामान्य आदत या उसके व्यक्तित्व के हैरत-अंगेज़ पहलू पर ज़ोर दिया जाना चाहिए, जबकि एक समूह यह मानता है कि श्रद्धांजलि को ज़्यादा पठनीय और लोकप्रिय बनाने के लिए उसमें व्यक्ति के किसी गोपनीय प्रसंग का ज़िक्र अथवा कोई भण्डाफोड़ जैसा तत्त्व भी होना चाहिए। इसके उलट *दि इकोनॉमिस्ट* में श्रद्धांजलि-लेखों की सम्पादक ऐन रॉ अल्पचर्चित लोगों की श्रद्धांजलि लिखना ज़्यादा पसंद करती हैं।[19]

यहाँ हमारा सरोकार श्रद्धांजलि के एक ऐसे स्वरूप से है जो दिवंगत के कृतित्व और चिंतन को सामूहिक स्मृति की एक समृद्धकारी विरासत के रूप में देखता हो— एक ऐसी विरासत जो समाज-विज्ञानों के विभिन्न अनुशासनों में ज्ञान के उत्पादन तथा उसके सीमांतों का विस्तार करने में लगी मौजूदा और आगामी पीढ़ियों के लिए एक संदर्भ-बिंदु की भूमिका अदा कर सके। यह अलग से कहने की ज़रूरत नहीं है कि ज्ञान के किसी भी अनुशासन में पूर्वपक्ष/परम्पराओं, परिप्रेक्ष्य और प्रस्थापनाओं का स्मरण करना उसके स्थापित दायरों का विस्तार करना भी होता है। जिस तरह समाज की विभिन्न संस्थाएँ विगत और समकालीनता के द्वंद्व और संवाद के ज़रिये अपना उत्तर-जीवन सुनिश्चित करती हैं, उसी तरह विमर्श का लोक भी अपने मूर्धन्यों का स्मरण करके अपना नवीकरण करता रहता है। प्रकारांतर से, अपने क्षेत्र के अग्रणी और नवोन्मेषी विद्वानों का यह स्मरण एक काल-खण्ड में सृजित ज्ञान को अग्रसारित करता है।

---

[19] अंग्रेज़ी-भाषी दुनिया में श्रद्धांजलि-लेखों को दिलचस्प बनाने के लिए लेखक दिवंगत के विवाहेतर प्रेम-प्रसंगों अथवा उसके अजीबोग़रीब यौन-व्यवहार जैसे कई तरह के हथकंडे अपनाते हैं, लेकिन इसे श्रद्धांजलि-लेखन का सार्वभौम ढर्रा नहीं माना जा सकता. इस प्रसंग में एक प्रतिनिधि समझ के लिए देखें, शार्लोट मिशेल (2017).

इस ज्ञान को सामूहिक स्मृति के रूप में संसाधित करना इसलिए ज़रूरी है क्योंकि एक समय के बाद पठन-पाठन की प्रक्रिया से छनकर विचार और चिंतन की यही निष्पत्तियाँ ज्ञानोत्पादन के आगामी साँचे का निर्माण करती हैं।

अख़बारों और व्यावसायिक पत्रिकाओं की गुलाबी श्रद्धांजलि के बरअक्स व्यक्ति के स्मरण का यह स्वरूप उसके निजी जीवन के बजाय उसके वैचारिक योगदान का स्मरण ज़्यादा करता है। श्रद्धांजलि का यह वैकल्पिक रूप संबंधित व्यक्तित्व को विमर्श के समकालीन लोक में अवस्थित करता है; विमर्श के क्षेत्र में उसके द्वारा विकसित किए गए नये परिप्रेक्ष्यों तथा सूत्रीकरणों पर ज़्यादा ध्यान देता है। मसलन, भारतीय समाजशास्त्र के शीर्ष व्यक्तित्व श्यामाचरण दुबे की मृत्यु पर रामशरण जोशी का यह स्मरण देखें जो श्यामाचरण दुबे से लेखक की निजी मुलाक़ातों के अनुभव और उनके व्यक्तित्व का स्पर्श करते हुए मुख्यतः एक समाजशास्त्री के रूप में उनके पूर्वग्रहों और सीमाओं की शिनाख़्त करता है :

> डॉ. दुबे का उदय एक ऐसे समय में हुआ था, जब स्वतंत्र भारत अपने विकास और निर्माण के शुरुआती दौर में था। उन्होंने अपनी पुस्तक 'भारतीय ग्राम' के माध्यम से समाजशास्त्र में एक नया आयाम जोड़ा था। लंबे समय तक यह पुस्तक समाजशास्त्र एवं नृतत्वशास्त्रीय बौद्धिक जगत पर छायी रही। भूदान, सामुदायिक विकास, सहकारिता आंदोलन, पंचायती राज जैसे मोहक नारों की गूँज के बीच डॉ. दुबे एक सशक्त हस्ताक्षर के रूप में उभरे। सत्ता प्रतिष्ठान ने उन्हें घेरा। उन्होंने भी प्रतिष्ठान की 'बाहरी सरहदों' में रह कर ही अपनी भूमिका निभाई। डॉ. दुबे के समाजशास्त्रीय चिंतन में ए.आर. देसाई, आंद्रे बेते, डा. पी.सी. जोशी, कैथलीन ग़फ जैसे समाजशास्त्रियों के खुरदरेपन और ज़मीनी तीक्ष्णता की कमी ज़रूर खटकती है।[20]

इसी तरह, हिंदी-कहानी को अपनी अनूठी भाषा और सूक्ष्म संवेदना से समृद्ध करने वाले रचनाकार निर्मल वर्मा का स्मरण करते हुए अशोक वाजपेयी उनके वैचारिक आग्रहों पर उँगली रखना नहीं भूलते :

> निर्मल वर्मा अपनी द्विधाग्रस्त स्मृति और आत्मचेतना को इतिहास द्वारा किए गये ध्वंसों और विकृतियों से अनजान नहीं रखना चाहते लेकिन उनकी

[20] रामशरण जोशी (1996) : 28-30.

आकांक्षा अपनी मटमैली स्मृति को इतिहास की गंदगी से महफ़ूज रख पाने की ज़रूर थी। आधुनिक समय में वे भारतीय चेतना में आए परिवर्तनों में से कुछ को फाँक की तरह देखते हैं जबकि उन्हें इस चेतना के खुले और समावेशी समाहार के रूप में भी देखा-परखा जा सकता है।[21]

विकासशील समाज अध्ययन पीठ (सीएसडीएस) द्वारा संस्थापित-प्रकाशित समाज-विज्ञान और मानविकी की पत्रिका *प्रतिमान समय, समाज, संस्कृति* में 'स्मृति-शेष' एक स्थायी स्तंभ रहा है। प्रस्तुत पुस्तक इस स्तंभ के अंतर्गत प्रकाशित लेखों का संपादित संग्रह है। इस संग्रह में हमने व्यक्ति की स्मृति को सामूहिक स्मृति के सदंर्भ में देखने की कोशिश की है। यह मुख्यतः अकादमीय दुनिया के दिवंगत विद्वानों और विदुषियों; साहित्य व कला की मूर्धन्य विभूतियों तथा राजनीति और समाज के लोकवृत्त में जनतांत्रिक मूल्यों के लिए कार्य करने वाले लोगों का स्मरण है। यहाँ शायद अलग से कहने की ज़रूरत नहीं है कि निजी संबंधों के संसार का दायरा ख़त्म होते ही किसी भी सार्वजनिक व्यक्तित्व की स्मृति उसके कृतित्व और अवदान की स्मृति बन जाती है। दूसरे शब्दों में, ऐसे में व्यक्ति का स्मरण उसके एवं दूसरों के द्वारा खड़े किए विमर्श में पुनर्वास कर जाता है। इसलिए, प्रस्तुत संकलन के अधिकांश लेख व्यक्ति के बुनियादी परिचय— जन्म और शिक्षा आदि के संक्षिप्त उल्लेख के बाद सीधे उसके वैचारिक उत्तर-जीवन की ओर बढ़ जाते हैं। एकबारगी यह नज़रिया नीरस लग सकता है परंतु सूत्रीकरण या सिद्धांत-निरूपण की प्रक्रिया अंततः छँटाई की माँग करती है। एक बात और, यहाँ हम सामूहिक स्मृति को किसी बंद, जड़ और शाश्वत अवधारणा के रूप में नहीं देख रहे हैं। हमारा मानना है कि वह दोनों सिरों पर खुली रहती है। इसलिए उसका इस्तेमाल न्यस्त हितों के लिए भी किया जा सकता है। फ़ेक न्यूज़, झूठे विमर्शों, निराधार बहसों, प्रमाण की अनदेखी तथा गल्प और इतिहास को गड्डमड्ड कर रहे मौजूदा घटाटोप के इस दौर में यह संग्रह सामूहिक स्मृति के सकारात्मक पक्ष को बचाने का उपक्रम माना जा सकता है।

---

[21] अशोक वाजपेयी (2005) : 63.

ज़ाहिर है कि व्यक्ति के योगदान का ऐसा आकलन प्रशस्तिमूलक नहीं हो सकता। उसका काम संबंधित व्यक्तित्व की बृहत्तर भूमिका पर रोशनी डालना है। दूसरे शब्दों में कहा जाए तो यहाँ स्मृति का आशय व्यक्ति के स्मरण के बजाय उसकी सामाजिक-बौद्धिक स्मृति से है। इसलिए यहाँ जन्म, शिक्षा, उपलब्धियों और मृत्यु के उल्लेखनीय ब्योरे तो आते हैं लेकिन स्मृति के रचनाकारों का ज़ोर दिवंगत के वैचारिक-सैद्धांतिक अवदान पर ज़्यादा है। इस मायने में यह 'पुण्य' स्मरण नहीं, वैचारिक स्मरण है।

संदर्भ

अर्नेस्ट गेलनर (1993), *नेशंस ऐंड नैशनलिज़्म*, ब्लैकवेल, ऑक्सफ़र्ड.

अशोक वाजपेयी (2005), 'आत्मसत्य की ज़िद्दी, साहसिक तलाश', *इंडिया टुडे*.

एन्ना ग्रीन (2004), 'इनडिविजुअल *रिमेंबरिंग* ऐंड 'कलेक्टिव मेमॉरी' : थियोरेटिकल प्रीसपोज़ीशंस ऐंड कंटेम्परारी डिबेट्स', *ऑरल हिस्ट्री*, अंक 32, संख्या. 2.

एमील दुर्खाइम (1971), *ऐलीमेंटरी फ़ॉर्म्स ऑफ़ रिलीजस लाइफ़*, अंग्रेज़ी अनुवाद : जे. डब्ल्यू. स्वेन, फ्री प्रेस, न्यू यॉर्क, [मूल संस्करण : 1912].

एरिक हॉब्सबॉम एवं टेरेंस रेंजर (1983), *इन्वेंशन ऑफ़ ट्रेडिशन*, केम्ब्रिज युनिवर्सिटी प्रेस, केम्ब्रिज.

ज़ाक देरिदा (2001), द *वर्क ऑफ़ मॉर्निंग*, पास्कल-ऐनी ब्रॉल्ट एवं माइकेल नास (सं.), द युनिवर्सिटी ऑफ़ शिकागो प्रेस, शिकागो और लंदन.

बारबरा ए. मीस्तल (2003), *थियरीज़ ऑफ़ सोशल रिमेंबरिंग*, ओपन युनिवर्सिटी प्रेस, मैक्ग्रा-हिल एजुकेशन, बर्कशायर.

बिग्रेट फ़ाउलर (2007), द *ऑबिच्युरी एज़ अ कलेक्टिव मेमॅरी*, रौटलेज, न्यू यॉर्क एवं लंदन.

बेरी श्वार्त्ज़ (1982), 'द सोशल कंटेक्स्ट ऑफ़ कमेमोरेशन : अ स्टडी इन कलेक्टिव मेमोरी', *सोशल फ़ोर्सेज़*, 61, अंक 2.

लेविस ए. कोजर (1992), *मॉरिस अलब्वैक्स ऑन कलेक्टिव मेमॅरी*, शिकागो युनिवर्सिटी प्रेस, शिकागो और लंदन.

राधावल्लभ त्रिपाठी (2018), 'संस्कृत साहित्य में शोककाव्य', *संस्कृत साहित्य का समग्र इतिहास*, न्यू बुक कॉरपोरेशन, नयी दिल्ली.

————————(2018), तृतीय खण्ड, अध्याय 4.

———————— (2018), चतुर्थ खण्ड, अध्याय 5.

रामशरण जोशी (1996), 'जो विचार की तरह चला गया', *हंस*, मार्च.

शार्लोट मिशेल (2017), *कैप्चरिंग द इसेंस : द आर्ट ऑफ़ द ऑबिच्युरी*, अलज़ज़ीरा न्यूज़ 18 अक्तूबर, 2019 को देखा गया.

सैंड्रा मार्टिन (2013), 'लुकिंग बैक, लुकिंग फ़ॉरवर्ड : द आर्ट ऑफ़ ऑबिच्युरी राइटिंग', *जे.सॉर्स : द कनाडियन जर्नलिज़म प्रोजेक्ट*, 18 अक्तूबर, 2019 को देखा गया.

भाग – एक

समाज-वैज्ञानिक विमर्श

मौलिक संधान

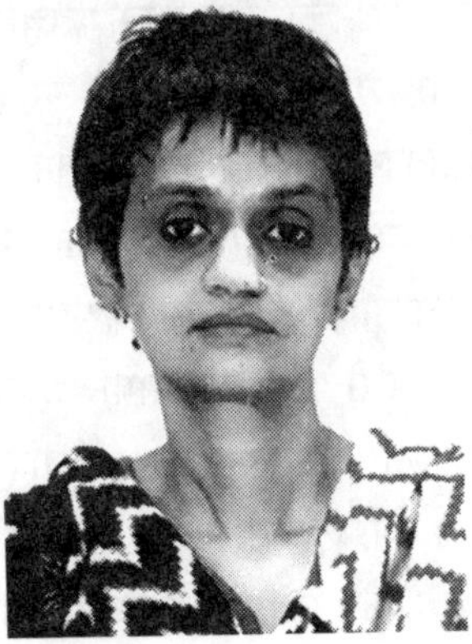

शर्मिला रेगे

एक अनूठी त्रिवेणी

सतीश देशपाण्डे

सीधे-सपाट शब्दों में कहा जाए तो शर्मिला रेगे (1964-2013) एक सुप्रसिद्ध नारीवादी चिंतक, कर्मठ प्राध्यापिका, और दलित-बहुजन विचारधारा की प्रतिबद्ध समर्थक थीं जिन्हें कैंसर की बीमारी ने मात्र अड़तालीस वर्ष की अल्पायु में शरीर त्यागने को मजबूर कर दिया। लेकिन इस शुष्क विवरण में उस दीप्तिमान, एकाग्रचित्त और जुझारू शख़्सियत की कोई झलक नहीं मिलती जिसके अचानक बुझ जाने के सदमे से उनके मित्र, सहकर्मी और छात्र आज तक नहीं उबरे हैं। उनसे और उनके बहुआयामी काम से महिला और दलित आंदोलनों को ही नहीं, उच्च-शिक्षा और समाजशास्त्र के जगत को कितनी और कैसी अपेक्षाएँ थीं, इसका अनुमान उन्हें समर्पित स्मृति-लेखों से लगाया जा सकता है।[1]

शर्मिला रेगे का बुनियादी शिक्षण-प्रशिक्षण समाजशास्त्र के अनुशासन में हुआ था, और इस अनुभव का उन पर गहरा असर पड़ा। जिन तीन मुद्दों व सवालों को लेकर वे अपने अनुशासन की रूढ़ियों से टकराती रहीं— वही

[1] जे. देविका, मैरी जॉन, कल्पना कन्नाबिरन, समिता सेन एवं पद्मिनी स्वामीनाथन (2013), 'ट्रिब्यूट टू ए फुले-अंबेडकराइट फेमिनिस्ट वेल्डर', *इकनॉमिक ऐंड पॉलिटिकल वीकली*, खण्ड 48, अंक 32 : 22-25; डी.एन धनागरे (2013), 'शर्मिला रेगे (1964-2013) : परस्यूइंग नॉलेज फॉर सोसियल ट्रांस-फॅरमेशन', *इकनॉमिक ऐंड पॉलिटिकल वीकली*, खण्ड 48, अंक 32 : 25-27; मैरी जॉन (2013), 'शर्मिला रेगे (1964-2013)', *कंट्रिब्यूशंस टू इण्डियन सोसिऑलॅजी*, खण्ड 47, अंक 3 : 445-48.

उनके चिरंतन-सरोकार बने और उन्हीं सवालों से उनकी सार्वजनिक पहचान भी बनी। तीन मुख्य मुद्दों में पहला था समाजशास्त्रीय सिद्धांत के समक्ष नारीवादी चिंतन की चुनौती। इस मुठभेड़ को सकारात्मक संवाद में बदलने के लिए शर्मिला ने जीवन भर मेहनत की। इस प्रयास की पहली मिसाल है पीएच.डी. की उपाधि के लिए लिखा गया उनका शोध-प्रबंध *फ्रॉम मेनस्ट्रीम टु मेलस्ट्रीम सोसिओलॅजी* (मुख्य-धारा समाजशास्त्र से पुरुष-धारा समाजशास्त्र तक)। 1995 में सम्पन्न इस शोध-ग्रंथ में शर्मिला ने समकालीन नारीवादी चिंतकों का सहारा लेते हुए समाजशास्त्र के मार्क्स, एंगेल्स, वेबर, दुर्खाइम, कॉम्त एवं स्पेंसर जैसे बुनियादी सिद्धांतकारों और दिग्गज विचारकों की मौलिक समीक्षा प्रस्तुत की।[2] आगे चलकर इसी विषय पर उनका सुप्रसिद्ध लेख छपा जिसका शीर्षक था 'समाजशास्त्र और जेंडर-अध्ययन का सांस्थानिक गठबंधन : कहानी मगरमच्छ और बंदर की'। जेंडर-अध्ययन जैसी नवजात शास्त्रहीन विधा को समाजशास्त्र जैसी स्थापित-प्रतिष्ठित विधा का सहारा भी लेना पड़ता है और उससे संघर्ष भी करना पड़ता है। ऐसी हालत में कमज़ोर पक्ष को जिस तरह की दुविधाओं का सामना करना पड़ता है और कैसे उनका व्यावहारिक किंतु नीतिगत हल निकालना पड़ता है— इसका सटीक विवरण इस विचारोत्तेजक निबंध में पेश किया गया है। इसकी ख़ासियत है गम्भीरता और विनोद का कारगर मिश्रण। इसी निबंध ने शर्मिला रेगे को एक गम्भीर एवं संवेदनशील विचारक के रूप में स्थापित किया और इसी के बाद उन्हें जेंडर के अग्रणी विद्वानों में शुमार किया जाने लगा।[3]

समाजशास्त्रीय प्रशिक्षण से उपजा दूसरा सवाल जाति और समकालीन जाति-विषमता का था। शर्मिला ने जाति के प्रश्न को स्वेच्छा से चुनी गयी चुनौती

---

[2] इस शोध-प्रबंध के संदर्भ में शर्मिला रेगे के गुरु और शोध-निर्देशक वरिष्ठ समाजशास्त्री दत्तात्रेय धनागरे का भावुक विवरण देखें, धनागरे, वही.

[3] इसका एक लक्षण यह है कि समाजशास्त्र के शिखर संस्थान भारतीय समाजशास्त्रीय समाज ने अपनी शोध-पत्रिका *सोसियोलॅजीकल बुलेटिन* के जेंडर संबंधी लेखों की पुस्तक सम्पादित करने का ज़िम्मा शर्मिला रेगे को ही सौंपा था. देखें, शर्मिला रेगे (2002), 'कॉनसेप्चुअलाइज़िंग पॉपुलर कल्चर : लावणी ऐंड पवाड़ा इन महाराष्ट्र', *इकनॉमिक ऐंड पॉलिटिकल वीकली*, खण्ड 37, अंक 11 : 1038-47.

के रूप में नये सिरे से आत्मसात् किया। उन्होंने इसे अपने पहले सरोकार जेंडर के साथ जोड़ कर भारतीय समाज-वैज्ञानिक परिवेश में एक नये शोध-क्षेत्र को आकार देने में अहम भूमिका निभाई। यह नया क्षेत्र दलित-नारीवाद का है जिसे शर्मिला रेगे ने अपनी विशिष्ट कर्मभूमि बनाया, और इसके समाजशास्त्रीय सिद्धांत के भारतीयकरण में मदद की।[4]

दलित नारीवाद का विचारधारात्मक और सैद्धांतिक आधार है स्टैंडपॉइंट थियरी (दृष्टि-बिंदु सिद्धांत) जो संयुक्त राज्य अमेरिका में अस्सी और नब्बे के दशकों में प्रचलित हुआ। संक्षेप में इस मत की केंद्रीय स्थापना यह है कि हमारा समाज-बोध व यथार्थ-ज्ञान सार्वभौम या संदर्भ-निरपेक्ष नहीं होता, बल्कि यह अवस्थिति-जनित और संदर्भ-निर्भर होता है। यानी हम कहाँ खड़े हैं— यही सवाल हमारी दृष्टि का कोण तय करते हुए हमारे ज्ञान का स्वरूप भी तय करता है। मोटे तौर पर इस सिद्धांत को अस्मिता की राजनीति का विरोधी विकल्प माना जाता है। बारीकियों में उतरे बिना यहाँ सिर्फ़ इतना कहना काफ़ी है कि इस विरोध का मूल कारण है अनुभव और ज्ञान के रिश्ते को लेकर बुनियादी मतभेद। जहाँ अस्मिता विमर्श का मानना है कि अनुभव ही ज्ञान हासिल करने का सर्वश्रेष्ठ और सबसे वैध साधन है, वहीं दृष्टि-बिंदु सिद्धांत का दावा है कि अनुभव और ज्ञान के बीच कोई अनिवार्य या अवश्यम्भावी रिश्ता नहीं है। इस स्थापना का फ़ौरी निहितार्थ यही है कि दलित नारीवादी दृष्टि-बिंदु अपनाने और इसके ज़रिये साध्य ज्ञान पाने के लिए अथक मेहनत और अटूट प्रतिबद्धता की दरकार होती है। लेकिन इसके लिए साधक का स्वयं दलित होना आवश्यक नहीं है (क़ायदे से स्त्री होना भी अनावश्यक है)। इस धारणा को ले

---

[4] इस काम की शुरुआत हुई 1998 के उस पर्चे से जिसमें शर्मिला ने सुप्रसिद्ध राजनीतिशास्त्री गोपाल गुरु के लेख पर प्रतिक्रिया व्यक्त करते हुए दलित नारीवादी दृष्टि-बिंदु की विस्तृत व्याख्या प्रस्तुत की. आगे का काम उनकी 2006 में प्रकाशित पुस्तक *राइटिंग कास्ट राइटिंग जेंडर : रीडिंग दलित वुमंस टेस्टिमोनियोस*, ज़ुबान, नयी दिल्ली में मिलता है जिसमें उन्होंने दलित स्त्रियों के जीवन-संदेशों का संकलन किया था. इस दिशा में शर्मिला की आख़िरी पहल थी बाबा साहब आम्बेडकर के मनुवादी पितृसत्ता के ख़िलाफ़ लिखे गये निबंधों का संकलन जो उनकी मृत्यु के दो-तीन हफ़्ते पहले प्रकाशित हुआ था. देखें, शर्मिला रेगे (2013), *अगेंस्ट द मेडनेस ऑफ़ मनु : राइटिंग्स ऑन ब्राह्मणिकल पेट्रिआर्की बाय बी.आर. आम्बेडकर*, नवायन, नयी दिल्ली.

कर पिछले एक दशक से तनावपूर्ण विवाद चल रहे हैं, क्योंकि इन दिनों एक नयी अस्मिता-प्रधान दलित राजनीति मुखर हुई है। इस पक्ष के अनुसार दलित मुद्दों पर दलित कार्यकर्ताओं और बुद्धिजीवियों को ही बोलना चाहिए, या कम-से-कम उन्हें प्राथमिकता दी जानी चाहिए, जबकि आमतौर पर इसका ठीक उल्टा होता रहा है और ग़ैर-दलित वक्ता ही हावी रहे हैं।

ब्राह्मण परिवार में जन्मी दलित समर्थक और पितृसत्तात्मक समाज (दलित व ग़ैर-दलित) में मुखर नारीवादी महिला होने के नाते शर्मिला रेगे इन तनाव भरे मतभेदों की आँच बराबर झेलती रहीं। उन्होंने अपनी ओर से सकारात्मक, ईमानदार और संवेदनशील जवाब देने का सतत प्रयास भी किया। ऐसा नहीं है कि उनके वक्तव्य सदा सर्वमान्य थे या उनकी स्थापनाएँ त्रुटिमुक्त थीं। यह भी नहीं कहा जा सकता कि सैद्धांतिक मामलों पर उनकी पकड़ हमेशा सूक्ष्म या सुदृढ़ थी। लेकिन तमाम कमियों के बावजूद जिस तथ्य से इनकार नहीं किया जा सकता वह है उनकी सम्पूर्ण प्रतिबद्धता। उनमें एक अनोखी असीम ऊर्जा भरी थी और पिछले कुछ सालों में उनसे मिलने वालों को तीव्र अहसास होता था कि शर्मिला अपना सब कुछ— समय, शरीर, समस्त अस्तित्व अपने काम में झोंक दे रही हैं।

महाराष्ट्र और स्त्री-अध्ययन के बाहर के लोग, जो उनको प्राय: एक बुद्धिजीवी के रूप में जानते हैं, यह जानकर हैरान होंगे कि जिस काम में शर्मिला रेगे स्वयं को इस क़दर खर्च कर दे रही थीं वह मूलत: सामूहिक-सांस्थानिक था न कि व्यक्तिगत-बौद्धिक। आज के अति-पूँजीवादी युग में अकादमिक जगत भी वैयक्तीकरण और पण्यीकरण की प्रक्रियाओं से गुज़र रहा है। समकालीन अकादमिक बाज़ार का मूल मंत्र है दृश्यमानता, और इसे पाने के लिए ज़रूरी है बिकाऊ माल। इस नज़रिये से देखें तो बौद्धिक श्रम को भुनाने के लिए ज़रूरी है कि उसे किसी ठोस और पृथक् उत्पाद के निर्माण में लगाया जाए जो बाज़ार में अपने निर्माता की पहचान बना सके। और वही बौद्धिक उत्पाद सर्वाधिक दृश्यमानता प्रदान करते हैं जिनकी मिल्कियत स्पष्ट हो, यानी जिन पर किसी व्यक्ति-विशेष का निर्विवाद अधिकार हो। यही कारण है कि किताबें, शोध-लेख व इस क़िस्म की व्यक्ति-संलग्न कृतियाँ ही अकादमिक बाज़ार में मुद्रा और संपत्ति के प्रभावी स्वरूप बनते हैं। ऐसे में हर महत्त्वाकांक्षी बुद्धिजीवी की यही कोशिश

रहती है कि वह ज़्यादा से ज़्यादा ऐसा माल तैयार कर उसे जल्द से जल्द मण्डी में लाए। इन व्यावसायिक वास्तविकताओं के चलते विश्वविद्यालयों के साधारण शिक्षक तो क्या कर्तव्यनिष्ठ कहलाने वाले प्रोफ़ेसरगण भी उन ज़िम्मेदारियों से बचने लगे हैं जो शोहरत और व्यावसायिक तरक्की के लिहाज़ से लगभग अप्रासंगिक हो गयी हैं। सबसे ज़्यादा असर पड़ा है अध्यापन कार्य पर, खासकर उन छात्रों के शिक्षण-प्रशिक्षण पर जो कमज़ोर कहलाते हैं क्योंकि उनके पास न तो सम्पन्न परिवार और महँगी स्कूली-शिक्षा का कवच है और न ही अंग्रेज़ी का ब्रह्मास्त्र। ऐसे छात्रों की शिक्षा-दीक्षा पर मेहनत करके आप अकादमिक बाज़ार के लाड़ले नहीं बन सकते क्योंकि इस प्रकार के श्रम से दृश्यमानता हासिल करना नामुमकिन है।

ठीक इसी प्रकार के छात्रों के साथ काम करने के लिए शर्मिला रेगे ने अपना कॅरियर दाँव पर लगा दिया। पुणे विद्यापीठ के समाजशास्त्र विभाग की (जिसकी गिनती विषय के अग्रगण्य विभागों में हुआ करती थी) विभागाध्यक्ष नियुक्त होने के बावजूद उन्होंने उसी विश्वविद्यालय के क्रांतिज्योति सावित्रीबाई फुले स्त्री अध्ययन केंद्र का निदेशक बनना बेहतर समझा। इस केंद्र से शर्मिला शुरू से जुड़ी रहीं और उनके व उनके सहकर्मियों के लगभग दो दशकों के अध्यापन व सांस्थानिक काम की बदौलत आज यह देश के सर्वश्रेष्ठ स्त्री-अध्ययन केंद्र होने का दावा कर सकता है। यहाँ कमज़ोर छात्रों के अध्यापन के लिए वह सब कुछ व्यावहारिक रूप से अमल में लाया गया जो औरों के लिए मात्र नेक इरादे तक सीमित रहा है— विशिष्ट सेतु पाठ्यक्रमों का निर्माण व उनकी मदद से छात्रों का सघन मौलिक प्रशिक्षण, द्विभाषी पाठ्यपुस्तकों का लेखन, उपयुक्त सामग्री का मराठी में अनुवाद करने का विस्तृत व योजनाबद्ध प्रयास, और छोटे शहरों व क़स्बों की शैक्षणिक संस्थाओं से औपचारिक व अनौपचारिक स्थायी संबंध। यानी कुल मिलाकर औसत प्रतिबद्ध प्राध्यापक उच्चशिक्षा के जिस स्वाभाविक आभिजात्य का केवल दुखड़ा रोते रहते हैं, उसके खिलाफ़ शर्मिला व उनके सहकर्मियों ने एक सुविचारित ज़मीनी जंग छेड़ दी।

कहा जा सकता है कि उच्चशिक्षा का आभिजात्य वह तीसरा सवाल है जो शर्मिला को समाजशास्त्र से मिला, पर यहाँ इसे साबित करने की ज़रूरत नहीं। वैसे

भी शर्मिला रेगे को किसी एक अनुशासन या संदर्भ से बाँधकर रखना अनुचित और असम्भव है। उनकी अपनी नज़र में वे एक वेल्डर थीं जिनका काम था पुल बाँधना, सेतु बनना, वंचितों का उस दुनिया से परिचय कराना जिससे वे वंचित रहे हैं, भिन्न और संशयी मतों को एक-दूसरे से मिलवाना। इस लम्बे सफ़र की मंज़िल किसी घर्षण-मुक्त एकता के रूमानी सपने में नहीं थी बल्कि एक ऐसे भविष्य में थी जहाँ पृथक् दृष्टि-बिंदुओं और विशिष्ट सरोकारों में आपसी संवाद की सम्भावनाओं को जीवित रखा जा सकता है।

संदर्भ

जे. देविका, मैरी जॉन, कल्पना कन्नाबिरन, समिता सेन, एवं पद्मिनी स्वामीनाथन (2013), 'ट्रिब्यूट टू ए फुले-अंबेडकराइट फेमिनिस्ट वेल्डर', *इकनॉमिक ऐंड पॉलिटिकल वीकली*, खण्ड 48, अंक 32.

डी.एन. धनागरे (2013), 'शर्मिला रेगे (1964-2013) : परस्यूइंग नॉलेज फॉर सोशल ट्रांसफॉरमेशन, *इकनॉमिक ऐंड पॉलिटिकल वीकली*, खण्ड 48, अंक 32.

वुमंस स्टडीज़ क्लास ऑफ़ 2009, ही थाली भारतीय नाही का? (क्या यह थाली भारतीय नहीं?), क्रांतिज्योति सावित्री बाई फुले वुमंस स्टडीज़ सेंटर, पुणे विद्यापीठ, पुणे.

मैरी जॉन (2013), 'शर्मिला रेगे (1964-2013),' *कंट्रिब्यूशंस टू इण्डियन सोसिओलॅजी*, खण्ड 47, अंक 3.

शर्मिला रेगे (1997), 'इंस्टीट्यूशनल एलायंस बिटवीन सोसियोलॅजी ऐंड जेंडर स्टडीज़ : स्टोरी ऑफ़ द क्रॉकोडाइल ऐंड मंकी', *इकनॉमिक ऐंड पॉलिटिकल वीकली*, खण्ड 48, अंक 32.

शर्मिला रेगे (1998), 'दलित वुमॅन टॉक डिफरेंटली : अ क्रिटीक ऑफ़ डिफ़रेंस ऐंड टुवर्ड्स अ दलित फ़ेमिनिस्ट स्टेंडपॉइंट पोज़ीशन', *इकनॉमिक ऐंड पॉलिटिकल वीकली*, खण्ड 33, अंक 44.

शर्मिला रेगे (2002), 'कॉनसेप्चुअलाइज़िंग पॉपुलर कल्चर : लावणी ऐंड पवाडा इन महाराष्ट्र', *इकनॉमिक ऐंड पॉलिटिकल वीकली*, खण्ड 37, अंक 11.

शर्मिला रेगे (सं.) (2003), *सोसिओलॅजी ऑफ़ जेंडर : द चेलेंज ऑफ़ फ़ेमिनिस्ट सोसियोलॅजिकल नॉलेज*, सेज पब्लिकेशंस, नयी दिल्ली.

शर्मिला रेगे (2006), *राइटिंग कास्ट राइटिंग जेंडर : रीडिंग दलित वुमंस टेस्टिमोनियोस*, ज़ुबान, नयी दिल्ली.

शर्मिला रेगे (शृंखला सं.) (2010), *बिल्डिंग ब्रिजेज़— ऑन बिकमिंग ए वेल्डर. ब्रिज कोर्स मेनुअल*, क्रांतिज्योति सावित्रीबाई फुले वुमंस स्टडीज़ सेंटर, पुणे विद्यापीठ, पुणे.

शर्मिला रेगे (2013), *अगेंस्ट द मेडनेस ऑफ़ मनु : राइटिंग्स ऑन ब्राह्मणिकल पेट्रिआर्की बाय बी.आर. आम्बेडकर*, नवायन, नयी दिल्ली.

गोविंद पुरुषोत्तम देशपाण्डे

हमारे अपने 'पुनर्जागरण पुरुष'

सुभाष गाताडे

अट्ठाईस जुलाई के *महाराष्ट्र* में प्रकाशित एक अलग क़िस्म के लेख पर अचानक निगाह गयी थी जिसका शीर्षक था 'आमचा दादोजी'। प्रस्तावना पढ़ने पर पता चला कि गोपु देशपाण्डे अर्थात् गोविंद पुरुषोत्तम देशपाण्डे (जो मराठी भाषियों के लिए 'गोपु' के नाम से तो *इकनॉमिक ऐंड पॉलिटिकल वीकली* जैसी अंतर्राष्ट्रीय ख्याति की पत्रिका के पाठकों के लिए, जहाँ उन्होंने तीन दशक तक नियमित कॉलम लिखा, जीपीडी के नाम से जाने जाते रहे) की अनुजा (छोटी बहन) ज्योति सुभाष ने अपने दादोजी अर्थात् सबसे बड़े भाई के पचहत्तरवें वर्ष पूरे करने पर यह लेख लिखा था। लेख में सातारा ज़िले के रहमतपुर गाँव में बीते गोपु के बचपन की तमाम यादें थीं, जिन्हें उन्होंने कोलाज के रूप में पेश किया था। इस लेख में ज्योति ने आज़ादी के आंदोलन में शामिल उनके दादाजी और उनके माता-पिता के साथ-साथ बचपन से ही प्रचण्ड मेधावी के रूप में चर्चित गोपु (जो हमेशा सोचने-समझने में ही खोये रहते थे, यहाँ तक कि उन्हें खाने-पीने का भी ध्यान नहीं रहता था) की भुलक्कड़ी के तमाम क़िस्से बयाँ किये थे। उन्होंने यह भी बताया था कि गोपु की पहली विदेश यात्रा के लिए उन्हें विदा करने गये सभी छोटे भाई-बहन किस तरह दुखी होकर हवाई अड्डे पर रो रहे थे। अपनी अनुजा के संस्मरणों के बहाने मेरे सामने गोपु के जीवन का एक ऐसा अध्याय खुल रहा था, जिसके बारे में शायद ही कहीं लिखा गया हो। लेख

पढ़ते हुए मुझे इस बात का ज़रा भी अंदेशा नहीं था कि उसी समय मस्तिष्काघात अर्थात् ब्रेन हैमरेज के चलते वे अस्पताल में भरती थे। वहीं वे नीम बेहोशी में चले गये और उसके बाद उन्हें कभी होश नहीं आया। पुणे के अपने घर में ही उन्होंने अंतिम साँस ली। अगर व्यक्तिगत परिचय या मुलाक़ात की बात करें तो यह बताना ज़रूरी है कि मैं उनसे बहुत कम मिला था और वे तमाम मुलाक़ातें बेहद औपचारिक क़िस्म की थीं— किसी व्याख्यान के बाद या किसी आयोजन के बाद मेरे अभिवादन और उस पर उनकी प्रतिक्रिया तक सीमित थीं। इसे संयोग कहा जा सकता है कि ढाई साल पहले उनसे कुछ ज़्यादा बात हुई थी। उस समय वे अपनी नातिन केतकी के स्कूल के एक समारोह में आये थे और उस कार्यक्रम में मैं भी पहुँचा था। कार्यक्रम समाप्त होने पर सभी लोग बाहर निकले थे और हॉल के बाहर जब वे अपने आत्मीयों का इंतज़ार कर रहे थे, मेरी उनसे थोड़ी देर तक गुफ़्तगू हुई थी।

✦✦✦

वैसे बहुत कम लोग होते हैं जिनका गुज़र जाना कई दायरों में एक सदमे की तरह महसूस किया जाता है, कई दायरों को एक साथ सूना कर देता है। गोपु के गुज़र जाने पर यह बात सटीक बैठती है। जवाहरलाल नेहरू विश्वविद्यालय में अंतर्राष्ट्रीय मामलों का अध्यापन (जिसमें उनका विशेष फ़ोकस चीन था और उन्होंने 'चायना स्टडी ग्रुप' की भी स्थापना में योगदान दिया था); *उध्वस्त धर्मशाला*, *अंधार यात्रा*, *चाणक्य विष्णुगुप्त*, *रास्ते और सत्यशोधक* जैसे मराठी नाटकों का लेखन; *इकनॉमिक ऐंड पॉलिटिकल वीकली* में नियमित स्तम्भ-लेखन; संस्कृत साहित्य से लेकर मराठी साहित्य का गहन अध्ययन; साम्प्रदा-यिकता के ख़िलाफ़ या ऐसे ही अन्य जनपक्षीय मसले पर दिल्ली की सड़कों पर सामूहिक प्रतिरोध में भी समय-समय पर उनकी मौजूदगी और सबसे बढ़ कर वामपंथी आंदोलन के साथ लम्बे अरसे से चली आयी संलग्नता। वैसे महाराष्ट्र के बाहर के बहुत कम लोग जानते होंगे कि उन्होंने कविताएँ भी लिखी थीं और कुछ समय पहले उनका कविता-संग्रह भी प्रकाशित हुआ था। उनकी जीवन-संगिनी कालिंदी देशपाण्डे ख़ुद नारी मुक्ति आंदोलन की अग्रणी

कार्यकर्त्री थीं। उनका निधन 2006 में हुआ। गोपु को श्रद्धांजलि देते हुए किसी ने ठीक ही लिखा है कि वे रिनेसाँ मेन की तर्ज़ पर भारत के अपने 'पुनर्जागरण पुरुष' थे। ज़ाहिर है कि जिस तरह एक साथ उन्होंने एक माध्यम से दूसरे माध्यम या एक क्षेत्र से दूसरे क्षेत्र में बेहद सहजता के साथ अपनी आवाजाही जारी रखी थी और साथ में विचारों की दुनिया पर भी एक अलग छाप छोड़ी— इसे देखते हुए उनके लिए ऐसा कहा जाना स्वाभाविक ही है।

उनके जीवन में विचारों की प्रधानता की इसी स्थिति के चलते जिन नाटकों की उन्होंने रचना की वहाँ पर भी वे एक नयी ज़मीन तोड़ने में सफल रहे। उनके नाट्यलेखन ने मराठी रंगमंच में ही नहीं बल्कि भारतीय रंगमंच पर एक अलग छाप छोड़ी। वे चर्चा की शैली वाला नाटक लिखने के लिए जाने जाते थे। यह 1973 का क़िस्सा है जब सत्यदेव दुबे ने नाट्यलेखन शिविर का आयोजन किया था। इसमें सतीश आलेकर से लेकर (बाद में चर्चित) उस वक़्त के कई उदीयमान नाटककारों ने हिस्सा लिया था। इसी शिविर में गोपु ने अपने नाटक *उध्वस्त धर्मशाला* का पाठ किया। विश्वविद्यालय में कार्यरत एक मार्क्सवादी प्रोफ़ेसर की घुटन और प्रताड़ना पर केंद्रित यह नाटक श्रीराम लागू को भी बेहद पसंद आया था। लागू उस वक़्त मराठी नाट्यजगत में सफलता की बुलंदियों पर थे। नाटक के मंचन के लिए उन्होंने कई पेशेवर नाट्य समूहों से सम्पर्क किया, मगर कोई तैयार नहीं हुआ। उन सभी को उसमें कोई व्यावसायिक तत्त्व नहीं दिखाई दिया। बाद में ख़ुद श्रीराम लागू ने ही इस नाटक को अभिनीत किया था। नाटक न केवल चर्चित हुआ, बल्कि कई अन्य भाषाओं में अनूदित और मंचित भी हुआ।

उनके एक अन्य नाटक *रास्ते* में भी वही चर्चा शैली व्यक्त होती है। इस नाटक के केंद्र में है अलग-अलग राजनीतिक रुझानों वाले तीन मित्रों की जीवन-यात्रा, जो बड़ौदा विश्वविद्यालय से स्नातक हो कर निकलते हैं। इनमें से एक मार्क्सवादी विचारों का है, एक संघी है, तो तीसरा मस्तमौला क़िस्म का है। इस जीवन-यात्रा के बहाने उन्होंने समसामयिक राजनीतिक-सामाजिक आंदोलन पर अपना नज़रिया पेश करने की कोशिश की थी। नाटक के अंतिम दृश्य में वे तीनों इक्कीसवीं सदी के पुणे में मिलते हैं, जहाँ फिर उनके बीच तीखी बहस होती है। इस समय उनके साथ उनकी पत्नियाँ भी हैं, इस पूरी बहस से

निर्लिप्त। बातचीत के बाद वे इस नतीजे पर पहुँचते हैं कि समाज में नकारात्मकता फैली है और हमें संवाद जारी रखना चाहिए। याद रहे कि नाटक के मार्क्सवादी पात्र की बेटी की नक्सलवादी आंदोलन में सक्रियता और उसके चित्रण को लेकर गोपु को आलोचना का भी शिकार होना पड़ा।

वैसे आलोचना का एक वक़्त वह भी आया था जब त्येन आन मन चौक की घटना हुई थी और 1989 में छात्रों एवं मज़दूरों के एक व्यापक आंदोलन को चीनी हुक़ूमत ने बर्बरता के साथ कुचल दिया था। उसी समय चीन के समाजवादी रास्ते से विपथगमन पर चर्चाएँ तेज़ हुई थीं। उस वक़्त भी चीन के अध्येता के तौर पर उन्होंने घटनाओं का 'वस्तुनिष्ठ विश्लेषण' पेश करते हुए कहा था कि ऐसी स्थितियाँ आने वाले दिनों में भी बन सकती हैं। लेकिन उन्होंने चीन के इन बदलावों को लेकर मार्क्सवाद के आधिकारिक संस्करण को प्रश्नांकित नहीं किया।

जन नाट्य मंच के कहने पर उन्होंने महात्मा फुले के जीवन पर आधारित नाटक *सत्यशोधक* की रचना की। इस नाटक की एक ख़ासियत यह थी कि इसे पुणे के स्वच्छता विभाग में कार्यरत चतुर्थ श्रेणी कर्मचारियों को लेकर इसे तैयार किया गया था। नाटक इस क़दर लोकप्रिय हुआ कि एक साल के अंदर पूरे महाराष्ट्र में उसका सौ स्थानों पर मंचन हुआ।

✦✦✦

अगर नाटकों के ज़रिये उन्होंने अपनी वैचारिक मुहिम को एक नया आयाम दिया तो *इकनॉमिक ऐंड पॉलिटिकल वीकली* के नियमित स्तंभ में उसे एक अलग दिशा दी। वे जब भी लिखते थे, बेबाक ढंग से लिखते थे। सलमान रश्दी के मसले पर बहुत मुखर हो कर बोलने वाले और शिवसेना द्वारा रोहिंग्टन मिस्त्री की किताब पर लगाई गयी 'पाबंदी' पर अचानक मौन हो जाने वाले उदारतावादियों के दोहरेपन को उजागर करने में उन्होंने कोई संकोच नहीं किया ('सिलेक्टिव रिस्पॉन्सेस')। उन्होंने किताबों या अन्य रचनाओं के साथ सीधी बौद्धिक अंतर्क्रिया करने के बजाय उस पर पाबंदी लगाने या तोड़-फोड़ का सहारा लेने की भारतीय प्रवृत्ति को कभी नहीं बख़्शा (*प्राइड ऐंड प्रेजुडिस इन*

मराठा कंट्री)। इन्हीं में से कुछ लेखों का संकलन 2006 में प्रकाशित हुआ जिसका शीर्षक था *टॉकिंग द पॉलिटिकल कल्चरली*। इस संकलन में उनके वामपंथी कार्यकर्ता होने का स्वर प्रधान दिखता है। इस किताब की समीक्षा करते हुए *ईपीडब्ल्यू* में अनिकेत आलम ने लिखा कि इसका पहला निबंध एक तरह से दक्षिण एशिया की बौद्धिक परम्पराओं के प्रति वाम कार्यकर्ताओं की अनभिज्ञता के ख़तरनाक परिणामों को लेकर उन्हीं से एक संवाद है। इसी किताब में एक स्थान पर गोपु ने लिखा है :

प्रगतिशील आंदोलन में अपने बौद्धिक पुरखों के प्रति कोई उत्साह नहीं दिखता ... ऐसा प्रतीत हो सकता है कि प्रगतिशील सांस्कृतिक आंदोलन के लिए दुनिया के ग़ैर-उच्चवर्णीय जनों से निकले फुले और नारायण गुरुओं की कोई अहमियत न हो ... (इसके अलावा) यह दिख सकता है कि प्रगतिशील सांस्कृतिक आंदोलन ने कभी क्लासिकीय भाषाओं के साथ अपने रिश्ते को परिभाषित नहीं किया। जनता की ज़ुबान के सेलिब्रेशन का मतलब क्लासिकीय को ख़ारिज करना हो, यह कोई ज़रूरी नहीं है। ... इसके चलते कई लोग संस्कृत जैसी भाषा को किसी जाति समूह या धार्मिक समूह तक सीमित कर देते हैं। यह वही हुआ कि आप उर्दू को मुसलमानों तक सीमित कर दें।

(प्रगतिशील सांस्कृतिक आंदोलन) क्लासिकीय और जन/फ़ोक के नितांत अनैतिहासिक, दरअसल पूरी तरह झूठे अंतर्विरोध में संलिप्त दिखता है ... वह एक तरह से, क्लासिसिज़्म और क्लासिकीय परम्परा को रूढ़िवाद के हाथ में सौंपने के लिए आंशिक तौर पर ज़िम्मेदार है।

सन् 2006 में प्रकाशित अपनी रचना *वर्ल्ड ऑफ़ आयडियाज़ इन मॉडर्न मराठी* में गोपु आधुनिक भारत के बौद्धिक इतिहास पर निगाह डालते हैं और फुले, विनोबा और सावरकर के विचारों की चर्चा के बहाने एक अलग क़िस्म का बौद्धिक हस्तक्षेप करते हैं। गोपु के मुताबिक़ भारत में उन्नीसवीं सदी के इतिहास-लेखन की समस्या यह है कि वह इस बिंदु से प्रस्थान करता है कि 'भारत एक इतिहास-क्षेत्र है।' अपनी प्रस्तावना में वे सचेत तौर पर एक स्वायत्त बुद्धिजीवी होने के नाते तथा साथ ही भारतीय राष्ट्र का हिस्सा होने के तौर पर क्षेत्र को आगे रखते हैं। युरोप के साथ सादृश्यता दिखाते हुए वे कहते हैं कि यद्यपि जर्मन

आधुनिकता व्यापक युरोपीय आधुनिकता का ही हिस्सा है, मगर जर्मन-चिंतन के इतिहास से परिचित हुए बिना उसका अध्ययन नहीं किया जा सकता। उनके मुताबिक़ 'भारत में इतिहास को बहुवचनी होना चाहिए। भारत का इतिहास उसकी राष्ट्रीयताओं का इतिहास है।' इस किताब की चर्चा करते हुए *ईपीडब्ल्यू* के उसी आलेख में अनिकेत आलम जोड़ते हैं कि 'इसका मतलब यह नहीं निकाला जा सकता कि 'गोपु किसी 'देशज' विचार की हिमायत करते हैं और आधुनिकता की किसी उत्तर-आधुनिक आलोचना से प्रभावित हैं जो इतिहास के महाख्यान के बरअक्स स्थानीय को बुलंद करती है। दरअसल वे ऐसा बौद्धिक रुख़ अख़्तियार करते हैं जो इन सिद्धांतों और रचनाओं के प्रति स्थूल रूप से दूरी रखता हो, इसके लिए जिन बौद्धिक उपकरणों का वे इस्तेमाल करते हैं वह क्लासिकीय वाम-उदारतावादी अकादमिक जगत के दृष्टिकोण के नज़दीक दिखता है। यह नज़रिया मार्क्सवाद, यथार्थवाद और साम्राज्यवाद-विरोध से प्रेरित है तथा सशक्त मानवतावादी विचार में स्थापित है।'

भारत का वामपंथ इस समय अंतर्विरोधी छवि का शिकार नज़र आ रहा है। दुनिया के अन्य हिस्सों के विभिन्न वाम संगठनों/आंदोलनों के बरअक्स, जिन्हें सोवियत-विघटन के बाद शिकस्त का सामना करना पड़ा, उसके लिए यह मुमकिन हुआ है कि वह ख़ुद को बनाये रखे और कुछ स्थानों पर विस्तारित भी हो। लेकिन अपना अस्तित्व बचाये रखने या तमाम चुनौतियों के बीच अपनी निरंतरता क़ायम रखने का अर्थ यह नहीं है कि उसके सामने चुनौतियाँ नहीं हैं। इक्कीसवीं सदी में सामाजिक बदलाव की मुक्तिकामी दृष्टि पेश करने का, जनता की लामबंदी के लिए नयी क़िस्म की रणनीतियाँ विकसित करने का और सांगठनिक तौर पर अपने-आपको पुनर्जीवित करने का सवाल उसके सामने आज भी बना हुआ है। दलित-मुक्ति का प्रश्न या जाति के विनाश के लिए समग्र संघर्ष का सवाल ऐसा ही एक अहम सवाल है, जिस पर गम्भीरता से ध्यान देने की ज़रूरत है। *सिलेक्टेड रायटिंग्ज़ ऑफ़ ज्योतिराव फुले* की प्रस्तावना में गोपु फुले के आकलन के बहाने इन प्रश्नों को लेकर प्रचलित वाम समझदारी से अलग रेखा खींचते दिखते हैं। फुले ने सामाजिक मुक्ति के क्षेत्र में एक रैडिकल प्रवाह के विकास में अहम भूमिका अदा की थी। उन्होंने 'शेटजी

और भटजी' (महाजन और ब्राह्मण) से मुक्ति की ज़रूरत रेखांकित की थी। फुले की अगुआई में संचालित इस आंदोलन ने भारतीय संदर्भ में स्त्री की मुक्ति का जो विचार सामने रखा वह ऊँची जाति से सम्बद्ध समाज सुधारकों से गुणात्मक तौर पर अलग था। फुले द्वारा स्थापित सत्यशोधक समाज के अग्रणी लोखण्डे ने ही उन्नीसवीं सदी के उत्तरार्ध में बम्बई के कामगारों को संगठित कर उनकी पहली यूनियन की नींव डाली थी। गोपु लिखते हैं :

> फुले का फलक व्यापक था, उनका प्रसार विशाल था। उन्होंने अपने वक़्त के अधिकतर महत्त्वपूर्ण प्रश्नों— धर्म, वर्णव्यवस्था, कर्मकाण्ड, भाषा, साहित्य, ब्रिटिश हुकूमत, मिथक, जेण्डर प्रश्न, कृषि में उत्पादन की परिस्थितियाँ, तथा किसानों की हालत आदि— को चिह्नित किया और उन्हें सैद्धांतिक शक्ल देने की कोशिश की। इस सूची को और बढ़ाया जा सकता है। उन्नीसवीं सदी के भारत में ऐसी कोई दूसरी शख़्सियत नज़र नहीं आती, जिसके सरोकार इतने व्यापक हों। ... क्या फुले को फिर समाज सुधारक कहा जा सकता है? इसका जवाब होगा 'नहीं'। एक समाज सुधारक उदार मानवतावादी होता है और फुले क्रांतिकारी अधिक थे। उनके पास विचारों की समग्र प्रणाली थी, और वह उन प्रारम्भिक विचारकों में से थे, जिन्होंने भारतीय समाज में वर्गों की पहचान की थी। उन्होंने भारतीय समाज की द्वैवर्णिक संरचना का विश्लेषण किया था, और सामाजिक क्रांति के लिए शूद्रों-अतिशूद्रों को अग्रणी कारक शक्ति/एजेंसी के तौर पर चिह्नित किया था।

अपने सम्पादकीय के अंत में वे मार्क्स के योगदान के साथ फुले के योगदान की तुलना करते लिखते हैं :

अपने आलेख 'ब्रिटिश रूल इन इण्डिया' में मार्क्स बताते हैं कि इंग्लैण्ड के आगमन ने किस तरह भारतीय जनता की मौजूदा दुर्गति को एक ख़ास क़िस्म की विषण्णता प्रदान की। भारत के किसान समुदाय की इस दुर्गति और विपन्नता के प्रति फुले का भी सरोकार था। और, मार्क्स की तरह फुले का जीवन इस विपन्नता के विश्लेषण में सन्नद्ध रहा ताकि इसमें से कोई रास्ता निकाला जा सके। दूसरे शब्दों में कहें तो विचारों की प्रणाली को तब तक सम्पूर्ण नहीं कहा जा सकता जब तक उसमें उम्मीद का तत्त्व न हो। मार्क्स ने उस काम को अंजाम दिया। फुले ने भी किया। उसे अमली जामा पहनाना हमारी ज़िम्मेदारी है।

स्टुअर्ट मैक्ग्रेगर

हिंदी साहित्येतिहास की भिन्न दृष्टि

फ्रंचेस्का ओर्सीनी

पिछले 19 अगस्त को लम्बी बीमारी के बाद 84 साल की उम्र में आर.एस. मैक्ग्रेगर का केम्ब्रिज, यूके में देहांत हो गया। उनका नाम हिंदी जगत में, विशेषकर विदेश के हिंदी जगत में, उस सम्मान और कृतज्ञता से लिया जाता है जो बड़े-बुज़ुर्गों के लिए उचित और मुनासिब है। ज़्यादातर लोग उन्हें *ऑक्सफ़र्ड हिंदी-अंग्रेज़ी शब्दकोश* की वजह से जानते हैं, जो पिछले बीस सालों से किसी भी हिंदी पाठक और विद्यार्थी का विश्वसनीय और व़फादार साथी रहा है। कुछ ही महीने पहले, वार्सव में मध्यकालीन हिंदी पर हुई लम्बी बैठक में हम एक-दूसरे से पूछ कर होड़ लगा रहे थे कि किसके पास कितने-कितने 'मैक्ग्रेगर' हैं (मेरे पास पाँच हैं, अलग-अलग जगहों पर मेरा इंतज़ार करते हुए; आजकल ऑनलाइन भी मिलता है मगर उलटने-पलटने के लिए किताब अब भी बेहतर है)। व्यक्तिगत रूप से स्टुअर्ट इतने शालीन और आडम्बरहीन थे कि केम्ब्रिज में कम ही लोग उनके काम और भाषाविद् के रूप में उनकी उपलब्धियों से परिचित थे, हालाँकि उनसे मिलने और उनकी नीली पारदर्शी आँखों को देखने पर तुरंत समझ में आता था कि ये बहुत सीधे और ईमानदार आदमी हैं।

स्टुअर्ट मैक्ग्रेगर का जन्म और बचपन न्यूज़ीलैण्ड में बीता था, जहाँ उनके माँ-बाप पहले विश्व-युद्ध के बाद स्कॉटलैंड से आकर बस गये थे। वहाँ

क्राइस्टचर्च के न्यूज़ीलैण्ड विश्वविद्यालय में स्टुअर्ट ने अंग्रेज़ी और फ़्रांसीसी को विषय के रूप में चुना। उसके बाद उन्हें न्यूज़ीलैण्ड सरकार की तरफ़ से क़दीम अंग्रेज़ी की पढ़ाई जारी रखने के लिए ऑक्सफ़र्ड के मर्टन कॉलेज में छात्रवृत्ति मिल गयी और 1952 में वे इंग्लैंड के लिए रवाना हुए। उस ज़माने में ऑक्सफ़र्ड में ऐसे विद्यार्थियों को दूसरा बीए करना पड़ता था, और स्टुअर्ट ने भी ऐसा ही किया। उसके बाद उन्हें मर्टन कॉलेज की तरफ़ से अंग्रेज़ी की रिसर्च फ़ेलोशिप भी मिलने वाली थी, मगर उन्होंने तब लंदन के स्कूल ऑफ़ ओरिएंटल ऐंड अफ़्रीकन स्टडीज़ (सोआस) में जाकर हिंदी भाषा की पढ़ाई करने का निर्णय लिया। हिंदी के प्रति उनकी रुचि कैसे पैदा हुई थी, कहना मुश्किल है। बचपन में उनके एक रिश्तेदार ने उनको हिंदी सीखने की पुस्तक भेंट की थी जो फ़िजी के प्रवासी भारतीयों के बच्चों के लिए तैयार की गयी थी। शायद यही वजह रही होगी। सोआस में उनकी एलैन से मुलाक़ात हुई, जो अमेरिका से भारतीय इतिहास में पीएच.डी. करने आयी थीं। उन दोनों की शादी 1960 में कलकत्ते में हुई थी, जहाँ एलैन फ़ील्डवर्क के लिए गयी थीं, जबकि स्टुअर्ट इलाहाबाद के हिंदी विभाग में हिंदी भाषा और साहित्य पर अनुसंधान कर रहे थे। 1964 में उन्हें केम्ब्रिज विश्वविद्यालय में नौकरी मिल गयी, और वे 1997 तक, यानी जब तक नौकरी से रिटायर नहीं हुए, वहीं काम करते रहे। केम्ब्रिज में उन्होंने बाकायदा हिंदी का पूरा प्रोग्राम खड़ा कर दिया, जो बहुत हद तक भारत के किसी हिंदी बीए से मिलता-जुलता था। पहले ही साल के दूसरे टर्म से विद्यार्थी हिंदी कहानियाँ (प्रेमचंद और उपेंद्रनाथ अश्क की) पढ़ना शुरू करते, दूसरे साल से *रामचरितमानस* और भारतेंदु का बलियावाला भाषण, आख़िरी साल में छायावाद (*कामायनी* का पहला सर्ग, महादेवी, पंत की लम्बी कविता परिवर्तन...), अज्ञेय, नागार्जुन, और पुरानी हिंदी में कबीर, सूरदास, तुलसीदास, मीराबाई और नंददास। कुछ ही साल पहले तक यह इंग्लैंड में हिंदी का अकेला बीए था। 1980 में स्टुअर्ट केम्ब्रिज के वोल्फ़सन कॉलेज के फ़ेलो बन गये।

जब उन्होंने पहले-पहल केम्ब्रिज में हिंदी पढ़ाना शुरू किया था, तब वह दौर था जब युरोप में इण्डोलॅजी (भारतविद्या) का मतलब संस्कृत और पाली से था,

और स्टुअर्ट उन गिने-चुने विद्वानों में से थे जिन्होंने आधुनिक हिंदी भाषा और साहित्य को पढ़ाई और खोज का मान्य और स्वीकृत विषय बनाया। इस संस्थागत पुराणपंथ का नतीजा यह हुआ कि भारत के बाहर हिंदी के सबसे बड़े उस्ताद माने जाने के बावजूद स्टुअर्ट को कभी प्रोफ़ेसर नहीं बनाया गया। 1979 में उन्हें भारत सरकार की ओर से विश्व हिंदी पुरस्कार मिला, और 1983 में विश्व हिंदी सम्मलेन के दिल्ली अधिवेशन के अवसर पर उन्होंने सभापति का पद सुशोभित किया।

अगुआई करने वालों में सभी लोगों की तरह, स्टुअर्ट को भी विद्यार्थियों के लिए हिंदी भाषा और साहित्य सीखने-सिखाने के मौलिक साधन तैयार करने पड़े। यह उनके विस्तृत ज्ञान का साक्ष्य है कि जितने व्यावहारिक साधन उन्होंने तैयार किये, वे सब के सब प्रामाणिक बन गये हैं और अब भी प्रयोग में हैं— उनका *हिंदी व्याकरण* (1972), *ब्रज भाषा का वर्णनात्मक व्याकरण (द लैंग्वेज ऑफ़ इंद्रजीत ऑफ़ ओरछा* (1968), *उर्दू स्टडी मैटेरियल* (1992), और *हिंदी-अंग्रेज़ी शब्दकोश* (1992)। शब्दकोश का काम यूँ शुरू हुआ था कि उनसे प्लात्ट्स के उन्नीसवीं सदी वाले हिंदुस्तानी के पुराने शब्दकोश को अपडेट करने को कहा गया। तब कम्प्यूटर प्रोग्राम नहीं थे जो ऐसे काम में मदद करें, और स्टुअर्ट और एलैन (जो बीच में शब्दकोशों की विशेषज्ञ बन गयी थीं), शब्द-पूँजी जुटाने में लग गये। जो इस शब्दकोश को दूसरे हिंदी-अंग्रेज़ी शब्दकोशों से अलग बनाता है, वह यह है कि उसमें मानक हिंदी के अलावा आपको बहुत सारे ऐसे शब्द मिलेंगे जो ब्रजभाषा, अवधी के हैं, या फिर रोज़मर्रे के, खेती-बाड़ी से संबंधित ढेर सारे ऐसे शब्द मिलेंगे जो शहरी हिंदी की परिधि के परे बहुत विस्तृत हिंदी-भाषी दुनिया की तरफ़ इशारा करते हैं। इस नज़रिये से देखा जाए तो स्टुअर्ट मैक्ग्रेगर जॉर्ज ग्रियर्सन के सच्चे उत्तराधिकारी थे, जो न केवल *लिंग्विस्टिक सर्वे ऑफ़ इण्डिया* के कर्त्ताधर्ता थे, बल्कि जिन्होंने *अ ग्रामर ऑफ़ द बिहारी लैंग्वेजेज़, बिहार पेज़ॅन्ट लाइफ और वर्नाक्युलर लिटरेचर ऑफ़ हिंदुस्तान* भी लिखा था। आपको बहुत कम ऐसे शब्द मिलेंगे जो सिर्फ़ शब्दकोश बनाने वाले के ज़ेहन की उपज हैं— चूँकि ऐसा शब्द होना चाहिए, न कि है। कामिल बुल्के के अंग्रेज़ी-हिंदी शब्दकोश में, जो अपने में बहुत बड़ी उपलब्धि है, ऐसे शब्द

भरे हुए हैं। अगर आप वहाँ से शब्द ढूँढ़ कर अपने लेखन में इस्तेमाल करें तो पढ़ने वाला सोचे कि यह भला क्या शब्द है?

हिंदी साहित्य का इतिहास लिखने वालों में भी स्टुअर्ट मैक्ग्रेगर अगुआ रहे। हर्रासोवित्ज़ वाली नारंगी रंग की शृंखला के लिए दो जिल्दें जो उन्होंने तैयार कीं, वे महँगी और दुर्लभ तो हैं ही, मगर हाथ लग जाएँ तो उनको हाथ से निकलने न दीजिए (मगर पुस्तकालय से उन्हें मत चुराइए)। बहुत ही संक्षिप्त मगर प्रामाणिक ज्ञान से भरपूर, उनमें हर लेखक, रचना और साहित्यिक प्रवृत्ति का संतुलित और विद्वत्तापूर्ण अंकन मिलेगा। *हिंदी साहित्य का बृहद् इतिहास* दो जिल्दों में, एक बड़ा, एक छोटा। मेरे निजी अनुभव में जब भी किसी एक विषय पर कब किसने क्या लिखा था, यह पता करने के लिए उनको टटोलती हूँ, तो उनमें पूरे के पूरे संदर्भ मिल जाते हैं। उसके बाद आप बस संदर्भ ढूँढ़ कर पढ़ लीजिए, आपका काम आधा हो गया! पहले उन्होंने उन्नीसवीं सदी और बीसवीं सदी की शुरुआत को समेटा (1974)। यह छोटी और संक्षिप्त पुस्तक है, और उपयोगी होने के बावजूद उसमें आधुनिक हिंदी साहित्य की वही कहानी है जो बाक़ी साहित्येतिहास में मिलती है। 1984 में छपी दूसरी जिल्द, जो हिंदी साहित्य की शुरुआत से चलकर उन्नीसवीं सदी पर आकर रुकती है, भरपूर ख़जाना है। उसमें हिंदी साहित्य का चार-काल वाला इतिहास बहुत सारी दिशाओं में खुलता है—अपभ्रंश से लेकर जैन कवियों तक, सूफ़ी और ग़ैर-सूफ़ी कथाओं से लेकर, अनुवाद और टीकाओं तक ... 240 पन्नों में पता नहीं कैसे सब कुछ समेट पाये। किताब का आधार हिंदी विद्वानों की वह खोज थी, जो साठ और सत्तर के दशकों में विशेष रूप से हुई थी। फ़र्क़ इतना है कि यहाँ दायरा सचमुच बहुत बड़ा है और सब कुछ हिंदी-हिंदू की दृष्टि से नहीं आँका गया है। मुझे अभी तक याद है, जब पहले-पहल *पद्मावत* को पढ़ कर उनसे बात कर रही थी और अपनी हैरत प्रकट कर रही थी कि उसमें सारे के सारे शब्द अवधी के हैं, तो उन्होंने बस इतना कहा था : 'यही तो उनकी अपनी भाषा थी, वे वहाँ ही पैदा हुए थे।' मैं 'जब मुसलमान आये थे', 'अच्छे मुसलमानों ने हिंदी को अपनाया था' जैसे वाक्यों को सुन-सुन कर सचमुच भूल गयी थी कि जायसी जायस, ज़िला अमेठी में पैदा हुए थे, न कि ईरान या ख़ुरासान में। स्टुअर्ट के वे शब्द आज भी मेरे ज़ेहन में दर्ज हैं।

हिंदी साहित्य के विकास को एक और ढंग से देखने का उनको फिर तब मौक़ा मिला जब शेल्डन पोलॉक ने उनको अपने प्रॉजेक्ट *इंडियन लिटरेरी कल्चर इन हिस्ट्री* के लिए आमंत्रित किया। 'हिंदी की प्रगति' पर जो विद्वत्तापूर्ण लेख उन्होंने लिखा, उसमें प्रॉजेक्ट के अनुसार विशेष ध्यान शुरुआत, सामाजिक और राजनीतिक संदर्भ, और नये मोड़ों पर दिया। इस लेख में पंद्रहवीं सदी के तोमर राजाओं के ग्वालियर को विशेष महत्त्व दिया गया है, जिनके दरबार में विष्णुदास जैसे 'कवि' ने हिंदी में *महाभारत* और *रामायण* को अपने शब्दों में लिखा था। यह पुरानी हिंदी के साहित्य का सबसे संक्षिप्त और प्रामाणिक इतिहास है। स्टुअर्ट मैक्ग्रेगर के बहुत सारे लेख इधर-उधर के संकलनों में बिखरे पड़े हैं, और आशा है कि उनको एक जगह जमा करके निकालना सम्भव होगा। उन्हें परखने से पता चलता है कि उनकी सूझ-बूझ कितनी पक्की थी। चाहे विष्णुदास के *रामायण-महाभारत* हों या भिखारीदास का *काव्यनिर्णय*, ओरछानरेश *राजा इंद्रजित* द्वारा भर्तृहरि के *नीतिशतक* पर गद्य टीका या डच ईस्ट इण्डिया कम्पनी से जुड़े हुए विद्वानों के पहले का हिंदी शब्दकोश— इन सभी विषयों द्वारा उन्होंने हिंदी भाषा और साहित्य के इतिहास को नये आयाम दिये। आधुनिक हिंदी साहित्य में भारतेंदु हरिश्चंद्र (और उनके भाषा-प्रयोगात्मक नाटक *भारत दुर्दशा*) और नागार्जुन को ले कर भी उनकी रुचि शायद भाषाई और ऐतिहासिक दोनों थी।

आदमी के रूप में स्टुअर्ट संयमित और शांत मिज़ाज के थे, उसूल के बहुत पक्के। शायद अन्याय को देखकर ही वे ग़ुस्सा होते थे। जब भी कोई विद्यार्थी या युवा साथी-सहयोगी उनसे मिलकर अति-उत्साहित होता, तो वे चकित-जैसे लगते, जैसे अपनी औकात उन्हें ख़ुद न मालूम हो। भाषा के अलावा उन्हें पहाड़ पर घूमने और शास्त्रीय संगीत सुनने का बहुत शौक था। दुर्भाग्य से जब भाषा के शब्द उनके ज़ेहन से लुप्त हो चुके थे, उस समय भी संगीत सुन कर और न्यूज़ीलैण्ड के भव्य पहाड़ों को देखकर उन्हें शांति मिलती थी। मुझे केम्ब्रिज में स्टुअर्ट की उत्तराधिकारी होने का अवसर मिला और मैंने उन्हें कई बार ऐसे चौंकते हुए देखा। हालाँकि शुरू में मेरी और उनकी रुचि में काफ़ी फ़र्क़ था, पर आगे चल कर मैंने पाया कि जहाँ-जहाँ मेरी जिज्ञासा मुझे ले गयी, वहाँ स्टुअर्ट पहले ही पहुँच चुके थे और मेरा पथ-प्रदर्शन कर रहे हैं। उनका काम इतना मज़बूत और दूरंदेश है कि बहुत दिनों तक हमारा पथ-प्रदर्शन करता रहेगा।

ग्रेनविल ऑस्टिन

संविधान-विमर्श का शुक्ल पक्ष

नरेश गोस्वामी

भारतीय संविधान की निर्माण-प्रक्रिया, उसके अवधारणात्मक आधार तथा उसकी लोकतांत्रिक परिणति के विमर्श को केवल दो कृतियों के दम पर समृद्ध करने वाले ग्रेनविल ऑस्टिन (1927-2014) का इस वर्ष छह जुलाई को देहांत हो गया।

यह एक विलक्षण सी बात है कि कोई विद्वान अपने समूचे जीवन-काल में केवल दो किताबें लिखे और उनमें एक लगभग सर्वकालीन क्लासिक का दर्जा हासिल कर जाए। रचनाओं की संख्या के लिहाज़ से ऑस्टिन का कृतित्व कई विद्वानों को संक्षिप्त लगता रहा है लेकिन अगर उसकी गुरुता की बात करें तो वह अनुशासनों की चौहद्दियाँ तोड़ते हुए स्वयं एक विशिष्ट श्रेणी का निर्माण कर डालता है। यही वजह है कि ऑस्टिन की कृतियाँ इतिहासकारों, राजनीतिक विज्ञानियों तथा विधिवेत्ताओं को एक साथ अपनी ओर खींचती रही हैं। उनमें इतिहास, राजनीति का सैद्धांतिक व व्यावहारिक पक्ष और विधिक चिंतन एक साथ मौजूद रहता है। इसलिए यह सुन कर बहुत अचरज नहीं होता कि भारत के सर्वोच्च न्यायालय ने अपने कई फ़ैसलों में ऑस्टिन के प्रेक्षणों का हवाला दिया और अपने कई निर्णयों में उनकी टिप्पणियों और निष्कर्षों को सहायक पाया।

ऑस्टिन की पुस्तक द *इण्डियन कांस्टीट्यूशन : कॉर्नर स्टोन ऑफ़ अ नेशन* आज एक क्लासिक कृति मानी जाती है। इस रचना से पहले केवल

बी.एन. राव की कृति *इण्डियाज़ कांस्टीट्यूशन इन मेकिंग* को ही प्रतिमान की तरह देखा जाता था। राव संविधान सभा के परामर्शदाता होने के अलावा उस विशिष्ट समूह के सदस्य भी थे जिसकी संविधान के निर्माण में सम्भवत: सबसे सक्रिय भूमिका रही थी। इस अपवाद को छोड़ कर संविधान से संबंधित अधिकांश लेखन संविधान के विभिन्न प्रावधानों में उलझ कर रह जाता था। यह एक तात्कालिक और वर्णनपरक लेखन था जिसमें एक दस्तावेज़ के रूप में संविधान की ऐतिहासिक पूर्व-पीठिका, संविधान सभा की उग्र बहसों के आग्रह-दुराग्रह और चिंताओं के संदर्भ दिखाई नहीं पड़ते थे। ऑस्टिन ने इसी कमी को दुरुस्त किया। उन्होंने अपने स्रोतों और सामग्री को संविधान सभा की बहसों तक सीमित नहीं रखा, बल्कि देश और संविधान सभा के सदस्यों को विरोधी ख़ेमों में बाँट देने वाले विवादास्पद मसलों जैसे केंद्र सरकार के स्वरूप, नागरिक अधिकारों, संघ और राज्यों के आपसी संबंधों, न्यायपालिका की भूमिका और भाषा के असाध्य विवाद पर भी ध्यान दिया। ऑस्टिन ने इन सारे मुद्दों का राजनीतिक और क़ानूनी इतिहास सूत्रबद्ध करते हुए सिर्फ़ ब्रिटिश सत्ता का भाष्य नहीं लिखा बल्कि यह भी दिखाया कि इन मसलों को लेकर भारतीय पक्ष के विभिन्न धड़े क्या सोच रहे थे। इस तरह ऑस्टिन ने संविधान को एक अलग नज़र से देखने की कोशिश की। यह नज़र तथ्यों और ब्योरों को भी देखती थी तो देश को ले कर चल रही प्रतिस्पर्धी दावेदारियों, साम्प्रदायिक आग्रहों, क्षेत्रवादी शंकाओं का भी जायज़ा लेती थी। संरचना की दृष्टि से देखें तो ऑस्टिन की यह कृति संविधान के निर्माण की प्रक्रिया को तो एक लांग शॉट के ज़रिये स्थापित करती है जबकि उसकी कड़ियों को क्लोज़-अप में दिखाती है। ध्यान से देखें तो संविधान को शायद यही चीज़ एक जीवंत दस्तावेज़ बनाती है। इस किताब को शोध-पद्धति की दृष्टि से भी उल्लेखनीय माना गया था। इसमें उस समय के प्रकाशित-अप्रकाशित दस्तावेज़ों के अलावा संविधान सभा के सदस्यों के विस्तृत साक्षात्कारों तथा लेखक द्वारा जुटाए गये अन्य प्राथमिक स्रोतों का उपयोग किया गया था।

ऑस्टिन भारतीय संविधान को मूलत: एक सामाजिक दस्तावेज़ मानते थे जिसके ज़रिये संविधान के निर्माता भारतीय समाज की विषमताओं, सामाजिक

पदानुक्रम को जायज़ ठहराने वाली संस्थाओं तथा अन्य सामाजिक विकृतियों से निपटने का उपक्रम कर रहे थे। ह्यूज टिंकर जैसे कुछ समीक्षकों का कहना था कि बी.एन. राव की किताब तथा संविधान सभा की बहसों को देखने के बाद यह धारणा पैदा होती है कि जैसे संविधान सभा के सारे मूल फ़ैसले एक छोटा सा समूह ले रहा था तथा संविधान में कुछ प्रावधानों का समावेश तर्क-वितर्क के बजाय सिर्फ़ इसलिए कर लिया गया था क्योंकि ऐसा कोई दृष्टांत या तो 1935 के अधिनियम में मौजूद था या फिर अमेरिकी संविधान में। टिंकर के मुताबिक़ ऑस्टिन अपने अध्ययन में संविधान निर्माताओं की एक उदात्त छवि प्रस्तुत करके उसे सामूहिक आकांक्षा की सहज परिणति घोषित करते हैं।

ऑस्टिन को जैसे इन दलीलों का पूर्वाभास था। इसलिए अपनी कृति में उन्होंने पहले प्रतिपक्ष रखा और फिर अपना पक्ष। ऑस्टिन यह तो स्वीकार करते हैं कि भारतीय संविधान का बहुत-सा कच्चा माल दूसरों से लिया गया है, परंतु वे इसे नक़ल मानने को तैयार नहीं थे। इसी तरह ऑस्टिन भारतीय संविधान को 'ग़ैर-भारतीय' मानते हुए भी 'अ-भारतीय' या भारतीय चिंतन या रंग-ढंग से असंगत नहीं मानते। ऑस्टिन के मुताबिक़ समय ने भारतीय संविधान को लेकर उठाई गयी अधिकांश शंकाओं को ग़लत साबित किया है।

ऑस्टिन संविधान द्वारा प्रदत्त संघीय ढाँचे से ख़ासे प्रभावित थे। इस ढाँचे के आधार पर उन्होंने भारतीय राजनीतिक व्यवस्था को 'सहकारी संघवाद' का एक अन्यतम उदाहरण बताया। भारत की ज़मीनी हक़ीक़तों को ध्यान में रखते हुए ऑस्टिन इस नतीजे पर पहुँचे थे कि यहाँ की व्यवस्थागत जटिलताओं की कभी संक्षेप में व्याख्या नहीं की जा सकती। इसीलिए उनका यह भी मानना था कि भारतीय संविधान की परख उसके पाठ के बजाय उसके व्यावहारिक रूप के आधार पर की जानी चाहिए। ग़ौरतलब है कि संवैधानिक अध्ययन के एक अन्य मूर्धन्य विद्वान नॉर्मन डी. पामर ने ऑस्टिन की इस पुस्तक की समीक्षा करते हुए यह इशारा किया था कि उनकी पुस्तक संविधान के कार्यकारी पक्ष के बारे में कुछ ख़ास नहीं बताती। इसलिए पामर ने सलाह की शक़्ल में यह इच्छा जताई थी कि ऑस्टिन को भारत में लोकतंत्र की दशा और दिशा का अलग से अध्ययन करना चाहिए।

यह एक दिलचस्प तथ्य है कि ऑस्टिन की अगली रचना *वर्किंग अ डेमॉक्रैटिक कांस्टीट्यूशन : अ हिस्ट्री ऑफ़ इण्डियन एक्सपीरिएंस* उन छूटे हुए प्रश्नों से मुखामुखम है जिनकी ओर पामर ने इशारा किया था। पामर ने ऑस्टिन की पहली किताब को राजनीतिक इतिहास लेखन का एक नया प्रतिमान कहा था। ऑस्टिन की पहली पुस्तक के अन्य समीक्षक जे.एम. कॉम्पटन ने अपनी टिप्पणी में ऑस्टिन की इस बात के लिए प्रशंसा की थी कि उन्होंने महत्त्वपूर्ण फ़ैसलों पर पहुँचने के तरीक़ों को विस्तार से प्रस्तुत किया था। लेकिन कॉम्पटन ने इस ख़ामी की ओर भी इशारा किया था कि ऑस्टिन ने संविधान सभा के फ़ैसलों में एक समूह विशेष की वर्चस्ववादी भूमिका को प्रश्नांकित नहीं किया जिसने विरोधी मत को सहमति और सलाह-मशविरे के द्वारा अनुकूलित कर लिया था।

ऑस्टिन की दूसरी और अंतिम रचना 1999 में प्रकाशित हुई। एक तरह से यह पुस्तक उनकी पहली रचना की तार्किक परिणति थी। ऑस्टिन की यह किताब स्वतंत्र भारत की राजनीतिक पड़ताल करने के क्रम में यह पता लगाने की कोशिश करती है कि संविधान के क्रियान्वयन में लोकतांत्रिक उसूलों का निर्वाह किस हद तक किया गया। इस पुस्तक में वर्णित समय आज़ादी से शुरू होता है और इंदिरा गाँधी की हत्या पर आकर ख़त्म होता है।

पश्चिम के संविधानविदों की एक बड़ी जमात शुरू में इस बात को लेकर आशंकित थी कि भारत में पश्चिम के क़ानूनी ढाँचे और विधिक संस्थाओं के अध्यारोपण का यह प्रयोग शायद बहुत सफल नहीं हो पाएगा। उन्हें लगता था कि भारतीय दृष्टि एक शाश्वत और अपरिवर्तनीय परम सत्य में विश्वास करती है इसलिए संविधान जैसी मनुष्य निर्मित युक्ति के प्रति उसकी नैतिक निष्ठा संदिग्ध रहेगी। इसी तरह छठे दशक के आख़िरी वर्षों में तो एक अमेरिकी राजनीति विज्ञानी सैलिग हैरिसन ने यह आशंका जताई थी कि भारत में 1967 का आम चुनाव अंतिम साबित न हो जाए। लेकिन इस पुस्तक में ऑस्टिन एक टिप्पणीकार के हवाले से यह प्रतिपादित करते हैं कि भारतीय संविधान यहाँ के राजनीतिक व्यवहार का सबसे प्रामाणिक संदर्भ-बिंदु बन चुका है जिसे कुछ लोग एक नये धर्मशास्त्र की तरह देखने लगे हैं।

ऑस्टिन का मानना था कि संविधान के सामने तीन महत् लक्ष्य थे : भारत की एकता और अखण्डता को अक्षुण्ण रखना, लोकतंत्र को मज़बूत बनाना तथा सामाजिक बदलाव की ज़मीन तैयार करना। उनका निष्कर्ष यह था कि भारत में राजनीतिक लोकतंत्र सफल रहा है। उनका यह भी मानना था कि आपातकाल के दौरान चुनावों के स्थगन, निरंकुश शासन, असहमति के दमन और न्यायपालिका की अवमानना जैसी प्रवृत्तियों ने संविधान के प्रति लोगों की आस्था को और मज़बूत बनाने का काम किया।

आपातकाल के प्रति ऑस्टिन के इस नरम रवैये की उपेंद्र बख़्शी ने बहुत सख़्त आलोचना की थी। इस किताब की समीक्षा करते हुए बख़्शी ने एक लम्बा लेख लिखा था जिसमें ऑस्टिन के आपातकाल विषयक विश्लेषण को दमन और क्रूरता की राजनीति का समर्थक ठहराया गया था। बख़्शी को इस बात पर भी आपत्ति थी कि ऑस्टिन अपनी पहली रचना के बाद भारत को जैसे भूल ही गये थे। इस बीच उन्होंने भारत के राजनीतिक घटनाक्रमों में कोई रुचि नहीं ली और पच्चीस साल बाद एक दूसरी किताब के साथ लौटे। बख़्शी ने ऑस्टिन पर तंज़ कसते हुए उन्हें एक ऐसा संत बताया जो ज़मीनी वास्तविकताओं से दूर रह कर केवल अमूर्त सिद्धांतों की भाषा में बात करता है। लेकिन 2010 में भारतीय संविधान की साठवीं वर्षगाँठ पर जब उनसे *सेमिनार* के विशेषांक में लिखने का इसरार किया गया तो उन्होंने एक छोटी-सी टिप्पणी में पूरी निस्पृहता से लिखा कि भारत की संवैधानिक और राजनीतिक उपलब्धियाँ बेशक़ प्रशंसनीय हैं किंतु उसके कृष्ण पक्ष को दरकिनार नहीं किया जा सकता।

ख़ैर, ऑस्टिन जीते जी भी इस बात के लिए कुख्यात थे कि वे किसी की टिप्पणी या आलोचना का समय पर जवाब नहीं देते थे। अब तो वह सम्भावना भी ख़त्म हो गयी है। लेकिन उम्मीद की जानी चाहिए कि ऑस्टिन के अकादमिक अवदान पर अब भी ज़िरह चलती रहेगी। और ऑस्टिन जितनी जगह ख़ाली करके गये हैं उसमें उनका कृतित्व उनके प्रतिनिधि की तरह हमेशा मौजूद रहेगा।

बिपन चंद्र
आर्थिक राष्ट्रवाद के व्याख्याता

सलिल मिश्रा

बिपन चंद्र (27 मई, 1928-30 अगस्त, 2014) भारतीय इतिहास-लेखन की उस परम्परा का हिस्सा थे जिसने इतिहास-लेखन को महज़ बौद्धिक शग़ल न समझकर उसे सामाजिक प्रतिबद्धता के एक रूप की तरह देखा। उन्होंने इतिहास रचने की प्रक्रिया से वैज्ञानिक और सेकुलर रुझानों को मज़बूत किया। यह उनके इतिहास-लेखन की अहम विशेषता थी। बिपन चंद्र एक साथ मार्क्सवादी, राष्ट्रवादी, अंतर्राष्ट्रवादी, गाँधीवादी और उदारतावादी थे। लगभग पाँच दशक तक (1960 से लेकर 2000 के दशक तक) इतिहास-लेखन करने वाले बिपन चंद्र ने भारतीय इतिहास के तीन दौरों— उन्नीसवीं सदी का उत्तरार्ध, स्वतंत्रता-पूर्व बीसवीं सदी और 1947 के बाद के भारत पर लिखा। लगभग 18 पुस्तकें और कई स्वतंत्र लेख लिखने वाले बिपन चंद्र ने विशाल पाठक वर्ग को सम्बोधित किया। उनके पाठकों का दायरा कितना विस्तृत था, इसका अंदाज़ा इस बात से लगाया जा सकता है कि उन्होंने पेशेवर इतिहासकारों से लेकर अख़बारों और पत्रिकाओं के पाठकों और स्कूली छात्रों तक अपनी बात पहुँचाई। बिपन चंद्र के अधिकांश ऐतिहासिक विचार एक हस्तक्षेप के रूप में आते थे और उसके बाद उस विषय पर एक चर्चा छिड़ जाती थी। बहस और सहमति-असहमति का दौर चलता था। उनके द्वारा छेड़ी गयी बहसों से इतिहास-लेखन समृद्ध हुआ। बिपन चंद्र के विचारों से दूसरे इतिहा-

सकारों की असहमति तो काफ़ी आम बात थी, पर उनके विचारों को दरकिनार करके आगे बढ़ना मुश्किल होता था। बिपन चंद्र ने इतिहास-लेखन के कई पहलुओं में हस्तक्षेप किया, उनमें से कुछ की चर्चा यहाँ की जा रही है।

आर्थिक राष्ट्रवाद का आख्यान

अमेरिका के स्टैनफ़र्ड विश्वविद्यालय से इंजीनियरिंग की पढ़ाई करके और दिल्ली विश्वविद्यालय के हिंदू कॉलेज में अध्यापन शुरू करने के बाद बिपन चंद्र ने 1960 के दशक में आधुनिक भारतीय इतिहास पर अनुसंधान की शुरुआत की जिसका विषय था— उन्नीसवीं सदी के उत्तरार्ध के राजनीतिक नेताओं के आर्थिक विचार। उस समय तक इतिहास-लेखन में प्रचलित मान्यता यह थी कि राष्ट्रीय आंदोलन के शुरुआती नेताओं— जैसे दादाभाई नौरोजी, महादेव गोविंद रानाडे और गोपाल कृष्ण गोखले की भूमिका बर्तानवी साम्राज्यवाद के आगे सिर्फ़ अर्ज़ी देने भर की थी। क़हीं-कहीं तो इन्हें अंग्रेज़-सहयोगी और अंग्रेज़-परस्त भी ठहराया गया था। इस रवैये में बिपन चंद्र ने अपना हस्तक्षेप किया और पाँच साल तक गहन अध्ययन करके बताया कि इन सभी नेताओं ने बर्तानवी साम्राज्यवाद की तीखी आर्थिक आलोचना करते हुए आगे आने वाले राष्ट्रीय आंदोलन के लिए वैचारिक ज़मीन तैयार की थी। 1966 में उनकी पहली किताब छप कर आई *राइज़ ऐंड ग्रोथ ऑफ़ इकॅनॉमिक नैशनलिज़म इन इण्डिया* जो आधुनिक भारत के इतिहास-लेखन का एक अविस्मरणीय शाहकार साबित हुई।

इस विशद ग्रंथ से स्पष्ट हो गया कि इन शुरुआती नेताओं ने बर्तानवी साम्राज्यवाद की आर्थिक नीतियों और भारतीय अर्थव्यवस्था पर इनके कुप्रभाव को व्यापक रूप से रेखांकित किया था। उन नेताओं के विपुल अध्ययन के परिणामस्वरूप औपनिवेशिक अर्थव्यवस्था के सभी मुख्य पहलुओं पर रोशनी पड़ी थी। बिपन चंद्र के अनुसार इन आर्थिक राष्ट्रवादियों ने दिखाया कि अंग्रेज़ों ने किस तरह किसानों पर भारी कर लगाया और भारत से इंग्लैण्ड के लिए धन-सम्पदा की निकासी की। अंग्रेज़ों ने न केवल भारी-भरकम गृह शुल्क लगाया, बल्कि मुक्त व्यापार की नीति अपना कर ब्रिटेन में उत्पादित वस्तुओं

से उन्नीसवीं सदी के भारतीय बाज़ारों को भर दिया। साम्राज्यवादियों ने सेना और नौकरशाही पर फ़ालतू और अत्यधिक ख़र्च किया और आयात-निर्यात का ऐसा पैटर्न अपनाया जो भारतीय हितों के प्रतिकूल था। इसका नतीजा भारत के पारम्परिक हस्त-शिल्पों के विनाश तथा बुनकरों की बरबादी में निकला। बिपन चंद्र के शोध के अनुसार ये सभी पहलू ब्रिटेन और भारत के आर्थिक संबंधों के केंद्र में थे और इनसे भारतीय अर्थव्यवस्था पर काफ़ी बुरा असर पड़ा। इस प्रकार आर्थिक राष्ट्रवादी नेताओं ने ब्रिटिश साम्राज्यवाद के पूरे कारोबारी ताने-बाने को स्पष्ट करते हुए भारत पर साम्राज्यवादी शासन के मुख्य उद्देश्यों को उजागर किया। आर्थिक राष्ट्रवादियों के विचारों का ऐतिहासिक महत्त्व एक और बात में था। यह एक तथ्य है कि औपचारिक रूप से साम्राज्यवाद संबंधी सिद्धांतों का प्रतिपादन बीसवीं सदी की शुरुआत में हॉब्सन, हिलफ़डिंग तथा लेनिन द्वारा किया गया था, पर बिपन चंद्र ने यह बताया कि भारतीय राष्ट्रवादी नेताओं ने साम्राज्यवाद की कारगुज़ारियों को इन सिद्धांतों के प्रतिपादन से कुछ दशक पहले ही उजागर कर दिया था।

बिपन चंद्र ने यह भी रेखांकित किया कि सभी उपनिवेशों के बुद्धिजीवियों में भारतीय बुद्धिजीवी शायद सबसे पहले थे जिन्होंने औपनिवेशिक आर्थिक नीतियों पर इतनी गहराई और व्यापकता से प्रकाश डाला। बिपन चंद्र के इस हस्तक्षेप से 'आर्थिक राष्ट्रवाद' नाम की एक नयी अवधारणा उभरी। इसका अर्थ था भारतीय राष्ट्रवाद के विकास में आर्थिक विचारों की भूमिका। इतिहास-लेखन में बिपन चंद्र के इस हस्तक्षेप को इतिहासकार समुदाय ने सहज रूप से स्वीकार किया और कालांतर में इसका और अधिक विकास हुआ।

गाँधी : एक रणनीतिकार के रूप में

बिपन चंद्र का अगला महत्त्वपूर्ण हस्तक्षेप गाँधी को लेकर था। उन्होंने काफ़ी समय तक गाँधी पर प्रत्यक्ष रूप से कुछ नहीं लिखा। शायद उन्हें लगता था कि गाँधी की राजनीति के दाँव-पेंच और जटिलताओं को वे बढ़ती उम्र में ज़्यादा बेहतर समझ सकेंगे। लेकिन गाँधी पर मौखिक रूप से चर्चा उन्होंने काफ़ी पहले से शुरू कर दी थी। उस समय तक वामपंथियों के बीच गाँधी संबंधी व्यापक

सोच में गहराई और बारीकी की कमी थी। वामपंथी रजनी पामदत्त के बनाए हुए दायरे में ही घूमते हुए गाँधी को राष्ट्रीय आंदोलन में पूँजीपति वर्ग का प्रतिनिधि मान चुके थे। दूसरी तरफ़ वामपंथी लेखन के बाहर गाँधी के प्रशंसकों और अनुयाइयों में गाँधी से संबंधित समझ उनके सादा जीवन, ग्रामीण अर्थ-व्यवस्था पर ज़ोर, पवित्रता, ब्रह्मचर्य तथा खादी के इर्द-गिर्द ही घूम रही थी। और, गाँधीवादियों ने तो उन्हें लगभग ईश्वर का दर्जा दे दिया था। कुल मिला कर गाँधी के चारों ओर काफ़ी कोहरा घिर चुका था जिसके आईने में देखने पर गाँधी या तो इतिहास के खलनायक की तरह नज़र आते हैं या फिर इनसानी पहुँच से दूर एक ऐसे महापुरुष की तरह लगते हैं जिसकी सिर्फ़ पूजा की जा सकती थी और जिसे समझने के बजाय जिसकी तस्वीर या मूर्ति पर माल्यार्पण ही किया जा सकता था।

बिपन चंद्र ने इन सभी रवैयों के साथ सीधे तौर पर संवाद तो नहीं किया लेकिन गाँधी की एक ऐसी तस्वीर प्रस्तुत की जो इन सबसे अलग थी। उन्होंने गाँधी को बुनियादी तौर पर एक रणनीतिकार के रूप में देखा जिसके मुताबिक़ गाँधी राष्ट्रीय आंदोलन का महज़ नेता ही नहीं बल्कि उसकी रणनीति का ख़ाका तैयार करने वाले भी थे। अधिकांशत: लोग गाँधी की राजनीति के इस पहलू से अनभिज्ञ रहे, क्योंकि गाँधी ने कभी सजग रूप से अपनी रणनीति को सिद्धांत के रूप में प्रतिपादित नहीं किया। लेकिन गाँधी के तत्कालीन लेखन, उनके पत्रों, भाषणों तथा गतिविधियों में यह 'रणनीति' स्पष्ट रूप से देखी जा सकती है। इन सभी स्रोतों से निकाल कर 'गाँधीवादी रणनीति' को सबके सामने प्रस्तुत करने का काम इतिहासकार का था। यह काम बिपन चंद्र ने किया। उन्होंने गाँधी के लेखन और गतिविधियों के आधार पर बताया कि गाँधी एक व्यापक और केंद्रीकृत रणनीति का निर्माण कर रहे थे और 1920 के बाद राष्ट्रीय आंदोलन इसी रणनीति के तहत लड़ा गया। संक्षेप में इस रणनीति का सार इस प्रकार है : किसी लम्बे राजनीतिक संघर्ष को चलाने से पहले अपने विरोधी के स्वरूप को समझना ज़रूरी है। अंग्रेज़ों ने भारत पर शासन सिर्फ़ तलवार के सहारे नहीं किया था। उन्होंने हिंदुस्तानियों के दिलो-दिमाग़ पर भी क़ब्ज़ा करने की कोशिश की थी। दूसरे शब्दों में उन्होंने सिर्फ़ बल-प्रदर्शन से नहीं बल्कि समाज पर वर्चस्व

स्थापित करने के ज़रिये शासन किया था। साथ ही उन्होंने अपनी तानाशाही को एक नीतिगत जामा भी पहनाया था। गाँधीवादी रणनीति के अनुसार उन्हें भारत से निकालने का कारगर तरीक़ा था उनके वर्चस्व की जड़ें हिलाना और उसके स्थान पर राष्ट्रीय आंदोलन के प्रति वर्चस्व को स्थापित करना। दूसरे शब्दों में गाँधीवादी रणनीति का मक़सद अंग्रेज़ों को पराजित करना नहीं था, बल्कि ऐसी परिस्थितियाँ पैदा करना था जिनमें ब्रिटिश साम्राज्यवाद का भारत में जारी रह पाना असम्भव हो जाए। गाँधी ने स्पष्ट रूप से कहा था कि अगर भारतीय लोग ब्रिटिश साम्राज्यवाद का समर्थन बंद कर देंगे तो यह साम्राज्यवाद भारत में रह ही नहीं पाएगा। अंग्रेज़ों को भारत से धक्का देकर निकालना ग़ैर-ज़रूरी था, सिर्फ़ उनके साथ सम्पूर्ण असहयोग करना था।

यह थी गाँधीवादी रणनीति की तस्वीर। बिपन चंद्र ने न सिर्फ़ इस तसवीर को देखा भर बल्कि इस ढाँचे के अंदर की बारीकियों को भी उजागर किया। गाँधी पर बिपन चंद्र की इस दृष्टि में एक नयापन था। बिपन चंद्र के गाँधी न तो आधुनिकता के आमूल-चूल विरोधी *हिंद-स्वराज* वाले गाँधी हैं और न ही वे इनसानी पहुँच से बाहर कोई पारलौकिक संत हैं। न ही वे सत्ता की तलाश में दलाली करने वाले राजनीतिज्ञ हैं। बिपन चंद्र ने गाँधी को एक ऐसे नेता के रूप में देखा जो तात्कालिक परिस्थितियों के साथ लगातार संवाद कर रहा था। जिस तरह गाँधी अपने आसपास की राजनीति को प्रभावित कर रहे थे, उसी तरह उससे प्रभावित भी हो रहे थे।

गाँधी पर बिपन चंद्र के विचारों पर सर्वसम्मति तो नहीं बनी, लेकिन उनका बहुत विरोध भी नहीं हुआ। इसके मुक़ाबले साम्प्रदायिकता पर बिपन चंद्र का हस्तक्षेप काफ़ी विवादास्पद साबित हुआ।

साम्प्रदायिक विचारधारा और राजनीति

साम्प्रदायिकता के सवाल पर बिपन चंद्र ने काफ़ी पहले से लिखना और सोचना शुरू कर दिया था। जवाहरलाल नेहरू विश्वविद्यालय की स्थापना से पहले बिपन चंद्र, रोमिला थापर और हरबंस मुखिया ने भारतीय इतिहास-लेखन में व्याप्त साम्प्रदायिक पूर्वाग्रहों पर एक छोटी-सी पुस्तिका तैयार की थी : *कम्युनलिज़म ऐंड द राइटिंग ऑफ़ इण्डियन हिस्ट्री*। इसमें तीनों ही इतिहासकारों

का मुख्य सरोकार था प्राचीन, मध्यकालीन तथा आधुनिक भारत के इतिहास-लेखन में साम्प्रदायिक पूर्वग्रहों के प्रति लोगों को आगाह करना।

साम्प्रदायिकता में बिपन चंद्र की बौद्धिक दिलचस्पी उनकी सेकुलर प्रतिबद्धता में निहित थी। उन्होंने काफ़ी पहले ही समझ लिया था कि साम्प्रदायिकता एक आधुनिक सेकुलर समाज और राजनीति की स्थापना में सबसे बड़ी बाधा है। सत्तर के दशक में उन्होंने सिलसिलेवार तरीक़े से एमए के छात्रों को साम्प्रदायिकता का इतिहास पढ़ाना शुरू किया और 1984 में उनकी महत्त्वपूर्ण पुस्तक *मॉडर्न इण्डिया* पाठकों के सामने आयी।

इस किताब ने साम्प्रदायिकता की समझ में दो महत्त्वपूर्ण हस्तक्षेप किये।

(1) इस रचना ने ज़ोरदार खण्डन किया कि भारत जैसे समाज के लिए? साम्प्रदायिकता एक सहज और सामान्य बात है। उस समय अमेरिका में प्रचलित कुछ समाजशास्त्रीय अध्ययनों ने सहज रूप से यह मान लिया था कि तीसरी दुनिया के पारम्परिक समाजों के लिए इस तरह की धर्म-आधारित राजनीति एक नैसर्गिक बात है। इस तरह की परिघटना के लिए एक व्यापक शब्द भी ढूँढ़ लिया गया था— जातीयता या नृजातीयता। साम्प्रदायिकता के इस नैसर्गीकरण के बरअक्स बिपन चंद्र ने यह विचार रखा कि इसमें कुछ भी सहज या सामान्य नहीं है। साम्प्रदायिकता को कुछ विशिष्ट सामाजिक परिस्थितियों का परिणाम बताते हुए उन्होंने कहा कि अगर परिस्थितियों का स्वरूप कुछ और होता तो सम्भव था कि साम्प्रदायिकता इस रूप में प्रकट न होती। बिपन चंद्र के अनुसार साम्प्रदायिकता न नैसर्गिक है, न अवश्यम्भावी और न ही स्थायी। भारतीय समाज का साम्प्रदायीकरण एक ख़ास प्रक्रिया के तहत हुआ है और एक विपरीत प्रक्रिया के तहत भारतीय समाज का प्रति-साम्प्रदायीकरण सम्भव है।

(2) इस रचना ने दूसरी बात यह साबित की कि साम्प्रदायिकता को मध्यकालीन अतीत के ख़ुमार के रूप में देखना ग़लत है। विभिन्न धार्मिक समुदायों की उपस्थिति मात्र और कभी-कभी उनमें टकराव भी साम्प्रदायिकता के उदय के लिए एक पूर्व शर्त नहीं है। साम्प्रदायिकता को एक आधुनिक परिघटना के रूप में देखना चाहिए जो उन्नीसवीं सदी में उभरी और जिसकी

जड़ें पूर्व-आधुनिक भारतीय इतिहास में नहीं बल्कि ब्रिटिश साम्राज्यवाद द्वारा पैदा की गयी सामाजिक-आर्थिक प्रवृत्तियों में देखी जानी चाहिए।

बिपन चंद्र की किताब में प्रस्तुत ये दोनों ही विचार काफ़ी महत्त्वपूर्ण थे और इन्हें सहज रूप से स्वीकार कर लिया गया। लेकिन साम्प्रदायिकता से जुड़े बिपन चंद्र के कुछ और विचारों पर तीखी प्रतिक्रिया हुई। ऐसा ही एक विचार था साम्प्रदायिकता को एक 'छद्म चेतना' के रूप में देखना। इस विचार पर काफ़ी माथा-पच्ची हुई और तीखी आलोचना भी। एक इतिहासकार ने लिखा कि 'छद्म चेतना' कहकर इसको ख़ारिज कर देने मात्र से साम्प्रदायिकता का प्रसार रुकने वाला नहीं। एक और इतिहासकार ने लिखा कि साम्प्रदायिकता को 'छद्म चेतना' कहना इसे एक नाम देने जितना भर है। इससे साम्प्रदायिकता की व्याख्या में मदद नहीं मिलती।

ये प्रतिक्रियाएँ कुछ अजीब थीं क्योंकि इन्होंने 'छद्म चेतना' के विचार को ठीक से समझा ही नहीं। बिपन चंद्र का 'छद्म चेतना' से यह अभिप्राय हरगिज़ नहीं था कि साम्प्रदायिकता अवास्तविक या काल्पनिक है। उन्होंने साम्प्रदायिकता के यथार्थ को नहीं नकारा। छद्म से उनका अभिप्राय था कि साम्प्रदायिक चेतना भारत के वस्तुनिष्ठ यथार्थ में निहित न होकर उसका एक विकृत स्वरूप मात्र है। बिपन चंद्र की निगाह में साम्प्रदायिकता आधुनिक भारत के राजनीतिक यथार्थ का हिस्सा थी और वे मानते थे कि इसने भारतीय समाज पर गहरा असर डाला है। बिपन चंद्र छद्म को यथार्थ के विलोम के रूप में इस्तेमाल नहीं कर रहे थे। उनके अनुसार कुछ विचार छद्म होते हुए भी काफ़ी शक्तिशाली हो सकते हैं और साम्प्रदायिकता भी ऐसा ही विचार है। दरअसल, उनकी यह रचना मूलभूत रूप से साम्प्रदायिकता की व्याख्या थी। उन्होंने साम्प्रदायिकता को धार्मिक टकराव के दायरे से निकाल कर साम्राज्यवाद द्वारा उपजाई गयी सामाजिक-आर्थिक तथा राजनीतिक संरचनाओं के दायरे में रखा। यह किताब साम्प्रदायिक राजनीति का विवरण-मात्र नहीं बल्कि उसकी व्याख्या है। इसमें साम्प्रदायिकता की परिभाषा, उसकी पृष्ठभूमि और व्याख्या, साम्प्रदायिक राजनीति का स्वरूप तथा साम्प्रदायिक विचारधारा की विवेचना है। यह साम्प्रदायिकता के इतिहास पर एक सम्पूर्ण कृति है।

वामपंथ और भारतीय राजनीति

बिपन चंद्र के सबसे अधिक विवादास्पद विचार शायद भारतीय राजनीति में वामपंथ की भूमिका को लेकर थे। उनकी सबसे ज़्यादा खींचातानी भी इसी विषय पर हुई। वे अविभाजित कम्युनिस्ट पार्टी के सदस्य थे लेकिन पार्टी के बँटवारे के बाद वे इससे अलग हो गये। उन्होंने अपने लेखन में राष्ट्रीय आंदोलन तथा स्वतंत्र भारत में आधिकारिक वामपंथ की भूमिका की काफ़ी आलोचना की। उनके अनुसार वामपंथी नेताओं ने गाँधी और राष्ट्रीय आंदोलन को 'बूर्ज़वा' मान कर ग़लती की थी। इसी तरह की ग़लती उन्होंने स्वतंत्र भारत में जवाहरलाल नेहरू के नेतृत्व को लेकर भी की थी।

वामपंथ पर बिपन चंद्र के विचारों के विकास में तीन कारकों की ख़ास भूमिका थी। एक, उनका वामपंथी राजनीति से बढ़ता मोहभंग। यह मोहभंग राष्ट्रीय स्तर पर मार्क्सवादी कम्युनिस्ट पार्टी की नीतियों से भी था और जवाहरलाल नेहरू विश्वविद्यालय की वामपंथी छात्र राजनीति से भी। दो, उनके द्वारा कांग्रेस को भारतीय समाज के लिए एक ऐतिहासिक ज़रूरत बताना। इन्हीं दो कारणों से बढ़ते विद्वेष के कारण बिपन चंद्र और वामपंथी राजनीति एक-दूसरे से दूर होते गये। तीन, इतिहास-लेखन और विवेचना के स्तर पर मार्क्सवादी पद्धतियों पर उनकी कम होती निर्भरता और सम्पूरक पद्धतियों की तलाश।

इस टकराव की शुरुआत हुई 1974 में जब उन्होंने एक महत्त्वपूर्ण लेख लिखा : 'भारत में मार्क्सवाद : सम्पूर्ण संशोधन की आवश्यकता'। यह लेख भारतीय राजनीति में आधिकारिक वामपंथ की भूमिका पर करारा प्रहार था। बेहतर होता कि इस लेख के बाद एक संवाद की शुरुआत होती और अपनी भूमिका को लेकर आधिकारिक वामपंथ के भीतर एक मंथन और चिंतन का दौर चलता। लेकिन ऐसा हुआ नहीं और उनके इस लेख को उस समय प्रचलित वाम विरोधी कटु-निंदा का दरजा दे कर ख़ारिज कर दिया गया। इस बात पर ध्यान नहीं गया कि यह लेख वाम विरोधी निंदा नहीं बल्कि एक निहायत ही गम्भीर प्रयास था जिसमें वामपंथ के समक्ष चुनौतियाँ और उन चुनौतियों पर वामपंथ की प्रतिक्रिया पर गम्भीर मंथन किया गया था। इस लेख के पहले पृष्ठ से ही यह स्पष्ट हो जाता है कि इसका मक़सद एक जटिल प्रक्रिया से दो-चार

होना था न कि वामनिंदा। उनका कहना था कि भारतीय मार्क्सवादियों का रिकार्ड केवल नकारात्मक ही नहीं रहा है। उन्हें बहुत-सी उपलब्धियों का श्रेय जाता है जिनकी अवहेलना नहीं की जा सकती। उनके मुताबिक़ :

1. विषमताओं से जूझते हुए औपनिवेशिक राज्य के दमन चक्र, परम्परावादियों के वैचारिक विरोध, आधुनिक बूर्ज़वा राजनीतिक नेतृत्व तथा बुद्धिजीवियों के सख़्त विरोध का सामना करते हुए भी भारतीय मार्क्सवादियों ने मौलिक मार्क्सवादी विचारों को लोकप्रिय बनाया, संगठित कृषक तथा श्रमिक आंदोलनों की बुनियाद रखी तथा इस विचार को स्थापित करने में कामयाबी हासिल की कि एक क्रांतिकारी दल की अनुपस्थिति में सामाजिक क्रांति नहीं लाई जा सकती। राजनीतिक ज़मीन पर वे एक कम्युनिस्ट पार्टी की स्थापना में भी सफल रहे, यद्यपि यह पार्टी कमज़ोर रही।
2. मार्क्सवादी ही भारत में तर्कसंगत तथा मानवतावादी विचारों के निरंतर प्रचारक रहे हैं। इस मोर्चे पर उन्होंने तर्कसंगत तथा मानवतावादी दृष्टिकोण से परिपूर्ण एक वास्तविक, व्यापक तथा वचनबद्ध बूर्ज़वा आंदोलन का अभाव पूरा करने का प्रयास किया है। इसके अतिरिक्त वे वास्तविक सेकुलर आदर्शों के लिए भी लड़े हैं और उनकी इस लड़ाई का महत्त्व खोखले तथा अवैज्ञानिक 'हिंदू-मुसलमान भाई-भाई' के नारे से कहीं अधिक है।
3. भारतीय मार्क्सवादियों ने उस अंतर्राष्ट्रीय दृष्टिकोण के व्यापक प्रचार में सबसे अधिक योगदान दिया है जो तीस के दशक से एक हद तक भारतीय राजनीति की विशेषता रहा है। 1942 से 1945 तक की लोक-संघर्ष की धारणा को व्यावहारिक रूप में परिणत करने की ग़लतियों तथा इसके परिणामस्वरूप लोकप्रिय राष्ट्रवादी विरोध का वीरता से मुक़ाबला करने में भी यही पहलू सामने आता है। इससे अंतर्राष्ट्रवाद के प्रति मार्क्सवादियों की वचनबद्धता प्रदर्शित होती है। इस संबंध में पचास के दशक से इस वचनबद्धता की बढ़ती हुई कमज़ोरी पर भी ध्यान दिया जाना चाहिए।
4. बौद्धिक तथा सांस्कृतिक क्षेत्रों में मार्क्सवादियों ने कई समाज-विज्ञानों को

एक नया मोड़ दिया है। वे इतिहास में सामाजिक वर्गों की भूमिका, सामाजिक व्यवस्था की एक मौलिक विशेषता के रूप में उत्पादन के तरीक़े, धार्मिक तथा दार्शनिक विचारों के सामाजिक विश्लेषण, उपनिवेशी अर्थव्यवस्था तथा उपनिवेशी व्यवस्था की प्रकृति, सभी राष्ट्रवादी तथा दूसरे लोकप्रिय आंदोलनों के वर्ग चरित्र पर ध्यान केंद्रित कराने में सफल रहे हैं। अर्थशास्त्र में मार्क्सवादियों को अत्यधिक विकसित बूर्ज़वा वैचारिक संगठन की सम्पूर्ण शक्ति का मुक़ाबला करना पड़ा है जिसके पास स्वयं अपनी ही अत्यधिक आकर्षक वामपंथी विभिन्नताएँ हैं। फिर भी अपनी कमज़ोर पृष्ठभूमि के बावजूद वे भूमि-संबंधी विषयों, विदेशी पूँजी की भूमिका, भारतीय औद्योगिक तथा व्यापारिक पूँजी की बुनियादी विशेषताओं पर ध्यान केंद्रित कराने में सफल रहे हैं। कुछ मार्क्सवादी विद्वानों ने राजनीतिशास्त्र, समाजशास्त्र तथा दर्शनशास्त्र में भी योगदान दिया है, यद्यपि सामान्य रूप से उन पर बूर्ज़वा दृष्टिकोण का ही प्रभुत्व रहा है। 1937 में प्रगतिशील लेखक संघ की बुनियाद पड़ने के समय से ही लगभग सभी भारतीय भाषाओं के साहित्य तथा साहित्यालोचना में मार्क्सवादी एक प्रमुख शक्ति बने हुए हैं। नाटक तथा सिनेमा के क्षेत्रों में भी उनका योगदान काफ़ी महत्त्वपूर्ण है।

1986 में तीन मूर्ति भवन में तीस के दशक में राष्ट्रीय आंदोलन पर एक महत्त्वपूर्ण चर्चा हुई। इसके मुख्य वक्ता थे कम्युनिस्ट नेता ई.एम.एस. नम्बूदरीपाद और बिपन चंद्र! नम्बूदरीपाद तीस के दशक की राजनीति में सक्रिय रह चुके थे और बिपन चंद्र ने इस दशक की राजनीति का एक इतिहासकार के रूप में अध्ययन किया था। चर्चा में पहले बिपन चंद्र बोले और उन्होंने अपनी बात बिना लागलपेट के स्पष्ट रूप से सामने रखी। उन्होंने कहा कि 1930 के दशक में राष्ट्रीय आंदोलन में कई सम्भावनाएँ मौजूद थीं। उस समय तक इसकी नियति निर्धारित नहीं हुई थी और इसे वामपंथी दिशा में मोड़ा जा सकता था। लेकिन उस समय के वामपंथी मोर्चे ने इस दिशा में अधिक प्रयास नहीं किया। यह महत्त्वपूर्ण अवसर था जब विचारधारा के स्तर पर आंदोलन का रूपांतरण सम्भव था। लेकिन वामपंथी नेताओं ने भीतर से रूपांतरण की राजनीति के

बजाय बाहर से अपसर्जन की राजनीति अपनाई। उनका रुझान आंदोलन के वैचारिक रूपांतरण के बजाय इसका विकल्प तैयार करने की ओर ज़्यादा था। आंदोलन का समाजवादी दिशा में रूपांतरण तत्कालीन राजनीति में एक बड़ा मोड़ होता लेकिन वामपंथ ने इस मौक़े को गँवा दिया।

इसके बाद नम्बूदरीपाद के बोलने का समय आया। वे एक इतिहासकार की बजाय राजनीतिक कार्यकर्ता के रूप में बोले। उनके अनुसार इस तरह के रूपांतरण की सम्भावनाएँ पहले ही ख़त्म हो चुकीं थीं। पटेल और राजेंद्र प्रसाद का कांग्रेस पर काफ़ी प्रभाव था और गाँधी भी उनके साथ थे। जवाहरलाल नेहरू का रवैया काफ़ी ढुलमुल था। ऐसे में कांग्रेस के मंच पर वामपंथी राजनीति के लिए कोई स्थान नहीं बचता था। बिपन चंद्र ने अपनी समझ स्रोतों के आधार पर बनाई थी, लेकिन नम्बूदरीपाद तो ख़ुद ही स्रोत थे।

इस चर्चा के बाद बहस शुरू हुई। श्रोताओं पर नम्बूदरीपाद की बात का ज़्यादा असर हुआ था। लेकिन अंत में दोनों मुख्य वक्ताओं के परस्पर संवाद ने इसे काफ़ी रोचक बना दिया। पहले नम्बूदरीपाद बोले : 'मैं प्रो. बिपन चंद्र से इतना बुरा भी नहीं जितना वे समझ रहे हैं, और शायद बहुत बेहतर भी नहीं हूँ।' बिपन चंद्र ने इसका जवाब दिया : 'मैं कामरेड नम्बूदरीपाद से यह कहना चाहूँगा कि अच्छा या बुरा जो भी हो, यही हमारी धरोहर है। मैं एक बेहतर वामपंथ की तलाश में मंगल ग्रह जाने वाला नहीं। मैं जिसकी आलोचना करता हूँ वही हमारा एकमात्र वामपंथ है।' कुल मिलाकर बहस बहुत दिलचस्प थी। इससे स्पष्ट हुआ कि बिपन चंद्र अपनी आलोचना के कारण एक व्यापक अकादमिक वामपंथी दायरे के भीतर से कट रहे थे। इस आलोचना के साथ रूबरू होकर इसे आगे बढ़ाया जाना चाहिए था। लेकिन दुर्भाग्य से ऐसा हुआ नहीं।

इसी तरह से उपनिवेशवाद, भारतीय राष्ट्रीय आंदोलन तथा स्वतंत्र भारतीय समाज के स्वरूप और चरित्र पर बिपन चंद्र ने महत्त्वपूर्ण हस्तक्षेप किये। उन्होंने अपनी अंतिम पुस्तक 2003 में *जयप्रकाश आंदोलन तथा आपातकाल* पर लिखी। इस किताब में उन्होंने 1947 से 1977 तक के घटनाक्रम को एक स्वतंत्र प्रस्थापन बिंदु से देखा। उनका निष्कर्ष था कि इस दौर में भारतीय लोकतंत्र के समक्ष दो तरह की चुनौतियाँ सामने आयीं। पहली थी जयप्रकाश

आंदोलन और दूसर आपातकाल। दोनों ही भारतीय लोकतंत्र के लिए घातक थे। अंत में जीत भारतीय लोकतंत्र की हुई। जयप्रकाश आंदोलन को आपातकाल ने पराजित किया और आपातकाल को भारतीय जनता ने।

इस पुस्तक के बाद बिपन चंद्र की बौद्धिक सक्रियता काफ़ी कम हो गयी। उनका स्वास्थ्य भी ख़राब रहने लगा और आँखों की रोशनी भी कम हो गयी। जब उनका पढ़ना-लिखना कम हो गया तो उन्होंने अपने बीते हुए जीवन के बारे में सिलसिलेवार तरीक़े से सोचना शुरू किया। अपने छात्रों के साथ बैठ कर उन्होंने अपने सारे जीवन को परत-दर-परत खोलना शुरू किया— काँगड़ा में बीता उनका बचपन, लाहौर के क्रिश्चियन फ़ोरमैन कॉलेज में आगे की पढ़ाई, तीन साल के लिए अमेरिका गमन, लौट कर हिंदू कॉलेज में अध्यापन, वहाँ से दिल्ली विश्वविद्यालय और अंतत: जवाहरलाल नेहरू विश्वविद्यालय। इस तरह से लिखी उन्होंने अपनी आत्मकथा। इस आत्मकथा में और भी बहुत कुछ है : वामपंथ के साथ उनका संवाद, जवाहरलाल नेहरू विश्वविद्यालय का बनना, छात्र आंदोलन के सामने चुनौतियाँ तथा भारतीय इतिहास-लेखन के उतार-चढ़ाव। आत्मकथा के हिस्से में उन्होंने ऊषा चंद्र (उनकी पत्नी जिनका मई, 2009 में निधन हुआ) के साथ बिताए अपने समय के बारे में लिखा है जो आत्मकथा का सबसे मर्मस्पर्शी हिस्सा है। जब आत्मकथा छपकर आएगी तो पाठकों को इसमें उनके जीवन और उनकी व्यापक दुनिया के बारे में काफ़ी कुछ पता चलेगा।

बिपन चंद्र अपने पीछे एक बहुत साफ़ तौर पर समझी जा सकने वाली विरासत छोड़ कर गये हैं। उनकी यह विरासत आगे होने वाले इतिहास-लेखन को निश्चित रूप से काफ़ी प्रभावित करती रहेगी।

बक़ौल ग़ालिब :

मत पूछ कि क्या हाल है मेरा, तेरे पीछे,
तू देख कि क्या रंग है तेरा, मेरे आगे।

रजनी कोठारी की प्रतीक्षा

अभय कुमार दुबे

मेरे चिंतन का प्रारम्भ वामपंथी जुड़ाव के कारण एक कच्चे रैडिकल रुझान से हुआ था जो बाद में व्यवहारवादी समाज-विज्ञान के अध्यवसाय के कारण परिणामवाद की तरफ़ झुक गया और जो आज एक परिपक्व वामपंथी झुकाव में विकसित हो चुका है। इस सफ़र की अभिव्यक्ति मेरी रचनाओं में भी देखी जा सकती है। पहले मेरे लिए राजनीतीकरण को देखना और समझना ही सब कुछ था। पार्टी-प्रणाली का यथार्थ पेश करना ही ख़ास बात थी। लेकिन बाद में मैं सांस्कृतिक-सामाजिक आयामों पर दिमाग़ लगाने लगा। ऐसा मुझे करना ही पड़ा वरना जाति और लोकतांत्रिक राजनीति की अन्योन्यक्रिया को कैसे व्याख्यायित कर पाता, साम्प्रदायिकता को मैं कैसे समझ पाता, दलित राजनीति की परिवर्तनकारी क्षमताएँ मेरे सामने कैसे उद्घाटित होतीं और राज्य द्वारा अपनी सामाजिक भूमिका छोड़ते चले जाने की असलियत को मैं कैसे देख पाता?

— कोठारी बनाम कोठारी

राजनीति की किताब : रजनी कोठारी का कृतित्व

रजनी कोठारी (1928-2015) को मैंने सबसे पहले 1981 की गर्मियों में देखा था। मुझे और मेरे कम्युनिस्ट-क्रांतिकारी साथियों में उनके राजनीति संबंधी विमर्श या सेंटर के नाम से मशहूर उनकी संस्था विकासशील समाज अध्ययन पीठ (सीएसडीएस) में कोई रुचि नहीं थी। दरअसल, हममें से किसी ने न तो

कोठारी की कोई रचना पढ़ी थी, और न ही हमने कभी राजपुर रोड स्थित उनके सेंटर में क़दम रखा था। न ही ऐसा कोई इरादा था कि कभी आगे जा कर हम कोठारी को पढ़ेंगे या उनकी संस्था को समझने की कोशिश करेंगे। मैं और मेरे वरिष्ठ साथी तो उन कोठारी से मिलने गये थे जो उन दिनों पीपुल्स यूनियन फॉर सिविल लिबर्टीज़ (लोक अधिकार संघ) के राष्ट्रीय चेयरमैन थे। हम सिर्फ़ इतना चाहते थे कि देश का यह शीर्ष मानवाधिकार नेता हमारी पार्टी भाकपा (माले) (लिबरेशन) द्वारा आयोजित निरंकुशता विरोधी सम्मेलन का उद्घाटन करे ताकि इस कॉन्फ्रेंस में गठित होने वाले राष्ट्रीय निरंकुशता विरोधी मोर्चे का आग़ाज़ ग़ैर-चुनावबाज़ राजनीतिक शक्तियों के देशव्यापी संगठन की तरह हो सके। हमारे प्रस्ताव पर कोठारी राज़ी हो गये। नियत तारीख़ को वे सुबह दस बजे आये और देश भर से आये ढाई सौ से ज़्यादा जन-संगठनों के प्रतिनिधियों के सामने जनोन्मुख लोकतंत्र की पैरोकारी करते हुए हिंदी में एक छोटा-सा उद्घाटन भाषण दिया जिसका अंग्रेज़ी में वाक्य-दर-वाक्य अनुवाद दूसरे माइक पर खड़े एक द्विभाषी साथी द्वारा किया जाता रहा। इसके बाद कोठारी चले गये। यह थी ग़ैर-पार्टी राजनीति में सक्रिय रजनी कोठारी से मेरी पहली मुलाक़ात।

उन कोठारी से, जो राजनीतिशास्त्र के विद्वान थे, मेरी पहली मुलाक़ात कई साल बाद तब हुई जब 1989 के दौरान नक्सलवाद पर अपनी किताब का उपसंहार लिखते हुए मुझे राजनीतिक हिंसा की उपादेयता पर ग़ैर-मार्क्सवादी समझे जाने वाले विद्वानों के विचार जानने की ज़रूरत महसूस हुई। उस समय तक हमारे जैसे कम्युनिस्ट कार्यकर्ताओं के बीच कोठारी ग्रासरूट्स थियरी या ग़ैर-पार्टी राजनीति के सिद्धांतकार की तरह चर्चित हो चुके थे और हमने *इलस्ट्रेटिड वीकली* में छपे उनके तत्संबंधित लेख पढ़ लिए थे। हमारा ख़याल था कि सर्वोदयी छाप वाले या लोहियावादी क़िस्म के गाँधीवादियों की तुलना में कोठारी भारत में गाँधीवाद के सबसे आधुनिक सिद्धांतकार हैं। इसलिए हमें यक़ीन था कि कोठारी की तरफ़ से मुझे राजनीतिक हिंसा के किसी भी रूप का अनुमोदन देखने को नहीं मिलेगा। पर उस समय मुझे आश्चर्य हुआ जब मैंने 'विकास, राज्य और हिंसा' शीर्षक से प्रकाशित लेख में उनका यह कथन पढ़ा, 'यहाँ मेरे मन में सुरक्षात्मक और संरक्षणात्मक हिंसा का वह प्रयास नहीं है जो

भयानक हालात में फँसे उन लोगों द्वारा मजबूरन किया जाता है जिन्हें ज़मींदारों की निजी सेना या इन ज़मींदारों की तरफ़ से काम करने वाली हत्यारी पुलिस और उनका ठण्डा आतंक धकेल कर एकदम दीवार से सटा देता है, और न ही मेरे मन में दलितों और शोषितों के जनांदोलन पर आधारित सच्ची क्रांतिकारी हिंसा का वह रूप है जो पहले कभी था।' कोठारी का यह आग्रह तो था कि नक्सली हिंसा रणनीतिक रूप से ग़ैर-नक्सलियों के साथ निरंकुशता विरोधी मोर्चा बनने में परेशानी पैदा करेगी, पर वे गाँधी की तरह अहिंसा को एक दार्शनिक मूल्य की तरह स्वीकार करने के पक्ष में नहीं थे। कोठारी के लेखन में मेरी दिलचस्पी उस समय और बढ़ी जब साल भर बाद सोवियत संघ का शीराज़ा बिखर गया, और उनका लेख 'स्टेट ऐंड स्टेटलैसनैस' प्रकाशित हुआ। चूँकि हम लोग उन्हें दक्षिणपंथी रुझानों वाला बुद्धिजीवी मान कर चलते थे, इसलिए इस लेख ने हमें और चकित किया, क्योंकि सोवियत संघ के बिख़राव पर अफ़सोस जताते हुए उन्होंने इस लेख में उसके फलस्वरूप एकध्रुवीय हुई दुनिया के फलितार्थों को गहरे अंदेशों के साथ देखा था। फिर इसके दो साल बाद हिंदुत्ववादी ताक़तों ने बाबरी मसजिद ढहा दी। तब मुझे साम्प्रदायिकता के स्रोतों को टटोलना ज़रूरी लगा और एक बार फिर कोठारी के विमर्श का सहारा लेना पड़ा। उनके लेख 'चुनावी खेल से निकली साम्प्रदायिकता' में मुझे पहली बार यह विश्लेषण देखने को मिला कि चुनावी बहुमत हासिल करने की लोकतांत्रिक प्रक्रिया किस तरह एक ख़ास परिस्थिति में बहुसंख्यकवादी राजनीति में पतित हो जाती है। यह लेख पढ़ने के बाद ज़रूरी हो गया कि मैं उन्हें विस्तार से पढ़ूँ। फिर संयोग से मेरे हाथ उनकी विख्यात रचना *पॉलिटिक्स इन इण्डिया* लगी जिसके अध्ययन ने मुझे यह सुराग़ दिया कि भारत में कम्युनिस्ट राजनीति सफल क्यों नहीं हुई, बावजूद इसके कि इस किताब का मक़सद कम्युनिज़्म की आलोचना नहीं था। यह उस ज़माने की बात है जब मैं फ़ेमिनिज़्म का अध्ययन करते हुए इस निष्कर्ष पर पहुँचता जा रहा था कि जेण्डर और वर्ग की अवधारणाओं के बीच स्थायी और कारगर मैत्री स्थापित न कर पाना ग्लोबल संदर्भों में मार्क्सवाद की सबसे बड़ी विफलता है और इसका असर दुनिया भर में कम्युनिस्टों की राजनीति पर पड़ना लाज़िमी है। कोठारी की

रचना के अध्ययन से मुझे प्रतीत हुआ कि जाति की पारम्परिक संरचनाओं और आधुनिक भारतीय राजनीति के बीच की अन्योन्यक्रिया को न समझ पाना भारतीय संदर्भों में मार्क्सवाद की सबसे बड़ी विफलता है।

एक शख़्सियत के तौर पर कोठारी के साथ मेरा निजी तादात्म्य तब स्थापित हुआ जब मैंने नब्बे के मध्य में *समय चेतना* नामक मासिक पत्रिका का सम्पादन करना शुरू किया। उन दिनों मैं अक्सर फ़ोन करके उनके नोएडा स्थित निवास पर जाता। फिर जाड़ों की गुनगुनी धूप में आरामदेह कुर्सियों पर भारतीय राजनीति और उसकी आधारभूत विचार-सरणियों पर उनके साथ लम्बी-लम्बी बातें होतीं। रजनी कोठारी ने अपनी आत्मकथा तो बहुत बाद में लिखी, लेकिन उन मुलाक़ातों में मेरा उस कोठारी से गहरा परिचय हुआ जिसके बारे में कुछ नज़दीकी दोस्तों और हमख़याल बुद्धिजीवियों को छोड़ कर लोगों को आम तौर पर ग़लतफ़हमियाँ ही थीं। सम्भवत: वे दिन कोठारी की ज़िंदगी के सबसे आख़िरी ख़ुशनुमा दिन थे, क्योंकि तब तक उनकी पत्नी हंसा का निधन नहीं हुआ था। उनके तीनों बेटे बीच-बीच में आ कर उनके साथ कुछ समय बिताते रहते थे। नोएडा का वह घर था तो आकार-प्रकार में बंगले जैसा, लेकिन उसकी साज-सज्जा सादगी का दूसरा नाम थी। घर की छत पर बूढ़ा होता हुआ उनका पालतू कुत्ता नीचे लॉन में कॉफ़ी पीते हुए हम लोगों को ताकता रहता। बीच-बीच में कुनमुनाता तो वे हाथ उठा कर उसे चुप करा देते। इन्हीं बैठकों में हुई कई बातों की पुष्टि उन्होंने औपचारिक रूप से बहुत बाद में एक लम्बे इण्टरव्यू के दौरान इस तरह की :

... मेरी ज़िंदगी के ऐसे तीन आयाम हैं जिनको मैंने हमेशा प्राथमिकता दी है। मैं बता चुका हूँ कि इनमें पहला है विचारों का क्षेत्र। निरंतर लेखन के ज़रिये मैं अपने विचार प्रकट करता हूँ। इससे लोगों पर असर पड़ता है। मुझे यक़ीन है कि मैंने महत्त्वपूर्ण स्थानों पर बैठे लोगों के साथ जुड़कर भी यह असर डालने में कामयाबी हासिल की है। दूसरा आयाम है संस्थाओं की रचना विकासशील समाज अध्ययन पीठ, लोकायन, *ऑल्टर्नेटिव्ज़* नामक पत्रिका और फ़ेडरल फ्रंट जैसी संस्थाओं के ज़रिये मैंने राजनीतिक प्रक्रिया को प्रभावित किया है। तीसरा आयाम ख़ुद राजनीति का है। जैसा कि मैं पहले ही कह चुका हूँ कि मैं राजनीति

को राज्य और समाज के रूपांतरण के उद्देश्य के लिए केंद्रीय महत्त्व के औज़ार के रूप में देखता हूँ और मेरी सभी योजनाओं का कार्यक्षेत्र यही होता है। ...

... सक्रियता के लिहाज़ से मेरा जीवन हमेशा दो रास्तों पर चलता रहा। एक तरफ़ बौद्धिक जीवन था जिसमें मैं लेखन और अनुसंधान में उलझा रहा, बुद्धिजीवियों को जमा करके संस्थानों के निर्माण में लगा रहा। मेरे अंदर आये परिवर्तन का जिम्मा इस पहलू का नहीं है। यह ज़रूर है कि लेखन के दौरान मैं व्यवस्था में आ रहे परिवर्तनों का संधान कर पाया। अनुसंधान के दौरान ही मुझे पता चला कि देश को न तो अंग्रेज़ों की तर्ज़ पर नौकरशाह चला रहे हैं और न ही पश्चिमी लोकतंत्र की तर्ज़ पर कोई दो दलीय प्रणाली। यहाँ तो एक विलक्षण पार्टी प्रणाली चल रही है जिसकी ख़ास बात है एक पार्टी का वर्चस्व और विपक्ष का न के बराबर महत्त्व। मैं अपनी इस धारणा पर अड़ा रहा। इसी ख़याल ने मुझसे नेहरू मॉडल का समर्थन करवाया। अगर मैं उदारतावादी था तो इसलिए कि मेरे लिए इस विचार का अर्थ आज़ादी और लोकतंत्र था। कुल मिला कर मेरे बौद्धिक जीवन ने मुझे परिणामवादी बनाया और मुझसे व्यवस्था का समर्थन करवाया। जबकि मुझे बदलने में मेरे जीवन की दूसरी गतिविधि का हाथ था और यह थी राजनीतिक गतिविधि। इसी के कारण मुझे अहसास हुआ कि दुनिया बदलने के लिए सर्वेक्षण-आधारित समाज-विज्ञान काफ़ी नहीं है। मेरे अंदर कुछ ऐसा था जो लगातार मुझे लोकजीवन की तरफ़ खींचता था। नुक्कड़ सभाएँ सम्बोधित करने की तरफ़ ले जाता था। मुझसे जुलूसों में शिरकत करवाता था। राजनीतिक भागीदारी से प्राप्त अनुभव की रोशनी में मैंने यथार्थ का एक भिन्न ज्ञान हासिल किया। जैसे-जैसे मेरी निगाह में नेहरू और इंदिरायुगीन राज्य ने अपना नियंत्रण खोना शुरू किया वैसे-वैसे मैं सोचने लगा कि परिस्थिति बदलने लगी है। फिर मेरे काम में वे सामाजिक और सांस्कृतिक आयाम शामिल होने शुरू हो गये जिनकी मेरे शुरुआती काम में उपेक्षा हुई थी। आज अगर मैं कार्यकर्ता और बुद्धिजीवी एक साथ माना जाता हूँ तो उसके पीछे कारण यही है। तो बौद्धिक जीवन से मिला परिणामवादी नज़रिया और व्यावहारिक राजनीति से मिला रेडिकल नज़रिया आपस में टकराया भी, लेकिन ज़्यादातर दोनों पक्ष साथ-साथ चलते रहे। शायद यही कारण रहा होगा

कि मैं किसी एक विचारधारा का अनुयायी नहीं बना, किसी एक राजनीतिक धारा के साथ नहीं बहा।

पहला आयाम : सिद्धांतीकरण / परम्परा और राजनीतीकरण

कोठारी मानते थे कि उनकी पहली व्यवस्थित अकादमीय रचना छह खण्डों में प्रकाशित लेखमाला 'फ़ॉर्म्स ऐंड सब्सटेंस ऑफ़ इण्डियन पॉलिटिक्स' है जो साठ के दशक की एकदम शुरुआत में *इकनॉमिक वीकली* (आज का *इकनॉमिक ऐंड पॉलिटिकल वीकली*) में प्रकाशित हुई थी। उन दिनों भारतीय लोकतंत्र के सार को लेकर सत्ता के विकेंद्रीकरण और संघवाद जैसे प्रश्नों के इर्द-गिर्द गहन चर्चाएँ चल रही थीं जिनमें जयप्रकाश नारायण जैसी हस्तियाँ भी भागीदारी कर रही थीं। इसी दौरान कोठारी ने कांग्रेस के भावनगर अधिवेशन को अपनी आँखों से देखा और पाया कि कांग्रेस के नेता किस तरह मतभेदों के बीच में आमसहमति बनाने में कामयाब होते हैं। उन्हें लगा कि यहीं कहीं भारतीय राजनीति की असलियत निहित है। बिना इसे समझे पश्चिम द्वारा थमाई गयी सैद्धांतिक दृष्टि या पार्टी-पॉलिटिक्स के निषेध से काम नहीं चलने वाला। अपनी पहली रचना में कोठारी ने सत्ता के विकेंद्रीकरण की इलाक़ाई अवधारणा ख़ारिज करते हुए तर्क दिया कि लोकतंत्र का मर्म ऊपर से नीचे यानी बड़े क्षेत्र से छोटे क्षेत्र को दिये जाने वाले अधिकारों का स्थानांतरण न हो कर व्यक्ति की आज़ादी और अधिकारसम्पन्नता की व्यापकता में निहित है। जयप्रकाश नारायण द्वारा प्रतिपादित स्थानीय निकायों के सर्वसम्मत चुनावों की धारणा के ख़िलाफ़ उनकी दलील थी कि चुनावी होड़ से भाग कर हम लोकतंत्र को स्वस्थ बनाने में कोई योगदान नहीं दे सकते। वे देख रहे थे कि चुनाव जितना छोटे स्तर का होगा, कांग्रेस को हराने में विपक्ष को उतनी ही सुविधा होगी। उनकी मान्यता थी कि कम्युनिस्ट पार्टियाँ संसदीय लोकतंत्र की समर्थक नहीं हैं और उनके सत्ता में आने से लोकतंत्र को ख़तरा हो सकता है, लेकिन साथ ही वे यह भी मान रहे थे कि कम्युनिस्टों को सत्ता में आने से रोकने के लिए कांग्रेस और विपक्ष का अक्सर हो जाने वाला गठजोड़ एक स्वस्थ दलीय प्रणाली और व्यापक कांग्रेस विरोधी विपक्षी मोर्चे के विकास में बाधक है। उन्होंने बेहिचक

कहा कि कम्युनिस्ट विरोध की राजनीति का यह रूप लोकतंत्र के लिए क़तई फ़ायदेमंद नहीं है। उन्होंने जनसंघ और राष्ट्रीय स्वयंसेवक संघ की गतिविधियों को तो लोकतंत्र के सेकुलर ढाँचे के लिए ख़तरनाक माना ही, गाँधीवादियों के ट्रस्टीशिप के सिद्धांत को भी आड़े हाथों लिया। उन्हें लग रहा था कि इस सिद्धांत के ज़रिये लोकतंत्र के बुनियादी सिद्धांतों की ही उपेक्षा हो सकती है। कोठारी की निगाह में ट्रस्टीशिप का मतलब था कुछ लोगों, कुछ तबक़ों या कुछ समुदायों को सत्ता का विशेषाधिकार दे दो और फिर उनसे उम्मीद करना कि वे इस विशेषाधिकार का इस्तेमाल जनता के हित में करेंगे।

इस लेखमाला में कोठारी ने कांग्रेस के अंदरूनी गुटों की गतिविधियों के महत्त्व और सीमाओं का जिस तरह वर्णन किया, वह भारतीय राजनीति की बारीकियों पर उनकी मज़बूत पकड़ का सबूत था। इस रचना में राष्ट्रीय सामुदायिक विकास संस्थान के लिए किया गया फ़ील्डवर्क और कांग्रेस अधिवेशन में की जाने वाली राजनीति का प्रत्यक्ष अनुभव तो बोल ही रहा था, लोकतंत्र की बुनियादी सैद्धांतिक आत्मा को मनमाने बौद्धिक रुझानों से बचाने का संकल्प भी उभर कर आ रहा था। इसमें क्रमश: केंद्र-राज्य संबंधों, पंचायती राज, सरकार के संसदीय रूप, अफ़सरशाही, दलीय प्रणाली और अंत में लोकतंत्र के भविष्य पर गहन चर्चा की गयी थी। विवादात्मक प्रकृति के इन लेखों में कोठारी ने एक त्रिकोणात्मक कसौटी पेश की जिसका एक कोण लोकतंत्र के मान्य सिद्धांतों का था, दूसरा पश्चिमी दुनिया के लोकतांत्रिक अनुभव का था और तीसरा भारतीय अनुभव की विशिष्टता का था। ये लेख पारखियों को ताजा हवा के एक झोंके की तरह लगे। इससे पहले राजनीति-विज्ञान में संस्थागत और संविधानगत अध्ययन ही हुआ करते थे। राजनीति के विकासक्रम को देखने की यह एक अनूठी निगाह थी, क्योंकि इन लेखों में लास्की के सिद्धांतों से लेकर जयप्रकाश नारायण की थीसिस पर निगाह ही नहीं दौड़ाई गयी थी, विकेंद्रीकरण की ज़मीनी असलियत और केंद्रीकरण के विभिन्न आयामों को भी खोला गया था। इन लेखों में नेताओं, नौकरशाही, योजना आयोग और आम जनता की प्रवृत्तियों पर विचारोत्तेजक टिप्पणियाँ थीं। नेहरू से लेकर विपक्ष के बड़े नेताओं की राजनीति को कसौटियों पर कसते हुए लोकतंत्र के भविष्य पर फ़ैसला सुनाया गया था।

कोठारी की विचार-यात्रा का दूसरा सोपान था 'भारत की कांग्रेस 'प्रणाली' और 'जातियों का राजनीतीकरण' जैसी रचनाएँ जिन्होंने भारतीय राजनीतिशास्त्र को एक नयी दिशा दी। कोठारी के ही शब्दों में : 'अनुसंधान के दौरान मुझे पता चला कि इस देश को अंग्रेज़ों के तर्ज़ पर न तो नौकरशाह चला रहे हैं और न ही पश्चिमी लोकतंत्र के तर्ज़ पर कोई दो-दलीय प्रणाली। यहाँ तो एक विलक्षण पार्टी-प्रणाली चल रही है जिसकी ख़ास बात है एक पार्टी का वर्चस्व और विपक्ष का न के बराबर महत्त्व।' कांग्रेस को भारतीय समाज की विशिष्टताओं से अनुकूलित एक 'सिस्टम' के रूप में देख कर कोठारी ने प्रदर्शित किया कि कांग्रेस के इतने दीर्घकालीन वर्चस्व का आधार क्या है। बाद में नेहरू के अवसान के बाद साठ के दशक के अंतिम वर्षों में उन्होंने तर्क दिया कि अब कांग्रेस प्रणाली क्यों अपनी चौधराहट क़ायम नहीं रख पाएगी। कोठारी ने अपनी सबसे प्रभावी थीसिस जातियों के राजनीतीकरण के रूप में दी। परम्परा के आधुनिकीकरण की अपनी बुनियादी समझ पर भरोसा करते हुए कोठारी ने दिखाया कि जातियाँ आधुनिक राजनीति में भागीदारी करने के दौरान किस तरह बदल जाती हैं। उनके कर्मकाण्डीय स्वरूप का क्षय होता है और वे उत्तरोत्तर सेकुलर रूप ग्रहण करती चली जाती हैं। इस तरह राजनीति पर जातिवाद हावी नहीं होता, बल्कि जातियों का राजनीतीकरण हो जाता है। चुनावी अध्ययनों और अपने फ़ील्डवर्क के साथ-साथ जाति-प्रथा के अकादमीय अध्ययन के दौरान कोठारी जाति की संरचना की एक ऐसी ख़ूबी देख पाने में सफल रहे जिस पर उस समय तक लोगों का ध्यान नहीं गया था। उन्हें लगा कि कोई जाति सिर्फ़ सजातीय विवाह, कर्मकाण्डीय छुआछूत और रीति-रिवाज़ों के ज़रिये दूसरी जाति से दूरी बना कर ही नहीं रखती, बल्कि कुछ और भी करती है। जातियाँ तरह-तरह की दलबंदियों, जातीय विभेदों, विभिन्न तबक़ों में गठबंधन-पुनर्गठबंधन और सामाजिक प्रगति की लगातार कोशिशों में भी भागीदारी करती हैं। जाति के कर्मकाण्डीय रूप के मुक़ाबले यह उसका सेकुलर रूप है। कोठारी की मान्यता यह बनी कि आधुनिक राजनीति से जाति की अन्योन्यक्रिया उसके इसी पहलू को इतना उभार देती है कि उसकी प्राथमिकताएँ बदल जाती हैं। कोठारी को जाति प्रथा के ध्वंस की कोई क्रांतिकारी ग़लतफ़हमी

नहीं थी। उन्हें तो सामाजिक जागरूकता के आलोचनात्मक मानदण्ड बदलते हुए दिख रहे थे। कोठारी का यह लेख एक भविष्यवाणी की तरह सामने आया। उन्होंने इसी लेख में घोषणा की कि नेहरू युग का नेतृत्व अपने आख़िरी दौर से गुज़र रहा है और नये क़िस्म के राजनेता उभर रहे हैं जिन्हें राजनीति के नये उद्यमी क़रार दिया जा सकता है। समकालीन राजनीति के मंच पर मुलायम सिंह यादव, लालू यादव, कांशीराम और मायावती जैसे नेताओं के उभार को कोठारी की भविष्य-दृष्टि के सही होने के प्रमाण के रूप में भी देखा जा सकता है। इस नयी राजनीति के उद्यम से निकलने वाली राजनीतिक सामुदायिकता का अनुमान भी कोठारी ने तभी लगा लिया था।

इसके बाद आया कोठारी का शाहकार ग्रंथ *पॉलिटिक्स इन इण्डिया* जिसका केंद्रीय सूत्रीकरण उसके एकदम शुरुआती वाक्यों में ही पेश कर दिया गया था : 'अगर आधुनिकीकरण हमारे समय की केंद्रीय प्रवृत्ति है तो उसकी चालक शक्ति है राजनीतीकरण। लेकिन यह एक ऐसी शक्ति है जिसे नियंत्रित करने की कला मनुष्य अभी तक नहीं सीख पाया है। शायद इसलिए कि वह आज भी घिसी-पिटी समझदारी के शिकंजे में जकड़ा हुआ है।' यह घिसी-पिटी समझदारी क्या थी, जिसका निराकरण कोठारी करना चाहते थे? यह थी भारतीय संदर्भों में परम्परा और आधुनिकता के आपसी रिश्तों की स्थापित व्याख्या। कोठारी ने यह मानने से इनकार कर दिया कि जाति और धर्म प्राक्-आधुनिक तत्त्व हैं और आधुनिकीकरण के साथ उनका शत्रुतापूर्ण अंतर्विरोध है। उन्होंने दावा किया कि भारत जैसी प्राचीन सभ्यता को अपने संस्कृतिप्रधान रूपों और प्रवृत्तियों की सीमा से निकालने में आधुनिक राजनीति ने एक प्रभावी और बेहद नफ़ीस औज़ार की भूमिका निभाई है। यह दिखाने के लिए कोठारी ने केवल समुदायों और समूहों की ही चर्चा नहीं की, बल्कि 'व्यक्ति' नामक लोकतंत्र की मूल इकाई के मानस की गहराइयों तक गये और विश्लेषण किया कि किस तरह भारतीय समाज, परिवार और परम्पराएँ मिल-जुल कर शिशु अवस्था से लेकर वयस्क होने तक यूरोपीय व्यक्ति से भिन्न एक ख़ास तरह का व्यक्ति तैयार करती हैं जिसका मानस कुछ मसलों में तो आधुनिक राजनीति की माँगों को पूरा करता है और कुछ मामलों में राजनीतीकरण की प्रक्रिया में बाधक

भी बनता है। इन दोनों पहलुओं को सामने रखते हुए उन्होंने नतीजा निकाला कि कुल मिलाकर भारतीय परम्परा आधुनिकीकरण के प्रति अनुकूल ही साबित हुई है। उन्होंने साबित किया कि भारतीय समाज बदल रहा है लेकिन यह बदलाव किसी नये समाज द्वारा पुराने समाज की जगह लेने वाला बदलाव नहीं है। यह तो आधुनिकता द्वारा परम्परा की जगह लेने के बजाय परम्परा का ही आधुनिकीकरण है। ऐसा होना ही श्रेयस्कर है, क्योंकि जब तक आधुनिकता स्वयं परम्परा नहीं बन जाती, तब तक भारत जैसा प्राचीन समाज उसे हज़म नहीं कर सकता। स्वयं कोठारी के शब्दों में :

> पश्चिमी चिंतकों का विचार यह है कि जैसे-जैसे आधुनिकीकरण और शहरीकरण आगे बढ़ता है, जन-संचार और शिक्षा के साधनों में प्रगति होती है, समाज बदलता चला जाता है। समाज-परिवर्तन के लिए इन बातों के महत्त्व से इनकार किये बिना मैं इस नज़रिये के ख़िलाफ़ हूँ। मेरा विचार है कि जब तक जनता बड़े पैमाने पर राजनीतिक प्रक्रिया में भागीदारी नहीं करेगी और जाति और वर्ग जैसी सामाजिक संस्थाओं का राजनीतीकरण नहीं होगा तब तक वास्तविक समाज परिवर्तन नहीं हो सकता। राजनीतिक प्रक्रिया में शामिल हो कर ही लोग सचेत होते हैं और बदलते हैं। अपने पश्चिमी मित्रों के साथ मेरा यह प्रमुख मतभेद रहा है कि आधुनिकीकरण नहीं, राजनीतीकरण परिवर्तन की कुंजी है। उनकी मान्यता रही है कि आधुनिकीकरण और उसके लक्ष्यों को हासिल कर लेने से बदलाव हो जाता है।
>
> अल्बर्ट और कोलमेन ने अपनी किताब *पॉलिटिक्स ऑफ़ डिवलपिंग एरियाज़* में यही धारणा व्यक्त की है। मेरा तर्क यह कि लोग अपने आप को ख़ुद ही बदल सकते हैं। जब ग़रीब ख़ुद आगे बढ़ कर राजनीति करेंगे तभी उनमें बदलाव की चेतना आएगी। इसी विषयवस्तु को मैंने आगे चलकर ग़रीबी पर लिखी अपनी किताब में और विकसित किया है कि योजना आयोग द्वारा बनाई जाने वाली स्कीमों के बजाय परिवर्तन की धुरी लोगों के राजनीति में शामिल होने से निकलती है। इस यथार्थ के दर्शन करने हों तो इस तथ्य में किये जा सकते हैं कि भारत में राजनीतिक प्रक्रिया में धनी लोगों की भागीदारी घटती जा रही है और ग़रीब उत्तरोतर ज़्यादा-से-ज़्यादा संख्या में राजनीति से जुड़ रहे हैं, क्योंकि उन्हें राजनीति से उम्मीद है।

दूसरा आयाम : संस्था-निर्माण/ सेंटर के दिन

छह खण्डों की लेखमाला से प्रभावित हो कर भारत में एशिया फ़ाउण्डेशन के कर्त्ताधर्ता प्रोफ़ेसर रिचर्ड पार्क ने कोठारी को अनुसंधान करने के लिए एक व्यक्तिगत फ़ेलोशिप दी। लेकिन, यह रक़म हाथ में आते ही कोठारी ने अपना इरादा बदल दिया :

> उन दिनों मैं सरकारी संस्थानों के लाल फ़ीताशाही रवैये से ख़ासा त्रस्त था। प्रोफ़ेसर श्यामाचरण दुबे मुझे पंचायती राज पर काम कराने के लिए मसूरी के नैशनल इंस्टीट्यूट ऑफ़ कम्युनिटी डिवेलपमेंट में ले गये थे। वहाँ मुझे शोध के लिए काफ़ी फ़ील्डवर्क करना पड़ा और उसी सिलसिले में मुझे इस बात का और ज़्यादा अहसास हुआ कि एक नये तरह के संस्थान की कितनी ज़रूरत है। इसलिए एशिया फ़ाउण्डेशन की पेशकश के बाद मैंने सोचा कि मैं इस अनुदान को सिर्फ़ अपने शोध के ऊपर नहीं, बल्कि एक नये वैकल्पिक शोध संस्थान की नींव डालने में ख़र्च करूँगा। मैंने वहीं मसूरी में ही उस प्रस्ताव का मसविदा लिखा कि मैं कैसा संस्थान बनाना चाहता हूँ। हमने एशिया फ़ाउण्डेशन से केवल एक लाख रुपये का अनुदान लिया और अध्ययन पीठ की स्थापना की। ... अध्ययन पीठ की स्थापना से पहले हाल यह था कि शोध संस्थानों में सिर्फ़ अर्थशास्त्र पर ही अनुसंधान होता था। चाहे गोखले इंस्टीट्यूट हो, दिल्ली स्कूल हो या इंस्टीट्यूट ऑफ़ इकनॉमिक ग्रोथ हो, हर तरफ़ अर्थशास्त्र का ही बोलबाला था। अधिकतर शोध सांख्यकीय क़िस्म की थी और उनकी सामग्री सरकारी रपटों से ली जाती थी। समाज-विज्ञानी यह पता लगाने में दिलचस्पी नहीं रखते थे कि आम जनता क्या सच कह रही है। उनका आर्थिक विकास का मॉडल स्थानीय स्तर पर क्या असर डाल रहा है। जनता के पास जाने में किसी को रुचि नहीं थी। इसी माहौल में मैंने एक ऐसे संस्थान के बारे में सोचा जो अर्थशास्त्र पर केंद्रित न करके समाजशास्त्र, मनोविज्ञान और राजनीतिशास्त्र वग़ैरह पर ध्यान दे। मैं चाहता था कि संस्थान किसी तरह की नौकरशाहाना प्रवृत्ति का शिकार न बने। उसका वातावरण अनौपचारिक, लोकतांत्रिक और विचारोत्तेजक रहे। उसमें युवा लोग काम करें जो अपनी विशेषज्ञता के लिए भले ही न जाने जाएँ लेकिन उनमें समाज-विज्ञान के प्रति एक तरह का सम्पूर्णतावादी और आंगिक नज़रिया हो। अध्ययन पीठ की संकल्पना एक ऐसे बहु-अनुशासनीय संस्थान के रूप में की गयी थी जिसे अर्थशास्त्र को केवल नीतिगत मसले के रूप में देखना था।

इस तरह सिर्फ़ 33 साल की उम्र में रजनी कोठारी ने सीएसडीएस की

स्थापना की और चुन-चुन कर युवा एवं सम्भावनावान समाज-वैज्ञानिकों को वहाँ काम करने के लिए आमंत्रित किया। सेंटर के नाम से मशहूर इस संस्था की ख़ास बात थी वहाँ का अनौपचारिक माहौल जिसमें प्रतिभा के पनपने की काफ़ी गुंजाइश मौजूद थी। प्रोफ़ेसर धीरूभाई शेठ साठ के दशक में सेंटर के अपने शुरुआती दिनों को याद करते हुए बताते हैं :

> ... सेंटर में अलग तरह का माहौल था। कोई सा-केंद्र नहीं था। सेंटर आना-जाना, पढ़ना-लिखना और बातें करना, बौद्धिक संवाद स्थापित करना, आदि मुझे अपने अनुकूल लगा। ... सेंटर में मैंने कोई सचेत और नियोजित रूप से वक़्त नहीं गुज़ारा। मेरे लिए मेरा यहाँ होना ही काफ़ी आनंददायक रहा। यह एक ऐसी जगह थी, जहाँ काम करना और न काम करना, दोनों ही सम्भव था। यही ख़ास बात थी। ऐसा न जाने कितनी बार हुआ होगा कि दोपहर में खाने के वक़्त आया, गप-शप की और चला गया। जब काम करने का दबाव पैदा हुआ कि अमुक प्रोजेक्ट करना है या चुनावी-अध्ययन करना है तो लिखने की प्रक्रिया शुरू हुई। सब लोगों ने साथ-साथ लिखा। ... परस्परपूरकता की स्थिति सेंटर के बौद्धिक माहौल की देन भी थी। अकादमीय नेतृत्व के लिहाज़ से रजनी कोठारी की भूमिका ज़बरदस्त रही। इसका मतलब यह नहीं था कि उनमें महत्त्वाकांक्षा नहीं थी, या उनमें अपने लिए या सेंटर के लिए तमन्नाएँ नहीं थीं। नेता होने के लिए भी तो कुछ महत्त्वाकांक्षा पालनी ही पड़ती है। लेकिन, उनका नेतृत्व बुनियादी रूप से बेहद उदार और सामूहिकता के बोध से सम्पन्न था। उनमें बड़ा धीरज था, और वे अपने साथियों की सम्भावना में एक सहज भरोसा रखते थे। वे किसी व्यक्ति के नकारात्मक पहलुओं की शिनाख़्त करके शुरुआत नहीं करते थे। अधिकारों का बँटवारा करना उनकी शैली थी, जिसके कारण वे ख़ुद बहुत से कामों से मुक्त भी हो जाते थे। सेंटर के संचालन के लिए धन की व्यवस्था करने के बाद अपनी कार्यशैली के कारण वे रोज़मर्रा के प्रशासन की जहमत से बच जाते थे।

रजनी कोठारी की आत्मछवि हमेशा एक वामपंथी रुझानों वाले बुद्धिजीवी की थी, इसलिए जब सेंटर की स्थापना करने की प्रक्रिया में उनके ऊपर दक्षिणपंथी होने का ठप्पा लगा तो वे बेचैन हो गये। यह विडम्बना एशिया फ़ाउण्डेशन की फ़ेलोशिप का देन थी। उन्हीं दिनों *वाशिंगटन पोस्ट* में एक रपट प्रकाशित हुई जिसमें उन संस्थाओं की सूची छपी थी जिनके ज़रिये सीआईए सारी दुनिया में समाज-विज्ञान अनुसंधान की फ़ंडिंग करके अपना जाल फैला रही थी। हालाँकि एशिया फ़ाउण्डेशन का नाम उस सूची में नहीं था, पर रजनी

का माथा ठनका। उन्होंने बिना देर किये इंदिरा गाँधी और मोरारजी देसाई से मुलाक़ात करके अपने नये संगठन के लिए कोष की जुगाड़ कर ली और एशिया फ़ाउण्डेशन की रक़म वापस कर दी।

लेकिन तब तक नुक़सान हो चुका था। भारत में चल रहे तत्कालीन वामपंथी विमर्श के लिए इतना ही काफ़ी था। चूँकि कोठारी अमेरिका में पनपे व्यवहारवादी राजनीतिशास्त्र से भी प्रभावित थे, इसलिए फ़ौरन फ़ाउण्डेशन की फ़ेलोशिप को इससे जोड़ कर उनके ऊपर अमेरिकापरस्ती का ठप्पा लगा दिया गया, बावजूद इसके कि वे इंदिरा गाँधी के सोवियत संघ की तरफ़ झुकने को हमदर्दी से देखते थे और जैसे ही उन्हें पता चला कि *क्वेस्ट* जैसी पत्रिका और *कांग्रेस फ़ॉर कल्चरल फ़्रीडम* जैसी संस्थाएँ सीआईए द्वारा प्रायोजित हैं, उन्होंने उनके साथ अपना संबंध तोड़ लिया था। गुजरात के नवनिर्माण आंदोलन के दौरान उन्होंने एक लम्बा नोट बना कर इंदिरा गाँधी को भेजा जिसमें सुझाव दिया गया था कि चिमनभाई पटेल को हटा दिया जाना चाहिए।

लेकिन इंदिरा के प्रति कोठारी का मोह ज़्यादा दिन नहीं चला, 'मैंने इंदिरा गाँधी के ग़रीबी हटाओ नारे का समर्थन किया था। इस नारे से प्रभावित होकर ही मैंने इंदिरा गाँधी को पत्र लिखा था कि अब उन्हें इस सफलता के आधार पर खड़े होकर राष्ट्र-निर्माण के कुछ नये सोपान रचने चाहिए। यह अलग बात है कि वे कुछ नहीं कर पाईं और सरकार की बागडोर उनके बेटे संजय गाँधी और उनके लम्पट दोस्तों ने सँभाल ली। मुझे याद है कि उस समय जयप्रकाश नारायण ने मुझे बुला कर कहा था कि मुझे इस औरत पर कोई भरोसा नहीं है। ये कुछ गड़बड़ करने वाली है। जे.पी. का अंदेशा बाद में आपातकाल की घोषणा के रूप में सही निकला। आपातकाल के ख़िलाफ़ संघर्ष करने में मैंने ख़ूब जमकर काम किया। जनता पार्टी का घोषणापत्र लिखा। बाद में मध्यवर्ती-लोकतांत्रिक ताक़तों की पार्टी के रूप में जब जनता दल बनाने का वक़्त आया तो भी मैंने हेगड़े के साथ उस प्रक्रिया में योगदान किया।'

तीसरा आयाम : राजनीतिक सक्रियता

सिद्धांतीकरण, संस्था-निर्माण और राजनीतिक सक्रियता के इस त्रिकोणात्मक

जीवन को धीरूभाई द्वारा निर्मित और संचालित परियोजना लोकायन में रजनी की भागीदारी से एक नया आयाम मिला। धीरूभाई अपने एक संस्मरण में बताते हैं :

> ... उस ज़माने में कोठारी सेंटर के साथ औपचारिक रूप से नहीं थे। संस्थाओं की रचना करने के मामले में कोठारी ने एक विशिष्ट शैली विकसित की थी जिसके तहत वे दूसरों को ज़िम्मेदारी देकर ख़ुद मंच से हट जाने में यक़ीन करते थे। सेंटर से भी उन्होंने पचास की उम्र पार करते ही औपचारिक नाता तोड़ लिया था और दिल्ली विश्वविद्यालय के राजनीतिशास्त्र विभाग में चले गये थे। मेरा ख़याल है कि ईलिंग जो प्रस्ताव ले कर मेरे पास आया था, उसकी सम्भावना रजनी कोठारी द्वारा बनाई गयी और जिसे मैंने अपने हिसाब से संकल्पित करके असली जामा पहनाया। ... उनके बारे में काफ़ी ग़लतफ़हमियाँ भी थीं। सेंटर, अमेरिकी पैसे की बातें, तत्कालीन इंटलेक्चुअल डिस्कोर्स, रूसी लॉबी, कम्युनिस्ट पार्टी की तरफ़ से आने वाली भीषण प्रतिक्रियाएँ आदि ने मिला-जुला कर माहौल बहुत ख़राब कर रखा था। रजनी के बारे में बातें कुछ इस तरह से कही जाती थीं जैसे कि उनके सेकुलर और रैडिकल पहलू संदिग्ध हों। पर, हम जानते थे कि ये सब बातें ग़लत हैं। रजनी अगर लोकायन की प्रक्रिया में आते तो सारे देश के पैमाने पर उसका प्रसार करने में उनकी शख़्सियत से और उनकी बौद्धिकता से मदद मिलती। जब पुणे में संवाद हुआ तो आग्रह करने पर कोठारी आये और फिर आगे के भी संवादों में शामिल होने लगे। दरअसल, उन दिनों वे भी मेरी तरह औपचारिक ज्ञान की प्रक्रियाओं से असंतुष्ट थे, और एक नयी गुंजाइश की तलाश कर रहे थे। लेकिन, जब उन्होंने साथ में आना तय किया तो पूरी तरह लोकायन में डूब गये और फिर उनकी ऊर्जा का इस प्रक्रिया को लाभ भी मिला। लोकायन में भाग लेने के दौरान ही रजनी कोठारी को उनकी पब्लिक इंटलेक्चुअल वाली शख़्सियत मिली। इसी दौरान वे पीयूसीएल के राष्ट्रीय अध्यक्ष बने। उन दिनों इस नागरिक अधिकार संगठन का दफ़्तर व्यावहारिक रूप से लोकायन ही बन गया था। 1984 की सिख विरोधी हिंसा की जाँच रपट *हू वर दि गिल्टी* में लोकायन के साथियों का उल्लेखनीय योगदान रहा। रजनी के व्यक्तिव की यह ख़ूबी है कि वे किसी भी परियोजना को गतिशील कर सकते हैं। हम साथ-साथ हर जगह जाने लगे। मुझे याद है कि गोवा के संवाद में हम साथ-साथ थे। ... बाद में लोकायन को लेकर जब सेंटर में विवाद हुआ तो रजनी ने जम कर साथ दिया।

वस्तुत: रजनी कोठारी न केवल ज्ञान-रचना की प्रक्रियाओं से असंतुष्ट थे, राजनीतिक दलों के तत्कालीन रवैये से भी उनका मोहभंग होता जा रहा था।

समाज-विज्ञान के बारे में उनकी राय थी कि वह विशेषज्ञता को प्रोत्साहन देने के चक्कर में बेहतर दुनिया बनाने की किसी भी दृष्टि से वंचित होता जा रहा है, और जनता की चौतरफ़ा भलाई का विचार रचने में उसकी दिलचस्पी ख़त्म होती जा रही है। चूँकि लोकायन जनांदोलनों में ज़मीनी स्तर पर सक्रिय कार्यकर्ताओं और समाज-वैज्ञानिकों के बीच सूत्र की भूमिका निभाता था, इसलिए कोठारी और धीरूभाई ने अपनी-अपनी तरह से इस ग़ैर-पार्टी राजनीतिक प्रक्रिया का सैद्धांतिक सूत्रीकरण किया। लेकिन, कोठारी बहुत दिनों तक इस ग़ैर-पार्टी राजनीतिक प्रक्रिया के प्रति सहज नहीं रहे :

> मुख्यतौर पर ग़ैर-पार्टी राजनीतिक प्रक्रिया में मेरी दिलचस्पी मानवाधिकार आंदोलन में मेरी भागीदारी से शुरू हुई। सिख विरोधी नरसंहार की जाँच करने और उसके अपराधियों को सज़ा दिलवाने से लेकर उसके पीड़ितों को इंसाफ़ दिलाने में काफ़ी सक्रिय रहा। इसके बाद भोपाल गैस त्रासदी मेरी गतिविधियों का केंद्र बनी। इसी दौरान मुझे लगा कि पार्टियाँ किसी क़िस्म की सकारात्मक भूमिका नहीं निभा पा रही हैं। यहाँ मेरा विचार गाँधी और जेपी से भिन्न दिशा में विकसित हुआ। ये दोनों चाहते थे कि राज्य ही ग़ैर-पार्टी-ग़ैर-राजनीतिक आधार पर बने पर मैंने इसकी संकल्पना राजनीतिक लेकिन ग़ैर-पार्टी आधार पर की। इस तरह यह चर्चित सूत्रीकरण प्रकाश में आया।
>
> पार्टियों से मेरा मोहभंग एक-एक करके हुआ। पहले मुझे कांग्रेस से उम्मीद थी। पर वह निराशा में बदल गयी। फिर मैं जनसंघ के उत्थान से बेहद चिंतित हो गया, क्योंकि जेपी जैसे प्रमुख लोग उसे वैधता प्रदान कर रहे थे। मोहभंग का लम्बा सिलसिला मुझे एक ऐसी अवधारणा की तरफ़ ले गया जिसमें मैंने एक इस तरह की राजनीति की वकालत की जो पारम्परिक दलीय राजनीति नहीं थी। यह क्रांतिकारी राजनीति भी नहीं थी। मैंने अपने करियर में बहुत-से उग्रपंथियों का समर्थन किया है और मदद की है, चाहे पंजाब का आंदोलन हो, नक्सलवादी आंदोलन हो या फिर उत्तर-पूर्व का उग्रवाद हो। लेकिन मैं कभी यह नहीं मान पाया कि रूसी या चीनी क़िस्म की क्रांति भारत में होनी चाहिए, इसलिए नहीं कि ऐसी क्रांति हो नहीं सकती, बल्कि इसलिए कि भारत की ज़रूरतों को ऐसी क्रांति पूरा नहीं कर सकती। मैं एक जगह लिख चुका हूँ कि बीसवीं सदी क्रांतियों से भरी रही है लेकिन यह ख़ून-ख़राबे से भी भरी रही है। कोई भी क्रांति दुनिया की प्रकृति बदलने में कामयाब नहीं हो सकी है। इसलिए हमें ज़रूरत एक अधिक मानवीय और नीचे से चलने वाली प्रक्रिया की है। यह विचार भी सम्भवतः ग़ैर-पार्टी

राजनीतिक प्रक्रिया की तरफ़ ले गया।

> मैं उन गुटों से जुड़ गया जो ग्रासरूट्स राजनीति की बात करते थे। लेकिन जल्दी ही मुझे उनसे दिक़्क़त होने लगी। और जैसे ही एनजीओ का कार्य-व्यापार शुरू हुआ और जैसे ही विश्व बैंक ने ग़ैर-सरकारी संगठनों को वैधता देनी शुरू की वैसे ही मैं काफ़ी चिंतित हो गया। आज मैं इस एनजीओ धंधे के ख़िलाफ़ हूँ। मैं स्वयंसेवी भावना के ख़िलाफ़ नहीं हूँ। मैं तो मानता हूँ कि यह भावना तो भारतीय सभ्यता में नैसर्गिक रूप से निहित है। होना यह चाहिए था कि इसी स्वयंसेवी भावना के तहत ग़ैर-पार्टी प्रक्रिया में रचनात्मक कार्य पर ज़ोर दिया जाना चाहिए था, लेकिन हुआ यह कि विदेशी फ़ंडिंग पूरे सिलसिले पर छा गयी। एक नया धंधा बन गया। ग़ैर-सरकारी समूहों को भूमण्डलीय आग्रह आकर्षित करने लगे, बड़े पैमाने पर धन आने लगा और आम जनता के हित नज़रों से ओझल हो गये।

अस्सी के दशक के आख़िर में एक ऐसा दौर भी आया जब गठजोड़ राजनीति के आग्रह कोठारी को विश्वनाथ प्रताप सिंह के अगुआई में बनी सरकार के साथ संस्थागत जुड़ाव की तरफ़ ले गये। यह अफ़वाह भी फैली कि मण्डल कमीशन की ठण्डे बस्ते में पड़ी हुई रपट को लागू करने का सुझाव उन्होंने ही वी.पी. सिंह को दिया था, हालाँकि कोठारी ने मुझसे एक बातचीत में इसका खण्डन किया। हाँ, यह ज़रूर है कि वी.पी. सिंह के इस क़दम का उन्होंने समर्थन किया और इस चक्कर में कई बुद्धिजीवी साथियों से उनके संबंध भी ख़राब हो गये। इसी सरकार के दौरान कोठारी योजना आयोग के सदस्य बने, लेकिन यह दौर वी.पी. सिंह सरकार पर हावी दक्षिणपंथी अर्थशास्त्रियों के साथ संघर्ष करते-करते ही बीत गया :

> हुआ यह कि वी.पी. सिंह की जब सरकार बनी तो रामकृष्ण हेगड़े को मंत्री बनाने का मसला उठा। सम्भवत: वी.पी. सिंह हेगड़े को मंत्री नहीं बनाना चाहते थे। उस ज़माने में कम-से-कम अफ़वाहें तो इसी क़िस्म की थीं। ... बहरहाल, हेगड़े आयोग में अपने विश्वस्त लोगों को रखना चाहते थे। कर्नाटक में मुख्यमंत्रित्व के काल में इंदिरा गाँधी की केंद्रीकरणवादी प्रवृत्तियों के ख़िलाफ़ संघर्ष करते समय मेरा उनसे अच्छा रब्त-ज़ब्त हो गया था। तब उन्होंने अपनी सरकार के नीतिगत विन्यास के लिए बुद्धिजीवियों का एक दल बनाया था जिसमें मैंने प्रमुख भूमिका निभाई थी। वे चाहते थे कि मेरे दोस्त गाँधीवादी अर्थशास्त्री लक्ष्मीचंद जैन के साथ मैं भी आयोग में जाऊँ। मैं तैयार नहीं हुआ। मेरी पत्नी हंसा भी राजी नहीं थीं। पर मेरे ऊपर दबाव डाला गया और कहा गया कि तुम विकल्प की बात

बहुत करते हो, अब मौक़ा है कि अपने विचारों को धरती पर उतारने के लिए कुछ करो। लक्ष्मी जैन ने मेरे घर आकर हंसा को मना लिया। इससे पहले 1977 में जनता पार्टी की सरकार बनने पर मुझे भारतीय समाजविज्ञान अनुसंधान परिषद का अध्यक्ष बनाया गया था। बहरहाल, मैं योजना आयोग में चला गया लेकिन वी.पी. सरकार ज़्यादा दिन नहीं चली। जैसे ही यह सरकार आडवाणी की रथयात्रा के कारण गिरी, मैंने निर्णय लिया कि मुझे इस्तीफ़ा दे देना चाहिए। मेरा यह निर्णय आयोग के अन्य सदस्यों अरुण घोष, इला भट्ट, वैद्यनाथन और लक्ष्मीचंद जैन को भी पसंद आया। और हम सबने त्यागपत्र दे दिया।

आयोग में होता यह था कि मैं और अरुण घोष उद्योग के इंचार्ज थे। उद्योग मंत्री अजित सिंह थे। मोंटेक सिंह अहलूवालिया और पाई पनांडीकर जैसे लोग वी.पी.सिंह को विश्व बैंक और अंतर्राष्ट्रीय मुद्रा कोष की दिशा में ले जाना चाहते थे। हम लोग विरोध करते थे। अजित सिंह और अहलूवालिया से हमारा लगातार संघर्ष होता रहता था और वी.पी. सिंह हमारे बीच समझौता कराते रहते थे।

ग़ैर-पार्टी राजनीति के स्खलन से निराश और गठजोड़ राजनीति के जोड़-तोड़ से उकताए हुए कोठारी को नयी उम्मीद दलित और पिछड़े वर्ग की राजनीति में दिखाई पड़ी। नब्बे के दशक के ये शुरुआती साल बड़े उत्पाती थे। एक तरफ़ भूमण्डलीकरण की प्रक्रिया शुरू हो चुकी थी, दूसरी ओर दलित-पिछड़ी राजनीतिक पहलक़दमियों ने स्थापित पार्टी-पॉलिटिक्स के दरवाज़े पर अपनी दस्तक देनी शुरू कर दी थी, और तीसरी ओर हिंदुत्ववादी राजनीति अपने सर्वाधिक आक्रामक रूप में आ कर रामजन्मभूमि आंदोलन चलाने में जुटी हुई थी। इस दौरान रजनी कोठारी के लेखन और सक्रियता ने अपनी तमाम बुद्धिजीवी क़िस्म की हिचकों को छोड़ कर स्पष्ट वामपंथी रुख अख़्तियार कर लिया। उन्हें मार्क्सवादी कम्युनिस्ट पार्टी की तरफ़ से जाति पर भाषण देने के लिए निमंत्रित भी किया गया। उन्होंने दलित उभार का खुल कर समर्थन करने वाले लेख लिखे, भूमण्डलीकरण के प्रभाव की कठोर आलोचना की और साम्प्रदायिकता के स्रोतों की भी उसी के भीतर शिनाख़्त की।

कोठारी का विचार था कि भूमण्डलीकरण राजनीतिक प्रक्रिया की धार कुण्ठित कर रहा है। उन्होंने यह मानने से इनकार कर दिया कि राजनीतिक प्रक्रिया की स्वायत्तता और नवउदारतावादी चिंतन के बीच कभी कोई एकता भी हो सकती है। कोठारी ने दावा किया कि भूमण्डलीकरण ने राज्य से उसकी

परिवर्तनकारी भूमिका छीन ली है और उसकी जगह प्रौद्योगिकी, पूँजी और बाज़ार को बैठा दिया है। उन्होंने विश्लेषण किया :

> राजनीतिक प्रक्रिया से मेरा अर्थ सिर्फ़ राज्य या किसी नेता के हाथ में निर्णय की ताक़त देने से नहीं है। इसकी स्वायत्तता से मेरा मतलब है निहित स्वार्थों से स्वायत्त होने की स्थिति। हुकूमत को ऐसा रास्ता चुनना चाहिए कि वह इन स्वार्थों की क़ैदी न बन जाए। जैसे ही राज्य की केंद्रीयता और राजनीतिक प्रक्रिया की केंद्रीयता हाशिये पर जाती है, वैसे ही जन समुदायों की अपने हितों को बुलंद करने की क्षमता भी हाशिये पर जाने लगती है। जनता की भूमिका, समुदाय की भूमिका और जनसंगठनों की भूमिका गौण होती चली जाती है। नवउदारतावादी चिंतन आज वह काम कर रहा है जो कभी विश्व बैंक और आईएमएफ़ करना चाहते थे लेकिन नहीं कर पाए थे। वह एक विचारधारात्मक मतैक्य का दबदबा बना रहा है जिसका इरादा उदारतावाद, मार्क्सवाद और गाँधीवाद को निष्प्रभावी बना देता है। आज तीसरी दुनिया के ज़्यादातर देश इसी विचार को अपनाते जा रहे हैं। इस विचार के ज़रिये ग़रीब देशों को पूँजी के भूमण्डलीकरण, निजीकरण और बाज़ारीकरण की तरफ़ बढ़ना होता है। इस तरह ये देश एक सर्वथा नयी पूँजीवादी विश्व-व्यवस्था का अंग बन जाते हैं।

उदारतावाद, गाँधीवाद और मार्क्सवाद को एक पलड़े पर रख कर उन्हें ख़तरे में फँसा देखने वाला यह सूत्रीकरण एक ऐसी बौद्धिकता की तरफ़ इशारा करता है जो सीएसडीएस में विकसित हो रही आधुनिकता की उस आलोचना से अलग तरह की थी जिसमें अक्सर मार्क्सवाद और वामपंथ विरोध ही झलकता रहता था। कोठारी ने भी अपनी तरफ़ से साफ़गोई का परिचय देते हुए आधुनिकता और उसकी आलोचना के साथ अपने संबंधों को स्पष्ट किया :

> मैं आधुनिकता विरोधी नहीं हूँ और न ही मैं आधुनिकतावाला हूँ। यह द्वैध भी मेरे अंदर है और मैं इसके साथ ज़िंदा रह कर ख़ुश हूँ। ... स्वदेशीकरण का अंतर्मुखी विचार आधुनिकता के आलोचकों को इस क़दर इकतरफ़ा कर देता है कि वे पश्चिम की बेहतरीन उपलब्धियों को भी नकारने लगते हैं। यह सिलसिला आधुनिकता-विरोध को एक बिंदु पर ले जाकर चिंतन के ही विरोध में खड़ा कर देता है। यह रवैया तर्क देता है कि दुनिया के पास आपको देने के लिए कुछ है ही नहीं। सभी कुछ भारत के अंदर से प्राप्त किया जा सकता है। ... मेरे ख़याल से आधुनिकता और परम्परा के रिश्ते को आख़िरी तौर से परिभाषित नहीं किया जा सकता। यह उलझन बनी रहेगी। इसी ऊहापोह में से नतीजे

निकालने होंगे। अब दलितों को देखिए, वे आधुनिकतावादी क्षेत्र के लाभ उठाना चाहते हैं। उन्हें परम्परा की श्रेष्ठता के दावों से नफ़रत है। परम्परा ने उन्हें दिया ही क्या है? वे प्रशासन में बैठना चाहते हैं, विश्वविद्यालयों में हैसियत प्राप्त करना चाहते हैं। हम किस मुँह से उनसे कह सकते हैं कि उन्हें आधुनिक शिक्षा का अवदान नहीं लेना चाहिए। यह तो उन्हें धोखा देना हो जाएगा। ... अभी कुछ ही दिन पहले नंदी मुझसे कह रहे थे कि भई, तुम वामपंथियों की तरफ़ इतने क्यों झुक रहे हो! दरअसल, मेरे और अध्ययन पीठ के कई विद्वानों के बीच इस मसले पर मतभेद हैं। धीरूभाई शेठ की दृष्टि मध्यमार्गी है, क्योंकि उनके मन में कमज़ोर वर्गों के प्रति गहरी हमदर्दी है। लेकिन वे वामपंथ की तरफ़ भी नहीं जाना चाहते। उनमें भी वामपंथी राजनीति के ख़िलाफ़ एक अंदरूनी दूरी है। एक ज़माने में वामपंथी मेरे ख़िलाफ़ भी तरह-तरह की बातें कहते थे। लेकिन मैं केवल अपनी तरफ़ से उनकी तरफ़ नहीं गया, बल्कि हम दोनों एक-दूसरे की तरफ़ आये। अब उन्होंने मुझे स्वीकार करना शुरू कर दिया। ... अध्ययन पीठ के अन्य बुद्धिजीवी मुझे मिलने वाली इस वामपंथी मान्यता से तालमेल बिठाने में मुश्किल महसूस करते हैं। जहाँ तक अध्ययन पीठ के रुझान में संशोधन करने की बात है तो मैं किसी के ऊपर अपने विचार थोपता नहीं। यह मेरा तरीक़ा नहीं है। वे सब मेरा काम जानते हैं। मेरे विचारों की उन्हें जानकारी है। वे मेरे सम्पर्कों से वाक़िफ़ हैं। मैंने कई बार धीरूभाई से कहा है कि हमें दूसरे के साथ संवाद करने के साथ-साथ पीठ के भीतर भी आपस में संवाद चलाना चाहिए। बाहर के लोगों को यह लग सकता है कि संस्था से जुड़े लोगों के विचार एक से होंगे। यह हक़ीक़त नहीं है। शायद उन्होंने मुझे मेरे हाल पर छोड़ दिया है। हो सकता है कि वे सोचते हों कि रजनी तो अपना रंग बदलता ही रहेगा। उसे अपना ही खण्डन करने में कोई दिक़्क़त नहीं होती। अध्ययन पीठ के विद्वान शायद ज़्यादा सुसंगति और नैरंतर्य चाहते होंगे। इस प्रकार कहा जा सकता है कि रजनी कोठारी और उसके द्वारा बनाई गयी अध्ययन पीठ में अंतर है, फिर भी कोठारी को अपने इस संस्थान पर फ़ख्र है। यह एक बेहद लोकतांत्रिक जगह है जहाँ विचारों की पूरी स्वतंत्रता उपलब्ध है। कोई किसी पर अपनी बात नहीं थोपता।

पहले पत्नी और फिर बड़े बेटे के देहांत ने कोठारी को अपने ही बनाए हुए एकांत में धकेल दिया। उनका सेंटर आना तक़रीबन बंद हो गया और पुराने मित्रों से भी यदाकदा ही मुलाक़ात होने लगी। आख़िरी बार उनकी ख़बर मुझे 2014 की सर्दियों की शुरुआत के समय मिली, जब धीरूभाई से मैंने उनकी तबीयत का हालचाल पूछा और यह जानने की कोशिश भी की कि आजकल

वे क्या सोच रहे हैं। धीरूभाई का कहना था कि तबीयत तो उनकी नरम-गरम रहती है, लेकिन वे सोचते लगातार रहते हैं, और अपनी कुछ रचनाओं को दुरुस्त भी कर रहे हैं।

रजनी कोठारी की प्रतीक्षा

केंद्र में होने वाले किसी भी सत्ता-परिवर्तन के टिकाऊपन की जाँच करने के बारे में कोठारी की कसौटी हमेशा यह रहती थी कि नयी सत्तारूढ़ शक्तियाँ किसी राष्ट्रीय सहमति की नुमाइंदगी कर पा रही हैं या नहीं? उनका कहना था कि '... इस प्रश्न का उत्तर मिलना बाक़ी है कि क्या नयी पार्टी ... एक और आम सहमति की वाहक है या फिर वह एक ऐसे संचित असंतोष की अभिव्यक्ति भर है जो शायद थोड़े दिन तक सरकार चलाने के बाद तिरोहित हो जाएगा।' लेकिन, उनकी अंतिम उल्लेखनीय रचनाएँ उस ज़माने में सामने आयीं थीं जब भारत का प्रभु वर्ग नयी अर्थनीति और भूमण्डलीकरण के इर्द-गिर्द अपने बीच एक आम सहमति क़ायम करने की कोशिश कर रहा था। कोठारी इसका विरोध करते हुए विकल्पहीनता के महासंकट को रेखांकित करने में लगे हुए थे। नयी सदी की राजनीति से उन्हें यह संकेत स्पष्ट रूप से मिलने लगा था कि आर्थिक विकास के प्रश्न पर भारतीय राज्य और उस पर क़ब्ज़ा करने के लिए आपस में प्रतियोगिता कर रहे राजनीतिक दल नव-उदारतावादी चिंतन को कुछ हीले-हवाले के साथ स्वीकार कर लेंगे। इस निराशाजनक घटनाक्रम का प्रतिकार करने के लिए वे उदारतावादी प्रातिनिधिक लोकतंत्र पर प्रत्यक्ष लोकतंत्र के रैडिकल पहलुओं का पानी चढ़ाने की बौद्धिक जुगाड़ में लग गये थे।

2011 से दिल्ली की ज़मीन पर शुरू हुआ भ्रष्टाचार विरोधी आंदोलन उनकी नज़र में ज़रूर आया होगा, पर बीमारी, वृद्धावस्था और भाव-जगत की त्रासदियों के कारण इससे संबंधित उनके विचारों की हमें जानकारी नहीं मिल सकी। लेकिन, मुझे यक़ीन है कि इस आंदोलन और उसकी राजनीतिक निष्पत्तियों ने कोठारी को बौद्धिक रूप से ज़रूर बेचैन किया होगा। आख़िरकार इस राजनीतिक प्रक्रिया में क़ानून को सड़कों पर बनाने और बार-बार रायशुमारी करने के ज़रिये राजनीति का एक ऐसा आग्रह था जिसमें प्रत्यक्ष लोकतंत्र के मॉडल की मुखर प्रतिध्वनियाँ

थीं। यह भारतीय राजनीतिशास्त्र की विडम्बना है कि भ्रष्टाचार विरोधी आंदोलन हमारे समाज और राजनीति में उथल-पुथल मचाता रहा, और हम उसके बारे में रजनी कोठारी को सुनने-पढ़ने की प्रतीक्षा करते रह गये। मुझे यह भी यक़ीन है कि अपने सक्रिय दिनों में कोठारी ने इस आंदोलन को केंद्र करके कुछ अनूठे सूत्रीकरण ज़रूर किये होते, और उन सूत्रीकरणों के इर्द-गिर्द किसी न किसी क़िस्म की बौद्धिक गोलबंदी ज़रूर हुई होती और वह राजनीतिक कुहासा ज़रूर छँटा होता जो पुरानी राजनीति के पैरोकारों ने इस आंदोलन पर अपनी उम्मीदें आरोपित करके पैदा कर दिया था।

कोठारी होते तो निश्चित रूप से हमें यह भी बताते कि नरेंद्र मोदी और भारतीय जनता पार्टी के नेतृत्व में नया निज़ाम किस प्रकार कॉरपोरेट पूँजी की विजय का पर्याय बन कर आक्रामक नव-उदारतावाद ले कर सामने आ रहा है, और भारतीय राज्य व राजनीतिक प्रक्रिया के लिए उसके क्या मायने होने वाले हैं। लोकतंत्र में निहित बहुसंख्यकतावादी आवेगों की शिनाख़्त वे पहले ही कर चुके थे। मोदी के नेतृत्व में यही बहुसंख्यकतावादी आवेग इस समय अपना शिखर प्राप्त करने की कोशिश कर रहा है। कोठारी बताते कि इस संगीन परिस्थिति में भारतीय सेकुलरवाद का क्या हश्र होगा? क्या लोकतांत्रिक राजनीति और सगाज का विविधतामूलक दबाव इस बहुसंख्यकतावादी परियोजना को भी उसी तरह से पालतू बना लेगा जिस तरह कभी इसने कम्युनिज़्म को बना लिया था? जिस दलित और पिछड़े वर्ग की राजनीति पर उन्होंने नब्बे के दशक में इतना भरोसा किया था, क्या वह कॉरपोरेट पूँजी और हिंदुत्व के इस संयुक्त हमले के मुक़ाबले भी अपनी धार बचा कर रख पाएगी? भारतीय समाज-विज्ञान को इन तमाम सवालों के जवाब देने हैं, नये सिद्धांतीकरण करने हैं, और उनके लिए उसे अपने रजनी कोठारी की प्रतीक्षा भी करनी है।

एम.एस.एस. पांडियन

बौद्धिक कर्म पर सियासत की धार

आदित्य निगम

बढ़ा दो शम्म-ए-महफ़िल, बज़्म वालो,
पियो अब एक जामे-अलविदाई
पियो, और पी के सागर तोड़ डालो।

मथियास सेमुअल सौंद्रा पांडियन (1957-2014) की याद करते हुए सज्जाद ज़हीर की याद में लिखे फ़ैज़ के ये अल्फ़ाज़ बेसाख़्ता याद आ जाते हैं। पांडियन— अकादमिक दुनिया का कुंदन लाल सहगल या सआदत हसन मंटो— जिससे बरसों का याराना था और जो एक दिन अचानक बिना नोटिस बस यूँ ही चल दिया। अखिल भारतीय आयुर्विज्ञान संस्थान में जब उस सुबह उसे आख़िरी बार देखा तो ख़ुद को कुछ ठगा हुआ-सा भी महसूस किया। कई गिले-शिकवे भी बाक़ी थे हम दोनों के बीच और तब तक यह उम्मीद भी थी ही कि एक दिन, शायद निकट भविष्य में ही, उन सब का मौक़ा ज़रूर आएगा। मगर ऐसा हो न सका।

पांडियन ने कभी शाइस्तगी की परवाह नहीं की और अक्सर स्थापित तौर-तरीक़ों की अवमानना ही करता रहा, भले ही उनके नतीजे ख़ुशगवार न निकले हों। अक्सर दोस्तों के लिए भी। बहरहाल, ऐसी एक शख़्सियत को याद करते हुए थोड़ी बहुत नाशाइस्तगी बरते बिना भला उसकी तस्वीर कैसे आँकी जा सकती है? पांडियन को मैं वैसे ही याद करता हूँ, या कर सकता हूँ, जैसे मैंने उसे

देखा था। उसे एक शाइस्ता शख़्सियत का लबादा पहनाना उसके साथ ज़्यादती ही होगी।

यूँ तो पांडियन की जीवनसंगिनी आनंदी से मेरा ताल्लुक़ बहुत पुराना है—उन दिनों का जब हम लोग वामपंथी छात्र आंदोलन से जुड़े थे। आनंदी तब जवाहरलाल नेहरू विश्वविद्यालय में पढ़ते हुए स्टूडेंट्स फ़ेडरेशन ऑफ़ इण्डिया में सक्रिय थीं। यह बात है 1980 की दहाई की। मगर उसके बाद एक लम्बे अंतराल के बाद 1998 में हम लोग ऑक्सफ़र्ड के क्वीन एलिज़ाबेथ हाउस में कुछ महीना एक साथ थे। वहीं हमारी दोस्ती पाकिस्तान के अकबर ज़ैदी से हुई। बाद में आनंदी के ज़रिये अकबर और पांडियन की भी अच्छी दोस्ती हो गयी और ख़ुद मेरी मुलाक़ात जब उसके बाद हुई तो ऐसा लगा कि जैसे ज़माने का याराना हो। हक़ीक़त तो यह है कि उससे पहले मेरी मुलाक़ात पांडियन से एक ही बार, बमुश्किल पंद्रह मिनट की हुई थी और वह भी कई साल पहले। पांडियन से उसके बाद अक्सर मुलाक़ातें होने लगीं। पांडियन, निवेदिता मेनन और मैं कई बार देर रात तक बहस करते रहते थे, क्योंकि बरसों बाद ऐसा लगा था कि एक ऐसे शख़्स से बात कर रहे हैं जो लीक से हट कर सोचने की कुव्वत रखता है। बड़ी नशीली थीं विचारों से कुलबुलाती वे बहसें।

मथियास पांडियन हमारी अकादमिक दुनिया के उन नायाब लोगों में से एक था जिसने अपने बौद्धिक कर्म को हमेशा सियासत की सान पर चढ़ा कर धारदार तो बनाए रखा मगर उसका स्तर कभी गिरने नहीं दिया। उसके काम में सियासत और अकादमिक कर्म की अपनी-अपनी अलग जगहें थीं और अपने अनुशासन की कसौटी पर वह हमेशा ख़रा उतरता रहा। पांडियन उन चुनिंदा बुद्धिजीवियों में था जिसका शोध-कार्य तो अव्वल दर्जे का था ही मगर जो बुनियादी तौर पर एक ऐसा शिक्षक था जिसने न जाने कितने छात्रों को प्रेरित किया। छात्रों के बीच उसकी लोकप्रियता का अंदाज़ा तो दस नवम्बर को आयुर्विज्ञान संस्थान में उमड़ पड़ी उस भीड़ से ही लगाया जा सकता था।

पांडियन की शुरुआती ट्रेनिंग अर्थशास्त्र में हुई। उस दौर के उसके काम में मार्क्सवादी राजनीतिक अर्थशास्त्र का भी भरपूर असर देखने को मिलता है। उसकी पहली किताब तमिलनाडु (कन्याकुमारी के नंजिलनाड) में बदलते कृषि

संबंधों पर थी, मगर बहुत जल्द ही उसे उस पद्धति की सीमाएँ भी दिखाई पड़ने लगीं। राजनीति, संस्कृति और सांस्कृतिक-राजनीति में उसकी ख़ास दिलचस्पी थी जिसका सीधा ताल्लुक़ ग़ैर-ब्राह्मण द्रविड़ आंदोलन और आम तौर पर जाति की राजनीति में उसकी गहरी दिलचस्पी से था। कुल मिला कर मातहत तबक़ों की सियासत के प्रति एक गहरा जुड़ाव पांडियन को अंतत: सबाल्टर्न स्टडीज़ की तरफ़ ले गया और 1990 में वह उसके सम्पादकीय समूह में शामिल हो गया।

इसी दौरान पांडियन की किताब *द इमेज ट्रैप* आयी जिसमें तमिल अभिनेता व राजनेता एम.जी. रामचंद्रन के करिश्माई चरित्र का अध्ययन था। अपनी इस किताब में पांडियन इस किरदार की मातहत तबक़ों के बीच लोकप्रियता के कारण तलाशने की कोशिश करता है, ख़ास तौर पर इस बात के मद्देनज़र कि एमजीआर के ग्यारह साल के शासनकाल में उठाए गये बहुत से क़दम ग़रीबों के ख़िलाफ़ और अमीरों के हक़ में थे। इस राजनीतिक हक़ीक़त के बरअक्स पांडियन ने एमजीआर द्वारा अदा किये गये निचले तब़के के सिने-किरदारों के आईने में देख कर उनका अध्ययन किया। हिंदुस्तान में यह अध्ययन उस ज़माने का है जब फ़िल्म-अध्ययन का अनुशासन बराये-नाम था। एक मायने में पांडियन की इस किताब से उसके बौद्धिक सफ़र की नयी दिशा की शुरुआत होती है।

इसके बाद के वक़्त में उसकी तमाम ऊर्जा द्रविड़ आंदोलन और जाति की राजनीति पर शोध करने में खपने लगी। इसी दौर में पांडियन ने दलित आंदोलन और पांडिचेरी के कुछ दलित बुद्धिजीवियों से एक क़रीबी बौद्धिक रिश्ता क़ायम किया। पेरियार और द्रविड़ आंदोलन पर बेहद महत्त्वपूर्ण और मानीखेज़ इतिहास-परक लेखों के अलावा दलित बुद्धिजीवियों के 'पांडिचेरी ग्रुप' (आ. मार्क्स, रविकुमार और राज गौतमन) पर 1990 के दशक के आख़िरी सालों में लिखा उसका लेख दलित चिंतन के कई नये आयाम खोलता है।

2007 में आई पांडियन की किताब *ब्राह्मिन ऐंड नॉनब्राह्मिन : जीनिओलोजीज़ ऑफ़ द तमिल पॉलिटिकल प्रेज़ेंट* एक मायने में इस दौर के उसके लेखन का निचोड़ भी पेश करती है और उसका विकास भी। जैसा कि उसके

शीर्षक से ही साफ़ है, इस किताब में तमिलनाडु की मौजूदा राजनीति की ऐतिहासिक जड़ें तलाशने की कोशिश की गयी है।

इसी दौर में, ख़ासकर 2003 से 2005-6 के दरमियान दक्षिण एशिया में स्थित चंद बुद्धिजीवियों ने एक आपसी संवाद की शुरुआत की जिसका केंद्रीय सरोकार हमारे आज के 'उत्तर-राष्ट्रीय दौर' से था। इस संवाद में शरीक थे पाकिस्तान से अकबर ज़ैदी, श्रीलंका से मालती डीएल्विस और प्रदीप जगन्नाथन और भारत से सतीश देशपाण्डे, मेरी जॉन, निवेदिता मेनन और मैं। 'उत्तर-राष्ट्रीय' से हमारी मुराद राष्ट्र के कथित अंत से नहीं थी। हमारा सरोकार इस बात से था कि पिछले दौर के राष्ट्र और राष्ट्रवाद-आधारित तसव्वुर में अब कोई मुक्तिकामी गुंजाइशें बची नहीं रह गयी हैं। आज राष्ट्रवादी तसव्वुर एक संकुचित और दमनकारी तसव्वुर बन कर रह गया है। यह महज़ एक राजनीतिक वक्तव्य नहीं था बल्कि इसके निहितार्थ हमारे अपने ज्ञान-कर्म के लिए बहुत दूरगामी थे। इसके कई आयाम थे जिन पर इस समूह में मुसलसल चर्चाएँ हुईं। इस उत्तर-राष्ट्रीय लम्हे का अर्थ हमारे लिए उन नयी सम्भावनाओं की तलाश व शिनाख़्त करने का था जो राष्ट्र की सीमाओं से परे जाकर सोचने की क़ुव्वत जगा सके, जो उसके भीतरी गठन व बाहरी किरदार दोनों की सीमाओं के बारे में बाख़बर हो।

पांडियन की शिरकत इस समूह में बेशक़ीमती थी। हाल में *इकनॉमिक ऐंड पॉलिटिकल वीकली* में पांडियन को श्रद्धांजलि देते हुए जानकी नायर ने इस बात की तरफ़ इशारा करते हुए इस बात पर ज़ोर दिया है कि किस तरह पांडियन ने 2009 में जवाहरलाल नेहरू विश्वविद्यालय आने के बाद इसी नज़रिये से अपने पाठ्यक्रमों का गठन किया। मगर जानकी नायर यह भी कहना नहीं भूलीं कि किस तरह वही पांडियन अंततः तमिल राष्ट्रवाद का ज़िक्र आते ही कुछ फिसल जाता था। यह सवाल हम लोगों के दरमियान भी एक मसला बना रहा। पांडियन के साथ इस मसले पर हम में से कोई भी एकमत नहीं हो पाया। शायद अपने भाषाई जगत और उसकी राजनीतिक दुनिया में मुब्तिला होने की यह क़ीमत हर उस बुद्धिजीवी को चुकानी पड़ती है जो उससे एक अंदरूनी संवाद बनाए रखना चाहता है। पांडियन किस हद तक ऐसा संवाद क़ायम कर पाया—

जहाँ वह अंदरूनी तौर पर ही सही, एक आलोचनात्मक रुख़ अख़्तियार करता हो, यह कहना तो मेरे लिए मुमकिन नहीं है। अपनी भाषाई दुनिया के साथ रिश्ता क़ायम करते हुए अपने लिए वह मुक़ाम चुन लेना, जो पांडियन ने चुन लिया था, बेहद जोखिम भरा काम है। ख़ास तौर पर जब बाज़ू में श्रीलंका में तमिल अल्पसंख्यक लगातार बहुसंख्यक हिंसा के शिकार बन रहे हों और उसके पक्ष में राज्य भर में तमिल राष्ट्रवाद का जुनून ज़ोर मार रहा हो।

बहरहाल, ये बातें अब बेमानी हैं। ठीक उसी तरह जिस तरह उसकी कई और नाशाइस्तगियाँ जो दोस्तों के लिए अक्सर उलझनें पैदा करती रहीं। गिले-शिकवों का मौक़ा यह नहीं है। यह मौक़ा है उसे सलाम और अलविदा कहने का, एक आख़िरी जाम उसके नाम पीने का।

बेनेडिक्ट ऐंडर्सन

राष्ट्रवाद के अनोखे सिद्धांतकार

आदित्य निगम

राष्ट्रवाद के अनोखे सिद्धांतकार बेनेडिक्ट रिचर्ड ओ'गोर्मन ऐंडर्सन का 13 दिसम्बर, 2015 को इण्डोनेशिया के पूर्वी जावा में निधन हो गया। दुनिया तो उन्हें बेनेडिक्ट ऐंडर्सन के नाम से ही जानती थी। चीन के कुनमिंग में जन्मे, अंग्रेज़ माँ और आयरिश पिता की इस विद्वान संतान का जावा में इंतक़ाल होना एशिया से उनके लम्बे रिश्ते को रेखांकित करता है। ऐंडर्सन ने अपनी 79 साल की ज़िंदगी में एशिया को और ख़ास तौर पर इण्डोनेशिया और फिलिपींस को ही अपने कर्मक्षेत्र के तौर पर चुना। एशिया के इस इलाक़े के साथ उनका रोमांस लगातार बना रहा, बावजूद इसके कि 1972 से 1998 तक इण्डोनेशिया में उनके जाने पर पाबंदी थी। इसके पीछे का क़िस्सा भी दिलचस्प है। 1965 के तथाकथित विफल फ़ौजी विद्रोह और उस बहाने सुहार्तो के नेतृत्व में उस मुल्क में हुए दक्षिणपंथी फ़ौजी तख़्ता-पलट, उसके बाद चली हिंसक कम्युनिस्ट विरोधी मुहिम की मुख़ालफ़त और विश्लेषण करते हुए ऐंडर्सन और कॉर्नेल युनिवर्सिटी की उनके सह-शोधार्थी रुथ मकवे और फ्रेडरिक बुनेल ने एक रपट तैयार की जो दोस्तों और जानकार लोगों के बीच पढ़ी गयी। याद रखने लायक़ बात यह है कि इस ज़माने में ऐंडर्सन, मकवे और बुनेल पीएचडी कर ही रहे थे। इस रपट में इन्होंने तख़्तापलट के लिए ख़ुद फ़ौज के अंदर के असंतुष्ट अफ़सरों को ज़िम्मेदार ठहराया न कि कम्युनिस्टों को जैसा कि सरकारी तौर पर कोशिशें

की जा रही थीं। 1971 में वह रपट लीक होकर छपी तो उस पर काफ़ी चर्चा हुई और ख़बर आख़िरकार इण्डोनेशिया की फ़ौजी हुकूमत तक भी पहुँची। नतीजा यह हुआ कि 1972 से 1998 में सुहार्तो की मौत तक वह देश उनके लिए पहुँच से बाहर रहा। उसी दौर में उन्होंने अपनी निगाह फिलिपींस की तरफ़ डाली और वहाँ की भाषाएँ भी सीख डालीं। 1998 के बाद से इण्डोनेशिया और जावा से उनके रिश्ते दोबारा क़ायम हुए और वहीं उन्होंने अपनी आख़िरी साँस ली।

ऐंडर्सन एक बुद्धिजीवी के तौर पर मुख्यत: राष्ट्रवाद पर अपने काम के लिए जाने जाते हैं। उनकी विख्यात रचना *इमैजिंड कम्युनिटीज़* में पेश किये गये राष्ट्रवाद के उनके अनोखे सिद्धांतीकरण ने न सिर्फ़ राष्ट्रवाद के अध्येताओं के लिए, बल्कि कुल मिलाकर समाज-विज्ञानियों के लिए अस्मिता और उससे जुड़े कई पहलुओं पर नये सिरे से शोध की सम्भावनाएँ खोल दी थीं। दिलचस्प बात यह है कि पहली बार जब ख़ुद को मार्क्सवादी समझने वाले एक विद्वान ने राष्ट्रों को कल्पित समुदाय बताया तो न सिर्फ़ मुख़्तलिफ़ राष्ट्रवादों के पैरोकारों को, बल्कि कुल मिलाकर मार्क्सवादियों की जमात को यह बात बहुत नागवार गुज़री। उन सभी को ऐंडर्सन के इस सिद्धांत में उत्तर-आधुनिकता की बू आयी। आख़िरकार उत्तर-आधुनिकता कई लोगों के नज़दीक हर उस चीज़ का नाम था जो अनर्गल हो या समझ में न आये। अब भला राष्ट्र जैसी प्राय: क़ुदरती दिखने वाली शै, जिस पर दीवाने मर मिटने को तैयार रहते हैं, उसे अगर कोई कल्पित समुदाय कहता है तो वह उत्तर-आधुनिक के सिवा और क्या हो सकती है? हिंदी जगत के तो कई अनपढ़ क़िस्म के मार्क्सवादियों ने यह भी हुंकार लगाई कि यह सिद्धांत साम्राज्यवादी साज़िश का हिस्सा है जो तीसरी दुनिया के राष्ट्रवाद को कल्पित घोषित कर के अपना साम्राज्य क़ायम रखना चाहता है।

विडम्बना यह है कि ऐंडर्सन ने दरअसल राष्ट्र और राष्ट्रवाद की जड़ में मट्ठा डालने के इरादे से यह सिद्धांत पेश नहीं किया था, बल्कि इसके विपरीत उनका इरादा यह समझने का था कि आख़िर राष्ट्रवाद को यह ताक़त कहाँ से मिलती है कि लोग उस पर जान तक क़ुर्बान करने पर आमादा हो जाते हैं। ऐंडर्सन असल में इस बात से विचलित थे कि ख़ुद को समाजवादी-साम्यवादी मानने वाले और सर्वहारा अंतर्राष्ट्रवाद में यक़ीन करने वाले चीन और

वियतनाम जैसे देश कैसे एक-दूसरे के इस क़दर दुश्मन बन जाते हैं कि 1979 में उनके बीच खुले आम जंग भी शुरू हो जाती है। इसी सवाल की पड़ताल करते हुए वे इस नतीजे पर पहुँचे कि राष्ट्रवाद की यह ताक़त उसके कल्पित समुदाय होने से फूटती है। यानी इसके निहितार्थ को अगर समझें तो यह कहना होगा कि सर्वहारा अंतर्राष्ट्रवाद राष्ट्रवाद के सामने इसलिए कमज़ोर साबित हुआ क्योंकि वह एक कल्पित समुदाय का निर्माण नहीं कर पाया।

तो क्या है यह कल्पित समुदाय? ऐंडर्सन इसकी व्याख्या बड़ी बारीकी से करते हुए बताते हैं कि यह ऐसा समुदाय नहीं है जो क़ुदरती तौर पर उपलब्ध होने का दावा कर सकता है क्योंकि दरअसल ऐसे कोई समुदाय होते ही नहीं। समुदाय या तो पुराने ज़माने के छोटे-छोटे, आमने-सामने खड़े लोगों के समुदाय होते हैं (जैसे गाँव में) जहाँ लोग अमूनन एक-दूसरे को या एक-दूसरे के बारे में प्रत्यक्ष रूप से जानते हैं या फिर वे राष्ट्रनुमा आधुनिक समुदाय ही हो सकते हैं जिनके सदस्य एक-दूसरे को न जानते हैं, न कभी जान सकते हैं। ऐसे समुदाय गढ़ने के लिए ख़ासी मशक़्क़त की ज़रूरत होती है। पहले उन्हें कल्पना में गढ़ा जाता है फिर अमली रूप देने के लिए तरह-तरह के सांस्थानिक तामझाम तैयार किये जाते हैं। दरअसल ये पहले गढ़े जाते हैं और फिर हम उन्हें अपनी सुविधा के लिए इस्तेमाल करते हैं। सच तो यह है कि ये दोनों प्रक्रियाएँ एक साथ ही चला करती हैं। ज़रा सोचिए कि हरियाणा या पंजाब या दिल्ली के बाशिंदे ख़ुद को उसी राष्ट्र का हिस्सा मानते हैं जिसके सदस्य तमिल, मलयाली, बंगाली या मणिपुरी भी हैं तो यह बात समझने में दिक़्क़त नहीं होगी कि ऐसा ख़ासी मशक़्क़त का ही नतीजा हो सकता है।

मगर इस मशक़्क़त की कुछ पूर्व-शर्तें हैं। बकौल ऐंडर्सन, राष्ट्र जैसे समुदाय गढ़ने के लिए कम-से-कम दो बातों का होना ज़रूरी है। पहली यह कि वक़्त का एक नया तसव्वुर वजूद में आये जिसे वाल्टर बेन्यामिन ने होमोजीनियस एम्प्टी टाइम यानि हमवार और ख़ाली वक़्त की संज्ञा दी थी। यह एक ऐसा वक़्त है जो किसी समुदाय विशेष की ज़िंदगी से जुड़ा न हो। इसे हम सेकुलर सार्वभौम वक़्त भी कह सकते हैं। इसमें यह सोचना सम्भव हो सकता है कि चाहे हम केरल या तमिलनाडु में रहते हों, चाहे हरियाणा या पंजाब में, उत्तर-पूर्व में रहते हों या

कश्मीर में, हम सब एक साथ, एक ही वक़्त में, एक ही सफ़र के हमसफ़र हैं। यानि वक़्त का एक ऐसा तसव्वुर होना ज़रूरी है जिसमें समसामयिकता का बोध होना सम्भव हो सके। इसी पहली शर्त के बूते पर वजूद में आते हैं दो नये सांस्कृतिक उपादान— अख़बार और उपन्यास। इन दोनों के वजूद में आने के लिए जिसे ऐंडर्सन प्रिंट कैपिटलिज़म कहते हैं उसका भी आविर्भाव ज़रूरी हो जाता है। इन दोनों उपादानों की ख़ासियत यह है कि दोनों ही अलग-अलग तरीक़ों से समसामयिकता का अहसास जगाने का काम करते हैं। जहाँ अख़बार रोज़ाना अपनी सुर्ख़ियों के ज़रिये इस समसामयिकता को एकात्मता की शक्ल देता चलता है, वहीं उपन्यास दीर्घकालिक स्तर पर बड़े ही सूक्ष्म ढंग से यह बोध जगाता है। ज़ाहिर है कि कल्पित का यह अर्थ हमें यह समझने में मदद करता है कि कल्पित दरअसल वास्तविक का विलोम नहीं है बल्कि एक मायने में एत्येन बालिबार के शब्द उधार लेकर कहा जाए तो वही समुदाय वास्तविक हो सकते हैं जो कल्पित हैं।

जैसा कि पहले इशारा किया गया है, ऐंडर्सन राष्ट्रवाद के विरोधी नहीं थे। उनका सिद्धांतीकरण उसकी ताक़तों और कामयाबियों को समझने का एक प्रयास था। यह बात भी इतिहास की विडम्बनाओं में ही गिनी जाएगी कि ख़ुद ऐंडर्सन ने अपने बाद के एक लेख में अपने इस राष्ट्रवाद-समर्थन का बत़फ्सील विस्तार किया और राष्ट्रवाद और जातीयता में यह कह कर फ़र्क़ करने की कोशिश की कि जहाँ राष्ट्रवाद सार्वभौम मंशाएँ रखता है और भविष्योन्मुख होता है वहीं जातीयता अतीतोन्मुख और संकीर्ण होती है। मगर उनके सिद्धांतीकरण से लोगों ने जो नतीजे निकाले वे उनकी इस प्रस्थापना से मेल नहीं खाते थे। आमतौर पर अध्येताओं ने, जिनमें हिंदुस्तान से पार्थ चटर्जी का नाम ज़रूर लिया जाना चाहिए, यह दर्शाया कि राष्ट्रवाद और जातीयता में यह फ़र्क़ करने का आग्रह महज़ ख़ामख़याली है क्योंकि राष्ट्रवाद और जातीयता दोनों एक ही ज़मीन पर खड़े होते हैं। मगर जैसा अक्सर विचारों की दुनिया में होता है, विचार हमेशा अपने जनक/लेखक के इरादों के अनुकूल नहीं चलते। ऐसा ही कुछ कल्पित समुदाय के विचार के साथ भी हुआ और वह 1983 में अपने जन्म के बाद से लगातार राष्ट्रवाद से जिरह करने के काम

आता रहा। उसने राष्ट्रों के क़ुदरती होने के और प्राचीनता का दावा करने पर सवालिया निशान लगा दिये। उसने दिखाया किस तरह हर वह राष्ट्र जो अपने ख़ास होने का दावा अपने प्राचीनता की बिना पर करता है दरअसल एक आधुनिक निर्मिति ही है।

ऐंडर्सन के सिद्धांतीकरण का एक पहलू ऐसा है जिसका हिंदुस्तान के संदर्भ में भी दिलचस्प असर देखने को मिला। ऐंडर्सन अपने सारी सर्जनात्मकता के बावजूद आख़िरकार एक पश्चिमी/यूरोपीय बुद्धिजीवी की तरह यह दावा करते हैं कि राष्ट्र और राष्ट्रवाद को यूरोप में ईजाद किया गया (जो मूलत: सही है) जिसे एक मॉडल के रूप में दुनिया के दीगर हिस्सों को निर्यात किया गया (जो अपने आप में समस्यापूर्ण दावा है)। पार्थ चटर्जी ने इसी बात पर ऐंडर्सन के सिद्धांतीकरण के अंतर्विरोध की तरफ़ ध्यान दिलाते हुए सवाल किया कि अगर यह सच है कि राष्ट्र कल्पित समुदाय होते हैं तो इनका मॉडुलर फ़ॉर्म में निर्यात कैसे सम्भव हो सकता है? राष्ट्र का फ़ॉर्म बेशक निर्यात/आयात किया जा सकता हो, मगर हर राष्ट्र का तसव्वुर ज़ाहिर है अपने अनोखे ढंग से ही सम्भव हो सकता है। हर राष्ट्र अलग ढंग से कल्पित होगा। इसी बात को और गहराई से टटोलने के इरादे से चटर्जी ने अपनी किताब *नैशनलिस्ट थॉट इन द कोलोनियल वर्ल्ड : अ डेरिवेटिव डिस्कोर्स* में भारतीय राष्ट्रवाद के विमर्श की पड़ताल की थी। इसमें उन्होंने दिखाया था कि हिंदुस्तान में राष्ट्रवाद भी एक ख़ास क़िस्म के तसव्वुर के ज़रिये वजूद में आता है और उसके लिए ख़ास तरह से तर्क जमा करता है और सँजोता है। मगर इतिहास बहुत बेरहम साबित होता है। ख़ुद चटर्जी के साथ वही हुआ जो ऐंडर्सन के साथ हुआ था। लोगों ने इस शीर्षक के अंत में आने वाले प्रश्नचिह्न को सिरे से ग़ायब कर दिया और दसियों साल तक यह समझाया जाता रहा कि पार्थ चटर्जी मानते हैं कि भारतीय राष्ट्रवाद एक उधार का विमर्श (डेरिवेटिव डिस्कोर्स) है! ख़ैर इस टिप्पणी का मक़सद चटर्जी की रचनाओं पर बहस करना नहीं बल्कि ऐंडर्सन को श्रद्धांजलि देना है, लिहाज़ा इस विषय को यहीं छोड़ना बेहतर होगा।

बेनेडिक्ट ऐंडर्सन के काम का एक पहलू जो तीसरी दुनिया के शोधार्थियों को हमेशा प्रेरित करता रहेगा वह है स्थानीय भाषाओं और उनमें पैदा होने वाले

ज्ञान के प्रति उनका गम्भीर रुख़। यही वजह है कि जब 1980 के दशक में उन्होंने फिलिपींस का अध्ययन शुरू किया तो उनके ख़ुद के मुताबिक़ उनकी उम्र पचास से कहीं ऊपर निकल चुकी थी और वे रिटायरमेंट की तरफ़ बढ़ रहे थे। ऐसे में उन्होंने तगालॉग और स्पैनिश सीखनी शुरू की। वे इस अमेरिकी मान्यता के घोर विरोधी थे जो यह समझती थी कि अगर कोई चीज़ किसी भी काम की है तो वह अंग्रेज़ी में ही उपलब्ध होगी अन्यथा वह बेकार है।

ऐंडर्सन अपने काम और राजनीतिक ख़्यालों की दृष्टि से अपनी जीवन के आख़िरी सालों में अनॉर्किज़म यानि अराजकतावाद के बहुत नज़दीक पहुँच गये थे। अपने एक साक्षात्कार में इस बात का ज़िक्र करते हुए वे *वेपंज़ ऑफ़ द वीक* के लेखक जेम्स स्कॉट से बातचीत का उल्लेख करते हैं जहाँ स्कॉट, जो एक घोषित अराजकतावादी हैं, ऐंडर्सन से यह कहते हैं कि हमारे अच्छे रिश्तों का राज़ यह है कि हम दोनों को ही राज्य नामक संस्था से चिढ़ है। ऐंडर्सन स्कॉट की इस बात को क़ुबूल करते हैं। आख़िरकार कुछ ही साल पहले ऐंडर्सन ने अपनी नयी किताब *अंडर थ्री फ्लैग्ज़* में फिलिपींस जैसे देशों के उपनिवेशवाद-विरोधी संघर्ष में अराजकतावाद की भूमिका की पड़ताल की थी। इस किताब में उनकी कोशिश थी कि अराजकतावाद के इस दबा दिये गये इतिहास को फिर से ढूँढ़ निकाला जाए जो मार्क्सवाद के वर्चस्व के चलते हाशिये पर ठेल दिया गया था। इस रचना में उनका एक तर्क यह भी था कि अराजकतावाद मार्क्सवाद की कई उन बीमारियों से आज़ाद था जो उसे एक ख़ास यूरोपीय परम्परा से विरासत में मिली थीं जिसके चलते वह दुनिया को ऐतिहासिक रूप से विकसित और पिछड़े समाजों में बँटा देखता था और जिसके ऊपर उसका पूरा शास्त्र खड़ा था। ऐंडर्सन की यह विचार-यात्रा भी हमारे जैसे देशों के नज़रिये से दिलचस्प है क्योंकि इसके ज़रिये उन्हें अपनी बौद्धिक विरासत से जूझते हुए कुछ नये सूत्र पकड़ने की कोशिश करते हुए देखा जा सकता है।

सुज़ैन और लॉयड रुडॉल्फ़

भारतीय राजनीति के अद्भुत व्याख्याता

कमल नयन चौबे

भारतीय राजनीति का अध्ययन करने वाले हर विद्यार्थी के लिए सुज़ैन और लॉयड रुडॉल्फ़ द्वारा लिखित किताब *मॉडर्निटी ऑफ़ ट्रेडिशन* एक बुनियादी रचना है। राजनीतिशास्त्र के स्नातक और स्नातकोत्तर छात्रों को परम्परा और आधुनिकता की अंत:क्रिया और इसके परिणामस्वरूप राजनीति में होने वाले परिवर्तनों की बुनियादी समझ हासिल कराने के लिए उनके शिक्षक रुडॉल्फ़-द्वय की थीसिस 'परम्परा का आधुनिकीकरण' को बेहतरीन अवधारणात्मक औज़ार की तरह प्रयुक्त करते हैं। इस अवधारणा की बुनियाद रखने वाले दोनों विद्वानों में से एक सुज़ैन होबर रुडॉल्फ़ (1930-2015) का 23 दिसम्बर को ऑकलैण्ड, कैलिफ़ोर्निया में हुआ निधन समाज-विज्ञान की दुनिया के लिए एक अपूरणीय क्षति है। उनके पति और आजीवन बौद्धिक पार्टनर रहे लॉयड इर्विंग रुडॉल्फ़ (1927-2016) का जन्म शिकागो में हुआ था। शिकागो में ही उनकी ज़िंदगी के शुरुआती साल बीते। उनकी माँ बर्था रुडॉल्फ़ अलाइड शू कम्पनी चलाने के अलावा जायदाद ख़रीद-फ़रोख़्त का कारोबार भी करती थी। एल्गिन हाई स्कूल से पढ़ाई ख़त्म करने के बाद लॉयड फ़ौज में भर्ती हो गये, मगर जल्दी ही उसे छोड़ कर हार्वर्ड विश्वविद्यालय में आगे की पढ़ाई करने चले गये। वहीं से उन्होंने 1950 में सार्वजनिक प्रशासन में एमए की डिग्री पाई और 1956 में राजनीति शास्त्र में पीएचडी की। 1952

में उन्होंने सुज़ैन से शादी की। उसके बाद दोनों को मौत भी जुदा नहीं कर पाई। 88 साल की उम्र में लॉयड कैंसर से लड़ते हुए सुज़ैन से बिछुड़ने के ग़म के चलते 16 जनवरी, 2016 को दुनिया से रुख़सत हो गये।

सुज़ैन का जन्म एक शिक्षित और सुसंस्कृत जर्मन परिवार में हुआ था। उनके दादा रुडॉल्फ़ होबर एक प्रसिद्ध मनोवैज्ञानिक थे तथा उनके माता-पिता एलफ्रीडे फ़िशर होबर तथा योहैनेस होबर ने ही हाइडेलबर्ग विश्वविद्यालय से राजनीतिशास्त्र में पीएचडी की उपाधि प्राप्त की थी। योहैनेस जर्मन सोशल डेमॉक्रैटिक पार्टी के सक्रिय कार्यकर्ता थे। 1934 में उन्हें नाज़ियों ने क़ैद कर लिया। 1939 में जब सुज़ैन नौ साल की थीं तो इनका परिवार नाज़ियों के चंगुल से बच कर फ़िलाडेल्फ़िया आ गया, जहाँ इनके दादा पेनसिलवेनिया युनिवर्सिटी में प्रोफ़ेसर थे। सुज़ैन रुडॉल्फ़ की आरम्भिक कॉलेज शिक्षा सारा लॉरेंस कॉलेज में हुई। उन्होंने यहीं से 1951 में स्नातक, 1953 में हार्वर्ड युनिवर्सिटी से एमए और 1955 में उन्होंने रेडलिफ़ कॉलेज से पीएचडी की डिग्री हासिल की। हार्वर्ड में ही उनकी मुलाक़ात लॉयड रुडॉल्फ़ से हुई और 1952 में दोनों विवाह के बंधन में बँध गये। यह छह दशक से भी लम्बे समय तक चली एक अद्भुत सहभागिता की शुरुआत थी, जिसमें दोनों ने न सिर्फ़ एक-दूसरे के जीवनसाथी की भूमिका निभाई, बल्कि अकादमिक जीवन में भी ये एक-दूसरे के मित्र, आलोचक और पथ-प्रदर्शन करने वाले पूरक विद्वान बने रहे। 1963 तक उन्होंने हॉर्वर्ड युनिवर्सिटी में अध्यापन किया, और 1964 में जब युनिवर्सिटी ऑफ़ शिकागो ने उन्हें और लॉयड को प्रोफ़ेसर बनाने का प्रस्ताव किया, तो वे इस विश्वविद्यालय में आ गयीं। इसके बाद वे आजीवन यहीं पढ़ाती रहीं।

सुज़ैन और लॉयड रुडॉल्फ़ की जोड़ी अकादमिक जगत के लिए इस अर्थ में भी एक अनूठी मिसाल है कि उन्होंने अकादमिक सहयोगियों के रूप में भारतीय राजनीति की गत्यात्मकता और बदलावों की समझ धारदार बनाने में महत्त्वपूर्ण योगदान दिया। राजनीतिशास्त्र में नवाचार लाने वाले इन दोनों विद्वानों का करियर एक साथ आगे बढ़ा। 1986 में एसोसिएशन फ़ॉर एशियन स्टडीज़ की अध्यक्ष रह चुकीं सुज़ैन ने 2003-04 में उन्होंने अमेरिकन पॉलिटिकल साइंस एसोसिएशन का अध्यक्ष पद भी सँभाला। अपने इस कार्यकाल के दौरान

उन्होंने अमेरिकी अकादमिक दुनिया में दक्षिण एशियाई अध्ययन को एक व्यवस्थित स्वरूप प्रदान करने की चेष्टा की। 2014 में भारत सरकार ने सुज़ैन और लॉयड को संयुत रूप से पद्मभूषण से अलंकृत किया।

1956 में ये दोनों ऑस्ट्रिया से भारत अनुसंधान करने के लिए आये और यहाँ व्यतीत किये ग्यारह वर्षों में आम भारतीयों के जीवन में रम गये। यहीं उनके तीन बच्चों का भी जन्म हुआ जिनके पालन-पोषण पर भारतीय संस्कृति और लोक-जीवन का ख़ासा प्रभाव रहा। इस तरह ये पति-पत्नी उस देश और समाज से अभिन्न रूप से जुड़ गये जिसके बारे में अनुसंधान करने के लिए वे यहाँ आये थे। पूरी ज़िंदगी अकादमिक अनुसंधान और राजनीतिक गत्यात्मकता की अंत:अनुशासनात्मक विवेचना में तल्लीन रहने वाली सुज़ैन की ज़िंदगी कई मायनों में काम के प्रति समर्पण का पर्याय रही। मसलन, अपने तीन बच्चों के जन्म और पालन-पोषण के लिए उन्होंने सिर्फ़ आठ दिनों का मातृत्व-अवकाश लिया। ग़ौरतलब है कि वे शिकागो विश्वविद्यालय में भारत पर अनुसंधान करने वाले छात्र-छात्राओं के लिए सबसे पसंदीदा पर्यवेक्षक थीं और उनके पर्यवेक्षण में काम करने की चाह रखने वाले विद्यार्थियों की संख्या काफ़ी थी। इसका सबसे बड़ा कारण यह था कि वे अनुसंधान में पद्धतिशास्त्रीय बहुलवाद (मेथॅडोलॅज़िकल प्लूरलिज़म) की समर्थक थीं और इसके चलते वे विभिन्न अनुशासनों से सम्बद्ध अपने विद्यार्थियों से बेहतर संवाद कर पाती थीं। मैस वेबर, दक्षिण एशियाई सभ्यता और भारतीय राज्य के राजनीतिक अर्थशास्त्र का अध्यापन करते हुए उन्होंने अपने विद्यार्थियों में वाद-विवाद और निरंतर प्रश्न करने की प्रवृत्ति का विकास करने पर बल दिया। लॉयड के साथ मिलकर उन्होंने बहु/अंत:/परा-अनुशासनात्मक अध्ययन-पद्धति को बढ़ावा दिया और इस प्रकार उन्होंने भारत के अध्ययन से जुड़े सभी राजनीति-वैज्ञानिकों के बीच ही नहीं, बल्कि समाजशास्त्रियों, इतिहासकारों, क्षेत्र विशेष से सम्बद्ध विशेषज्ञों, शिक्षाविदों, साहित्यिक आलोचकों, मीडिया-विशेषज्ञों के बीच नवीन चिंतन, विमर्श और वाद-विवाद को आगे बढ़ाया।

सुज़ैन और लॉयड समाज-विज्ञान के उन आरम्भिक विद्वानों में थे जिन्होंने ग़ैर-युरोपीय समाजों के अध्ययन में पश्चिम द्वारा निर्मित श्रेणियों की निरर्थकता

को समझा। 1958 में सुज़ैन और लॉयड भारत में अपनी फ़ील्ड-स्टडी में देश के दूसरे आम चुनावों का अध्ययन कर रहे थे। इस वक़्त तक भारत में मताधिकार का प्रयोग और चुनावी प्रक्रियाओं में भागीदारी एक 'सुपरिचित' अनुभव नहीं बना था। रुडॉल्फ़-द्वय के पास सर्वे करने के ऐसे तरीक़े थे जो विशिष्ट पश्चिमी पृष्ठभूमि में विकसित हुए थे। उल्लेखनीय है कि पश्चिम में पद्धतिशास्त्रीय व्यक्तिवाद (मेथॅडलॅज़िकल इंडीविड्युलिज़म) को राजनीतिक मत के निर्माण का आधार माना जाता है। लेकिन जल्दी ही रुडॉल्फ़-द्वय ने यह महसूस किया कि उनकी जाँच और अध्ययन के तरीक़े एक ख़ास संदर्भ में विकसित हुए हैं, इसलिए उन्हें सार्वभौमिक रूप से लागू नहीं किया जा सकता है। अपने इस अनुभव के तुरंत बाद प्रकाशित अपने एक लेख में उन्होंने इस तर्क को ज़ोरदार ढंग से पेश किया। उल्लेखनीय है कि इन लेखकों ने 'सर्वेज़ इन इंडिया' से संबंधित 1958 के अपने लेख के बारे में 2005 में प्रकाशित 'द इम्पीरियलिज़म ऑफ़ कैटेगरीज़ : सिचुएटिंग नॉलेज इन अ ग्लोबलाइज़िंग वर्ल्ड' शीर्षक अपने निबंध में नये सिरे से विचार किया। इसमें आधुनिकीकरण प्रतिमान से निर्देशित होने वाली समीक्षा के ख़िलाफ़ उनकी आलोचना और भी तीखे रूप में सामने आयी। इस निबंध में उनके पहले के दृष्टिकोण में एक ख़ास बदलाव भी दिखा। उन्होंने बल दिया कि 'पश्चिमी' सर्वे तकनीकों में प्रशिक्षित होने वाले अनुसंधानकर्ताओं को 'अल्पविकसित क्षेत्रों' के अध्ययन में एक 'गहन अलगाव' का सामना करना पड़ता है। इससे उबरने के लिए 'राजनीतिक मानवशास्त्र' पर ज़्यादा ध्यान देने की आवश्यकता है।

दरअसल, उन्होंने स्पष्ट रूप से कहा कि अमेरिकी राजनीति के 'सुपरिचित' संदर्भ में विकसित तौर-तरीक़े भारतीय संदर्भ में 'अपरिचित' लगते हैं। वे भारत में चुनावी राजनीति के उभरते स्वरूप को समझने के लिए नाकाफ़ी और अप्रभावी हैं। इसलिए हैरत नहीं होनी चाहिए कि इस निबंध में ऐसे अवधारणात्मक साधनों (औज़ारों) का विकास करने की आवश्यकता पर बल दिया गया, जो 'कुशल' होने के साथ-साथ 'समझ में आने लायक़' भी हों। इसका अर्थ यह नहीं है कि उनका एक ही रूप सभी संस्कृतियों में लागू होना चाहिए, बल्कि उनमें विविध संस्कृतियों के अनुरूप गतिशीलता और

स्पष्टता धारण करने की क्षमता होनी चाहिए। दरअसल, उनकी इसी बुनियादी समझ ने उन्हें भारतीय राजनीति को पश्चिम प्रदत्त आधुनिकता की अवधारणा के बने-बनाए खाँचे से बाहर निकल कर देखने के लिए प्रेरित किया। उनके समस्त काम में इस बुनियादी समझ ने महत्त्वपूर्ण भूमिका अदा की।

लॉयड और सुज़ैन ने 1967 में प्रकाशित अपनी किताब द *मॉडर्निटी ऑफ़ ट्रेडिशन : पॉलिटिकल डिवेलपमेंट इन इण्डिया* में आधुनिक लोकतंत्र में परम्परा की भूमिका के बारे में महत्त्वपूर्ण सूत्रीकरण प्रस्तावित किया। उन्होंने रेखांकित किया कि आधुनिकता और परम्परा को बुनियादी रूप से विरोधाभासी समझने वाली मान्यता पारम्परिक समाजों में पाई जाने वाली परम्परा का ग़लत निदान प्रस्तुत करती है। साथ ही, यह आधुनिक समाजों में पाई जाने वाली आधुनिकता की भी ग़लत समझ पर आधारित है। इसी कारण दोनों के बीच संबंधों की व्याख्या ग़लत हो जाती है। इस किताब में इस बात पर बल दिया गया कि युरोप से बाहर के देशों की राजनीति युरोप से भिन्न होने के बावजूद 'आधुनिक' मानी जा सकती है। इसमें यह तर्क दिया गया कि 'जाति' जैसी बहुत सी पारम्परिक संरचनाएँ ऐसी भूमिका निभा सकती हैं, जिसे पश्चिम में अमूमन 'आधुनिक' समझा जाता है। मसलन, 'जाति' समूह भी आधुनिक राजनीति में हित समूहों की भूमिका निभा सकते हैं या फिर ये राजनीतिक दलों के आधार का काम कर सकते हैं। इनके इस सूत्रीकरण ने बाद के वर्षों में भारतीय समाज और राजनीति के अध्ययन में महत्त्वपूर्ण भूमिका अदा की। रुडॉल्फ़-द्वय की इस किताब को इस विषय पर लासिक का दर्जा प्राप्त है और इसके प्रकाशन के चार दशक बाद भी हर वर्ष इसका पुनर्मुद्रण होता रहा है। दरअसल, अपने बाद के कामों में भी ये दोनों संस्कृति और इससे जुड़े इतिहास-बोध और आधुनिक राजनीति से इसकी जटिल अंत:क्रिया के बारे में एक सपाट समझ बनाने की प्रवृत्ति के ख़िलाफ़ चेतावनी देते रहे। दिसम्बर, 1992 में बाबरी मस्जिद गिराये जाने और उसके बाद देश भर में हुए दंगों की पृष्ठभूमि में रुडॉल्फ़-द्वय ने मार्च, 1993 के द *न्यू रिपब्लिक* में 'मॉडर्न हेट : हाउ एंशिएंट ऐनीमोसिटीज़ गेट इनवेंटेड' शीर्षक से एक लेख लिखा। इसमें उन्होंने यह दलील देने का प्रयास किया कि हिंदू और मुस्लिम या मध्य-पूर्व, बाल्कन,

उत्तर-सोवियत गणराज्यों और दुनिया के अन्य भागों में जातीय हिंसा और साम्प्रदायिक तनावों की व्याख्या के लिए 'ऐतिहासिक नफ़रतों' का सहारा लेना विश्लेषणात्मक रूप से कमज़ोर और ऐतिहासिक रूप से ग़लत है।

1983 में प्रकाशित अपनी किताब *गाँधी : द ट्रेडिशनल रूट्स ऑफ़ करिश्मा* में रुडॉल्फ़-द्वय ने उजागर किया कि गाँधी का करिश्मा भारतीय परम्परा के उन आयामों में गहराई से जड़ जमाए हुए था, जिसकी उन्होंने अपने समय में व्याख्या की। उनके राजनीतिक प्रभाव का मुख्य आधार यह था कि उनके दैनिक जीवन और सार्वजनिक कार्यों में ही उन सांस्कृतिक आदर्शों को हासिल करने का सामर्थ्य था, जिनका अधिसंख्य भारतीय सम्मान तो करते थे लेकिन अपने जीवन में लागू नहीं कर पाते थे। व्यक्ति के आत्म-नियंत्रण संबंधी पारम्परिक हिंदू आदर्श ने उन्हें अपने आस-पास के परिवेश को नियंत्रित करने में समर्थ बनाया। सहभागी अपेक्षाओं और मान्यताओं को अपील करने के चलते गाँधी परम्परा को पुनर्जीवित कर पाए, लेकिन इसके साथ ही इन्होंने इसके कुछ मूल्यों, व्यवहारों और हितों को तोड़ने का काम भी किया। इसका एक नतीजा आत्म-आलोचक, नैतिक और समावेशी राष्ट्रवादी आंदोलन के रूप में सामने आया, जिसके चलते आख़िरकार भारत को स्वतंत्रता मिली।

1987 में प्रकाशित अपनी प्रसिद्ध किताब *इन परसूट ऑफ़ लक्ष्मी : द पॉलिटिकल इकनॉमी ऑफ़ द इण्डियन स्टेट* में रुडॉल्फ़-द्वय ने स्वतंत्र भारत के राजनीतिक अर्थशास्त्र का विशद परीक्षण किया। किताब के शीर्षक में प्रयुक्त लक्ष्मी का रूपक भारतीय राज्य और यहाँ के नागरिकों की समृद्धि की चाह की अभिव्यति है। इनके मुताबिक़ उत्तर-औपनिवेशिक राज्यों में भारत की स्थिति विरोधाभासी है : यह एक साथ विकसित और अविकसित, अमीर और ग़रीब तथा मज़बूत और कमज़ोर है। रुडॉल्फ़-द्वय ने माँग और नियंत्रण शासन-व्यवस्थाओं (डिमांड ऐंड कमांड पॉलिटीज़) की अपनी सामान्य रूपरेखा के माध्यम से भारतीय अनुभव की विशेष परिस्थितियों की व्याख्या की है। इनके मुताबिक़ उम्मीदों के विपरीत भारत जैसे व्यापक असमानता वाले देश में कोई भी दक्षिणपंथी या वामपंथी राजनीतिक दल वर्ग आधारित राजनीति नहीं करता। इसके बजाय भारत में निजी पूँजी और संगठित

श्रम को एक 'तीसरे कर्ता' राज्य का सामना करना पड़ता है। राज्य के प्रभुत्व के चलते वर्गीय राजनीति हाशिये पर चली गयी है। खुद राज्य ने केंद्राभिमुख सामाजिक बहुलवाद की निर्मिति में एक कारक की भूमिका अदा की है जो स्वतंत्रता प्राप्ति के बाद भारतीय राजनीति की सर्वप्रमुख विशेषता भी है। भारतीय राजनीति और अर्थव्यवस्था के बीच के संबंधों का विश्लेषण करते हुए रुडॉल्फ़-द्वय यह विचार प्रस्तुत करते हैं कि इस बात से भारत के आर्थिक प्रदर्शन पर हल्का-फुल्का प्रभाव ही पड़ा है कि सत्ता—सर्वसत्तावादी या लोकतांत्रिक— किस प्रकार का शासन है। इस किताब में यह रेखांकित किया गया है कि सामाजिक गोलबंदियों के बढ़ते स्तर और व्यक्ति-केंद्रित शासन ने राज्य के सामर्थ्य और स्वायत्तता का क्षरण किया है। लेकिन इसके साथ ही सामाजिक गोलबंदियों ने आर्थिक फ़ायदों और राजनीतिक-सत्ता के ज़्यादा समतावादी वितरण को बढ़ाया है जिससे नागरिकों के बीच राज्य की स्वायाता में बढ़ोतरी हुई है।

रुडॉल्फ़-द्वय ने 2006 में अपनी कृति *पोस्ट-मॉडर्न गाँधी ऐंड अदर ऐसेज़ : गाँधी इन द वर्ल्ड ऐंड ऐट होम* में कुछ नयी सामग्री के साथ अपनी प्रभावशाली किताब गाँधी : *द ट्रेडिशनल रूट्स ऑफ़ करिश्मा* के मुख्य तर्कों को धारदार बनाने का प्रयास किया। उन्होंने रेखांकित किया कि गाँधी परम्परा द्वारा आरोपित मूल्यों और व्यवहारों को तोड़ने के साथ-ही-साथ उसके कई अन्य आयामों में ऊर्जा भरने में भी समर्थ थे। भारत और विदेश में गाँधी के विराट प्रभाव को रेखांकित करते हुए रुडॉल्फ़-द्वय ने बताया कि ब्रिटेन में युवा गाँधी रस्किन, थोरो और टॉलस्टाय के विचारों में निहित आधुनिकता-विरोधी 'पश्चिम से इतर' विचारों को अपना रहे थे। एक पीढ़ी बाद प्रौढ़ गाँधी ने अपने चिंतन और कार्यों के माध्यम से आधुनिकता के वर्चस्व को चुनौती दी। गाँधी की 1909 में लिखित पुस्तक *हिंद-स्वराज* में दर्ज आधुनिक सभ्यता की समीक्षा उत्तर-आधुनिक दौर के आगाज़ की तरह थी। सत्याग्रह के उनके सिद्धांत और व्यवहार ने परिस्थितिजन्य सत्य (सिचुएशनल ट्रुथ) की उत्तर-आधुनिक समझ को अभिव्यत किया।

2008 में ऑक्सफ़र्ड युनिवर्सिटी प्रेस ने तीन खण्डों में रुडॉल्फ़-द्वय की

मुख्य कृतियों का संकलन प्रकाशित किया, जिसका शीर्षक एक तरह से उनके पूरे काम का निचोड़ है। इसका शीर्षक है : *एक्सप्लेनिंग इण्डियन डेमॉक्रैसी : अ फ़िफ्टी-ईयर पर्सपेक्टिव*। यह कहना ग़लत नहीं होगा कि रुडॉल्फ़-द्वय ने अपनी कृतियों के माध्यम से भारतीय लोकतंत्र के विविध आयामों की व्याख्या और स्पष्टीकरण का अद्भुत कार्य किया है।

1972 में रुडॉल्फ़-द्वय की सम्पादित किताब *एजुकेशन ऐंड पॉलिटिक्स इन इण्डिया : स्टडीज़ इन ऑर्गनाइज़ेशन* तथा 1985 में *ऐसेज़ ऑफ़ राजपूताना : रिफ़्लेशंस ऑफ़ हिस्ट्री, कल्चर ऐंड एडमिनिस्ट्रेशन* का प्रकाशन हुआ। 1999 में *रिवर्सिंग द गेज़, अमर सिंघ्स डायरी : अ कोलोनियल सजेट्स नैरेटिव ऑफ़ इम्पीरियल इण्डिया* तथा 2008 में *मेकिंग यूएस पॉलिसी टूवर्ड्स साउथ एशिया : रीज़नल इम्पेरेटिव ऐंड द इम्पीरियल प्रेसीडेंसी* (यह 1980 में प्रकाशित इनकी किताब *द रीज़नल इम्पेरेटिव* का नवीन और विस्तृत संस्करण है) जैसी किताब का संकलन-सम्पादन भी किया। इन्होंने 1984 में मेघनाद देसाई और अशोक रुद्र के साथ मिलकर *ऐग्रेरियरन पॉवर ऐंड ऐग्रीकल्चरल प्रोडक्टिविटी इन साउथ एशिया*, और 1997 में जेम्स पिस्काटोर के साथ *ट्रांसनैशनल रिलिजन ऐंड फ़ेडिंग स्टेट* का सम्पादन किया। इन पुस्तकों ने सिर्फ़ इनके ज्ञान और विश्लेषण के व्यापक दायरे को ही रेखांकित नहीं किया, बल्कि दक्षिण एशिया, मुख्यत: भारत को केंद्र में रख कर होने वाले अध्ययनों को ज़्यादा अंत: अनुशासनात्मक और विश्लेषणात्मक बनाने में भी अनुपम योगदान दिया।

सुज़ैन रुडॉल्फ़ उत्तर-औपनिवेशिक भारतीय राजनीति के विद्वत्तापूर्ण अध्ययन की आधारशिला रखने वाले विद्वानों में सर्वप्रमुख थीं। उन्होंने लॉयड रुडॉल्फ़ के साथ मिल कर भारतीय राजनीति के विशिष्ट आयामों और इसकी जटिल गत्यात्मकता को समझने-परखने के लिए नवीन सैद्धांतिक आधार उपलब्ध कराए। अपने अनुसंधान के माध्यम से उन्होंने आधुनिक भारत, भारतीय राजनीति, उत्तर-औपनिवेशिक राज्य, लोकतांत्रिक प्रक्रियाओं, गाँधी और गाँधीवादी राजनीतिक चिंतन, धार्मिक राष्ट्रवाद तथा दक्षिण एशिया में परम्परा और आधुनिकता के बीच संवाद जैसे विविध आयामों पर ध्यान केंद्रित किया। उनका कुछ ऐसे चुनिंदा राजनीति वैज्ञानिकों की श्रेणी में शुमार

किया जाता है जिन्होंने अपने काम में इतिहास, मानवशास्त्र और राजनीति मनोविज्ञान को भी पर्याप्त स्थान दिया। इस अर्थ में इनके अनुसंधान अंत:अनुशासनात्मक अध्ययनों का बेजोड़ उदाहरण हैं। अपने लेखन द्वारा इन दोनों विद्वानों ने द्वितीय विश्व युद्ध के बाद 1950 और 1960 के दशक में समाज-विज्ञान पर हावी व्यवहारवाद के आधुनिकीकरण की थीसिस को ज़बरदस्त चुनौती दी। आगे चलकर 1990 के दशक के मध्य में उन्होंने राजनीति-विज्ञान के विश्लेषण पर हावी तार्किक चयन और गणनात्मक रूपरेखा को भी चुनौती प्रदान की। दक्षिण एशिया, विशेषत: भारत का अध्ययन करने वाला कोई भी अनुसंधानकर्ता या विद्वान् उनके कामों की उपेक्षा नहीं कर सकता। निश्चित रूप से, उनका देहांत भारतीय राजनीतिशास्त्र के एक युग का अंत है। अपने काम के प्रति समर्पण, अपने अनुशासन का उदारता के साथ विस्तार करने की प्रवृत्ति और नये अनुसंधानकर्ताओं को लगातार प्रोत्साहित करने वाले एक अद्वितीय विद्वान् के रूप में उनकी कमी सदा खलेगी।

संदर्भ

अनन्या वाजपेयी (2015), 'इट्स कर्टेन फ़ॉर गोल्डेन ऐज ऑफ़ स्कॉलरशिप ऑन मॉडर्न इण्डिया', *द हिंदू*, 26 दिसम्बर.

अनुपमा रॉय (2013), *जेंडर्ड सिटीज़नशिप : हिस्टॉरिकल ऐंड कांसेप्चुअल एक्सप्लोरेशंस*, ऑरिएंट लैकस्वॉन, दिल्ली.

आशा सारंगी (2016), 'अ ब्यूटीफुल लाइफ़ ऑफ़ द माइंड', *द इण्डियन एक्सप्रेस*, 2 जनवरी, वेब पता : http://indianexpress.com/article/opinion/columns/susanne-rudolph-a-beautiful-life-of-themind/ ns[kus dh rkjh[k 4 tuojh] 2016.

मेघनाद देसाई, सुज़ैन होबर रुडॉल्फ़ और अशोक रुद्र (सं.) (1984), *ऐग्रेरियरन पॉवर ऐंड ऐग्री-कल्चरल प्रोडक्टिविटी इन साउथ एशिया*, ऑक्सफ़र्ड युनिवर्सिटी प्रेस, नयी दिल्ली.

लॉयड आई. रुडॉल्फ़ और सुज़ैन होबर रुडॉल्फ़ (1967), *द मॉडर्निटी ऑफ़ ट्रेडिशन : पॉलिटिकल डिवेलपमेंट इन इण्डिया*, शिकागो युनिवर्सिटी प्रेस, शिकागो.

———(1987), *इन परसूट ऑफ़ लक्ष्मी : द पॉलिटिकल इकनॉमी ऑफ़ इण्डियन स्टेट*, शिकागो युनिवर्सिटी प्रेस, शिकागो.

———(2006), *पोस्टमॉडर्न गाँधी ऐंड अदर ऐसेज़ : गाँधी इन द वर्ल्ड ऐंड ऐट होम*, ऑक्सफ़र्ड युनिवर्सिटी प्रेस, नयी दिल्ली.

———(2008), *मेकिंग यूएस पॉलिसी टूवर्ड्स साउथ एशिया : रीजनल इम्पेरेटिव्स ऐंड द*

इम्पीरियल प्रेसीडेंसी, कॉन्सेप्ट पब्लिशिंग कम्पनी, नयी दिल्ली.

————-(2008), *एक्सप्लेनिंग इण्डियन डेमॉक्रैसी : अ फ़िफ़्टीन इयर पर्सपेक्टिव 1956-2006 (तीन खण्ड)*, ऑक्सफ़र्ड युनिवर्सिटी प्रेस, नयी दिल्ली.

————(सं.)(2002), *रिवर्सिंग द गेज़, द अमर सिंह डायरी : अ कोलोनियल सबजेक्ट्स नैरेटिव ऑफ़ इम्पीरियल इण्डिया*, ऑक्सफ़र्ड युनिवर्सिटी प्रेस, नयी दिल्ली.

वीणा तलवार ओल्डेनबर्ग (2015), 'द इंटरेप्रेटर ऑफ़ इण्डियाज़ मेलेडीज़', द हिंदू, दिसम्बर 29.

सुज़ैन होबर रुडॉल्फ़ और लॉयड आई रुडॉल्फ़ (1983), *गाँधी : द ट्रेडिशनल रूट्स ऑफ़ करिश्मा*, शिकागो युनिवर्सिटी प्रेस, शिकागो.

————(1984), *ऐसेज़ ऑन राजपूताना : रिफ़्लेक्शन्स ऑन हिस्ट्री, कल्चर ऐंड एडमिनिस्ट्रेशन*, कॉन्सेप्ट पब्लिशिंग कम्पनी, नयी दिल्ली.

————(सं.)(1972), *एजुकेशन ऐंड पॉलिटिक्स इन इण्डिया : स्टडीज़ इन ऑर्गनाइज़ेशन, सोसायटी ऐंड पॉलिसी*, हार्वर्ड युनिवर्सिटी प्रेस, केम्ब्रिज.

सुज़ैन होबर रुडॉल्फ़ और जेम्स पिस्काटोर (सं.)(1997), ट्रांसनैशनल रिलीजन ऐंड फ़ेडिंग स्टेट, वेस्टव्यू प्रेस, बाउल्डर.

स्टुअर्ट हॉल

लोकप्रिय संस्कृति के सिद्धांतकार

नरेश गोस्वामी

सांस्कृतिक अध्ययन (कल्चरल स्टडीज़) को अपनी अनूठी प्रस्थापनाओं और अंतर्दृष्टियों से समृद्ध करने वाले सिद्धांतकार और समाजशास्त्री स्टुअर्ट हॉल (1934-2014) सातवें दशक में उभरी उस अकादमिक पीढ़ी के प्रतिनिधि थे जो वैचारिक नवोन्मेष और जन-प्रतिबद्धता को अंतर्विरोधी नहीं मानती थी।

जमैका में जन्मे और पले-बढ़े हॉल उच्च-शिक्षा के लिए 1950 के दशक में ब्रिटेन गये। उस समय ऑक्सफ़र्ड विश्वविद्यालय में क़दम रखते हुए उन्हें लगा था कि उनके जैसा व्यक्ति इस संस्थान का हिस्सा नहीं बन सकता। उनका ख़याल था कि वे यहाँ सफलता तो हासिल कर सकते हैं और देर-सबेर उन्हें इस समाज में शामिल भी किया जा सकता है, लेकिन इस जगह को अपना कह पाना मुश्किल ही बना रहेगा। लेकिन, धीरे-धीरे यह अजनबियत दूर होती गयी और वे जीवनपर्यंत 'ख़ुद को अंग्रेज़ न मानने के बावजूद ब्रिटेन को अपना घर मानते रहे'। एक पूर्व-उपनिवेश से उपनिवेशकर्ताओं के देश तक पहुँचने का यह सफ़र कई लोगों को अपनी जड़ों और जातीय इतिहास के उत्खनन की ओर ले जाता रहा है, लेकिन हॉल ने अपनी नज़र वर्तमान पर गड़ाई। उन्हें काली और गौरांग नस्ल के अंतर्द्वंद्व और बहुसांस्कृतिकता के प्रश्न ज़्यादा महत्त्वपूर्ण लगे।

सांस्कृतिक अध्ययन का नेतृत्व और नयी प्रस्थापनाएँ

हॉल का वैचारिक रुझान ब्रिटेन की नव-वामपंथी धारा से प्रतिकृत हुआ था। वामपंथ के इस संस्करण में अभिजनवाद, उपनिवेशवाद और नस्लवाद का विरोध तो था परंतु मार्क्सवादी जड़-सूत्रवाद के प्रति एक गहरी शंका भी शामिल थी। मार्क्सवाद के रूढ़िवादी सिद्धांतकारों की तरह हॉल संस्कृति के प्रश्न को महज़ अधिरचना का अंग न मान कर उसे एक समानांतर और एक हद तक स्वायत्तता घटक के रूप में देखते थे। इस मामले में वे ग्राम्शी की स्थापनाओं के ज़्यादा नज़दीक थे। हॉल ने सत्ता को चारों तरफ़ से बंद या अभेद्य मानने से इनकार करते हुए उसके दमनकारी स्वरूप में वंचित और उत्पीड़ितों की सहमति की ओर भी संकेत किया था। इस तरह हॉल के लिए संस्कृति राजनीति का उप-प्रश्न न होकर एक स्वतंत्र इयत्ता थी। इसलिए वे उसे किसी अन्य चीज़ का परिणाम न मान कर उसकी प्रक्रिया और प्रभावों का मुकम्मल ढंग से अध्ययन करना चाहते थे।

हॉल ने 1960 में एक नये जर्नल *न्यू लेफ्ट रिव्यू* की नींव रखी और उसके संस्थापक-संपादक बने। इस दौरान ब्रिटेन में अध्या‌पन करते हुए हॉल इस परिघटना को नज़दीकी से देख रहे थे कि ब्रिटेन का युवा अमेरिकी पॉप संस्कृति, संगीत, फ़िल्मों और फ़ैशन की दीवानगी में किस क़दर डूबा है। 1964 में प्रकाशित उनका पहला अकादमिक अध्ययन *द पॉपुलर आर्ट्स* इसी परिघटना पर केंद्रित था। हॉल के अकादमिक जीवन में यह वर्ष एक अलग शुरुआत और लम्बी पारी का भी सूचक था। बर्मिंघम विश्वविद्यालय में सेंटर फ़ॉर द कंटेम्परी कल्चरल स्टडीज़ के संस्थापक रिचर्ड होगार्ट ने हॉल को इसी साल सेंटर में काम करने का न्योता दिया। सही मायने में कहा जाए तो अकादमिक जगत में हॉल का स्वतंत्र व्यक्तित्व इस अध्ययन-केंद्र में आने के बाद ही विकसित हुआ। इसके बाद सांस्कृतिक अध्ययन और स्टुअर्ट हॉल एक-दूसरे के पर्याय होते चले गये।

ग़ौरतलब है हॉल ने जिन दिनों लोकप्रिय संस्कृति जैसे विषय को अपने शोध-चिंतन का विषय बनाया उन दिनों, यानी छठे और सातवें दशकों के दौरान, युरोप और अमेरिका के अकादमिक इदारों में शोध की समग्र दृष्टि एक क़िस्म की शास्त्रीयता और शिष्टता से आक्रांत थी। इस समय मीडिया और

संचार का अध्ययन अकादमिक प्रतिष्ठान की दृष्टि में एक कमतर काम माना जाता था। इस प्रतिष्ठान की अभिजनवादी जमात संस्कृति को उच्च और निम्न के दो ख़ानों में बाँट कर देखती थी जिसके अंतर्गत पहले क़िस्म की संस्कृति को गुणवत्ता, स्तरीयता और मानकीयता का पर्याय माना जाता था जबकि निम्न या लोकप्रिय संस्कृति को दोयम, फुटपाथी या घासलेटी मान कर अकादमिक अन्वीक्षण से दूर रखा जाता था। हॉल की महत्ता यह है कि उन्होंने इस जड़ीभूत परिप्रेक्ष्य को केवल प्रश्नांकित ही नहीं किया बल्कि अपनी नयी प्रस्थापनाओं तथा सूत्रीकरणों के ज़रिये उसे लगभग अपदस्थ ही कर दिया।

लोकप्रिय संस्कृति का अनूठा सूत्रीकरण

रेमण्ड विलियम्स तथा रिचर्ड होगार्ट कल्चरल स्टडीज़ के नाम से एक नये अकादमिक क्षेत्र की तामीर पहले ही कर चुके थे। लेकिन इस संदर्भ में यह कहना ग़लत नहीं होगा कि एक अनुशासन के तौर पर सांस्कृतिक अध्ययन के मानक और प्रतिमान गढ़ने का काम हॉल के खाते में गया। हॉल सांस्कृतिक अध्ययन के अनुशासन में समाज और समूहों की बदलती जीवन-शैली, समूहों और लोगों द्वारा एक-दूसरे को समझने के लिए अर्थ-सम्प्रेषण के नेटवर्क की पड़ताल करना चाहते थे। उन्होंने इस दिशा में मीडिया के पाठों की अंत:संरचना को खोलते हुए इस बात की निशानदेही शुरू की कि मनोरंजन, फ़ैशन और सूचना के कलेवर में मीडिया अपने जेण्डर, वर्ग और सत्ता-मीमांसा संबंधी पूर्वाग्रहों और दृष्टिकोण को किस तरह साथ लेकर चलता है। उन्होंने मीडिया के पाठ में अंतस्थ विचारधारा को ग्राम्शी के सूत्रीकरण से जोड़ते हुए इस बात पर ज़ोर दिया कि विचारधारा सिर्फ़ साम्यवाद या कैथॅलिकवाद जैसे कुछ छँटे और तराशे हुए विचारों का समुच्चय ही नहीं होती, बल्कि मीडिया में पैबस्त उस सामान्य-बोध, मूल्यों और नज़रिये की ओर भी इंगित करती है जो रोज़मर्रा के विमर्श में जन-साधारण की ऊर्ध्वगामी गतिशीलता और समानता की बात तो करते रहते हैं, परंतु अक्सर अभिजन-सूमहों के हितैषी ही साबित होते हैं। हॉल का मानना था कि मीडिया द्वारा रचित और पोषित यह सामान्य-बोध कई बार ग़ैर-अभिजन समूहों या वंचित और उत्पीड़ितों को ही एक-दूसरे के ख़िलाफ़ खड़ा कर देता है।

पाठ के एकल अर्थ का खण्डन

छवि के सृजन-सम्प्रेषण में विन्यस्त इन वैचारिक संदेशों और आग्रहों को हॉल ने इनकोडिंग-डिकोडिंग के एक ऐसे सूत्रीकरण के रूप में प्रस्तुत किया जिसे अब सांस्कृतिक अध्ययन के क्षेत्र में बीज-संकल्पना का दर्जा हासिल हो चुका है। 1973 में प्रकाशित अपने एक बहुचर्चित लेख— 'इनकोडिंग ऐंड डिकोडिंग इन टेलिविज़न डिस्कोर्सेज़' में उन्होंने प्रतिपादित किया कि दर्शक टेलिविज़न के पाठ में निहित पूर्व-संदेश/विचार/प्रत्यय (इनकोडिंग) को हूबहू ग्रहण न करके उसका अपने अनुभवों के आधार पर अर्थ-निर्धारित (डिकोडिंग) करते हैं। हॉल ने दिखाया कि अर्थ-ग्रहण की इस प्रक्रिया में दर्शक कभी पाठ में निहित वर्चस्वकारी विचार को स्वीकार करते हैं, कभी उसके एक अंश को ग्रहण करते हैं तो दूसरे अंश को ख़ारिज कर देते हैं, और कभी पाठ के धुर ख़िलाफ़ चले जाते हैं।

मीडिया अध्ययन के क्षेत्र में यह नयी प्रस्थापना मार्क्सवादी ख़ेमे को ख़ासी नागवार गुज़री। उस समय के मार्क्सवादी अकादमिक जगत में यह धारणा व्याप्त थी कि दर्शक एक निष्क्रिय पक्ष होता है जिसे मीडिया अपने इच्छित विचार से अनुकूलित कर लेता है। हॉल की इस प्रस्थापना से यह धारणा ध्वस्त हो गयी कि लोकप्रिय संस्कृति का उपभोक्ता एक विवेक और तर्कहीन प्राणी होता है। मीडिया के वर्चस्व और दर्शकों की एज़ेंसी की यह जटिल पड़ताल स्वयं सांस्कृतिक अध्ययन के लिए भी श्रेयस्कर सिद्ध हुई।

सांस्कृतिक अध्ययन : हस्तक्षेप की राजनीति

सांस्कृतिक अध्ययन के पहले दो प्रतिपादक — रेमण्ड विलियम्स और रिचर्ड होगार्ट इसे अंतर-अनुशासनीय और प्रयोगशीलता का उपक्रम बना कर किसी भी क़िस्म के शास्त्र-प्रेरित मानकीकरण से दूर रहना चाहते थे। लेकिन शायद हॉल के मुकाबले उनका यह आग्रह थोड़ा कमज़ोर था। अपने इन पूर्ववर्ती सिद्धांतकारों की तरह हॉल भी न केवल अध्ययन के इस क्षेत्र का समग्र हुलिया निर्धारित करने के ख़िलाफ़ थे, बल्कि वे इसके संस्थानीकरण के भी ख़िलाफ़ थे। हॉल इस बात को लेकर एक द्वैध में रहे कि सांस्कृतिक अध्ययन को अनुशासन की श्रेणी में रखा जाए, या कि उसे शोध-संधान का एक परा-अनुशासनीय क्षेत्र मानना समझा

जाए। सांस्कृतिक अध्ययन के क्षेत्र में काम करने वाले कई विद्वानों का मानना है कि अपनी बौद्धिक और सांस्थानिक पहचान को लगातार प्रश्नांकित करते रहना ही इस अनुशासन की ख़ासियत है।

हॉल ने सांस्कृतिक अध्ययन का जो दायरा कल्पित किया था उसमें मीडिया के विश्लेषण और थियरी से लेकर एथनॉग्रैफी जैसी और अन्य कई चीज़ें समा सकती थीं। लेकिन इस बात को लेकर वे हमेशा सजग रहे कि ऐसे अनुसंधान का समग्र उद्देश्य और दिशा क्या होनी चाहिए। हॉल की नज़र में सांस्कृतिक अध्ययन का अन्यतम उद्देश्य समाज के हर सम्भव स्तर पर सत्ता-संबंधों की बदलती प्रकृति और उसकी बहुविध कारगुज़ारियों/गतिविधियों की शिनाख़्त करना था। उनका मानना था कि सांस्कृतिक अध्येता के काम का एक महत्त्वपूर्ण पहलू यह है कि वह किसी प्रदत्त क्षण में संघनित सामाजिक-सांस्कृतिक और आर्थिक ताक़तों के सम्भावित राजनीतिक निहितार्थों पर नज़र रखे। संक्षेप में कहें तो हॉल के अनुसार सांस्कृतिक अध्ययन का लक्ष्य ग्राम्शी के 'कंजक्चर'— किसी समय की मौज़ूदा परिस्थितियों के संयोग का सामान्यीकृत विश्लेषण करना था। ज़ाहिर है कि इसका मतलब समकालीन सत्ता-संबंधों के समूचे क्षेत्र का विहंगम सर्वेक्षण करना नहीं था, बल्कि इसके पीछे कुल आग्रह यह था कि शोधकर्ता इस प्रश्न का संधान करे कि वह जिस परिघटना का अध्ययन करना चाहता है उसका सत्ता के बृहत्तर तंत्र से क्या संबंध हो सकता है।

हॉल ने अपने स्वतंत्र लेखों तथा सम्पादित पुस्तकों के द्वारा अपने दौर की बौद्धिक-सैद्धांतिक बहसों को गहराई से प्रभावित किया। टेलिविज़न के अध्ययन से संबंधित उपर्युक्त लेख के अलावा उनके खाते में 'द प्रॉब्लम ऑफ़ आइडियॉलॅजी: मार्क्सिज़म विदाउट गारंटी', 'कल्चर, कम्युनिटी, नेशन', 'द नियो-लिबरल रेवोल्यूशन' जैसे लेखों तथा 'रिप्रेज़ेंटेशन ऐंड द मीडिया' जैसे सरल और विवेचनापरक व्याख्यानों की उपलब्धियाँ भी दर्ज हैं। उनकी सम्पादित पुस्तक *पोलिसिंग द क्राइसिस* (1978) तथा उनके निबंधों का संकलन द *हार्ड रोड टू रिनुअल* (1988) को ब्रिटेन की तत्कालीन राजनीति में उभरे पॉपुलिज़म का एक बेहद प्रभावशाली अध्ययन माना जाता है। ग़ौरतलब है कि अन्य अध्येताओं के साथ मिल कर लिखी *पोलिसिंग द क्राइसिस* में हॉल

ने मीडिया द्वारा प्रसारित-प्रायोजित सामाजिक संकट तथा बृहत्तर राजनीति के अंतर्संबंधों का विश्लेषण करते हुए ब्रिटिश राजनीति में मार्ग्रेट थैचर के उत्थान की बेहद सटीक व्याख्या की थी। हॉल का शोध-अध्ययन केवल मीडिया, सम्प्रेषण और विचारधारा के 'पाठ' तक सीमित नहीं था। नवें दशक में उन्होंने सांस्कृतिक अध्ययन में पाठ की बढ़ती केंद्रीयता और उसमें राजनीति एवं संस्कृति के ठोस प्रश्नों की घटती मौज़ूदगी पर चिंता ज़ाहिर की थी। उन्हें लगता था कि अकादमिक विद्वानों की नयी पीढ़ी उनके सैद्धांतिक सूत्रों में ज़्यादा दिलचस्पी ले रही है जबकि उन्हें स्वयं *पोलिसिंग द क्राइसिस* जैसा काम राजनीतिक और बौद्धिक लिहाज़ से ज़्यादा मानीख़ेज़ लगता था।

बहरहाल, सांस्कृतिक अध्ययन के संबंध में कुछ विद्वानों ने यह प्रश्न भी उठाया है कि जिस अनुशासन का बुनियादी संकल्प सत्ता-संबंधों की गतिशीलता का विश्लेषण करना था उसका राजनीति विज्ञान या राजनीतिक अध्ययन जैसे अनुशासनों से दोतरफ़ा और रचनात्मक रिश्ता क्यों नहीं बन पाया?

जेरेमी गिल्बर्ट इस प्रश्न का एक उत्तर यह देते हैं कि ब्रिटेन के अकादमिक जगत में उदारतावाद का एकछत्र वर्चस्व रहा है, जो अलग-अलग संदर्भों में कई तरह के भेष धारण करने के बावजूद इस बात को लेकर हमेशा मुस्तैद रहा है कि कुछ असामान्य परिस्थितियों को छोड़ कर एक सांस्थानिक स्थल के रूप में दर्शन या राजनीतिक अध्ययन कभी उसके द्वारा गढ़ी गयी संस्कृति और राजनीतिक संरचना की गम्भीर और सतत आलोचना न कर पाए। गिल्बर्ट के अनुसार इन अनुशासनों की इस वैचारिक संकीर्णता और आत्म-मुग्धता के चलते अकादमिक दुनिया कई अहम प्रश्नों की पड़ताल नहीं कर पाई और सवालों का एक बड़ा इलाक़ा उसकी नज़रों से ओझल बना रहा जहाँ सांस्कृतिक अध्ययन जैसा अनुशासन ही हस्तक्षेप कर सकता था। गिल्बर्ट मानते हैं कि सांस्कृतिक अध्ययन एक ऐसा क्षेत्र है जिसका कोई निश्चित केंद्र नहीं है, लेकिन इसकी महत्ता ही इस बात में छिपी है कि उसने उन बहुत सारे मुद्दों, परिघटनाओं और प्रवृत्तियों का अनुशीलन किया जिन्हें सही मायने में स्थापित अनुशासनों को सम्बोधित करना चाहिए था। लेकिन पारम्परिक अनुशासन उदारतावाद की व्यक्तिनिष्ठ और प्रत्यक्षतावादी धारणाओं में इस

क़दर निमग्न थे कि सत्ता, राजनीति, लोकप्रिय संस्कृति और रोज़मर्रा के जीवन की आंतरिक संरचनाओं पर उनका विशेष ध्यान नहीं जाता था। इन अनुशासनों के अवचेतन पर गहरी जड़ता पसरी थी। सांस्कृतिक अध्ययन की धारा इसी जड़ता को तोड़ने की कोशिश करती थी। यह सही है कि रैडिकल समाजशास्त्र के अंतर्गत कई अछूते विषयों पर शोध किया गया परंतु प्रदर्शनकारी कला और मीडिया संस्कृति आदि ऐसे विषय थे जो अमूर्त अवधारणाओं तथा ऐतिहासिक विश्लेषण की पद्धतियों से बाहर फिसल जाते थे। इन ख़ाली जगहों को भरने का श्रेय भी सांस्कृतिक अध्ययन को ही दिया जाता है।

हॉल का मूल्यांकन : विवादी विमर्श

नये विषयों की अवतारणा और पद्धतियों के समस्त नवोन्मेष के बावजूद सांस्कृतिक अध्ययन और उसके सबसे प्रभावशाली सिद्धांतकार होने के कारण स्टुअर्ट हॉल पर सामाजिक समग्रता और सार्वभौम मूल्यों जैसे संदर्भों की अनदेखी और अध्ययन के इस क्षेत्र को संस्कृति के समाजशास्त्र से विमुख करने की तोहमत लगाई जाती है। कुछ विद्वानों का मानना है कि सांस्कृतिक अध्ययन में अर्थों का सामाजिक प्रक्रियाओं के स्थायी सिद्धांतों से विलगाव होना हॉल के प्रभाव का नतीजा है क्योंकि आठवें दशक के दौरान वे इस बात पर ज़ोर दे रहे थे कि मुख्यधारा के समाजशास्त्र का रास्ता छोड़े बग़ैर सांस्कृतिक अध्ययन अपना ख़ास मुक़ाम हासिल नहीं कर सकता। जबकि, इन विद्वानों के अनुसार सातवें दशक में सांस्कृतिक अध्ययन की यह धारा समाजशास्त्र की सामाजिक समग्रता तथा उप-संस्कृति जैसी धारणाओं को यथोचित महत्त्व देती थी।

ग़ौर से देखा जाए तो हॉल के कृतित्व और उनकी प्रस्थापनाओं की आलोचना इस तथ्य से ज़्यादा प्रभावित लगती है कि उन्होंने अनुशासनों की स्थापित रूढ़ियों का निर्वाह नहीं किया। उनके समकालीन और सहयोगी भी इस बात की तसदीक़ करते हैं कि हॉल अनुशासन के योजनाबद्ध या संस्थाबद्ध ढाँचे को ज़्यादा महत्त्व नहीं देते थे। सांस्कृतिक अध्ययन के संबंध में भी उनकी कमोबेश ऐसी ही राय थी। ऐसे में ज़ाहिर है कि दोनों सिरों से खुली उनकी दृष्टि किसी एक अनुशासन के मानकों से तय नहीं हो सकती

थी। हॉल शायद मीडियाकृत होती दुनिया के तात्कालिक वर्तमान को चिह्नित करने के लिए एक नया कोण बनाने की जुस्तजू में रहते थे। उनकी इस प्रवृत्ति को कई विद्वान द्वैधमनस्कता या बीच में ठहर जाने का पर्याय मानते रहे। लेकिन उनके अध्ययन में सत्ता, वर्चस्व, वर्ग, नस्ल और समुदाय के बुनियादी प्रश्न कभी गौण नहीं हुए।

एलिनॉर ज़िलियट
आम्बेडकरवाद की प्रकाश-स्तम्भ

कमल नयन चौबे

प्रसिद्ध आम्बेडकरवादी विचारक और अनुसंधानकर्ता एलिनॉर ज़िलियट ने उस समय आम्बेडकर के विचारों और कार्यों पर गहन व्यवस्थित अध्ययन आरम्भ किया जब आम्बेडकर का बौद्धिक व्यक्तित्व और दलित विमर्श भारतीय राजनीति और पश्चिम की अकादमीय दुनिया में हाशिये पर था। एक शिक्षक और विदुषी के रूप में ज़िलियट को भारत, उत्तर-पूर्वी एशिया, वियतनाम, एशियाई स्त्रियों से संबंधित मुद्दों और वैश्विक सामाजिक आंदोलन का विशेषज्ञ माना जाता है। लेकिन इन सबसे बढ़ कर उनकी पहचान भारत में दलितों और डॉ. भीम राव आम्बेडकर के बारे में सर्वप्रमुख अंतर्राष्ट्रीय विद्वान की रही है।

एलिनॉर मेये ज़िलियट का जन्म बोस्टन (अमेरिका) के डेस मॉयनेस में 7 अक्तूबर, 1926 को अर्नेस्ट ज़िलियट तथा मिनी हेडली ज़िलियट के घर में हुआ था। परिवार में बड़ी बहन कैरोलिन ज़िलियट भी थीं। बचपन से ही वे दुनिया घूमने और उसके बारे में जानकारी एकत्रित करने के लिए उत्सुक रहती थीं। उन्होंने 1948 में विलियम पेन कॉलेज से स्नातक और 1949 में ब्रायन मावर कॉलेज से स्नातकोत्तर डिग्री हासिल कीं। इसी दौर में उनका जुड़ाव एक धार्मिक ईसाई आंदोलन से हुआ जिसे युरोप, ऑस्ट्रेलिया, न्यूजीलैण्ड और उत्तर अमेरिका के कुछ भागों में रिलीजस सोसाइटी ऑफ़ वैकर्स के नाम से जाना जाता है। एशिया, अफ्रीका, दक्षिण अमेरिका और संयुक्त राज्य अमेरिका के

कुछ भागों में इसे फ्रेंड्स चर्च के नाम से भी जाना जाता है। यह आंदोलन संस्थात्मक रूप से अभी जारी है। इसके सदस्य हर तरह की पदसोपानीयता और उस पर आधारित भेदभाव का विरोध करते हैं। इसी संस्था के सदस्य के रूप में एलिनॉर ने कुछ देशों की यात्रा की और 1952 में भारत आयीं। यहीं से भारत के साथ उनका जीवनपर्यंत चलने वाला संबंध आरम्भ हुआ और भारत उनके अध्ययन का बुनियादी और अभिन्न हिस्सा बन गया।

इसके दो दशक बाद 1969 में उन्होंने युनिवर्सिटी ऑफ़ पेंसिलवेनिया के साउथ एशियन रीज़नल स्टडीज़ से पीएचडी की। इसी वर्ष से उन्होंने नॉर्थफ़ील्ड के कार्लटन कॉलेज में इतिहास पढ़ाना आरम्भ किया तथा 1969 से 1997 में अवकाश-प्राप्ति तक यहीं इतिहास का अध्यापन करती रहीं। रिटायर होते समय वे इस कॉलेज में इतिहास की लैर्ड बेल प्रोफ़ेसर थीं। इस कॉलेज में उन्होंने स्नातक बनने जा रहे सैकड़ों छात्र-छात्राओं को दक्षिण और दक्षिण-पूर्व एशिया के इतिहास के बारे में सोचने और लिखने के लिए प्रेरित करते हुए उन्हें भारत के बौद्धिक और सांस्कृतिक अध्ययन-स्रोतों से परिचित कराया। यह कहना अतिशयोक्ति नहीं होगी कि उनकी कक्षाओं और व्याख्यानों के चलते न जाने कितने छात्र-छात्राओं को भारत से लगाव हुआ। वे अक्सर अपने घर पर अपने विद्यार्थियों को भारतीय खाना भी खिलाती थीं और कई अवसरों पर उन्होंने विद्यार्थियों के समूह की भारत यात्रा का भी आयोजन किया। इन यात्राओं के मुख्य पड़ाव महाराष्ट्र में आम्बेडकर की राजनीति से जुड़े केंद्र हुआ करते थे। एलिनॉर का अकादमिक जीवन काफ़ी सफल रहा। उन्हें तीन बार अमेरिकन इंस्टीट्यूट ऑफ़ इण्डियन फ़ैलोशिप (1963, 1975, और 2000), फुलब्राइट फ़ैलोशिप (1967) और 1999 में दक्षिण एशिया के अध्ययन में विशिष्ट योगदान देने के लिए ए.ए.एस. अवार्ड मिला। इसके अलावा वे मिनीसोटा कंसोर्टियम फ़ॉर साउथ एशिया, द अमेरिकन इंस्टीट्यूट ऑफ़ इण्डियन स्टडीज़, द अमेरिकन एसोसिएशन ऑफ़ एशियन स्टडीज़ और एशिया नेटवर्क जैसी संस्थाओं की सक्रिय सदस्य भी थीं। इन संस्थाओं के माध्यम से उन्होंने अपने अनुसंधान-क्षेत्र से सतत संबंध क़ायम रखा और अन्य कई विद्वानों को इससे संबंधित विषयों पर अनुसंधान

के लिए प्रेरित किया। 5 जून, 2016 को रॉनडोल्फ़, मिनीसोटा में 89 वर्ष की आयु में उनका देहांत हुआ।

एलिनॉर को भारत, दक्षिण-पूर्व एशिया, वियतनाम, एशियाई महिलाओं और वैश्विक सामाजिक आंदोलनों की गहरी समझ थी। लेकिन आम्बेडकर के जीवन को प्रभावित करने वाले सामाजिक, आर्थिक और राजनीतिक कारकों के विशद अध्ययन, उनके द्वारा दलितों के बौद्ध धर्म में धर्मांतरण के कारणों और निहितार्थों के विभिन्न जटिल पहलुओं के विस्तृत विश्लेषण तथा उसके बाद सांस्कृतिक और साहित्यिक आंदोलनों संबंधी उनके लेखन ने पश्चिमी बौद्धिक जगत को इन उपेक्षित विषयों से तो परिचित कराया ही,भारत में कई अनुसंधानकर्ता भी इस विषय पर अध्ययन के लिए प्रेरित हुए।

1956 में डॉ. आम्बेडकर के निधन के कुछ वर्ष उपरांत 1960 के दशक के प्रारम्भ में वे अपने पीएचडी अध्ययन के लिए फिर से भारत आयीं। वे पहली ऐसी अमेरिकी विद्वान थीं जिन्होंने विस्तृत फ़ील्ड-वर्क के माध्यम से आम्बेडकर के कार्यों के विविध जटिल आयामों को समझने का प्रयास किया। यह जानना दिलचस्प होगा कि उनके शोध का शीर्षक 'आम्बेडकर ऐंड महाड़ मूवमेंट' था, पर बाद के दशकों में उन्हें इसके सीमित दायरे को लेकर अफ़सोस भी हुआ। उन्हें लगा कि आम्बेडकर के आंदोलन को सिर्फ़ महाड़ आंदोलन तक सीमित करना सही नहीं था। आख़िरकार वह एक अखिल भारतीय आंदोलन था। महाराष्ट्र में अनुसंधान के लिए फ़ील्ड-वर्क करते हुए उन्होंने दलितों के साथ दलित बस्तियों में रहने का फ़ैसला किया। एलिनॉर ने उनकी भाषा सीखी, उनके साथ दिन-रात रहते हुए उनके दुख-दर्द, हँसी-खुशी और वाचिक परम्परा में रची-बसी कहानियों से अपने अनुसंधान को ज़्यादा जीवंत बनाने और हक़ीक़त के क़रीब लाने का प्रयत्न किया। उनकी कोशिश थी कि सहभागी अध्ययन-पद्धति का उपयोग किया जाए, जिसमें अनुसंधानकर्ता अपने अनुसंधान के विषय का हिस्सा बन जाता है और अपने दैनंदिन अनुभवों के आधार पर काम को आगे बढ़ाता है। चार दशकों से ज़्यादा समय तक चले अकादमिक जीवन में उन्होंने अपने अध्ययन-क्षेत्र और उससे जुड़े व्यतियों से यह सहभागी संबंध बनाए रखा। वे न सिर्फ़ बार-बार अनुसंधान-क्षेत्र में आती रहीं, बल्कि उन्होंने

अपने अध्ययन का विस्तार करते हुए आम्बेडकर के जीवन दर्शन के विभिन्न आयामों पर गहन शोध किया। इस तरह उन्होंने उस सीमा से आगे जाने का प्रयत्न किया जिसमें उन्होंने आम्बेडकर को मुख्य रूप से महाड़ आंदोलन के केंद्र में रख कर देखा था। अपने शोध-आलेखों और विशेषकर महाराष्ट्र में सार्वजनिक मंचों पर धारा-प्रवाह मराठी में दिये गये अपने सम्बोधनों के चलते इन्हें आम्बेडकरवादी आंदोलनों में काफ़ी प्रसिद्धि मिली।

ज़िलियट ने ज़्यादा किताबें नहीं लिखीं, पर तक़रीबन अस्सी शोध-आलेख लिखे और चार किताबें सम्पादित कीं। इनमें से एक दलित कविताओं के अनुवाद और सम्पादन और एक उनके अपने लेखों के संग्रह से संबंधित है। दो पुस्तकें उन्होंने अन्य विद्वानों के साथ मिलकर सम्पादित की। अपने पीएचडी अनुसंधान पर आधारित एक पूरी तरह से एक अनुसंधान परियोजना के रूप में स्व-लिखित किताब भी है। 1988 में उनकी पहली सम्पादित किताब द *एक्सपीरिएंस ऑफ़ हिंदुइज़म : एसेज़ ऑन रीलिजन इन महाराष्ट्र* प्रकाशित हुई, जिसे उन्होंने मैसीन बर्नटसेन के साथ मिलकर सम्पादित किया था। इस पुस्तक में भारत के मराठी भाषी क्षेत्र में धार्मिक अनुभव की बहुस्तरीय छवि प्रस्तुत की गयी है। इसमें इरावती कर्वे द्वारा पंढरपुर तीर्थयात्रा के बारे में लिखे गये विवरण 'ऑन द रोड' के अतिरिक्त उनके तीन ऐसे निबंध संकलित किये गये जो अभी तक अंग्रेज़ी में प्रकाशित नहीं हुए थे। इसके अतिरिक्त इसमें गणेश उत्सव से लेकर घुमंतू जनजातियों, अछूत मानी जाने वाली जातियों, आधुनिक समय में भक्ति, बौद्ध धर्म से संबंधित लेख, कविताएँ इत्यादि सम्मिलित हैं। इरावती कर्वे के अतिरिक्त इस पुस्तक में बेबी काम्बले, के.एन. कदम इत्यादि लेखकों के लेख भी शामिल हैं। यह किताब हिंदू धर्म की प्रभुत्वशाली धारा के हाशिये पर या इससे बाहर पड़ी या इसे प्रश्नांकित करने वाले धार्मिक व्यवहारों को रेखांकित करती है।

1996 में प्रकाशित उनकी किताब *फ़्रॉम अनटचेबल टू दलित : एसेज़ ऑन द आम्बेडकर मूवमेंट* समय-समय पर लिखे गये उनके 16 शोध-आलेखों का संग्रह है जिन्हें चार भागों अर्थात् पृष्ठभूमि, राजनीति, धर्म और दलित साहित्य में विभाजित किया गया है। इनमें दलित आंदोलन के उन्नीसवीं शताब्दी के घटनाक्रमों से लेकर दलित साहित्य के उभार से संबंधित आलेख

हैं। साथ ही यह कृति इस दौर में विविध राजनीतिक घटनाक्रमों के साथ-ही-साथ आम्बेडकर और अन्य दलितों द्वारा बौद्ध धर्म अपनाने से संबंधित विविध जटिल पहलुओं की भी विस्तार से विवेचना करती है। किताब के शीर्षक से ही स्पष्ट है कि यह किताब आम्बेडकर के कार्यों को एक व्यापक ऐतिहासिक फ़लक से जोड़ने का प्रयास है। इस संदर्भ में उन्होंने भक्ति परम्परा के दो कवियों (चौदहवीं सदी के चोखामेला और सोलहवीं सदी के एकनाथ) का विश्लेषण किया है। इसके साथ ही उन्होंने उन्नीसवीं सदी के दो समाज सुधारकों ज्योतिबा फुले और बाबा वलंगकर के विचारों और कार्यों का अध्ययन भी किया है। ज़िलियट ने तर्क दिया है कि राष्ट्रवाद के उभार और महाराष्ट्र के अतीत में बढ़ती रुचि के कारण छुआछूत का व्यवहार कम करने और सामाजिक न्याय, समानता तथा बंधुत्व के आधुनिक विचारों को वैधता प्रदान करने के लिए भक्तिकालीन कवियों की कृतियों और विचारों का उपयोग किया जाने लगा। ज़िलियट ने अपनी पुस्तक में कबीर के बारे में अलग से विचार नहीं किया है, किंतु उनका मानना है कि इन सभी विचारों ने एक ऐसी पृष्ठभूमि का सृजन किया जिसमें दलित आंदोलन आगे बढ़ पाया। उनकी मान्यता के अनुसार आम्बेडकर अपने पहले के चिंतकों से इस मामले में अलग थे कि उन्होंने दलितों की मुक्ति के लिए राजनीतिक सत्ता हासिल करने पर ज़्यादा भरोसा किया।

2005 में इन्होंने रोहिणी मोकाशी-पुनेकर के साथ मिलकर *अनटचेबल सेंट्स : एन इण्डियन फ़ेनोमेना* शीर्षक से किताब सम्पादित की। इसमें भारतीय समाज के निम्नतम तबक़ों से सामने आने वाली धार्मिक आवाज़ों को प्रस्तुत करने का प्रयास किया गया है। इसमें दक्षिण से नंदानार और तिरूपन अलिवर, मराठी भू-क्षेत्र से चोखामेला और उनके समस्त परिवार, और उत्तर के प्रसिद्ध कवि रविदास के जीवन और कृतियों का अध्ययन है। इनमें से प्रत्येक संत का जन्म अछूत के रूप में हुआ तथा उनके जीवन और रचनाओं पर इसकी अमिट छाप पड़ी। दक्षिण के कवि नंदानार सिर्फ़ एक गीत से याद किये जाते हैं लेकिन उनके जीवन के बारे में कई किंवदंतियाँ प्रचलित हैं और वे अभी भी करुणा की विजय के जीवंत प्रतीक बने हुए हैं। चोखामेला, उनकी पत्नी सोयराबाई और पुत्र करमामेला के नाम से अभी भी सैकड़ों गीत प्रचलित हैं जो महाराष्ट्र के

दलितों की रोज़ाना की ज़िंदगी का अभिन्न हिस्सा है। इसी प्रकार रविदास उत्तर भारत में तो प्रसिद्ध हैं ही, वे सिख धर्म में भी एक महत्त्वपूर्ण हस्ती माने जाते हैं। महाराष्ट्र के चर्मकार इन्हें रोहिदास के रूप में अपना पथ-प्रदर्शक मानते हैं। इस किताब में प्रत्येक भाषा के विद्वान ने अपने निबंधों के माध्यम से इन 'अछूत संतों' के व्यक्तित्व और कृतित्व पर रोशनी डाली है। भक्ति ग्रंथों और इसके बारे में समकालीन विवेचनाओं से युक्त यह किताब ज़िलियट की उस व्यापक परियोजना की एक महत्त्वपूर्ण कड़ी प्रतीत होती है, जिसमें वे आम्बेडकरवादी दलित चेतना को अतीत में विभिन्न संतों और महापुरुषों के कार्यों से जोड़ने का प्रयास करती हैं।

ज़िलियट ने लम्बे समय तक अपना पीएचडी शोध प्रकाशित नहीं कराया। बाद में आम्बेडकरवादी आंदोलन के साथियों के आग्रह के बाद यह सर्वप्रथम 2004 में *डॉ. बाबा साहेब आम्बेडकर ऐंड द अनटचेबल मूवमेंट* के रूप में प्रकाशित हुआ। बाद में यही रचना *आम्बेडकर्स वर्ल्ड : द मेकिंग ऑफ़ बाबा साहेब ऐंड द दलित मूवमेंट* शीर्षक से प्रकाशित हुई। इसमें पश्चिमी भारत के महाड़ आंदोलन की विस्तृत विवेचना प्रस्तुत करते हुए उन सामाजिक और राजनीतिक शतियों की विशद विवेचना है जिसने डॉ. आम्बेडकर के राजनीतिक चिंतन को धारदार बनाया और दलित आंदोलन को एक सुनिश्चित दिशा प्रदान की। ज़िलियट ने इस पुस्तक में 1890 में महारों द्वारा अंग्रेज़ों के सम्मुख दायर प्रतिवेदन को एक आंदोलन के आरम्भ के रूप में रेखांकित करते हुए 1956 में लाखों लोगों के साथ आम्बेडकर के बौद्ध धर्म अपना लेने को इसकी परिणति के रूप में प्रस्तुत किया है। इसमें उन्होंने आम्बेडकर के पहले के नेतृत्व, महार सेना परम्परा, महाड़ सत्याग्रह, मंदिर प्रवेश आंदोलन, आम्बेडकर द्वारा सम्पादित विविध समाचार-पत्रों, गोलमेज़ सम्मेलनों तथा आम्बेडकर द्वारा बनाये गये राजनीतिक दलों का विश्लेषणात्मक अध्ययन प्रस्तुत किया है। इस किताब में उन्होंने बड़े पैमाने पर प्राथमिक स्रोतों का उपयोग किया है। ज़िलियट ने गाँधी और उनके नेतृत्व में चलने वाले राष्ट्रीय आंदोलन की इस आधार पर आलोचना की है कि इसमें आम्बेडकर की माँगों और उनके संघर्षों के प्रति संवेदनशीलता का अभाव था। मसलन, महाड़ सत्याग्रह के संबंध में उनका यह

स्पष्ट मत है कि कांग्रेस और गाँधी ने आम्बेडकर के प्रयासों का पर्याप्त समर्थन नहीं किया। इसी तरह 1932 में अंग्रेज़ों द्वारा दलितों के लिए पृथक् निर्वाचन क्षेत्रों की घोषणा, इसके विरोध में गाँधी की भूख हड़ताल और फिर पूना पैक्ट से संबंधित घटनाओं का विश्लेषण करते हुए उन्होंने गाँधी और कांग्रेस के रवैये की आलोचना की है। उनका यह स्पष्ट मानना है कि पूना पैक्ट में धार्मिक मामलों और राजनीतिक सत्ता में समान अधिकार तथा सामाजिक-आर्थिक जीवन में पूर्ण भागीदारी की दलितों की माँग स्वीकार नहीं की गयी।

ज़िलियट ने कई महत्त्वपूर्ण दलित साहित्यिक कृतियों का अंग्रेज़ी में अनुवाद करके उन्हें पश्चिमी दुनिया के अंग्रेज़ी भाषियों तक पहुँचाया। उन्होंने मराठी साहित्यकार बाबूराव बागुल और विजय तेंदुलकर (उनकी प्रसिद्ध कृति *घासीराम कोतवाल* का जयंत कर्वे के साथ सह-अनुवाद), दया पवार जैसे कई साहित्यकारों की कृतियों को अंग्रेज़ी भाषियों तक पहुँचाया। 1992 में उन्होंने मुल्कराज आनंद के साथ मिलकर दलित साहित्य से जुड़ी कई महत्त्वपूर्ण कविताओं का अंग्रेज़ी अनुवाद *एन एंथोलॅजी ऑफ़ दलित लिटरेचर* शीर्षक से प्रकाशित किया। इसके अलावा दलित लोक-गीतों, कविताओं आदि के संबंध में उन्होंने कई उल्लेखनीय शोध-आलेख भी लिखे।

ज़िलियट की पुस्तकों और शोध-आलेखों में दो मुख्यधाराओं को रेखांकित किया जा सकता है : पहला, उन्होंने दलित आंदोलन के ऐतिहासिक पक्ष की समझ को गहराई देने का प्रयास किया। उनके लेखन में भक्त कवियों, उनका जीवन, उनकी यंत्रणा और कृतित्व सहज रूप से सामने आता है। साथ ही वे इससे आगे बढ़ते हुए उन्नीसवीं सदी में ज्योतिबा फुले जैसे रैडिकल समाज सुधारकों को भी दलित इतिहास की निरंतर धारा का भाग मानती हैं। दूसरा, आम्बेडकर का जीवन-संघर्ष और उनकी राजनीति और दलित चेतना में उनकी प्रेरक उपस्थिति उनकी अनुभवसिद्ध और सहभागी अध्ययन-पद्धति पर आधारित अनुसंधान से सामने आता है। वे आम्बेडकर की राजनीति को अतीत के दलित चिंतन-यात्रा और संघर्ष से जोड़ कर देखती हैं किंतु इस निरंतरता के बावजूद आम्बेडकर उनके लिए अनूठे हैं क्योंकि वे आधुनिक लोकतांत्रिक पद्धति में सामने आने वाली स्वतंत्रता, समानता और बंधुत्व के

आधार पर दलितों के लिए राजनीतिक अधिकारों और सामाजिक-आर्थिक न्याय की माँग करते हैं।

यद्यपि एलिनॉर ज़िलियट एक प्रशिक्षित इतिहासकार थीं किंतु उनका काम इतिहास के दायरों से आगे बढ़ते हुए समाजशास्त्र, मानवशास्त्र और राजनीतिशास्त्र के दायरे को भी अपने भीतर समाविष्ट करता है। इस अर्थ में उन्हें एक वास्तविक अंत:अनुशासनात्मक विदुषी की संज्ञा दी जा सकती है। सिर्फ़ अपने विषय में पारंगत और विशेषज्ञ होना ही उनकी विशेषता नहीं थी, बल्कि वे पूरी तरह से दलितों के जीवन में रच-बस गयी थीं। वे उनकी भाषा और उनके साथ रहीं और उनके संघर्ष को आगे बढ़ाने का काम किया। यह कहना ग़लत नहीं होगा कि एलिनॉर ज़िलियट ने भारत में दलितों के इतिहास, राजनीतिक संघर्ष, साहित्यिक रुझान और उनके ख़िलाफ़ हो रहे निरंतर अन्याय और अवमानना को विशेष रूप से पश्चिमी दुनिया के सामने लाने में अभूतपूर्व भूमिका अदा की। साथ ही उनका लेखन दलित युवाओं की एक पूरी पीढ़ी के लिए आम्बेडकरवादी चिंतन और दर्शन की ज़्यादा सूक्ष्म समझ का एक स्रोत बना। दलित युवा बौद्धिकों की एक नयी पीढ़ी तैयार करने में उनके विशेष योगदान से इंकार नहीं किया जा सकता।

ब्रज बिहारी कचरू

वैश्विक अंग्रेज़ी का मानचित्र

नरेश गोस्वामी

ब्रज बिहारी कचरू (15 मई, 1932-29 जुलाई, 2016) भाषा-विज्ञान में समाज और संस्कृति की शिनाख़्त करते हुए डायग्लोसियायी पूर्वग्रहों से संघर्ष करने वाले विद्वान थे। इलीनॉय विश्वविद्यालय (अमेरिका) में पचास साल के लम्बे अध्यापकीय जीवन में उन्होंने अंग्रेज़ी भाषा के बदलते स्वरूप, उसके वैश्विक रूपों और सांस्कृतिक संदर्भों पर विचार करते हुए अंग्रेज़ी प्रतिष्ठान के वर्चस्ववादी नज़रिये को लगातार प्रश्नांकित किया। प्रोफ़ेसर कचरू अंग्रेज़ी भाषा पर क़ाबिज़ उन रूढ़िवादी तत्त्वों से लगातार जिरह करते रहे जो भारतीय अंग्रेज़ी के साथ दूसरी-तीसरी दुनिया में लिखी-बोली जाने वाली अंग्रेज़ी को अंग्रेज़ी के मूल या मानक स्वरूप से कमतर भाषा मानते थे। उन्होंने इस डायग्लोसियायी पूर्वग्रह की परतें खोल कर दिखाया कि अंग्रेज़ी के शुद्धतावादी पैरोकार उसके जिन रूपों को एक विकार या दोष की तरह देखते हैं दरअसल वह एक अलग परिघटना है। कचरू ने इस परिघटना को वैश्विक अंग्रेज़ी (वर्ल्ड इंग्लिश) का नाम दिया। आज अगर वैश्विक अंग्रेज़ी का अध्ययन एक मुकम्मल क्षेत्र माना जाता है तो इसमें ब्रज बिहारी कचरू की भूमिका सबसे महत्त्वपूर्ण रही है। पच्चीस चर्चित पुस्तकें और सौ अनुसंधान-लेख रचने वाले कचरू की अंग्रेज़ी-अध्ययन के क्षेत्र की मौलिक रचनाओं— द *इण्डियनाइज़ेशन ऑफ़ इंग्लिश*, द *अल्कैमी ऑफ़ इंग्लिश* तथा उनके द्वारा सम्पादित रचनाओं— द *अदर टंग*, द

हैण्डबुक ऑफ़ वर्ल्ड इंग्लिशिज़, *वर्ल्ड इंग्लिशिज़ : द क्रिटिकल कांसेप्ट्स*, तथा *एशियन इंग्लिशिज़* आदि को अकादमीय दुनिया में अनिवार्य संदर्भ का दर्जा हासिल है। कश्मीरी ब्राह्मण परिवार में जन्मे ब्रज बिहारी कचरू के पिता पण्डित दामोदर दास कचरू एक शिक्षाविद् थे। उनका बचपन घर में राजनीति, साहित्य और दर्शन पर होने वाली चर्चाओं के बीच गुज़रा। प्रोफ़ेसर कचरू की पत्नी यमुना कचरू भी भाषाशास्त्र की विद्वान थीं। उनके बेटे शमित कचरू भी स्टैनफ़र्ड विश्वविद्यालय में प्रोफ़ेसर हैं।

अंग्रेज़ी से संबंधित भाषा-चिंतन का यह लौह-पिंजर कचरू शायद इसीलिए तोड़ सके क्योंकि वे विचार और दृष्टि की बहुलता में विश्वास करते थे। वे इलीनॉय के भाषा-विज्ञान विभाग के ग्यारह साल तक अध्यक्ष रहे और उस बीच इस विभाग को उन्होंने चॉम्स्कीवादी सिद्धांतकारों, शास्त्रीय विद्वानों, ग़ैर-पश्चिमी भाषाओं के विशेषज्ञों तथा व्यावहारिक भाषा-विज्ञानियों का अड्डा बना दिया था। उन्होंने हमेशा इस बात पर ज़ोर दिया कि भाषाविदों को भाषा की संरचना और उसकी सैद्धांतिकी का अध्ययन इस लिहाज़ से करना चाहिए कि इससे दूसरी या विजातीय भाषा के शिक्षण और विमर्श की बनावट समझने में मदद मिल सके। कचरू ने अंग्रेज़ी की जिस सामाजिक-सांस्कृतिक निर्मिति का संधान किया वह इसी दृष्टि का प्रतिफलन था।

अंग्रेज़ी की वैश्विक उपस्थिति और प्रसार से संबंधित उनका सूत्रीकरण भाषा-चिंतन के क्षेत्र में एक विशिष्ट स्थान रखता है। कचरू ने अंग्रेज़ी की वैश्विक व्याप्ति का अध्ययन करने के लिए तीन क्रमिक वृत्त का मॉडल प्रतिपादित किया था। दुनिया में अंग्रेज़ी की विभिन्न क़िस्मों का अध्ययन करने के लिए यह मॉडल आज भी सबसे प्रभावशाली माना जाता है। तीन वृत्तों की इस अवधारणा के अंतर्गत कचरू अंग्रेज़ी के विश्वव्यापी प्रसार, उसे सीखने के तौर-तरीक़ों तथा उसके प्रयोग के भौगोलिक दायरे को भीतरी, बाहरी तथा एक निरंतर फैलते हुए वृत्त में बाँट कर देखते हैं।

इस सूत्रीकरण में भीतरी वृत्त अंग्रेज़ी के पारम्परिक केंद्रों, मातृभाषा के तौर पर उसकी विभिन्न क़िस्मों तथा उन क्षेत्रों की ओर इंगित करता है जहाँ अंग्रेज़ी प्रधान भाषा की हैसियत रखती है। इस वृत्त में संयुक्त राज्य अमेरिका, इंग्लैण्ड,

कनाडा, ऑस्ट्रेलिया तथा न्यूजीलैण्ड जैसे देश शामिल हैं। बाहरी वृत्त ऐसे क्षेत्रों की ओर संकेत करता है जहाँ अंग्रेज़ी औपनिवेशिक तथा अन्य कारणों से मुख्य संस्थाओं की भाषा बन गयी है तथा उसने बहुभाषिक माहौल में 'दूसरी भाषा' का दर्जा हासिल कर लिया है। भारत, पाकिस्तान, मलेशिया, सिंगापुर, घाना, केन्या तथा नाइजीरिया आदि जैसे देश इसी बाहरी वृत्त में आते हैं। इस क्रम में अंग्रेज़ी के विस्तार का तीसरा वृत्त उन इलाक़ों की ओर इशारा करता है जहाँ इसे एक विदेशी भाषा के रूप में सीखा जाता है। इन क्षेत्रों में अंग्रेज़ी संस्थाओं की औपचारिक भाषा नहीं है। यहाँ अंग्रेज़ी को अंतर्राष्ट्रीय सम्पर्क और उपयोग की भाषा के तौर पर प्रोत्साहित किया जाता है। अंग्रेज़ी के इस निरंतर फैलते वृत्त में जापान, चीन, मिस्र, यूनान तथा इण्डोनेशिया आदि जैसे देश शामिल किये जा सकते हैं। ग़ौरतलब है कि ऐसे देशों की अंग्रेज़ी के मानदण्ड भीतरी वृत्त की अंग्रेज़ी से तय होते हैं।

कचरू का मानना था कि वैश्विक अंग्रेज़ी का यह मॉडल उसके अन्य मॉडलों —अंग्रेज़ी को एक विशेष या विदेशी भाषा के रूप में सीखने से, इस मायने में बेहतर है कि वह अंग्रेज़ी-भाषियों को मूलभाषी या ग़ैर-मूलभाषी के वर्ग में बाँट कर नहीं देखता। चूँकि वृत्तों की इस चाक्षुष परिकल्पना में शीर्ष या तल जैसी कोई चीज़ नहीं है, इसलिए यहाँ अंग्रेज़ी के मूलभाषियों को श्रेष्ठ या ग़ैर-मूलभाषियों को दोयम समझने का भी सवाल नहीं उठता।

लेकिन अंग्रेज़ी के मूल और पारम्परिक जगत से आने वाले कुछ विद्वानों को अंग्रेज़ी की इन वैश्विक क़िस्मों में भाषाई-दोष नज़र आता था। वैश्विक अंग्रेज़ी तथा मानक अंग्रेज़ी की इस बहस में कई विद्वान यह तर्क देते पाए जाते थे कि अगर अंग्रेज़ी के मूल क्षेत्र से बाहर पड़ने वाले रूपों, विशेषकर बाहरी वृत्त में प्रचलित 'अंग्रेज़ियों' का मानकीकरण नहीं किया गया तो अपने भाषाई-दोषों के कारण वे धीरे-धीरे अंतर्राष्ट्रीय संचार-संपर्क-सम्प्रेषण की पात्रता खो देंगी। अंग्रेज़ी के सार्वभौम मानक की यह खोज इन विद्वानों को हमेशा अंग्रेज़ी के मूलभाषियों और भीतरी वृत्त यानी इंग्लैण्ड तथा अमेरिका की ओर ले जाती थी। उनका कहना था कि वैश्विक अंग्रेज़ी की क़िस्मों को अपनी संप्रेषणीयता सुरक्षित रखने के लिए मूलभाषी/मूल क्षेत्रों की अंग्रेज़ी का ही अनुसरण करना

चाहिए। इन विद्वानों का यह भी मानना था कि अंग्रेज़ी के लिखित और वाचिक स्वरूपों का नियमन प्रयोग के क्षेत्र तथा संदर्भ के अनुसार किया जाना चाहिए।

कचरू ने इन तर्कों का प्रतिवाद करते हुए कहा था कि बाहरी वृत्त के अंग्रेज़ी-प्रयोक्ताओं के लिए अंग्रेज़ी के किसी मानकीकृत रूप की बात करना बहुभाषिकता का नकार करना है। उनके अनुसार यह एक ऐसा आग्रह है जो बहुभाषी समाजों की जटिलताओं में नहीं जाना चाहता। उनका कहना था कि अंग्रेज़ी के करोड़ों प्रयोक्ताओं के लिए अंग्रेज़ी की कोई एक आदर्श संहिता नहीं बनाई जा सकती या उसका कोई एक रूप प्रामाणिक घोषित नहीं किया जा सकता। उन्होंने अंग्रेज़ी के वैश्विक रूपों में मानकीयता के अभाव की बात करने वाले विद्वानों की आशंकाएँ दूर करते हुए कहा कि अंग्रेज़ी के विभिन्न रूपों के कारण उसके एकीकृत लोक में दुर्बोधता का संकट पैदा नहीं होगा। दूसरे शब्दों में कहा जाए तो अंग्रेज़ी की इन क़िस्मों के प्रचलन से ऐसा कोई विचलन पैदा नहीं होगा कि उनके प्रयोक्ता एक दूसरे से संवाद न कर सकें। अंग्रेज़ी की मानकीयता और उसके मूल विन्यास से जुड़ी पारम्परिक धारणाओं का खण्डन करते हुए कचरू ने लिखा था कि अंग्रेज़ी के वैश्विक प्रसार के कारण अंग्रेज़ी के मूलभाषी इसके मानकीकरण का विशेषाधिकार गँवा चुके हैं और अंग्रेज़ी के भाषाई लोक में वे ख़ुद ही अल्पसंख्यक होकर रह गये हैं। उनका कहना था कि यह एक ऐसा सामाजिक-भाषाई तथ्य है जिसे अंग्रेज़ी के शुद्धतावादी को जल्द से जल्द स्वीकार कर लेना चाहिए क्योंकि इसके बिना विभिन्न संस्कृतियों के आरपार विकसित होनेवाली बहुभाषी रचनात्मकता का आकलन नहीं किया जा सकता।

ग़ौर करें कि कचरू की यह थीसिस असल में भाषाई साम्राज्यवाद की बुनियाद से जिरह करती है। जब वे बाहरी और निरंतर फैलते वृत्त की अंग्रेज़ी को उसके मूल केंद्रों से स्वतंत्र रखने का तर्क देते हैं तो केंद्र और परिधि के असमान संबंध पर ही प्रहार करते हैं। याद करें कि रॉबर्ट फिलिपसन ने अंग्रेज़ी के भाषाई साम्राज्यवाद की पड़ताल में कहा था कि अंग्रेज़ी में प्रवीणता या कुशलता हासिल करने के मामले में परिधि के देश हमेशा केंद्र पर निर्भर रहते हैं। एक तरह से देखा जाए तो अंग्रेज़ी के सीमित संदर्भ में कचरू भी यही काम

कर रहे थे। अंग्रेज़ी के भिन्न-भिन्न रूपों को अंग्रेज़ी के किसी एक मानकीकृत और परिनिष्ठित रूप से मुक्त रखने का उनका यह आग्रह भी केंद्र के वर्चस्व पर ही सवाल उठाता है।

इस संदर्भ में कचरू की यह बात भी महत्त्वपूर्ण है कि अंग्रेज़ी के बाहरी और विकासमान वृत्त में रहने वाले लोग ख़ुद को न तो भीतरी वृत्त के प्रयोक्ताओं या मूलभाषियों के साथ जोड़ कर देखते हैं, और न ही इस बात की ज़्यादा परवाह करते हैं कि अंग्रेज़ी की मूल दुनिया के लोग भाषा के सामाजिक प्रयोजनों में किन या कैसी रूढ़ियों का इस्तेमाल करते हैं। इसीलिए बाहरी अंग्रेज़ी पर दोषपूर्ण या बिगड़ैल होने का आरोप लगाने वाले विद्वानों के सामने कचरू यह तर्क लेकर उपस्थित होते रहे कि बाहरी वृत्त के अंग्रेज़ी-प्रयोक्ताओं का भाषाई-सांस्कृतिक संदर्भ समझे बिना उनकी अंग्रेज़ी पर कोई फ़ैसला नहीं सुनाया जा सकता।

ग़ौरतलब है कि नवें दशक में जब वैश्विक अंग्रेज़ी बनाम मानक अंग्रेज़ी की यह बहस सरगर्म थी तो कचरू के कई समकालीन विद्वानों ने भी उनकी इस बात का समर्थन किया था कि अंग्रेज़ी की वैश्विक क़िस्में उसके मूल स्वरूप में विकार की ओर नहीं बल्कि उसके स्वायत्त रूपों की ओर इंगित करती हैं। कचरू की इस बहस के एक अन्य प्रमुख सहभागी—विड्डॉसन का भी यही मानना था कि इंग्लैण्ड या अमेरिका के अंग्रेज़ी-भाषियों को इस बात से कोई मतलब नहीं होना चाहिए कि दुनिया में अंग्रेज़ी का विकास किस तरह होता है। उन्हें इस मामले में दख़ल देने या फ़ैसला सुनाने क। कोई अधिकार नहीं है, क्योंकि अब वे अप्रासंगिक हो चुके हैं। विड्डॉसन का कहना था कि चूँकि अंग्रेज़ी एक अंतर्राष्ट्रीय भाषा है इसलिए कोई एक देश उसका अभिभावक होने का दावा नहीं कर सकता।

बहरहाल, कचरू द्वारा निरूपित अंग्रेज़ी के वैश्विक प्रसार का यह तीन-वृत्तीय मॉडल कई विद्वानों को धुँधला नज़र आता रहा है। मसलन, उनका मानना है कि अंग्रेज़ी के ये तीनों वृत्त आपस में मिल कर एक दूसरे का आधार तैयार

करते हैं। इसके अलावा, अंग्रेज़ी के निरंतर विकासमान वृत्त में उसकी प्रतिष्ठा में बहुत तेज़ी से इज़ाफ़ा हुआ है। लिहाज़ा, अंग्रेज़ी के बाहरी और उसके निरंतर विकासमान वृत्तों को अलग करके देखना बहुत मानीख़ेज़ नहीं रह जाता। इसलिए ऐसे विद्वानों की राय है कि कचरू के इस मॉडल में अंग्रेज़ी के प्रयोक्ताओं का वर्गीकरण उनकी राष्ट्रीय पहचान के बजाय अंग्रेज़ी के इस्तेमाल की वास्तविकता के आधार पर किया जाना चाहिए। इस क्रम में दो-तीन बातें और कही जाती हैं। पहली, तीन वृत्तों की यह परिकल्पना भाषा के समूचे यथार्थ का प्रतिनिधित्व नहीं करती। दूसरी, कुछ विद्वान यह तर्क भी देते हैं कि मॉडल के वृत्तों से यह पता नहीं चलता कि किसी एक वृत्त में शामिल अंग्रेज़ी की क़िस्मों के बीच किस आधार पर अंतर किया जाए। तीसरी, कई लोगों के अनुसार यह ज़रूरी नहीं है कि अंग्रेज़ी का बाहरी और निरंतर फैलता वृत्त अपने मानदण्डों का विकास करने के लिए हमेशा भीतरी वृत्त पर ही निर्भर रहेगा।

लेकिन ऐसा नहीं है कि कचरू अपने मॉडल की सीमाओं से नावाक़िफ़ थे। उन्होंने ख़ुद भी यह स्वीकार किया था कि उनके इस मॉडल में अतिसरलीकरण का खोट हो सकता है और अंग्रेज़ी के कई रूप ऐसे भी हो सकते हैं जिन्हें इन वृत्तों में शामिल करना अनुचित या तर्कसंगत न हो। इसलिए, यहाँ अंततः यह बात याद रखी जानी चाहिए कि कचरू का यह सूत्रीकरण भाषाशास्त्र के तकनीकी पहलूओं से संबंधित नहीं था। इसमें फ़ौरी क़िस्म के उपयोगितावाद की जगह भाषा के उस प्रतिष्ठान से जवाब-तलब करने की प्रेरणा ज़्यादा थी जो भाषा के किसी रूप को कमतर और किसी अन्य रूप को मानक घोषित करने का प्राधिकार रखता है। ज़ाहिर है कि कचरू का यह मॉडल और विमर्श भाषा में छिपी वर्चस्व की संरचना को उजागर करता है। वह अंग्रेज़ी के संदर्भ में भाषा के शुद्धतावादी-वर्चस्ववादी निर्णायकों के सामने भाषा के साधारण प्रयोक्ताओं का पक्ष लेता है।

रंधीर सिंह

प्रतिबद्धताएँ कभी मरती नहीं!

हिलाल अहमद

पुरानी दिल्ली के करख़नदारों की टकसाली ज़ुबान में कहूँ तो रंधीर सिंह मेरे दादा उस्ताद थे, यानी उन उस्तादों के उस्ताद जिनके मक़तब में मैंने इल्म हासिल करने का हुनर सीखा था (या सीखने की कोशिश की थी)। जब मैं दिल्ली युनिवर्सिटी में सियासत का तालिब-ए-इल्म बना, तब तक रंधीर सिंह रिटायर हो चुके थे। दूसरी तरफ़ उनकी कक्षा, उनका पढ़ने-पढ़ाने का तरीक़ा, उनका दुनिया बदलने का ख़्वाब, इस बात का यक़ीन कि एक बेहतर समाज बनाना ज़रूरी भी है और मुमकिन भी— तब तक एक विमर्श का रूप ले चुके थे और रंधीर सिंह को एक किंवदंती का रुतबा हासिल हो चुका था।

जैसा कि हर किंवदंती के साथ होता है, उनके जितने चाहने वाले थे, शायद उतने ही ऐसे भी थे जो उन्हें सख़्त नापसंद करते थे। चाहने वाले अपने और रंधीर सिंह के क़िस्सों को बढ़ा-चढ़ा कर पेश करते हुए यह साबित करने की कोशिश करते कि कार्ल मार्क्स के बाद सामाजिक शोषण का सच सिर्फ़ रंधीर सिंह ही समझ पाए हैं। रंधीर सिंह के फ़ैशनेबुल फ़ैंस ने इस सच को सीधे-सीधे रंधीर सिंह की कक्षा में सीख लिया था, इसलिए अब वे मार्क्सवाद पढ़ा कर इस दुनिया को बदलने वाले थे और शायद काफ़ी हद तक बदल भी चुके थे। दिलचस्प बात यह थी कि रंधीर सिंह के इन फ़ैशनेबुल फ़ैंस की दुनिया कैम्पस

तक सीमित थी और इनकी क्रांतिकारी बातचीत आमतौर पर अंग्रेज़ी में ही होती थी। दूसरी तरफ़ रंधीर सिंह को नापसंद करने वाले अपनी ज़ुबान पर क़ाबू रखते थे। शायद इसकी वजह थी हिंदुस्तानी अकादमिक हलक़ों में मार्क्सवाद का दबदबा, जिसे चुनौती देना कम-से-कम अस्सी के दशक के आख़िरी सालों में लगभग नामुमकिन था। बाबरी मस्जिद-राम मंदिर आंदोलन की राष्ट्रीय बहस के बावजूद उस समय तक हिंदुत्व की राजनीति कैम्पस में हाशिये पर ही थी। मण्डल के बाद जाति एक राजनीति श्रेणी तो बनने लगी थी, लेकिन आम्बेडकर का नाम प्रासंगिक नहीं हुआ था। हाँ, स्त्री-विमर्श की शुरुआत हो चुकी थी पर ज़िद यह थी कि औरत के सवाल को वर्ग की प्रधानता के सवाल के साथ ही समझा जाना चाहिए। ऐसे में रंधीर सिंह के विरोधियों के पास सिर्फ़ एक तर्क बचता था : शिक्षा का अराजनीतीकरण! कहा जाता था कि रंधीर सिंह जैसे लोग शिक्षा के पवित्र स्थल (यानी युनिवर्सिटी!) को सियासी अखाड़ा बना रहे हैं जो एक बेहद अनैतिक काम है।

एक दिलचस्प बात का ज़िक्र करना यहाँ ज़रूरी है। रंधीर सिंह के प्रशंसकों की दुनिया में एक खलनायक भी होता था जिसे हरनाम सिंह के नाम से जाना जाता था। हरनाम सिंह राजनीतिशास्त्र विभाग के एक पुराने विभागाध्यक्ष थे। रंधीर सिंह के दिल्ली युनिवर्सिटी शिक्षक संघ का चुनाव जीतने के बाद हुई बैठक की अध्यक्षता हरनाम सिंह कर रहे थे। जैसी कि उनसे उम्मीद थी, उन्होंने रंधीर सिंह विरोधियों को खुल कर बोलने का मौक़ा दिया। इनमें हारे हुए प्रत्याशी भी शामिल थे। इन वक्ताओं ने शिक्षा के राजनीतीकरण के मुद्दे पर रंधीर सिंह की जम कर आलोचना की। जब रंधीर सिंह की बारी आयी तो हरनाम सिंह ने कहा उनके पास सिर्फ़ एक मिनट है। रंधीर सिंह ने कहा उन्हें सिर्फ़ तीस सेकंड चाहिए। वे बोले : आज यह बात समझ में आयी कि चुनाव लड़ कर हार जाना अकादमिक काम है और चुनाव लड़ कर जीत जाना राजनीतिक!

मेरे जैसे एक आम निम्न-मध्यम वर्ग से आने वाले हिंदी माध्यम के तालिब-ए-इल्म के लिए रंधीर सिंह की इन छवियों के बीच उनके बारे में अपनी

कोई जाती राय क़ायम करना आसान काम नहीं था। रंधीर सिंह विरोधियों का तर्क मुझे ज़्यादा प्रभावित नहीं करता था। यह उन अमीरों के चोचलों जैसा लगता था जिनके लिए शिक्षा के अराजनीतीकरण का मतलब था कॉलेज की मस्त ज़िंदगी— जिसमें खेल था, पढ़ाई थी, लेकिन उन तल्ख़ तजरुबों के लिए कोई जगह नहीं थी जिनसे हमें असल ज़िंदगी में रोज़ दो-चार होना पड़ता था। दूसरी तरफ़ मार्क्सवाद मुक्ति का आह्वान सा करता सा दिखता था। कॉलेज में आने से पहले ही सोवियत रूस से हिंदी में प्रकाशित किताबों (जो मुफ्त मिलती थीं) की वजह से मैं मार्क्सवाद से परिचित हो चुका था। पर तब तक अपने को मार्क्सवादी कहलवाने का दम्भ मुझ में नहीं आया था। इसके बरअक्स रंधीर सिंह के फ़ैशनेबुल फ़ैंस जिस मार्क्सवाद के प्रवर्तक बने घूमते थे उसमें मुझे कोई दर्द नहीं दिखता था। इस कशमकश के बावजूद मैं रंधीर सिंह के प्रशंसकों के नज़दीक होता गया। और एक दिन रंधीर सिंह से मुलाक़ात भी हो गयी।

इस मुलाक़ात में दो ऐसी बातें हुईं जिन्होंने मेरे लिए रंधीर सिंह की अपनी छवि गढ़ने में बेहद मदद की। मुलाक़ात उनके नेहरू प्लेस वाले घर पर हुई थी। जब हम उनसे मिलने पहुँचे तब वे घर पर नहीं थे। वे आये और बेहद गर्मजोशी से हमारा इस्तक़बाल किया। सबसे पहले उन्होंने हम सब के नाम पूछे। फिर बिना किसी भूमिका के हम सब से बाक़ायदा नाम लेकर बात करना शुरू कर दिया। एक अध्यापक (वह भी जो एक किंवदंती बन चुका हो) को पहली मुलाक़ात में इतना बेतक़ल्लुफ़ होते मैंने पहले नहीं देखा था। मैं इस समूह का सबसे संकोची छात्र था और ज़्यादातर वक़्त चुप ही रहा। इसकी बुनियादी वजह अंग्रेज़ी में बात न कर पाना थी। रंधीर सिंह शायद यह समझ गये थे। इसलिए उन्होंने इसके बाद सिर्फ़ हिंदुस्तानी में ही बात की। मुझे लगा उनके लिए अंग्रेज़ी, हिंदी, उर्दू महज़ ज़ुबानें थी जिनका काम विचारों का सम्प्रेषण था, न कि कोई दिखावटी दबदबा बनाना।

इस बातचीत के बीच उन्होंने पानी का गिलास उठा कर मुझसे कहा— देखो इस गिलास को आधा ख़ाली भी कह सकते हैं और आधा भरा हुआ भी।

सियासत भी कुछ इसी तरह है। इसका कोई एक तयशुदा मायने तलाश करना अहमक़ाना बात है। ज़रूरी यह है कि हम उस ख़ास संदर्भ को जानें जिसके गर्भ से सियासत के आमफ़हम मायने निकल रहे हैं। इसलिए सियासत को सम्भावनाओं का क्षेत्र भी कहा जा सकता है। मुझे अहसास हुआ कि सियासत की यह समझ महज़ किताबी नहीं थी; इसमें तजरुबा, संघर्ष और बौद्धिकता का अद्भुत सम्मिश्रण था। मुझे यह भी लगा सियासत की इस समझ के ज़रिये रंधीर सिंह हमसे अपील कर रहे थे कि हम सियासत के ख़ुद अपने मायने तलाशें।

इस मुलाक़ात के बाद मैंने रंधीर सिंह की तब तक की सबसे लोकप्रिय किताब *रीज़न, रेवोल्यूशन ऐंड पॉलिटिकल थियरी* पढ़ना शुरू किया। किताब मुश्किल अंग्रेज़ी में थी पर मेरा उत्साह बढ़ चुका था। एक-एक सफ़े को तीन-तीन चार-चार बार पढ़ कर मैंने समझना शुरू किया। तक़रीबन एक माह की कोशिश के बाद किताब पकड़ में आ गयी। सबसे दिलचस्प बात ये थी कि अब तक जो कुछ रंधीर सिंह के प्रशंसकों के मुँह से सुना था वैसा कुछ इस किताब में नहीं था। किताब मार्क्सवाद का गुणगान भर नहीं थी, बल्कि उसमें एक व्यवस्थित अध्ययन से उपजे तर्क का विस्तृत प्रतिपादन था। रंधीर सिंह किताब में बता रहे थे कि क्यों मार्क्स से परे जा कर सोचने की ज़रूरत है; और मार्क्स का सिद्धांत इस तरह की संदर्भ-अनुकूल दूरी बनाए रखने में मददगार साबित हो सकता है। रंधीर सिंह की इस रचना से मेरे इस प्रारम्भिक परिचय ने उन्हें मेरे लिए एक राजनीतिक सिद्धांतकार और बेहद सुलझे हुए अध्यापक के रूप में स्थापित कर दिया।

1990 के मध्य तक आते आते रंधीर सिंह के प्रशंसकों के क्लब का अंत उसी उत्साह के साथ हुआ शायद जिस उत्साह के साथ उसकी स्थापना हुई थी। सोवियत-पतन के बाद हज़रत-ए-मार्क्स की पूजा करने वालों पर सवाल सा आ गया (हालाँकि कुछ ढीठ क़िस्म के घोषित मार्क्सवादी पुराने ढर्रे पर क़ायम रहे और आज भी क़ायम हैं)। रंधीर सिंह के फ़ैशनेबुल फ़ैंस के लिए यह दुविधा का समय था। उनके लिए रंधीर सिंह की मसीहा वाली छवि नाक़ाबिल-ए-एहतराम

बन चुकी थी। शायद इसी वजह से अब रंधीर सिंह को 'ग्रैंड ओल्ड मैन ऑफ़ मार्क्सिज़म' जैसे ख़िताबों से नवाज़ा जाने लगा।

मुझे लगता है कि इस बदलाव को रंधीर सिंह ने भी महसूस कर लिया था। शायद उन्होंने यह भी तय कर लिया था कि वे इस फ़ैशनेबुल, अंग्रेज़ीदाँ, मतलबी बौद्धिकता का जवाब भी ज़रूर देंगे। इस वक़्त तक उनकी राजनीतिक सक्रियता ख़त्म हो चुकी थी। लेकिन वे बौद्धिक रूप से सचेत थे। अपने तर्क पर मेहनत करने के लिए उनकी कटिबद्धता शायद पहले ज़्यादा बढ़ चुकी थी। उन्हीं दिनों उनसे मिलने पर पता चला कि वे एक किताब समाजवाद पर लिख रहे हैं। बाद में यही किताब *क्राइसिस ऑफ़ सोशलिज़म : नोट्स इन डिफेंस ऑफ़ अ कमिटमेंट* के नाम से प्रकाशित हुई। इस किताब का मूल तर्क मार्क्स की पूजा न हो कर उस सोच का ऐतिहासिक विश्लेषण था जिसने पश्चिमी पूँजीवाद को वैचारिक चुनौती दी थी।

जैसा कि आशंका थी, किताब आयी गयी हो गयी। रंधीर सिंह के पुराने फ़ैशनेबुल फ़ैंस (जो अब राजनीतिशास्त्र के नये सरगना बन चुके थे) की दिलचस्पी न तो रंधीर सिंह के तर्क में थी और न ही सोवियत-पतन जैसी ऐ[illegible]सिक राजनीतिक परिघटना के सैद्धांतिक मूल्यांकन में। इसलिए इस [illegible]ताब को एक दूसरे पाठक-वर्ग ने खोज लिया। यह पाठक-वर्ग था सामाजिक आंदोलनकारियों का। दिल्ली के एअरकंडीशन मार्क्सवाद की मुलायम गुदगुदी बहस से परे ज़मीन पर राजनीतिक तपिश झेल रहे इन आंदोलनकारियों को रंधीर सिंह के तर्क में अपनी राजनीति का नुमाया अक्स दिखाई दिया।

रंधीर सिंह की इस ज़मीनी लोकप्रियता को मैंने एक अलग तरीक़े से भी समझा। मैं अपने को उनका प्रशंसक तो नहीं कहूँगा, पर यह भी सच है कि मैंने उनसे मिलने का कोई भी मौक़ा कभी नहीं छोड़ा। जब भी उनसे मिलता तो वे पहला सवाल पूछते— तुम्हारी नौकरी हुई या नहीं? उन्हें अहसास था कि निम्न-मध्यम वर्ग से आने वाले विद्यार्थियों के लिए नौकरी का क्या महत्त्व होता है— वे राजनीतिक संघर्ष और ज्ञानार्जन के आदर्शों के सहारे ज़िंदा नहीं रह सकते।

शायद इसीलिए वे यह भी कहते थे कि दुनिया बदलने कि शुरुआत अपने परिवार से होनी चाहिए।

रंधीर सिंह जानते थे कि मेरी दिलचस्पी भारत के विशेष संदर्भ में इस्लाम को एक राजनीतिक आंदोलन के रूप में विश्लेषित करने में है। इस विषय के प्रति वे बहुत उत्साहित थे। एक बातचीत में उन्होंने मुझे बताया कि उनकी नज़र में आधुनिकता से पहले वाले युग में मजहब दरअसल आंदोलन ही होते थे। चूँकि उस समय राजनीति की आधुनिक सेकुलर शब्दावली उपलब्ध नहीं थी, इसलिए आंदोलनों को भी मजहबी ज़ुबान के ज़रिये अपनी बात कहनी होती थी। रंधीर सिंह को यक़ीन था कि हिंदुस्तानी मजहबों की मार्क्सवादी व्याख्या सम्भव भी है और वांछनीय भी। इस तथ्य से उनका परिचय अपनी जवानी के दिनों में हुआ था जब वे कम्युनिस्ट आंदोलन का हिस्सा थे और उन्होंने पंजाब के गाँवों में राजनीतिक लामबंदी का काम शुरू किया था। उनके वैचारिक खुलेपन का एक और उदाहरण गाँधी के प्रति उनका नज़रिया था। एक बार उन्होंने हमसे पूछा था कि हिंदुस्तानी अवाम से सबसे ज़्यादा प्यार करने वाला राजनीतिक व्यक्ति कौन था? हमा।रे लिए यह सवाल अजीब था। राजनीति के आज के मुहावरे में प्यार नाम की कोई चीज़ नहीं होती। फिर रंधीर सिंह तो मार्क्सवादी थे! हमें चुप देख कर वे खुद बोले— गाँधी। रंधीर सिंह ने बताया कि उन्होंने गाँधी के मूल दस्तावेज़ उस वक़्त पढ़े थे जब गाँधी वाङ्मय पर काम चल रहा था। उनके पास गांधी पर ढेरों नोट्स थे, जो उन्होंने कभी प्रकाशित नहीं किये।

रंधीर सिंह से आख़िरी मुलाक़ात उनके नब्बेवें जन्मदिन पर हुई। जैसा कि मैं पहले ही बता चुका हूँ अब तक उनके फ़ैशनेबुल? फ़ैंस का ज़माना जा चुका था। सिर्फ़ उनके पुराने साथी, कुछ छात्र और राजनीतिक तौर पर सक्रिय कार्यकर्ता ही उनसे मिलते रहते थे। हालाँकि जन्मदिन समारोह में वे कुछ बोल नहीं सके और ज़्यादातर वक़्त चुप ही रहे, पर उनकी उपस्थिति ने उन तर्कों को ज़िंदा कर दिया जो उन्होंने अपने लेखन और अध्यापन से स्थापित किये थे।

31 जनवरी, 2016 को ख़बर आयी कि रंधीर सिंह इस दुनिया में नहीं रहे। ख़बर चौंकाने वाली नहीं थी। उनकी उम्र 96 साल हो चुकी थी और हमें पता था कि उनकी सेहत लगातार गिर रही है। लेकिन फिर भी ऐसा लगा कि रंधीर सिंह नहीं मर सकते। उनका उत्साह, ज़िंदगी की जीत में उनका यक़ीन और उनका कद्दावर व्यक्तित्व बार-बार याद दिला रहे थे कि वे मरे नहीं है। इस कशमकश का अंत श्मशान भूमि पर जा कर हुआ। उनका पीला पड़ चुका गोरा चेहरा, उनकी हलके जामुनी रंग की तिरछी हो चुकी पगड़ी और प्राणहीन जिस्म को देख कर कोई भी कह सकता था कि वे मर चुके हैं। पर मेरी निगाह में उनके चेहरे का जोश गया नहीं था। यह जोश था राजनीतिक प्रतिबद्धता का। बेशक मेरे दादा उस्ताद रंधीर सिंह मरे नहीं हैं, क्योंकि राजनीतिक प्रतिबद्धताएँ कभी नहीं मरतीं।

जावीद आलम

एक प्रतिबद्ध विमर्श

आदित्य निगम

जाने-माने मार्क्सवादी बुद्धिजीवी और राजनीति-विज्ञानी जावीद आलम 5 दिसम्बर, 2016 की सुबह इस दुनिया से रुख़सत हो गये। देहांत के वक़्त उनकी उम्र सिर्फ़ 73 साल थी। मार्च, 2013 में कलकत्ता विश्वविद्यालय में पार्थ चटर्जी के कृतित्व पर आयोजित एक वर्कशॉप में जावीद के साथ ढंग से शायद आख़िरी मुलाक़ात हुई थी। तब भी अल्जाइमर रोग उन्हें अपनी गिरफ़्त में ले चुका था जिसका असर उनकी याद-दाश्त पर दिखाई दे रहा रहा था। लेकिन इसके बावजूद उस कार्यशाला के दौरान उनके साथ बिताए गये थोड़े से वक़्त में काफ़ी बातचीत हुई। उन्होंने बताया कि वे 'सेकुलरिज़म की अनिवार्यता' शीर्षक किताब पर काम कर रहे हैं। इस विषय पर जावीद 1998 में एक लम्बा लेख लिख चुके थे और शायद उस तर्क को ही वे और तफ़सील से आगे बढ़ाना चाहते थे। सेकुलरिज़म और आधुनिकता हमेशा जावीद की फ़लसफ़ाई फ़िक्र के केंद्र में रहने वाले सवाल थे। इन सवालों पर उनका चिंतन उन्हें हमेशा परम्परागत राजनीति-विज्ञान से आगे सोचने के लिए प्रेरित करता था।

जावीद के बारे में सोचते हुए मन बेसाख़्ता उस ज़माने की ओर लौट जाता है जब मेरा उनसे पहली मरतबा साबिक़ा हुआ। तब मैं उन्हें जानता नहीं था मगर एक अजीब वाक़ये ने मेरा उनसे परिचय करा दिया। बात 1971 के शुरुआती महीनों की है। मेरी उम्र तब बमुश्किल 14 साल थी। हमें दिल्ली में

थोड़ा वक़्त ही हुआ था और हम लोग दिल्ली के न्यू राजेन्द्र नगर में रहा करते थे। एक रोज़ मैंने अपनी माँ से सुना कि कुछ लोगों ने, जिनकी पहचान उन्होंने 'संघी' कह कर की, सारा इलाक़ा पोस्टरों से रंग दिया है— ऐसे पोस्टर जिनमें एक मुसलमान नौजवान के एक हिंदू युवती के साथ शादी के मामले को लेकर ज़हर घोला जा रहा है। बाद में इलाक़े में घूमते हुए मैंने भी वे पोस्टर देखे जिनमें इस शादी को 'हिंदू लड़की के अपहरण' के रूप में प्रचारित किया जा रहा था। 1971 का आम चुनाव आ रहा था और संघी, अपनी फ़ितरत के चलते, बदस्तूर ज़हर घोलने निकल पड़े थे। यह बात मुझे तब तो ठीक से समझ में नहीं आयी थी। मगर इतना ज़रूर समझ आ गया था कि ये मक्कार लोग नफ़रत फैलाने में माहिर हैं। बहरहाल, इलाक़े भर में लगाए गये वे पोस्टर मैंने भी देखे। पता चला कि जिस मुसलमान युवक पर एक बंगाली हिंदू लड़की के अपहरण का इलज़ाम था उसका नाम जावीद आलम है और उनकी महबूबा का नाम है जयंती गुहा। वह नौजवान पुराना राजेंद्र नगर स्थित सलवान कॉलेज में पढ़ाता था। इस कॉलेज के प्रबंधन पर संघियों का ही दबदबा था। लिहाज़ा जैसे ही जावीद के ख़िलाफ़ प्रचार तूल पकड़ने लगा, उन्हें बर्ख़ास्त कर दिया गया। मामले की गूँज संसद तक सुनाई दी। जावीद की बर्ख़ास्तगी के ख़िलाफ़ दिल्ली युनिवर्सिटी शिक्षक संघ (डूटा) ने हड़ताल भी की थी— ऐसा मुझे इतिहासकार सुमित व तनिका सरकार से हाल ही में पता चला।

बहरहाल, वे दिन कुछ अलग थे। उन चुनावी दिनों में भी युवक कांग्रेस अपनी जनसभाओं में जावीद-जयंती के समर्थन में उतर पड़ी थी। आज के कांग्रेसियों की तरह हल्का भगवा रंग उन पर तब तक नहीं चढ़ा था। नतीजा यह हुआ कि मैं भी कांग्रेस की सभाओं में शिरकत करने लगा। यह बात बहुत सालों बाद मैं जावीद से अक्सर मसखरी करते कहा करता था कि आपकी वजह से मैं कांग्रेस तक के प्रचार में शामिल हो चुका हूँ। यह बड़े खेद की बात है कि जिस शख़्स ने ख़ुद को कभी 'मुसलमान' नहीं माना और जो ताउम्र सेकुलरवाद और आधुनिकता की वकालत करता रहा उसे संघियों ने तभी से मुसलमान होने का अहसास दिला दिया। बाद में, 1990 के दशक में तो हिंदुस्तान के अन्य मुसलमानों की तरह जावीद को कभी यह भूलने ही नहीं दिया गया कि वे

मुसलमान हैं। एक मायने में न चाहते हुए भी यह उनके अस्तित्व का संकट बन गया। एक से ज़्यादा मौक़ों पर जावीद ने हमसे उस घटना का ज़िक्र किया था जब वे शिमला में रहा करते थे और हिमाचल प्रदेश विश्वविद्यालय में पढ़ाया करते थे। यह वाक़या बाबरी मस्जिद के विध्वंस के फ़ौरन बाद का है जब चारों तरफ़ ख़ून ख़राबा हो रहा था और मुसलमानों पर ख़ास तौर पर हमले हो रहे थे। जावीद को शायद दिल्ली आना था। लिहाज़ा रेल का टिकट कटवाने वे रेलवे के दफ़्तर पहुँचे और लाइन में खड़े हो गये। जब उनका नम्बर आया तो काउंटर पर बैठे सज्जन ने उनका नाम देख कर गुज़ारिश की कि वक़्त बहुत बुरा है—आप किसी और नाम से टिकट कटा कर सफ़र कर लेते तो अच्छा होता। जावीद को इस बात से गहरा सदमा पहुँचा और इस क़िस्से का ज़िक्र करते हुए यह बात साफ़ दिखाई पड़ती थी। सदमा इस बात का तो था ही कि उनके मुल्क के क्या दिन आ गये हैं कि उनके ख़ैरख़्वाह को भी उन्हें यह सुझाव देना पड़ रहा है।

जावीद से मेरा परिचय बेशक 1971 में इस तरह हो चुका था, मगर उनसे मेरी बौद्धिक मुलाक़ात 1993 में ही हुई। एक शिक्षक और समाज-विज्ञानी के तौर पर। जावीद मेरी एम.फ़िल थीसिस के परीक्षक थे और थीसिस चूँकि 'मार्क्सवाद और राजनीतिक सत्ता' विषय पर थी, लिहाज़ा उन्हें उसके मूल्यांकन के लिए सबसे बेहतर मानते हुए यह काम उन्हें सौंपा गया था। मेरी उनसे मुलाक़ात मौखिक परीक्षा के वक़्त हुई और मैंने पाया कि जावीद मेरा इम्तहान न लेकर मेरे साथ एक लम्बी वैचारिक बहस कर रहे हैं। बहुत देर तक हम मार्क्सवाद और राजनीतिक सत्ता से जुड़े सवालों पर चर्चा करते रहे। मेरे लिए तो यह हमेशा याद रहने वाला तजरुबा बन कर रह गया। उसके बाद हम अच्छे दोस्त बन गये। हमने काफ़ी वक़्त साथ गुज़ारा—ख़ास तौर पर जब 1995-96 से कई साल तक वे विकासशील समाज अध्ययन पीठ (सीएस-डीएस) के साथ जुड़े रहे। हम लोगों में अक्सर देर रात तक लम्बी बहसें और तकरारें भी होती थीं क्योंकि जावीद आख़िर तक ख़ुद को मार्क्सवादी और आधुनिकतावादी मानते थे और मेरे 'उत्तर-मार्क्सवादी' नज़रिये को ले कर वे मुझसे कुछ ख़फ़ा भी रहा करते थे। ख़ास तौर पर सेकुलरिज़्म और आधुनिकता को लेकर हमारी बहुत बहसें हुआ करती थीं।

बहरहाल, जावीद के बारे में इतना कहना काफ़ी नहीं कि वे मार्क्सवादी और आधुनिकतावादी थे, क्योंकि उनके बारे में मैंने हमेशा महसूस किया कि वे अपने हर मुक़ाम पर एक बेचैन और बेक़रार रूह की तरह थे। हम सब की तरह ही 1990 का दशक उनके लिए भी झकझोर देने वाला वक़्त था जब हमारी तमाम मान्यताओं पर सिरे से सवालिया निशान लगते चले जा रहे थे। एक तरफ़ सोवियत अंदाज़ के समाजवाद का पतन था, तो दूसरी तरफ़ हिंदुस्तान के भीतर हिंदुत्व का विजय-अभियान। और इसी सब के बीच मण्डल आयोग की सिफ़ारिशों के विरोध में व्यापक द्विज समाज के नौजवानों का अपने विशेषाधिकार बचाने के लिए मैदान में उतरना और समाज के भीतर सुगबुगा रहे दलित-बहुजन विद्रोह का उभर कर सामने आने की स्थिति थी। मार्क्सवादियों के लिए यह हर मायने में एक नयी स्थिति थी जो उनके सोचने समझने के तौर-तरीक़ों को सीधे-सीधे चुनौती दे रही थी। कई मार्क्सवादियों ने इन सब सवालों से किनारा कर के अपनी मान्यताओं पर क़ायम रहना बेहतर समझा। जावीद उन मुट्ठी भर मार्क्सवादी बुद्धिजीवियों में थे जिन्होंने इस चुनौती को स्वीकार किया और फ़लसफ़ाई धरातल पर अपनी अजीज़ मान्यताओं पर पुनर्विचार शुरू किया। आधुनिकता और सेकुलरिज़म का सवाल हो या समाजवाद का, या फिर जाति-उत्पीड़न के संदर्भ में 'वर्ग विश्लेषण' का— जावीद के लिए इन तमाम सवालों पर नये सिरे से सोचना ज़रूरी हो गया था।

जाति के सवाल पर और दलित-बहुजन उभार के संदर्भ में भारतीय जनतंत्र के पुनरवलोकन की ज़रूरत वे बहुत शिद्दत से महसूस करते थे और नब्बे के दशक के आख़िरी सालों और इस सदी के शुरुआती सालों में इन विषयों पर उन्होंने काफ़ी कुछ लिखा भी। उनकी किताब *लोकतंत्र के तलबगार* और *इकॅनॉमिक ऐंड पॉलिटिकल वीकली* में जाति और जनतंत्र पर उनके कुछ लेख इस बात की गवाही देते हैं। एक मायने में ये रचनाएँ अन्य मार्क्सवादियों और ख़ुद अपने पार्टी समर्थकों को नज़र में रख कर लिखी गयी थीं जिनका उद्देश्य मार्क्सवादियों को इन सवालों को गम्भीरता से लेने के लिए उकसाना भी था।

यही वजह थी कि नब्बे के दशक के दौरान जावीद उत्तरोत्तर दर्शनशास्त्र की पेचीदगियों से उलझने लगे। एक मायने में शायद यह उनके बौद्धिक विकास

के एक दिलचस्प पहलू को समझने में मदद करता है। ख़ासकर अगर यह ध्यान में रखें कि 1980 के दशक की शुरुआत में सबाल्टर्न स्टडीज़ के उदय के समय जावीद ने इतिहास-लेखन में आये इस नये रुझान को अच्छी निगाह से नहीं देखा था और मार्क्सवाद-विरोधी प्रवृत्ति के रूप में उसकी आलोचना भी की थी। इसी ज़माने में हिंदुत्व की मुहिम के ज़ोर पकड़ने की पृष्ठभूमि में अशिस नंदी और त्रिलोकीनाथ मदन द्वारा पेश की गयी सेकुलरिज़्म की आलोचना सामने आयी और उनके अलावा ज्ञानेंद्र पाण्डेय व पार्थ चटर्जी जैसे सबाल्टर्न स्टडीज़ से जुड़े विद्वानों ने भी उसी समय औपनिवेशिक ज्ञान और सेकुलरिज़्म की आलोचना सामने रखी। जावीद समेत ज़्यादातर मार्क्सवादी बुद्धिजीवियों ने इस आलोचना के ख़िलाफ़ कड़ा रुख़ अपनाया। सेकुलरिज़्म की आलोचना को हिंदुत्व का समर्थन मान कर इनमें से कई बुद्धिजीवी इस तरह मैदान में उतरे गोया यह कोई बड़ी 'साम्राज्यवादी साज़िश' हो। आज भी कई मार्क्सवादी ऐसा ही मानते हैं। मगर जावीद इन दोनों प्रवृत्तियों का विरोध करते हुए भी उनसे बौद्धिक रूप से जूझते रहे और उन्होंने आहिस्ता-आहिस्ता अपनी मान्यताओं को भी इन आलोचनाओं की रोशनी में नये सिरे से स्थापित करने का बीड़ा उठाया। उन्होंने उत्तर-संरचनावाद और उत्तर-आधुनिकता की जानिब से उठे उन दार्शनिक सवालों को भी गम्भीरता से लिया जिनका सरोकार सीधे-सीधे मार्क्सवाद और आधुनिकता की राजनीतिक परियोजना से था। यह कोई सीधा-सरल मामला नहीं था। चुनौती बहुत बड़ी थी और जावीद इस बात को समझते थे कि इस स्तर पर समस्या से जूझे बिना मामला अधूरा ही रह जाएगा।

उनकी इसी बौद्धिक जद्दोजहद का नतीजा थी उनकी किताब *इण्डिया : लिविंग विद मॉडर्निटी* और इसी की दूसरी कड़ी होनी थी सेकुलरिज़्म की अनिवार्यता पर उनकी प्रस्तावित मगर अब कभी न लिखी जाने वाली किताब। जावीद ने अपनी इस जद्दोजहद के दौरान यह माना कि दरअसल आधुनिकता की वकालत करते हुए भी आज उन जैसे उसके पैरोकारों में शर्मिंदगी का एक अहसास ज़ोर मार रहा था क्योंकि उसका इतिहास कई मायनों में प्राक्-आधुनिक समुदायों के ऊपर हिंसा और जनसंहार पर टिका हुआ है। उनका मानना था कि आधुनिकता का वर्चस्वशाली रूप बुरी तरह से

सरमायादारी के साथ गुँथा हुआ है। दार्शनिक स्तर पर वे इसे 'एंट्रेंच्ड मॉडर्निटी' के रूप में चिह्नित करते हैं और कहते हैं कि दरअसल आधुनिकता में कई और गुंज़ाइशें थीं जो इस वर्चस्वशाली प्रवृत्ति द्वारा मिटा दी गयीं — मगर जो 'निराकार अधिशेष' के रूप में आज भी मौजूद हैं और जिन्हें टटोला जाना चाहिए। उन्होंने यह भी माना कि सेकुलरवाद का दार्शनिक आधार बुनियाद-परस्ती (फ़ाउंडेशनलिज़्म) पर टिका है जो ऐसी 'बुनियादी' मान्यताओं को आधार बनाता है जो ऐतिहासिक और सांस्कृतिक तौर पर उभरे सिद्धांतों को सार्वभौम 'प्रथम सिद्धांतों' का दर्जा देता है। जो ऐतिहासिक इत्तफ़ाक़ के तौर पर किसी ख़ास सांस्कृतिक ज़मीन पर उभर कर सामने आता है वह, और संदर्भों में भी कारगर हो सकता है मगर उसे बिलकुल उसी रूप में प्रथम सिद्धांत बना कर पेश नहीं किया जा सकता है। काफ़ी हद तक उनका यह तर्क, कम से कम सेकुलरिज़्म के संदर्भ में, चार्ल्स टेलर के उस सिद्धांतीकरण से मुतास्सिर था जिसमें उन्होंने 'स्वतंत्र नैतिकता' (इंडिपेंडेंट एथिक) की अवधारणा ख़ारिज करते हुए जॉन रॉल्स के 'ओवरलैपिंग कन्सेंसस' को आधार माना था। 'ओवरलैपिंग कन्सेंसस' की धारणा यह स्वीकार करती है कि कोई भी सिद्धांत हर जगह, हर किसी को एक ही रूप में क़बूल नहीं हो सकता, लिहाज़ अलग-अलग मतों के बीच भी जो थोड़ी-सी समानता की ज़मीन दीख पड़ती है उसी को आधार बना कर एक आम राय की तरफ़ बढ़ा जा सकता है।

आधुनिकता की पैरवी करते हुए जावीद की नज़र हमेशा अपने संदर्भ की ठोस ज़मीन पर रहती थी और बावजूद इसके कि वे मूलत: पश्चिमी दार्शनिक परम्परा से ही अपने सोच-विचार की रसद प्राप्त करते थे— वे हमेशा इस बात से बाख़बर थे कि सिर्फ़ उन सिद्धांतों को हिंदुस्तान की ज़मीन पर दोहराने से कुछ हासिल होने वाला नहीं है। अपने वक़्त की चुनौतियों से रूबरू होकर जूझने की ज़िम्मेदारी हमारी है और हम इससे किनारा नहीं कर सकते।

मगर यह बात भी ज़ोर देकर कहने की ज़रूरत है कि जावीद बुनियादी तौर पर एक दार्शनिक नहीं बल्कि मार्क्सवादी विचारक और कर्मी थे जिनके सरोकार प्रधानत: राजनीतिक थे। यहाँ एक दिलचस्प वाक़ये का ज़िक्र किये बिना उनको यह श्रद्धांजलि शायद पूरी नहीं होगी। मई, 1996 की बात है। मैं कई साल पहले मार्क्सवादी कम्युनिस्ट पार्टी में 'होलटाइमरी' और उसकी सदस्यता छोड़ चुका

था, मगर जावीद से राजनीति को लेकर भी लगातार चर्चाएँ होती रहती थीं। आम चुनावों के नतीजे आने के बाद तमाम विपक्षी दलों ने तय किया कि माकपा के ज्योति बसु ही उनकी तरफ़ से प्रधानमंत्री पद सँभालने के लिए सबसे बेहतर नेता हो सकते हैं। सभी जानते हैं कि किस तरह दो-दो बार बाक़ी दलों की तरफ़ से माकपा नेतृत्व के सामने यह पेशकश की गयी और दोनों ही बार उसे ख़ारिज कर दिया गया। यह बात शायद बहुत लोग नहीं जानते कि जब माकपा की केंद्रीय कमेटी इस मसले पर विचार कर रही थी, हिंदुस्तान भर से लोगों, ख़ासकर अल्पसंख्यकों, की माँग भी मुखर रूप से माकपा से प्रधानमंत्री पद ग्रहण करने की गुज़ारिश कर रही थी। माकपा ने तमाम उम्मीदों पर पानी फेरते हुए उस प्रस्ताव को नकार दिया। इस मसले पर हम लोगों में कई दिनों तक बेहद उत्तेजक बहसें हुईं। जावीद और हम इस बात पर सहमत थे कि कम्युनिस्टों ने एक बार फिर दिखा दिया है कि वे राजनीति और सत्ता के रिश्ते को न समझते हैं न उस पर कोई संदर्भनिष्ठ फ़ैसला लेने की क़ुव्वत रखते हैं। जावीद कई मामलों में ऐजाज़ अहमद की राय को बहुत वज़न दिया करते थे। एक रोज़ हमारे ही घर से उन्होंने ऐजाज़ साहब को उनकी इस विषय पर राय जानने के लिए फ़ोन किया। काफ़ी बातचीत हुई मगर जावीद की बात से हमें समझ में आ गया कि ऐजाज़ साहब पार्टी के फ़ैसले के साथ थे। जावीद निराश थे और ऐजाज़ साहब से बहस करते रहे। बाद में ऐजाज़ अहमद ने अपनी राय एक लम्बे लेख के रूप में शाया भी की। इस पूरे प्रकरण के दौरान मैंने पाया कि जावीद एक प्रतिबद्ध पार्टी कर्मी होने के बावजूद हर स्थिति पर अपने स्वतंत्र राय बनाने से नहीं चूकते थे। हर परिस्थिति का ख़ुद जायज़ा लेकर ख़ुद एक समझ बनाना उनकी एक ख़ासियत थी।

जावीद कुल मिलाकर एक बेहतरीन इंसान तो थे ही, साथ ही एक प्रतिबद्ध बुद्धिजीवी भी थे जिन्होंने ज़िंदगी को हमेशा अपनी प्रतिबद्धताओं के साथ जीया। उनकी ज़िंदगी सादगी और ईमानदारी की मिसाल तो थी ही, एक बात और है जो उन्हें नज़दीक से जानने वाले ज़रूर महसूस करते थे। वे आम लोगों के बीच ही सबसे ज़्यादा ख़ुश रहते थे। ज़िंदगी के लिए उनकी ललक उन्हें आम लोगों के साथ जोड़ती थी। सत्ता के गलियारों से दूर, पढ़ने-लिखने और लोगों से मिलने-मिलाने में ही उन्हें जीवन की सार्थकता दिखाई देती थी। आने वाले वक़्त में उनकी कमी बहुत खलेगी। अलविदा जावीद।

दत्तात्रेय नारायण धनागरे

समाजशास्त्र के साथ एक ज़मीनी जिरह

नरेश गोस्वामी

दत्तात्रेय नारायण धनागरे (11 जून, 1936-07 मार्च, 2017) भारतीय समाजशास्त्र में एक विशिष्ट धारा का प्रतिनिधित्व करते थे। अपने अध्यापकीय जीवन और बौद्धिक कर्म में वे ज़मीनी समाजशास्त्र के पक्षधर थे। उनका शोध तथा कृतित्व मुख्यत: सामाजिक आंदोलनों, खेती के समाजशास्त्र और विकास के बुनियादी सवालों के इर्द-गिर्द केंद्रित रहा। इन तीनों क्षेत्रों में उनका शोध सतह के भीतर देखती निगाह के कारण अलग से पहचाना जाता है।

एक समय जब भारतीय समाजशास्त्र जाति, नातेदारी और ग्राम्य-अध्ययन से आगे नहीं देख पा रहा था और उसकी प्रस्थापनाओं का प्रतिष्ठान संरचना-प्रकार्य के खूँटे बँधा था तो धनागरे *पेजेंट मूवमेंट्स इन इण्डिया, 1920-1950* जैसी महत्त्वपूर्ण रचना लेकर उपस्थित हुए।

भारतीय समाजशास्त्र के साथ धनागरे की यह जिरह जीवनपर्यंत चलती रही। 2014 में प्रकाशित एक अन्य कृति *द राइटिंग्स ऑफ़ डीएन धनागरे : द मिसिंग ट्रेडिशन— डिबेट्स ऐंड डिस्कोर्सेज़ इन इण्डियन सोसियोलॉजी* के एक लेख में धनागरे ने यह चिंता व्यक्त की थी कि भारतीय समाजशास्त्र में जब भी कोई सार्थक विमर्श खड़ा होता है तो वह हमेशा इस अनुशासन के पेशेवर लोगों की इलीट जमात तक सीमित होकर रह जाता है। यह चिंता अपने आप में एक बीज-वक्तव्य

है जिससे पता चलता है कि धनागरे विश्वविद्यालय के परिसर तक सीमित रह जाने वाले समाजशास्त्री नहीं थे। उनका एक महत् सरोकार यह था कि समाजशास्त्रीय ज्ञान सामान्य-बोध (कॉमनसेंस) और नीति-निर्धारण का हिस्सा बनना चाहिए। यही वजह थी कि समाजशास्त्र के अभिजन विद्वानों और उसके साधारण उपयोगकर्ताओं का संधि-स्थल उनकी दृष्टि से कभी ओझल नहीं हुआ। धनागरे को केंद्र और परिधि का यह फ़ासला बेहद अखरता था। उनका मानना था कि भारतीय भाषाओं का हाथ थामे बग़ैर भारतीय समाजशास्त्र अपने आभिजात्य से मुक्त नहीं हो सकता। ग़ौरतलब है कि धनागरे के लिए भारतीय भाषाओं की पक्षधरता बौद्धिक रस्म नहीं थी। वे न केवल अपनी मातृभाषा मराठी में सिद्धहस्त थे, बल्कि इच्छुक विद्यार्थियों को मराठी माध्यम में पढ़ाने के लिए भी हमेशा तत्पर रहते थे। उनकी एक छात्रा ने अपने स्मरण में लिखा है कि मृत्यु से एक दिन पहले धनागरे मराठी माध्यम में शोध कर रहे एक विद्यार्थी को पाँच घंटे तक पढ़ा रहे थे!

सैद्धांतिक पद्धति और परिप्रेक्ष्य के लिहाज़ से भारतीय समाजशास्त्र के विकास-क्रम में विशिष्ट पीठों या केंद्रों के अभाव की चर्चा करते हुए धनागरे इस निष्पत्ति पर पहुँचे कि भारत में समाजशास्त्र का अनुशासन दो तरह की विसंगतियों से ग्रसित रहा। कहीं उस पर विरासत हावी रही तो विद्वत्ता के विकास में बरती जाने वाली सावधानी जाती रही, और अगर कहीं विद्वत्ता/शोध की अर्हताओं का कड़ाई से पालन किया गया तो उसकी विरासत नहीं बन पायी। इस क्रम में वे यह कहने से भी नहीं चूके कि समाजशास्त्र के विभागों में संरक्षण और कृपाभाव का एक अर्ध-सामंती सा घटाटोप रहता है जिसके कारण विद्वत्ता का प्रश्न दूसरे नम्बर पर चला जाता है।

एक समाजशास्त्री के तौर पर धनागरे के सरोकार बिल्कुल साफ़ रहे। वे अपनी विषय-वस्तु को ज़मीनी कोण से देखते थे और अभिजनमूलक प्रस्थापनाओं के बजाय ज़मीनी स्थितियों को तरज़ीह देते थे। वैश्विक-व्यवस्था, नव-उदारतावादी पूँजीवाद और हरित-क्रांति से लेकर नागरिक समाज, राज्य तथा लोकतंत्र जैसे प्रश्नों का संधान करते हुए उन्होंने हमेशा साधारण जन और मातहत वर्गों का पक्ष लिया।

धनागरे का मानना था कि भारत जैसे समाज में विश्वविद्यालय नागरिक समाज और विमर्शों की ज़मीन तैयार कर सकते हैं। पिछले तीन-चार सालों में विश्वविद्यालयों की कार्यप्रणाली और उनकी स्वायत्तता के साथ जिस तरह की छेड़छाड़ की गयी है उसे देखते हुए धनागरे के इस विचार पर नये सिरे से बहस शुरू की जा सकती है।

धनागरे का विश्लेषण वर्ग और जीविका के ढाँचे पर ज़ोर देते हुए नागरिक समाज तथा राज्य से मुख़ातिब होता था। सामाजिक आंदोलनों के अध्ययन में उन्होंने तुलनात्मक सामाजिक इतिहास तथा समाजशास्त्रीय शोध-दृष्टि का अनूठा इस्तेमाल किया। खेती का समाजशास्त्र उनके शोध का एक स्थायी क्षेत्र था। उनकी आख़िरी रचना *पॉपुलिज़्म ऐंड पॉवर : फार्मर्स मूवमेंट इन महाराष्ट्र, 1980-1914*, इस बात की तसदीक़ करती है कि जीवन के अंतिम समय में भी उनकी दृष्टि धुँधली नहीं पड़ी। संरचनात्मक मार्क्सवाद, ख़ास तौर पर ग्राम्शी की वर्गीय वर्चस्व (क्लास हेज़ेमनी) की अवधारणा के साथ फ़ील्डवर्क का उपयोग करते हुए उन्होंने इस पुस्तक में महाराष्ट्र के किसान आंदोलन के उत्थान और पतन का एक प्रामाणिक दस्तावेज़ तैयार किया। शेतकारी संगठन के एजेण्डे और लामबंदी के इस अध्ययन में उन्होंने यह दिखाया कि अपने शुरुआती दौर में यह मुख्यत: एक किसान आंदोलन था जो धीरे-धीरे अपने साथ अन्य वर्गों के हितों का भी समायोजन करता गया। ग़ौरतलब है कि विद्वानों का एक समूह ऐसे किसान आंदोलनों को केवल समृद्ध और ताक़तवर किसानों का आंदोलन बता रहा था। उनका कहना था अंतत: ऐसे आंदोलनों से मुख्यत: यही वर्ग लाभान्वित होगा क्योंकि बाज़ार में खपाने लायक़ उत्पादन यही वर्ग कर सकता है। लेकिन, धनागरे ने साक्ष्य देकर बताया कि किसान आंदोलन के तीन दशकों के दौरान छोटे और मझोले किसान नक़दी फ़सलों का उत्पादन करने लगे जिससे उनकी आय में निश्चित इज़ाफ़ा हुआ।

इस क़िताब में धनागरे ने किसान आंदोलनों तथा राजनीति के अंतर्संबंधों की भी थाह ली है। उनका मानना है कि आज़ादी के बाद भारतीय राज्य ने ग्रामीण विकास की एकांगी रणनीति बनाई जिसके कारण किसानों का एक समृद्ध वर्ग लगातार मज़बूत होता चला गया। भू-स्वामित्व का असमान वितरण

इसी विसंगति की ओर इशारा करता है। उनके अनुसार भारतीय राजनीति और समाज में भू-स्वामित्व पर आधारित ताक़त आज भी इसीलिए एक कारक के तौर पर काम करती है। लेकिन, इसके साथ धनागरे यह भी बताते हैं कि समृद्ध किसानों के ऐसे समूहों ने अपना प्रतिरोध दर्ज करने के लिए हमेशा निष्क्रिय क्रांति का रास्ता अपनाया है क्योंकि उन्हें इस बात का हमेशा डर रहा है कि उग्र राजनीति का मुहावरा उनकी अधिशेष ज़मीन पर भारी पड़ सकता है।

किसान आंदोलन तथा राजनीति की इस पड़ताल में धनागरे ने महिलाओं की भागेदारी और उनके सशक्तीकरण पर भी मुकम्मल ध्यान दिया। इस क़िताब में संकलित एक स्वतंत्र लेख में उन्होंने दिखाया कि आठवें दशक की शुरुआत में महिलाओं ने किसान आंदोलन में स्वेच्छा से भाग लिया। आंदोलन के विभिन्न मोर्चों पर उनकी सक्रियता को देखते हुए शेतकारी संगठन में महिलाओं की एक स्वतंत्र शाखा का गठन किया गया। इन महिलाओं ने जहाँ एक तरफ़ गाँवों में शराब की दुकानें बंद कराईं, वहीं दूसरी ओर लक्ष्मी मुक्ति जैसी मुहिम भी शुरू की जिसके तहत लगभग दो लाख महिलाओं को पारिवारिक ज़मीन में क़ानूनी हिस्सेदारी दी गयी। महिलाओं की इस सक्रियता के कारण उन्हें स्थानीय निकायों में भी प्रतिनिधित्व मिला। लेकिन, किसान आंदोलन में महिला-भागीदारी के इस आख्यान की जटिलताओं की तफ़्तीश करते हुए धनागरे ने दिखाया कि जेण्डर-समानता और न्याय की दृष्टि से किसान आंदोलनों की उपलब्धियाँ ख़ासी सीमित रहीं। मसलन, महिलाओं के नाम ज़मीन हस्तांतरित करने से पहले उनके पतियों की राय जानना ज़रूरी समझा गया। दूसरे, विवादित ज़मीन के मामलों में महिलाओं को अंततः न्याय के पुरुष-प्रधान ढाँचे से टकराना पड़ा; अपनी ज़मीन के प्रबंधन, ऋण, बीज तथा खाद आदि जैसी सुविधाएँ हासिल करने के मामले में भी उनके साथ सहयोग नहीं किया गया। धनागरे बताते हैं कि शेतकारी संगठन नारीवाद का हामी नहीं था; उसके लिए महिलाओं की व्यापक लामबंदी महज़ एक प्रतीकात्मक महत्त्व रखती थी।

संक्षेप में कहें तो, इस किताब में धनागरे ने भू-स्वामी पर आश्रित किसान के स्वतंत्र किसान में रूपांतरित होने की प्रक्रिया का अध्ययन किया था। उन्होंने

दर्शाया कि महाराष्ट्र का समकालीन किसान अब भू-स्वामी के बजाय बाज़ार पर निर्भर करता है। लेकिन, इस अध्ययन में उन्होंने यह भी स्पष्ट किया ग्रामीण भारत में खेती के विकास से सामाजिक विषमताएँ दूर होने के बजाय और गहराती चली गयीं।

हाल के वर्षों में धनागरे इस बात से चिंतित थे कि वैश्विक पूँजीवाद के बदलते स्वरूप के कारण ग्रामीण-खेतिहर समाज का स्वतंत्र ढाँचा ढहता जा रहा है; नव-उदारतावाद ने जन-आंदोलनों और प्रतिरोध की ऊर्जा नष्ट कर दी है लेकिन समाज-वैज्ञानिक, ख़ासकर समाजशास्त्री ग्रामीण-खेतिहर समाज की इस तबाही पर बहुत फ़िक्रमंद नज़र नहीं आते।

बहरहाल, उत्कृष्ट शोध के अलावा धनागरे का अध्यापकीय जीवन भी अनेक उपलब्धियों से भरा था। 1995 में उन्हें पुणे विश्वविद्यालय ने उत्कृष्ट अध्यापन के लिए वी.के. जोग पुरस्कार से विभूषित किया। समाजशास्त्र में उल्लेखनीय योगदान के लिए उन्हें 2007 में विश्वविद्यालय अनुदान आयोग के स्वामी प्रणवानंद सरस्वती पुरस्कार से सम्मानित किया गया। इण्डियन सोसियोलॉजिकल सोसाइटी ने 2010 में उन्हें आजीवन उपलब्धि के सम्मान से नवाज़ा।

एक अध्यापक और विद्वान के रूप में धनागरे हमेशा नये विचारों और विमर्शों का स्वागत करते थे। अपनी शोध-छात्रा और दलित-नारीवाद की विलक्षण सिद्धांतकार शर्मिला रेगे की असमय मृत्यु पर उनका स्मरण करते हुए धनागरे ने अकुंठ भाव से स्वीकार किया था कि उन्हें नारीवाद की अनेकानेक बहसों और विवादों का पता रेगे के शोध-प्रबंध से हुआ था।

धनागरे ने अपने जीवन में इस भ्रांति को भी तोड़ कर दिखाया कि शोध और चिंतन में तल्लीन व्यक्ति अच्छा प्रशासक नहीं हो सकता। 1995 में उन्हें जब कोल्हापुर के शिवाजी विश्वविद्यालय के उपकुलपति का पद सौंपा गया तो उन्होंने विश्वविद्यालय का दैनिक प्रशासनिक ढाँचा बदल कर रख दिया। स्थानीय स्वार्थ-समूह उनके काम में लगातार अड़ंगे लगाते रहे लेकिन धनागरे अपनी मुहिम से पीछे नहीं हटे।

योगेश अटल

एशियाई संदर्भों के समाजशास्त्री

देवेश विजय

पश्चिमी साँचे में ढले समाजशास्त्र जैसे विषय को भारतीय और एशियाई संदर्भों से समृद्ध करने वाले चिंतकों में प्रोफ़ेसर योगेश अटल (9 अक्टूबर, 1937-13 अप्रैल 2018) का नाम अग्रणी रहेगा। 13 अप्रैल को उनके निधन से समाज-विज्ञान की दुनिया से एक ऐसी आवाज़ चली गयी जो उम्र के उतार-चढ़ाव से थकी नहीं थी। 58 साल की लम्बी रचनात्मकता में योगेश अटल ने दर्जन से अधिक पुस्तकें-अंग्रेज़ी व हिंदी में लिखीं तथा 40 से अधिक संग्रहों तथा रपटों का सम्पादन किया। इसके अलावा हिंदी-भाषी पाठकों के लिए उन्होंने कई मानक ग्रंथों का अंग्रेज़ी से अनुवाद किया और अकादमिक लेखन से इतर पाँच कविता-संग्रह एवं समसामयिक मुद्दों पर सैकड़ों लेख अख़बारों तथा पत्रिकाओं में प्रकाशित कराए जिनके संकलन आज भी पठनीय हैं।

सामाजिक चिंतन के साथ-साथ योगेश अटल देश-विदेश की कई संस्थाओं में भी प्राचार्य अथवा अकादमिक-प्रशासक के रूप में कार्यरत रहे। 1997 में यूनेस्को से अवकाश लेने के बाद आख़िरी दिनों तक बतौर सलाहकार दर्जनों समितियों व इदारों का मार्गदर्शन लगन से करते रहे। इस कठोर साधना के दौरान वैसे तो योगेश अटल ने अपने अंतर्राष्ट्रीय अनुभवों का लाभ उठा कर बहुत कुछ लिखा जो निर्भीकता, सरसता, ज़मीनी स्पर्श तथा अंतर्दृष्टियों के

कारण बेहद पठनीय है, परंतु भारत की जाति-व्यवस्था, राष्ट्र और गाँव के बीच पनपते नये रिश्तों एवं प्रवासियों की सांस्कृतिक प्रवृत्तियों पर उनकी प्रस्तावनाएँ किसी भी समाजशास्त्री के लिए विशेष रूप से जानने योग्य हैं।

प्रोफ़ेसर अटल का जन्म उदयपुर शहर में हुआ था। वहीं से उन्होंने बीए की पढ़ाई पूरी की और कुछ पारखी शिक्षकों के सुझाव पर आगे की शिक्षा के लिए सागर विश्वविद्यालय चले आये। यहाँ उन्हें नामी समाजशास्त्री प्रोफ़ेसर श्यामा चरण दुबे के मार्गदर्शन में बदलती जाति-प्रथा पर पीएचडी करने का अवसर मिला। 1959 से 1962 के बीच इसी शोध के दौरान योगेश अटल ने सागर विश्वविद्यालय में ही अध्यापन कार्य किया तथा मूल रूप से हिंदी में ही लिखी गयी अपनी पहली पुस्तक *आदिवासी भारत* 1960 में प्रकाशित करायी।

कुछ समय बाद अटल की नियुक्ति आगरा के सामाजिक विकास संस्थान में हुई जहाँ वे 1962 से 1968 तक रहे और 1964 में फ़ुलब्राइट ग्रांट तथा स्मिथ-मुंत फ़ेलोशिप के तहत एक साल के लिए कोलम्बिया विश्वविद्यालय भी गये। इसी पोस्ट-डॉक्टोरल शोध के दौरान उनका परिचय मशहूर समाजशास्त्री रॉबर्ट मर्टन एवं पॉल लाज़र्फ़ेल्ड से हुआ जिनके प्रकार्यवादी दृष्टिकोण का प्रभाव उनके चिंतन पर पड़ा। आगरा के संस्थान से जुड़े रह कर ही प्रोफ़ेसर अटल ने अपना प्रमुख ग्रंथ द *चेंजिंग फ़्रंटियर्स ऑफ़ कास्ट* पूरा किया तथा 1967 में भारतीय योजना आयोग के निमंत्रण पर चौथे आम चुनावों में विलक्षण पैनल-तकनीक के आधार पर एटा ज़िले में अभिनव मत-सर्वेक्षण किया। यही अध्ययन आगे चल कर उनके दूसरे प्रमुख ग्रंथ *लोकल कम्युनिटीज़ ऐंड नैशनल पॉलिटिक्स* के रूप में 1971 में प्रकाशित हुआ। इस पुस्तक में ग्रामीण समाज को राष्ट्रीय संस्थाओं से जोड़ने में चुनावी प्रक्रिया के योगदान पर विस्तृत समीक्षा मिलती है।

इन आरम्भिक प्रकाशनों ने प्रोफ़ेसर अटल की पहचान अकादमिक हलक़ों में बना दी जिसकी सहायता से 1968 में उन्हें भारतीय प्रौद्योगिकी संस्थान (दिल्ली) में बतौर असिस्टेंट प्रोफ़ेसर नियुक्ति मिली एवं 1971 में उन्हें नवगठित

भारतीय सामाजिक विज्ञान अनुसंधान परिषद में अनुसंधान निदेशक के पद पर कार्य करने के लिए आमंत्रित किया गया। परिषद् में प्रोफ़ेसर अटल ने उसके तत्कालीन अध्यक्ष प्रोफ़ेसर जे.पी. नायक के साथ मिल कर देश में समाज-विज्ञान की सभी शाखाओं में अनुदान व पारितोषिकों के माध्यम से शोध-कार्य को और प्रोत्साहित करने की रूप-रेखा बनाई जिसका लाभ आज तक लाखों शोधार्थी उठा चुके हैं। इसी के साथ परिषद् ने देश के युवा समाज-वैज्ञानिकों में अधिक दक्षता लाने के लिए प्रशिक्षण-कार्यशालाएँ भी चलाईं और बृहत-विषयों के दीर्घकालिक सर्वेक्षण भी प्रायोजित किये।

इन गतिविधियों में प्रोफ़ेसर अटल की भूमिका इतनी सराहनीय रही कि सितम्बर, 1974 में यूनेस्को ने उन्हें एशिया-प्रशांत क्षेत्रीय सामाजिक विज्ञान कार्यालय के अध्यक्ष के रूप में पहले जकार्ता और फिर बैंकॉक आमंत्रित किया। इन पदों पर वे 1993 तक रहे। इसके बाद उन्हें यूनेस्को के पेरिस स्थित मुख्य कार्यालय में सामाजिक विकास शाखा के मुख्य निदेशक पद पर काम करने का मौक़ा मिला। इन संस्थाओं में काम करते हुए अटल ने ग़रीबी, अशिक्षा, बहु-सांस्कृतिक समाजों में एकीकरण की समस्याओं और प्रवासियों के समायोजन की मुश्किलों पर कई गोष्ठियाँ आयोजित कीं और निबंध-संग्रह और रपटें प्रकाशित करायीx। इन उपलब्धियों लिए प्रोफ़ेसर अटल को अमेरिकन बायोग्राफ़िकल इंस्टीट्यूट का मैन ऑफ़ द इयर अवार्ड, अल्बर्ट आइंस्टाइन इंटरनैशनल फ़ाउंडेशन का क्रॉस ऑफ़ मैरिट और महाराणा मेवाड़ फ़ांउडेशन का महाराणा मेवाड़ अवार्ड प्राप्त हुआ।

संस्थायी पुरस्कारों से अधिक किसी भी विद्वान को उसके सहकर्मियों और छात्रों से मिलने वाला आदर प्रिय होता है। अटल अपने छात्रों में बेहद लोकप्रिय थे। 2002 में उनके विद्यार्थियों और सहयोगियों ने उनके सम्मान में एक अभिनंदन ग्रंथ *इमर्जिंग कंसर्न इन सोशल साइंसेज़* प्रकाशित किया जिसके सम्पादक प्रोफ़ेसर सुरेंद्र गुप्ता थे। इस ग्रंथ में अनेक विद्वानों ने अटल के लेखन, शिक्षण शैली और अकादमिक प्रशासक के तौर पर दक्षता के बारे में मर्मस्पर्शी

टिप्पणियाँ की हैं। इन्हीं में से एक प्रोफ़ेसर स्मॉलेश्ट की टिप्पणी भी है जिसमें उन्होंने यूनस्को की रपटों में तकनीकी शब्दावली के स्थान पर जीवंत भाषा के प्रयोग के लिए उनकी प्रशंसा की है।

यूनेस्को से सेवानिवृत्त हो कर भी प्रोफ़ेसर अटल अनेक अकादमिक संस्थानों से जुड़े रहे। इनमें दिल्ली के विकासशील समाज अध्ययन पीठ (सीएसडीएस) के भारतीय भाषा कार्यक्रम की सलाहकार समिति तथा भारतीय शिक्षण संस्थान (पुणे), भारतीय सामाजिक विज्ञान संस्थान संगठन (दिल्ली) तथा अंतर्राष्ट्रीय सांस्कृतिक संवाद अकादमी (वॅर्सो) विशेष रूप से उल्लेखनीय हैं। यह देख कर अचरज होता है कि समाज-विज्ञान के क्षेत्र में ऐसी उपलब्धियों के बावजूद प्रोफ़ेसर अटल दिल्ली विश्वविद्यालय तथा जवाहरलाल नेहरू विश्वविद्यालय के समाजशास्त्र विभागों से कभी नहीं जुड़े। यह समझना कठिन है कि इसमें किस हद तक प्रोफ़ेसर अटल के वैचारिक रुझान ज़िम्मेदार रहे और किस सीमा तक इन अकादमिक विभागों की वैचारिक प्राथमिकताओं ने भूमिका निभायी।

जिस दौर में प्रोफ़ेसर अटल ने शोध-जगत में प्रवेश किया वह समाज-वैज्ञानिकों के बीच बढ़ते मतभेदों का युग था। तथ्यवाद, संरचनावाद, प्रकार्यवाद तथा मार्क्सवाद की विभिन्न शाखाएँ इसके प्रमुख ख़ेमें सक्रिय थे। योगेश उन शोधार्थियों में थे जो एशियाई विद्वानों के बीच पश्चिम से आयातित सिद्धांतों से अधिक देशी और ज़मीनी अनुभव एवं तथ्यों की परख को तरजीह देते थे। यह सही है कि उनके अपने विचारों पर टॉलकट पार्संस तथा रॉबर्ट मर्टन जैसे प्रकार्यवादी व्याख्याकारों का प्रभाव था। प्रकार्यवाद समाज में शोषण और अन्याय की सच्चाइयों को नकारता तो नहीं है, परंतु स्थिर समाजों में स्थापित संस्थाओं के प्रगट एवं परोक्ष प्रकार्यों के महत्त्व को अधिक तरजीह देता है। समय के साथ अकादमिक जगत में मार्क्सवाद एवं उत्तर-आधुनिकतावाद ने प्रकार्यवाद का खण्डन किया और असमानताओं के बीच समाजों में राजनीतिक तनावों के साथ बढ़ते सांस्कृतिक खोखलेपन की तरफ़ ध्यान खींचा। समय के

साथ स्वयं योगेश अटल भी प्रकार्यवाद से ज्यादा समाज-विज्ञान के देशीकरण पर अधिक ज़ोर देने लगे थे। इसी वैचारिक परिप्रेक्ष्य में उन्होंने कई प्रस्तावनाएँ अपनी रचनाओं में दीं। इनमें जाति-व्यवस्था को समझने के लिए मूलभूत प्रासंगिक परिधीय लक्षणों को अलग-अलग चिह्नित करना, राष्ट्रों की पहचान बनाने में भित्तियों (जैसे राष्ट्र की सीमाएँ) तथा वातायनों (जैसे चुनावों की प्रक्रिया) की भूमिका अनुरेखित करना, ग़रीबी समाप्त करने के लिए ग़ैर-पारिवारिक इकाइयों (जैसे बीमार, वृद्ध इत्यादि) पर अधिक ध्यान देने का आग्रह व प्रवासियों के पूर्वज-समाज व पोषद-समाज के बीच पनपने वाली संधिवीची संस्कृति एवं अंतर्राष्ट्रीय संबंधों को समझने के लिए दिया गया राष्ट्रीय-कुलक का सिद्धांत विशेष रूप से उल्लेखनीय है।

इन सभी प्रस्तावनाओं की समीक्षा इस लेख में कर पाना सम्भव नहीं है। परंतु योगेश अटल को याद करते हुए भारत की बदलती जाति-व्यवस्था की विवेचना पेश करना उपयोगी होगा। भारत की जाति व्यवस्था का वैज्ञानिक अध्ययन उन्नीसवीं शताब्दी से ही शुरू हो गया था। आज़ादी के बाद तो एम.एन.श्रीनिवास तथा बर्नार्ड कॉह्न जैसे मानव-शास्त्रियों ने इस विषय पर अपने विश्लेषण प्रस्तुत किये। इस विषद साहित्य माला में प्रोफ़ेसर अटल की रचना द *चेंजिंग फ्रंटियर्स ऑफ़ कास्ट* ने भी अपनी एक अलग पहचान बनायी।

भारत की जाति-व्यवस्था और उसकी विशिष्टता पर अनेक टिप्पणियाँ प्राचीन काल से देशी-विदेशी वृत्तांतों में मिल जाती हैं। इन विवरणों को मिला कर इस व्यवस्था के लक्षण सैद्धांतिक स्तर पर चिह्नित किये जा सकने वाले लक्षण इस प्रकार हैं :

कुछ पंथों व आदिवासियों को छोड़ कर भारतीय उप-महाद्वीप के बहुसंख्यकों का सैकड़ों जातियों में विभाजन; ऐसे समाज में जन्म से मृत्यु तक हर व्यक्ति की किसी एक जाति से अपरिवर्तनीय पहचान और व्यक्ति की विभिन्न पहचानों में इसी पहचान की प्रधानता; जातियों की पृथकता बनाए रखने के लिए अंतरविवाह पर विशेष ज़ोर और अंतरजातीय विवाहों पर कड़ा

प्रतिबंध; क्षेत्रीय स्तर पर सभी जातियों का प्रतिष्ठा अनुसार सोपानीकरण; ऐसे अनुक्रमों में जातियों की संख्या, शक्ति व साधनों से ज़्यादा उनकी कल्पित अनुष्ठानिक शुद्धता का महत्त्व; उपमहाद्वीपीय स्तर पर भी हिंदुओं में कल्पित शुद्धता के आधार पर जातियों का पाँच वर्णों में वर्गीकरण; देव पूजन को पवित्र रखने के बहाने इस समाज के सभी पेशों का कल्पित शुद्धता के अनुसार स्तरीकरण तथा पूजन-कार्य के सैद्धांतिक अधिकारी समझे जाने वाले ब्राह्मणों से लेकर मलिन-कार्यों के लिए मजबूर अस्पृश्यों तक सभी अधिकारों, सामाजिक मान व नैतिक पहचान का भी एक चरम पदानुक्रम में नियोजन; जातियों के क्षेत्रीय अनुक्रमों में पेशों, नाम, वस्त्र इत्यदि के कुछ अंतरों के बावजूद अनुष्ठानिक शुद्धता के सिद्धांत पर समान ज़ोर; औपचारिक संगठनों के अभाव में भी दैनिक जीवन में जातीय ऊँच-नीच की जजमानी व्यवस्था व प्रारब्ध जैसे विचारों के प्रभाव में आम स्वीकृति; वर्णानुक्रम में तीन सवर्ण जातियों के नीचे शूद्रों का विशाल समुदाय जिसमें किसानों से लेकर कारीगरों तक के पेशों में पुन: ऊँच नीच के आधार पर वर्गीकरण; इसी के साथ शूद्र जातियों में ही मुख्यत: जातियों की राजनीतिक या आर्थिक परिस्थितियों में परिवर्तन के फलस्वरूप दीर्घकालिक उतार-चढ़ाव की सम्भावना; कालांतर में जाति-व्यवस्था का पूरे उपमहाद्वीप में विस्तार तथा ग़ैर-हिंदू समाजों पर भी इसका प्रभाव; अनेक आक्रमणों और गुलामी इत्यादि के बावजूद पूरे भू-भाग में जाति-व्यवस्था का विस्मयकारी स्थायित्व और इस्लाम एवं पश्चिमी प्रभावों तथा समतावादी क़ानूनों, प्रजातंत्र और दलित व पिछड़ों में विकसित राजनीतिक चेतना के बाद भी अंतरविवाह का प्रत्यक्ष एवं भेदभाव का परोक्ष प्रभाव अब भी विद्यमान रहना।

भारतीय जाति-प्रथा की यह समझ समुचित होते हुए भी कुछ बिंदुओं पर अधूरी है। एक अहम प्रश्न का उत्तर देने में यह विवरण अक्षम लगता है। तर्क और न्याय की दृष्टि से अनुचित लगने तथा सैन्य और आर्थिक प्रगति में बाधक होने के बावजूद जाति-व्यवस्था हज़ारों साल तक इतने बड़े भू-भाग में कैसे

बरक़रार रही? बीसवीं शताब्दी के मध्य में इसी स्थायित्व को और स्पष्ट करने के लिए बहुत से मानव एवं समाजशास्त्रियों ने ज़मीनी शोध का रास्ता अपनाया। इन विद्वानों में एम.एन. श्रीनिवास, बर्नार्ड कॉह्न तथा आंद्रे बेते प्रमुख थे। इनके शोध से जो अहम अंतर्दृष्टि उभरी वह भारत की जाति-प्रथा के शास्त्रीय और ज़मीनी स्वरूपों के अंतर करने की थी। इस तरह के शोध से यह भी स्पष्ट हुआ कि व्यक्ति की पहचान जिन बहिर्विवाही समूहों से जुड़ी थी उन्हें उपमहाद्वीपीय स्तर पर नहीं बल्कि क्षेत्रीय स्तर पर ही परखा जाना चाहिए। इन क्षेत्रीय जातीय अनुक्रमों में शीर्ष पर ब्राह्मणों के स्थान पर संख्या व साधनों की दृष्टि से सक्षम कोई अन्य सवर्ण या पूर्व में शूद्र मानी गयी जाति भी हो सकती है। रोचक बिंदु यह भी है कि प्रभुत्वशाली ऊर्ध्वोन्मुख जातियाँ भी संस्कृतीकरण (अर्थात् उच्च जातियों के शास्त्र-सम्मत आचार-व्यवहार जैसे मदिरा का त्याग, संस्कृतनिष्ठ भाषा व नामों का उपयोग) को ही अपनाकर जातिगत अनुक्रम में उठने का प्रयास करती थीं। इस प्रक्रिया के कारण जातिगत अनुक्रमों में कुछ दीर्घकालीन परिवर्तन होते रहे परंतु पूरी व्यवस्था और इसके वैचारिक आधारों में कोई मूलभूत बदलाव नहीं आ सका। आधुनिकीकरण की प्रक्रिया (विशेषकर समतावादी क़ानूनों तथा प्रजातांत्रिक सोच) ने ज़रूर जाति-प्रथा पर चोट की, परंतु पूँजी के प्रभाव के बावजूद समाज में जातिगत विषमताएँ और मजबूत हुईं।

साठ के दशक में जब प्रोफ़ेसर अटल ने शोध आरम्भ किया उस समय तक जाति-व्यवस्था तथा उसके स्थायित्व की उक्त व्याख्या को देश-विदेश में प्रसिद्धि मिल चुकी थी। ऐसे में इस विषय पर कुछ और जोड़ पाना कठिन था। इसी अवधारणा को अपने ज़मीनी शोध द्वारा चुनौती देने का काम योगेश अटल ने किया। इस शोध में अटल ने विशेष रूप से दर्शाया कि जातियों की पहचान उन्हीं अंतर्विवाही समूहों के रूप में करना ज़रूरी है जो न्यूनतम स्तर पर अंतर्विवाही हैं। अर्थात् उनके भीतर के छोटे समूह (जैसे गोत्र, कुटुम्ब इत्यादि) सभी बहिर्विवाही ही हों। जाति के इस मूलभूत लक्षण की उपेक्षा करके हम वर्णों इत्यादि अंतर्विवाही जैसे प्रतीत होने वाले समुदायों से उसके भेद को ओझल

कर देते हैं। जहाँ बहिर्विवाहित जातियों की पहचान का मूलभूत लक्षण है, वहीं एक सा पेशा और एक जैसा खान-पान इत्यादि प्रासंगिक एवं परिधीय लक्षण कहे जा सकते हैं। जहाँ मूलभूत लक्षण जातियों की अलग पहचान क़ायम रखने का काम करते हैं, वहीं परिधीय लक्षण केवल जातिगत भेदों की स्पष्टता बढ़ाते हैं। इसी ज़मीनी हक़ीक़त को स्पष्ट करने के लिए राजस्थान व मध्य प्रदेश के एक-एक गाँव से उदाहरण लेकर प्रोफ़ेसर अटल ने दर्शाया कि खटीक जाति के पेशे दोनों प्रांतों में अलग हो गये हैं, फिर भी इन स्थानों पर क़ायम जातिगत अनुक्रमों में इस जाति की स्थिति में अंतर नहीं आया है।

संस्कृतीकरण के सिद्धांत के परिमार्जन में भी प्रोफ़ेसर अटल ने कई महत्त्वपूर्ण सुझाव दिये। विशेषकर उन्होंने दर्शाया कि पूरे प्रांत या उप-प्रांतीय स्तर पर श्रीनिवास द्वारा इंगित एक ही प्रभुत्वशाली जाति कम ही देखने को मिलती है। इसका प्रमुख कारण यह है कि आस-पास के गाँवों में भी अलग-अलग जातियाँ प्रबलता रखती हैं। यदि संख्या की दृष्टि से किसी बड़े क्षेत्र पर एक प्रबल जाति का प्रभाव दिख भी जाए तो उसमें गुटबाज़ी और विभाजन की प्रक्रियाएँ भी अक्सर शुरू हो जाती हैं। आधुनिक चुनाव प्रक्रिया ने भी प्रबल जातियों में इस तरह की आंतरिक गुटबाज़ी को बढ़ाया है। इसी कारण प्रभुत्वशाली जातियों की तुलना स्थायी वोट बैंकों से करना भ्रामक है।

योगेश अटल के द्वारा प्रतिपादित सभी प्रस्तावनाएँ उनके जीवनकाल में समाजशास्त्र की मुख्यधारा का हिस्सा नहीं बन पायीं। फिर भी इनमें कई ऐसी हैं जिन पर समाजशास्त्रियों को अभी और ग़ौर करना वांछनीय है। पिछले कुछ दशकों में समाज-विज्ञान की शाखाओं पर उत्तर-आधुनिकतावाद का कोहरा छाया रहा था। इस साये में अकादमिक परिधि पर रहने वाले योगेश अटल जैसे शोधार्थियों ने संवादों के विखण्डन से ज़्यादा ज़मीनी तथ्यों को परखने का जो सिलसिला अपनाया वह आगे और फलीभूत होने वाला है, और इसी सिलसिले में समाजशास्त्र के दायरे में ग़ैर-युरोपीय संदर्भों का उपयोग और बढ़ सकता है।

सतीश चंद्र
इतिहास में सामासिकता की खोज

नरेश गोस्वामी

भारत के मध्यकालीन इतिहास-लेखन को अपनी विशिष्ट प्रस्थापनाओं से समृद्ध करने वाले इतिहासकार सतीश चंद्र (20 नवम्बर, 1922-13 अक्तूबर, 2017) एक ऐसे दौर में हमसे बिछुड़े हैं जब सत्ता-प्रतिष्ठान की शह पर इतिहास का अध्ययन साम्प्रदायिक पूर्वाग्रहों और विचारधारात्मक दुराग्रहों, अय्यारी, मक्कारी, मनगढ़ंत कथाओं और मिथकों का घालमेल बन कर रह गया है।

सतीश चंद्र ने अपने इतिहास-चिंतन में अप्रिय तथ्यों पर पर्दा डालने की कोशिश नहीं की। उन्होंने मध्यकाल के अंतर-धार्मिक सांस्कृतिक द्वंद्वों को भारतीय समाज की एकता और अखण्डता के आश्वस्तिकारी फ़ारमूलों में बदलने का प्रयास नहीं किया। उन्होंने इस अवधि में युद्धों की उपस्थिति, उदार और संकीर्ण शासकों की मिसालों, हिंसा और रक्तपात; मुसलमान शासकों द्वारा कई अवसरों पर धर्मांतरण की नीतियाँ अपनाए जाने और हिंदू प्रजा के प्रति दमनकारी रवैया अख़्तियार करने जैसे तथ्यों से कभी इनकार नहीं किया। लेकिन सतीश चंद्र की यही स्वीकारोक्ति उन्हें घटनाओं का कथा-वाचक बनने के बजाय इन घटनाओं के पीछे और नीचे बहती चालक-शक्तियों तथा सामाजिक-आर्थिक प्रक्रियाओं के अंतर्ग्रंथित अध्ययन की ओर लेकर गयी। बृहत्तर के इस

सूक्ष्म संधान से वे इस निष्पत्ति पर पहुँचे कि इस काल में दमन और द्वंद्व के समानांतर समायोजन, सांस्कृतिक आदान-प्रदान, नयी जातीयताओं, प्रवृत्तियों और तत्त्वों के स्थानीकरण और आत्मसातीकरण की प्रक्रियाएँ भी मज़बूत हो रही थीं जिनसे भाषा, संस्कृति, कला, स्थापत्य और साहित्य के क्षेत्र में एक साझी ज़मीन तैयार हो रही थी। ग़ौर से देखें तो इतिहास-लेखन की यह दृष्टि पूर्व-धारणाओं के आधार पर लिखे जाने वाले इतिहास का प्रत्याख्यान करते हुए इस नुक्ते पर ज़ोर देती है कि तथ्यों को उनके सामाजिक-आर्थिक संदर्भों में संसाधित किया जाना चाहिए।

इतिहास की परिघटनाओं की व्याख्या के सूत्रों को सामाजिक-आर्थिक प्रक्रमों में ढूँढ़ने का यह नज़रिया सतीश चंद्र ने अपनी अकादमिक यात्रा के शुरुआती दौर में ही विकसित कर लिया था। इलाहाबाद विश्वविद्यालय से बीए (1942) और एमए (1944) के बाद प्रोफ़ेसर रमाप्रसाद त्रिपाठी ने उन्हें प्रशासनिक सेवा में जाने के बजाय मध्यकालीन इतिहास में शोध करने के लिए प्रेरित किया। ग़ौरतलब है कि मध्यकालीन इतिहास के एक अन्य दिग्गज इतिहासकार सर जदुनाथ सरकार (1875-1958) ने अपने बहुखण्डीय अध्ययन *फ़ाल ऑफ़ मुगल एम्पायर* (1932) में मुगल साम्राज्य के पतन को औरंगज़ेब की हिंदू-विरोधी नीतियों का परिणाम बताया था। रमाप्रसाद त्रिपाठी ने सतीश चंद्र से इसरार किया कि वे अपने शोध में अठारहवीं सदी के पहले पचास वर्षों की पड़ताल करके पता लगाएँ कि जदुनाथ सरकार का यह निष्कर्ष किस सीमा तक वैध माना जा सकता है।

मोहम्मद सज़्ज़ाद बताते हैं कि जदुनाथ सरकार को जब इस बात का पता चला कि एक नौजवान इतिहासकार उनके निष्कर्ष और निष्पत्तियों से सहमत नहीं है और वह इस दिशा में नये ढंग से सोचना चाहता है तो उन्होंने सतीश चंद्र को न केवल अपने निजी पुस्तकालय का उपयोग करने की अनुमति दी बल्कि यह परामर्श भी दिया कि इस अध्ययन के लिए बाक़ी स्रोत कहाँ-कहाँ मिल सकते हैं। वैचारिक-बौद्धिक क्षेत्र में विनम्र संवाद का यह दृष्टांत आज एक अजूबा लगता है।

सतीश चंद्र ने अपने शोध—*पार्टीज़ ऐंड पॉलिटिक्स ऐट द मुगल कोर्ट- 1707-1740* में इस अवधि के आर्थिक कारकों का सूक्ष्म अध्ययन करके यह प्रतिपादित किया कि मुगल साम्राज्य का पतन जागीरदारी व्यवस्था में उभरे संकट का परिणाम था। उन्होंने बताया कि मुगलों का राजनीतिक-प्रशासनिक ढाँचा जागीर और मनसब जैसी संस्थाओं पर टिका था। इन दोनों संस्थाओं की कार्यकुशलता राजस्व के संग्रह और वितरण पर निर्भर करती थी। औरंगज़ेब के आख़िरी दौर में यह व्यवस्था बिखरने लगी और राज्य वित्ताय संकट में घिरता चला गया। उमरा (आभिजात्य) वर्ग में आर्थिक रूप से ज़्यादा कमाऊ जागीरों के लिए होड़ मचने लगी और इस क्रम में केंद्र के प्रति उनकी निष्ठा कमज़ोर पड़ने लगी।

इस तरह सतीश चंद्र ने जदुनाथ सरकार के निष्कर्ष को उलटा घुमाते हुए इस बात पर ज़ोर दिया कि औरंगज़ेब की धार्मिक नीति इस संकट का कारण न होकर इसका परिणाम थी। यह बात आज भी देखी जा सकती है कि जैसे ही कोई सत्ता आर्थिक संकट से घिरने लगती है तो वह अक्सर धर्म में आश्रय ढूँढ़ती है। इस संबंध में सतीश चंद्र का यह तर्क क़ाबिले-ग़ौर था कि औरंगज़ेब ने ज़ज़िया जैसा भेदभावपूर्ण कर गद्दी पर बैठने के बाईस साल बाद लागू किया था। यानी अगर औरंगज़ेब हिंदुओं के प्रति धार्मिक विद्वेष रखता था तो वह इस प्रकार की नीति सत्तारोहण के तुरंत बाद भी लागू कर सकता था। ऐतिहासिक व्याख्या की दृष्टि से यह निष्पत्ति एक नये परिप्रेक्ष्य की ओर इंगित करती है जो शासक के व्यक्तिगत गुण-दोषों के बजाय राज्य के आधारभूत ढाँचे में उभरी विसंगतियों पर ज़्यादा ध्यान देता है।

बदलते राजनीतिक विन्यास और बृहत्तर सामाजिक प्रक्रियाओं के अध्ययन पर आधारित यह शोध आज भी एक मानक की तरह देखा जाता है। वह सिर्फ़ मुगल साम्राज्य के पतन की वैकल्पिक व्याख्या नहीं करता बल्कि मराठा और जाटों जैसी क्षेत्रीय राजनीतिक शक्तियों के उभार की संरचनात्मक पड़ताल भी करता है।

सतीश चंद्र का जन्म मेरठ में हुआ था। उनके पिता सर सीताराम पाकिस्तान में भारत के पहले उच्चायुक्त थे। उनकी पूरी शिक्षा इलाहाबाद में हुई। इलाहाबाद से अलीगढ़, जयपुर तथा अंतत: दिल्ली के जवाहरलाल नेहरू विश्वविद्यालय तक फैला उनका अध्यापकीय और प्रशासकीय जीवन ऐतिहासिक शोध के श्रेष्ठ मानदण्डों और कार्यक्षेत्र में दूरगामी और स्थायी योगदान की मिसाल पेश करता है।

इलाहाबाद विश्वविद्यालय से 1948 में अपना शोध पूरा करने और कुछ समय तक वहीं अध्यापन करने के बाद सतीश चंद्र का अगला मुक़ाम अलीगढ़ मुस्लिम युनिवर्सिटी हुआ, जहाँ उन्होंने 1953 से लेकर 1962 तक अध्यापन किया। अपने अलीगढ़ प्रवास के दौरान उन्होंने फ़ारसी की एक पुस्तक *बालमुकुंदनामा* प्रकाशित की। उल्लेखनीय है कि अठारहवीं सदी के राज्य-निर्माताओं पर केंद्रित इस प्राथमिक स्रोत का उपयोग पहली बार सतीश चंद्र ने ही किया था।

अलीगढ़ के बाद जब सतीश चंद्र ने जयपुर का रुख़ किया तो कुछ ही समय बाद वहाँ के इतिहास-विभाग का कायापलट हो गया। एक अनजाना और अपरिचित विभाग नयी शोध-दृष्टि और संकल्पनाओं का केंद्र बन गया। यहाँ रहते हुए उन्होंने राजस्थानी भाषाओं के स्रोतों पर आधारित क्षेत्रीय इतिहास-लेखन को एक नयी दिशा प्रदान की। अपने इस कार्यकाल में उन्होंने क्षेत्रीय दस्तावेज़ों के संरक्षण हेतु कई स्थानों पर अभिलेखागार भी स्थापित करवाए।

सातवें दशक में जब दिल्ली में जवाहरलाल नेहरू विश्वविद्यालय की स्थापना की गयी तो उन्हें मध्यकालीन इतिहास की बागडोर सौंपी गयी। उनके अकादमिक अवदान को देखते हुए यह सही और ज़रूरी फ़ैसला था। लेकिन जल्दी ही उन्हें पहले विश्वविद्यालय अनुदान आयोग का उपाध्यक्ष और बाद में अध्यक्ष नियुक्त कर दिया गया। अपनी इस प्रशासनिक व्यस्तता के बावजूद उन्होंने मराठों के उदय और भक्ति आंदोलन की सामाजिक पृष्ठभूमि पर महत्त्वपूर्ण काम किया।

तैमूर की विरासत पर केंद्रित अपने एक अन्य महत्त्वपूर्ण अध्ययन में उन्होंने यह दिखाया कि मध्य तथा पश्चिमी एशियाई क्षेत्रों में शासकीय और सामाजिक संगठन के सिद्धांतों की एक समृद्ध परम्परा विकसित हुई थी जिससे बाद में भारत भी लाभान्वित हुआ। उनके मुताबिक़ मुग़लों ने राज्य के जिस सेकुलर ढाँचे पर अमल किया वह तैमूरी परम्परा से ही विकसित हुआ था। इसी तरह अपने एक दूसरे शोध-लेख में उन्होंने 'सिल्क रोड' के नामकरण पर आपत्ति करते हुए तर्क दिया था कि इस व्यापार-मार्ग का दक्षिण-पश्चिमी भाग भारत से निर्यात किये जाने वाले सूती कपड़ों के लिए जाना जाता था, इसलिए वह सिर्फ़ एक व्यापार-मार्ग के बजाय व्यापार के एक नेटवर्क की ओर ज़्यादा इशारा करता था।

सतीश चंद्र इतिहास-लेखन की औपनिवेशिक धारा की बहुरूपिया प्रवृत्तियों पर हमेशा नज़र रखते थे। ग़ौरतलब है कि औपनिवेशिक शासन के साथ हमदर्दी रखने वाले इतिहासकार कुछ हेरफेर के साथ यह बात हमेशा कहते हैं कि भारत में अंग्रेज़ों का शासन एक राहत की तरह आया था। ऐसे कई इतिहासकार यह सवाल पूछने के बजाय कि भारत जैसे उपनिवेश औद्योगिक विकास का स्वतंत्र रास्ता क्यों नहीं चुन पाए, सवाल को इस तरह पेश करते थे कि पूर्व-उपनिवेशों में औद्योगिक पूँजीवाद इतनी देरी से क्यों पहुँचा! इतिहास-लेखन के इस परिप्रेक्ष्य के प्रति सतीश चंद्र का नज़रिया सदा सख़्त बना रहा।

बाहरी और स्थानीय राजनीतिक शक्तियों के संघर्ष की विस्तृत पड़ताल करते हुए सतीश चंद्र ने यह भी लक्षित किया कि अठारहवीं सदी में मुगल तथा अन्य भारतीय सत्ताओं की हार इसलिए नहीं हुई क्योंकि उनकी युद्ध-रणनीति पुरानी पड़ गयी थी, बल्कि उनकी पराजय का कारण यह था कि उन्होंने नौसेना के विकास पर पर्याप्त ध्यान नहीं दिया। बाद के वर्षों में भारतीय इतिहास के इस पहलू पर उनका विशेष ध्यान रहा। समुद्रीय व्यापार और राजनीति के अंतर्संबंधों के अध्ययन को सांस्थानिक ढाँचा प्रदान करने के लिए उन्होंने सेंटर फ़ॉर इण्डियन ऑशन स्टडीज़ नामक संस्था की नींव रखी।

यह एक विलक्षण बात है कि साठ-पैंसठ वर्षों के सक्रिय जीवन में उन्होंने अपने अकादमिक योगदान से केवल मध्यकालीन इतिहास को ही समृद्ध नहीं किया बल्कि विभिन्न प्रशासनिक ज़िम्मेदारियों का भी इतनी ही कुशलता से निर्वाह किया। शैक्षिक संस्थाओं में वैचारिक असहमति के मूल्य को ज़िंदा रखने में उनकी भूमिका अप्रतिम रही। विश्वविद्यालय अनुदान आयोग के अध्यक्ष के तौर पर एक तरफ़ उन्होंने अध्यापकों को विश्वविद्यालय के प्रशासन की आलोचना करने का अधिकार दिलाया तो दूसरी तरफ़ नये शोधार्थियों के लिए जूनियर रिसर्च फेलोशिप की व्यवस्था की। उनकी प्रतिबद्धताओं के स्मारक के रूप में ये दोनों चीज़ें आज भी क़ायम हैं।

नवज्योति सिंह

भारतीय चिंतन परम्परा का नया पाठ

अविनाश झा

भारतीय संस्कृति का पुनर्पाठ तैयार करने में आजीवन लगे रहे नवज्योति सिंह (28 फ़रवरी, 1958-3 मार्च, 2018) एक विलक्षण दार्शनिक व्यक्तित्व के स्वामी थे। केवल साठ वर्ष की आयु में ही उनका देहांत भारतीय विचार-जगत के लिए दुर्भाग्यपूर्ण है। अपनी अस्वस्थता के बावजूद वे हाल तक शिक्षण और शोध में पूरी तरह सक्रिय रहे। नवज्योति हैदराबाद के आईआईआईटी (इंटरनैशनल इंस्टीट्यूट ऑफ़ इनफ़ॉर्मेशन टेक्नॉलॅजी) में सेंटर फ़ॉर एग्ज़ैक्ट ह्यूमैनिटीज़ के प्रमुख हस्ताक्षर ही नहीं थे, बल्कि मानविकी के इस अनूठे शोध केंद्र को उन्होंने ही कल्पित किया था। उनके अन्वेषणों का फ़लक बहुत बड़ा है, जो गणित, लॉजिक, भाषा-विज्ञान और दर्शन से होते हुए कम्प्यूटर साइंस तक जाता है। इन अनुशासनों के साथ उनकी यात्रा एक दार्शनिक तलाश की तरह थी। विद्वत्ता की ख़ातिर विद्वत्ता की उन्हें कोई ललक न थी।

मैं उनसे 1981 में आईआईटी, कानपुर में पहली बार मिला। यह दशक कई शिक्षण संस्थानों में राजनीतिक असंतोष व वैचारिक बेचैनी के लिए जाना जाता है। इन्हीं दिनों आईआईटी, कानपुर में प्रतिभाशाली विद्यार्थियों का एक बड़ा हिस्सा सोच-विचार के क्षेत्र में एक नयी लकीर खींचने के लिए उत्सुक था। इन्हीं विद्यार्थियों को राजनीतिक प्रश्नों के साथ-साथ आधुनिक विज्ञान से

संबंधित बहस को एक विशेष दार्शनिक मोड़ देने का श्रेय जाता है। अस्सी के दशक तक आते-आते राजनीतिक सरगर्मियाँ तो कम हो गयीं, पर विद्यार्थियों और शिक्षकों के एक अपेक्षाकृत छोटे हिस्से में महत्त्वाकांक्षी दार्शनिक और राजनीतिक प्रस्तावों पर खुली बहस का माहौल ज़रूर बन गया। इन चर्चाओं में कम्युनिस्ट, समाजवादी, गाँधीवादी से लेकर राजनीतिक इस्लाम और राष्ट्रवादी विचारधाराएँ एक-दूसरे से उलझी हुई थीं। आईआईटी के बृहत्तर विद्यार्थी समुदाय के लिए विचारधाराओं के इस भेद का कोई विशेष अर्थ न था और इन बहसों और क्रियाकलापों में शामिल लोगों को 'क़ौमी' कह कर सम्बोधित किया जाता था।

1981 में जब मैं वहाँ पहुँचा, नवज्योति न्युक्लियर अभियांत्रिकी में एम.टेक. का शोध समाप्त कर रहे थे। उस समय वहाँ पीपीएसटी (पैट्रियोटिक ऐंड पीपुल ओरिएंटेड साइंस ऐंड टेक्नॉलॅजी) नाम का एक समूह सक्रिय था जो सत्तर-अस्सी के दशकों में देश-विदेश में उभरे जन-विज्ञान आंदोलनों से अलग था। विज्ञान को लोगों तक ले जाने की बजाय इस समूह के सदस्य विज्ञान को समाज के अनुरूप बनाना चाहते थे। नवज्योति भी इस समूह के एक सक्रिय सदस्य थे। नवज्योति के अनुसार 'पैट्रियोटिक' से उनका अभिप्राय 'संस्कारनिष्ठ' था। वे विज्ञान को भारतीय संस्कृति से 'संस्कारित' करना चाहते थे। साथ ही वे भारतीय संस्कृति में विज्ञान और प्रौद्योगिकी की परम्पराओं की छानबीन भी कर रहे थे। उनका ऐसा मानना था कि भारत की बहुसंख्यक जनता आज भी उन्हीं परम्पराओं के आधार पर अपनी जीविका और जीवन चला रही है। उनका विचार था कि भारतीय संस्कृति की पहचान केवल 'आध्यात्मिक' या 'पिछड़ेपन' में सिमट जाने से यह वास्तविकता आँखों के सामने होते हुए भी हमारे विचारों से गुम हो गयी है। कानपुर और अन्य शहरों में पीपीएसटी से संलग्न कई युवा वैज्ञानिक, शोधार्थी और कार्यकर्ता मिल कर अपने शोधों द्वारा भारतीय संस्कृति का एक पुनर्पाठ बनाने में लगे हुए थे। इन शोधों के परिणाम उनकी पत्रिका पीपीएसटी बुलेटिन के अंकों में प्रकाशित हो रहे थे। तक़रीबन बीस अंकों में कृषि, स्थापत्य, स्वास्थ्य, जंगल इत्यादि से

लेकर गणित, लॉजिक और आधुनिक विज्ञान के दर्शन और इतिहास पर कई महत्त्वपूर्ण लेख मिलते हैं।[1]

नवज्योति का दार्शनिक रुझान बुलेटिन में प्रकाशित उनके लेखों में स्पष्ट दिखता है। उनका एक लेख भारत, चीन, यूनान और आधुनिक पश्चिम में गणित के मूल सिद्धांतों का तुलनात्मक अध्ययन प्रस्तुत करता है। एक अन्य लेख 'फ़ेनोमेनोलॅजी और भारतीय दर्शन',[2] इसी नाम से दिल्ली में आयोजित एक अंतर्राष्ट्रीय सम्मेलन के वैचारिक ढाँचे की समीक्षा करता है।[3] इस लेख में प्रसिद्ध दार्शनिक जे.एन. मोहंती के उद्घाटन भाषण एवं कई अन्य पर्चों की चर्चा के आधार पर भारतीय दर्शन के तुलनात्मक अध्ययन में युरो-केंद्रित चिंतन के सूक्ष्म प्रभावों की विषद विवेचना मिलती है। नवज्योति के अनुसार इस तुलनात्मक अध्ययन की असमतल ज़मीन इसके शीर्षक में ही ज़ाहिर हो जाती है। एक तरफ़ तो अपने विश्लेषणात्मक उपकरणों से युक्त एक दार्शनिक संरचना फ़ेनोमेनोलॅजी (घटनाक्रियाशास्त्र) है, और दूसरी ओर एक धुँधली सी वस्तु है 'भारतीय दर्शन'। नवज्योति के अनुसार किसी भारतीय दर्शन, जैसे अद्वैत, से कुछ समान-से दिखते तत्त्वों को रेखांकित कर दिया जाता है, या फिर मूल सिद्धांतों के भेद के अन्वेषण के बिना ही भारतीय दर्शन में फ़ेनोमेनोलॅजी के अनुपस्थित आयामों पर चर्चा हो जाती है। उनका कहना था कि तुलना या तो दो दर्शनों के बीच अपने-अपने विश्लेषणात्मक उपकरणों के साथ हो, या फिर दो दर्शन परम्पराओं की तुलना का एक-दूसरे प्रकार का सभ्यता-विमर्श हो— तभी तुलना की समतल ज़मीन बन सकती है।

आईआईटी, कानपुर से निकल कर नवज्योति शोध कार्यों में लग गये। एक शोध परियोजना में हिस्सा लेने के बाद एनआईएसटीएडीएस (नैशनल

---

[1] पी.पी.एस.टी. बुलेटिन के कई अंक ppstbulletins.blogspot.in पर उपलब्ध हैं.

[2] पी.पी.एस.टी. बुलेटिन (1985) : 53-71.

[3] पी.पी.एस.टी. बुलेटिन, अंक 16, सितम्बर 1988. इसी शीर्षक से कुछ सुधारों के साथ पुन: प्रकाशित जर्नल ऑफ़ इण्डियन काउंसिल ऑफ़ फ़िलॉसोफ़िकल रिसर्च, (जे.आई.सी.पी.आर) 7 (3), मई-अगस्त 1990 : 109-132. योजना तो यह थी कि प्रोफ़ेसर मोहंती का जवाब भी छपेगा, पर वह प्रकाशित नहीं हो पाया.

इंस्टीट्यूट ऑफ़ साइंस टेक्नॉलॉजी ऐंड डिवेलपमेंट स्टडीज़, दिल्ली) में शोधकर्ता के रूप में कार्यरत हो गये और लम्बे समय तक वहाँ रहे। यहीं पर उनकी मुलाक़ात अनुराधा सिंह (उस समय अनुराधा खन्ना) से हुई जो उनकी जीवनसंगिनी बनीं। दोनों ने आयुर्वेद के दार्शनिक आधारों पर साथ-साथ काम भी किया। उस बीच कुछ समय के लिए वे प्राचीन भारतीय विज्ञान के इतिहासकार देबीप्रसाद चट्टोपाध्याय के सहयोगी के रूप में कलकत्ता में रहे।

भारतीय चिंतन की विश्लेषणात्मक परम्पराएँ उनके अध्ययन के केंद्र में थीं। इस दौर के उनके शोधों में भारतीय चिंतन-परम्परा का एक नया पाठ बनते दिखता है। एक तरफ़ तो भारतीय परम्परा का एक लोकप्रिय आध्यात्मिक पाठ है। दूसरी ओर पश्चिमी ज्ञान परम्पराओं से मिलते-जुलते तत्त्वों के अन्वेषण पर आधारित पाठ है जो अकादमिक दुनिया में प्रचलित है। दोनों में एक पूर्वधारणा है कि भारतीय परम्परा में अगर कोई तर्कसंगत वैचारिकी है भी, तो वह पाश्चात्य 'रीज़न' के सम्मुख कमज़ोर है, या उसकी पूर्व-प्रति है, और इसलिए अप्रासंगिक है।

इनसे हट कर नवज्योति ने उस मूल वैचारिकी की खोज का प्रयास किया जो भारतीय चिंतन परम्पराओं को समृद्ध बनाती रही है और जो उनकी विशेषता है। तुलनात्मक संदर्भ नवज्योति के लिए भी सदा उपस्थित रहा। उनका मानना था कि परम्परा को आधुनिक ज्ञान-विज्ञान की चकाचौंध में ही खड़ा होना पड़ेगा। पर उनके शोध के केंद्र में वे 'असमान तत्त्व' आ जाते हैं जो पश्चिमी चिंतन परम्पराओं से अलग हैं, या जो वहाँ अनुपस्थित हैं। इस प्रकार से वे भारतीय चिंतन परम्परा में वैचारिकी के प्रवाह का एक नया पाठ लिखते हैं।

प्राचीन भारतीय इतिहास की एक पहेली है जिसकी ओर नवज्योति ने हमारा ध्यान आकर्षित किया।[4] करीब 1500 ई.पू. तक हड़प्पा की संस्कृति और उसके साथ ही हड़प्पन लिपि का लोप हो चुका था। फिर 500 ई.पू. से 300 ई.पू. में ही जा कर हमें ब्राह्मी और खरोष्ठी लिपि का प्रमाण उस समय के शिलालेखों से मिलता है। इस लम्बे कालखण्ड में लिपियाँ उपस्थित नहीं हैं। इसी कालखण्ड में वैदिक वाङ्मय की रचना और उसके प्रामाणिक मौखिक स्वरूप की स्थापना होती है। इतिहासकारों की मान्यता है कि इसी कालखण्ड

---

[4] देबीप्रसाद चट्टोपाध्याय (1986) : 406-442.

में सुमेर, मिस्र और चीन की संस्कृतियों में लिपिबद्धता ने सांस्कृतिक धरोहर को स्थायित्व प्रदान किया। लिपिबद्धता से ही भाषा का स्थायित्व बनता है और लम्बे पाठों की रचना होती है।

पहेली यह है कि मौखिक वैदिक वाङ्मय पर आधारित संस्कृति का स्थायित्व कहाँ से आता है और इसका संचरण कैसे होता है? नवज्योति भारतीय वैचारिकी की विशेषता का मूल स्रोत यहीं पर देखते हैं। यह स्रोत वेद की विषय-वस्तु में नहीं, बल्कि वेदपाठ में है। वेदपाठ के लिए ध्वनियों की लम्बी शृंखला को मानस-पटल पर इस तरह अंकित करने की ज़रूरत थी जैसे पत्थर की शिलाओं पर अक्षरों को अंकित किया जाता है। तभी इन ध्वनियों का अपरिवर्तित पाठ शताब्दियों तक सम्भव हो सका। यह कोई आसान चीज़ नहीं है। इसके लिए काल में ध्वनियों की पंक्ति की समझ ज़रूरी है। इस समझ को बनाने के लिए 'वाक्' का विश्लेषण आवश्यक है। हम पाते हैं कि वाक़ई 'वेद पाठ' के इर्द-गिर्द, पूर्व और उत्तर, भाषा ज्ञान का एक संसार था जिसमें आगे जाकर पाणिनि का व्याकरण लिखा जाता है जो विश्लेषणात्मक सर्जन का एक अन्यतम उदाहरण है। काल में ध्वनि की इस पंक्ति में बहुत कुछ घटित होता है। अर्थ भी बनते हैं, वाक्य भी बनते हैं और भाषा का एक संसार भी बनता है। इसी 'पंक्ति' का विचार बौद्धों के 'चित्त-संतति' में भी उपस्थित है— ध्वनि की जगह यहाँ चित्तों की शृंखला है। क्षणभंगुर चित्त की पंक्ति के ऊपर चार परमार्थिक धर्मों के व्यापार से ही अभिधम्म अनुभव के संसार की समझ बनाता है।

'अनुभव की पंक्ति' का तो भारतीय विश्लेषण पद्धतियों में एक महत्त्वपूर्ण स्थान बनता है, चाहे वह किसी भी दार्शनिक परम्परा का हो। पर यह पंक्ति संसक्तक या कॉन्टीन्युअम नहीं है युक्लिड की 'लाइन' की तरह। अनुभव की पंक्ति एक संसक्तक या कॉन्टीग्युअम है। युक्लिड की 'लाइन' में हर दो बिंदु के बीच असंख्य बिंदु होते हैं। अनुभव को इस तरह नहीं समझा जा सकता है, क्योंकि अनुभव का एक क्रम होता है, एक के बाद एक। इसलिए 'अनुभव की पंक्ति' का विश्लेषणात्मक उपकरण उस पश्चिम में नहीं है जहाँ का विचार-संसार कॉन्टीन्युअम पर ही टिका है। (डिजिटल दुनिया में डिस्क्रीट का विचार भी उभरा है)। भारतीय विचार-जगत में 'पंक्ति' का विश्लेषणात्मक महत्त्व नवज्योति

के शोध में उभर कर आता है। 'अनुभव की पंक्ति' और कॉन्टीन्युअम की व्याख्या नवज्योति ने लाइबनीज़, ब्रेंतानो और व्हाइटहेड के सिद्धांतों की प्रत्यालोचना के माध्यम से तो की ही, वैशेषिक दर्शन पर आधारित इस पंक्ति की अपनी व्याख्या भी पेश की।[5] नवज्योति ने कहा कि भारतीय परम्परा में भाषा-विज्ञान का कुछ वैसा ही किरदार है जैसा कि गणित का पश्चिमी परम्परा में, जहाँ गणित को विज्ञान की रानी कहते हैं।[6] उन्होंने कहीं पढ़ा था कि भारत के लोग 'व्याकरण के लोग' या 'व्याकरण-जन' हैं, 'किताब के लोग' या 'पीपुल ऑफ़ बुक' नहीं। यह कथन उन्हें बहुत पसंद आया।

नवज्योति ने 'प्रस्थान मीमांसा' के नाम से एक शोध परियोजना का सूत्रपात्र किया जिसके तहत भारतीय दर्शन के कुछ मूल सैद्धांतिक प्रश्नों पर तीन सम्मेलन आयोजित किये गये। इनमें कई भारतीय दार्शनिकों ने भाग लिया। इसी से संबंधित एक शोध-नेटवर्क बनाने का प्रयास हुआ ताकि 'प्रस्थान मीमांसा' श्रृंखला को चलाते हुए आगे ले जाया सके। इसी सिलसिले में उनकी मुलाक़ात प्रोफ़ेसर पी.के. मुखोपाध्याय से हुई जो बौद्धिक सहकार्यता से शुरू होकर गहरी दोस्ती में बदल गयी। उन्हें साथ देखने का अनुभव बहुत सुखद था। एक-दूसरे से चुनौती भरे प्रश्न करते हुए भी उनका परस्पर स्नेह देखते ही बनता था।

नवज्योति ने पाश्चात्य दर्शन का भी गहरा अध्ययन किया था। प्राचीन यूनानी और आधुनिक चिंतन में रूप के विस्तृत अध्ययन से वे इस निष्कर्ष पर पहुँचे कि पारमिनेडिज़, प्लेटो और अरस्तू से चल कर आधुनिक विचार में भी 'रूप' की कल्पना एक अंत:क्षेत्र (इनक्लोज़र) के रूप में हुई है।[7] इस तरह के 'बंद रूप' का सिद्धांत तब बना जब प्राचीन यूनानी विचार में 'एपिरोन की बलि देवी एलिथिया की वेदी पर दी गयी'।[8] एपिरोन या अपरिमित के विचार को त्याग कर 'रूप' की कल्पना हुई। इसी बिंदु को नवज्योति भारतीय और पश्चिमी

[5] स्वामी परमांनद (2003) : 111-159.

[6] ए. रहमान (1984) : 79-106.

[7] 'प्रोलेगोमेना फ़ॉर अ स्टडी ऑफ़ द नोशन ऑफ़ फ़ॉर्म', नैशनल सेमिनार ऑन वेस्टर्न ऐंड इण्डियन थियरीज़ ऑफ़ इन्फरेंस, वाई (महाराष्ट्र), जून 1987.

[8] गोविंद चंद्र पाण्डेय (2005) : 1250-1287.

चिंतन परम्पराओं के भेद का स्रोत भी मानते हैं। 'एपिरोन' के परित्याग के बाद पिरोन या 'परिमित' के आधार पर जो 'बंद रूप' की कल्पना हुई वह तर्कवाक्य (प्रपोज़ीशन) और समुच्चय (सेट) में दिखती हैं। ये दोनों ऐसे रूप हैं जिनकी विषय-वस्तु रूप के अंदर स्थित होती है। 'पंक्ति' और 'बिंदु' की व्याख्या के आधार पर नवज्योति ने एक 'खुले रूप' की कल्पना की, जिसे उन्होंने 'विराम चिह्न' (पंक्चुएटर) का नाम दिया। यह रूप बिंदु-स्वरूप है और इसकी विषय-वस्तु रूप के बाहर होती है। 'विराम चिह्न' का अपनी विषय-वस्तुओं पर कोई नियंत्रण नहीं होता— वे परिमित भी हो सकती हैं, अपरिमित भी हो सकती हैं।

'रूप' की इस कल्पना के साथ भारतीय दर्शन में उन्हें दो मूल रूप दिखे— एक तो 'विराम चिह्न' और दूसरा 'भाव प्रत्यय'। 'रूप' की अपनी व्याख्या के साथ ही नवज्योति भारतीय दर्शन के पुनर्पाठ के आगे जाकर भारतीय विश्लेषण के उपकरणों की पुनर्रचना की ओर बढ़ रहे थे। इण्डियन इंस्टीट्यूट ऑफ़ एडवांस स्टडीज़, शिमला में प्रवास के दौरान उन्होंने न्याय, इतिहास और समाज की एक रूप-आधारित व्याख्या कर डाली।[9] इसके लिए उन्होंने वैशेषिक और मीमांसा दर्शन के आधार पर क्रिया-लोक की एक व्याख्या की। इसके मुताबिक़ किसी भी प्रकार की क्रिया में अणुओं, परमाणुओं, अंगों-प्रत्यंगों की अनगिनत क्रियाएँ शामिल होती हैं। इन अनगिनत क्रियाओं के सारांश के रूप में सोद्देश्य क्रियाएँ या कर्म (डीड्स) बनते हैं, जिन्हें 'पढ़ा' जा सकता है या 'कहा' जा सकता है। कर्मों के बीच प्रतिरोध आने पर इस प्रतिरोध के समाधान में अन्य कर्म होते हैं। समाधान के लिए जो विवेकपूर्ण कर्म होते हैं, उनसे 'विधियाँ' बनती हैं। इन विधियों के 'समुच्चय' या 'संहिता' के सैद्धांतिक विश्लेषण के आधार पर नवज्योति 'वेद' की एक रूपात्मक समझ बनाते हैं। चाहे वेद हो, या बुद्ध के अनगिनत जन्मों की कहानियाँ हों, ये अनादि सृष्टि और अनादि बंधत्व की पृष्ठभूमि में विवेकपूर्ण कर्मों के विधान रचने के उपकरण हैं।

जहाँ एक ओर ये शोध चल रहे थे, दूसरी ओर पीपीएसटी की गतिविधियों में भी उनकी पूरी भागीदारी थी। नब्बे के दशक में 'भारत के पारम्परिक विज्ञान

[9] 'पंक्चुएटिंग रिएलिटी : फ़ॉर्मल थियरी ऑफ़ जस्टिस, हिस्ट्री ऐंड सोसायटी', अप्रकाशित.

और टेक्नॉलॅजी’ विषय पर तीन राष्ट्रीय सम्मेलन हुए जिनमें से हर एक में सैकड़ों शोधार्थियों, कारीगरों, किसानों और कार्यकर्ताओं ने भाग लिया। पहली कांग्रेस 1993 में आईआईटी, बम्बई में आयोजित हुई जो अपने तरह का पहला आयोजन था। इन सम्मेलनों की दिलचस्प कहानी उदयन वाजपेयी को दिये गये लम्बे साक्षात्कार में मिलती है।[10]

इस सम्मेलनों के सिलसिले में वे देश-भर में यात्राएँ करते रहे। इस दौरान सैकड़ों लोगों से उनकी बातचीत हुई जिनमें प्रधानमंत्री और वरिष्ठ अधिकारियों से लेकर दूर-दूराज़ के शहरों में रहने वाले कारीगर और कार्यकर्ता शामिल थे। इन यात्राओं और इन लोगों के बारे में कहानियों का पूरा पुलिंदा उनके पास था। एक निपुण कथावाचक की तरह वे इन कहानियों को रस लेकर सुनाते थे। कहानी और कथाओं का उनके विचार-संसार में भी महत्त्वपूर्ण स्थान था। वे मिथकों और कथाओं को दार्शनिक चर्चाओं में सहजता से बुन देते थे। वे मानते थे कि कहानियाँ भी सत्य का उद्घाटन करती हैं।

शिमला प्रवास में इतिहास और हिस्ट्री के भेद पर उनका एक लेख है जहाँ वे अतीत-बोध की इन दो अभिव्यक्तियों की व्याख्या इस रूप में करते हैं कि ‘इतिहास’ में ‘न्याय’ की स्मृतियों को कथाओं में सँजोया जाता है और ‘हिस्ट्री’ अतीत में हुए अन्यायों के अंकन पर आधारित है। इस भेद से उनकी पद्धतियों में एक भेद आ जाता है। ‘न्याय’ का वस्तुपरक अंकन सम्भव नहीं है, उसे कथाओं में ही कहा जा सकता है और इन्हें कहते-सुनते नैतिक प्रश्नों का मंथन भी चलता है। अन्याय की वस्तुपरक परीक्षा होती है और ‘हिस्ट्री’ इसके इर्द-गिर्द बुनी जाती है। हिस्ट्री साक्ष्यों की स्वायत्तता पर आधारित है। वैसे ‘हिस्ट्री’ का काम भी ‘कथन’ के बिना नहीं चलता। भारतीय आधुनिकता में ‘इतिहास’ और ‘हिस्ट्री’ का भेद किस तरह प्रभावी होता है, वह एक अलग ही कहानी है।

---

[10] उदयन वाजपेयी (2018) : 21-30. *विचरण* में एक दूसरी कहानी बनारस के मीमांसक पण्डित पट्टाभिराम शास्त्री की है जिनसे वे एक दार्शनिक सेमिनार के आयोजन-संदर्भ में मिले. (पृ.18-20) यह कहानी नवज्योति ने हिंदी कथाकार दूधनाथ सिंह को सुनाई थी. दूधनाथ ने इस पर आधारित ‘नव्य न्याय’ के नाम से एक कहानी लिख डाली जो *हंस* में प्रकाशित हुई. कहानी लगभग वही है, सिर्फ़ मीमांसक की जगह नव्य न्याय के पण्डित ने ले ली है.

इतिहास का यह विश्लेषण भी अंततः कर्म के विश्लेषण पर आधारित है। एक-दूसरे के कर्मों को पढ़ना/सुनना और उस पर नैतिक विचार एक ऐसा काम है जो हम हर समय करते रहते हैं। नवज्योति इस सरल अवलोकन को एक ऊँचाई तक ले जाते हैं और मनुष्य की वैधानिक स्वतंत्रता का एक सिद्धांत सामने रखते हैं। हर व्यक्ति उचित/अनुचित या अच्छे/बुरे का भेद करने के लिए सर्वथा स्वतंत्र है। बिस्तर पर पड़ा शारीरिक रूप से निष्क्रिय व्यक्ति भी उचित/अनुचित का भेद करने में सक्षम है और वह ऐसा करता भी है।[11] इस विश्लेषण को आगे बढ़ाते वे 'शिष्टता' की सैद्धांतिक व्याख्या करते हैं और 'शिष्ट व्यक्ति' के निर्माण को सारे धर्मों के मूल में देखते हैं।[12] शिष्टता का अन्वेषण उन्हें प्लेटो के संवाद 'यूथिफ्रो' में हुए 'यूसेबिया' के विश्लेषण की ओर ले जाता है, जिसका अनुवाद वे शिष्टता के रूप में ही करते हैं। सम्राट अशोक के यूनानी भाषा के शिलालेखों में धर्म के अनुवाद के रूप में यूसेबिया प्रयुक्त हुई है।

नवज्योति के व्यक्तित्व और दर्शन में एक तरह का विरोधाभास लग सकता है— एक तरफ़ कथाओं में उनकी गहरी दिलचस्पी और दूसरी ओर विश्लेषणात्मक चिंतन की ओर उनका रुझान। कुछ उसी तरह का विरोधाभास फिर उभरा है जब उन्होंने एग्ज़ैक्ट को ह्यूमैनिटीज़ के साथ रख कर सेंटर फ़ॉर एग्ज़ैक्ट ह्यूमैनिटीज़ (सीईएच) की स्थापना आईआईआईटी, हैदराबाद में की। समसामयिक अकादमिक जगत में इस प्रकार के मानविकी शोध केंद्र की कल्पना बिल्कुल अनूठी है और इसके नाम को लेकर प्रतिक्रियाएँ एक मुस्कान से लेकर तिरस्कार के रूप तक में हो सकती हैं, और होती रहती हैं। हमारे विचार जगत में 'एग्ज़ैक्ट ह्यूमैनिटीज़' एक 'आक्ज़ीमोरॅन' है— दो विसंगत अर्थों को साथ लाने की मूर्खता। यही नहीं, एक कम्प्यूटर साइंस के संस्थान में स्थापित मानविकी के इस शोध-केंद्र की कल्पना कम्प्यूटर साइंस और मानविकी के 'संगम' के रूप में की गयी। शोध के अलावा इस केंद्र में पाँच वर्षों की दोहरी-डिग्री की पढ़ाई होती थी यानी जिसके समापन पर विद्यार्थियों को दो डिग्रियाँ

[11] नेचर ऑफ़ हिस्टोरिकल थिंकिंग ऐंड 'ऐतिह्य' : 1-28.

[12] पीटर कोसलोव्स्की (सं.)(2003) : 66-95.

मिलती थीं— कम्प्यूटर साइंस में बी.टेक. एवं 'एग्ज़ैक्ट ह्यूमैनिटीज़' में एम.एस.। इस कोर्स में मानविकी और कम्प्यूटर साइंस की पढ़ाई साथ-साथ चलती थी। दरअसल, शताब्दी के अंत तक पीपीएसटी एक सक्रिय समूह नहीं रह गया था। परम्परा में विज्ञान की खोज अब शायद प्रासंगिक नहीं रह गयी थी। नवज्योति को एक दूसरा रास्ता दिख रहा था जिसमें न सिर्फ़ परम्परा का एक भविष्य था, बल्कि जिसमें मानव-मात्र के भविष्य के लिए कुछ नया बनाने की सम्भावना थी। इसी सम्भावना को चरितार्थ करने के लिए उन्होंने सीईएच की स्थापना का साहसिक निर्णय लिया। आईआईआईटी द्वारा इस प्रस्ताव को स्वीकार करना भी उतना ही साहसिक था।

'एग्ज़ैक्ट ह्यूमैनिटीज़' की कल्पना उनके शोधों से ही उभरी थी। भारतीय परम्पराओं के शोध में जो विश्लेषणात्मक अंतर्दृष्टि और वैचारिक प्रक्रियाएँ उन्हें मिली थीं, उनमें अनुभव से शुरू होकर क्रियाओं तक की प्रक्रियाओं की एक सुस्पष्ट समझ बनाने के उपकरण दिखते थे। 'फर्स्ट पर्सन एक्सपीरिएंस' को आधार बना कर विकसित किये गये ये विश्लेषणात्मक पद्धतियाँ भविष्य की मानविकी के आधार बन सकती थीं। वैशेषिक दर्शन को आधार बनाकर नवज्योति एक 'फॉर्मल ऑन्टोलॅजी' भी विकसित कर चुके थे (निओ वैशेषिक फॉर्मल ऑन्टोलॅजी) और इसे कुछ एक कार्यशालाओं में प्रस्तुत भी कर चुके थे। इसके कम्प्यूटर साइंस में प्रयुक्त होने की सम्भावना भी थी। इस तरह 2007 में इस शोध केंद्र की स्थापना हुई।

कह सकते हैं कि यहाँ से नवज्योति के दर्शन का एक 'वाचिक' दौर शुरू होता है। उनका सारा समय पढ़ाने और विद्यार्थियों के शोध के मार्गदर्शन में ही लगा रहता था। और बाक़ी कथाओं के आदान-प्रदान में। उनका अपना शोध इन्हीं प्रक्रियाओं के ज़रिये चलता रहा। लेकिन लिखना लगभग बंद हो गया, विद्यार्थियों के साथ लिखे शोध पत्रों के अलावा। इस दौर के उनके विचार वीडियो या ऑडियो रिकॉर्डिंग में ही उपलब्ध हैं या फिर पढ़ाने के लिए बनाई गयी स्लाइड्स में। ये स्लाइड्स बड़े जतन से बनाई जाती थीं और एक-एक स्लाइड्स पर वे काफ़ी समय लगाते थे। विद्यार्थियों को पढ़ाने के अलावा उन्होंने कार्यशालाएँ भी कीं। इनमें वाराणसी में आयोजित तीन-हफ़्तों की दो कार्यशालाएँ महत्त्वपूर्ण हैं। पहली

कार्यशाला वैशेषिक दर्शन पर थी जिसमें बनारस के पण्डितों से उनका संवाद भी शामिल था। दूसरी कार्यशाला 'कला-दर्शन' पर आयोजित थी जिसमें अन्य विद्वानों के साथ कुछ प्रसिद्ध कलाकारों ने भी हिस्सा लिया। बहाउद्दीन डागर, कुमार शाहनी, उदयन वाजपेजी इत्यादि वहाँ उपस्थित थे।

अपने अंतिम वर्षों में नवज्योति का शोध कला-दर्शन पर केंद्रित था। बाद में उनके सारे शोध-विद्यार्थी कलाकार ही थे— चाहे वे पेंटर हों, या डांसर, या रंगकर्मी, या फ़िल्मकार। उनका शोध भी कलाओं में ही था। 'कला' और 'कल्पना' उनके दार्शनिक चिंतन के केंद्र में आ गये थे और उनका मानना था कि समाज के लिए भी वे महत्त्वपूर्ण हैं। इसका अर्थ यह नहीं है कि विश्लेषणात्मक विचार और रूपात्मक अन्वेषण में उनकी दिलचस्पी कम हो गयी हो। कला की रूपात्मक व्याख्या ही उनके शोध के केंद्र में है। यहाँ एक और विरोधाभास लग सकता है— कलात्मक और फ़ॉर्मल के बीच।

ये सारे विरोधाभास, चाहे वे कहानी और विश्लेषण के बीच के हों या कला और दर्शन के बीच के, शायद आज के विमर्श से ही उपजे हैं। उनके अपने विचार-ससार में और न ही उनके व्यक्तित्व में इस तरह की कोई टकराहट दिखती है।

पिछले एक-दो वर्षों से वे अस्वस्थ थे। अपनी लम्बी बीमारी के दौरान भी शारीरिक कमज़ोरी और पीड़ा के बावजूद काफ़ी सहज रहते थे। अपने परिवार के सहयोग से आईआईआईटी में विद्यार्थियों को पढ़ाना और उनके शोध में मार्गदर्शन पिछले नवम्बर तक चलता रहा था। पिछले सितम्बर में उन्होंने मद्रास विश्वविद्यालय के संगीत विभाग में कार्यशालाएँ भी की थीं।

फ़रवरी, 2018 के आते-आते वे बिस्तर पर आ गये। उन्हें बोलने में भी प्रयत्न करना पड़ता था। फिर भी दार्शनिक चर्चाओं से उनका चेहरा खिल उठता था। उस समय भी वे कुछ अधूरे काम पूरा करना चाहते थे और ऑडियो रिकॉर्डिंग द्वारा इन्हें करने की कोशिश भी की। उनकी कई पांडुलिपियाँ अभी भी अप्रकाशित हैं। इसके लिए उन्होंने कोई विशेष प्रयत्न भी नहीं किया। उन्हें शायद लगता था कि उनके शोधकार्य और दर्शन का

भविष्य उनके विद्यार्थियों के काम से ही बनेगा। जब अंत समय नज़दीक आया तो इन पांडुलिपियों को उन्होंने इकट्ठा करके औरों को सौंप दिया।

इस अंतिम दौर में जब एक बार मैं उनसे मिला तो उन्होंने न्युक्लियर अभियांत्रिकी के अपने एम.टेक थीसिस की प्रति कम्प्यूटर पर दिखाई जो कि उनके पुत्री या पुत्र ने कहीं से डाउनलोड कर उन्हें दी थी। वे बड़े ख़ुश थे। ये थीसिस फ्रांस के ओक्लो की कुछ गुफाओं में प्राकृतिक रूप से होने वाले न्युक्लियर रिएक्शंस को लेकर है। दूसरे विश्व-युद्ध के पूर्व बम बनाने के लिए अमेरिका में जहाँ कृत्रिम न्युक्लियर रिएक्शन के सफल प्रयोग हुए, वहाँ एक पट्टिका लगी है — 'पहला नियंत्रित न्युक्लियर रिएक्शन यहाँ मानव ने सम्भव किया'। उन्होंने इस पट्टिका की एक छवि इंटरनेट से निकाल कर अपनी थीसिस पर लगा दी थी। उनकी अभियांत्रिकी के शोध में भी एक 'दार्शनिक' बिंदु था, यह देख कर ही वे ख़ुश हो रहे थे। उनकी थीसिस यूँ तो एक तकनीकी थीसिस है पर उसकी पहली पंक्ति कुछ इस तरह से शुरू होती है— 'आज से लाखों वर्ष पहले फ्रांस के एक कोने में पृथ्वी की सतह के ठीक नीचे कुछ गुफ़ाओं में छह न्युक्लियर रिएक्टर सक्रिय थे।'

दार्शनिक ही नहीं, एक कथावाचक का जन्म भी तब तक हो चुका था।

संदर्भ

उदयन वाजपेयी (2018), *विचरण : नवज्योति सिंह से संवाद*, राजकमल प्रकाशन, नयी दिल्ली.

ए. रहमान (सं.)(1984), 'फ़ाउण्डेशंस ऑफ़ लॉजिक इन ऐंशेंट इण्डिया : लिंगुइस्टिक्स ऐंड मैथेमेटिक्स', *साइंस ऐंड टेक्नॉलॅजी इन इण्डियन कल्चर : अ हिस्टोरिकल पर्सपेक्टिव*, एनआईएस-टीएडीएस, नयी दिल्ली.

गोविंद चंद्र पाण्डेय (सं.)(2005), 'द इरैशनल इन इण्डियन ऐंड ग्रीक मैथमैटिकल थॉट', *गोल्डेन चेन ऑफ़ सिविलाइज़ेशंस : इण्डिक, इरानिक, सेमेटिक ऐंड हेलेनिक, अप टू सिर्का 600 बीसी*, पीएचआईएसपीसी, नयी दिल्ली.

देबीप्रसाद चट्टोपाध्याय (1986), 'लिंगुइस्टिक ऐंड ओरल ट्रेडिशन इन द पीरियड बिटवीन द डिक्लाइन ऑफ़ हड़प्पन कल्चर ऐंड द राइज़ ऑफ़ मगधन कल्चर', *हिस्ट्री ऑफ़ साइंस ऐंड टेक्नॉलॅजी इन एंशियेंट इण्डिया : द बिगनिंग*, फ़र्मा के.एल. मुखोपाध्याय, कलकत्ता.

'नेचर ऑफ़ हिस्टोरिकल थिंकिंग ऐंड ऐतिह्य', *स्टडीज़ इन ह्यूमैनिटीज़ ऐंड सोशल साइंसेज़*, ×/2.

पंक्चुएटिंग रिएलिटी : फ़ॉर्मल थियरी ऑफ़ जस्टिस, हिस्ट्री ऐंड सोसायटी, अप्रकाशित.

पी.पी.एस.टी. बुलेटिन (1985), 'अ कम्पैरेटिव स्टडी ऑफ़ फाउंडेशंस ऑफ़ मैथेमेटिक्स इन

इण्डिया, चाइना, ग्रीस ऐंड मॉडर्न वेस्ट', अंक 8, मई.

पीटर कोसलोव्स्की (सं.)(2003), 'रोल ऑफ़ गुड मैनर्स एज ब्रिज बिटवीन वर्ल्ड रिलीजंस इन सनातन ट्रेडिशन', *फ़िलॉसफ़ी ब्रिजिंग द वर्ल्ड रिलीजंस : अ डिस्कोर्स ऑफ़ द वर्ल्ड रिलीजंस*, लूवर एकेडेमिक, डोरड्रेत / लंदन / बोस्टन.

'फ़ेनोमेनोलॅजी ऐंड इण्डियन फ़िलॉसफ़ी', पी.पी.एस.टी. बुलेटिन, अंक 16, सितम्बर 1988. इसी शीर्षक से *जर्नल ऑफ़ इण्डियन काउंसिल ऑफ़ फ़िलॉसोफ़िकल रिसर्च,* (जे.आई.सी.पी.आर) 7 (3), मई-अगस्त 1990, में कुछ सुधारों के साथ पुन: प्रकाशित .

स्वामी परमानंद (2003), 'थियरी ऑफ़ एक्सपीरिऐंशियल कॉन्टीगुअम', *फ़िलॉसफ़ी ऐंड साइंस : एक्सप्लोरेटरी अप्रोच टू कांशसनेस,* रामकृष्ण मिशन इंस्टीट्यूट ऑफ़ कल्चर, कलकत्ता.

समीर अमीन

असमानताओं से मुठभेड़

नरेश गोस्वामी

पिछले वर्ष अगस्त में जब पूँजीवाद के दुर्धर्ष आलोचक, राजनीतिक अर्थशास्त्र के रैडिकल चिंतक और वैश्वीकरण के विरुद्ध विश्वव्यापी प्रतिरोध के प्रखर सिद्धांतकार समीर अमीन (1931-2018) का निधन हुआ तो उसमें मृत्यु से उपजे शोक जैसा भाव बहुत ज़्यादा नहीं था। उन्हें एक लम्बी उम्र मिली थी जिसे उन्होंने अपनी जन-पक्षधर राजनीति के जुझारू विमर्श और बेधड़क बौद्धिकता के साथ इस अदा से जिया कि उसमें कुछ छूट जाने की ज़्यादा गुंजाइश नहीं रह गयी थी। यह एक ऐसा जीवन था जिसमें सिद्धांत और सक्रियता कभी एक -दूसरे से ओझल नहीं हुए।

अपने लगभग छह दशकों के बौद्धिक जीवन में समीर अमीन एक बेहतर दुनिया का ख़्वाब बुनते रहे। 1980 में उन्होंने अंतर्राष्ट्रीय शोध केंद्रों के नेटवर्क—थर्ड वर्ल्ड फ़ोरम की कमान सँभाली। 1997 में गठित वर्ल्ड फोरम फ़ॉर ऑल्टरनेटिव्ज़ की स्थापना और संचालन में उनकी मुख्य भूमिका रही थी। इस तरह उनके कृतित्व को अविकसित, अल्पविकसित और विकासशील जैसी राष्ट्रीय संज्ञाओं के पीछे खटते, ग़ैर-बराबरी और शोषण से जूझते असंख्य लोगों के सामूहिक संघर्ष का सैद्धांतिक मोर्चा कहना ग़लत न होगा। इस अर्थ में उनका लेखन उन शक्तियों, प्रवृत्तियों और कुचक्रों को अनावृत्त करता है जिनके चलते बेहतर दुनिया का स्वप्न हक़ीक़त में नहीं बदल पाता।

मिस्री मूल के पिता और फ्रेंच माँ की संतान समीर अमीन का जन्म तीन सितम्बर, 1931 में काहिरा में हुआ। बचपन और यौवन पोर्ट सईद में गुज़रा और उच्च शिक्षा व बौद्धिक दीक्षा पेरिस में सम्पन्न हुई। अमीन ने अपना सफ़र राजनीति-विज्ञान के अध्ययन से शुरू किया। इसके बाद वे सांख्यिकी से होते हुए अर्थशास्त्र तक पहुँचे। पूँजीवाद से पहले की अर्थव्यवस्थाओं के अल्पविकसित अर्थव्यवस्थाओं में रूपांतरित होने की प्रक्रिया पर एकाग्र उनके शोध-अध्ययन को तत्कालीन अकादमिक दुनिया में एक उल्लेखनीय योगदान माना गया। यह देखना दिलचस्प है कि औपचारिक तौर पर समीर अमीन का यह शोध-अध्ययन 1957 में पूरा हो चुका था, लेकिन एक विषय के रूप में यह प्रश्न उनके सामने जीवनपर्यंत मौजूद रहा कि विकसित और पिछड़े देशों में आय, जीवन-स्तर और विनिमय का अंतर कहाँ से पैदा होता है। दरअसल, समीर अमीन विकासशील दुनिया की उस नयी बौद्धिक पीढ़ी के प्रतिनिधि थे जिसे वि-औपनिवेशीकरण की अल्पजीवी ख़ुशफ़हमी के बाद जल्द ही इस सवाल से टकराना पड़ा कि राजनीतिक मुक्ति-संघर्षों के बावजूद दुनिया के आम लोगों का यथार्थ क्यों नहीं बदला!

अमीन ने इस प्रश्न की खोज अफ्रीका के विभिन्न देशों— माली, कोंगो, मिस्र, सेनेगल और घाना आदि की अर्थव्यवस्थाओं के अध्ययन से शुरू की। इस दौरान उनकी *मग़रिब इन द मॉडर्न वर्ल्ड*, *नियो-कोलोनियलिज़म इन वेस्ट अफ्रीका*, *अनइक्वल डिवेलपमेंट* तथा *द अरब नेशन : नैशनलिज़म ऐंड क्लास स्ट्रगल* जैसी चार महत्त्वपूर्ण रचनाएँ प्रकाशित हुईं जिन्हें एक तरह से वि-उपनिवेशीकरण से जन्मे छद्म आशावाद का पटाक्षेप कहा जा सकता है। इन रचनाओं में अमीन ने मग़रिब तथा पश्चिमी अफ्रीकी देशों की राजनीतिक आज़ादी को नव-उपनिवेशवाद का महज़ एक और रूप घोषित करते हुए तर्क दिया कि अपने पूर्व-औपनिवेशिक शासकों के साथ इन देशों का आर्थिक संबंध बेहद अधीनस्थ क़िस्म का है।

पिछड़े और अविकसित देशों की अधीनस्थ अर्थव्यवस्थाओं के सूत्रों को खोलते हुए अमीन ने अपनी एक अन्य रचना *एक्युमुलेशन ऑन अ वर्ल्ड स्केल* में एक महत्त्वपूर्ण तर्क पेश किया कि विकास का पूँजीवादी सिद्धांत

अल्पविकास को ग़रीबी के साथ जोड़ कर विभ्रम पैदा करता है। वह विकासशील देशों के आर्थिक लक्षणों को उनकी सामाजिक संरचना और राजनीतिक व्यवस्था से विच्छिन्न करके इस जटिल सच्चाई की तरफ़ ध्यान नहीं जाने देता कि अल्पविकास ग़रीबी का महज़ बाहरी हुलिया नहीं होता। अमीन इस अल्पविकास को पूँजी के विस्तार की उस वैश्विक व्यवस्था के संचयी परिणाम के रूप में परिभाषित करते हैं जो केंद्र और परिधि के दो भागों में विभाजित है। अपने इस सूत्रीकरण को आगे बढ़ाते हुए अमीन ने बताया कि अल्पविकास के पीछे तीन कारक काम करते हैं : पहला, केंद्र और परिधि के बीच उत्पादन की असमानता; दूसरा, केंद्र की अर्थव्यवस्थाओं की माँग पूरी करने के लिए पैदा किया गया दबाव जिसके चलते अविकसित अर्थव्यवस्थाओं में आंतरिक विनिमय का अवरुद्ध हो जाना; परिधि की अर्थव्यवस्था, समाज और राजनीति पर केंद्र का निर्णायक वर्चस्व।

अमीन का तर्क था कि मुख्यधारा का अर्थशास्त्र केवल पूँजीवादी विस्तार के प्रबंधन की तरक़ीबें गढ़ता है। उसका इस बात से कोई सरोकार नहीं होता कि विकास की प्रक्रिया में समाज किस तरह आंतरिक संघर्षों में फँस जाता है। उनका यह भी कहना था कि बेशक पूँजीवाद किसी ख़ास जगह या समय पर पैदा होता है, लेकिन एक बार अस्तित्व में आने के बाद उसका विस्तार पूरी दुनिया में होने लगता है। इस सूत्रीकरण को ग़ौर से देखें तो साफ़ पता चलता है कि समीर अमीन मार्क्स के इस मूल तर्क को स्वीकार नहीं करते कि पूँजीवाद का संकट मुनाफ़े की घटती दर का परिणाम होता है। अमीन इस सूत्र में संशोधन करते हुए कहते हैं कि अब पूँजीवाद का वैश्विक मॉडल प्रौद्योगिकी, वित्तीय प्रवाह के नियंत्रण, सैन्य शक्ति, वैचारिक और मीडिया-उत्पादन तथा प्राकृतिक संसाधनों पर केंद्रस्थ देशों के एकाधिकार में बदल चुका है। पूँजीवादी व्यवस्था में असमानताएँ इसलिए ख़त्म नहीं होती क्योंकि उनके पीछे असमान विनिमय का एक ताक़तवर तंत्र काम करता है। अमीर देशों ने श्रम का एक ऐसा अंतर्राष्ट्रीय ढाँचा तैयार कर दिया है जिसमें बाक़ी देश उनके अधीनस्थ होकर काम करते हैं। यह मूलत: एक शोषणकारी व्यवस्था है जो पहले प्रत्यक्ष औपनिवेशिक नियंत्रण के ज़रिये काम करती

थी, लेकिन अब परिधि के देशों को विनिमय के असमान तंत्र से जोड़कर काम करती है।

एकाधिकार और असमान विनिमय का यह तंत्र ऐसे अकल्पनीय मुनाफ़े की स्थिति तैयार करता है जिसे बाज़ार की प्रतिस्पर्धा के तहत कभी हासिल नहीं किया जा सकता। इससे दो साफ़ निष्कर्ष निकाले जा सकते हैं : एक, साम्राज्यवाद के लाभार्थियों को वैश्विक बाज़ार में मात नहीं दी जा सकती, और दूसरे, बाज़ार की 'मुक्त' प्रक्रियाओं के बावजूद वैश्विक हैसियत स्थान-विशेष के साथ नत्थी रहती है।

अमीन के मुताबिक़ इस व्यवस्था के कारण ग़रीब देशों में विकास की प्रक्रिया अंततः उनके पिछड़ेपन की प्रक्रिया बन कर रह जाती है। ऐसे देशों में आर्थिक वृद्धि तो दिखाई देती है, लेकिन यह वृद्धि उनके दूरगामी विकास में सहायक नहीं होती क्योंकि उनका अधिशेष स्थानीय अर्थव्यवस्था को मज़बूत करने के बजाय सम्पन्न देशों के खाते में चला जाता है। अमीन का मानना था कि मौजूदा दौर में संरचनागत समायोजन (स्ट्रक्चरल एडजस्टमेंट) और क़र्ज़ का भुगतान— दो ऐसे प्रमुख उपाय बन चुके हैं जिनके ज़रिये ग़रीब देशों का अधिशेष सम्पन्न देशों की तरफ़ मोड़ दिया जाता है। इस तरह, अमीन अल्प-विकास को अतीत के औपनिवेशिक अनुभवों अथवा पूर्व औपनिवेशिक शक्तियों (केंद्र) द्वारा पूर्व-उपनिवेशों (परिधि) के शोषण व एक ऐतिहासिक प्रक्रिया के तौर पर असमान विनिमय, असमान विकास और साम्राज्यवाद का संचरी परिणाम घोषित करते हैं। उनका बुनियादी तर्क यह है कि केंद्र की अर्थव्यवस्थाओं में तो आर्थिक वृद्धि अर्थव्यवस्था के विभिन्न क्षेत्रों के बीच सामंजस्य पैदा करने का काम करती है, लेकिन परिधि की अर्थव्यवस्थाओं में वह अल्पविकास को बढ़ावा देते हुए उसकी सामाजिक संरचनाओं को अवरुद्ध करने लगती है।

इसका खुलासा करते हुए अमीन कहते हैं कि केंद्र और परिधि के इस तंत्र में सम्पन्न देश मुख्यतः पूँजीगत और उपभोक्ता उत्पाद पैदा करते हैं। इन देशों में संसाधनों का संग्रह समय के साथ संचित होता जाता है, जबकि परिधि के ग़रीब देशों में संग्रह की यह प्रक्रिया जड़ता का शिकार हो जाती है। और इसकी वजह यह होती है कि असंसाधित उत्पादों और उपभोक्ता उत्पादों का मूल्य कुछ इस

तरह निर्धारित किया जाता है कि उनके बीच एक ख़ास तरह का अंतर बना रहता है : समय के साथ उत्पादित वस्तुओं का मूल्य बढ़ता चला जाता है, जबकि असंसाधित अथवा कच्चे पदार्थों का मूल्य या तो एक बिंदु पर स्थिर रहता है अथवा घटता-बढ़ता रहता है।

इसके अलावा, सम्पन्न देशों में जहाँ कामगारों का वेतन विकास के विभिन्न चरणों के साथ बढ़ता रहता है, वहीं ग़रीब देशों में वेतन की बढ़त बहुत मामूली होती है। इसका एक कारण यह है कि परिधि के देशों में कामगारों का वेतन श्रम के अंतर्राष्ट्रीय बाज़ार से सम्बद्ध नहीं रहता, और दूसरे, इन देशों का राज्य-तंत्र आमतौर पर बेहतर वेतन की माँग करने वाले आंदोलन को कुचलने पर आमादा रहता है।

नवें दशक के बाद अमीन का अधिकांश लेखन वैश्वीकरण पर केंद्रित होता गया। वैश्वीकरण की परिघटना को अमीन आर्थिक प्रक्रियाओं के बृहत्तर स्थापत्य में रखकर देखते थे। जैसा कि हमने शुरू में ज़िक्र किया था, उन्होंने अफ़्रीका के कई देशों की अर्थव्यवस्थाओं का स्वतंत्र इकाइयों के रूप में अध्ययन किया था, लेकिन अपने अध्ययन से वे इस निष्कर्ष पर पहुँचे थे कि वैश्विक अर्थव्यवस्था दरअसल एक ऐसी एकीकृत परिघटना है जिसमें श्रम के शोषण और राज्य-व्यवस्था के बीच अंतर नहीं किया जा सकता।

अमीन वैश्विक बाज़ार को एक विसंगत परिघटना मानते थे क्योंकि वह एक ऐसी आर्थिक प्रक्रिया का परिणाम है जिसमें कर्मचारियों को एक जैसा या एक समान अवधि के दौरान किये जाने वाले काम के बदले अलग-अलग दर से वेतन दिया जाता है। मसलन, किसी विकसित देश का कामगार केवल एक घंटे के काम के बाद जितने वेतन का हक़दार हो जाता है, उतना वेतन अविकसित देश के कामगार को आठ घंटे के श्रम के बाद भी मयस्सर नहीं होता। अमीन का स्पष्ट मानना था कि वैश्वीकरण से इस असमान विनिमय का क़तई ख़ात्मा नहीं होगा क्योंकि दुनिया भर की विभिन्न कम्पनियाँ असमान विनिमय के इस तथ्य को ध्यान में रखकर ही अपने उत्पादन की प्रक्रिया ग़रीब देशों को आउटसोर्स करती हैं। वैश्वीकरण को अमीन अंतर्राष्ट्रीय अर्थव्यवस्था के प्रबंधन का एक ख़ास रूप मानते थे। दशक के आख़िर में आयी अपनी

किताब *कैपिटलिज़म इन द ऐज ऑफ़ ग्लोबलाइज़ेशन* में उन्होंने कहा कि वैश्वीकरण को एक वैकल्पिक मानवीय परियोजना का रूप देने के लिए उसे बहु-केंद्रिक बनाया जाना चाहिए। लेकिन यह बात कहते हुए वे इस तथ्य के प्रति भी सावधान थे कि ऐसा कोई भी एजेण्डा जनता और लोकतांत्रिक शक्तियों की व्यापक एकता के बिना सफल नहीं हो सकता।

अमीन का मानना था कि केंद्र और परिधि के इस शोषणकारी तंत्र को केवल 'डिलिंकिंग' यानी दुनिया के विभिन्न देशों और क्षेत्रों द्वारा अपने पारस्परिक संबंधों को केंद्र की मातहती से मुक्त करके ही चुनौती दी जा सकती है। अमीन के सूत्रीकरण में डिलिंकिंग का अर्थ बाहरी सम्पर्क से पीठ फेरना नहीं, बल्कि अपने आंतरिक विकास की प्राथमिकताएँ तय करना और उन नीतियों की बाहरी आर्थिक ताक़तों के हमले से हिफ़ाज़त करना है। इस अवधारणा में मूल्य का एक ऐसा स्वतंत्र क़ानून बनाना भी निहित है जो पूँजीवादी व्यवस्था द्वारा निर्धारित किये गये क़ानून से आज़ाद होकर काम कर सके। मसलन, अमीन का कहना था कि दुनिया में उत्पादों का मूल्य सम्पन्न देशों के उत्पादन से तय किया जाता है, जबकि मूल्य-निर्धारण का काम देश के स्तर पर किया जाना चाहिए ताकि खेतिहर और औद्योगिक क।मगारों को समाज के निवल उत्पादन में उनके योगदान के आधार पर भुगतान किया जा सके। उनका कहना था कि यह उपाय अपन।ने से खेती में मज़दूरी की दर बढ़ाई जा सकेगी। इस अवधारणा के पीछे अमीन की यह समझ थी कि उपनिवेशवाद के बाद उभरी नव-औपनिवेशिक पिश्व-व्यवस्था में कई देश अपनी स्वायतता को इस सत्ता से लड़ने का औज़ार बना सकते हैं। इस अर्थ में डिलिंकिंग परिधि के देशों द्वारा अर्जित की गयी स्वायत्तता में प्रतिरोध की सम्भावना देखती है। अमीन का मानना था कि नव-उदारतावाद की यह वैश्विक क़िलेबंदी केवल डिलिंकिंग के ज़रिये ढहाई जा सकती है। उनका कहना था कि डिलिंकिंग की इस प्रक्रिया में समाज के पारम्परिक वर्गों और मौजूदा विश्व-व्यवस्था में धँसे राष्ट्रों के बजाय ग़रीब किसान, सीमांत मज़दूर और शहरों में रहने वाले निर्धन लोग ही प्रमुख भूमिका निभाएँगे। इस अर्थ में डिलिंकिंग का विचार वंचितों की राजनीति से जुड़ता दिखाई देता है। गौर से देखें तो यह अवध।रणा एक साथ दो काम करती है। एक

तरफ़ वह पूँजीवाद के प्रसार के एक महत्त्वपूर्ण घटक पर अंदर से चोट करती है तो दूसरी ओर एक नयी दुनिया के निर्माण का ख़ाका पेश करती है। उनका कहना था कि नव-उदारतावाद की निरंकुशता का जवाब एक बहु-केंद्रिक दुनिया ही हो सकती है।

समकालीन राजनीति, वैश्विक व्यवस्था और पूँजीवाद के अंतर्संबंधों की गहरी पड़ताल करती अपनी एक अन्य किताब— *ऑबसोलिसेंट कैपिटलिज़म : कंटेम्परारी पॉलिटिक्स ऐंड ग्लोबल डिसऑर्डर* में पूँजीवाद के भविष्य पर चिंतन करते हुए उन्होंने एक महत्त्वपूर्ण बात कही कि मानव-सभ्यता को अपना अस्तित्व बरक़रार रखने के लिए पूँजीवाद से उपजी विकृतियों पर काबू पाना होगा। पहले विश्व-युद्ध से लेकर वैश्वीकरण के मौजूदा दौर को चिह्नित करती इस रचना में अमीन कहते हैं कि पूँजीवादी संचय और जनता के दरिद्रीकरण से संबंधित मार्क्स का सिद्धांत पिछले दो सौ वर्षों में लगातार सही साबित होता गया है। इसलिए वे विकास की पूँजीवादी अवधारणा का प्रत्याख्यान करते हुए उसकी एक वैकल्पिक परिभाषा प्रस्तुत करते हैं। अमीन के मुताबिक़ विकास का मतलब दूसरों के बराबर पहुँचना नहीं होता, बल्कि उसका आशय एक ऐसे वैकल्पिक समाज का निर्माण करना होता है जिसमें एक ओर मनुष्यता अर्थवादी परायेपन से उबर सके तो दूसरी तरफ़ दुनिया में ख़ेमेबंदी की विरासत का ख़ात्मा किया जा सके। उनका मानना है कि इन लक्ष्यों को ज़मीन पर उतारने के लिए वैश्विक स्तर पर लामबंदी करनी होगी क्योंकि अब मनुष्यता का संकट किसी एक देश के बजाय पूरे विश्व का संकट बन चुका है। पूँजीवाद के मौजूदा स्वरूप को लेकर अमीन की समझ साफ़ थी कि वह एक ऐसी बुढ़ाती हुई व्यवस्था है जो अब स्वस्थ नहीं हो सकती, लिहाज़ा उससे या तो अंतत: समाजवाद का प्रादुर्भाव होगा अथवा मनुष्यता आत्महत्या के कगार पर जा पहुँचेगी।

ऐसा नहीं है कि अमीन यह सब किसी जड़सूत्रवाद की आदत के चलते कह रहे थे। इस मामले में उनके पास कुछ ठोस तर्क थे। उनका कहना था कि विज्ञान और तकनीकी क्रांति से उपजी स्थितियों के चलते पूँजीवाद श्रम का अधिकतम दोहन कर चुका है इसलिए अब वह आगे निरंतर संचय नहीं कर सकता। दूसरे, वैश्विक स्तर पर काम करने वाला साम्राज्यवाद का एक ख़ेमा अब

परिधि के देशों को उधार के पूँजीवादी विकास की अनुमति नहीं देता। उनके अनुसार अगर यह ख़ेमा परिधि को पूँजी का निर्यात न करके दुनिया के विभिन्न क्षेत्रों से बटोरे गये अधिशेष पर निर्भर करता है और अपना वर्चस्व बरक़रार रखने के लिए मीडिया-विमर्श का सहारा लेता है तो इसका मतलब है कि यह व्यवस्था दुनिया के अस्सी फ़ीसद लोगों को कुछ नहीं दे सकती।

अमीन का मानना था कि नव-उदारतावाद के चलते राजनीति में वर्गीय दावेदारी का स्वरूप बदल गया है। उसने लोकतंत्र को एक ऐसी प्रभावहीन प्रणाली बना डाला है जिसमें निर्वाचित सत्ताएँ वैश्विक पूँजी के सामने लाचार नज़र आती हैं। दूसरे शब्दों में कहा जाए तो निर्वाचित सत्ताओं द्वारा अपनी जनता के जीवन में सकारात्मक हस्तक्षेप करने की क्षमता अब वैश्विक पूँजी की इच्छा से तय होने लगी है।

समीर अमीन के सैद्धांतिक योगदान का एक ख़ास पहलू यह है कि मार्क्सवाद से गहरे प्रभावित होने के बावजूद उन्होंने इसके सूत्रों और अंतर्दृष्टियों का अंधानुकरण नहीं किया। यह शायद इसी का नतीजा था कि उनके चिंतन में युरोप केंद्रीय प्रसंग की तरह नहीं आता। अपनी एक रचना *युरोसेंट्रिज़म* में उन्होंने युरोप को दुनिया के इतिहास का केंद्र मानने से इंकार करते हुए कहा कि इतिहास के जिन चरणों को युरोपीय कहकर गौरवान्वित किया जाता है, उनका केंद्र असल में भूमध्यसागरीय क्षेत्र में स्थित था। अमीन की नज़र में युरो-केंद्रीयता विश्व-दृष्टि न होकर एक वैश्विक परियोजना ज़्यादा है जो दुनिया के पिछड़े देशों को युरोपीय मानक हासिल करने के फेर में उलझा कर दुनिया का समरूपीकरण करना चाहती है।

विद्वानों का एक वर्ग अमीन की सैद्धांतिक निष्पत्तियों और सूत्रों की यह कह कर आलोचना करता रहा है कि उनमें शोषण की प्रक्रिया का स्थानीय कारक— राष्ट्रीय स्तर पर होने वाला उत्पादन, अनदेखा रह जाता है और असमान विनिमय का घटक ज़रूरत से ज़्यादा प्रमुख हो जाता है। लोगों का कहना है कि डिलिंकिंग से विनिमय की विसंगतियाँ भले ही दूर हो जाएँ, लेकिन इससे उत्पादन के स्तर पर पैदा होने वाली विकृतियों का निराकरण नहीं होगा। इस संदर्भ में एक अहम सवाल यह भी उठाया जाता है कि क्या विनिमय की

असंगतियाँ दूर होने से देशों की आंतरिक सत्ता-संरचना में जमी विषमताएँ ख़ुद-ब-ख़ुद ख़त्म हो जाएँगी?

समीर अमीन के कृतित्व का एक अंतर्विरोध यह भी है कि वह विकास के वर्चस्वी आख्यान की आलोचना करने के बावजूद विकास की अवधारणा से आगे नहीं देखना चाहता; वह अंतत: जिस न्यायपूर्ण विश्व-व्यवस्था की बात करता है, उसमें भी सत्ता किसी एक जगह संकेंद्रित होती दिखती है। इधर कुछ लोग यह भी कहते हैं कि चीन, कोरिया, सिंगापुर तथा एक सीमा तक भारत जैसे देशों की तीव्र आर्थिक वृद्धि यानी परिधि के देशों में उत्पादन व वित्तीय प्रवाह के नये वैश्विक केंद्रों के उभार से केंद्र और परिधि यह विभाजन बेमानी हो गया है। ज़ाहिर है कि अमीन के चिंतन और विमर्श पर उठाए जाने वाले ये सवाल ग़ैर-वाज़िब नहीं हैं। खण्डन-मण्डन का यह सिलसिला आगे भी चलता रहेगा, लेकिन इससे अमीन के उस बहुविध योगदान की चमक फीकी नहीं पड़ेगी जो विषमता और असमानताओं के वैश्विक ढाँचे से छह दशकों तक निरंतर मुठभेड़ करता रहा।

सुरेश शर्मा
सभ्यता की संवेदना

शैल मायाराम
अनुवाद : नरेश गोस्वामी

इतिहासकार, मानवशास्त्री और सिद्धांतकार सुरेश शर्मा (1945-2019) का स्मरण करते हुए मेरे ज़ेहन में हन्ना अरेंत की ग़िफर्ड व्याख्यानमाला का शीर्षक 'लाइफ़ ऑफ़ द माइंड' गूँज रहा है। अरेंत ने इस शीर्षक का इस्तेमाल चिंतन के उस रूप को इंगित करने के लिए किया था जो मनुष्य की विचारहीनता से उलट चीज़ों का मूल्यांकन करते हुए सद् और असद् में अंतर करने का विवेक रखता है। सुरेश शर्मा के निधन की दुखद सूचना मुझे 16 मई को मिली। आख़िरी बार जब मैंने उनके स्वास्थ्य के बारे में पूछताछ की थी तो पता चला था कि ऑपरेशन के बाद उनकी सेहत में सुधार हो रहा था, लेकिन बाद में शायद वह सर्जरी सफल नहीं हो पायी।

मेरे और सुरेश के कई साझे दायरे थे। शुरू में एक दायरा जयपुर का था, जहाँ उनकी पत्नी दीपा भल्ला के परिवार के अलावा मेरा परिवार भी रहता था। उन दिनों मेरा परिवार यानी फ़्रांसीन और दयाकृष्ण राजस्थान विश्वविद्यालय परिसर के सी-6 में रहा करते थे और सुरेश सी-6ए में। दोनों परिवारों में गहरी मित्रता थी। एम.एम. भल्ला विश्वविद्यालय के अंग्रेज़ी विभाग में मेरी माँ के वरिष्ठ सहयोगी थे। दयाकृष्ण ने अपनी किताब *सोशल फिलॉसफ़ी* भल्ला और उनके साथ बग़ीचे के द्वार पर अक्सर होने वाली बतकही को समर्पित की थी।

सुरेश और मैं एक साथ प्रोफ़ेसर बने। मैंने विकासशील समाज अध्ययन पीठ के वैचारिक संसार में 2002 में बरास्ते लोकायन क़दम रखा। सुरेश 2004 से 2007 तक पीठ के निदेशक रहे। धर्मपाल हम दोनों के श्रद्धेय थे। सुरेश ने पीठ में धर्मपाल के अनूठे कृतित्व पर एक परिचर्चा का आयोजन किया था। हमारा एक और साझा दायरा रामचंद्र गाँधी से जुड़ा था। पीठ में रामचंद्र गाँधी की *मांडूक्य उपनिषद्* पर केंद्रित एक व्याख्यान-शृंखला का भी आयोजन किया गया था। अफ़सोस कि उनकी यह व्याख्यान-शृंखला पुस्तक के रूप में नहीं आ पायी।

हमारा एक सूत्र मध्य प्रदेश—ख़ास तौर पर भोपाल से भी जुड़ा था। भोपाल उन दिनों अनेकानेक बौद्धिक पहलक़दमियों का केंद्र बना हुआ था। मेरी चाची प्रमिला कुमार भूगोल की एक सुपरिचित विद्वान थीं और उन दिनों एकलव्य द्वारा निर्देशित स्कूली पाठ्य-पुस्तकों के पुनर्लेखन की मुहिम में शामिल थीं। उनके पति सत्येन कुमार हिंदी के जाने-माने लेखक थे जो मंजूर एहतेशाम, निर्मल वर्मा, कृष्णा सोबती जैसे अन्य लेखक-लेखिकाओं तथा गगन गिल और अशोक वाजपेयी जैसे कवियों से सम्पर्क रखते थे। सुरेश उन दिनों—1983-1986 के दौरान बस्तर में फ़ील्डवर्क कर रहे थे और उनका भोपाल आना-जाना लगा रहता था।

मैं उनकी किताब *ट्राइबल आइडेंटिटी ऐंड द मॉडर्न वर्ल्ड* (1994) के नेपथ्य में उनके साथ होने वाली चर्चाओं की गूँज आज भी महसूस कर सकती हूँ। उस समय भोपाल संग्रहालयों के एक केंद्र-स्थल के रूप में विकसित हो रहा था : सुरेश को मनुष्य जाति के क्रिया-कलापों को समर्पित इस विलक्षण संग्रहालय का परामर्शदाता नियुक्त किया गया था। इस संग्रहालय में अगरिया, बैगा तथा गोंड समुदाय की जीवन-शैली और उनके लोक की वस्तुओं का निदर्शन किया गया था। भारत भवन के परिसर में एक प्रभाग लोक-कला के लिए भी बनाया गया था। बाद में इस जगह पर आदिवासियों से संबंधित एक संग्रहालय स्थापित किये जाने की बात भी चल रही थी। भारत भवन से जगदीश स्वामीनाथन की दो पुस्तकें द *मैजिकल स्क्रिप्ट* (1983) तथा द *परसीविंग फ़िंगर्स* (1987) भी प्रकाशित हुई थीं।

सुरेश स्वामीनाथन की इस अंतर्दृष्टि को गहरे कृतज्ञता भाव से देखते थे कि आदिवासी कला 'हमारे भीतर और हमारे बराबर में' निवास करती है। और वह हमारे समयों की एक 'समकालीन अभिव्यक्ति' भी बन सकती है।

सुरेश की उक्त पुस्तक का वितान बहुत व्यापक है। इसमें वे एक ओर फर्नैंद ब्रोदेल द्वारा उद्धृत औद्योगिक क्रांति की औसत से कहीं ज़्यादा लम्बी शताब्दी (1450-1650) के दौरान युरोप में होने वाले उस बुनियादी परिवर्तन की थाह लेते हैं जिसके चलते वहाँ के विशाल घुमंतू समुदाय स्थायी अर्थव्यवस्थाओं के समाज में रूपांतरित हो गये थे। दूसरी तरफ़ 1571 में लेपांटो में ऑटोमन साम्राज्य पर होली लीग की उस विजय को भी दर्ज करते हैं जिसके बाद भूमध्यसागर का क्षेत्र ईसाईयत के वर्चस्व में आ कर एशियाई सत्ता और सभ्यता का उत्स बन बैठा था। यह अलग बात है कि इस प्रस्थापनागत बदलाव के बावजूद एशिया में घूमंतू स्तेपियाँ बदस्तूर फलती-फूलती रहीं।

सुरेश का तर्क यह है कि आदिवासियों की जीवन-प्रणाली 'विश्वासों की एक ऐसी जटिल संरचना होती है जो विशुद्धत: उत्पादन या प्रगति पर आधारित न होकर सभ्यता की संवेदना गढ़ने का काम करती हैं।' वे औपनिवेशिक मानवशास्त्र का वह पुराना द्विभाजन स्वीकार नहीं करते जिसमें क़बीलाई-ग़ैर-क़बीलाई अंतर्क्रियाओं को भारत की तीन सहस्राब्दियों के इतिहास की विशेषता बताया जाता है। आदिवासियों की विशिष्टता वस्तुत: ग़ैर-आदिवासी लोक के बहुत निकट बैठती है। इस संबंध में अबूझमाड़ का उदाहरण दिया जा सकता है जहाँ खेती और पेंदा सदियों से जीविकोपार्जन की प्रणाली रही है।

उदयन वाजपेयी को दिये अपने एक साक्षात्कार में सुरेश ने तथाकथित मूर्तिपूजकों (पेगन) के विषय में बड़े सुंदर ढंग से बात की है। सामी-इब्राहिमी धर्मों में इलहाम को परम सत्य का स्रोत माना जाता है। यूनानी साम्राज्य में मूर्तिभंजन का अभियान इसीलिए शुरू हुआ। आधुनिकता के दौर में ईसाईयत की परम्पराओं ने शहादत (प्राणोत्सर्ग) और सेवा के विचार को प्रश्रय दिया है। मोटे तौर पर कहें तो मूर्तिपूजक समुदायों की विश्व-दृष्टि में सृष्टिकर्ता जैसा कोई प्रत्यय मौजूद नहीं है, लेकिन इसी के साथ उनकी इस विश्वास में अखण्ड आस्था है कि ऐसी कोई जगह, समय या भाषा नहीं है जिसमें सत्य की

अभिव्यक्ति नहीं होती। भारत में धार्मिकता और सामाजिकता— समाज व सम्प्रदायों के बीच हमेशा एक संवाद चलता रहता था। और यह इसके बावजूद चलता था कि कतिपय सम्प्रदाय ख़ुद को परम सत्य का ध्वजवाहक माने हुए थे।

मूर्तिपूजक समाजों में केवल मनुष्य ही नहीं, जीवों की समस्त प्रजातियों को रक्षा का पात्र समझा जाता था। इस संबंध में सुरेश ने अशोक के पशु-चिकित्सालयों, गर्भवती मादा पशुओं के शिकार की मनाही, वर्षा— ऋतु में मछलियों के प्रजनन-चक्र के कारण जाल न डालने तथा अण्डे से परहेज़ रखने वाली आदिवासी महिलाओं का उल्लेख किया है। ग़ौरतलब है कि दिल्ली के चाँदनी चौक में पशुओं का जैन चिकित्सालय आज तक काम कर रहा है।

आधुनिक चेतना दावा करती है कि उसने हमें प्रगति, समृद्धि और आज़ादी जैसे सार्वभौम विचारों की सौगात दी है। लेकिन, सुरेश आदिवासी जीवन-शैली के रोज़मर्रापन में मूर्तिपूजकों की एक शाश्वत सार्वभौमिकता को लक्षित कर लेते हैं। झूम खेती (किसी स्थान पर एक समय तक खेती करने के बाद उस खेत की जगह को जला कर नयी जगह के लिए आगे बढ़ जाना) को जीवनयापन के सबसे आदिम तरीक़े के रूप में देखा जाता है, जबकि सच्चाई यह है कि खेती की यह प्रणाली पर्यावरण को सबसे कम हानि पहुँचाती है। सुरेश बताते हैं कि अगरिया समुदाय में लौह-शोधन की एक विकसित परम्परा प्रचलित थी जिसका सागर के कलेक्टर ने झूला-पुलों के निर्माण में इस्तेमाल किया था। रायपुर में अगरिया समुदाय के लौह-शोधकों का सबसे बड़ा टोला था।

आधुनिकता आदिवासियों के प्रति विशेष रूप से निर्मम रही है। इसके चलते आदिवासियों अपने ही संसार से विमुख हो गये हैं। अपने कौशल को ताक पर रख कर आये इन आदिवासियों की बाज़ार में केवल एक अकुशल मज़दूर की हैसियत होती है। आधुनिक दुनिया उनके प्रति करुणा का प्रदर्शन तो करती है, लेकिन उनके अस्तित्व के गहन सत्य को कोई महत्त्व नहीं देता। सुरेश कहते हैं कि आदिवासी आधुनिक दुनिया में एक तरह के भय और रोष के साथ दाख़िल होते हैं, परंतु विडम्बना यह है कि उन्हें अब अपनी दुनिया के सत्य और सौंदर्य का ही भान नहीं रह गया है। सुरेश की नज़र में माओवादी आदिवासियों

के अस्तित्व को महज़ शोषण की राजनीति के संदर्भ में रखकर देखते हैं और यह एक ऐसी राजनीति है जो इस बात में यक़ीन करके चलती है कि अपनी दुनिया के सत्य, सौंदर्य और उनमें निहित दार्शनिक आधार से पिण्ड छुड़ाए बग़ैर आदिवासी समुदाय बराबरी का मुक़ाम हासिल नहीं कर सकते।

गाँधी में उनकी दिलचस्पी बहुत पहले से थी। सुरेश लिखते हैं कि गाँधी लोक और आदिवासी जीवन-शैली को भारतीय सभ्यता का सबसे प्रतिनिधि स्वर मानते हैं क्योंकि एक यही जीवन-शैली ऐसी है जो औपनिवेशिकता से आक्रांत नहीं है। आधुनिक औद्योगिक सभ्यता सार्वभौम को श्रेणियों, परिभाषाओं और मूल्यों में परिणत करने का दावा करती है। पीड़ित पक्ष की ओर गाँधी पहले ऐसे चिंतक हैं जो यह कहने का साहस रखते हैं कि आधुनिक सभ्यता पराये भू-भागों के ध्वंस और लूट पर टिकी है। सुरेश शर्मा एवं त्रिदीप सुहृद द्वारा सम्पादित *हिंद स्वराज्य* पहला ऐसा त्रिभाषी संस्करण है जिसमें गुजराती के मूल संस्करण को अंग्रेज़ी के समानांतर रखा गया है। इस विवेचना-परक टीका के सम्पादक-द्वय कहते हैं कि गाँधी द्वारा आधुनिक सभ्यता की आलोचना करना बड़े साहस का काम था क्योंकि वे यह काम आधुनिक विमर्श के दायरे से बाहर रह कर रहे थे। उनके अनुसार यह इसलिए भी एक महत् कार्य था क्योंकि उस समय एक बुद्धिजीवी या राजनीतिज्ञ के तौर पर गाँधी की कोई ख़ास छवि नहीं थी और वे दमन और अन्याय के संघर्ष में तब भी अहिंसा को सर्वोपरि मान रहे थे।

भातीय चिंतन सुरेश का स्थायी सरोकार था। मुझे याद आता है कि जी.पी. देशपाण्डे के विनोबा पर केंद्रित एक व्याख्यान में हस्तक्षेप करते हुए सुरेश ने विनोबा को गोपीनाथ कविराज, हजारी प्रसाद द्विवेदी तथा टैगोर जैसे बौद्धिक शिखर-पुरुषों के समकक्ष बताया था। पर्यावरण कार्यकर्ता किशोर सेंट ने उन्हें विनोबा का आदिवासियों को सम्बोधित एक संदेश का अनुवाद भिजवाया था जिसमें ग्राम स्वराज तथा आदिवासियों के बीच वह सह-संबंध देखा जा सकता है जिसकी गाँधी परिकल्पना करते हैं और जिसे बाद में विनोबा ने इस रूप में प्रस्तुत किया है कि ग्राम धर्म ही विश्व धर्म होता है। विनोबा का भूदान आंदोलन इसी परिकल्पना पर आधारित था। विनोबा इस मान्यता का ज़ोरदार खण्डन

करते हैं कि आदिवासी संस्कृतिहीन लोग होते हैं। विनोबा की दृष्टि में ऋग्वेद एक आदिवासी ग्रंथ है क्योंकि उसमें घुमंतू समुदायों की संस्कृति, भावनाओं, पूजा और जीवन-शैली का विवरण मिलता है। विनोबा मानते हैं कि जिस तरह औपनिवेशिक शासन से मुक्ति पाने के लिए स्वदेशी धर्म का प्रचार किया गया था, उसी तरह उत्तर-औपनिवेशिक समय में ग्राम धर्म की अवतारणा की जानी चाहिए। ग्राम धर्म की इस परिकल्पना में विनोबा गाँव की स्वायत्तता, ग्राम सभा की केंद्रीय भूमिका, ग्रामस्तरीय नियोजन, सम्पूर्ण ग्राम को एक समुदाय के तौर पर देखने, सर्वोदय के आदर्शों का पालन करने, ग्राम में उपलब्ध कौशल पर आधारित उत्पादन और ग्राम निर्मित वस्तुओं का उपभोग करने तथा अंतत: गाँव की समस्त भूमि पर सामूहिक स्वामित्व जैसे तत्त्व शामिल करते हैं। विनोबा के इस लेख को ग्राम गणराज्य के उस आगामी नक़्शे का पूर्वाभास कहा जा सकता है जिसे हम जल, जंगल और ज़मीन पर जनता के दावे और इस दावे को सुनिश्चित करने के लिए पीसा (1996) तथा वनाधिकार अधिनियम (2006) के क्रियान्वयन में देख सकते हैं।

सुरेश हिंदी और अंग्रेज़ी, दोनों भाषाओं में सहज गति रखते थे। उनकी रुचि भारत से लेकर चीन और भाषा से लेकर कलाओं तक व्याप्त थी। मुझे उनके साथ हुई एक बातचीत का स्मरण हो रहा है। हम चीन में राज्य की शक्ति के बारे में बात कर रहे थे तो उन्होंने बताया कि चीन में कम से कम एक हज़ार वर्षों तक ऐसा शासन रहा था जिसमें एक मंत्री आप्रवासियों का ध्यान रखने के लिए नियुक्त किया जाता था। सैयद हैदर रज़ा की स्मृति में लिखा गया उनका लेख 'रज़ा के साथ' उनकी 2007 की एक बातचीत पर आधारित है जिसमें सुरेश रज़ा से शून्य और आकार, अनस्तित्व और रूप तथा उस बिंदु पर चर्चा कर रहे हैं जिसे एक ही साथ अनस्तित्व और अपरिमित सम्भावना का उभय-स्थल माना जा सकता है। यह सच भी है कि योग-चिंतन में शून्य को आत्मोपलधि का पूर्ववर्ती कहा गया है। सुरेश कहते हैं कि भारत की दार्शनिक परिकल्पना में रूप को अरूपता से अभिन्न माना गया है। रज़ा इस वार्तालाप का अंत इस सुंदर उक्ति के साथ करते हैं कि, 'कला उस आशा को ध्वनित करती है जो ज्ञान के परे वास करती है।'

सुरेश की टिप्पणियाँ मेरे और कुछ अन्य लोगों के ज़ेहन पर लम्बे समय तक तारी रहती थीं। उनकी यह टिप्पणी मुझे आज भी सोचने पर मजबूर करती हैं कि अपधर्म इब्राहिमी धर्मों का एक विशेष विभाजक-चिह्न है। अगले साल मैं इस विषय पर एक कांफ्रेंस का आयोजन करने जा रही हूँ। संस्थान से उनकी विदाई के बाद पीठ की पुरानी इमारत में मुझे वही कमरा दिया गया जिसमें कभी सुरेश काम किया करते थे— कमरे के सुरुचिपूर्ण काष्ठ-शिल्प और ख़ास तौर पर उस कोने में उनकी उपस्थिति आज भी यथास्थान है जहाँ वे दार्ज़िलिंग चाय की ख़ुशबू से महकता प्याला तैयार करते थे। उनकी स्मृति हम से जैसे यह कह रही है कि सत्य, सौंदर्य और शुभ की खोज एक अविभाज्य क्रिया होती है।

मुकुंद लाठ
एक चित्र

शैल मायाराम

आदमी चला जाता है। उसका आकार नहीं दिखता, लेकिन उसकी बातें कानों में आती रहती हैं। मुकुंदजी की हज़ारों स्मृतियाँ हैं। उन्हें मैं तब से जानती थी जब मैं शायद दस साल की थी। उनकी माँ, ज्ञानवती का कई बुद्धिजीवियों के साथ सम्पर्क था जिनमें मेरे पिता, दयाकृष्ण भी थे। मेरे पिता एक मामूली परिवार से आते थे। एक बार दयाकृष्ण ज्ञानवती से मिलने कलकत्ता गये तो ज्ञानवती जी ने उन्हें कई जोड़े कुर्ते-पाजामे सिलवा कर दिये। उस यात्रा से एक लम्बे और गहन पारिवारिक संबंध की शुरुआत हुई।

जब नीरजा से उनके विवाह की बात चली तो किसी ने पूछा — लड़की से मिलना नहीं है? तो उन्होंने कहा, 'मैं उसकी माँ से मिल चुका हूँ।' और माँ ने नीरजा से कहा था : 'तुम्हें उसे रूई की डिब्बी में रखना होगा'। नीरजा ने अंत तक यही किया। उन्होंने मुकुंद जी की रचनात्मकता में कोई ख़लल नहीं पड़ने दिया। घर-बार, परिवार, व्यवस्था, आने-जाने वाले — सब कुछ अपने कंधों पर ले लिया।

मुकुंदजी ने जयपुर में बसने का निर्णय दयाकृष्ण के कारण लिया। उन्होंने मुकुंद की थीसिस गोविंद चंद्र पाण्डेय को दिखायी। मुकुंदजी को इसी आधार पर इतिहास विभाग के जैन स्टडीज़ सेंटर में आमंत्रित किया गया। मैं उनके घर अक्सर साइकिल चलाकर जाती थी। राजस्थान युनिवर्सिटी के कई परिवारों का

खान-पान एक साथ होता था। इसमें पिकनिक और पुरातात्त्विक स्थानों का सैर-सपाटा भी शामिल था। मैंने अलवर के सरिस्का नैशनल पार्क में नीलकंठ स्थित शैव और जैन मंदिर के अवशेष, 17वीं सदी में निर्मित भानगढ़ का क़िला, महल और वहाँ का अनोखा बाज़ार उन्हीं के साथ देखा। बैराठ के विष्णु अवतार की मूर्तियों और उनके शिल्प पर उनकी टिप्पणी हमेशा सारगर्भित होती थी। एक बार हम इतिहासकार माइकल माइस्टर और अरुण कारकी के साथ उनके गाँव शेखावटी गये। मेरी माँ कहा करती थी कि दयाकृष्ण और मुकुंद जहाँ बैठ जाते हैं, वहीं सेमिनार चालू हो जाता है।

एक बार मुकुंद जी ने अपनी दादी का दिलचस्प क़िस्सा सुनाया जिन्होंने एक महात्मा के प्रभाव में आकर संन्यास ले लिया था। मोनिका बोहम-टेटलबाख ने उनकी डायरी का अनुवाद किया है। दयाकृष्ण और एम.पी. रेगे ने जब परम्परागत दार्शनिकों और पश्चिमी ज्ञान में शिक्षित दार्शनिकों के बीच संवाद का सिलसिला शुरू किया तो उसमें अरिंदम चक्रवर्ती और मुकुंद लाठ ने भी शिरकत की। इस क्रम में पहले *नाट्यशास्त्र* और *अर्थशास्त्र* पर चर्चा हुई थी। *इंडियाज़ इंटलेक्चुअल ट्रैडिशन : अटेंप्ट्स ऐट कॉन्सेप्चुअल रिकंस्ट्रक्शन* इसी चर्चा का परिणाम थी। अपने लेख में मुकुंदजी लोकधर्मी को नाट्यधर्मी से अलग रखककर देखते हैं : नाट्य लोक का मूल परिवर्तन है। रस, इतिवृत्त और देह इसी नाट्य के अंश हैं जिनसे कर्म और फल के बीच सम्पृक्ति पैदा होती है। वह लोक के रूपांतरण की ओर संकेत करता है और उसे नैतिक दृष्टि प्रदान करता है।

नीरजा और मुकुंदजी से मेरी माँ फ्रैंसिन का गहरा दोस्ताना था। दयाकृष्ण, फ्रैंसिन और मुकुंदजी ने मिलकर भक्ति का 'वृंदावन-संवाद' सम्पादित किया जिसे आईसीपीआर ने प्रकाशित किया था। फ्रैंसिन ने नामदेव के हिंदी दोहों के सम्पादन में मदद की थी। दोनों जासूसी गल्प में विकट रुचि रखते थे। मेरे पति अरविंद को याद है कि सबसे पहले उन्होंने इंस्पेक्टर मोर्स के बारे में मुकुंदजी से सुना था। मैं मुकुंद जी को राखी बाँधती थी। जब दयाकृष्ण और फ्रैंसिन नहीं रहे तो उनका 'घर', जिसका नामकरण बिज्जी (विजयदान देथा) ने किया था, जयपुर में मेरा दूसरा मायका बन गया। ऐसा शायद ही कभी हुआ होगा कि मैं

जयपुर गयी और उनके साथ लम्बी शाम न बिताई हो। इस बैठकी में उनसे हज़ारों बातें होतीं — कभी प्राचीन भारत की नगर-निवासिनी गणिकाओं के बारे में तो कभी सम्प्रदायों के वाद को लेकर। उनका लेखन तो मैंने 1990 के बाद पढ़ना शुरू किया। उन्होंने अपने लेखन की इब्तिदा अंग्रेज़ी में की थी जिसमें पश्चिम के प्रति एक आलोचनात्मक दृष्टि रहती थी। मुकुंद लाठ बृहत्तर और लघु परम्पराओं (ग्रेट ऐंड लिटिल ट्रैडिशंस), शास्त्र और लोक के विभाजन को नक़ली मानते थे। उनका कहना था कि देसी और मार्गी बृहत्तर सोच है क्योंकि उसमें अभिजन/साधारण का भेद नहीं है। वे कहते थे कि हमारे यहाँ राजा भी देसी की रचना कर सकता है और इस संदर्भ में राजा हाल की कविता *गाथा सप्तसती* का उदाहरण देते थे। इस रचना में ऐंद्रिकता का एक विलक्षण अंकन मिलता है। मेरी माँ ने डेविड रे से इस कृति की पुनर्रचना करने का आग्रह किया था।

मुकुंद जी की संगीत में शुरू से रुचि थी। एक बार जब हम जेरूसलम साथ गये तो मुझे याद है कि नीरजा और मुकुंद के कमरे से सुबह-सुबह रियाज़ की आवाज़ आया करती थी। कॉन्फ़्रेंस के बाद हम एक दिन मृत सागर गये तो मैं काली मिट्टी में पूरी लथपथ हो गयी। बाद में अल्फ़ हिल्टेबेटेल ने बताया कि उन्होंने मेरी यह तस्वीर अपने ऑफ़िस में लगाई थी।

पंडित जसराज जी से उनका पुराना संबंध था। एक बार उनकी पत्नी ने नीरजा को बताया कि मुकुंदजी ने कुछ खाने को माँगा — तो उनके घर में कुछ भी न था। मुकुंदजी उनके लिए चुपचाप 300 रुपये छोड़ गये। जसराज जी की कई बंदिशें मुकुंदजी ने लिखी थीं, जैसे, राग भवानी बहार :

साँवरे सलोने श्याम
तुम्हीं से लगो ध्यान

(https://www.youtube.com/watch?v=zBOJZo0wJkU)

उन दिनों मैं मेवात की लोक-परम्परा में प्रतिरोधी-चेतना पर काम कर रही थी। इस सिलसिले में एक बार मुकुंदजी के साथ मेवाती बात (वात) पढ़ने बैठी तो देखा कि मिरासियों की रचनात्मकता संस्कृत, फ़ारसी, डिंगल और बृजभाषा की परम्पराओं पर टिकी है।

उस समय वे नामदेव की हिंदी पदावली पर काम कर रहे थे। नामदेव के 61 गीत *गुरु ग्रंथसाहिब* में संकलित हैं। मेवाती लोकगाथाओं में भक्ति परम्परा से बहुत लेन-देन है। 'संत का पर्चा' आदि इसी परम्परा की सत्ता को प्रमाणित करते हैं। *मेवाती महाभारत* में गोरखनाथ के प्रवेश करने से सूखा बाग़ हरा हो जाता है। उनके दिये जौ के दानों से कोणता और गंधारा क्रमशः 5 और 101 पुत्र को जन्म देती हैं। इसी प्रकार मेवाती *वात* में भान, इता या छाप का दोहा भी आता है जिससे नाम प्रकट होता है। नायिका के सिर का नारियल रूपी वर्णन, सीस बणो नारेल सूँ, जिसका प्रयोग मूमल के लिए होता है, वही वर्णन मीरासी *ससबदनी* के लिए करता है मेवाती दरिया खान के क़िस्से में — ख़ासकर *ससबदनी* के वर्णन में मिलता है।

वे अक्सर पूछते थे कि ग़ैर-पश्चिम परम्पराओं को एथ्नोम्यूज़िकॉलजी क्यों कहा जाता है– क्या पश्चिम का संगीत 'युनिवर्सल म्यूज़िक' है, क्या वह 'एथ्निक म्यूज़िक' नहीं है?

मुकुंदजी अपनी वैचारिक निष्पत्तियों को कलाओं के ज़रिये व्यक्त करते थे। उनका मानना था कि भारतीय संस्कृति इकलौती संस्कृति है जिसमें श्रुति/इलहाम (रेवलेशन) न केवल शब्द में बल्कि संगीत में भी वास करती है। साम जो वैदिक संगीत था, मंत्र (ऋचा) से स्वतंत्र था। उसकी खोज थी परे की, उत्कृष्टता की और परम की (बियॉन्ड, द ट्रांसेंडेंट, द ऐब्सॉल्यूट)। साम गंधर्व से उत्पन्न हुआ, उसका लॉगोस (संज्ञा) अपौरुषेय थे और उसके बुद्धिजीवी थे दत्तिल जिनकी भूमिका पायथागोरस और कन्फ़्यूशियस के समान थी। कन्फ़्यूशियस संगीत को अवधारणा के बजाय भावना और सामाजिक-राजनीतिक व्यवस्था से जोड़ कर देखते थे। राग की परम्परा पौरुषेय, मानवीय और ऐतिहासिक है, उसकी प्रकृति स्वतंत्रता और नवोन्मेष की है न कि हस्तांतरण (ट्रांसमिशन) की। संगीत और चिंतन को जोड़ते हुए मुकुंदजी विचार को आलाप के रूप में देखते थे और उसके 'बृहत्' की बात करते थे।

मेरी दृष्टि में उनकी सबसे प्रभावशाली रचना *धर्म-संकट* है। इसमें वह आनृशंस्य की परिकल्पना/अवधारणा का विचार प्रस्तुत करते हैं जो हमारे समय के लिए भी उपयोगी है। यहाँ यक्ष धर्म के रूप में हैं जो पाण्डवों से प्रश्न करता है।

युधिष्ठिर कहते हैं — *आनृशंस्य परोधर्मः*। युधिष्ठिर यक्ष के सवालों को गहन अर्थ देते हैं जिसके बदले में यक्ष उनको वरदान देते हैं। युधिष्ठिर माद्री के पुत्र नकुल को ज़िंदा करने की बात रखते हैं। इसे वे अपना स्व-धर्म मानते हैं क्योंकि उनकी माँ कुंती ने माद्री से कहा था कि वह उसके बेटों की रक्षा करेगी। *महाभारत* में तोते और पेड़ की भी कहानी है, जिसमें तोता सूखे पेड़ को नहीं छोड़ता क्योंकि पेड़ ने उसको हमेशा छाया दी थी और उसकी रक्षा की थी। इंद्र से वरदान मिलने पर तोता पेड़ को पुनर्नवा कर देता है।

मुकुंदजी कहते हैं कि 'अहिंसा संन्यास का धर्म है। वह निवृत्ति मार्ग से जुड़ा हुआ है न कि गृहस्थ व्यवहार से। आनृशंस्य प्रवृत्ति का धर्म' और 'आचरण का व्यवहार, शिला का धर्म है।' वे स्पष्ट करते हैं कि 'वासनानिष्ठ प्रज्ञा प्रवृत्ति की प्रज्ञा है, जिसका लक्ष्य मोक्ष नहीं, बल्कि अभ्युदय कहा जा सकता है। सार्वजनीन, सर्वांगीण, अच्छी तरह उठने का, बढ़ाने का' जिससे 'सभी ओर से सबका उदय हो। आनृशंस्य, अभ्युदय का धर्म है, अभ्युदय उसका साध्य है। धर्म, अर्थ, काम इस त्रिवर्ग में सम्मिलित गति अभ्युदय के आदर्श को ही सामने रखती है।'

एक बार उनसे 'शंकर दिग्विजय' के प्रसंग पर चर्चा हुई। इस प्रसंग में शंकर गंगा में स्नान करने के लिए जा रहे हैं। रास्ते में उनकी मुलाक़ात एक चाण्डाल से होती है जो दो कुत्ते साथ लेकर जा रहा है। उनके शिष्य चाण्डाल को एक तरफ़ हटने के लिए कहते हैं। इस पर चाण्डाल ने अद्वैत की मूल भावना और शुद्ध/अशुद्ध के द्वैतवाद की बात कही। उसने सवाल किया : क्या घाट या गंगा में प्रतिबिंबित होने पर सूरज बदल जाता है? शंकर दिग्विजय में शंकर चाण्डाल को शिव का असली रूप मान कर उसे प्रणाम करते हैं।

इस पर मुकुंदजी का सवाल था : यदि चाण्डाल प्रच्छन्न शिव नहीं होता, और कुत्ते चतुर्वेद न होते तो शंकर क्या करते? मुकुंदजी का कहना था कि शंकर का तत्त्वशास्त्र तो रैडिकल था किंतु दृष्टि धर्मशास्त्रों और स्मृतियों पर आधारित थी। इसलिए वह सार्वभौमिकता की जगह 'अतार्किकता' में बदल गयी। गोविंद चंद्र पाण्डेय की राय है कि यह क़िस्सा बाद का है, लेकिन महत्त्वपूर्ण बात यह है कि इसे शंकर के क़िस्सों में शामिल रखा गया है। उसे केवल मिथक नहीं

कहा जा सकता। दयाकृष्ण ने *छांदोग्योपनिषद* के सत्यकाम जाबाल प्रसंग को लेकर इसी तरह का सवाल किया था जिसमें शंकर जाबाला के पति की हत्या कर देते हैं और वह मात्र एक नौकरानी बन जाती है। दिन-रात अपने पति के मेहमानों की देखभाल करने में व्यस्त रहने के कारण वह अपने बेटे के गोत्र का पता नहीं कर पाती।

कलाओं में मुकुंदजी की विशेष रुचि थी। हालाँकि वे एक मारवाड़ी परिवार से संबंध रखते थे — लेकिन धन के बावजूद उनके जीवन में एक सादगी बनी रही। पेंटिंग्स उनको अपने चाचा से विरासत में मिली, लेकिन उनके पास अपना भी संग्रह था। उनके कलकत्ते वाले घर में गणेश पाइन के बहुत सुंदर चित्र हैं — जिनका उपयोग *अर्धकथानक* में भी किया गया है। यूट्यूब के एक कार्यक्रम में वे कहते हैं कि गणेश पाइन उन चित्रों को नष्ट करने जा रहे थे। उन चित्रों की नीरजा ने सुंदर साज-सज्जा की। मैंने अपनी किताब के कवर के लिए भी कई चित्रों का इस्तेमाल किया है।

रीना और अभिजीत लाठ में पेंटिग की अभिरुचि का प्रारम्भिक संस्कार मुकुंदजी से ही आया है। उनकी गैलरी 'आकार प्रकार' ने बंगाल के कई नये कलाकारों का काम प्रदर्शित किया है।

बाद के वर्षों में उनकी रुचि चेतना की सहज वृत्ति की ओर प्रवृत्त होने लगी। जैसा कि अरिंदम चक्रवर्ती ने लिखा है, कविता और कला उनके लिए ज्ञान-यज्ञ बनती चली गयी। अभी एक मित्र कह रहे थे कि मुकुंदजी और पंडित जसराज के देहावसान से ऐसा लग रहा है कि जैसे दोनों सारा भाव अपने साथ समेट ले गये हों।

अरिंदम ने अपनी शोक-संवेदना के साथ यूट्यूब पर प्रस्तुत उनकी एक कविता भेजी है :

देअर इज़ एंप्टीनेस ऑल अराउंड,
आई कैननॉट सी एनी शैडो ऑन द वॉटर ऑफ़ दिस रिवर वैतरणी.
बट आई ऐम फ़ियरलेस, ब्रिंग ऑन द एंप्टीनेस-
शून्यता डज़ नॉट हेव एनी न्यू वेराइटी आफ़्टर ऑल!

भाग – दो

सृजन

साहित्य ■ आलोचना

भाषा ■ कला

ओमप्रकाश वाल्मीकि

हिंदी दलित साहित्य का एक पूरा युग

बजरंग बिहारी तिवारी

अभी-अभी स्मृति-शेष हुए ओमप्रकाश वाल्मीकि (30 जून, 1950-17 नवम्बर, 2013) का सम्यक मूल्यांकन आने वाला समय करेगा। इस समय उनके लेखन की कुछ ऐसी बुनियादी विशेषताओं की ओर ध्यान दिलाया जा सकता है जो उन्हें अपने समकालीनों से अलग करती हैं। वाल्मीकि हिंदी दलित साहित्य के सर्वाधिक मान्य लेखकों में थे। अन्य भारतीय भाषाओं के दलित साहित्यकारों की निगाह में वे हिंदी के प्रतिनिधि लेखक थे। उनका समूचा लेखन एक निर्णायक युग की दास्तान के रूप में पढ़ा जाएगा। दस्तावेज़ तो वह है ही।

कविता, कहानी, नाटक और विमर्श के क्षेत्र में सशक्त उपस्थिति रखने वाले वाल्मीकि का पहला कविता संग्रह 1979 में *सदियों का संताप* नाम से छपा था। इसके प्रकाशन में उनके वामपंथी मित्र और देहरादून के समर्पित रंगकर्मी विजय गौड़ की भूमिका थी। अस्मितावादी मुखरता के बरअक्स मितव्ययी शब्द-सजगता इस संग्रह की पहचान है। यही पहचान क्रमशः कवि के रूप में वाल्मीकि की पुख़्ता पहचान बनती चली गयी। पतले से कुल उन्नीस कविताओं वाले इस संग्रह का प्राथमिक लक्ष्य जातिवादी धर्म की कुसंस्कृति को बेपर्दा करना है। 'जाति' शीर्षक से छपी एक कविता का अंश उद्धृत करना अभी प्रासंगिक लग रहा है :

स्वीकार्य नहीं मुझे जाना
मृत्यु के बाद
तुम्हारे स्वर्ग में
वहाँ भी तुम
पहचानोगे मुझे मेरी जाति से ही!

ये कविताएँ 1980-89 के बीच लिखी गयी थीं। इस समय तक हिंदी में दलित कविता संग्रहों की संख्या बहुत कम थी। 1989 में ही मंसाराम विद्रोही की कृति *दलित पचासा*, श्यौराज सिंह बेचैन की *नयी फ़सल* और डॉ. धर्मवीर का संग्रह *हीरामन* का प्रकाशन हुआ था। कर्मशील भारती का संग्रह *दलित मंजरी* एक वर्ष पहले (1988) छप चुका था। आलोचकों तथा दलित कविता के सामान्य पाठकों ने इन सभी संग्रहों में *सदियों का संताप* को ही शीर्ष रचना माना। इसका दूसरा संस्करण गौतम बुक सेंटर, दिल्ली से 2008 में छपा। भूमिका में वाल्मीकि ने लिखा :

> 'दलित ही नहीं ग़ैर-दलित पाठकों, आलोचकों ने जिस उत्साह से इस संग्रह पर अपनी प्रतिक्रियाएँ दीं, उसने मेरे मन में एक गहरा विश्वास पैदा किया। दलित साहित्य आंदोलन को हिंदी में स्थापित करने में इस छोटी-सी पुस्तक ने एक अहम भूमिका निभायी।' *सदियों का संताप* सवालों से भरी हुई किताब है। पहली कविता 'ठाकुर का कुआँ' का केंद्रीय प्रश्न है : 'कुआँ ठाकुर का / पानी ठाकुर का / खेत-खलिहान ठाकुर के / गली-मुहल्ले ठाकुर के / फिर अपना क्या? / गाँव? / शहर? / देश?' दूसरी कविता 'मानचित्र' का सवाल है : 'पता नहीं यह कौन-सा / समीकरण है / जो दिन से रात / रात से दिन / पल-पल छिन्न-छिन्न खींच रहा है / जिस्म से पसीना'। 'युग चेतना' शीर्षक कविता का उद्घोष है: 'कितने सवाल खड़े हैं / कितनों के दोगे तुम उत्तर'। संग्रह की अंतिम कविता 'तब तुम क्या करोगे?' प्रश्नों को सिलसिलेवार गूँथ कर रची गयी है। इस कविता की तर्ज़ पर हिंदी के दूसरे दलित कवियों ने कविताएँ रची हैं। कंवल भारती की कविता 'तब तुम्हारी निष्ठा क्या होती'? बहुत कुछ इसी प्रभाव की उपज है। उनके संग्रह का शीर्षक भी यही है। वाल्मीकि की कविता की अंतिम पंक्तियाँ हैं : 'जो जीना पड़ जाए युगों-युगों तक / मेरी तरह? / तब तुम क्या करोगे?' यह प्रश्नाकुलता बाद के संग्रहों में न सिर्फ़ बनी रही, बल्कि बढ़ती और गहराती गयी। दूसरे संग्रह *बस्स! बहुत हो चुका* की चर्चित कविता 'शायद आप जानते हों' 'तब

तुम क्या करोगे' का स्वाभाविक विस्तार लगती है। कवि धर्मसत्ता के नियामकों से पूछता है : 'चूहड़े या डोम की आत्मा/ ब्रह्म का अंश क्यों नहीं है/ मैं नहीं जानता / शायद आप जानते हों'। तीसरे संग्रह का स्वर ज़्यादा राजनीतिक है। सरोकार वही है लेकिन स्वर में ज़्यादा दृढ़ता आ गयी है। संग्रह का शीर्षक *अब और नहीं* ... इसका सबूत है। 2009 में प्रकाशित इस संग्रह में भारत राष्ट्र और उसके छह दशक पुराने लोकतंत्र की मीमांसा है। बड़ी तिक्त आवाज़ में कवि बताता है : 'संसद के गलियारों का / अधमरा लोकतंत्र भी / न अपना हो सका / न जगा सका / विश्वास ही'।

हिंसा के तमाम रूप-रंग हैं, कई नाम हैं, अनगिनत पैटर्न हैं। जाति इन्हीं में से एक है। जातिगत हिंसा अपनी अंतिम परिणति में किसी को नहीं बख़्शती। हिंसा के शिकार और हिंसा करने वाले दोनों उससे नहीं बचते। दोनों अपनी मनुष्यता से वंचित होते हैं। अछूतपन दोनों के साथ चिपका हुआ होता है। एक बार जन्म लेने वालों की अस्पृश्यता इकहरी होती है तो दो बार जन्म लेने वाले (द्विजों) की दुहरी। इस दुहरी अस्पृश्यता की पहचान बड़ी मुश्किल से होती है। कवि यह दायित्व भी स्वीकारता है। अपनी प्रश्नवाचक शैली में वह पूछता है :

न जाने किस ...ने
तुम्हारे गले में
डाल दिया है जाति का फंदा
जो न तुम्हें जीने देता है
न हमें

इकहरी अस्पृश्यता वालों ने 'बिना डरे / साँप की केंचुल-सा हीनता बोध / उतार फेंका है / दीवार के उस पार / जहाँ सड़ रहा है/ सदियों से जमा कूड़ा'। अब बारी दुहरी अस्पृश्यता से घिरे लोगों के मुक्त होने की है। विडम्बना यह कि दुहरी परत वालों ने असहजता को अंगीकार कर ऊपरी परत को जातिगत श्रेष्ठता का पर्याय मान लिया है। एक दुर्लक्ष्य अलंघ्य दीवार खड़ी कर दी है :

धूप भी हमें बाँध नहीं पाती
डर धकेलता है
गहरी अँधेरी खोह में
जहाँ एक हाथ खो देता है विश्वास
दूसरे हाथ का

रोज़ मिलते हैं
फिर भी अपरिचित हैं
एक-दूसरे से।

ओमप्रकाश वाल्मीकि ने *जूठन* लिखकर हिंदी में दलित आत्मकथा का मानक रचा। चयन का विवेक *जूठन* के लेखक की विशिष्टता है। एक भी प्रसंग अनावश्यक नहीं। किस घटना को लेखक अनुभव का हिस्सा मानना है और उसे आत्मकथा में कितना स्पेस देना है— उसकी सजगता इस संदर्भ में उल्लेखनीय है। आत्मकथा की भूमिका का पहला वाक्य है : 'दलित जीवन की पीड़ाएँ असहनीय और अनुभव दग्ध हैं।' पूरी किताब मानो इसी महावाक्य की अकल्पनीय अभिव्यक्ति हो जाती है। बेशक, दलित जीवन उतना आनंदविहीन न होता हो, लेकिन वाल्मीकि की लेखकीय प्रतिबद्धता उन क्षणों का संज्ञान लेने से भी रोकती है। एक कड़ा अनुशासन पूरी किताब में व्याप्त है। सविता कुलकर्णी का युवा वाल्मीकि की ज़िंदगी में प्रवेश विषयांतर कर सकता था। इस बनते रिश्ते की अंतरंगता युवक के इस कथन पर चटक जाती है : 'मैं एस.सी. हूँ'। लेखक अगली कुछ पंक्तियों में इस प्रकरण को यों समाप्त करता है : 'मेरा एस.सी. होना जैसे कोई अपराध था। वह काफ़ी देर सुबकती रही। हमारे बीच अचानक फ़ासला बढ़ गया था। हज़ारों साल की नफ़रत हमारे दिलों में भर गयी थी'। एक प्रसंग रोडवेज क्लर्क मास्टर वेदपाल का है। लेखक की एक रात बस अड्डे पर गुज़री थी। मास्टर वेदपाल का एक साथी औरत के साथ आया। वाल्मीकि चाहते तो इस घटना को 'मज़े के लिए' लिख सकते थे। लेकिन चंद शब्दों में उन्होंने प्रसंग का समापन इस तरह किया : 'आज उस स्त्री के बारे में सोचता हूँ तो जी मिचलाने लगता है। किस मजबूरी में आयी होगी इनके पास'। जैसा संयम प्रेमचंद ने 'शतरंज के खिलाड़ी' कहानी में बरता है— यह प्रसंग उसी की याद दिलाता है। किताब के पहले पन्ने से लेकर आख़िरी पन्ने तक जातिवादी क्रूरता के अनुभव दर्ज हैं। यह दस्तावेज़ीकरण ही लेखक का अभीष्ट है। अवांतर प्रसंगों से बचना इसीलिए सम्भव हो पाया है। सवर्णवादी हिंसा के घटाटोप में लेखक की निगाह मनुष्यता के टिमटिमाते संदर्भों की तरफ़ भी गयी है। चमनलाल त्यागी का ज़िक्र ऐसा ही एक संदर्भ है। हाई स्कूल पास

करने पर लेखक को बधाई देने वे उनके घर पहुँचे थे : 'ऐसा पहली बार हुआ था जब कोई त्यागी चूहड़ों के घर बधाई देने आया था। बल्कि इससे भी ज़्यादा बड़ी बात यह हुई थी कि चमनलाल त्यागी मुझे अपने घर ले गये थे। बेहद आत्मीयता के साथ पास बैठाकर दोपहर का खाना भी खिलाया था। वह भी अपने बर्तनों में। ... खाना खाकर मैं जूठे बर्तन उठाने लगा तो उन्होंने मुझे रोक दिया और अपनी बेटी को आवाज़ दी, 'भैया के बर्तन उठाकर ले जा'। वह आकर जूठे बर्तन ले गयी'। लेखक चाहता तो इस 'अटपटे' प्रसंग को सम्पादित कर सकता था। इस प्रसंग को समाप्त करने से पहले उसने यह सूचना भी जोड़ी कि चमनलाल *रामचरितमानस* के पाठक थे। एक मानस प्रेमी की उदारता प्रसंग के अटपटेपन में बढ़ोतरी ही करती है। अपने अनुभवों के प्रति लेखकीय ईमानदारी के चलते ही वाल्मीकि ने इसे *जूठन* में जगह दी। श्रवण कुमार शर्मा, सुरेंद्र त्यागी, बाबूराम त्यागी जैसे नाम चमनलाल के सिलसिले को आगे बढ़ाते हैं। जाति के तंत्र में व्यक्ति और समुदाय के जटिल संबंधों पर इससे कुछ रोशनी पड़ती है। ओमप्रकाश वाल्मीकि ने आत्मकथा सहित अन्य कृतियों में इस विडम्बना को उजागर किया है : 'जब दलित अपनी अस्मिता के लिए उठकर खड़ा होता है तो उस पर जातिवादी होने का आरोप लगा दिया जाता है'।

कुछ आलोचक वाल्मीकि को बतौर कहानीकार ज़्यादा पसंद करते हैं। वाल्मीकि के कुल तीन कहानी संग्रह प्रकाशित हुए : *सलाम*, *घुसपैठिए* और *छतरी*। जैसे उनकी कविताओं में नारेबाजी व स्थूल अभिधापरकता से बचते हुए दलित कविता की अपनी प्रखर सांकेतिक भाषा विकसित करने का आग्रह है कुछ वैसे ही उनकी कहानियाँ भी कहानीपन की चिंता करते हुए रची गयी हैं। वाल्मीकि की कथा-भाषा अपने पहले संग्रह से ही प्रौढ़ दिखाई देती है। *सलाम* में कुल चौदह कहानियाँ संग्रहीत हैं। वर्चस्ववादी परम्परा के ताने-बाने की परख कराती ये कहानियाँ उन दलितों को भी विषय बनाती हैं जो 'मध्यवर्गीय सुविधावाद' में उलझ गये हैं। 'भय' कहानी का दिनेश अपनी जाति छुपा कर रहता है। रामप्रसाद तिवारी से पारिवारिक संबंध बना दिनेश कभी सहज नहीं हो पाता। उसके भीतर की हीनता ग्रंथि उस पर हावी होती जाती है। 'अंधड़' कहानी के सुक्कड़लाल अब एस. लाल हैं। वे भरसक अपने अतीत से पीछा छुड़ाने की कोशिश करते हैं।

पृष्ठभूमि से अलग हुए उन्हें लम्बा अरसा गुज़र जाता है। उनकी पत्नी सविता इस कटाव को मंजूर नहीं करती। आख़िरकार मि. लाल 'अपने' सच का सामना करने की हिम्मत जुटाते हैं। उनकी बेटी पिंकी उनके मुक़ाबले ज़्यादा सहज व साहसी है। वाल्मीकि ने वैसे तो नयी पीढ़ी की दलित लड़कियों को अपने कथा जगत में अपेक्षित जगह नहीं दी है लेकिन उनके दो-तीन स्त्री-पात्र ऐसे हैं जो साबित करते हैं कि वाल्मीकि दलित स्त्रियों की नयी पीढ़ी की सामर्थ्य व सम्भावना को यथासम्भव पहचान रहे थे। उनके दूसरे कहानी संग्रह *घुसपैठिए* में संकलित 'मैं ब्राह्मण नहीं हूँ' की सुनीता हीनताबोध से मुक्त दलित युवती है। 'यह अंत नहीं' की गरिमा का व्यक्तित्व भी जुझारू है। वाल्मीकि ने मेडिकल कॉलेजों में व्याप्त जातिवाद का ख़ुलासा 'घुसपैठिए' कहानी में किया है। पत्रकारिता का जातिवादी चेहरा 'दिनेश पाल जाटव उर्फ़ दिग्दर्शन' कहानी में दर्शाया गया है।

इसी संग्रह में शामिल 'शवयात्रा' कहानी आंतरिक जातिवाद की समस्या पर केंद्रित है। कई दलित लेखकों ने ऐसा विषय उठाने के लिए कहानीकार की आलोचना की। 1997 में प्रकाशित इस कहानी के प्लॉट को वाल्मीकि जी ने फिर नहीं लिया। ऐसा प्रतीत होने लगा कि उन्होंने अपनी 'चूक' स्वीकार कर ली है। लेकिन इस साल 2013 में जब उनका अंतिम आलोचना ग्रंथ *दलित साहित्य : अनुभव संघर्ष एवं यथार्थ* आया तो वाल्मीकि का पक्ष निर्भ्रांत रूप से स्पष्ट हुआ। किताब के पहले खण्ड के पहले अध्याय के आख़िर में उन्होंने लिखा है : 'जाति की यह भावना समाज में इतनी गहरी है कि दलित भी इससे अछूते नहीं हैं। दलितों में भी एक ऐसा वर्ग है जो इससे मुक्त नहीं होना चाहता। ... उनका यह अंतर्द्वंद्व उस वक़्त खुलकर सामने आया जब मेरी एक कहानी 'शवयात्रा' *इण्डिया टुडे* (सितम्बर 1997) में प्रकाशित हुई। उन्होंने जिस प्रकार विरोध किया वह जातिवाद की गहरी पैठ का एक उदाहरण था'।

वाल्मीकि ने दलित साहित्य का सौंदर्यशास्त्र लिखा और वाल्मीकि समुदाय पर केंद्रित शोधकृति *सफ़ाई देवता* की रचना भी की। कांचा इलैया की किताब का हिंदी अनुवाद *मैं हिंदू क्यों नहीं हूँ* उनकी क्रियाशीलता का अल्पचर्चित पहलू है। वे एक उपन्यास के लेखन में संलग्न थे जो उनके रहते पूरा अथवा प्रकाशित नहीं हो सका। रंगमंचीय सक्रियता उनके युवा जीवन से

जुड़ी थी। उनके दो नाटकों का प्रकाशन हो चुका है। साक्षात्कारों की एक पुस्तक भी आ गयी है। अब भी उनकी फ़ाइलों में बहुत-कुछ ऐसा होगा जो प्रकाशन की बाट जोह रहा हो। उनकी अख़बारी टिप्पणियों, मित्रों, सम्पादकों, पाठकों, शुभेच्छुओं, शोधार्थियों परिवारजनों को लिखे उनके पत्र यथाशीघ्र इकट्ठे कर लिए जाएँ और उनकी अन्य कृतियों के साथ ग्रंथावली के रूप में छपवा दिये जाएँ तो हिंदी दलित साहित्य का एक पूरा युग संरक्षित हो जाएगा।

राजेंद्र यादव

एक विरल पराक्रम

अर्चना वर्मा

राजेंद्र यादव (28 अगस्त, 1929-29 अक्टूबर, 2013) की अचानक अप्रत्याशित अनुपस्थिति का धक्का हिंदी के साहित्य-समाचार-विमर्श जगत द्वारा अभी तक महसूस किया जा रहा है। इस दुनिया में उनकी उपस्थिति ने ऐसी हैसियत अख़्तियार कर ली थी कि इस एहसास के ख़त्म होने में अभी देर लगेगी और उनके न होने का ध्यान बेतरह आता रहेगा।

ज़्यादा महत्त्वपूर्ण बात यह है कि वे मरणोपरांत उद्गारों के सामान्यत: प्रशस्तिपूर्ण अतिरेक से अलग और संतुलन के विवेक से चालित हैं। हिंदी में यह एक नया सूत्रपात है और इसका भी श्रेय कमोबेश राजेंद्र यादव को ही दिया जा सकता है। समकालीनों के संस्मरणों और विश्लेषणों की उनकी किताब *वे देवता नहीं* हैं कि भूमिका का शीर्षक है 'नहीं, ये श्रद्धांजलियाँ नहीं हैं' जिसमें वे अपने ठेठ राजेंद्री अंदाज़ में कहते हैं, 'हम सब अव्वल दर्जे के हिप्पोक्रेट क़ौम हैं। सच न सुनना चाहते हैं, न कहना। किसी के बारे में दुनिया भर का झूठ उस समय बोलते हैं जब वह जवाब दे सकने की स्थिति में नहीं होता। यानी पैदा होते ही नवजात के बारे में ऐसी-ऐसी बातें कहेंगे/लिखेंगे मानो भगवान का एकमात्र अवतार वही होने जा रहा हो, मरने के बाद तो वह भगवान होता ही है। एक नम्बर का झूठा, बेईमान, हरामी, हत्यारा मरते ही महान् आत्मा हो जाता है, 'केवल निन्यानवे वर्ष की कच्ची उम्र में' उसके 'असामयिक और

आकस्मिक निधन' और 'अपूरणीय क्षति' पर आठ-आठ आँसू रोये जाते हैं, शोक-संतप्त परिवार को बिलखने के लिए अपने कंधे पेश किये जाते हैं। काश, वह दिवंगत उठ कर कह पाता कि अबे उल्लू के पट्ठे, ये सब क्या बकवास किये जा रहे हो? मैं वह सब बिल्कुल नहीं था जिसे सिद्ध करने के लिए तुम सब ख़ून-पसीना एक कर रहे हो। मैं भी तुम्हारी ही तरह हाड़-मांस का इनसान था।'

हाड़-मांस का वही इनसान और न केवल उसकी बेईमानियाँ, टुच्चापन, अहं, झूठ, प्रतिशोध, तिकड़म, हिसाबीपन वग़ैरह-वग़ैरह बल्कि ऐसी सारी दुर्बलताओं, विफलताओं से उबरने की अनिच्छा बल्कि शायद उसे ताक़त की तरह देखने की मंशा भी राजेंद्र यादव और उनके दौर की कहानी का यथार्थ के साथ रिश्ता तय करती है एक निर्मम, पारदर्शी परिप्रेक्ष्य के साथ यथार्थ जैसा कि राजेंद्र यादव का यह उद्धरण।

अज्ञेय, जैनेंद्र, यशपाल, अमृतलाल नागर और भगवतीचरण वर्मा वाली पीढ़ी प्रेमचंद और राजेंद्र यादव के बीच एक फ़ासला खड़ा करती है। एक-दूसरे से भिन्न होने के बावजूद इन लेखकों की परम्पराओं को अगली पीढ़ी समान रूप से विरासत की तरह अर्जित करती है और उनके अलग- अलग सूत्र एक-दूसरे में गूँथे जाते हैं। राजेंद्र यादव और उनके साथियों, समकालीनों की संवेदना से संघटित होकर नयी कहानी नये परिप्रेक्ष्य में यथार्थ के साथ बदले हुए रिश्ते की अभिव्यक्ति बनती है। फ़ासले के बावजूद *हंस* के पुनर्प्रकाशन से प्रेमचंद की परम्परा के विकास, विस्तार, मोड़ और बदलाव पर दावा राजेंद्र यादव का ही है; बावजूद इसके कि इस *हंस* को प्रेमचंद की परम्परा मानने से इंकार करने वाले भी बहुतेरे हैं। कारण एक तो यह कि *हंस* के पुनर्प्रकाशन का जिम्मा उठाया ही उन्होंने। ऐसा कोई भी दावा एक व्यावहारिक परियोजना और उसकी कार्यान्विति का बीड़ा उठाए बिना सम्भव ही नहीं है। दूसरे, और ज़्यादा ज़रूरी भी, यह कि परम्परा को मोड़ कर और तोड़ कर ही वस्तुत: उसका विकास और कायाकल्प सम्भव होता है अन्यथा पीढ़ियाँ बदलती हैं, परम्परा वहीं की वहीं खड़ी जड़ और रूढ़ होती रहती हैं। और तब परम्परा भी वस्तुत: परम्परा नहीं रह जाती।

राजेंद्र यादव और उनके साथी समकालीन अन्य लेखक आज़ाद हिंदुस्तान की दहलीज़ पर तैयार खड़ी नौजवान पीढ़ी के उस वाले समुदाय का अंग हैं जो

स्वाधीनता-संग्राम के मोहाविष्ट आदर्श-जगत से उच्छिन्न होते हुए संसार में जन्मा है। उसकी मानसिकता बीसवीं सदी के तीसरे-चौथे-पाँचवें दशक में विश्वव्यापी निराशा और मोहभंग में संरचित हुई है। इस पीढ़ी तक पहुँचने के पहले साहित्य जगत की वैचारिक पृष्ठभूमि में बहुत कुछ घटित हो चुका है। परम्परासम्मत तर्क और विवेक की ज़मीन पर खड़े होकर लोहा लेने वाले आख़िरी मोर्चे छायावाद के घुटने टेके जा चुके हैं। परम्परा से एकबारगी उखड़ कर प्रगतिवादी 'वर्ग-दृष्टि' की क़लम लगाने की और 'वर्ग-चरित्र' में मनुष्य के वर्गीकरण की कोशिश भी अपनी सीमाएँ प्रकट कर चुकी हैं। यह समझ और सजगता आ चुकी है कि वर्ग-दृष्टि बनाम रचना-दृष्टि के मामले में वहाँ वर्ग ही वर्ग दिखाई देता रह जाता है, यानी चौखट्टे ही चौखट्टे, मनुष्य और उसका चरित्र ग़ायब हो जाता है। दूसरे सिरे पर थोड़ा बहुत, पकड़ के लगभग बाहर, अबूझ और अधूरा-सा फ़्रॉयड भी जहाँ-तहाँ मौजूद सा मिलता है।

दूसरे कुछ समुदाय और दूसरी कुछ धाराएँ भी मौजूद हैं, लेकिन साहित्य-जगत में बहुत मुखर या प्रबल नहीं। स्वाधीनता के लिए संघर्ष का मक़सद सामने से हट चुका है, उस ख़ाली जगह को भरने वाला कोई दूसरा मक़सद अभी प्रत्यक्ष नहीं हुआ है। दहलीज पर खड़ी आज़ाद, नौजवान पीढ़ी के इस समुदाय के लिए विचार, दर्शन, रणनीति, भविष्य की संरचना, आगामी का नक़्शा—सब-कुछ एक भिन्न विवेक और नये तर्क के सहारे गढ़ा जाना है। उसकी मंशा में नयी शुरुआत अतीत के साथ सम्पूर्ण विच्छेद से होनी है। नयी कहानी की सैद्धांतिक संरचना में योगदानों के सापेक्षिक महत्त्व को देखते हुए राजेंद्र यादव की अगुआई और मोहन राकेश और कमलेश्वर के सहयोग से संवेदना को व्यक्तिपरक सामाजिकता और समाजपरक वैयक्तिकता के तरह-तरह के समीकरणों में संघटित किया जाता है, 'जिये हुए' और 'भोगे हुए' की गवाही से घटना और पात्र सत्यापित किये जाते हैं, अनुभूति की प्रामाणिकता का आग्रह स्थापित किया जाता है, आदर्श और आदर्शोन्मुख यथार्थवाद के प्रति अ-श्रद्धा के दौर का सूत्रपात होता है, तथाकथित आस्था, एकनिष्ठता, समर्पण आदि के परख़चे उड़ते हैं, और स्वाभाविक ही, क्योंकि बुनियादी आग्रह प्रामाणिकता का है और प्रामाणिकता 'जिये' और 'भोगे' द्वारा ही सिद्ध की जा

सकती है। नयी कहानी की शुरुआत यानी 1950 तक पहुँचते-पहुँचते द्वितीय विश्वयुद्ध के साथ दुनिया का आमना-सामना आधुनिकता के उपक्रम के नतीजों की ध्वंसमयी कोटि के साथ हो चुका है। बीसवीं सदी का उत्तरार्ध है और नयी कहानी की हमारी यह नौजवान पीढ़ी गाँवों और क़स्बों से उखड़ कर नगरों और महानगरों की दिशा में प्रस्थान करती, यंत्रयुग की चपेट में अजनबी की हैसियत, और 'अकेलेपन', 'अपरिचय', 'संत्रास' और 'ध्वंस' की अनुभूति की भाषा बोलती सुनाई देती है। भारतीय परिदृश्य पर इस यथार्थ के नये इज़ाफ़े का साक्ष्य नयी कहानी में है जिसकी पहचान, प्रामाण्य और रेखांकन में पहला हाथ नयी कहानी के पुरोधाओं का है। उनमें भी राजेंद्र यादव विशेषत: अपने विचार को उसकी तार्किक संगति की आख़िरी हद के पार तक ले जा सकने की क्षमता से लैस दिखाई देते हैं। राजेंद्र यादव से ही शब्द उधार लें तो यह 'कैंडे' के आदमी का काम है; गुर्दा चाहिए। दूसरे शब्दों में कहें तो यह एक विरल पराक्रम है।

नयी कहानी आंदोलन का बुनियादी विचार परिवार का बदलता हुआ ढाँचा और स्त्री है। पढ़ी-लिखी, उपार्जन-क्षम, वैयक्तिकता-सम्पन्न स्वतंत्र स्त्री। इसके पहले तक चौखट के बाहर आयी स्त्री के साथ सम्पर्क में स्वाधीनता संग्राम में सहयोग की आड़ थी और अगली पीढ़ी के उपयुक्त पालन-पोषण की योग्यता के अर्जन के लिए शिक्षा-सामाजिक पुनर्निर्माण आदि का आच्छादन था। नयी स्त्री के साथ इन आच्छादनों के बाहर पहला सीधा साबक़ा इसी पीढ़ी का पड़ा और कहा जा सकता है कि वह अप्रस्तुत ही, अचानक और भौचक, पकड़ी गयी। जितनी शिद्दत से प्रेमचंद को संयुक्त परिवार की संस्था की रक्षा में विकल और सन्नद्ध पाया गया था उतनी ही विकलता से यहाँ उभरते हुए इकाई परिवारों में पितृसत्ता की पराधीन स्त्री के लिए करुणा किंतु उसके अलावा स्त्री का आहत अभिमान, उसकी नयी भूमिकाओं का आविष्कार और निर्धारण, पुरुष का कातर अहं, स्त्री-पुरुष के अहंकारों की टकराहट, तनावग्रस्त दाम्पत्य, विवाहेतर प्रेम, टूटते संबंध, बिखरते परिवार, और इनके माध्यम से सामंती संरचनाओं और मूल्यों के विघटन की छानबीन की गयी है।

राजेंद्र यादव की रचना की जो केंद्रीय चिंता उनके कथाकाल से शुरू होकर विमर्शकाल तक भी आती है, वह यही है कि हमारे समाज ने नैतिकता,

सच्चरित्रता, पवित्रता की समूची नापजोख स्त्री-यौनिकता के पैमाने में सिकोड़ कर ठूँस दी है और उसे सतीत्व का नाम दे दिया है। यही स्त्री के दमित अस्तित्व और अवदमित अस्मिता की कील भी है और तमाम नैतिक पाखण्डों की सामाजिक धुरी भी। अपने कैंडे के चलते वे इस चिंता को भी उसकी तार्किक संगतियों की आख़िरी हदों तक ले जा सके और अपने विमर्श-काल में दलित-विमर्श के अलावा स्त्री-अस्मिता को लेकर जिस विमर्श की शुरुआत की उसके सारांश को देखा जाए तो उसे दमित और अवदमित विमर्श के खाते में रखा जा सकता है। अपने इस दुस्साहस/पराक्रम के ख़िलाफ़ उन्हें एक उग्र मोर्चे का सामना भी करते रहना पड़ा।

अपनी रचनात्मकता के पहले दौर में वे मोहन राकेश और कमलेश्वर के साथ नयी कहानी आंदोलन के माध्यम से कथा-साहित्य के नये मोड़ को रेखांकित करने वाले और उस नये रास्ते को अंत तक ले जाने वाले त्रिगुट के सदस्य रहे। तीनों ही कमोबेश अपनी-अपनी तरह से नयी कहानी के सिद्धांतकार भी बने लेकिन नये यथार्थ की पहचान और परिभाषा में राजेंद्र यादव की हिस्सेदारी सबसे ज़्यादा सबल कही जा सकती है—तर्क की दृष्टि से भी और लेखन-राशि की दृष्टि से भी।

उनके अनेकायामी कृतित्व में कहानी, कविता, संस्मरण, आलोचना, सम्पादन, विमर्श, अनुवाद वग़ैरह सब शामिल है, लेकिन उनकी आकस्मिक अनुपस्थिति के धक्के से परिभाषित इस क्षण में फ़िलहाल *हंस* के सम्पादकीय और उनके माध्यम से स्त्री, दलित और अल्पसंख्यक विमर्श सबसे ऊपर उतराते दिखाई देते हैं। तय करना मुश्किल है कि राजेंद्र यादव वस्तुत: हिंदी साहित्य में कथाकार की हैसियत से ज़्यादा महत्त्वपूर्ण आसन के अधिकारी होंगे या विमर्शकार की हैसियत से।

हंस के ज़रिये इन विमर्शों को एक खुला मंच देने का फ़ैसला करने के बाद उन्होंने कितनी ही बार मंच से, साक्षात्कारों में, सम्पादकीयों में 'कन्फ़ेशन' की मुद्रा में दोहराया था कि उनके लिए यह जीवन की सार्थकता के पुन: अर्जन की प्रक्रिया थी। उनका यह फ़ैसला एक सृजन-हारा स्रष्टा के निरर्थकताबोध और हताशा में से निकला था— ख़ुद उनके विश्लेषण के अनुसार थके हुए मध्यवर्ग के चुके हुए सपने

और न लिखने का कारण के बीच एक मक़सद खोज निकालने की प्रक्रिया। जिस मध्यवर्ग को वे इस तरह थका-चुका घोषित कर रहे थे, उनके इस फ़ैसले में वही मध्यवर्गीय मानसिकता शायद फुलटाइम काम पर थी जिसमें सामाजिक दायित्वबोध अक्सर एक अपराधभाव का रूप ग्रहण कर लेता है।

अगले एक-डेढ़ दशक में नयी कहानी की परियोजना ख़ुद को पूरा करके एक अंधी गली में जा पहुँची थी। कुछ तो इसलिए कि अपने चरम पर पहुँच कर वह अपने चुने हुए क्षेत्र की रचनात्मक संभावनाओं को शेष कर चुकी थी और कुछ इसलिए भी कि इन आगामी वर्षों में परिवार के ध्वंस और स्त्री के नये स्वाधीन व्यक्तित्व की यह विषयवस्तु समाज के कुछ इलाक़ों में आमफ़हम और कुछ इलाक़ों में अस्वीकृत घोषित हो चुकी थी। दोनों में किसी भी हालत में रचनाकार के पास नया कुछ खोद निकालने को बाक़ी नहीं रह गया था। नयी कहानी के चरम पर रहते ही मोहन राकेश की असमय मृत्यु और कमलेश्वर के टेलीविज़न और फ़िल्मों की दिशा पकड़ लेने के बाद कहानी की अगली पीढ़ी नयी कहानी से अलग होकर अपनी दिशाओं का संधान कर रही थी। राजेंद्र यादव के पास वह एक बहुत कठिन शून्य का और ख़ासा लम्बा समय था। कुल क़िस्सा चाहे रचनात्मक अवरोध या 'राइटर्स ब्लॉक' का रहा हो या सामग्री चुक जाने का। *टूटना* शीर्षक कहानी संग्रह 1966 में प्रकाशित हो चुका था और *मंत्रविद्ध* शीर्षक उपन्यास 1967 में। लिखना और भी पहले हो चुका होगा। ये उनके अंतिम सृजन थे। इसके बाद *चौखटे तोड़ते त्रिकोण*, *श्रेष्ठ कहानियाँ*, *प्रतिनिधि कहानियाँ*, *प्रेम कहानियाँ*, *चर्चित कहानियाँ*, *मेरी पच्चीस कहानियाँ* वग़ैरह पहले के रचे हुए में से विविध संकलन मात्र हैं। लगातार एक पत्रिका के सम्पादन का सपना/संकल्प/साधन की तलाश थी, योजनाएँ थीं, मनसूबे थे, सम्भाव्य स्रोत हो सकने वाले दोस्तों, परिचितों, नातों-रिश्तों के साथ अनंत बैठकें थीं। 1986 में *हंस* के प्रकाशन तक इस स्थिति में बीस साल गुज़र चुके थे। अंततः गौतम नवलखा के सहयोग से *हंस* की शुरुआत हुई, और सम्पादक की हैसियत से साहित्य-जगत में उनकी दूसरी पारी का आरंभ। और इसके बाद इतिहास।

अक्षर प्रकाशन, 2/36 अंसारी रोड, दरियागंज। 31 जुलाई, 1986 में प्रेमचंद जयंती पर राजेंद्र यादव के *हंस* के पहले अंक के लोकार्पण के बाद से ही अंसारी

रोड का यह पता रचनाकारों की अगली पीढ़ियों का उर्वर प्रदेश, नित्य नयी बहसों का अड्डा और हिंदी साहित्य में दलित-विमर्श, स्त्री-विमर्श आदि के सूत्रपात के कारण लगातार हलचलों का केंद्र बना रहा।

आज अगर प्रस्थान के बाद वे अनन्य समर्थकों और प्रचण्ड विरोधियों द्वारा एक साथ हिंदी के साहित्यजगत की नस-नस में भिदे हुए पाये जा रहे हैं तो अग्रवत्ता में उनका सम्पादक अवतार है। *हंस* के सत्ताईस सालों में शायद कभी एकाध बार संयुक्तांक निकला हो, अन्यथा हर साल के बारह अंक। हर अंक में एक सम्पादकीय। *काँटे की बात* शृंखला में इन सम्पादकीयों के वार्षिक संकलन प्रकाशित होते रहे हैं। इनमें कुछ सम्पादकीय अज्ञेय, जैनेंद्र, मोहन राकेश आदि विशिष्ट व्यक्तियों के संस्मरण-विश्लेषण-अंजली से जुड़े हुए हैं, कुछ रचनाओं और विचारों के विश्लेषण से। कुछ रचनात्मकता के सवालों से उलझते-सुलझते हुए। इन सम्पादकियों में राजेंद्र यादव की बहुमूल्य अंतर्दृष्टियाँ सुरक्षित हैं। इनके अलावा इतिहास, समाज और राजनीति के विश्लेषण और विमर्श-केंद्रित उनके संख्या बहुल सम्पादकीय भी हैं। *हंस* के ये सम्पादकीय वे हैं जिनकी मूल्यवत्ता उतनी असंदिग्ध नहीं। निस्संदेह *हंस* के सम्पादकीय की सर्वाधिक पठित और लोकप्रिय स्तंभ की हैसियत में इनकी गिनती भी शामिल है और सामान्य पाठक के लिए आप्त (राजेंद्र)-वाक्य-प्रमाण के न्याय से शायद उनकी प्रामाणिकता भी असंदिग्ध हो लेकिन वह कोई सनद नहीं। उनके मित्रों, परिचितों, परिवारियों और विद्वानों में जो इतिहास, राजनीति और समाजशास्त्र के जानकार हैं वे इन सम्पादकियों के प्रति असहिष्णु (क्षुब्ध और अधीर) हो कर रह जाते थे। लेकिन राजेंद्र यादव को यह असहमति शायद किसी जलते हुए सच के बयान का प्रमाण लगती रही हो जिसके साथ इतनी प्रचण्ड असहमति उसकी ज्वलंतता का ही प्रमाण है। कई बार ऐसा होता भी था लेकिन कई बार केवल उनकी रचनात्मक अंतर्दृष्टि की सूझ ही तथ्यों का स्थानापन्न बनने को पर्याप्त नहीं हो पाती थी लेकिन उनके संदर्भ में भी राजेंद्र यादव का यह अंतरंग आश्वस्त भाव उतना ही अप्रतिहत, अविचलित बना रहता था। रचनात्मक अंतर्दृष्टि का यह अंतरंग स्वभाव है— तथ्यों, प्रमाणों के अभाव में अप्रामाणिक होकर भी कहने वाले को लगता है कि वह अपने विश्वास की क़ीमत चुका रहा है; भले ही

अंतिम सत्यापन में वह बात ग़लत ही क्यों न साबित होने वाली हो।

लेकिन अंततः जैसे भी वे इस अहसास तक पहुँचे हों, *कथादेश* के 'कल्प कल्प का गल्प' विशेषांक में अतिथि सम्पादक आशुतोष भारद्वाज के साथ साक्षात्कार के दौरान उन्होंने यह स्वीकारोक्ति भी की। कहा था कि जितना कुछ मैं महसूस करता था उसे कह पाने लायक़ तैयारी मेरी नहीं थी। न उस क़िस्म की पढ़ाई, न वैसा फ़ील्डवर्क, न उसकी कोई सम्भावना। लेकिन जो उन्होंने करना चाहा, जैसा महसूस किया, जैसा बन पड़ा वैसा अंत तक करते रहे। जिस सम्बद्धता, लगाव, मक़सद की तलाश थी, उसका मूल्यवान अहसास भी उस करने के साथ जुड़ा।

दर्जनों मूल्यवान रचनाएँ, दर्जनों युवा रचनाकारों का प्रथम परिचय, दर्जनों मूल्यवान प्रश्न और विवाद, दलित-विमर्श, स्त्री-विमर्श और अन्य भी तरह-तरह के विमर्श, दूसरी परम्परा की तलाश के कभी सफल कभी विफल उपक्रम— इन सबके साथ राजेंद्र यादव की व्यक्तिगत सार्थकता के अर्जन के अलावा हिंदी साहित्य में इन इज़ाफ़ों की मूल्यवत्ता भी जुड़ी है। ये बेशक उनके उपक्रम के बड़े नतीजे हैं जो हिंदी साहित्य के इतिहास में उनकी जगह निश्चित करते हैं, लेकिन नयी कहानी के प्रवक्ता, पुरोधा रचनाकार के रूप में उनका मौलिक सृजन इससे ख़ारिज नहीं हो जाता, बल्कि नितांत निजी मौलिकता के स्तर पर सर्वाधिक मूल्यवान भी ठहरता है— भले ही वे हाल के वर्षों में उसे निरंतर अपवारित करते चले आ रहे थे।

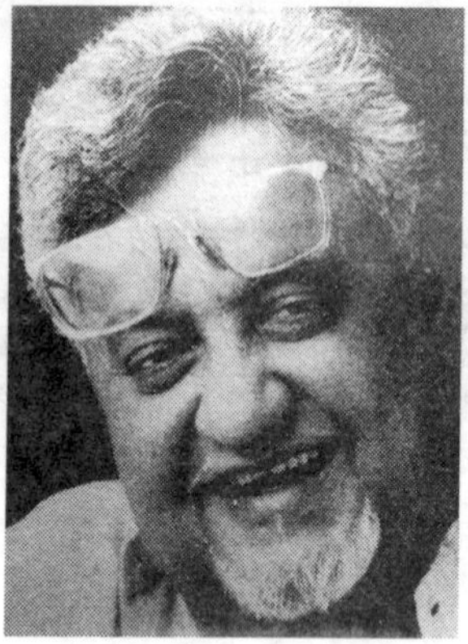

नामदेव ढसाल
कविता का सर्वहारा स्वर

अरविंद कुमार

जून, 2007 की गर्म और उमस भरी दोपहरी मुझे अब भी उसी तरह याद है, जब मैं नामदेव ढसाल से मिलने उनके अँधेरी स्थित निवास पर गया था। उन दिनों मैं जवाहरलाल नेहरू युनिवर्सिटी का शोध-छात्र था। विकासशील समाज अध्ययन पीठ (सी.एस.डी.एस.) के सराय कार्यक्रम द्वारा दी गयी स्वतंत्र फ़ेलोशिप के तहत मुझे '1974 : बम्बई के वर्ली में शिव सेना और दलित पैंथर के बीच हुए दंगे' पर अनुसंधान करना था। टेलीफ़ोन पर मेरी बात नामदेव ढसाल की पत्नी और मराठी की नारीवादी साहित्यकार मल्लिका अमरशेख़ से हुई। उन दिनों काफ़ी बीमार चल रहे नामदेव उसी दिन अस्पताल से लौटे थे। पर यह जानने पर कि हम दिल्ली से आये हैं, उन्होंने तुरंत मल्लिका से फ़ोन लिया और हमें घर बुला लिया। उनका कहना था उन्हें अस्पताल कभी भी जाना पड़ सकता है, और ऐसा अक्सर होता रहता है। इसलिए मिलने का समय तय करके किसी शोधार्थी को इंतज़ार नहीं कराया जा सकता। सच तो यह है कि नामदेव उस बीमारी से कभी उबर नहीं पाए। अस्पताल ही उनका दूसरा घर बन गया, पर जीवन से प्रेम और लड़ने का जज़्बा उनकी चमकती आँखों से साफ़ झलकता था। सर्वहारा और मज़दूरों के मुश्किल इतिहास वाली मायानगरी मुम्बई में जीवन गुज़ारते हुए नामदेव ढसाल ने जीवन के नरक को क़रीब से देखा और उन विचलित कर देने वाली तस्वीरों को यथावत् दर्शाने के लिए ग़ैर-नफ़ीस

ज़ुबान का इस्तेमाल किया। बिना किसी औपचारिक शिक्षा के ही नामदेव ढसाल केवल दलित साहित्य और विद्रोही दलित चेतना के ही नहीं बल्कि इस विषम महानगरी में जुझारूपन के शलाकापुरुष बन कर उभरे। ढसाल अब हमारे बीच नहीं हैं, पर उद्वेलित करने वाली उनकी कविताएँ और उनका चुनौतीपूर्ण जीवन हमें हमेशा झकझोरता रहेगा। ढसाल के पहले कविता संग्रह *गोलपीठा* की ये पंक्तियाँ उनके आत्मवक्तव्य की तरह भी पढ़ी जा सकती हैं :

दरगाह जाने के रास्ते[1]

जलता हुआ सूरज
ढलकता हुआ
रात के आगोश में
जा चुका था।

तब मैं पैदा हुआ
उस फ़ुटपाथ पर
गुदड़ियों और चीथड़ों के बीच
और मैं अनाथ हो गया।

मुझे जन्म देने वाली
स्वर्ग चली गयी
हमारे बाप से मिलने।
थक चुकी थी वह
गलियों के नोचने-खसोटने वाली
प्रेतात्माओं से।

---

[1] यह कविता नामदेव ढसाल के पहले संग्रह से है. इसका मराठी से हिंदी में अनुवाद लेखक ने किया है. दिलीप चित्रे का विशेष धन्यवाद जिनके द्वारा मराठी से अंग्रेज़ी में अनूदित कविताएँ नवयाना द्वारा प्रकाशित *नामदेव ढसाल : पोएट ऑफ़ द अंडरवर्ल्ड* में संकलित हैं. इन कविताओं से इस लेखक को हिंदी में अनुवाद के लिए विशेष मदद मिली.

वह धो लेना चाहती थी
साड़ी के अंदर के अंधकार को।

और ऐसे में बड़ा हुआ
एक इनसान की तरह
जिसके दिमाग़ का फ़्यूज़ उड़ चुका था
उन मल भरी गलियों में
ये कहते हुए
'पाँच पैसे दे दो
पाँच गाली ले लो'
दरगाह जाने के रास्ते।

गुदड़ियों-चीथड़ों के बीच ... [2]

नामदेव लक्ष्मण ढसाल का जन्म 15 फ़रवरी, 1949 को महाराष्ट्र में महार जाति के अछूत परिवार में हुआ था। पुर कनेसर नाम का उनका गाँव पूना शहर के क़रीब बसा था। नामदेव के पिता लक्ष्मण ढसाल घर की माली हालत और सामाजिक शोषण से तंग आ कर अपने दाल-रोटी के इंतज़ाम के लिए गाँव छोड़ कर मुम्बई (तब बम्बई) चले आये। मध्य-बम्बई में उन्हें एक मुसलमान कसाई की दूकान पर गोश्त ढोने का काम मिल गया। बाद में वे अपने परिवार को भी ले आये और इसी इलाक़े में बसी झुग्गी की ढोर-चाल (इस चाल में ज़्यादातर आबादी ढोर जाति की थी। ढोर महाराष्ट्र की एक अछूत जाति है जिनका मुख्य पेशा मरे हुए जानवरों को उठाना था) में रहने लगे। यह झुग्गी-बस्ती गोलपीठा (गोल का मतलब गोल आकार और पीठा मतलब देशी शराब) नामक चौक पर बसी थी। नामदेव इसी मोहल्ले में खेलते हुए बड़े हुए और उनका पहला कविता-संग्रह 1972 में इसी नाम से आया। उनकी युवावस्था एक टैक्सी ड्राईवर के रूप में ज़्यादातर

[2] यह सम्बोधन उपर्युक्त कविता 'दरगाह के रास्ते' से लिया गया है.

शराबियों, नशेड़ियों, तस्करों और उन वेश्याओं के बीच बीती जो गोलपीठा के आस-पास बसे कमाठीपुरा (जो एशिया के सबसे बड़े चकलों में से एक है) में अपने जिस्म का सौदा करके रोज़ी कमाती थीं। शहरी सर्वहाराओं के बीच बीते ढसाल की ज़िंदगी के ये दिन केवल कविता बन कर ही अभिव्यक्त नहीं हुए, बल्कि उन्होंने एक कर्मठ कार्यकर्ता की हैसियत से अपनी सामाजिक ज़िम्मेदारियाँ समझते हुए तिरस्कृत नारी संगठन गठित किया ताकि आये दिन वेश्याओं को मिलने वाले दुत्कार, नशेड़ियों की बदसलूक़ी और पुलिस की ज़्यादतियों का डट कर प्रतिकार किया जा सके। इन्हीं दिनों ढसाल समाजवादी और साम्यवादी आंदोलनों के क़रीब आये और जल्दी ही प्रजा सोशलिस्ट पार्टी के सदस्य और फिर एक कर्मठ कार्यकर्ता बन गये। उन दिनों ढसाल राममनोहर लोहिया और आचार्य नरेंद्र देव से ख़ासे प्रभावित थे। बाद में ढसाल की मुलाक़ात भारतीय कम्युनिस्ट पार्टी (भाकपा) के नेता श्रीपाद अमृत डांगे और इसी पार्टी के सांस्कृतिक संगठन इप्टा (इण्डियन पीपुल्स थियेटर एसोसिएसन) के कार्यकर्ताओं से हुई। भाकपा का ही एक और घटक गिरनी कामगार मज़दूर यूनियन[3] से जुड़े कई कार्यकर्ताओं से भी ढसाल की अच्छी दोस्ती हो गयी। इसी दौरान उनकी मुलाक़ात हुई मल्लिका अमरशेख़ से जो इप्टा से ही जुड़े प्रसिद्ध रंगकर्मी साहिर अमरशेख़ की बेटी थीं। नामदेव ढसाल और मल्लिका अमरशेख़ का प्रेम उन दिनों मुम्बई में चर्चा का विषय था और इनके प्रेम प्रसंग का चित्रण विद्याधर नायपॉल ने अपनी पुस्तक *इण्डिया : मिलियन म्युटिनीज़ नाउ* में ख़ूबसूरत तरीक़े से किया है। मल्लिका और ढसाल एक-दूसरे को कॉमरेड कह कर सम्बोधित करते थे और जल्दी दोनों जीवन-साथी बन गये। इन्हीं रोमांचकारी दिनों में ढसाल ने मार्क्स, लेनिन, माओ-त्से तुंग और आम्बेडकर को पढ़ना शुरू किया। बिना किसी औपचारिक शिक्षा के जिन उबलते शब्दों में नामदेव ढसाल की रचनात्मकता फूटी, उसकी तुलना

[3] इस संगठन का का मध्य मुम्बई के इस इलाक़े में अच्छा प्रभाव था. इसने इस इलाक़े की कपड़ा मिलों में काम करने वाले मज़दूरों को संगठित करके संघर्षों का आयोजन भी किया था.

निश्चित तौर पर इनकी तुलना मैलकम एक्स[4] और एलरिज़ क्लीवर[5] से की जा सकती है।

कविता का सर्वहारा स्वर

नामदेव ढसाल मराठी दलित साहित्य के कोई पहले कवि नहीं थे। औरंगाबाद में गंगाधर पनतावणे द्वारा *अस्मितादर्श*[6] का प्रकाशन शुरू हो चुका था और कई मराठी युवा लेखकों-कवियों की रचनाशीलता परवान चढ़नी शुरू हो गयी थी। पर इनमें से ज़्यादातर लोग पहले से स्थापित मानक और स्वीकृत लहज़े में ही लिख रहे थे। ढसाल ने पहली बार मराठी भाषा के तथाकथित संस्कृतनिष्ठ सौंदर्यशास्त्र की सीमाओं को लाँघ कर गलियों, झुग्गियों, चालों और शराब के ठेकों पर शहरी सर्वहाराओं द्वारा बोल-चाल में इस्तेमाल की जाने वाली भाषा को अहमियत दी। साहित्यिक-सौंदर्य के बिगड़ जाने की चिंता किये बिना उन्होंने बेबाक होकर आधुनिक मराठी साहित्य की प्रामाणिक परिभाषा बदल कर रख दी। शुरुआत में उन्हें अपने ऊपर भद्दे, भदेस और फूहड़ होने की तोहमत का सामना करना पड़ा, पर उनकी कविताओं ने जल्दी ही अपनी एक विशिष्ट जगह बना ली। शायद यही वजह थी कि मराठी के जाने माने नाटककार और

---

[4] मैलकम एक्स अमेरिका के अफ़्रो-अमेरिकी आंदोलन के सशक्त नेताओं में से एक थे. उन्हें बीस वर्ष की उम्र में छोटे-मोटे अपराध के सिलसिले में जेल भेजा गया और जेल के अंदर ही उन्होंने पढ़ाई शुरू की. पहले वे एलिजाह मुहम्मद के नेशन ऑफ़ इस्लाम के सदस्य बने, पर जल्दी ही इस संगठन से मोहभंग हुआ और जेल से निकल कर उन्होंने नया संगठन बनाया ऑर्गनाइज़ेशन ऑफ़ एफ्रो-अमेरिकन यूनिटी. फ़रवरी, 1965 को तीन अज्ञात (माना जाता है वे नेशन ऑफ़ इस्लाम के सदस्य थे) लोगों ने न्युयॉर्क शहर में मैलकम की गोली मार कर हत्या कर दी. उनके मरने के कुछ ही दिनों बाद प्रकाशित हुई उनकी आत्मकथा *ऑटोबायोग्राफ़ी ऑफ़ मैलकम एक्स* को बीसवीं सदी की प्रभावकारी कृतियों में गिना जाता है। मालकम का वक्तव्य 'द बैलट ऐंड द बुलेट' एक दुर्लभ और प्रभावशाली भाषण है. जिन लोगों से प्रभावित होकर ब्लैक पैंथर पार्टी बनी उनमें मैलकम एक्स का नाम सर्वप्रमुख है. (जुलाई, 2008 में न्युयॉर्क सिटी में मैलकम एक्स की सबसे छोटी बेटी मलाक शाबाज़ से लेखक की बातचीत पर आधारित).

[5] एलरिज क्लीवर, 1966 में ओकलैंड, कैलिफ़ोर्निया में बनी ब्लैक पैंथर्स पार्टी फ़ॉर सेल्फ़डिफेंस के संस्थापक मिनिस्टर ऑफ़ डिफेंस के अलावा पार्टी मुख-पत्र के सम्पादक भी थे. जेल में लिखी गयी उनकी पुस्तक *सोल ऑन आइस* अश्वेत साहित्य शृंखला की मज़बूत कड़ी मानी जाती है.

[6] *अस्मितादर्श* आम्बेडकर द्वारा संस्थापित मिलिंद कॉलेज, औरंगाबाद के छात्रों और शिक्षकों द्वारा शुरू की गयी त्रैमासिक पत्रिका है. इस पत्रिका के मुख्य सम्पादक प्रोफ़ेसर गंगाधर पंतवाने थे जो मिलिंद कॉलेज में मराठी पढ़ाते थे, वे आजकल सेवानिवृत होकर औरंगाबाद में ही रहते हैं.

आलोचक विजय तेंदुलकर ने ढसाल की तुलना सोलहवीं सदी के भक्त कवि तुकाराम से की। दिलीप चित्रे[7] ने तो बिना किसी झिझक के ढसाल को भारत ही नहीं विश्व-स्तर का कवि क़रार दिया। चित्रे के अनुसार ढसाल की रचना गोलपीठा आधुनिक नगरीय काव्य परम्परा में फ़िट बैठती है, कुछ-कुछ उसी तरह जैसे चार्ल्स बौदलेयर की या फिर आर्थर रिम्बो की उनेसैसन एन इंफेर। कविताओं में खाँटी और अभद्र शब्दों का इस्तेमाल, नग्न, अक्खड़ और ईश्वरीय निंदा की वजह से संभ्रांत और सफ़ेदपोश साहित्यकारों/आलोचकों द्वारा की गयी आलोचना का क़रार जवाब देते हुए ढसाल ने लिखा :

हमारे यहाँ विचाधारा की ज़मीन ही ग़ायब है जिसकी लड़ाई साहित्य के हथियार से लड़ी जा सके। हमारे साहित्य में भी कोई विचारधारात्मक आंदोलन नहीं है। न ही हमारे यहाँ कोई ऐसा माहौल है जिसमे नामदेव ढसाल जैसे कवि को दिव्य ज्ञान मिले, राजनीतिक दर्शन का कुछ मंत्र मिले। यहाँ तक कि हमारे शैक्षणिक संस्थानों में भी इस माहौल की कमी है। इसी कमी से हमारा साहित्यिक आंदोलन भी ग्रसित है।[8]

ढसाल का दूसरी कविता संग्रह *मूर्ख महतरयाने डोंगर हलविले* (बेवकूफ़ बूढ़े आदमी ने पहाड़ उठा लिया) 1975 में प्रकाशित हुआ। यह रचना उस समय आयी जब वे मार्क्स और लेनिन को पढ़ रहे थे। मार्क्स के द्वंद्वात्मक भौतिकवाद को समझने और लेनिन की रचना *राज्य और क्रांति* पढ़ते हुए उन्होंने बूर्ज्वा (मध्यवर्गीय) राजनीतिक दलों की ख़ामियों को ठीक से समझा और कविता व राजनीति के बीच एक तालमेल बैठाने की कोशिश की। उन्होंने सूत्रीकरण किया कि कविता की अपनी राजनीति होती है और इन दोनों को एक-दूसरे से अलग नहीं किया जा सकता। ढसाल के इसी संग्रह में उनकी मशहूर कविता है 'कुत्तो और गणतंत्र का गीत'।

1976 में छपी उनकी लम्बी कविता 'प्रियदर्शिनी' उन्होंने इंदिरा गाँधी की तारीफ़ में लिखी थी जिसे महाराष्ट्र के तब के मुख्यमंत्री शंकर राव चह्वाण ने

---

[7] मराठी के कवि और बहुमुखी प्रतिभा के धनी दिलीप चित्रे , लेखक, अनुवादक, चित्रकार, फ़िल्मकार और ढसाल के क़रीबी मित्र भी थे. 2009 में उनका पुणे में निधन हुआ.

[8] देखें, दिलीप चित्रे (सम्पा.), *नामदेव ढसाल : पोएट ऑफ़ द अंडरवर्ल्ड*, नवयाना, नयी दिल्ली : 69.

छपवाया था। कहा जाता है कि इसके एवज में दलित पैंथर्स नेताओं और कार्यकर्ताओं पर चल रहे लगभग तीन सौ पुलिस केस सरकार द्वारा वापस ले लिए गये थे। ख़ुद ढसाल का नाम उन दिनों वांछित मुजरिमों की सूची में था। लेकिन, इंदिरा गाँधी की ख़िदमत में लिखी इस कविता ने ढसाल की कविता और राजनीति दोनों पर ही सवाल खड़ा कर दिया। लेकिन आपातकाल को जायज़ ठहराने का एक राजनीतिक जवाब ढसाल के पास भी था :

> राजनीति का अपना एक नियम है। जब 'सरवाइवल' और 'रिवाइवल' के बीच संघर्ष हो तब ज़रूरी है कि आप थोड़ा सतर्क और रक्षात्मक हो कर खुद को बचाएँ। जो समर्थन मैंने इंदिरा गाँधी को दिया वह कम्युनिस्ट पार्टी ऑफ़ इण्डिया का राजनीतिक फ़ैसला था और व्यक्तिगत तौर पर भी यह मेरा विवेकपूर्ण और तर्कसंगत निर्णय था।[9]

बहरहाल, अपने सर्वहारा सरोकारों पर पक्के ढसाल ने कांग्रेस पार्टी के विचारों और इंदिरा गाँधी के 'ग़रीबी हटाओ' के आडम्बर से किसी तरह का स्थायी समझौता नहीं किया। 1981 में प्रकाशित ढसाल के अगले संकलन *तुही यत्ता काँची*? (तुम्हारी श्रेणी कौन सी है?) में 'भूख' और 'बाबा साहब को सम्बोधित गीत' जैसी ज्वलंत कविताएँ थीं। इसके बाद 1983 में आया ढसाल का एक और कविता संग्रह *खेल* जिसमें ज़्यादातर कविताएँ व्यंग्य और रोमांच में रची बसी थीं। फिर 1986 में प्रकाशित संकलन में कविताओं के आक्रोश और अवहेलना के स्वर का अंदाज़ा पुस्तक के नाम *गांडू-बगीचा* से ही लगाया जा सकता है। इसी संकलन में एक कविता का शीर्षक है 'नयी दिल्ली, 1985' जिसमें दिल्ली के राजपथ पर मनाए जाने वाले गणतंत्र दिवस का ज़ोरदार मज़ाक उड़ाया गया है।

दलित राजनीति से नामदेव ढसाल के मोहभंग ने कई मोड़ लिए, लेकिन अंतत: उनकी शिव सेना से निकटता दलितों और वामपंथियों को ही नहीं, उनके राजनीतिक विरोधियों को भी हज़म नहीं हुई। ढसाल का यह समझौता उसी पार्टी से था जिसके ख़िलाफ़ उन्होंने न केवल वैचारिक, बल्कि वर्ली के दंगे के

---

[9] वही : 173.

समय तो सड़क की लड़ाई भी लड़ी थी। हालाँकि ढसाल औपचारिक रूप से कभी शिव सेना से नहीं जुड़े, लेकिन उन्होंने सेना के मुख-पत्र के लिए कुछ लेख और कविताएँ ज़रूर लिखीं। यह भी कहा जाता है कि जीवन के आख़िरी वर्षों में तंगी और महँगी दवा ख़रीदने के दबाब में ही वे *सामना* के लिए कभी नियमित और कभी अनियमित तौर पर लिखते।[10] 1995 में प्रकाशित हुआ ढसाल का अगला संग्रह *या सत्तेत जीव रमत नाही* (अब सत्ता में जी नहीं लगता) की विषय-वस्तु इसके शीर्षक से ही स्पष्ट हो जाती है। 2005 में प्रकाशित हुआ ढसाल का एक और संकलन *मी मार्ले सूर्याच्या रथाचे घोड़े सात* (मैंने सूरज के रथ के सातों घोड़ों को मार डाला)। इस पुस्तक की ज़्यादातर कविताएँ भावुकता और गहन दार्शनिक-बोध की हैं। ठीक एक साल बाद बाद 2006 में छपे संग्रह *तुझे बोट धरूँ चलाले आहे मी* (तुम्हारी अँगुली पकड़ कर चल रहा हूँ मैं) में ज़्यादातर कविताएँ ढसाल ने बाबसाहेब के बारे में, उन्हें सम्बोधित करते हुए लिखी हैं और वो समर्पित भी उन्हीं को हैं। इस पुस्तक में छपी एक लम्बी कविता अक्षरशः साबित करती है कि ढसाल ने दक्षिणपंथी राजनीति से किसी तरह का स्थायी समझौता नहीं किया था :

छह दिसम्बर[11]

ये कौन हैं— मेरे अपने, मेरे अपने देशवाले,
जो कल बलपूर्वक हमारी धरती पर आ बसे
यही उनका धर्म है
यही उनका भजन है
देवता या धरम?
कल उन्होंने गाँधी को मारा
आज मार डालने चाहते हैं पूरे देश को—
विदेशी आक्रांताओं की कितनी दास्ताँ मैं सुनाऊँ उन्हें?

---

[10] देखें, राजविंदर सिंह (2014), 'अ पोएट ऑफ़ 'माइंड़फुल' वईस', द हिंदू, नयी दिल्ली, 19 जनवरी.

[11] 'छह दिसम्बर' इस संकलन की एक लम्बी कविता है. यहाँ उसकी कुछ प्रासंगिक पंक्तियाँ ही ली गयी हैं. मराठी से हिंदी अनुवाद लेखक का है.

मूल रूप से मेरे पूर्वज श्यामले-काले अनार्य-द्रविड़ थे
तब आये शक, हूण और कुषाण
तुर्की, ईरानी, अफ़गानी
फिर वर्दी में आये गोरे फ़ौजी
मिलती गयी नस्लें और जातियाँ
इस मिटटी के लिए तो कोई अछूत न था।
बाबासाहेब !
आज दिन है तुम्हारे स्मरण का
तुम्हें पसंद हो— न हो
मुझे भी हाथ उठाने दो— हिंसा करने दो
क्योंकि इसके बग़ैर
होश ठिकाने नहीं आएँगे
इन गुण्डों के, दंगाइयों के।

ढसाल की मराठी में लिखी गयी पुस्तक *आम्बेडकरी चळवळ* (1981) में डॉ. आम्बेडकर के उनके अपने समय के समाजवादी और साम्यवादी आंदोलनों से समीक्षात्मक रिश्ते के बारे में विस्तृत चर्चा है। नामदेव बाबूराव बागुल को मराठी दलित साहित्य का अग्रणी और सबसे प्रभावशाली हस्ताक्षर मानते थे जिनकी रचनाएँ *जेव्हा मी जात चोरली होती* (1963) (जब मैंने जात छिपायी) और *मारण स्वस्ता होत आहे* (1969) (मृत्यु सस्ती हो रही है) आधुनिक मराठी दलित साहित्य में मील का पत्थर साबित हुईं। बागुल शुरुआती पीढ़ी के लेखक थे जिन्होंने दलित साहित्य-विमर्श को नयी दिशा प्रदान की। ऐसे वक़्त में जब मार्क्सवादी और आम्बेडकरवादी एक-दूसरे को संशय की दृष्टि से देख रहे थे, बागुल ने जाति और वर्ग को जोड़ कर देखने की दूरंदेशी प्रस्तावित की। उन्होंने दलित साहित्य को केवल रोष और प्रतिशोध के हथियार के रूप में न देख कर उसे एक सकारात्मक चेतना तैयार करने के दायित्व से आवेशित भी किया।

दलित पैंथरों का विद्रोही तेवर

1960 का उत्पाती दशक पूरी दुनिया को झकझोरने वाला था। अमेरिका में वियतनाम युद्ध का विरोध अपने चरम पर था। नारीवादी आंदोलन, अश्वेतों का नागरिक अधिकार आंदोलन और भारत में नक्सलबाड़ी आंदोलन एक बड़े बदलाव की दस्तक दे रहा था। पर इन सब में सबसे दिलचस्प थी कैलिफ़ोर्निया में 1966 में गठित 'ब्लैक पैंथर पार्टी फ़ॉर सेल्फ़ डिफ़ेंस'। एक दिसम्बर, 1955 को मोंटगोमेरी, अलबामा में रोज़ा पार्क्स द्वारा गोरों के लिए बस की सीट छोड़ने से इनकार करने से अमेरिका में नागरिक अधिकार मुहिम की शुरुआत हुई थी। यह आंदोलन शुरुआती दौर में तो काफ़ी लोकप्रिय हुआ, लेकिन दुनिया भर में आये राजनीतिक उग्रता के मोड़ ने अश्वेत नवयुवकों को बेचैन कर दिया। इसी बेचैनी से ब्लैक पॉवर का नारा निकला। आगे चल कर ब्लैक पॉवर और मैलकम एक्स से प्रेरणा लेते हुए एच.पी. न्यूटन, बॉबी सोल, डेविड हिलियार्ड आदि ने ब्लैक पैंथर का गठन किया। इस पार्टी को बनाने का एक तात्कालिक कारण भी था। कैलिफ़ोर्निया स्टेट एसेम्बली ने एक नस्लीय क़ानून पारित किया था जिसके तहत कोई भी अश्वेत व्यक्ति अपने पास हथियार नहीं रख सकता था। इतना ही नहीं, श्वेत पुलिसकर्मी अश्वेतों की बस्तियों में जाकर युवकों को छोटे- मोटे अपराधों, जैसे चोरी और बदमाशी, के बहाने गोली तक मार देते थे। ब्लैक पैंथर पार्टी ऐसी ही ज़्यादतियों के ख़िलाफ़ खड़ा हुआ था। इधर भारत में और ख़ास कर महाराष्ट्र में दलितों पर ऊँची जातियों के अत्याचार बढ़ गये थे। दूसरी तरफ़ इन अत्याचारों के ख़िलाफ़ एक राजनीतिक गोलबंदी भी जारी थी। आम्बेडकर के देहांत के बाद रिपब्लिकन पार्टी ऑफ़ इण्डिया कांग्रेस पार्टी की पिट्ठू बन कर दलित अस्मिता के सवालों पर पूरी तरह चुप थी। कई जगह दलित युवतियों को नंगा घुमाया गया, उनसे बलात्कार करके मार डालने की घटनाएँ हो रही थीं। भारतीय संसद द्वारा 1955 में पास किया गया छुआछूत विरोधी क़ानून ऐसे जाति आधारित घृणित अत्याचारों को रोकने में पूरी तरह से विफल था। ऐसी भीषण स्थिति का सामना करने के लिए नामदेव ढसाल ने अपने विद्रोही कवियों और साथियों राजा ढाले, जे.वी. पवार, अर्जुन डांगले, अविनाश महातेकर आदि के साथ 9 जुलाई, 1972 को मुम्बई में दलित पैंथर पार्टी गठित की।

दलित पैंथर को ब्लैक पैंथर से ही प्रेरणा मिल रही थी।[12] आरम्भ में दलित पैंथर पार्टी में विचारधारा को लेकर असमंजस की स्थिति रही लेकिन वे एक पुख़्ता ख़ाका तैयार करने में लगे रहे। दलित पैंथर के नेताओं ने एक ठोस दस्तावेज़ तैयार किया जिसे दलित पैंथर पार्टी के घोषणापत्र के रूप में छापा गया। इसमें आम्बेडकर और मार्क्सवादी विचारों का मिश्रण था। इलज़ाम लगा कि यह घोषणापत्र 1848 के कम्युनिस्ट मेनिफ़ेस्टो और 1966 के ब्लैक पैंथर्स मेनिफ़ेस्टो पर आधारित था। जो भी हो, एक बात तय थी कि इस पार्टी की विचारधारा रिपब्लिकन पार्टी ऑफ़ इण्डिया[13] जैसे कार्यक्रमों से से बिल्कुल भिन्न थी। परिवेश ऐसा था कि दलित पैंथर्स के इंक़िलाबी जज़्बे की अनदेखी नहीं की जा सकी। घोषणापत्र ने दलित शब्द को नये अंदाज़ से परिभाषित किया। इस नयी परिभाषा के हिसाब से अनुसूचित जाति ही नहीं, इसके अलावा शोषित जनता, स्त्रियाँ (चाहे किसी भी जाति और समुदाय की हों) और आदिवासी भी दलित की श्रेणी में थे। इनके अलावा नव-बौद्ध, ग़रीब कामगार, भूमिहीन किसान भी इसमें शामिल कर लिए गये थे। इस व्यापक परिभाषा से दलित श्रेणी को एक सुदृढ़ सर्वहारा वर्ग की श्रेणी का रूप दे दिया गया था। पार्टी के घोषणापत्र ने भूस्वामियों, पूँजीपतियों, साहूकारों, उनके चमचों और उनको समर्थन करने वाली सरकारों को दलित पैंथर्स का घोर दुश्मन बताया। जाति और वर्ग के ख़िलाफ़ लड़ने वाली सभी शक्तियों को उन्होंने अपना दोस्त माना। घोषणापत्र ने दलितों के ज्वलंत मुद्दों— रोटी, कपड़ा, मकान, ज़मीन और रोज़गार पर भी विशेष प्रकाश डाला। पैंथर्स के अनुसार इन सारी समस्याओं का सीधा संबंध *अर्थशास्त्र* से थे। दमनकारी व्यवस्था के साथ लड़ने का संकल्प घोषणापत्र में साफ़ दिखा :

> हम संगठन बनाएँगे मज़दूरों का, दलितों का, भूमिहीन ग़रीब किसानों का— शहरों के कारखानों में, सभी गाँवों में। दलित के ख़िलाफ़ हुए किसी भी अत्याचार का हम मुँह तोड़ जवाब देंगे। हम जाति प्रथा और वर्ण व्यवस्था समाप्त

---

[12] अरविंद कुमार (2009), *डिस्क्रिमिनेशन ऐंड रेज़िस्टेंस : अ कम्पेरेटिव स्टडी ऑफ़ द ब्लैक मूवमेंट इन द यूएस ऐंड दलित मूवमेंट इन इण्डिया*, (अप्रकाशित पी. एच-डी प्रबंध) जवाहरलाल नेहरू युनिवर्सिटी, नयी दिल्ली.

[13] रिपब्लिकन पार्टी ऑफ़ इण्डिया की स्थापना की घोषणा डॉ. आम्बेडकर ने 1956 में की थी लेकिन इसी छह दिसम्बर 1956 को उनका देहांत हो गया. पार्टी का संगठन उसके बाद बना.

करने की कोशिश करेंगे जो लोगों की ग़रीबी और बेचारगी पर पनपती है और पलती है तथा लोगों का शोषण करती है। इससे लड़ कर हम दलितों को मुक्त करेंगे। वर्तमान न्यायिक व्यवस्था और राज्य सत्ता ने हमारे सपनों को चकनाचूर कर दिया है; धूल में मिला दिया है। यह लोकतंत्र है। दलित पैंथर्स के कार्यकर्ता और समर्थक दलितों के निर्णायक संघर्ष के लिए तैयार रहें।[14]

कुल मिला कर विचारधारात्मक रूप से दलित पैंथर्स न आम्बेडकरवादी थे, और न ही नक्सलवादी। आम्बेडकर आर्थिक और सांस्कृतिक सवालों को मिला कर नहीं देखते थे, दूसरी तरफ़ नक्सलवादी आंदोलन का परिवेश मूलत: ग्रामीण था इसलिए वह माओ से प्रभावित कृषि क्रांति में समस्याओं का हल देख रहा था।[15] इसके विपरीत दलित पैंथर्स एक शहरी परिघटना थी जिसने अपनी विचारधारा में मार्क्सवादी (आर्थिक दृष्टिकोण) और आम्बेडकरवादी (सांस्कृतिक दृष्टिकोण) को सम्मिलित किया था। हालाँकि उनके कई विचार मार्क्सवादी शब्दावली से आये थे और वे अमेरिका की ब्लैक पैंथर पार्टी से प्रेरित थे, फिर भी वे मार्क्सवादी वर्ग संघर्ष के विचार से सहमत नहीं थे। उनके वैचारिक असमंजस की यह भी एक वजह थी। 1974 में मध्य मुम्बई के वर्ली में शिव सेना और दलित पैंथर्स के बीच जो हिंसक संघर्ष हुआ, उसने इस पसोपेश को और बढ़ा दिया। मध्य बम्बई के संसदीय उपचुनाव के दौरान दलित पैंथर्स द्वारा चुनाव का बहिष्कार करने या कम्युनिस्ट पार्टी का समर्थन करने के मुद्दे पर शिव सेना और दलित पैंथर्स के बीच संघर्ष भड़का था।[16] चुनाव में समर्थन और बहिष्कार के मुद्दे से ही नामदेव ढसाल और राजा ढाले के ख़ेमों के बीच विवाद धीरे-धीरे बढ़ता गया। और फिर ढसाल पर कम्युनिस्ट होने का आरोप लगा कर पार्टी से निष्काषित कर दिया गया। इस पर ढसाल की प्रतिक्रिया इस प्रकार थी :

[14] दलित पैंथर पार्टी मैनिफ़ेस्टो, 1973.

[15] देखें, गेल ओमवेट (2006), *दलित विज़न : द एंटी कास्ट मूवमेंट ऐंड द कंस्ट्रक्शन ऑफ़ इण्डियन आइडेंटिटी*, ओरिएंट ब्लैकस्वान, नयी दिल्ली : 44.

[16] रिपब्लिकन पार्टी (जो तथाकथित दलित हितों की पार्टी थी) के उम्मीदवार ने कांग्रेस का समर्थन कर दिया था जिसे पास पहले से ही शिव सेना का समर्थन हासिल था ऐसी स्थिति में दलित पैंथर (जिसका नव-बौद्धों के बीच अच्छी पैठ थी) द्वारा बहिष्कार करने से भाकपा उम्मीदवार रोज़ा देशपाण्डे की जीत हुई थी जो श्रीपाद अमृत डांगे की बेटी थीं.

> 1975 में अचानक राजा ढाले ने मुझ पर मार्क्सवादी होने का आरोप लगाया और कहा कि मार्क्सवाद और आम्बेडकरवाद परस्पर एक-दूसरे के विरोधी हैं। मेरी अपने पार्टी ने ही मुझे बहिष्कृत कर दिया जिस पार्टी का मैं संस्थापक सदस्य था। मार्क्स और आम्बेडकर के विचारों में विरोधाभास है और ये बहस 1938 से चल रही है। मैं इसका आख़िरी शिकार बना।[17]

वर्ली के दंगे से जहाँ एक तरफ़ दलित पैंथरों को बम्बई और महाराष्ट्र के बाहर पहचान मिली, वहाँ पार्टी की अंदरूनी लड़ाई बढ़ती गयी और वह कई ख़ेमों में बँटती, बिखरती चली गयी। बहुत से जानलेवा हमलों, लगातार ख़राब स्वास्थ्य और राजनीति से मोहभंग के बावजूद ढसाल सर्वहारा का स्वर बुलंद करते रहे। आख़िरकार उन संस्थानों और सत्ता-केंद्रों ने भी नामदेव ढसाल को 1999 में पद्मश्री और 2004 में साहित्य अकादेमी लाइफ़ टाइम अचीवमेंट अवार्ड से सम्मानित किया गया जिनके अभिजात्य का उन्होंने आजीवन विरोध किया था। 15 जनवरी, 2014 को सर्वहारा के समृद्ध साहित्य की एक विरासत छोड़ कर नामदेव ढसाल हमेशा के लिए चले गये।

---

[17] दिलीप चित्रे, वही : 169.

यू. आर. अनंतमूर्ति

अपनी आधुनिकता रचते हुए

राजेंद्र चेन्नी

अनुवाद : नरेश गोस्वामी

कन्नड़ के ज्ञानपीठ विजेता साहित्यकार और समाज-चिंतक उडुपि राजगोपालाचार्य अनंतमूर्ति (21 दिसम्बर, 1932-22 अगस्त, 2014) ख़ुद को आधुनिकता का सरबराह मानने के बजाय परम्परा के भीतरी आलोचक की तरह पेश करते थे। लेकिन, इसके बावजूद कन्नड़ संदर्भ में उन्हें आधुनिकता के पैरोकार की तरह देखा जाता है। उनका कालजयी उपन्यास *संस्कार* आज से कोई पचास वर्ष पहले लिखा गया था, लेकिन युवा पीढ़ी आज भी उसमें अपने मिजाज़ की आधुनिकता और परम्परा के विरुद्ध विद्रोह की चिंगारी ढूँढ़ लेती है।

अनंतमूर्ति से संबंधित इस विरोधाभास की रोशनी में आधुनिकता की धारणाओं, उसकी विकास-यात्रा तथा कन्नड़ साहित्य में आधुनिकतावाद पर पुनर्विचार करना शायद लाज़िमी हो जाता है। जैसा कि आधुनिकता के साथ हमेशा होता आया है, कन्नड़ साहित्य में भी पाँचवें और छठे दशक के दौरान आधुनिकता के पक्ष में पूरे ज़ोर-शोर से दलीलें दी गयी थीं। उसके बाद एक ऐसा दौर आया जिसमें आधुनिकता का मर्सिया लिखा जाने लगा और अंत में तो एक ऐसा काल आया जब प्रतिरोधी साहित्य (बंद साहित्य) के प्रणेता आधुनिकता पर तोहमत लगाने लगे कि वह एक भीषण क़िस्म के व्यक्तिवाद और आभिजात्य को प्रश्रय देते हुए समाज की ज़रूरतों को नज़रअंदाज़ कर देती

है। लेकिन इसे एक विडम्बना ही कहा जाएगा कि आधुनिकतावाद (नव्य) के प्रमुख लेखकों को उस समय कोई बेचैनी या सनाका महसूस नहीं हुआ जब ऐसे लोग अपनी सांस्कृतिक दृष्टि और सौंदर्यबोध ले कर सामने आने लगे जिनके ऊपर अभी तक कोई ध्यान नहीं दिया जाता था और जिनकी आवाज़ अनसुनी रह जाती थी। नव्य लेखकों ने न केवल दलित और प्रतिरोधी साहित्य के प्रति अपनी सहानुभति प्रकट की, बल्कि कन्नड़ साहित्य में सातवें दशक के आख़िर में उभरे ब्राह्मण-विरोधी, पिछड़े और सबाल्टर्न वर्गों के आंदोलनों के रास्ते आयी नयी संवेदनशीलता को भी अपने लेखन में जगह दी। इन सामाजिक आंदोलनों से प्रेरित होकर साहित्य में आधुनिकतावाद की प्रतिष्ठा करने वाले अग्रणी लेखकों— पी. लंकेश, शांतिनाथ देसाई और यशवंत चित्तल आदि ने नये कथानकों तथा सौंदर्यशास्त्र के नये रूपों का संधान किया। कन्नड़ के आधुनिक साहित्य में गोपालकृष्ण अडिग तथा यू.आर. अनंतमूर्ति ही दो ऐसे दिग्गज थे जिन्होंने अपने कृतित्व में इस द्वैध को संबोधित तथा अतीत और परम्परा के साथ एक नया रिश्ता क़ायम किया जिसके लिए उन्हें साहित्यिक दायरों में निर्मम आलोचनाएँ भी झेलनी पड़ीं।

अनंतमूर्ति का पहला कहानी-संग्रह *इनडेन्डु मुगियाड कथे* 1955 में प्रकाशित हुआ। इस संग्रह के लिए कन्नड़ की नव्य काव्यधारा के सबसे सशक्त कवि गोपालकृष्ण अडिग ने एक लम्बी-सी भूमिका लिखी थी। अडिग ने अपनी इस भूमिका में लेखकों के भाव-जगत में आये बदलाव के पीछे काम कर रही सामाजिक-सांस्कृतिक-बौद्धिक हलचलों का ज़िक्र किया था। हालाँकि अडिग का मंतव्य युवा लेखक अनंतमूर्ति को साहित्य की नयी संवेदनशीलता का वाहक सिद्ध करना था, लेकिन इन कहानियों में ऐसा कुछ विशेष नहीं था जो उन्हें नवोदय (1920 से 1950 तक चला साहित्य का रोमांटिक, राष्ट्रवादी युग) आंदोलन से अलग ठहराता हो। यह अलग बात है कि अडिग की दृष्टि में नवोदय का यह दौर अपनी रचनात्मक ऊर्जा खो चुका था। अडिग अपने एक निबंध 'धरती की सुगंध' में नवोदय आंदोलन की पड़ताल करते हुए यह दलील देते हैं कि नवोदय की धारा अपने धुँधुआते आदर्शवाद तथा अस्पष्ट सार्वभौमिकता के कारण जीवन-जगत के प्रामाणिक अनुभवों और ऐंद्रिकता

को अभिव्यक्त करने में असमर्थ हो गयी थी। उल्लेखनीय है कि अडिग के इस निबंध को कन्नड़ के नव्य साहित्य का घोषणा-पत्र माना जाता है। अडिग के अनुसार नवोदय धारा की घोर अलंकारिकता और शब्दाडम्बर इस बात के सबूत थे कि वह जटिल अनुभवों की अभिव्यक्ति में अक्षम हो गयी थी।

अपनी उस भूमिका में अडिग ने दो कहानियों का हवाला देते हुए उन्हें अनुभव और रूप की अन्विति का बेजोड़ उदाहरण बताया था। किंतु इन कहानियों में भी आधुनिकता के ऐसे कोई चिह्न नहीं दिखाई देते जिनका अडिग ने अपनी भूमिका में उल्लेख किया था।

अनंतमूर्ति की कहानियों का एक अन्य संग्रह *प्रश्ने* (1955) साहित्य के किसी भी मानक के आधार पर विलक्षण ठहरता है। 1958 से 1963 के बीच लिखी गयी इन कहानियों में अनंतमूर्ति ने अपनी लाक्षणिक भाषा से कन्नड़ कहानी को आख्यान के स्तर से उठाकर मानवीय अस्तित्व के द्वैत की गहरी, जटिल और तत्त्वमीमांसीय व्याख्या के स्तर पर प्रतिष्ठित कर दिया। अनंतमूर्ति के बाद कन्नड़ कहानी ने विकास की एक लम्बी छलाँग भरी। उसने अपने आख्यान की ऊर्जा सुरक्षित रखते हुए काव्य-गुणों तथा दार्शनिक लेखन के अनिवार्य बौद्धिक उपकरण अर्जित कर लिए। ये कहानियाँ पारम्परिक जीवन-शैली तथा परम्परा की अपूर्णताओं का निर्मम विश्लेषण करती हैं। मिसाल के लिए, 'प्रश्ने' कहानी में रंगा नाम का शिक्षित और शहराती पात्र मलनाड आता है जहाँ दृष्टिहीन शंकैरय्या अपनी भतीजी शारदा के साथ रहता है। रंगा शारदा से प्रेम करता है लेकिन उसे व्यक्त नहीं कर पाता। अब वह एक आख़िरी कोशिश करता है कि शारदा शंकैरय्या को छोड़ कर उसके साथ शहर आ जाए। लाचार और दृष्टिहीन शंकैरय्या परिवार के एक पुराने झगड़े में रंगा की योजना को विफल करना चाहता है। रंगा जानता है कि शंकैरय्या एक ऐसी परम्परा का प्रतीक है जो आत्मा को कुचल देना चाहती है। रंगा अपने आत्म की खण्डित मनस्कता के प्रति पूरा ईमानदार है। वह शारदा से प्यार करता है जो उसके शब्दों में 'संगमरमर का एक ख़ूबसूरत मक़बरा' है। शारदा अपनी भावनाओं और यौनिकता का दमन करती रही है। लेकिन रंगा को अपनी नौकरानी लच्छी की उद्दाम यौनिकता से भी सुकून नहीं मिलता। लच्छी एक गदबदे पशु की तरह

बस सुख लेना और देना जानती है। वह इन दो स्त्रियों के बारे में सोच कर व्यथित रहता है जिनमें एक साहचर्य के योग्य है और दूसरी सिर्फ़ हमबिस्तर होना जानती है। शारदा को लेकर रंगा और शंकैरय्या के बीच चलने वाली यह रस्साकशी रंगा के अंतर्जगत को उसके ही स्वगत-आलापों से बींध देती है। और यही वह चीज़ है जो कहानी को बृहत्तर आशयों से ध्वनित करने लगती है। यह कहानी इयत्ता की ज़रूरतों और यौनिकता के दमन पर एक धारदार वक्तव्य बन जाती है। यह विफलता उस परम्परा की भी है जो शंकैरय्या के रूप में रंगा के सामने खड़ी है।

इस संग्रह की कहानियों में अनंतमूर्ति आख्यान का एक ऐसा मॉडल गढ़ते हैं जो उनके समूचे लेखकीय जीवन में निरंतर विद्यमान रहा। कहानी की प्रमुख घटनाएँ मलनाड में रहने वाले एक ब्राह्मण के छोटे से घर में घटती है। कहानी का देशकाल क्षेत्रीय या स्थानीय रहता है। कई दफ़ा कहानी का वातावरण ब्राह्मणवादी मूल्य-मान्यताओं के इर्द-गिर्द रचा जाता है। लेकिन उनकी कहानियों के इस सघन और घरेलू से वातावरण में पात्र एक नैतिक और मनोवैज्ञानिक संकट से जूझते रहते हैं। कहने को इस तरह के संकट पात्रों के निजी संकट लगते हैं परंतु उनकी इस ऊहा-पोह में उनका वह समुदाय भी लिपटा चला आता है जो ख़ुद आधुनिकता के भँवर में फँस गया है। इन कहानियों में समुदाय के युवा विद्रोही हो गये हैं और शहर एक ही साथ मुक्ति और बेगानगी के प्रतीक के रूप में उभरता है। कहना न होगा कि इस युवा लेखक के संवेदना-लोक पर युरोप की उदारतावादी साहित्यिक आधुनिकता तथा लोहिया के समाजवादी आंदोलन की छाप (ख़ास तौर पर डी.एच. लॉरेंस के विचारों का प्रभाव) आसानी से देखी जा सकती है।

कर्नाटक के मलनाड क्षेत्र की युवा पीढ़ी पर एक ज़माने में लोहिया के विचारों का गहरा प्रभाव पड़ा था। अनंतमूर्ति ने लॉरेंस और लोहिया की दृष्टि को गहराई से जज़्ब किया : एक तरफ़ यौनिकता उनके लिए आपत्तिजनक शब्द नहीं रह गया, तो दूसरी ओर जाति-व्यवस्था के प्रति उनमें विद्रोह की भावना भर गयी। उन पर अडिग का भी प्रभाव था जो उस समय यह लिख रहे थे कि परम्पराएँ बदलती दुनिया का साथ नहीं दे सकतीं। अडिग लेखन को एक सजग

कला मानते थे। अनंतमूर्ति भी जीवन भर इस सरोकार से प्रतिबद्ध रहे। कन्नड़ के साहित्यिक हलक़ों में नव्य आंदोलन को लेकर अक्सर बहुत तुर्श जिरह होती रही है। कई लोग उसे युरोप की साहित्यिक आधुनिकता की अनुकृति बताते रहे हैं तो कुछ उसे निहायत व्यक्तिवादी और सामाजिक दुनिया से असंपृक्त ठहराते रहे हैं। लेकिन अगर अनंतमूर्ति के कथा-साहित्य को नव्य आंदोलन के अन्य लेखकों— शांतिनाथ देसाई, पी. लंकेश तथा यशवंत चित्ताल के कृतित्व के साथ रख कर पढ़ा जाए तो ज़ाहिर होता है कि नव्य को लेकर जो बहसें खड़ी हुई थीं उनमें से अधिकांश युरोप की साहित्यिक आधुनिकता की एकांगी धारणा तथा पाठ्य-सामग्री की ग़लत व्याख्या पर टिकी थीं। दरअसल, कन्नड़ की साहित्यिक आधुनिकता को उन प्रतिभाशाली लेखकों की जटिल और सृजनात्मक प्रतिक्रिया की तरह देखा जाना चाहिए जो अपनी स्थानीय संस्कृति में पैर धँसाए शहरीकरण की प्रक्रिया, जाति और ब्राह्मणवाद विरोधी सामाजिक आंदोलनों से रूबरू होते हुए जीवन के नये यथार्थ के समक्ष पारम्परिक मूल्यों को पिटते देख रहे थे।

आज जब हम मौजूदा वक़्त से पीछे मुड़ कर देखते हैं तो ऐसा नहीं लगता कि नव्य आंदोलन ने पहले से चली आ रही चीज़ों को रैडिकल ढंग से नकारा था। ज़्यादा सही बात तो ये है कि इस आंदोलन ने पारम्परिक समाज की एक ईमानदार और निर्मम पड़ताल करने का प्रयास किया था। और यह आंदोलन परम्परागत समाज के मूल्यों को प्रश्नांकित करने के लिए युरोपीय आधुनिकता (ख़ास तौर पर फ्रांसीसी साहित्यकारों जैसे सार्त्र, कामू और अनोई के अस्तित्ववाद) के परिप्रेक्ष्य का इस्तेमाल कर रहा था। इस आंदोलन में आधुनिकता की उस रूढ़ छवि की मिक़दार बहुत कम है जो सार्वभौम क़िस्म के वातावरण, शहर की अजनबीयत तथा व्यर्थता-बोध जैसी शोशेबाज़ी पर आधारित होती है। इसके बजाय कन्नड़ के ये रचनाकार आधुनिकता से एक तराशा हुआ परिप्रेक्ष्य लेकर अपने बचपन की दुनिया पर दुबारा नज़र डाल रहे थे।

अनंतमूर्ति की 'क्लिप ज्वाइंट' कहानी का प्रतिपाद्य केशव नाम का पात्र है जो अपने मध्यवर्गीय घर को छोड़ कर भाग आया है। घर में उसकी बहनें ब्याह की बाट जोह रही हैं। एक भाई है जो केशव को अपनी दुर्गति के लिए

ज़िम्मेदार मानता है और उसकी माँ है जो अपने निम्न-मध्यवर्गीय परिवार को चलाने के लिए केशव की कमाईं पर निर्भर है। यह कहानी केशव के पश्चाताप और उसके आत्म-विश्लेषण पर केंद्रित है। कड़वाहट और ग़ुस्से से भरा केशव अब इंग्लैण्ड में रहता है। उसका मन अपमान की कई स्मृतियों से बिंधा है। सेक्स को लेकर भी उसके मन में कई गहरी ग्रंथियाँ हैं। कहानी के बीच के हिस्से में केशव और उसके अंग्रेज़ मित्र के संवाद आते हैं जहाँ वे दोनों अपने-अपने समाज की विद्रूपताओं की बात करते हैं। कहानी के अंत में केशव अपनी यौन-कुंठा से मुक्ति पाने के लिए एक स्ट्रिपटीज़ कलाकार के साथ सम्भोग करने का निर्णय लेता है लेकिन यह वाक़या उसे और भी कुंठित कर डालता है। इस कहानी का तनाव इस बात से पैदा होता है कि केशव अपनी निजी कड़वाहट, ग़ुस्से और आत्म-दया के साथ अपने समाज और परिवार की विद्रूपताओं का भी विश्लेषण करता है।

अनंतमूर्ति और यशवंत चित्तल दो ऐसे रचनाकार थे जिन्होंने पहली बार अपनी रचनाओं में एक प्रति-नायक की सृष्टि की और उसकी विडम्बना को पूरी सतर्कता के साथ उकेरा। अनंतमूर्ति की कहानियों के पात्रों को जो चीज़ विशिष्ट बनाती है वह यह है कि वे अपने दुचित्तेपन और अंतर्विरोधों से पर्दा उठाने के लिए आत्मपीड़न की हद तक चले जाते हैं। अनंतमूर्ति का एक निजी वैशिष्ट्य यह भी है कि वे अपनी कहानी में अन्य पात्रों, रूपकों तथा आख्यान की लय के ज़रिये दो विपरीत ध्रुवों की रचना करते हैं और फिर इन विपरीततताओं की बहुत संयमित और जटिल ढंग से टोह लेते हैं। अनंतमूर्ति इस युक्ति को अपनी सृजन-कल्पना का मूलभूत स्वभाव मानते थे।

अपने विमर्शी लेखन को लेकर अनंतमूर्ति का यह कहना था कि वे कोई सरल-सपाट रवैया अख़्तियार करने के बजाय और उसके लोकप्रिय या राजनीतिक तौर पर दुरुस्त होने की परवाह न करके अपनी चिंतन-प्रक्रिया को दो विरोधी स्थितियों के बीच द्वंद्वात्मक ढंग से विचरने देते हैं। इससे उन्हें यह लाभ सहूलियत हुई कि वे 'ब्राह्मण' और 'शूद्र' (दिमाग़ी और ज़मीनी), 'अग्र भूमि' और 'पृष्ठ भूमि' (वर्चस्वकारी और स्थानीय) जैसे दो विरोधी रूपकों के बारे में सोच सके। उनके दो उपन्यासों *संस्कार* तथा *भारतीपुर* का स्थापत्य इसी

प्रकार के विरोधी विन्यास पर आधारित है। अनंतमूर्ति की 1955 से 1962 के बीच लिखी और प्रकाशित होने वाली कहानियों से उनके समूचे कृतित्व की प्रस्थापना को समझा जा सकता है। उनकी कहानी में जब विरुद्धों का यह समक्षीकरण सहज ढंग से विकसित होता है तो वह सफल रहता है, लेकिन जब यह तत्त्व कहानी में सजग होकर पिरोया जाता है तो कहानी सिद्धांतों की सपाटबयानी बनकर रह जाती है। *भारतीपुर* के कुछ महत्त्वपूर्ण खण्ड तथा *अवस्थे* का अंतिम भाग इसी तरह की कमज़ोरियों से ग्रस्त है।

अनंतमूर्ति की तीन कहानियाँ 'प्रकृति', 'मौनी' तथा 'कार्तिक' अपने विलक्षण शिल्प के लिए जानी जाती हैं। नव्य आंदोलन के अग्रणी रचनाकार और आम तौर पर अनंतमूर्ति के कृतित्व के कड़े आलोचक पी. लंकेश भी इन कहानियों को किसी जादुई सर्जना की देन मानते हैं। 'नविलूगालू' का नायक परिवार के नियंत्रणकारी और पीड़ादायी संबंधों के बीच अपने बचपन की स्मृतियों से आक्रांत रहता है। वह संबंधों के समस्त तंतुओं को काट कर एक ऐसी जगह चला आया है जिसे वह अपनी एक स्वायत्त दुनिया समझता है। लेकिन जब वह अपने पिता से मिलने जाता है तो उसे महसूस होता है कि बचपन की दुनिया के वे संबंध उसके मन और सर्जना पर किस क़दर उत्कीर्ण हो गये हैं। 'कार्तिक' भी एक ऐसी ही कहानी है जो इसके पात्र के दादा-दादी और माँ-बाप के तनावपूर्ण संबंधों को बयान करती है। उनकी क्षुद्र ईर्ष्याएँ और नियंत्रण बच्चे को हमेशा के लिए दुखद स्मृतियों में झोंक देते हैं। हालाँकि अनंतमूर्ति की ख्याति में इस तरह की कहानियों की कोई ख़ास भूमिका नहीं रही, परंतु कहानी कहने के शिल्प पर उनकी महारत इसी प्रकार की कहानियों में दिखाई देती है। इन कहानियों में आख्यान के समस्त तत्त्व अनायास एक-दूसरे के अंग-संग हो जाते हैं। उनकी एक कहानी 'प्रकृति' यह दिखाती है कि प्रकृति पर विजय प्राप्त करने की इच्छा का अंत कितना त्रासद होता है। इस कहानी में मलनाड गाँव के एक किसान संकपय्या को लगता है कि वह अपने संकल्प के बल पर प्रकृति पर विजय पा सकता है। वह उन सारे लोगों से घृणा करने लगता है जो अपने मन और शरीर को अपनी अदम्य इच्छा के हवाले नहीं कर पाते। अपनी इस ज़िद के कारण वह अपने ही परिवार से कट कर रह

गया है। इस कहानी के अविस्मरणीय अंत में संकपय्या एक ओर चीते से लड़ता दिखाई देता है और दूसरी ओर अपनी विधवा बेटी को गाँव के मुखिया के बेटे की बाँहों में देखता है।

अनंतमूर्ति के लेखन की प्रखरता उनके अर्थगर्भित रूपकों के साथ मिलकर उन्हें एक बार फिर तर्क से उत्पन्न इच्छा और सहज आदिम इच्छा के शाश्वत द्वंद्व की परतें खोलने का मौक़ा देती है।

कन्नड़ साहित्य के आधुनिक क्लासिक संस्कार में इसी जीवन के सहज आवेगों और यौनिकता के दमन को ब्राह्मण समुदाय का मर्ज़ बताया गया है। अग्रहार दुर्वासापुर में ब्राह्मणों के एक छोटे से समुदाय का जीवन प्राणेशाचार्य, जिसे 'ब्राह्मणों का मुकुट' कहा जाता है तथा नारणप्पा के इर्द-गिर्द घूमता है। नारणप्पा विद्रोही चेतना का पात्र है जिसका लक्ष्य ब्राह्मणों के जीवन-दर्शन को नष्ट करना है क्योंकि उसे वह जीवन-दर्शन बाँझ और जीवन विरोधी लगता है। जीवन के सहज आवेगों— त्याग, निग्रह और आसक्ति के प्रतीक ये दोनों पात्र एक विकट संघर्ष में उलझे हैं। दोनों एक-दूसरे को अपनी-अपनी मूल्य-मान्यताओं में दीक्षित करना चाहते हैं। प्रणेशाचार्य विवाहित हैं। उनकी पत्नी बीमार है और बिस्तर पर पड़ी रहती है। इसलिए वे यौन-इच्छाओं का सचेत निग्रह करते हैं। समुदाय में उन्हें नैतिकता का प्रहरी माना जाता है लेकिन उपन्यास में इस बात को पाखण्डपूर्ण और आत्म-केंद्रित मान कर उसका उपहास किया गया है। नारणप्पा की मृत्यु के बाद समुदाय के सामने एक धर्म-संकट खड़ा हो जाता है। नारणप्पा ने ब्राह्मण धर्म का परित्याग कर दिया था लेकिन समुदाय ने उसे जाति से बाहर नहीं किया था। इसलिए अब संकट यह पैदा होता है कि उसका अंतिम संस्कार कैसे किया जाए। इस नैतिक संकट से पता चलता है कि समुदाय इस मानवीय परिस्थिति से निपटने में असमर्थ है।

इसका समाधान ढूँढ़ने की ज़िम्मेदारी प्राणेशाचार्य को दी जाती है। उद्दाम आवेग के एक क्षण में प्राणेशाचार्य नारणप्पा की रखैल चंद्री के साथ सम्भोग करता है और जिसके बारे में वह बाद में कहता है कि उसे इस क्षण का एहसास तक नहीं था और इसके बारे में उसने कभी सोचा भी नहीं था। हालाँकि सचेत स्तर पर यह उसका अपना चुनाव नहीं था। यह तो उसके दमित और छूटे हुए आत्म की अभिव्यक्ति थी। नारणप्पा भी ब्राह्मण जीवन-दर्शन के विरुद्ध अपने अनगढ़ विद्रोह

में इस चीज़ को जीवन का बुनियादी आधार कहा करता था। नैतिक ईमानदारी का तक़ाज़ा स्वीकार करते हुए अब प्राणेशाचार्य अपने किये को स्वीकार करने का निर्णय ले कर ख़ुद को बदलने के लिए सचेत प्रयास करता है।

उपन्यास की इस विलक्षण आत्म-प्रश्नेयता के मूल में दो विरोधी युग्मों देह और मन; इंद्रिय-निग्रह और यौनिकता तथा त्याग और आसक्ति का अद्भुत समक्षीकरण है। आख्यान इनमें से किसी भी युग्म को अंतिम न मान कर सिर्फ़ मानवीय दुख की तहों को उलट-पलट कर देखना चाहता है। लेकिन उपन्यास इन अंतर्विरोधी युग्मों के विन्यास का अतिक्रमण करते हुए परम्परागत और ब्राह्मणवादी मूल्य-व्यवस्था पर रैडिकल सवाल भी खड़े करता है। इसकी एक अद्भुत बात यह है कि रंगा और केशव जैसे शहरी और शिक्षित विद्रोहियों की बनिस्बत अग्रहार का एक ब्राह्मण पुरोहित ही आधुनिक मनुष्य की उस अस्तित्ववादी बेचैनी को व्यक्त करता है जिससे मूल्यों की एक स्वीकृत व्यवस्था छूट गयी है। अब उसे स्वयं निर्णय लेने की ज़िम्मेदारी उठानी है और अपने किये के लिए ख़ुद पर ज़िम्मेदारी आयद करनी है। *संस्कार* के अंतिम भाग में प्राणेशाचार्य दो दुनियाओं की एक ऐसी ही बेचैनी और द्वंद्व से लिथड़े दिखाई देते हैं : एक तरफ़ ब्राह्मणवादी व्यवस्था है जिसे वे छोड़ना चाहते हैं और दूसरी ओर मलेर पुत्त, पद्मावती जैसी वेश्याओं और मुर्गों की लड़ाई की दुनिया है जिसे देख कर वे डर जाते हैं।

संस्कार में 'यथार्थ को लाक्षणिक' (ए.के. रामानुजन की उक्ति) ढंग से नियोजित किया गया है जिसके कारण उपन्यास के बारे में कई अंतर्विरोधी बातें सुनाई पड़ती रही हैं। उपन्यास को समाजशास्त्रीय दृष्टि से देखें तो वह ब्राह्मण समुदाय के पतन का यथार्थवादी चित्रण करता है जिसके अंतर्गत अंत में पूरा समुदाय प्लेग की भेंट चढ़ जाता है। इस दृष्टि से यह उपन्यास परम्परागत और ब्राह्मणवादी मूल्य-व्यवस्था पर एक गहरा और सघन तंज़ कसता है। लेकिन अगर उपन्यास की प्रतीकवादी व्याख्या की जाए तो वह मनुष्य जीवन के विरोधी युग्मों के एक अस्तित्ववादी पाठ की तरह सामने आता है।

अनंतमूर्ति की एक अन्य कृति *घटश्राद्ध* यमुना नाम की एक विधवा युवती के साथ हुई क्रूरताओं का बयान है। यमुना एक स्कूल अध्यापक के सम्पर्क में आ कर गर्भवती हो जाती है। यमुना के पिता पुरोहिताई करने के अलावा स्वयं

अध्यापक भी हैं। यमुना ने ब्राह्मण समुदाय की नैतिक मान्यताओं का उल्लंघन किया है इसलिए यमुना के पिता उसके जीते जी (आम तौर पर ऐसा कर्मकाण्ड स्त्रियों के मामले में किया जाता था) उसका अंतिम संस्कार करना चाहते हैं। पिता 'रसोई सँभालने' के लिए तुरत-फुरत एक युवती से विवाह भी कर डालते हैं। यह मर्मांतक कहानी एक किशोर वय के लड़के ननी के नज़रिये से कही गयी है जिसमें हम एक तरफ़ ननी की निश्छलता तिरोहित होते देखते हैं और दूसरी तरफ़ यमुना की अस्मिता को मिटते और उसे एक ज़िंदा लाश बनते देखते हैं। *संस्कार* और *घटश्राद्ध* यथार्थ की बीहड़ ज़मीन पर खड़ी दो ऐसी रचनाएँ हैं जो पाठक के प्रदत्त संसार को छिन्न-भिन्न कर डालती हैं। इन कृतियों में मृत परम्पराओ की निर्मम आलोचना की गयी है। अनंतमूर्ति को परम्पराओं के रैडिकल आलोचक समझे जाने के पीछे इन कृतियों की ख़ास भूमिका रही है।

जैसा कि शीर्षक से ध्वनित होता है, *भारतीपुर* मध्ययुगीन परम्पराओं में लिपटे भारत की रूपक-कथा है। *भारतीपुर* की यह दुनिया उसके अधिष्ठाता भगवान मंजूनाथ के इशारों पर चलती है। जगन्नाथ यहाँ के एक सम्पन्न और ताक़तवर ज़मींदार परिवार का वारिस है। यह परिवार मंजूनाथ के मंदिर का संरक्षक भी है। इंग्लैण्ड में रह रहा जगन्नाथ अपने बूर्ज्वा आत्म की अप्रामाणिकता से भाग कर गाँव लौट आता है। वह अपनी आस्था के संकट से मुक्ति पाना चाहता है। वह दलित नौकर-चाकरों के मंदिर-प्रवेश की योजना बनाता है क्योंकि उसे लगता है कि यही लोग उस ईश्वर की सत्ता को ध्वस्त कर सकते हैं जिसने क़स्बे के इन लोगों को निष्क्रियता, काहिली और पारम्परिक जीवन के अंधानुगमन में धकेल रखा है। जगन्नाथ की वैचारिक बनावट में सार्त्र, लोहिया और समाजवाद का घालमेल आश्वस्त नहीं करता। बहरहाल, जगन्नाथ अपनी इस मुहिम में ख़ुद को स्थानीय समाज के जटिल यथार्थ के ख़िलाफ़ खड़ा पाता है। हालाँकि जगन्नाथ अपने जीवन की प्रामाणिकता को लेकर एक अंतहीन विश्लेषण में उलझा रहता है लेकिन अंतत: उपन्यास की केंद्रीय चेतना का वाहक वही बनता है और उसी के ज़रिये पाठक यह लक्षित कर पाते हैं कि समाज अतीत और कर्मकाण्डों के बीच पिसते हुए कैसे एक जड़ और समयहीन दुनिया में फँसकर खड़ा हो गया है।

दलितों के मंदिर-प्रवेश की यह योजना तब निष्फल हो जाती है जब पता चलता है कि पुरोहित का मनमौजी बेटा ग़ुस्से में आ कर ख़ुद ही मंदिर की मूर्ति को कहीं फेंक आया है। उपन्यास के घटना-क्रम के बीच रचनाकार नायक के प्रति अब तक बरती जा रही निस्संगता को छोड़ देता है जिसके कारण पाठकों को रचनाकार का मंतव्य साफ़ समझ नहीं आता कि वह बात को कहाँ ले जाना चाहता है। परंतु इन सीमाओं के बावजूद *भारतीपुर* पारम्परिक विश्वासों से पस्त हो गये समाज का एक सशक्त चित्र प्रस्तुत करता है।

अवस्थे (हिंदी में अवस्था) भी एक ऐसा ही उपन्यास है जिसमें राजनीति का सचेतन विनियोग किया गया है। यह रचना अंशत: कर्नाटक के एक करिश्माई समाजवादी नेता गोपाल गौड़ा के जीवन पर आधारित है। इस उपन्यास में अनंतमूर्ति एक बार फिर व्यक्ति की अपने रोज़मर्रा के बासी जीवन से परे जाने की छटपटाहट और स्वतंत्र भारत की चुनावी राजनीति के अंतर्विरोधों को एक जगह रख कर देखते हैं। अनंतमूर्ति के अन्य उपन्यासों और अनेक कहानियों की तरह यहाँ भी एक रहस्यवादी, औघड़ और ईश्वर की भक्ति में लीन अवधूत चरित्र महेश्वरैया के रूप में सामने आता है। यहाँ अनंतमूर्ति के इस मंतव्य को समझा जा सकता है जिसके तहत वे तर्कशील और आधुनिक को हमेशा ग़ैर-तर्कशील तथा ग़ैर-आधुनिक के एक रूढ़िमुक्त संस्करण के समक्ष खड़ा करते जाते हैं और इस प्रक्रिया में तर्कशीलता और आधुनिकता की अपूर्णताओं को अनावृत्त करने का प्रयास करते हैं। यह बात उनके उस आत्म-परिचय पर भी फ़िट बैठती है जिसके तहत वे ख़ुद को परम्परा का 'सजग भीतरी' व्यक्ति घोषित करते हैं। अपने बाद के साहित्यिक जीवन में अनंतमूर्ति अपने इस आत्म-परिचय पर और ज़्यादा ज़ोर देने लगे थे। अनंतमूर्ति के इस साहित्यिक चरण को उनके रैडिकल दौर से अलग करने के लिए डी.आर. नागराज ने इसे आत्म-प्रश्नेयता का चरण क़रार दिया था।

अपनी एक कहानी 'सूर्यन कुदेरे' (सूरज का घोड़ा) में अनंतमूर्ति गाँव के एक भोंदू हदे वेंकट को रहस्यवादी, ग़ैर-तर्कशील तथा काल्पनिक लोक का प्रतीक बना कर तार्किक, आधुनिक तथा एक तिकड़मी दुनिया के प्रतीक अनंतू के समक्ष रखते हैं। यह कहानी आधुनिकता से उपजे दो अंतर्विरोधी युग्मों को

रूपकों द्वारा प्रस्तुत करके उनमें निहित विडम्बनाओं से ही उनकी व्याख्या और वैधता का निरूपण करती है।

अनंतमूर्ति ख़ुद को परम्परा के एक सजग भीतरी आलोचक के तौर पर पेश करते थे। वे यह बात भी बार-बार दोहराते थे कि परम्परा और आधुनिकता को वे जस का तस स्वीकार नहीं करते। उन्हें लेकर उनके मन में हमेशा एक द्वैध रहता था। इसीलिए उन्होंने एक ऐसी आधुनिकता को गढ़ने का प्रयास किया जो परम्परा को तो प्रश्नांकित करती हो परंतु उसके प्रति प्राच्यवादी और औपनिवेशिक रवैये से मुक्त होकर। अडिग की तरह अनंतमूर्ति को भी परम्परा कई अर्थों में पुनर्नवा और शक्ति का स्रोत लगती थी। अपने परवर्ती उपन्यासों *भाव* और *दिव्या* में अनंतमूर्ति ने पवित्र की धारणा और दैनिक यथार्थ में छिपे हुए अध्यात्म को अभिव्यक्त करने के लिए आख्यान की कई नयी युक्तियों का उपयोग किया था। इसे शायद एक विडम्बना ही कहा जाएगा कि अनंतमूर्ति परम्परा के प्रति अपने इस बदले हुए नज़रिये को अपनी परवर्ती साहित्यिक रचनाओं में उस सफ़ाई से अभिव्यक्त नहीं कर सके जितनी साफ़गोई से अपने विमर्शी लेखन में कर जाते थे।

अनंतमूर्ति अपने आलोचनापरक और सांस्कृतिक लेखन में आधुनिकता की एक बहुमुखी और उत्तर-औपनिवेशिक समीक्षा प्रस्तुत करने में कहीं ज़्यादा सफल रहे। वे बतकही, आत्मकथ्य, चिंतना तथा रूपकों आदि का सहारा लेते हुए उस युरो-केंद्रित तर्काधारित विश्व-दृष्टि को निरंतर प्रश्नांकित करते रहे जो ऐतिहासिक रूप से उपनिवेशवाद तथा नव-उपनिवेशवाद के साथ साँठ-गाँठ करती रही थी। वे संस्कृति के भीतर निरंतर उन जगहों की खोज करते रहे जहाँ अभी न युरोपीय आधुनिकता अपना जाल लेकर पहुँच पाई थी और न देशज परम्पराओं का अन्यायी पदानुक्रम अपनी दस्तक दे पाया था। उनके निबंधों का संग्रह-पूर्वापर (अपनी अन्योक्ति में यह पूरब और पश्चिम को भी इंगित करता है) उत्तर-औपनिवेशिक बहस के दो अहम मुद्दों— वैचारिक उपनिवेशीकरण तथा देशज संस्कृतियों और ज्ञान-प्रणालियों के साथ की गयी ज्ञानमीमांसीय हिंसा से जूझता है। लेकिन इस प्रसंग में ज़्यादा मानीख़ेज़ बात यह है कि अनंतमूर्ति इस बहस को अबूझ अकादमिक सिद्धांतों के तल से उठाकर समकालीन राजनीति और लोकप्रिय संस्कृति की सच्चाइयों के बीचो-बीच प्रतिष्ठित करते हैं।

माया एंजेलो

स्वर्ग का आह्वान

गरिमा श्रीवास्तव

अफ़्रो-अमेरिकन साहित्यिक परम्परा का सूत्रपात दास आख्यानों से हुआ है। ये दास-आख्यान या स्लेव्ज़ नैरेटिव्ज़ उन दो करोड़ लोगों की व्यथा-कथा कहते थे, जिन्हें अमेरिका के दक्षिण में अफ़्रीका और वेस्टइण्डीज़ से दास बनाकर लाया गया था। अमेरिका की कुल आबादी में लगभग तीस प्रतिशत के योगदान और उसकी आर्थिक स्थिति को सुदृढ़ बनाने में दिन-रात एक कर देने वाले दासों की स्थिति क़ानून बदलने के बाद भी बेहतर नहीं हो सकी, क्योंकि अमेरिका पर श्वेत-प्रभुत्व ही बना रहा और अश्वेतों के प्रति घृणा और उपेक्षा का भाव भी यथावत् रहा।

समता और सामाजिक न्याय पाने के लिए अश्वेत समुदाय को बहुत लम्बे समय तक संघर्ष करना पड़ा। संघर्ष की इस प्रक्रिया में जहाँ पारिवारिक-सामाजिक संबंध बदले, वहीं धर्म, नैतिक मूल्यों और भावबोध में भी बदलाव आया। इस दौरान अश्वेतों की अपनी एक अलग सांस्कृतिक पहचान अस्तित्व में आयी। अफ़्रो-अमेरिकन साहित्य में इन दास-आख्यानों का बड़ा योगदान रहा। *क्लासिक स्लेव्ज़ नैरेटिव्ज़* की प्रस्तावना में हेनरी लुइस गेट्स लिखते हैं कि 'इतिहास में किसी भी ग़ुलाम समुदाय ने अपनी कथाएँ इतने बड़े पैमाने पर नहीं लिखीं।' ग़ुलामों की यह स्वानुभूत पीड़ा गीतों और गद्य की विविध विधाओं के माध्यम से व्यक्त हुई। इनका मूल स्वर था 'मुक्ति की आकांक्षा'। ये

रचनाएँ न केवल पाठकों के बीच बड़े पैमाने पर लोकप्रिय हुईं, बल्कि बीसवीं शताब्दी के उत्तरार्ध में उन्हें अकादमिक शोध और अनुसंधान का विषय भी बनाया गया। *अंकल टॉम्स केबिन* (हैरियट बीचर स्टो,1852), *ऐडवेंचर्स ऑफ़ हकलबेरी फ़िन* (मार्क ट्वेन, 1884) द *कंफेशंस ऑफ़ नैट टर्नर* (विलियम स्टाइरोन, 1967) *बीलव्ड* (टोनी मॉरिसन, 1967) जैसी विश्व-प्रसिद्ध कृतियों के पीछे इन दास-आख्यानों की प्रेरणा ही मौजूद थी। *क्राइसिस*, *अपॉरच्युनिटी*, द *मैसेंजर*, *नीग्रो वर्ल्ड* जैसी पत्रिकाओं ने अश्वेत और उपेक्षित दास-परम्परा के अवशेषों की पीड़ाओं को मुख्यधारा में लाने का महत्त्वपूर्ण कार्य किया और लोगों को यह बताने का प्रयास किया कि ग़ुलाम भी मनुष्य हैं, उनमें भी वही गुण-अवगुण विद्यमान हैं, जो श्वेतों में होते हैं। अश्वेत साहित्य में स्त्री लेखन की लम्बी परम्परा मिलती है, जो यांबा की कविताओं, बेलीण्डा की कहानी 'द क्रुएलिटी ऑफ़ मैन हूज़ फेसेज़ वर लाइक मून'(1787), मारिया डब्ल्यू स्टीवार्ट, हैरिएट ए. जेकब्स, एलिज़ाबेथ केकली के लेखन में देखी जा सकती है। दासों की पहली खेप 1672 में गोल्ट कोस्ट से वर्जीनिया लाई गयी थी। 1861 में उन्हें विधि-सम्मत स्वतंत्रता मिली, लेकिन जहाँ तक अधिकारों की बात है तो दास अब भी उनसे महरूम ही रहे। अशिक्षा, बेरोज़गारी, रंगभेद और निर्धनता की इन त्रासद स्थितियों में लगभग सौ वर्षों बाद बदलाव की किरण फूटी। मार्टिन लूथर किंग की अगुवाई में अधिकार आंदोलन शुरू हुआ और देखते-देखते अश्वेतों की आवाज़ सुनी जाने लगी। हाशिये को अब नज़रों से और ओझल रखना सम्भव नहीं रह गया।

1963 में मार्टिन लूथर के नेतृत्व में वाशिंगटन में लगभग दो लाख अश्वेतों ने जो जुलूस निकाला वह अश्वेत मानस की इच्छाओं तथा समानता के अधिकार की आकांक्षा से प्रेरित था। अगले बीस वर्षों में अश्वेत संस्कृति, संगीत, कला-साहित्य और भाषा की समूचे विश्व में एक विशिष्ट पहचान स्थापित हुई। इसी अधिकार-चेतना से रिज़ोबर्ता मेंचू, मेरी किंग, एंजेला डेविस, ग्वेन्डोलाइन ब्रूक्स, इलेन ब्राउन, महालिया जैक्सन, मैरी ब्रूक्टर, पर्ल बेली, रोज़ बटलर ब्राउन, अन्ना हेज़मैन, असाता शकूर और माया एंजेलो जैसी ब्लैक स्त्रीवादियों की एक पीढ़ी सामने आयी जिसने रंगभेद, यौनिकता और रंगभेद के

मुद्दे उठाए। ब्लैक वुमॅन की इस पीढ़ी ने यह साबित कर दिया कि स्वतंत्रता और शिक्षा के बीच अनन्य संबंध होता है : उन्होंने सामाजिक-साहित्यिक विमर्शों में प्रखर भागीदारी के स्वप्नों को शिक्षा के माध्यम से साकार किया। जब तक उन्होंने स्वयं अपने बारे में कुछ नहीं कहा था तब तक उनके बारे में हमारी जानकारी सीमित और पूर्वाग्रहों से ग्रस्त थी। इन स्त्रियों के परिदृश्य पर आते ही पाठक रचनाकारों की एक ऐसी पीढ़ी से रूबरू हुआ जो अपने 'टेक्स्ट' और बहुआयामिता के साथ बहुरंगभेदी और बहुनस्लवादी चेतना की बात करती थी।

माया एंजेलो (1928-2014) जैसी स्त्रियों ने कई विधाओं में लिखकर रंगभेद को बहुआयामी बना दिया— कभी राजनीतिक कभी ग़ैर-राजनीतिक और कभी निजी। सच कहें तो उन्होंने दोहरा जोखिम उठाया। माया एंजेलो भी अपनी आत्मकथा के सात खण्डों, तीन निबंध संग्रहों और अनेक काव्य-संग्रहों के साथ बहुस्तरीय जोखिम उठाने वाली अश्वेत स्त्री के रूप में पाठकों के सामने आयीं। 1924 में जन्मी माया को अस्सी वर्ष की दीर्घायु और लगभग पचास-साठ वर्षों का रचनात्मक जीवन मिला जिसका उन्होंने प्रत्येक क्षण जिया, लिखा और स्त्रीवादी चिंतन को ब्लैक स्त्री के अनुभवों-विचारों से निरंतर समृद्ध किया।

I

आज चट्टान रोती है तुम खड़े हो सकते हो मुझ पर—
लेकिन मेरे पीछे अपना चेहरा मत छिपाओ
पूरे विश्व की सीमा के पार एक नदी सुंदर गीत गाती है—
कहती है
आओ मेरे पास विश्रांति के लिए
आओ शांति में समा जाओ
मैं गीत गाऊँगी
वह गीत जिसे सर्जक ने तब दिया था मुझे
जब मैं, वृक्ष और चट्टान सब एक थे।

(अनु. गरिमा श्रीवास्तव)

'ऑन द पल्स ऑफ़ मार्निंग' नामक शीर्षक की इस कविता को माया ने बिल क्लिंटन के राष्ट्रपति बनने के अवसर पर गाया था।

माया एंजेलो 1982 में वेक फ़ॉरेस्ट युनिवर्सिटी के परिसर में आयी थीं और जल्दी ही विद्यार्थियों के बीच इतनी लोकप्रिय हो गयीं कि सैकड़ों नये छात्र हर साल माया से कविता और साहित्य पढ़ने के लिए वेक फ़ॉरेस्ट युनिवर्सिटी में दाख़िला लेने लगे। वेक फ़ॉरेस्ट में आने से पहले ही वह अपनी आत्मकथा *आई नो व्हाय द केज़्ड बर्ड सिंग्स* के कारण पहली अफ़्रो-अमेरिकी बेस्ट सेलर लेखिका बन चुकी थी। यहाँ आने के बाद माया को पहली बार एक व्यवस्थित जीवन नसीब हुआ। यहाँ आ कर उन्होंने एक बार फिर से अपनी खोज शुरू की। माया कहती है, 'एक लम्बे समय तक मैं यह सोचती रही कि मैं मूलत: एक लेखिका हूँ जो अध्यापन भी कर सकती है, लेकिन वेक फ़ॉरेस्ट आने के पाँच-छह वर्ष बाद मैंने यह अनुभव किया कि मैं ऐसी अध्यापिका हूँ जो रचना भी कर सकती है। ये सच है मैंने लगभग 31 पुस्तकें लिखी हैं, लेकिन वास्तविकता यह है कि मूलत: मैं अध्यापक हूँ और पढ़ाना मुझे बेहद पसंद है। ये बात मुझे बहुत अच्छी लगती है कि मेरे पास कहने को बहुत कुछ है और ये सब कुछ कहने के लिए जिस साहस की ज़रूरत होती है वह भी मेरे पास है।'

माया में अगर यह साहस न होता तो शायद बचपन की मार्गरीटा जॉनसन कभी माया एंजेलो न बन पाती। उन्हें एक कवयित्री, संस्मरणकार, उपन्यासकार, लेखिका, शिक्षिका, फ़िल्मकार, अभिनेत्री, नागरिक अधिकारों के लिए संघर्षशील अश्वेत-अमेरिकी स्त्री के रूप में जाना गया। पर क्या वह जीवन की इतनी सारी भूमिकाओं को निभाना चाहती थी? ये भूमिकाएँ तो उनके संघर्षशील जीवन के अनेकानेक मोड़ों की साक्षी हैं। माया को बचपन में मार्गरीटा का नाम दिया गया। वह बमुश्किल तीन साल की थी कि उसके माता-पिता के बीच तलाक़ हो गया। इस तरह मार्गरीटा और उसके भाई की ज़िम्मेदारी उसकी दादी एनी हेंडरसन पर आ पड़ी। दादी परचून की दुकान चलाती थी और बच्चों से भू-स्वामियों के घर सामान पहुँचवाया करती। यहीं पहली बार 'काली लड़की' होने के मायने मार्गरीटा को समझ आये। 'ओ छोकरी', 'ऐ काली लड़की' के संबोधन आम थे, जिन पर प्रतिक्रिया करने का

अर्थ था दादी से मार खाना। सच कहें तो ये संबोधन 'ब्लैक' होने की नियति से ही जुड़े थे। बाद में 'माया' ने लिखा :

जब मैं अपने बारे में सोचती हूँ
तो अपने आप पर हँसते-हँसते लगभग मर
ही जाती हूँ
एक बड़ा मज़ाक है मेरी ज़िंदगी
नृत्य की तरह जिसमें सिर्फ़ क़दमताल ही की गयी,
या कोई गीत जिसे सपाटता से बोला गया हो,
मैं ख़ुद को लेकर, इतना अधिक हँसती हूँ
कि साँसे रुकने लगती हैं मेरी
जब सोचती हूँ अपने बारे में
लोगों के इस संसार में साठ साल
जिसके लिए मैं काम करती हूँ
वह मुझे बच्ची कह कर पुकारती हैं
और मैं अपनी नौकरी के लिए उसे 'जी मैम— जी मैम कहती हूँ
इतनी स्वाभिमानी हूँ कि झुकना मुश्किल है
इतनी ग़रीब हूँ कि टूटना मुश्किल,
हँसते-हँसते पेट में बल पड़ जाते हैं मेरे,
जब सोचती हूँ अपने बारे में

पति से तलाक़ के बाद मार्गरीटा की माँ ने अपने मित्र फ़्रीमैन के साथ रहने का निर्णय लिया। अबोध, काली, दुबली, शांत और गम्भीर मार्गरीटा आठ साल की उम्र में फ़्रीमैन के यौन शोषण का शिकार हुई। मार्गरीटा के मामाओं ने फ़्रीमैन की हत्या कर भाँजी के बलात्कार का बदला तो ले लिया, लेकिन मार्गरीटा इस पश्चाताप में डूब गयी कि यदि वह इस बारे में मुँह न खोलती तो अच्छा था— 'मैंने उसका नाम बता दिया, मेरी आवाज़ उसकी मृत्यु का कारण बन गयी। अब मैं कभी बोल ही नहीं पाऊँगी (*आई नो व्हाय द केज़्ड बर्ड सिंग्स*, बीबीसी वर्ल्ड सर्विस बुक क्लब, अक्टूबर, 2005)। इस घटना के बाद मार्गरीटा चुप रहने लगी। कोई कितनी भी बातचीत करने

की कोशिश करे उसकी चुप्पी टूटने का नाम न लेती , लेकिन मन के भीतर अपने होने का अहसास दिनों दिन दृढ़ हो रहा था। उन दिनों दादी की दुकान में बतौर ग्राहक आने वाली बर्था फ़्लावर्स के साथ अपने अनुभव के बारे में उसने लिखा : चलो मेरे साथ मार्गरीटा, मैं चाहती तो साफ़ इनकार कर सकती थी, पर उन्होंने मेरा नाम इतने अच्छे ढंग से पुकारा था— प्रत्येक स्वर, व्यंजन अपने सही उच्चारण और स्पष्टता के साथ बोला गया था। मैं अपना सामान उठाकर उनके घर ले गयी। उन्होंने अपने घर ले जाकर कुकीज़ खिलाई और किसी पुस्तक का एक अंश पढ़कर सुनाया। इतना सब सिर्फ़ मेरे लिए... मुझे पसंद किया गया था। ये सम्मान मुझे इसलिए नहीं दिया गया था कि मैं श्रीमती हेंडरसन की पोती हूँ, या बेली की बहन बल्कि मुझे अपनी वजह से इतना सम्मान मिला था। बाल-मस्तिष्क में इतनी तर्कबुद्धि तो होती नहीं कि वह सोच सके कि श्रीमती फ़्लॉवर ने मुझ पर ही इतना ध्यान क्यों दिया, हो सकता है मेरे भीतर पसरे सन्नाटे को भंग करने के लिए मामा ने मुझसे संवाद करने को कहा हो। जो भी हो, मेरे लिए तो इतना ही काफ़ी था कि उन्होंने मेरे लिए, सिर्फ़ मेरे लिए कुकीज़ बनाई और क़िताब पढ़ कर सुनायी। मुझे किसी के द्वारा पसंद किया गया, इतना साबित करने के लिए यह पर्याप्त था।' (माया एंजेलो (1985), 'लर्निंग इन लिट्रेचर', *आई नो व्हाय द केज़्ड बर्ड सिंग्स*, लैंग्वेज़ आर्ट्स, वॉल्यूम 62, अंक 2, फ़रवरी)

मुश्किलों से भरे बचपन में पुस्तकें उसके भीतर की निस्तब्धता को भंग करने आयीं और जल्दी ही कविताएँ उसकी दोस्त बन गयीं। काली होने के दंश, अभाव की पीड़ा और सबसे ऊपर बचपन छिन जाने की त्रासदी ने उन्हें दुखों को भीतर छिपाकर मुस्कराहट में तब्दील करने का हुनर दे दिया। वह कहा करती, 'अगर तुम्हारे पास सिर्फ़ एक मुस्कान है तो उसे उन्हें दे दो, जिन्हें तुम प्यार करते हो। ज़रूरी नहीं कि वे तुम्हारे परिवार के ही लोग हों। वे तुम्हें गली में, सड़क पर, नितांत अपरिचितों के बीच भी मिल सकते हैं।' दादी और भाई के साथ रहते हुए माया ने नस्लभेद और रंगभेद को नज़दीक से पहचाना। अफ़्रीकी नस्ल और काले रंग ने उसे समझा दिया कि उसकी सीमाएँ क्या हैं।

दादी की दिन-रात की मेहनत, साहस और व्यावहारिकता ने उसे सिखाया कि कोई व्यक्ति नियति को अपने नियंत्रण में कैसे ले सकता है और यह भी कि तमाम दबावों और विपरीत परिस्थितियों में गरिमा और आत्मसम्मान से कैसे जिया जा सकता है। 'स्टिल आई राइज़' कविता में माया कहती हैं :

तुम मुझे अपने तीखे और विकृत झूठों के
साथ इतिहास में शामिल कर सकते हो
अपनी चाल से मुझे गंदगी में धकेल सकते हो
लेकिन फिर भी मैं धूल की तरह उड़ती आऊँगी
क्या मेरी बेबाक़ी तुम्हें परेशान करती है?
घिरे बैठे हो क्यों उदासी में?
क्योंकि मैं इस तरह इतराती चलती हूँ
जैसे मेरे कमरे में कोई तेल का कुआँ,
तेल उगल रहा हो
फिर भी मैं उदय होती हूँ

किशोरावस्था आते-आते माया की रुचि नृत्य और नाटक में हो चुकी थी। सैन फ्रांसिस्कों के श्रमिक-विद्यालय से मिली छात्रवृत्ति ने उसे पढ़ने का मौक़ा दिया लेकिन वह स्कूली शिक्षा पूरी नहीं कर सकी। अविवाहित मातृत्व ने उसे ज़िम्मेदारियों के बोझ तले दबा दिया। यह फिर एक कठिन समय था, उसने बेटे को पालने और अपना ख़र्च चलाने के लिए कभी वेट्रेरा तो कभी नर्तकी का काम किया। एक वक़्त ऐसा भी आया कि उसे वेश्यावृत्ति करनी पड़ी। दो अन्य औरतों के साथ मिलकर चकला चलाना पड़ा। ये तो बाद की बात है, लेकिन आर्थिक आवश्यकताओं ने उसे समाज के जिस चेहरे से रूबरू करवाया वह बाद में कविता के रूप में अभिव्यक्त हुआ :

अपने यौवन में मैं
देखा करती थी ओट से
सड़क पर आते-जाते, बूढ़े पियक्कड़ों
जवान सरसों की तरह तेज़ पुरुषों को
मैं उन्हें हमेशा कहीं न कहीं जाते हुए ही देखती

वे जानते थे कि मैं वहाँ हूँ
पंद्रह साल की वय में उनके लिए बेताब
वे मेरी खिड़की के पास आकर रुकते
युवतियों के वक्ष की तरह उन्नत उनके कंधे
पीछे आने वालों को लपेटती उन पुरुषों की जाकेट
किसी दिन वे तुम्हें अपनी
हथेलियों में,
अहिस्ता से दबा लेते हैं, जैसे तुम
इस संसार का अंतिम कच्चा अण्डा हो
फिर वे अपनी जकड़ को मज़बूत करने लगते हैं,
थोड़ी-सी मज़बूत बस थोड़ी-सी
तुम्हें पहला दबाव अच्छा लगता है
एक फुर्तीला आलिंगन
तुम्हारी कोमल असहायता के बाद थोड़ा और दबाव
फिर तकलीफ़ शुरू होती है
एक डर मुस्कुराहट के आस-पास मँडराने लगता है
जब हवा ग़ायब हो जाती है
जल्दी ही तुम्हारा दिमाग़ उमगते हुए तेज़ी से फटते हुए
किसी माचिस की तीली के सिरे की तरह बिख़र जाता है
तुम्हारा द्रव्य उनकी टाँगों से बहता जाता है
उनके जूतों पर दाग़ लगाता हुआ
जब पृथ्वी फिर से सही कर लेती है ख़ुद को,
और ज़ुबान पर स्वाद
लौटने की कोशिश करता है
तुम्हारा शरीर हमेशा के लिए ज़ोर से बंद हो जाता है
जिसकी कोई चाभी नहीं होती वज़ूद में
जब तुम्हारे दिमाग़ की खिड़की पूरी तरह खुलती है
कि उसके पीछे तुम्हारे दिमाग़ पर परदे झूलते

पुरुष कुछ समझते हुए कहीं जाते हैं मगर इस बार
मैं सिर्फ़ उन्हें चुपचाप खड़ी होकर देखती रहती हूँ शायद

(पुरुष)

यह एक ऐसा समय था जब माया अपनी भूमिका खोज रही थी। हर दूसरे व्यक्ति की तरह उसे भी जीवन के व्यापक परिदृश्य पर, तरह-तरह के लोगों से भरे हुए इस विश्व में अपनी भूमिका खोजनी थी। उसे अपने 'देखने' को गहरा और व्यापक बनाना था। वह वस्तुओं को साक्षी भाव से देखने की शुरुआत कर रही थी। वह समझ चुकी थी कि सिर्फ़ वेट्रेस बनकर, नाइट-क्लबों में नाचकर आजीविका तो कमा सकती है लेकिन 'ख़ुद' को साबित नहीं कर सकती। 1951 में सुव्यवस्थित जीवन जीने की इच्छा उसे ग्रीक इलेक्ट्रिशियन और उभरते हुए संगीतकार तोष एंजेलो की ओर ले गयी। उसने एल्विन एली और रूथ बैक़फोर्ड जैसे नृत्य निर्देशकों से मिलकर 'अल ऐण्ड रीटा' नृत्य-मण्डली बनायी। इस मण्डली ने सैन फ्रांसिस्को के कई अश्वेतों संस्थानों में नृत्य कार्यक्रम पेश किये लेकिन उन्हें सफलता नहीं मिली। इसी के साथ एंजेलो के साथ माया का विवाह-विच्छेद हो गया। और माया को एक बार फिर आजीविका के लिए रात्रि-क्लब का सहारा लेना पड़ा। वह कैलिप्सो संगीत में प्रवीण थी। मार्गरीटा जॉनसन अब गायिका-नर्तकी माया एंजेलो बन गयी। माया में भाषाएँ सीखने की अद्भुत क्षमता थी। 1954-1955 के दौरान *पोर्जी ऐंड बेस* नामक ओपेरा के निर्माण और प्रदर्शन के सिलसिले में युरोप की यात्राओं के दौरान उसने कई भाषाएँ सीखीं। माया के गाये गीतों का पहला संकलन *मिस कैलिप्सो* बाज़ार में आया। 1996 में यही संकलन एक सीडी के रूप में जारी हुआ। बाद में इस पर *कैलिप्सो हीट वेव* नामक एक फ़िल्म भी बनी जिसका संगीत-निर्देशन ख़ुद माया ने किया था।

माया की विभिन्न भाषाओं के साहित्य में पैठ थी। इस नाते उन्होंने हार्लेम लेखक संघ की सदस्यता भी ग्रहण की। 1959 में वे संघ के कई महत्त्वपूर्ण लेखकों— जॉन हेनरिक क्लार्क, रोसा गॉय, पॉल मार्शल, जूलियन मेफ़ील्ड आदि से मिली। 1960 में नागरिक अधिकार आंदोलन के नेता मार्टिन लूथर किंग ने माया की भूमिका को जैसे एक नया मोड़ दिया। मार्टिन लूथर किंग के

आग्रह पर वे सदर्न क्रिश्चियन लीडरशिप कांफ्रेंस की संयोजक बन गयी। इस तरह कभी रात्रि-क्लबों में नृत्य करने वाली माया अपनी भूमिकाएँ बदलने लगी। कभी उन्होंने द *अरब ऑब्ज़र्वर* का सम्पादन सँभाला, कभी घाना विश्वविद्यालय के 'स्कूल ऑफ़ म्यूज़िक ऐंड ड्रामा' में पढ़ाया, तो कभी द *अफ़्रीकन रिव्यू* में फ़ीचर लिखे। घाना में उनकी मुलाक़ात मेलकॉम एक्स से हुई। एक्स के प्रति माया के मन में गहरा सम्मान था। लेकिन, 1964 में मेलकॉम की हत्या कर दी गयी। माया के लिए यह बड़ा गहरा सदमा था। इस सदमे से उन्हें मार्टिन लूथर किंग जूनियर ने उबारा। इसके बाद अश्वेत अधिकार आंदोलन के प्रति माया का सरोकार गहरा होता चला गया। लेकिन नियति जैसे उसे मित्रहीन करने के लिए कटिबद्ध थी। 1968 में मार्टिन लूथर किंग की हत्या कर दी गयी। उस दिन माया का जन्मदिन था। इसके बाद माया ने वर्षों तक अपना जन्मदिन नहीं मनाया। वह उसी दिन से 2006 तक किंग की विधवा कोरेटा स्कॉटा किंग को स्मृति-गुच्छ भेजती रही। ऐसे कठिन समय में उपन्यासकार जेम्स बॉल्डविन मित्र और भाई की भूमिका में माया के निकट आये। माया ने अपने हृदय में बरसों से संचित अनुभवों को बॉल्डविन के सामने निर्द्वंद्व भाव से रखा। हृदय के इस आवेग में शोक, हर्ष, आँसू, दुख— सब कुछ था। बचपन कब का बीत चुका था पर स्मृतियों के दंश अभी तक ताज़ा थे। बॉल्डविन ने उन्हें समझाया, 'लेखन उदात्त बनाता है— लिखो माया, लिख डालो अपना बचपन, लहूलुहान कैशोर्य, अभाव, तनाव, द्वंद्व, संघर्ष— सब कुछ जानने दो दुनिया को कि काले लोगों का जीवन कैसा होता है— नस्ल और रंगभेद की क़ैद में जकड़ा समाज आनंदित हो ही नहीं सकता।' माया को तो जैसे आत्मकथ्य लिखने की राह मिल गयी। उनका आत्मकथ्य *आई नो व्हाय द केज़्ड बर्ड सिंग्स* 1970 में प्रकाशित होते ही बेस्ट सेलर बन गयी। यह माया की बदली हुई भूमिका थी। उन्होंने यथास्थिति को कभी स्वीकार नहीं किया। यातना को कभी अंतिम नहीं माना और हर परिस्थिति में अपनी भूमिका ढूँढ़ निकाली। वह हमेशा ऐसी दुनिया की खोज में लगी रही जो अश्वेतों, स्त्रियों, असहाय और बेबस बच्चों को उनका सही 'स्पेस' और जायज़ हक़ दे सके। तृषा नालाए को दिये एक साक्षात्कार में उन्होंने कहा था, 'जितने भी मूल्य हैं, साहस उनमें सर्वाधिक महत्त्वपूर्ण है, साहस के बिना किसी

और मूल्य की रक्षा आप नहीं कर सकते। आप सच्चे, दयालु, आत्मविश्वासी, आत्मीय— कुछ भी हो सकते हैं... लेकिन ऐसा बनने के लिए आपको हर समय साहस की आवश्यकता होती है, और इसका मतलब युद्धभूमि में खड़े होना नहीं है। साहस से मेरा तात्पर्य आपके भीतर का साहस है, जो आपके आत्म को दूसरे मनुष्यों को दिखाने में मदद करता है।'

यह साहस ही था कि माया 1963 में मार्टिन लूथर किंग के नेतृत्व में राजधानी वाशिंगटन में निकाले गये दो लाख अश्वेतों के जुलूस में शामिल हुईं यह जुलूस अश्वेत मानस की इच्छाओं और समानता के अधिकार से प्रेरित था जिसने आगे के बीस वर्षों में इतिहास बदल डाला। इस इतिहास में माया अपने संगीत और साहित्य के साथ शिरकत कर रही थी। 1960 से 1975 के दौरान बड़े पैमाने पर अश्वेत आत्मकथ्य लिखे गये जिनमें सामाजिक अधिकार आंदोलनों के विविध पक्षों की अभिव्यक्ति हो रही थी। इरीन रातुशिंस्क्या का *ग्रे इज़ द कलर ऑफ़ होप*, रिजोर्बेता मेंच्यू का *आई, रिजोर्बेता मेंच्यू : एन इण्डियन वूमन इन ग्वाटेमाला*, मेरी किंग का *फ्रीडम साँग*, एंजेला डेविस का *एन ऑटोबायोग्राफ़ी*, इलेन ब्राउन का *अ टेस्ट ऑफ़ पॉवर : अ ब्लैक वुमंस स्टोरी*, ग्वेन्डीलाइन ब्रूक्स की *रिपोर्ट फ्रॉम पार्ट वन*, हैरिसन जैक्सन की *देयर इज़ नथिंग ऑन दैट आई वॉन्ट*, ऑसी ग़फी की *द ऑटोबायोग्राफ़ी ऑफ़ ए वूमन*, मेरी बूक्टर की *हेयर आई एग : टेक माई हैण्ड*, महालिया जैक्सन की *मूविंग ऑन अप अ लिटिल हायर*, पर्ल बेली की *द रॉ पर्ल*, रोज़ बटलर ब्राउन की *आई लव माई चिल्ड्रन*, अन्ना हेज़मैन की *द ट्रम्पेट साउण्ड्स*, असाता शकूर के साथ-साथ माया एंजेलो की *आइ नो व्हाय द केज़्ड बर्ड सिंग्स*। आगे चलकर माया आत्मकथ्य के अन्य छह खण्डों के साथ उपस्थित हुई, जिनमें अश्वेत स्त्रियों द्वारा नस्लभेद, रंगभेद एवं यौनिकता के मुद्दे उठाए गये थे। क्रांतिधर्मी दौर के ये आत्मकथ्य स्वतंत्रता और शिक्षा के बीच अनन्य संबंध दिखाते थे। शिक्षा ने ही अश्वेत रचनाकारों को सामुदायिक चेतना तथा राजनीतिक-सामाजिक-साहित्यिक विमर्शों में भागीदारी के रास्ते दिखाए। माया एंजेलो जैसी अश्वेत रचनाकारों की एक नयी पीढ़ी ने कविताओं और आत्मकथ्यों द्वारा एक ऐसा पाठ गढ़ा जो अपनी बहुआयामिता के साथ ही बहुरंगभेदी, बहुनस्लवादी पाठकों की चेतना का हिस्सा बनने में सक्षम था।

अब रंगभेद का मुद्दा बहुआयामी हो गया— कभी पूरी तरह राजनीतिक, कभी सामाजिक तो कभी निजी। ब्लैकबर्न के शब्दों में कहा जाए तो 'अश्वेत स्त्रियाँ आत्मकथा लिखकर अपने जीवन को दोहरे जोखिम में डालती हैं, वे एक ओर अमेरिकी समाज में व्याप्त रंगभेद की राजनीति का पर्दाफ़ाश करती हैं तो दूसरी ओर अपने समुदाय के पुरुषों के यौन अत्याचारों को भी खुलकर अभिव्यक्त करती हैं'। (रेज़ीना ब्लैकबर्न (1980), *इन सर्च ऑफ़ द ब्लैक फ़ीमेल सेल्फ़ : अफ्रीकन-अमेरिकन वूमंस ऑटोबायोग्राफ़ीज़ ऐंड एथनिसिटी*, ब्लूमिंगटन; इण्डियाना, ओयूपी : 134)

माया एंजेलो ने आत्माख्यान के तौर पर काव्य विधा को भी अपनाया। *ब्रिटानिका ऑनलाइन* (9/17/1998) में माया की कविताओं को उसके 'निजी इतिहास की अभिव्यक्ति' कहा गया, क्योंकि उनकी कविताओं का कथ्य कई अश्वेत अमेरिकी जीवनानुभवों से मिलकर बुना गया है। लायन ब्लूम ने इन कविताओं पर टिप्पणी करते हुए कहा कि इनमें नस्लभेद, भेदभाव, शोषण की पीड़ा और अपने वर्ग के लिए शुभेच्छा है। माया एंजेलो ने सामाजिक मुद्दों और विशेषकर अश्वेत स्त्रियों के मुद्दों को केंद्र बना कर भी कई कविताएँ लिखीं; जिनमें 'बॉर्न दैट वे' यौन शोषण और वेश्यावृत्ति पर, 'फेनोमेनल वूमन', 'वूमन वर्क' और 'सेवेन वुमंस ब्लेस्ड एस्योरेंस' जैसी कविताएँ स्त्री विषयक हैं। घरेलू हिंसा पर 'ए काइंड ऑफ़ लव सम से' बाल श्रम और शोषण पर, 'टू बीट द चाइल्ड वॉज़ बैड इनफ़' इसके अतिरिक्त दास-प्रथा पर 'द मेमॅरी', 'मिस स्कॉरलेट, मि. रेट ऐंड अदर लैटरडे सेंट्स', 'वी सॉ बियॉण्ड ऑवर सीमिंग' शीर्षक कविताएँ है। नशाखोरी, अश्वेत अस्मिता पर भी एंजेलो की अनेक कविताएँ है। अधिकतर कविताएँ लम्बी नहीं हैं, बल्कि तीन-चार बंद में ही समाप्त हो जाती हैं। लयात्मकता उनका अपूर्व वैशिष्ट्य है। किंग जेम्स बाइबल, अमेरिकी रचनाकारों, एडगर एलेन पो, शेक्सपीयर, अश्वेत रचनाकारों जैसे लैंग्स्टन ह्यूजिस, चर्चों की प्रार्थनाएँ, बाल-गीतों और लोक संगीत के प्रभाव को इन कविताओं में देखा जा सकता है। मॉडर्न अमेरिकन वुमॅन राइटर्स में जॉन ब्रैकस्टन ने माया की कविताओं पर टिप्पणी करते हुए लिखा है कि पाठक उनकी काव्यलय, गीतात्मकता, कल्पना और यथार्थवाद के कायल हैं। ये

कविताएँ जैज़ धुनों पर आधारित हैं जो सीधे पाठक के हृदय में उतर जाती हैं।

माया एंजेलो की कविता सिर्फ़ यथार्थ और कल्पना तक सीमित नहीं है। वह स्त्री-यौनिकता का उत्सव मनाने वाली कविता है। माया का निजी जीवन बहुत से घात-प्रतिघातों की कहानी था। रात्रि क्लबों में नाचना तथा वेश्यावृत्ति को पेशे के रूप में अपनाना किसी भी स्वाभिमानी स्त्री के लिए सरल-सहज नहीं हो सकता / न होता है। वह स्वयं लिखती है कि जीवन के बहुत कम ही ऐसे वर्ष रहे जब उसे अपने ख़र्चे निकालने, बिजली का बिल भरने की चिंता नहीं रही। जैज़ की धुनों पर नाचती माया को देखकर यह अंदाज़ा लगाना कठिन था कि यह वही माया है जो बचपन में यौन शोषण, कई पुरुषों के दुर्व्यवहार-अपमान, ग़रीबी और रंग भेद की शिकार थीं, कुछ विफल प्रेम-प्रसंगों से गुज़रने के बावजूद स्वयं को विशिष्ट और असाधारण कहती है :

पुरुष ख़ुद चकित हैं
कि उन्होंने मुझमें ऐसा क्या देखा
उन्होंने बहुत कोशिश की
लेकिन वे छू नहीं पाते
मेरे अंत: रहस्य को
जब मैंने उन्हें दिखाना चाहा
वो बोल— वे उसे अभी भी नहीं देख पा रहे
मैंने कहा।
यह मेरी कमर का कटाव
मेरी मुस्कान का सूर्य
मेरे उभारों का उठान
और यह मेरे अंदाज़ का लावण्य है
कि मैं कुछ भिन्न महिला हूँ
स्वयं में एक असाधारण औरत,
अब आप समझ ही गये होंगे
कि मेरा सिर क्यों नहीं झुकता
क्यों नहीं मैं चीखती-चिल्लाती

कूदती-फाँदती
अपनी बात रखने के लिए मैं क्यों शोर नहीं मचाती
जब आप मुझे चलता हुआ देखेंगे
तब आप गर्व से भर उठेंगे
मैंने कहा न
यह मेरे जूतों की ऐड़ी की चटख है
मेरी जुल्फ़ों के गुलझट
हाथों की कलाइयाँ
सब मेरी अपनी देखभाल का नतीजा है
मैं सबसे अलग औरत हूँ
स्वयं में असाधारण स्त्री।

जीवन के लगभग पाँच दशकों तक रचनारत रहने वाली माया एंजेलो की रचना-प्रक्रिया की शिनाख़्त उनके साक्षात्कारों में की जा सकती है। उनका मानना था कि अश्वेत लेखक होना विशिष्ट होता है— अश्वेत लेखक श्वेत लेखक से बिल्कुल अलग होता है— अक्सर कोई भी ब्लैक लेखक अपने परिवार या समुदाय में पहला लेखक होता है और उसकी बहुत-सी ऊर्जा तो अपने मित्रों, संबंधियों को यही समझाने में चली जाती है कि उसका लिखना किस तरह महत्त्वपूर्ण है। माया ने एक के बाद एक आत्मकथाओं के सात खण्ड लिखे। *आई नॉ व्हाय द केज़्ड बर्ड सिंग्स* में उसने बचपन और किशोरावस्था के दिनों का ज़िक्र किया है। *गेदर टुगेदर इन माई नेम* उनकी सर्वाधिक प्रिय कृति है जिसमें वह बताती है कि जीविका के लिए की गयी वेश्यावृत्ति को लेकर वह क़तई शर्मसार नहीं है। वह समाज के ढाँचे में परिवर्तन की बात करती है और स्त्रियों को एकजुट होकर वैश्विक सखी भाव से रहने की प्रेरणा देती है— 'सामुदायिक चेतना का होना बहुत ज़रूरी है। मुझे उन स्त्रियों पर दया आती है जिन्हें मैं यह कहते हुए सुनती हूँ कि स्त्रियों की अपेक्षा मेरे पुरुष मित्र अधिक हैं— मुझे लगता है यह मूर्खतापूर्ण है, अपने जैसियों का पक्ष लेना, उनकी वकालत करना बहुत महत्त्वपूर्ण है, और अनिवार्य भी! मैं चाहती हूँ कि औरतों को यह पता चले कि मैं उनके पक्ष में हूँ। उन्हें भी अपने पक्ष में खड़ा होना चाहिए, विरोध में नहीं।

इसका मतलब ये नहीं कि मैं पुरुषों के विपक्ष में हूँ। लेकिन मैं जानती हूँ कि पूरी दुनिया में पुरुषों के स्वास्थ्य और देखभाल के लिए अपेक्षाकृत ज़्यादा धन निवेश होता है, शोध भी अधिक होते हैं, इसलिए मैं पहले स्त्रियों के पक्ष में हूँ। मैं स्त्रियों को अस्पताल जाने के लिए प्रेरित करती हूँ, वे नियमित जाँच करवाएँ और अपने स्वास्थ्य की उपेक्षा न करें ... यदि आप अपनी देखभाल स्वयं नहीं करते तो दूसरे से कैसे अपेक्षा रख सकते हैं कि वह आपकी देखभाल करेगा? '

माया एंजेलो ने यह वक्तव्य 1 जून, 2012 को उत्तरी कैलिफ़ोर्निया में 'माया एंजेलो सेंटर फॉर हैल्थ ऐंड वेलनेस' के उद्घाटन के अवसर पर दिया था। माया स्वयं भी लम्बी-चौड़ी छह फुटी कदकाठी वाली स्वस्थ स्त्री थी जो कथा-कविता, नाटक के अतिरिक्त पौष्टिक भोजन पर भी पुस्तक लिख सकती थी। उनका मानना था कि जो काम आपको करना अच्छा लगता हो उसे ज़रूर करना चाहिए। अपनी सात आत्मकथाओं— *आई नॉ व्हाय द केज़्ड बर्ड सिंग्स* (1969) जिसमें जन्म से लेकर 1944 तक की स्मृतियाँ हैं। *गेदर टुगेदर इन माई नेम* (1974) जिसमें 1944 से 1948; *सिंगिंग ऐंड स्विंगिंग ऐंड गेटिंग मैरी लाइक क्रिसमस* (1976) जिसमें 1949-1955; *द हार्ट ऑफ़ वूमन* (1981) जिसमें 1957-1962; *ऑल गॉड्स चिल्ड्रन नीड ट्रैवेलिंग शूज़* (1986) जिसमें 1962-1965; *अ सांग फ्लंग अप टू हेवेन* (2002) जिसमें 1965-1968 और *मॉम ऐंड मी ऐंड मॉम* में सन् 2013 तक के संस्मरण समाहित हैं। इन आत्मकथाओं के बारे में उनका कहना था कि इनमें उन्होंने जीवन के सारे पड़ावों का ज़िक्र किया है, 'पूरा जीवन मैंने अपनी रोज़ी-रोटी कमाने के लिए अनथक श्रम किया। घर साफ़ करना, भोजन पकाना और घर के बाहर काम करना मेरी दिनचर्या के अनिवार्य अंग थे। मैं घर के काम हमेशा करती आयी हूँ। दुर्भाग्यवश हमारे देश में हमसे ज़बरन काम करवाने का इतिहास रहा है, इसलिए यहाँ दूसरों की सेवा को दासत्व से जोड़ कर देखा गया, जबकि अफ़्रीका में किसी की सेवा करना बहुत ही सम्मान और गौरव की बात है। युरोप में ऐसा नहीं है। मैं छह फ़ीट की स्वस्थ स्त्री हूँ, और यदि मैं किसी की सेवा हृदय से करती हूँ तो उसे दासत्व से जोड़कर देखने की आवश्यकता नहीं।' निजी जीवन में श्रम करने की प्रवृत्ति माया एंजेलो के लेखन में भी दीखती है। अपनी दिनचर्या के बारे में वे अपनी आत्मकथा में विस्तृत ब्योरे देती हैं।

लिखने के लिए उन्होंने होटल का एक छोटा कमरा बुक कर रखा था। माया लिखती हैं— 'किसी आलोचक ने कहा था कि मैं प्रकृति से ही लेखिका हूँ, लेकिन मुझे अपने बारे में वही कहना है जो अलेक्ज़ेंडर पोप ने कहा था कि आसान लेखन को पढ़ना बहुत मुश्किल होता है और इसकी ठीक विपरीत बात भी सही है कि जिसे आसानी से पढ़ लिया जाए वैसा लिखना बहुत कठिन होता है। लिखने के लिए कभी-कभी दो-दो दिन होटल के कमरे में रहती हूँ कि कम से कम दो वाक्य तो अपने प्रवाह में लिख सकूँ। कभी-कभी बिना एक वाक्य लिखे ही होटल के सात बाई दस के छोटे से कमरे से घर वापस लौट आती हूँ और कभी इसमें मैं सुबह 6 : 30 बजे से दो बजे तक काम करती हूँ। यह कमरा मैंने दो सालों से किराये पर ले रखा है— इसके परदे, बिस्तर कभी नहीं बदले गये। मैं इसमें कभी सोयी नहीं— एक बिस्तर और छोटे वाश बेसिन के अलावा कमरे में कुछ नहीं। विचारों को शब्दों का प्रवाह मिल जाए तो मैं कभी-कभी तीन बजे तक लगातार काम करती हूँ, फिर घर लौट कर नहाती हूँ, घर-रसोई की व्यवस्था देखती हूँ ताकि शाम 5:30 बजे, जब पॉल आये तो उसे थोड़ा समय दे सकूँ, हालाँकि मेरा दिलो-दिमाग़ मेरे लेखन के इर्द-गिर्द ही घूमता रहता है। फिर भी मैं एक ईमानदार जीवन जीने का प्रयास करती हूँ। वे सब लोग जो कलाकार या रचनाकार होने का दावा करते हैं, और जो दूसरों को हर समय बताते हैं कि वे काम के दबाव से आक्रांत हैं— मेरी नज़र में वह सब बकवास है। अंत में, जो काम आप लोगों के सामने लाते हैं— वही सच है— बाक़ी सब बनावट है, जिसका कोई अर्थ नहीं है। जब कभी विचारों की तारतम्यता न बन पा रही हो, लेखनी साथ न दे रही हो तो टेबल से उठकर, तरोताज़ा होकर नये ढंग से सोचना चाहिए। एक सामान्य और व्यवस्थित जीवन जीना लेखक के लिए ज़रूरी होता है।'

अश्वेत होने के साथ-साथ स्त्री होना माया एंजेलो के लिए, चुनौतीपूर्ण रहा होगा, क्योंकि अश्वेत रचनाकार दोहरे दबाव से जूझता है— रंगभेद और निरंतर मशीनी होते चले जा रहे भौतिकतावादी समाज के दबाव उसे खुल कर बोलने और लिखने से रोकते हैं। लेकिन माया एंजेलो ने इन सीमाओं को अपने लेखन की सम्भावनाओं में तब्दील कर दिखाया। मसलन, वेश्यावृत्ति के अनुभवों ने उन्हें देह-व्यापार के अपराधीकरण, नशाखोरी, विपन्नता, स्त्री अशिक्षा के मुद्दों

पर सोचने और लिखने का रास्ता दिया। *गेदर टुगेदर इन माई नेम* में वह अपने इस जीवन पर क़तई शर्मिंदा नहीं दीखतीं, न ही वे उसे ग्लैमराइज़ करती हैं बल्कि वे पाठक को अपने अनुभवों के माध्यम से सभ्य समाज की उन उच्छिष्ट तंग गलियों से रूबरू कराती हैं जहाँ कम उम्र की लड़कियों के अपहरण, बलात्कार, बाल श्रम, स्त्रियों के सांस्थानिक शोषण के वाक़ये हवा में तिरते हैं। यही वजह है कि वे हेलेन सिसू की तरह स्त्रियों के बोलने पर बल देती हैं, 'मैं स्त्रियों से कहूँगी कि वे पढ़े और ज़ोर-ज़ोर से पढ़ें। तुम्हें इतने ज़ोर से पढ़ना होगा कि तुम भाषा की ध्वनियाँ सुन सको। अपने कानों से सुनो अपनी भाषा की लय, माधुर्य और उसका संगीत। मैं स्त्रियों से कहूँगी कि वे उन्नीसवीं शताब्दी की स्त्री कविता को पढ़ें जो अफ़्रीकी, अमेरिकी, श्वेत, अश्वेत, स्पेनी, एशियाई स्त्रियों द्वारा रची गयी है। वे कविता पढ़ें और उन्हें अपनी बेटियों को सुनाएँ, अपनी भतीजियों को सुनाएँ। उन्हें इसके बाद ही पता चलेगा कि कोई मुझसे पहले भी यहाँ थी, किसी ने मुझ-सा ही अनुभव पहले भी किया था और कोई मुझ-सी अकेली यहाँ पहले भी थी।'

माया एंजेलो स्वानुभूति को सबसे महत्त्वपूर्ण मानती थीं। इसी के बल पर वह निरंतर रचनारत रहीं और आत्मनिर्भर भी। तृषा नालाये के साथ एक बातचीत में उन्होंने कहा था, 'मैंने अपने जीवन से यह सीखा है कि लोग तुम्हारा कहा हुआ विस्मृत कर देंगे, तुमने किसी के लिए क्या किया, लोग इसे भी भूल जाएँगे पर तुमने किसी को क्या अनुभव कराया— इसे वे कभी नहीं भूलेंगे। साथ ही मेरा दृढ़ विश्वास है कि स्वयं के बिना कोई कार्य पूरा नहीं होता।' माया एंजेलो जीवन को चुनौती देती रहीं। हृदय रोग के बावजूद वह अपने अंतिम दिनों में भी एक पुस्तक पर काम कर रही थीं। 2011 से 2014 के दौरान बुरे स्वास्थ्य के कारण वे वेक फ़ॉरेस्ट में कक्षाएँ नहीं पढ़ा पा रही थीं लेकिन अगले सत्र में पढ़ाने के लिए उन्होंने अप्रैल 2014 में 'रेस कल्चर ऐंड जेण्डर इन द साउथ ऐंड बियॉण्ड' नामक पाठ्यक्रम चुना था।

गायत्री चक्रवर्ती स्पिवाक ने इस वर्ष के प्रारम्भ में स्टुअर्ट हाल के निधन के समय कहा था कि हम धीरे-धीरे बौद्धिकों, कार्यकर्ताओं और विचारकों की एक पूरी पीढ़ी से महरूम होते जा रहे हैं। इक़बाल अहमद, एडवर्ड सईद, जॉक देरिदा के बाद इस सूची में अब नया नाम माया एंजेलो का भी जुड़ गया है। वे

अपने छात्रों, दोस्तों से हमेशा कहा करती थीं कि दरअसल आनंद बाँटने की चीज़ है, इसे जितना बाँटोगे वह तुम्हारे पास उतना ही बढ़ता जाएगा।'

जीवन से निरंतर युद्धरत रहीं माया अपनी मृत्यु में भी अप्रतिहत रहीं —

जब मैं एक बड़ी यहूदी बस्ती में मर जाऊँ तो
मुझे आकाश में न भेजें
तेंदुए जैसे चूहे, बिल्ली को खा रहे हैं
और जहाँ रविवार को ब्रंच में
जई के आटे का बकवास भोजन मिलता है
उपदेश देने वालो
कृपया मुझसे सोने की सड़कों
मुफ्त के दूध का वादा मत करो
मैंने चार साल की उम्र से दूध नहीं पिया है
और एक बार मर जाने के बाद मुझे स्वर्ण की
ज़रूरत नहीं पड़ेगी
मैं उस जगह का आह्वान करती हूँ जहाँ शुद्ध स्वर्ग है
जहाँ वफ़ादार परिवार हैं
जहाँ अच्छे अजनबी हैं
जहाँ जैज़ संगीत है
और जहाँ मौसम नम है
मुझे ऐसा वचन दो
या कुछ भी न दो।

(धर्माधिकारी)

(पहली कविता छोड़ कर इस लेख में उद्धृत
माया एंजेलो की बाक़ी सभी कविताओं का अनुवाद *विपिन चौधरी* द्वारा)

जोशुआ ए. फ़िशमैन

भाषा के आईने में संसार

नरेश गोस्वामी

आमतौर पर भाषा-अध्ययन साहित्य का उप-क्षेत्र माना जाता रहा है। बीसवीं सदी के उत्तरार्ध में यह धारणा बदलने और भाषा के समाजशास्त्र जैसे स्वतंत्र अनुशासन की स्थापना करने का श्रेय अमेरिकी विद्वान जोशुआ ए. फ़िशमैन (1926-2015) को जाता है। फ़िशमैन ने सामाजिक भाषाशास्त्र को समाज-विज्ञानों के दायरे में जगह दिलाई जिससे राष्ट्र, राष्ट्रीयता तथा जातीयता जैसी अवधारणाओं को नये आलोक में समझने का रास्ता खुला। फ़िशमैन बहुकृतिक विद्वान थे। उनके कृतित्व में सौ क़िताबें और एक हज़ार से ज़्यादा लेख दर्ज हैं। बहु लेखन अक्सर मौलिकता का क्षय कर देता है, लेकिन फ़िशमैन इसके अपवाद साबित हुए। द्विभाषिकता, बहुभाषिकता; द्विभाषिकता और अल्पसंख्यकों की शिक्षा; विचार और भाषा; भाषा-नीति और नियोजन; राष्ट्र और राष्ट्रीयता के निर्माण में भाषा की भूमिका; एवं जातीयता और भाषा के अंतर्संबंधों पर उनका चिंतन एक विलक्षण मौलिकता की गवाही देता है। जोशुआ की एक सिफ़त यह भी थी कि वे जीवनपर्यंत छात्रों और शोधकर्ताओं के लिए उपलब्ध रहे। भाषाई क्षेत्र में काम करने वाले नवागंतुक और स्थापित विद्वानों को किसी बारीक नुक्ते पर परामर्श देने और उनकी शंका दूर करने के लिए वे हमेशा तत्पर रहते थे। इस मायने में उनकी शख़्सियत अपनी दुनिया में डूबे रहने वाले एकांत-साधक विद्वानों से क़तई अलग थी।

परिधि के पैरोकार

फ़िशमैन विलुप्तप्राय : और अत्यंत अल्प समूहों की भाषाओं के प्रति ख़ास सरोकार रखते थे। विलुप्ति के कगार पर खड़ी भाषाओं और मातृ-भाषाओं के संरक्षण हेतु उन्होंने एक निर्देश पुस्तिका भी तैयार की थी जिसे भाषा के पुनरोद्धार, पुनर्नवीकरण और पुनर्निर्माण की दृष्टि से एक महत्त्वपूर्ण दस्तावेज़ माना जाता है। फ़िशमैन को इस क्षेत्र में काम करने के लिए 2004 में लिंग्वापैक्स पुरस्कार से सम्मानित किया गया था।

विलुप्ति के संकट में फँसी भाषाओं के जीर्णोद्धार का फ़ॉर्मूला तजवीज़ करते हुए फ़िशमैन ने अपनी पुस्तक *रिवर्सिंग द लैंग्वेज़ शिफ़्ट* में उन आठ प्रक्रियाओं की विशद् व्याख्या की जो ऐसी किसी भाषा को पुनर्जीवन प्रदान करने में मददगार हो सकती हैं। फ़िशमैन के इस अध्ययन में विलुप्त प्राय: भाषाओं के लक्षणों और उनके पुनरोद्धार कार्यक्रम का एक प्रायोगिक ब्योरा मिलता है। मसलन, फ़िशमैन विस्मरण और प्रचलन की दृष्टि से आठवीं अवस्था में पहुँच चुकी भाषा की पहचान एक ऐसी भाषा के रूप में करते हैं जिसे केवल उस समुदाय के वरिष्ठ सदस्य ही बोलते हों। इसके समानांतर फ़िशमैन यह भी बताते हैं कि अगर ऐसी किसी भाषा के प्रयोगकर्ताओं को किशोरों और नवयुवकों के साथ रखा जाए या अगर इस प्रकार के भाषा समुदाय के वरिष्ठ सदस्य यहाँ-वहाँ बिखरे हों तो भाषा-शिक्षण के मामले में उनकी सेवाएँ टेलिफ़ोन के ज़रिये भी ली जा सकती हैं। फ़िशमैन के मुताबिक़ इस अवस्था में फँसी भाषा का संकट सबसे गहरा होता है। ग़ौर से देखें तो भाषा के विलोपन और पुनरोद्धार का यह फ़ॉर्मूला एक पैमाने की तरह है जिसमें जो भाषा प्रारम्भिक बिंदु (भाषा-समुदाय और सरकार के स्तर पर इस्तेमाल की अवस्था और परिस्थिति आदि) से जितना दूर होती है उसका संकट उतना ही गहरा होता है। इस विश्लेषण के अनुसार ऐन प्रारम्भिक बिंदु पर खड़ी भाषा का संकट, यानी एक ऐसी भाषा जिसका सरकार के ऊँचे स्तरों तथा उच्च शिक्षा में प्रयोग किया जाता है, जल्दी दूर किया जा सकता है।

फ़िशमैन अल्पसंख्यक भाषाओं के इस विमर्श को पश्चिमी लोकतंत्र की अंतर्निहित समस्या से जोड़ कर देखते थे। उनका कहना था कि पश्चिम के

लोकतंत्र में वैयक्तिक अधिकारों पर ज़ोर देने के कारण अल्पसंख्यकों के सामूहिक अधिकारों का प्रश्न पीछे छूट जाता है। उनके अनुसार मुख्यधारा के समाज के नैतिक ताने-बाने के लिए अल्पसंख्यकों के सांस्कृतिक अधिकारों की अनदेखी करना नागरिक अधिकारों की अवमानना करने जितना ही ख़तरनाक है। वे इसीलिए इस बात पर ज़ोर देते हैं कि सांस्कृतिक लोकतंत्र को आम लोकतंत्र के एक आवश्यक घटक के रूप में देखा जाना चाहिए। और अल्पसंख्यक भाषाओं के संरक्षण और पुनरोद्धार को लोकतंत्र के सामाजिक कार्यक्रम में आवश्यक जगह मिलनी चाहिए।

फ़िशमैन के लिए भाषा का समाजशास्त्र व्यापक सरोकारों का क्षेत्र था। सातवें दशक के दौरान जब उन्होंने *कंट्रीब्यूशंस टू द सोसियोलॉजी ऑफ़ लैंग्वेज़* का सम्पादन सँभाला तो उसमें जल्दी ही इण्डोनेशिया, मलेशिया, अल्बानिया और न्यू गिनी जैसे देशों की भाषाओं के अध्ययन पर ध्यान दिया जाने लगा। इसी तरह *द इंटरनैशनल जर्नल ऑफ़ द सोसियोलॉजी ऑफ़ लैंग्वेज़* की सम्पादकीय ज़िम्मेदारी ग्रहण करते समय फ़िशमैन ने तय किया कि यह जर्नल सामाजिक भाषाशास्त्र के सँकरे दायरे के बजाय अंतर-अनुशासनीयता, अंतर्राष्ट्रीयता, बृहत् दृष्टिकोण तथा देशज व अल्पसंख्यक भाषाई समुदायों को तरजीह देगा।

डायग्लॉसिया का अध्ययन

फ़िशमैन ने बहुभाषिकता के क्षेत्र में डायग्लॉसिया (एक भाषा के दो रूपों के बीच की ऊँच-नीच और दो भाषाओं के बीच की पदानुक्रमता) की अवधारणा का विशद् विश्लेषण किया। फ़िशमैन से पहले फ़र्ग्युसन ने समाज में धर्म, शिक्षा तथा अन्य क्षेत्रों में एक उच्च स्तरीय भाषा का प्रयोग करने तथा घर और कामकाज की छोटी जगहों पर एक निम्नस्तरीय भाषा का इस्तेमाल किये जाने की भाषिक प्रवृत्ति का सूत्रीकरण डायग्लॉसिया के रूप में किया था। फ़िशमैन ने इस अवधारणा को राष्ट्र और समाज के बृहत् स्तर पर ले जाकर यह दिखाया कि द्विभाषिकता का सामाजिक पैटर्न एक परिघटना के तौर पर तभी स्थिर रह सकता है जब दोनों भाषाओं के बीच व्यावहारिक विभेदन की स्थिति मौज़ूद

हो। इस संबंध में उन्होंने यह भी प्रतिपादित किया कि अगर दोनों भाषाओं की भूमिकाओं के बीच पृथक् लेकिन एक सीमा तक परिपूरक मूल्यों, गतिविधि के क्षेत्र तथा रोज़मर्रा की स्थितियों का अंतर नहीं रखा जाता तो भूमिका और मूल्यगत भिन्नताओं में गड्डमड्ड के कारण एक भाषा दूसरी को प्रतिस्थापित करने लगती है।

इस सूत्रीकरण में उन्होंने दोनों भाषाओं के बीच विद्यमान व्यावहारिक पृथकता को विशेष महत्त्व दिया। इसके आधार में उनकी यह मान्यता थी कि अगर किसी समाज में दोनों भाषाओं का अस्तित्व पूरी तरह संतुलित हो जाए, यानी अगर समाज अपने सभी कार्यों और क्षेत्रों में दोनों भाषाओं का समान रूप से इस्तेमाल करने लगे तो उसकी यह द्विभाषिकता जल्द ही ख़त्म हो जाएगी। उनका यह सूत्रीकरण इस धारणा की भित्ति पर खड़ा था कि कोई भी समाज एक ही क़िस्म के कार्यों या प्रकार्यों के लिए दो भाषाओं का प्रयोग नहीं करता। अंततः डायग्लॉसिया के इस विमर्श में फ़िशमैन इस निष्कर्ष पर पहुँचे कि डायग्लॉसिया और द्विभाषिकता दो भिन्न प्रकार की स्थितियाँ हैं : द्विभाषिकता व्यक्ति की दो भाषाओं को साध लेने की प्रवीणता की ओर इशारा करती है, जबकि डायग्लॉसिया की स्थिति यह इंगित करती है कि किसी समुदाय में व्यवहृत भाषाओं के हिस्से में किस प्रकार के सामाजिक प्रकार्य आते हैं।

द्विभाषिकता और डायग्लॉसिया के अंतर्संबंधों की पड़ताल करते हुए फ़िशमैन ने चार ऐसी सम्भावित स्थितियों पर विचार किया जहाँ (1) डायग्लॉसिया और द्विभाषिकता की स्थिति एक साथ मौज़ूद हो सकती है, (2) द्विभाषिकता के बग़ैर भी डायग्लॉसिया की स्थिति सम्भव हो सकती है, (3) इसी तरह डायग्लॉसिया के बग़ैर भी द्विभाषिकता विद्यमान हो सकती है, और (4) भाषाई लोक में एक ऐसी स्थिति भी सम्भव हो सकती है जहाँ न डायग्लोसिया विद्यमान हो और न ही द्विभाषिकता।

फ़िशमैन को डायग्लॉसिया और द्विभाषिकता की सह-उपस्थिति सबसे ज़्यादा सकारात्मक लगती थी, क्योंकि इसमें भाषिक समुदाय घरेलू स्थितियों के लिए एक भाषा का इस्तेमाल करता है, और शैक्षिक, धार्मिक और सरकारी कामकाज आदि के लिए दूसरी भाषा का प्रयोग करता है। और दोनों भाषाओं

की भूमिकाओं के बीच एक तरह की पृथकता बनी रहती है। उन्होंने दिखाया कि द्विभाषिकता से रिक्त डायग्लॉसिया आर्थिक रूप से अविकसित तथा अपेक्षाकृत ठहरे हुए समाजों का लक्षण होता है। ऐसे समाज में अभिजन और साधारण जनता की भाषा अलग-अलग होती है। ग़ौर करें तो एक समय अफ़्रीका के बहुत से उपनिवेशों को इसी प्रकार की श्रेणी में रखा जा सकता था। डायग्लॉसिया से मुक्त द्विभाषी समुदायों का विश्लेषण करते हुए फ़िशमैन ने बताया कि ऐसे समुदाय सामाजिक अस्थिरता और तीव्र परिवर्तन के दौर से गुज़र रहे होते हैं। उनके अनुसार प्रवासी और शरणार्थी समुदाय के भाषाई संसार में यही स्थिति सर्वप्रमुख होती है।

फ़िशमैन बुनियादी तौर पर सांस्कृतिक बहुलता के पक्षधर थे। वे किसी भी संस्कृति के मौलिक तत्त्वों के संरक्षण को लेकर फ़िक्रमंद रहते थे। उनका मानना था कि अपनी सीमाओं का नियंत्रण न कर सकने वाली संस्कृति एक प्रकार के सांस्कृतिक 'एड्स' से ग्रस्त हो जाती है। लिहाज़ा किसी भी संस्कृति को अपने लिए एक ऐसी सीमा-रेखा ज़रूर तय करनी चाहिए जिसका अतिक्रमण न किया जा सके। अपनी इस समझ को अंग्रेज़ी और डच भाषाओं के संदर्भ में व्याख्यायित करते हुए उन्होंने कहा था कि यह अपनी संस्कृति की सीमाओं को अक्षुण्ण रखने का ही परिणाम है कि अंग्रेज़ी को एक वांछनीय हुनर माने जाने के बावजूद डचों को अपनी जातीय संस्कृति की सदस्यता ग्रहण करने के लिए अंग्रेज़ी की ज़रूरत नहीं पड़ती। और, यही वजह है कि बृहत्तर डच समाज में अंग्रेज़ी कभी भीतरी भाषा नहीं बन सकती।

राष्ट्रवाद और राष्ट्रता

उन्होंने 1996 में प्रकाशित अपनी पुस्तक इन *प्रेज़ ऑफ़ द बिलव्ड लैंग्वेज़ : अ कम्पेरेटिव व्यू ऑफ़ पॉजिटिव एथनॉ-लिंग्विस्टिक कांशसनेस* में जातीयता और भाषा के अंतर्संबंधों की व्यापक पड़ताल करते हुए जातीयता को जनगण मन (पीपुलनैस) की आनुभविक पूर्णता और ऐतिहासिक रूप से प्रामाणिकता के दावे पर टिकी एक गहरी सांस्कृतिक सामूहिकता का पर्याय तथा भाषा को अंतरतम में महसूस की जाने वाली और स्वाभिमान, आदर, प्रेम और समर्पण

की चीज़ कहा था। इस पुस्तक में फ़िशमैन ने भाषा को मनुष्य के जातीय-सांस्कृतिक व्यवहार का सूचक और प्रतीक बताते हुए कहा था कि भाषा और जातीयता का आपसी संबंध एकायामी नहीं होता। उनका कहना था कि जिस तरह किसी समूह की आंतरिक शिकायतों से उस समूह की जातीय पहचान पुख़्ता होती है उसी तरह उस पहचान से जुड़ी भाषा भी नयी सामर्थ्य ग्रहण करती है। इस तरह जब किसी जातीयता से जुड़ी भाषा के इस्तेमाल पर बंदिशें लगाई जाती हैं या उसका अपमान किया जाता है तो इस बात की सम्भावना बढ़ जाती है कि उक्त भाषा से जुड़े लोग उसका ज़्यादा इस्तेमाल करने लगें।

फ़िशमैन का मानना था कि देर से उभरने वाली या परिधि की भाषाएँ उन लोगों की नींद में ख़लल डालती रहेंगी जो केवल अपनी भाषा की हिफ़ाज़त करके संतुष्ट हो जाना चाहते हैं। उनका कहना था कि इस प्रकार का संकट द्विभाषिकता के परस्परपूरक मॉडल के बूते ही हल किया जा सकता है।

जैसा कि हमने पीछे कहा, फ़िशमैन के लिए भाषा कोई इकहरी या एकल इयत्ता न होकर सामाजिक-राजनीतिक प्रक्रियाओं के विभिन्न तत्त्वों—राष्ट्रवाद, राष्ट्रीयता, जातीयता, अस्मिता और सत्ता के सूत्र-संरचनाओं को समझने का साधन थी। राष्ट्रीयता और राष्ट्रवाद तथा भाषा के कारणिक संबंधों पर फ़िशमैन का काम अनूठा माना जाता है। मसलन, फ़िशमैन शायद पहले समाज-वैज्ञानिक थे जिन्होंने राष्ट्रवाद (नैशनलिज़म) और राष्ट्रता (नेशनिज़म) के बीच अंतर करके देखा। उन्होंने अपनी किताब *लैंग्वेज़ ऐंड नैशनलिज़म* में राष्ट्रीयता, राष्ट्र तथा राष्ट्रता पर विचार करते हुए राष्ट्रीयता को एक ऐसी सामाजिक-सांस्कृतिक इकाई के रूप में परिभाषित किया जो स्थानीय आत्म-धारणाओं, सरोकारों और एकजुटता के जुड़ावों से परे जाकर विकसित होती है। राष्ट्रीयता के लिए स्वायत्त इलाक़े की अर्हता अनिवार्य नहीं होती, जबकि राष्ट्र एक ऐसा राजनीतिक-इलाक़ाई एकक होता है जो किसी ख़ास राष्ट्रीयता के नियंत्रण में काम करता है। फ़िशमैन ने राष्ट्रवाद को राष्ट्रता से अलग करते हुए दिखाया कि राष्ट्रवाद राष्ट्रीयताओं के जातीय-सांस्कृतिक स्व-हितों पर आधारित धारणाओं, मूल्यों और व्यवहार का पुंज तथा एक ज़्यादा समावेशी ढाँचा होता है जबकि राष्ट्रता राजनीतिक रूप से स्वतंत्र भौगोलिकता के अर्जन

और संरक्षण से जुड़े व्यवहार, विश्वास और मूल्यों के समुच्चय की ओर इंगित करती है। फ़िशमैन ने इस भिन्नता को और स्पष्ट करते हुए बताया कि राष्ट्रता राष्ट्रवाद से इस मायने में अलग होती है कि वह जातीय प्रामाणिकता के बजाय कार्यविधिक दक्षता पर ज़्यादा ज़ोर देती है। राष्ट्रवाद और भाषा के संबंध पर उनकी यह टिप्पणी क़ाबिले-ग़ौर है कि राष्ट्रवाद अक्सर गौरवशाली अतीत तथा प्रामाणिकता का दावा करने के लिए भाषा का उपयोग करता है। उसका यह दावा जब प्रत्यक्ष रूप में आता है तो वह मातृभाषा को आत्मा का अंग बताता है और जब यह दावा अप्रत्यक्ष होता है तो वह मौखिक और लिखित छवियों का सहारा लेता है।

बहरहाल, जोशुआ फ़िशमैन का कृतित्व परिधि को केंद्र में स्थापित करने के उद्देश्य से प्रेरित था। परिधि के प्रति अपने इस आकर्षण की व्याख्या करते हुए उन्होंने एक बार कहा था कि परिधि एक ज़्यादा खुली जगह होती है। वह चीज़ों को साफ़ नज़र से देखने की सहूलियत देती है। उसकी सबसे बड़ी बात यह होती है कि वह चीज़ों को ज्यों का त्यों नहीं ग्रहण करती। परिधि पर होने के मतलब महत्त्वहीन होना नहीं होता। दरअसल, अल्पसंख्यक और संकटग्रस्त भाषाओं के प्रति जोशुआ का यह सरोकार परिधि और हाशिये को प्रतिष्ठित करने का ही प्रयास था।

महाश्वेता देवी

सतत विद्रोह : साझा नायकत्व

रश्मि रावत

बहुमुखी साहित्यिक प्रतिभा की धनी महाश्वेता देवी (14 जनवरी, 1926-28 जुलाई, 2016) एक महान रचनाकार होने के साथ-साथ अपने जनोन्मुख सरोकारों और सक्रियता के लिए भी जानी जाती थीं। उनके जीवन और लेखन में कहीं कोई फाँक नहीं थी। दोनों ने सदैव एक-दूसरे को पुष्ट किया, इसीलिए दोनों को मिला कर ही महाश्वेता देवी को जाना जा सकता है। चूँकि लेखन के साथ उनका किरदार सामाजिक कार्यकर्ता का भी है, इसलिए वे कल्पना के इंद्रधनुष नहीं बनातीं, बल्कि ठोस तथ्यों की सामग्री से अपनी कथा की दुनिया रचती हैं। उनके मानवीय सरोकार उन्हें यथार्थ के जाने-अनजाने लोक, इतिहास और साहित्य के नेपथ्य में ले जाते हैं, उस नेपथ्य में जहाँ बुनियादी जीवनाधिकारों के लिए भी लोगों को अनंत संघर्ष करना पड़ रहा है। उस जीवन के भीतर उतरने पर महाश्वेता की लेखकीय संवेदना जीवन-जगत की ऐसी धूप-छाँही रंगतों से सामना कराती है जिसके बिना भारतीय समय का पट बुना ही नहीं जा सकता। आदिवासी जीवन और विद्रोह की विषय-वस्तुओं पर आधारित महाश्वेता के उपन्यासों में न नायक का अंत होता है और न विद्रोह का। नायकत्व भी यहाँ बहुवचन में आता है। सामुदायिक, साझा, स्वस्थ जीवन में समावेशन का तत्त्व इतना प्रभावी हो जाता है कि कोई भी चीज़ नितांत व्यक्तिगत नहीं रह जाती। यहाँ नायकत्व में सबकी सहभागिता है। चूँकि

आदिवासी जीवन में सम्पत्ति के संरक्षण की जीवन-शैली नहीं है, इसलिए कोई भी अधिकार को बंद मुट्ठी में पकड़े नहीं रखता और आगे बढ़ा देता है। नायक के गौरव और दायित्व की मशाल एक हाथ से दूसरे हाथ में जाती रहती है। यद्यपि वे लिखे हुए शब्द की रचनाकार हैं, पर उनकी सीमाओं में वाचिकता की प्रभावी उपस्थिति है। वाचिकता की ही तरह उनके साहित्य में लचक, जीवंतता और कालानुसरण की प्रवृत्ति अधिक है, रूढ़ होने या जड़ होने की कम।

साहित्य और ज्ञानार्जन के संस्कार महाश्वेता में बालपन में ही पड़ चुके थे। दादी, माँ, नानी से अच्छी किताबें पढ़ने का चस्का लग ही चुका था। पिता मनीष घटक प्रसिद्ध लेखक, बड़े मामा शंखो चौधुरी सुप्रसिद्ध मूर्तिकार, चाचा ऋत्विक घटक सुप्रसिद्ध फ़िल्मकार, छोटे मामा अर्थशास्त्री सचिन चौधुरी (*इकनॉमिक ऐंड पॉलिटिकल वीकली* के संस्थापक) थे। 1947 में प्रसिद्ध रंगकर्मी विजन भट्टाचार्य से विवाह हुआ। पति के कम्युनिस्ट होने के कारण नौकरी में मुश्किलें भी आयीं। वैसे भी वह समय कम्युनिस्टों के लिए मुश्किल भरा था। इसी माहौल में उन्हें विचारधारा को क़रीब से जानने-समझने का भी सुयोग हुआ।

इतिहास की खोज में उनकी शुरू से रुचि थी। अनुभवों के साथ जाना कि छपी हुई पंक्तियों के बीच की सफ़ेद जगह में लोकवृत्त का इतिहास दर्ज होता है। देश-काल के पृष्ठों से अनसुने इतिहास और ग्रंथों में अनछपे इतिहास की खोज उन्हें भारतीय जन-जीवन के अस्थि-मज्जा से ढके हृदय के पास ले गयी। उन्होंने पश्चिम बंगाल, ओडीशा और झारखण्ड के आदिवासियों को नज़दीक से देखा और उस जीवन के संघर्ष, पीड़ा, विडम्बना को अभिव्यक्ति भी दी और सक्रिय रूप से भी संघर्षों में उनका साथ दिया। आदिवासी एवं अन्य शोषित समुदायों के अधिकारों के लिए कई महत्त्वपूर्ण काम किये। उत्तर और दक्षिण के आदिवासियों को साथ लाने के लिए भी वे प्रयासरत रहीं। शबर मेला लगाकर शबरों को आत्मनिर्भर बनाने का प्रयास किया। उन्हें शबरों की माँ कहा जाता था। मुण्डा, संथाल, भूमिज, लोधाशबर, ख़ेड़िया शबर आदिवासी समाज-कल्याण संगठन के अलावा वे कुछ समितियों और यूनियनों में भी सक्रिय रूप से काम कर रही थीं। मसलन, जाति-धर्म-निरपेक्ष ग्रामाधार कल्याण समिति, दलित जनकल्याण समिति, पालामाऊ ज़िला भूमिदास मुक्तिमोर्चा, ख़ेड़िया

शबर कल्याण समिति, ईंट भट्ठा श्रमिक यूनियन आदि। इतने मोर्चों पर सक्रिय लेखक दुर्लभ हैं। उनका मानना है कि काम ख़ूब करना चाहिए और मनुष्य की सेवा ही काम करने की ताक़त बनती है। यही वह जीवट है जिसकी वजह से वे अतुलनीय काम कर पाईं। इस निरंतर सकर्मकता से उनके लेखन में अनूठापन आया। उनसे पूर्व यह भंगिमा साहित्य में नहीं थी।

आधुनिक भारत के उस इतिहास को उन्होंने अपनी रचनाओं में जीवंत किया, जिसकी तरफ़ साहित्यकारों का कम ध्यान गया है। ऐतिहासिक संघर्षों की प्रामाणिक गाथा लिखने के लिए उन्होंने देश के उत्पीड़ित, वंचित समुदायों, आदिवासी समाज के बीच काफ़ी समय बिताया। वे मानती थीं कि धधकते वर्ग-संघर्ष को अनदेखा करने और इतिहास के इस संधिकाल में शोषितों का पक्ष न लेने वाले लेखकों को इतिहास कभी माफ़ नहीं करेगा। न केवल उन्होंने इसे अपने साहित्य की विषयवस्तु बनाया, बल्कि उस संघर्ष में भी हरदम वंचितों के साथ खड़ी हुईं। सिंगूर और नंदीग्राम के मुद्दे पर जब उन्होंने किसानों के आंदोलन में भागीदारी की तब उनकी उम्र काफ़ी हो चुकी थी, पर मनुष्य के प्रति करुणावान होने के कारण वे अपना बुढ़ापा झाड़ कर अंतिम समय तक कर्मरत रहीं। अत्याचार के विरुद्ध उनके भीतर इस क़दर जज़्बा था कि दुनिया के जिस कोने में अत्याचार देखतीं, प्रतिकार करतीं। वे जिन लोगों के लिए लिखती थीं, वे भारत के हर अँचल में हैं और रूप बदल कर दुनिया भर में फैले हुए हैं। इसलिए उनके लेखन की विषय-वस्तु क्षेत्र-विशेष तक सीमित होने पर भी उसकी व्याप्ति राष्ट्रीय-अंतर्राष्ट्रीय स्तर तक है। संवेदनशील व्यवस्था और एक समतावादी शोषणविहीन समाज का निर्माण ही उनके लेखन की प्रेरणा रही।

उनके पहले तीन उपन्यास *झाँसी की रानी* (1956), *नटी* (1957) और *जली थी अग्निशिखा* 1857 के स्वतंत्रता-संग्राम की पृष्ठभूमि पर थे। *झाँसी की रानी* इतिहास-लेखन की बनी-बनाई लीक पर चल कर प्रामाणिक दस्तावेज़ों के आधार पर लिखा गया। तथ्य-संकलन के लिए झाँसी, बुंदेलखण्ड, सागर, जबलपुर, पूना, इंदौर, ललितपुर, झाँसी, ग्वालियर, कालपी में की गयी यात्राओं के दौरान महाश्वेता ने लोक से साक्षात्कार किया। उस लोक से, जो इतिहास में तो दर्ज नहीं है, पर जहाँ व्यतीत की आत्मा बसती है। उन्होंने लक्ष्मीबाई पर ही

दोबारा लेखनी चलाई और अपनी वास्तविक डगर पहचान ली— वह डगर जहाँ भारत के प्राण बसते हैं। *जली थी अग्निशिखा* में उन्होंने स्मृति में गुँथे हुए इतिहास को खोज निकाला। इस रचना में लोक-स्मृति प्रतिरोध के हथियार के रूप में प्रयुक्त हो कर अस्मिता-निर्माण का औज़ार बनती दिखाई देती है। अंग्रेज़ और उसके सेनापति ह्यूरोज़ एक आदिम देश की एक स्त्री लक्ष्मीबाई से आक्रांत होते दिखते हैं, जो अब रानी नहीं रह गयी है। यहाँ लोक-मुहावरे और देशज शब्दों के प्रयोग से वह देश-काल जीवंत हो उठता है। रानी की अग्नि-ज्वाला के, निर्भयता के क़िस्से हवाओं में सुने जा सकते हैं। ह्यूरोज़ के मानसिक द्वंद्व के माध्यम से पश्चिमी मानस में पूर्व की छवि बदलते हुए दिखाई गयी है। विद्रोह में जन-सामान्य की भागीदारी और लोक में घटनाओं और नायकों का अभिग्रहण भी उपन्यास में आता है। लोक-विश्वास है कि रानी अभी भी वहाँ आती हैं। विद्रोह के नायकों के अस्तित्व की निरंतरता का बोध और नायकत्व का एक अनूठा रूप, जो भद्रलोक के नायक की अवधारणा में नहीं मिलता, महाश्वेता की अन्य कृतियों में अलग-अलग रूपों में आया है। इस कृति में प्राच्य-पश्चिम के इतिहास बोध का तनाव है। आदिवासी, जनजातीय समाज की विषयवस्तु आधारित कृतियों में अभिजन-सबाल्टर्न के तनाव से इतिहास आकार लेता दिखता है।

जंगल के दावेदार महाश्वेता का एक ऐसा उपन्यास है जिसके लिए उन्हें साहित्य अकादेमी पुरस्कार मिला। इसकी रचना आपातकाल के दिनों में हुई थी। इसलिए इसमें तत्कालीन राष्ट्रीय, सामाजिक परिस्थितियों की भी कौंध है। मुख्य विषयवस्तु है मुण्डा समुदाय के जीवन-संघर्षों, पीड़ाओं, आकाक्षांओं, गौरव बोध को जीवंत करना। सपने देखने की क्षमता से उन्हें लैस करना। इस उपन्यास के नायक बिरसा मुण्डा ने सामंतवाद-साम्राज्यवाद के विरुद्ध संघर्ष किया था। 1899-1900 के उलगुलान विद्रोह के नेता बिरसा 26 वर्ष की उम्र में ब्रिटिश हुकूमत के कुटिल अभियान में मारे जाते हैं, किंतु अपने समुदाय के मानस में, उनकी मास-मज्जा में जीवित रहते हैं, उनकी आँखों में आज़ादी का सपना और आत्मगौरव की चमक छोड़ जाते हैं।

इसके आगे की कहानी महाश्वेता की एक और महान *कृति चोट्टि मुण्डा* और *उसका तीर* में पढ़ी जा सकती है। उपन्यास के नायक चोट्टि मुण्डा का जन्म

वर्ष वही है जिसमें बिरसा मुण्डा मारा जाता है। बिरसा ने ही मानो ख़ुद को चोट्टि के भीतर रोप दिया हो। चोट्टि उस क्षेत्र की जीवन-रेखा नदी का नाम है और क्षेत्र का भी। उस क्षेत्र में क़िस्से-कहानी, गीत-गाथाएँ कैसे बनती हैं, मिथक कैसे गढ़े और बरते जाते हैं— महाश्वेता इस उपन्यास में बताती-सुनाती हैं। यही है इस रचना की शैली। वे चोट्टि को जीती-जागती किंवदंती बना देती हैं। इस रचना की एक बड़ी ख़ूबी यही है कि पढ़ते समय रचनाकार याद ही नहीं आता। चोट्टि जो भी करता है वही क़िस्सा बन जाता है और लोग अपने भाव डाल कर उस पर गाना बना कर गाते-बजाते रहते हैं। लगता है लेखिका भी मुण्डाओं के बीच बैठ कर चोट्टि के जीवन की वास्तविक घटनाओं के क़िस्से बना कर सुन और सुना रही है। चोट्टि के क़िस्सा बनने के पीछे भी एक क़िस्सा (सत्य) है। किशोरावस्था के चोट्टि की मुलाक़ात 81 वर्ष के धानी मुण्डा से होती है, जो बिरसा मुण्डा के विद्रोह में शामिल था। प्रशासन ने उस पर एक इलाक़े से बाहर जाने की पाबंदी लगा रखी है। साथ ही उसे तीर चलाने की भी मनाही है। लेकिन, वह तीर चलाने की कला के साथ-साथ बिरसा के साहस और बलिदान की गाथाएँ सुना कर इतिहास के उस अग्निबीज को चोट्टि के मानस में बो देता है। उनकी जानकारी में महाभारत तीरों का युद्ध था और हिंदुओं के देवी-देवताओं ने मुण्डाओं से ही तीर चलाना सीखा था। जंगल के अँधेरे को, उसके रोम-रोम को महसूसना, देखना धानी चोट्टि को सिखा जाता है। जंगल उन लोगों के साथ हँसता है, रोता है, उनके जीवन का आंतरिक हिस्सा है। महाश्वेता के जंगल और प्रकृति के वर्णन बेहद लुभावने एवं सजीव हैं। सम्भवत: यह रवींद्रनाथ ठाकुर और हजारी प्रसाद द्विवेदी जैसे अनेक उत्कृष्ट सौंदर्यबोध वाली हस्तियों के सान्निध्य में शांतिनिकेतन की आनंदधारा में बिताए गये दिनों का प्रभाव है कि प्रकृति के साथ महाश्वेता का अटूट रिश्ता क़ायम हो जाता है।

तीर चलाने की कला से मेले में हर बार जीतना चोट्टि के गाँव और उसके भीतर आत्मविश्वास और दायित्व का क्रमश: विकास करता जाता है। महाजन, गौरमैंन (गवर्नमेंट), दिकू (बाहर के लोग), ठेकेदार सबके हाथों शोषण में पिसती जा रही एकरस ज़िंदगी में यह घटना हलचल पैदा करती है। मेले की प्रतियोगिता में पैसे जीतने से घर की अर्थव्यवस्था में परिवर्तन आता है और धीरे-धीरे यह

कला गाँव में, उससे बाहर फैलती चली जाती है। प्रशासन और महाजन उनके किसी भी तरह की प्राप्ति या सशक्तीकरण को संदेह की नज़र से देखते हैं। सच्चे, स्वाभिमानी, कर्मठ, ईमानदार, चरित्रवान, स्वस्थ, शांत प्रकृति के उन लोगों के इस कौशल में भी शासक वर्ग बाधा डालना चाहता है, किंतु फिर भी सब काम गोपनीयता से हो जाते हैं। आख़िरकार सब मिलकर रहते हैं। सामूहिकता का बोध इतना मज़बूत है कि मानो सब एक डोर से बँधे हों। सब जानते हैं कि उनके अलावा उनका कोई नहीं है। इसलिए वे समुदाय को एक शरीर मानते हैं। एक का सुख-दुख सबका सुख-दुख बन जाता है।

समाज स्मृति के माध्यम से मिथक और प्रतीक कैसे गढ़ता है और वह किस तरह प्रतिरोध का हथियार बनता है— इन कृतियों में देखा जा सकता है। सभी मुण्डा लोग अपनी ऊर्जा, अपने विश्वास, अपनी शक्तियों का चोट्टि में निवेश करते जाते हैं। उसका निरंतर अभ्यास, जन-विश्वास उसे सचमुच नायकत्व से भरता जाता है। उसकी चेतना उन्नत होती जाती है। केंद्र से छिटकी इन सुदूर जगहों पर थानेदार, दरोगा ही गौरमेंट है। महाजन, गौरमेंट, ठेकेदार के हित किस तरह जुड़े हुए हैं और किस तरह ये सब मिलकर शोषण का कुचक्र बनाते हैं— इसे चोट्टि समझने लगता है कि जल, जंगल, ज़मीन से इनका अधिकार ख़त्म होता रहा है। नयी व्यवस्था के साथ आये मजूरी के नये तरीक़ों से भी इनकी स्थिति नहीं सुधर सकती। प्रशासन इन्हें महज़ परिगणना बना कर रखने में ही अपनी भलाई देखता है। न इन्हें अधिकार मिलेंगे, न पहचान। प्रशासन इन निर्दोष लोगों को मारे तो हिंसा नहीं है, पर ये लोग तीर भी उठा लें तो हिंसा है। ये दोहरापन इन लोगों को समझ आने लगता है। नियम बन जाने पर भी न न्यूनतम वेतन मिलता है, और न बेगार से छुटकारा मिलता है।

हिंसक, क्रूर, पाशविक, चरित्रहीन छुटभैये नेता रोमियो और पहलवान जब स्थानीय लोगों का जीवन असम्भव बना देते हैं, उनकी लड़कियों की इज़्ज़त पर हाथ डालते हैं तो पहले पूरी कोशिश होती है कि प्रशासन और क़ानून मदद करे। पर व्यवस्था जब उन्हें इन बंदूक़धारी हिंसक लोगों के हवाले कर देती है तो चोट्टि अँचल के नवयुवक गोपनीय तरीक़े से तीर चला कर उनकी हत्या कर देते हैं। मेले के अवसर पर भरी भीड़ में पुलिस बल के सामने चोट्टि हत्या का

झूठा (उन चार नवयुवकों में भी चोट्टि था और चोट्टि के भीतर वे : मुण्डा झूठ नहीं बोलता) इल्ज़ाम अपने ऊपर ले कर एक तरह से किंवदंती, नदी, अनीश्वर में घुल-मिल जाता है। अब चारों तरफ़ सावधान रहने की मुद्रा में हज़ारों हाथों में उठे हुए धनुष हैं। अब चोट्टि इनके भीतर होगा और मशाल यूँ ही जलती रहेगी।

जो निशाना अर्जुन ने बेधा था, 78 साल की उम्र में वैसे ही मछली की आँख बेधता है चोट्टि मुण्डा। *महाभारत* के कई प्रसंगों का अर्थग्रहण मुण्डा लोग अलग तरह से करते हैं। उन्हें मिथकीय चेतना से ऊर्जा मिलती है। महाश्वेता देवी के आदिवासी लेखन के काफ़ी बाद में सबाल्टर्न-दृष्टि से इतिहास के पुनर्लेखन का विचार उभरा। इस इतिहास-लेखन में अस्मिता-बोध के निर्माण की प्रक्रियाएँ, स्मृति, प्रतीक, मिथक, पर्व-त्योहार जैसे जिन उपादानों की चर्चा सिद्धांतकारों ने की है, उनकी दृष्टि से इन उपन्यासों का अध्ययन काफ़ी महत्त्वपूर्ण है।

देश-काल के साथ वाचक का यह चयनबोध कि किसके परिप्रेक्ष्य से घटना को देखा जाना चाहिए— इतना महत्त्वपूर्ण है कि रचनाएँ सामाजिक, ऐतिहासिक दृष्टि से उल्लेखनीय होने के साथ ही साहित्यिक दृष्टि से भी उत्कृष्ट हो जाती हैं। लगभग पूरा उपन्यास पात्रों के ही परिप्रेक्ष्य से लिखा गया है। वाचक बीच में विरले ही कहीं आता है। कथा में पहाड़ी नदी जैसा वेग है। अँचल विशेष के शब्द और मुहावरे प्रयोग कर उनकी दृष्टि से यथार्थ को देखा-परखा गया है। पात्रों के साथ इतना आत्मीय संस्पर्श उस जीवन में घुल-मिल कर ही सम्भव हो सकता है। अशिक्षित, भोले, जानी-पहचानी सभ्यता से नितांत भिन्न संस्कृति में जीने वाले बाशिंदों की नज़र से वास्तविकता को देख कर भी शोषण के चक्र को परत दर परत खोल पाना, प्रतिरोध की चेतना जाग्रत करना दुर्लभ कृत्य है, जो इन कृतियों में सम्भव हो पाता है। आदिवासी संस्कृति तथाकथित सभ्य लोगों की संस्कृति से बहुत अलग है। जीवन-जगत के प्रति एक स्वस्थ, सर्वसमावेशी दृष्टिकोण उसमें है। यदि सभ्यता उनके कुछ मूल्यों को अपना ले तो वर्तमान के कई संकटों, जैसे पर्यावरण की समस्या, का समाधान हो सकता है। भिन्न जीवन-पद्धति के कारण उनके कोण से यथार्थ देखने से जो संवाद बोले जाते हैं उससे उत्पन्न विरोधाभास से कभी तो अबोध भावों की मासूम पुलक मन विभोर करती है, तो कभी तीखा व्यंग्य उत्पन्न होता है। व्यंग्य के कौशल का इतना संतुलित और

सफल प्रयोग कम मिलता है। स्पष्ट पक्षधरता और मन में करुणा भाव होने से ही व्यंग्य वांछित असर छोड़ता है। छोटे-छोटे साफ़, पारदर्शी और प्रभावी वाक्य। भाषा में भावनाओं, विचारों किसी तरह के अतिरेक का कोई बोझ नहीं। आदिवासी जीवन जो लेखिका के प्राणों में बसता है, अनावश्यकता से मुक्त होना उसका महत्त्वपूर्ण गुण है। आदिवासी अपने हाथ कट जाने को भी ऐसी भाषा में बोलता है जैसे बाल उखड़ गया हो। ऐसी तटस्थ भाषा बांग्ला साहित्य में कम मिलती है। अपने समय से काफ़ी आगे का गद्य है महाश्वेता का।

महाश्वेता की रचनाशीलता जन-जीवन की उत्सवधर्मिता और गार्हस्थ्य प्रेम के उल्लास-भरे सजीव वर्णन से सम्पन्न है। कष्टमय जीवन होने पर भी उनके पात्रों के चेहरे पर अक्सर मुस्कान या संतोष का भाव रहता है। पति-पत्नी के बीच इतने सहज-स्वस्थ संबंध अन्यत्र कम दिखाई पड़ते हैं। दलित/स्त्री साहित्य शुरुआती दौर में प्रसन्नता, आमोद-प्रमोद के चित्रण से लगभग ख़ाली था। इस लेखन से उनके साथ हुए अन्याय और उनकी पीड़ा तो उजागर होती थी, पर ज़िंदगी के उजले, हँसते पलों की कोई छटा नहीं थी। महाश्वेता ने आदिवासी जीवन के कष्टों के तल में बसता वह अदम्य सोता खोज निकाला है जिसकी तरलता उनके जीवन को प्रतिकूलताओं के बीच जीने योग्य बनाए रखती है। उनकी रचनाओं में प्रेम और सौंदर्य के वर्णन कम होते हुए भी अत्यंत प्रभावी हैं। जंगल के वर्णन इतने सजीव हैं कि पढ़ते समय मन में पूरा बिम्ब बन जाता है। प्राकृतिक सौंदर्य के संस्कार से और ठोरा अनुभव से ही यह सम्भव है। बांग्ला की साहित्यिक-लेखकीय संस्कृति से छन कर ये ठोस अनुभव साकार होते हैं। महाश्वेता जी ताराशंकर बंद्योपाध्याय, विभूतिभूषण आदि बांग्ला लेखकों की परम्परा की लेखिका हैं। उनका उपन्यास *आरण्यक* उच्च काव्यात्मक महत्त्व की कृति है। बांग्ला संस्कृति के सकारात्मक तत्व अपने भीतर आत्मसात् करके वे उसका अतिक्रमण भी कर गयी हैं। समाज की ठोस सच्चाई, अनसुने इतिहास को सामने ला कर उन्होंने एक ऐतिहासिक दायित्व निभाया है।

गायत्री चक्रवर्ती स्पिवाक का कहना है कि सबाल्टर्न बोल नहीं सकता। अर्थात् आत्मरूप में उसका स्वर विशेषाधिकार-सम्पन्न द्वारा सुना नहीं जा सकता। लेकिन वे मानती हैं कि जो बोल नहीं सकता उसका बोलना सम्भव

करना ही उसके दमित होने का अंत है। इस दृष्टि से महाश्वेता की इन कृतियों में सबाल्टर्न की आवाज़ भले न सुनाई दे, किंतु समाज की गतिकी के अनुरूप बदलते सामाजिक-आर्थिक यथार्थ को इतनी कुशलता से इन कृतियों में उकेरा गया है कि इनसे उनके दमन का अंत करने वाली प्रक्रियाओं को समझा जा सकता है। *जंगल के दावेदार* पर महाश्वेता को जब साहित्य अकादेमी पुरस्कार मिला तो आदिवासियों ने ढोल बजा-बजा कर गाया कि हमें पुरस्कार मिला है। ऐसा सम्मान लेखक को मिलना दुर्लभ है।

अग्निगर्भ का संथाल किसान बसाई टुडू प्रशासन द्वारा बार-बार मारा जाता है, और बार-बार सक्रिय हो जाता है। खेत मज़दूरों को सरकार द्वारा निर्धारित न्यूनतम वेतन मिले, इसके लिए बसाई टुडू निरंतर संघर्षरत है। मानवीय, संवेदनशील बसाई को इस लक्ष्य को पाने की जो भी राह सूझती है उसी को वह साधन बनाता है। वह लकीर का फ़कीर नहीं है। जुझारू प्रवृत्ति का बसाई नये रास्ते गढ़ने का दम रखता है, किंतु प्रशासन नक्सलवादी मान कर उसका सफ़ाया करना चाहता है। प्रशासन बने बनाए खाँचों में सोचने का आदी होता है, नये विचारों की असुविधा वह लेना नहीं चाहता। बार-बार मुठभेड़ों में लोग मारे जाते हैं। उनमें से एक लाश बसाई की भी होती है, जिसकी कई विश्वसनीय लोगों से शिनाख़्त करवाई जाती है। लेकिन, उसकी सक्रियता की ख़बर फिर आने लगती है। मालिक लोगों और प्रशासन की नाक में दम किया हुआ है उसने। शोषण का जितना भयावह रूप *अग्निगर्भ* में दिखाई पड़ता है, जब तक वह बना रहेगा तब तक बसाई टुडू भी बना रहेगा। वह अग्नि से जन्म लेने वाला है। विद्रोह है तो बसाई है। नायकत्व का प्रसार अनेक बसाई में होता है। मर कर भी नहीं मरता प्रशासन का बैरी। बच्चू राक्षसों की हड्डियों का बना है। नहीं तो चार बार शिनाख़्त होती है, प्रशासन के ख़र्च से जलाया जाता है, फिर जी उठता है।

बसाई के साथ ही महाश्वेता का एक और किरदार है काली संतरा, जो वर्षों से पार्टी का ईमानदार-प्रतिबद्ध कार्यकर्ता रहा है। वह पूरी ज़िंदगी पार्टी को दे चुका है। साठ साल की उम्र में क्रांति के नाम पर उसके कलेजे में उठने वाले आवेग कम हो गये हैं। अब तक वह पार्टी के शीर्ष पर बैठे लोगों के यूटोपिया

को निकटस्थ सच्चाई मान कर सारे काम करता आ रहा था। उसने अपनी ज़मीन-सम्पत्ति भी ये सोच कर दान कर दी थी कि समाजवाद आएगा, कम्यून बनेंगे। इस कारण उसकी पत्नी और बेटे ने उसे निकम्मा, बेकाम का आदमी मान कर घर से लगभग निष्कासित किया हुआ है। लेकिन, अब पार्टी में भी उसका महत्त्व ख़त्म होता जा रहा है। महाश्वेता ने काली संतरा के माध्यम से दिखाया है कि ज़मीनी स्तर के कार्यकर्ता वामपंथ को किस तरह ग्रहण करते हैं, कैसे उसे अपने जीवन में जीते हैं। उसे धीरे-धीरे इन सिद्धांतों का खोखलापन (महज़ एब्सट्रैक्शन) और प्रशासन के साथ गठजोड़ कर सुविधा लेने की मानसिकता समझ आती है। पार्टी के विरोधाभासों और छद्म को काली के माध्यम से उघाड़ा गया है। वामपंथ में जो एक बार लीडर बन गया वह बना ही रहता है। लीडर सीट नहीं छोड़ता और न नये कॉडर तैयार किये जाते हैं। महाश्वेता इन्हें ब्रूटस की तरह ऑनरेबल मैन कहती हैं। काली देख रहा है कि अब तो पार्टी माँ ने हर तरह के लड़कों के लिए छाती खोल दी है। किसान सभा और कमनिस पार्टी भी भारत में सीढ़ी के नियम से चलती है। नीचे वाले के ऊपर पाँव रख कर ऊपर चढ़ते जाना और नीचे वाले को भूल जाना। नीचे वाले हर जगह एक्सपेंडेबल हैं, धर्म में, राजनीति में, शिक्षा में, प्रशासन में। उन्हें ऊपर वालों की सुविधा के लिए आसानी से ख़र्च किया जा सकता है। आदिवासियों के लिए यह रवैया विजातीय है। उनके जीवन में इस तरह की पदसोपानीयता का स्थान नहीं है। वहाँ क्षैतिज संबंध होते हैं, निष्क्रियता के स्थान पर सक्रियता होती है। व्यावहारिक रणनीति और सक्रियता की कमी को ये ज़मीनी लोग अपने ढंग से पूरा कर रहे हैं। पर काली संतरा यह नहीं कर सकता। एक तो इसलिए कि उसमें मध्यवर्गीय ख़ून है, जो लेना जानता है देना नहीं। दूसरे, दीर्घ पार्टी जीवन ने उसके मन में ऐसी पक्की दीवार बना दी है जो किसी स्वतंत्र मत को, नयी बात को मन में घुसने ही नहीं देती। इसलिए बसाई का विश्वस्त और हितैषी होने पर भी वह न तो उसके संघर्ष में दे सकता है न उसकी भूमिका को पूरी तरह समझ सकता है। प्रशासन के भौण्डे तर्क से वह भी कुछ समय तक उसे नक्सली समझता रहा। बसाई ने जब पार्टी छोड़ी थी तो उसकी मुलाक़ात वीरू पाठक से हुई थी। वीरू जब नक्सलवादी है, और बसाई बहुत ज़रूरी काम से खेत मज़दूर वाले गाँव में घूम रहा है, तो उसकी

निगाह में बसाई निश्चय ही नक्सलवादी हो गया है। क़ानून होने पर भी कृषि मजदूरों को न्यूनतम मज़दूरी न देने, जिंदा रहने भर की सुविधा देने, मज़दूरी माँगने पर सरकार की मदद से बाहरी मज़दूरों को ले आने जैसे विवादों की स्थिति में इन ही मज़दूरों की लाशें गिरतीं। इस समस्या के ख़त्म न होने से देश में पैदावार भी कम होगी क्योंकि ज़मींदारों को कम उपज होने में ही फ़ायदा है। सरकार से गाँव को प्राप्त राहत-सहायता इनके ही पास आती है। वह भी धनवान के लिए कारोबार बन गयी है। यही यंत्रणा और अन्याय बसाई का नर्क था जिससे मुक्ति के लिए वह किसी भी तरह का उपाय खोज रहा था। प्रशासन शोषकों के साथ खड़ा हो कर इन्हें नक्सली कह कर बर्बतापूर्वक इनका सफ़ाया करता जा रहा था। महाश्वेता नक्सलबाड़ी की परिघटना को इस देश की जीवनयात्रा में सबसे अधिक उल्लेखनीय घटना मानती हैं। लेकिन, उन्हें शिकायत है उन साहित्यकारों से जो इस परिघटना को युक्ति या अभिप्राय के रूप में अपना कर आंदोलन का रोमानीकरण कर रहे हैं। इससे भारी क्षति हुई है।

बसाई टुडू और द्रौपदी माझिन के संक्षिप्त से प्रसंगों का उल्लेख करना यहाँ आवश्यक है। बसाई के आस-पास कहीं होने मात्र के प्रभाव को द्रौपदी के अनुभावों से जाना जा सकता है। आदिवासी समाज में प्रेम बंधनकारी नहीं होता, अधिकार स्थापित नहीं करता। वह विवाह दुलना माझी से कर चुकी है। थाने में शिनाख़्त के लिए जाते समय भी द्रौपदी को लगता है जैसे सृष्टि की एकमात्र स्त्री एकमात्र पुरुष के सामने है। प्रेम के ऐसे आदिम, प्रगाढ़ भाव अण्डरटोन में कहीं रहते हैं। एक-दो पंक्तियों में ही प्रेम का ऐसा पक्का रंग घुलता है कि पूरी कथा में उसकी कौंध दिखती है। इतने कम साधनों में इन लोगों का जीवित रहना ही विस्मय की बात है— ऊपर से परिस्थितियों से जूझने का इतना जीवट! इतनी दृढ़ता! इनका अजस्र स्रोत इनकी इसी आंतरिक ताक़त में है। स्त्री और प्रकृति के साथ स्वस्थ साहचर्य ही व्यापक मानवीय प्रेम के महाराग की सरगम हो सकती है।

महाश्वेता घटित हो रही सच्चाई के बीच से अपने हीरो का चुनाव करती हैं। मास्टर साहब एक ऐसी ही रचना है जिसके केंद्र में साठ के दशक में भोजपुर, आरा, डुमराँव ज़िलों के दलितों, हरिजनों और शोषितों की सेना खड़ी कर ज़मीदारों, जोतदारों का मुकाबला करने वाले जगदीश महतो हैं। जगदीश महतो

हों, या बिहार के राजनीतिक पतन की कहानी बयाँ करता एक हीरो का *ब्लू प्रिंट* का मुरारी पासवान— यथार्थ की तरह ये हीरो भी खुरदरे हैं। लेकिन इनके माध्यम से महाश्वेता हमें अपने समय को पकड़ पाने का मौक़ा मुहैया कराती हैं। उनके नायकों के अंतःकरण करुणा से भरे हैं, और इन उपन्यासों की परिस्थिति नक्सलवाद जैसी विचारधारा और उसे अपनी जीवन-शैली बना लेने वाले दीवानों के आविर्भाव के लिए पकी हुई है। हीरो का हीरोपन इस बात में है कि वह कलंकित वर्तमान और भावी मुक्ति-संघर्ष के बीच की अनिवार्य कड़ी बन जाता है।

नक्सलवाद के नगरीय चेहरे की विषयवस्तु पर रचित उपन्यास *1084 की माँ* सत्तर के दशक के उस दौर की रचना है जब कलकत्ता की लगभग हर गली से कोई व्रती (उपन्यास का मुख्य चरित्र) एनकांउटर में मारा गया था। मारे जा चुके व्रती, जो अब महज़ आँकड़े में बदल गया, के परिवार वाले भी सामाजिक प्रतिष्ठा के कारण उसके साथ कोई पहचान नहीं जोड़ते। वह तो बस माँ सुजाता के मन में ही रह गया है। मध्यवर्गीय सुजाता के कोण से सारे घटनाक्रम को रचा गया है। आंदोलन के प्रभाव में आने वाले प्रतिभाशाली, संवेदनशील, प्रेमी युवाओं के साथ प्रशासन के क्रूर व्यवहार को तो रेखांकित किया ही गया है सुजाता के माध्यम से मध्यवर्गीय जीवन का पाखण्ड, स्वार्थ भी उद्घाटित किया गया है। स्त्री की दोयम स्थिति भी इसमें सामने आती है। उसे निर्णय की कोई स्वतंत्रता नहीं है। सुजाता भी अपने कवच में क़ैद परमुखापेक्षी कमज़ोर स्त्री थी, पर व्रती के इस तरह मारे जाने और उस पर परिवार की प्रतिक्रिया के घटनाक्रम से सुजाता के शांत जीवन में विक्षोभ उत्पन्न होता है। उसके व्यक्तित्व का प्रसार होता जाता है। वह सामाजिक, राजनीतिक सरोकारों से सम्बद्ध महसूस करती है जिसकी कामना में युवाओं ने यह राह पकड़ी थी। वह निर्णायक क्षमता से लैस होती जाती है और स्व के दायरे से बाहर निकलकर व्रती की प्रेमिका, आंदोलन की सहचरी नंदिनी से और मुठभेड़ में बेटा खोने वाली अपनी जैसी एक और माँ से मिलती है। समाज को समग्रता में समझने की दृष्टि उसे मिलती है और सम्भ्रांत वर्ग की क्षुद्रताएँ, दायित्वहीनता, संवेदनहीनता भी समझ आती है। व्रती स्मृति के ज़रिये उसके और-और क़रीब होता जाता है। व्रती सुजाता के व्यक्तित्वांतरण में मानो फिर से जीवित हो गया है। वह शुरू से ही अन्य परिजनों

से अलग प्रेमी, संवेदनशील इंसान था। ऐसे संवेदनशील बच्चों को समझने, तराशने का हुनर ऐसे खोखले समाज में नहीं है। अभिजन की जीवन-संस्कृति पर भी इसमें प्रश्न उठाया गया है। इसे पढ़ते हुए दलित रोहित वेमुला की आत्महत्या याद आती है। उसके जैसे संवेदनशील लोग अपने लिए जगह पा सकें— इतनी संवेदना आज के समाज में नहीं है।

महाश्वेता की प्रसिद्ध कहानी स्तनदायिनी, उपन्यास *द्रौपदी*, *दौलति* और *रुदाली* स्त्री-विमर्श की सशक्त रचनाएँ हैं। द्रौपदी या दोपदी के पौराणिक चरित्र के माध्यम से लोक और शास्त्र का द्वंद्व भी साकार किया गया है। लोक-उच्चारण द्रौपदी को दोपदी में बदल देता है, किंतु युग के इतने अंतराल के बाद स्त्री की नियति तो वही रहती है, चाहे वह दोपदी हो या द्रौपदी। ऐतिहासिक / पौराणिक होने के कारण बीच के काल के संवेग का बल भी इसके पाठ में भूमिका निभाता है। बदले हुए देशकाल में जब द्रौपदी की भूमिका में दमित समाज की दोपदी आती है तो उसका भरी सभा में अर्थात् पुलिस बल के कई पुरुषों द्वारा सिर्फ़ चीरहरण ही नहीं होता— क्रूर, वहशी ढंग से मानवता को शर्मसार कर देने वाला ऐसा पाशविक कृत्य होता है जिसकी कल्पना भी सिहरा देने वाली है। हिंसा का पहला शिकार शरीर ही होता है। उसी अन्यायग्रस्त शरीर को वह विद्रोह का हथियार बना लेती है। समाज की विकृत सोच, जिसे मर्दानगी कहा जाता है, उसी को वह नामर्दगी सिद्ध करके चुनौती की तरह उनके सामने निर्वस्त्र खड़ी हो जाती है। दिन के भरपूर उजाले में, अँधेरा भी नहीं पहनती है वह। उसके इस प्रखर आत्मविश्वास और प्रतिरोध के अनूठे रूप के समक्ष नंगे हो जाते हैं उपस्थित पुरुष और वह व्यवस्था जहाँ ऐसा नंगा नाच चलता है। आदिवासी स्त्री जानती है कि दोष बलत्कृत का नहीं बलात्कारी का होता है, इसलिए शर्म उसे आनी चाहिए। फ़ौज का अफ़सर ताज्जुब से निकल कर देखता है कि सूर्य की तेज़ रोशनी में नंगी द्रौपदी सीधे उसी की ओर आ रही है, '... तेरी तलाश का मानुस, दोपदी माझिन। ठीक कर लाने को कहा था, सो किस तरह ठीक किया है, देखेगा नहीं? ...नंगा कर सकता है, कपड़े क्यों पहनाएगा? तू मरद है? ... अफ़सर की सफ़ेद बुशर्ट पर थूक कर कहती है ... यहाँ कोई आदमी नहीं जो शर्म करूँ। ...ले, काउण्टर कर ले, काउण्टर कर ... पहला अफ़सर निरस्त्र टारगेट के सामने खड़े रहने में डर रहा है, बहुत डर रहा है।'

दास-प्रथा की शिकार दौलति और उसकी जैसी अन्य स्त्रियों की अमानवीय जीवन-स्थितियों को उद्घाटित करके उनकी इस दशा की ज़िम्मेदार व्यवस्था को महाश्वेता ने *दौलति* उपन्यास में प्रश्नांकित किया है। ज़रा से अनाज या पैसे के लिए ये लोग (अंत्यज या दलित) पीढ़ी-दर-पीढ़ी ज़मींदार के बंधुआ बनने के लिए अभिशप्त हैं। दौलति का पिता गनोरी नागेसिया बैल की जगह हल में जोत दिया जाता है जिससे वह आजीवन विकलांग हो जाता है। उसके कर्ज़ के पैसे चुका कर एक प्रौढ़ ब्राह्मण परमानंद दौलति को विवाह करने की कह कर ले जाता है और कच्ची उम्र में ही उससे देह-व्यापार करवाता है। मालिकों ने उसके शरीर को ही खेत बना लिया था, जो हर पहर रौंदा जाता था। पाशविकता को झेलते-झेलते 27 साल की उम्र में ही दौलति के पूरे प्राण निचुड़ जाते हैं। गाँव की पाठशाला में स्वतंत्रता दिवस मनाने के लिए साफ़-सफ़ाई कर भारत का नक़्शा बनाया हुआ था। उसी नक़्शे के ऊपर छलनी हो चुके फ़ेफड़ों के बचे-खुचे रक्त का वमन करके दौलति की मृत देह पसरी हुई थी। सामने हाथ में झण्डा लिए हुए भारत का नागरिक खड़ा था। उपन्यास का अंत इन पंक्तियों के साथ होता है— आज, यानी पंद्रह अगस्त के दिन, स्वतंत्रता दिवस का झण्डा फहराने के लिए दौलति थोड़ी-सी भी जगह नहीं छोड़ गयी थी मोहन लोगों के भारतवर्ष में। मोहन अब क्या करेगा? पूरे भारत में पसर गयी थी दौलति।

महाश्वेता देवी सच्चे अर्थों में योद्धा थीं। कर्म से और क़लम से ताउम्र हर अन्याय से युद्धरत रहीं। समाज का कोई उपेक्षित, लांछित, तिरस्कृत हिस्सा सम्भवत: ऐसा नहीं है जो उनकी करुणा और ज्ञानात्मक संवेदना का हिस्सा न बना हो। बच्चों के लिए उन्होंने बहुत साहित्य लिखा। *गोह* उपन्यास के ज़रिये मध्यवर्गीय परिवार के संवेदनशील बच्चे को अभिभावकों की महत्त्वाकांक्षा की दौड़ में अकेले छूटते और असमय परिपक्व होते दिखाया गया है। मध्यवर्ग तो वर्गांतरण में ही लीन रहता है, और बच्चे उपेक्षा और मानसिक हिंसा का शिकार हो कर कुंठित होते जा रहे हैं। हमारे समाज का ढाँचा कुछ इस तरह का है कि इसमें सब कुछ बड़ों के हिसाब से है। बच्चे इसमें अजनबी महसूस करते हैं। यह दुनिया उन्हें अपनी नहीं लगती। बच्चे बड़ों की हिंसा का सबसे नर्म चारा होते हैं। एक अन्य रचना उम्र-क़ैद में समाज से निष्कासित उम्र-क़ैदियों के मनोविज्ञान का

बारीक़ी से विश्लेषण किया गया है। कई बार निर्दोष होते हुए या किसी अत्याचारी, बलात्कारी को मारने पर भी उम्रक़ैद होती है और जीवन के सर्वाधिक उत्पादक वर्ष क़ैद में खप जाते हैं। पीछे रह गया परिवार समाज की क़ैद में चला जाता है और समाज में उनके लिए भी स्पेस नहीं बना पाता है। मध्यवर्ग, जहाँ छद्म का प्राचुर्य है, का सदस्य क़ैद मुक्ति के बाद अपने परिवार में लौट सके, समायोजन बनाए— ऐसा विरल ही होता है। क़ैदी के जीवन की जाने-अनजाने घटी एक घटना उसके वर्तमान के साथ-साथ सम्भाव्यताओं और संबंधों को भी लील जाती है। *प्रति 54 मिनट* उपन्यास में भारत में स्त्रियों पर किये गये बलात्कार, अत्याचार में सामाजिक शक्तियों की भूमिका का विश्लेषण करते हुए इस अनाचार का प्रबल प्रतिवाद किया गया है। अल्प वय में ड्रग्स का आदी बना कर ज़िंदगी से खिलवाड़ किया जाता है। नशे की लत बेचने वाले और उसके शिकार युवा एवं उनके परिवार की स्थिति को भी महाश्वेता देवी ने रचना में उकेरा है। बनारस के ठगों के बारे में भी उनकी कहानी है, जिसमें हिंसा की ज़बरदस्त आलोचना है। इस कहानी पर हिंदी में दिलीप कुमार की विख्यात फ़िल्म *संघर्ष* बन चुकी है।

महाश्वेता घुमंतू पत्रकार की भूमिका में भी सक्रिय रहीं। *वर्तिका* पत्रिका के माध्यम से वैकल्पिक पत्रकारिता की दिशा में महत्त्वपूर्ण प्रयास किये। वर्तिका एक ऐसा मंच था जिसमें छोटे किसान, खेत मजदूर, आदिवासी, कारख़ानों में काम करने वाले मज़दूर, रिक्शा चालक अपनी समस्याओं और जीवन के बारे में लिखते थे। इस पत्रिका में मेदिनीपुर के लोधा और पुरुलिया के ख़ेड़िया शबर आदिवासियों ने बहुत कुछ लिखा। इसके ज़रिये आदिवासियों को जीवन में पहली बार किसी प्रकाशन में लिखने का मौक़ा मिला।

उन्होंने अपने समय में इतनी सक्रियता से हस्तक्षेप करते हुए इतना लम्बा जीवन व्यतीत किया पर किसी तरह के विचलन के बारे में कभी कुछ नहीं सुना गया। यह समाज के प्रति उनकी ईमानदार प्रतिबद्धता और दृढ़ चरित्र को प्रदर्शित करता है। 1980 में उन्हें फ़ोर्ड फ़ाउंडेशन की फ़ेलोशिप का प्रस्ताव दिया गया था, जो उन्होंने ठुकरा दिया। स्वहित के लिए कभी कुछ नहीं किया। सादगी और कर्मठता उनके जीवन का सौंदर्य-मूल्य बनी रही। संचय न करने की प्रवृत्ति शायद आदिवासियों के संसर्ग से भी उनके भीतर आयी होगी। वे कहती हैं कि आदिवासी

कभी संचय नहीं करता। उसे एक मछली की ज़रूरत है तो वह दो नहीं पकड़ेगा।

महाश्वेता देवी पीड़ित मानवता की कथाकार हैं। विचारधारा विशेष के चौखटे में बाँध कर उन्हें नहीं देखा जा सकता। विचारधारा से समाज को देखने की वैज्ञानिक दृष्टि, इतिहास बोध उन्होंने पाया होगा, किंतु बोध की गहनता और व्यापकता के कारण वह हर प्रशिक्षण से सार ग्रहण करके उसका अतिक्रमण भी करती रहीं। समकालीन चित्त को गहराई से समझने के लिए महाश्वेता देवी का लेखन एक दिशा देता है। इसमें भारतीय समाज की परतदार विविधता का वह सत्य मौजूद है, जिससे ज्ञान की भारतीय अवधारणा के विकास की अंतर्दृष्टि प्राप्त की जा सकती है। भारतीय समाज अनंत स्तरों का जटिल समाज है, जिसे समकालीन चिंतनधारा की स्थापित शब्दावली के माध्यम से नहीं पढ़ा जा सकता। जन और समकालीन चिंतकों-रचनाकारों से महाश्वेता देवी ने निरंतर संवाद बनाए रखा। जिस तरह उन्होंने अपने होने करने को दुनिया में छोड़ा है, उम्मीद की जा सकती है कि उनकी परम्परा को आगे बढ़ाने वाले, उनकी जलाई हुई मशाल को थाम कर आगे के रास्तों को आलोकित करने वाले बहुतेरे हाथ उठेंगे।

संदर्भ

पंकज बिष्ट (2016), 'महाश्वेता देवी', *समयांतर*, वर्ष 47, अंक 11 अगस्त.

प्रणय कृष्ण (2008), *उत्तर औपनिवेशिकता के स्रोत और हिंदी साहित्य*, हिंदी परिषद प्रकाशन, इलाहाबाद विश्वविद्यालय, इलाहाबाद.

महाश्वेता देवी (2008, 1981), *चोट्टि मुण्डा और उसका तीर*, हिंदी अनुवाद, राधाकृष्ण प्रकाशन, नयी दिल्ली.

महाश्वेता देवी (2012, 1979), *अग्निगर्भ, हिंदी अनुवाद*, राधाकृष्ण प्रकाशन, नयी दिल्ली.

महाश्वेता देवी (2012, 2008), *उम्र-क़ैद, हिंदी अनुवाद : सुशील गुप्ता*, वाणी प्रकाशन, नयी दिल्ली.

महाश्वेता देवी (2013, 1987), *दौलति, हिंदी अनुवाद : दिलीप कुमार बनर्जी*, राधाकृष्ण प्रकाशन, नयी दिल्ली.

महाश्वेता देवी (2004), *आदिवासी कथा, हिंदी अनुवाद : सुशील गुप्ता*, वाणी प्रकाशन, नयी दिल्ली.

महाश्वेता देवी (2008), *हीरो- एक ब्लूप्रिंट*, हिंदी अनुवाद : सुशील गुप्ता, वाणी प्रकाशन, नयी दिल्ली.

महाश्वेता देवी (2010), एक ही जीवन में, हिंदी अनुवाद : सुशील गुप्ता, प्रकाशन संस्थान, नयी दिल्ली.

मंगलेश डबराल (2016), 'महाश्वेता देवी की याद', *समकालीन तीसरी दुनिया*, जुलाई-अगस्त.

केदारनाथ सिंह

तत्सम के पड़ोस में तद्भव

जितेंद्र श्रीवास्तव

हिंदी कविता की कई पीढ़ियों को प्रभावित और संस्कारित करने वाले केदारनाथ सिंह (7 जुलाई, 1934-19 मार्च, 2018) ने असंदिग्ध-प्रतिबद्धता के कवि के रूप में सदैव सर्जक के प्रतिपक्ष की नुमाइंदगी की। दूसरी तरफ़ एक ऐसे समय में जबकि समकालीन हिंदी कविता में काव्य-तत्त्व और जीवन की गझिन समझ का लोप हो रहा है, उनकी कविताओं से गुज़रना जीवन और समाज के कई-कई कोणों से गुज़रने जैसा है।

I

केदारनाथ सिंह की कविताओं में विद्रोह के कई रूप हैं। वे 'वस्तु' और 'निष्प्राण' मान ली गयी चीज़ों की चेतना को रेखांकित करते हैं। यह 'अति-साधारण' के प्रति निष्ठा का प्रमाण है। उनकी कविताएँ उन चीज़ों और संवेदनाओं का पुनराविष्कार करती हैं जो हमारे जीवन में गहरे शामिल हैं, लेकिन जिन्हें हम भूल गये हैं। 'कपास' के फूलों पर कविता लिखते हुए वे उन पक्षों पर विचार करते हैं, जिन पर किसी की दृष्टि लगभग जाती ही नहीं। कविता की आरम्भिक पंक्तियाँ हैं :

वे देवता को पसंद नहीं / लेकिन आश्चर्य इस पर नहीं
आश्चर्य तो ये है कि कविगण भी /लिखते नहीं कविता कपास के फूल पर

प्रेमी जन भेंट में देते नहीं उसे / कभी एक-दूसरे को
जबकि वह है कि नंगा होने से / बचाता है सबको
और सुतर गया मौसम / तो भूख और प्यास से भी
बचाता है वह / ईश्वर को तो ठण्ड लगती नहीं
वैसे नंगा होना भी / वहाँ उतना ही सहज है
उतना ही दिव्य / इसलिए इतना तय है कि ठण्ड के विरुद्ध
आदमी ने ही खोजा होगा / पृथ्वी पर पहला कपास का फूल।

जो खो रहा है लेकिन जिसे हर हाल में बचना चाहिए, केदारनाथ सिंह की कविताएँ अपनी पूरी सामर्थ्य से उसके साथ और उसके पक्ष में खड़ी हैं। वे पृथ्वी से उसके घर का पता पूछते हुए घास के पास जाते हैं, उसकी परेशानी को समझने की कोशिश करते हुए अपने समय की सबसे ज़रूरी इबारत लिखते हैं :

कभी-कभी लगता है / और पिछले कुछ समय से
कुछ ज़्यादा ही लगता है / कि आदमी के जनतंत्र में
घास के सवाल पर / होनी चाहिए लम्बी एक अखण्ड बहस
पर जब तक वह न हो / शुरुआत के तौर पर मैं घोषित करता हूँ
कि अगले चुनाव में / मैं घास के पक्ष में
मतदान करूँगा / कोई चुने या न चुने
एक छोटी-सी पत्ती का बैनर उठाए हुए / वह तो हमेशा मैदान में है!

यही एक सर्जक का प्रतिपक्ष है। कविता का श्लाघ्य सौंदर्य-बोध।

II

दुनिया में तीन तरह के कवि होते हैं। एक, जो उधार की सम्पदा पर अपने जन्मकाल से ही वैश्विक होते हैं। दो, जो सिर्फ़ स्थानीय होते हैं और उसी के साथ बीत जाते हैं। तीन, जो स्थानीयता के महत्त्व के साथ वैश्विक भाव-बोध से भरे होते हैं। इस तीसरे ढंग के कवि ही हर भाषा में पहली पंक्ति के कवि माने जाते हैं। हिंदी में इस तीसरे ढंग की व्याख्या के लिए केदारनाथ सिंह की कविताएँ विश्वसनीय आधार-सामग्री का कार्य करती हैं।

एक कवि के पूरे जीवन में कुछ कविताएँ ऐसी होती हैं जिनका महत्त्व उस कवि के लिए जितना होता है, उतना ही उस भाषा के लिए भी जिसमें वह कवि सम्भव हुआ होता है। केदारनाथ सिंह के लम्बे कवि-जीवन में ऐसी कई कविताएँ हैं। इन्हीं में एक है 'मंच और मचान'। कविता के आरम्भ में एक छोटी-सी टिप्पणी है जो कविता के प्रवेश-द्वार की तरह है। बड़े फ़लक वाली यह कविता यहीं से खुलने लगती है। एक चीनी बौद्ध भिक्षु के बहाने यह कविता मनुष्य, मनुष्यता, घर और 'राजनीति की अँधेरी गलियों' तक अकथ और अथक आवाजाही सम्पन्न करती है। कह सकते हैं कि 'मंच और मचान' कविता एक विशेष कालखण्ड का काव्यात्मक दस्तावेज़ है। कवि ने चीना बाबा का जो परिचय दिया है उसमें जितनी कविता है, उतनी ही जीवन की आभा :

पत्तों की तरह बोलते / और तने की तरह चुप
एक ठिंगने से चीनी भिखु थे वे / जिन्हें उस जनपद के लोग कहते थे
चीना बाबा / कब आये थे वे रामाभार स्तूप पर
यह कोई नहीं जानता था / पर जानना ज़रूरी भी नहीं था
उनके लिए तो बस इतना ही बहुत था / कि वहाँ स्तूप पर खड़ा है
चिड़ियों से जगर-मगर एक युवा बरगद / बरगद पर मचान है
और मचान पर रहते हैं वे / जाने कितने समय से।

आगे इस कविता में प्रधानमंत्री का ज़िक्र आया है :

प्रधानमंत्री! / खिल गये लोग
जैसे कुछ मिल गया हो सुबह-सुबह / पर कैसी विडम्बना
कि वे जो लोग थे / सिर्फ़ नेहरू को जानते थे
प्रधानमंत्री को नहीं!

आज हमारा लोकतंत्र जिन परिस्थितियों में है, उनमें नेहरू जैसे स्वप्नदर्शी और धर्मनिरपेक्ष अगुवा को याद करना उम्मीद के चिराग को जलाये रखना है। कविता में आगे नेहरू की उदासी का भी संदर्भ है। वह किसी 'प्रधानमंत्री' की नहीं, एक ईमानदार राष्ट्र-निर्माता की उदासी है। एक विकसित हो रहे नवजात राष्ट्र का मुखिया अपनी आँखों का सपना दिखा सकता था, दम्भ से भरकर छप्पन इंच का सीना नहीं। नेहरू बनने के लिए धर्म के व्यापार की नहीं, आत्मा

का पहरुआ होने की ज़रूरत है।

अपनी एक अन्य कविता 'अगर इस बस्ती से गुज़रो' में पितृसत्ता पर चोट करते हुए केदारनाथ सिंह कहते हैं :

थोड़ा आगे जाने पर / एक छोटा-सा जर्जर घर तुम्हें मिलेगा
कुछ समय पहले तक / उसमें एक बुढिया रहती थी
मर्दों की दुनिया से लड़ती-झगड़ती / एक निपट अकेली खुद्दार औरत
वह इस बस्ती की / सबसे दमदार आवाज़ थी
जरा सोचना इस पर / या यह सम्भव नहीं कि उस घर को
कर दिया जाए घोषित / एक राष्ट्रीय धरोहर।

जाहिर है, ये पंक्तियाँ सिर्फ़ संस्कृति-समीक्षा का उद्यम नहीं करतीं बल्कि ये एक नयी संस्कृति की प्रस्तावना भी तैयार करती हैं।

III

यह केदार ही हैं जो देख रहे हैं कि 'बोलियाँ अवाक हो रही हैं' और 'शब्द उड़े जा रहे हैं'। इन्हें बलपूर्वक पकड़ने की आवश्यकता है वरना अस्मिता ख़तरे में पड़ जाएगी। तब कुछ भी काम नहीं आएगा। चिल्लाने के लिए भी अपनी भाषा और उसकी त्वरा चाहिए। यह अक़ारण नहीं है कि भारत के सबसे आधुनिक माने जाने वाले ज्ञान के प्रतीक जवाहरलाल नेहरू विश्वविद्यालय में हिंदी की स्थिति पर कविता लिखे बिना वे नहीं रह पाते। ज्ञान के सर्वथा आधुनिक केंद्रों में आम आदमी (जिसके कंधे पर अँगोछा हो और हाथ में गठरी) का प्रवेश वर्जित है। यदि वह प्रवेश कर गया तो हास्यास्पद हो जाएगा। उसकी भाषा चिल्ला उठेगी। केदारनाथ सिंह लिखते हैं :

और यह तो मैंने बाद में जाना / उसके चले जाने के काफ़ी देर बाद
कि जिस समय मैं चिल्ला रहा था / असल में मैं चुप था
जैसे सब चुप थे / और मेरी जगह यह मेरी हिंदी थी
जो भरे परिसर में / अकेली चिल्ला रही थी।

केदारनाथ सिंह की कविताओं में कहीं कोई ठहराव नहीं है। कोई छिपाव भी नहीं। वे अपनी कविताओं में किसी एक लीक पर नहीं चलते बल्कि बराबर नयी राह बनाते हैं। उनकी कविताओं में एक ऐसी अदृश्य बेचैनी है,

जो धीरे-धीरे पाठक में समा जाती है। ऐसी कला जो जीवन में घुल जाती है। जिन लोगों को लगता है कि केदारनाथ सिंह सिर्फ़ सौंदर्य के कवि हैं, वे ऐसे लोग हैं जो या तो केदारनाथ सिंह की कविताएँ पढ़ते नहीं या कविता की इकहरी समझ से ग्रस्त हैं। केदारनाथ सिंह साधारण और खुरदुरा जीवन जी रहे लोगों के कवि हैं। वे आभिजात्य वर्ग के कवि किसी भी सूरत में नहीं हैं। सन् 1969 में ही उन्होंने अपनी एक छोटी-सी कविता 'ऊँचाई' में लिखा था :

मेरे शहर के लोगो / यह कितना भयानक है
कि शहर की सारी सीढ़ियाँ मिल कर / जिस महान् ऊँचाई तक जाती हैं
वहाँ कोई नहीं रहता!

चुप्पी लोकतंत्र के लिए एक बड़ा ख़तरा है। हम एक ऐसे समय में हैं जब चुप्पी धीरे-धीरे एक धर्मनिरपेक्ष आचरण में बदलती जा रही है। जिधर देखिए लोग अपनी-अपनी चुप्पी में अपना भला ढूँढ़ रहे हैं। यह एक ऐसी समस्या है जिसे अलग-अलग कवि अलग-अलग दृष्टि से देखते और अभिव्यत करते हैं। केदारनाथ सिंह इसे बिल्कुल जुदा लेकिन बेहद प्रभावी ढंग से कविता में लाते हैं। 'चुप्पियाँ' शीर्षक कविता में जब इन पंक्तियों के साथ वे आते हैं, तब पाठक के भीतर कुछ टूटता है :

चुप्पियाँ बढ़ती जा रही हैं / उन सारी जगहों पर
जहाँ बोलना ज़रूरी था / बढ़ती जा रही हैं वे
जैसे बढ़ते हैं बाल / जैसे बढ़ते हैं नाखून
और आश्चर्य कि किसी को वह गड़ता नहीं।

'एक चुप्पी' एक व्यक्ति या परिवार को खाती है लेकिन 'चुप्पियाँ' अंततः एक राष्ट्र को गूँगा कर देती हैं। केदारनाथ सिंह की यह कविता बिना अतिरिक्त बोले हुए चुप्पियों के विरुद्ध आवाज़ उठाती हैं। एक बड़ा कवि (उस्ताद कवि) सिर्फ़ कविता नहीं लिखता, वह अपने बाद आने वाले कवियों के लिए सबक़ भी तैयार करता है। कहने की ज़रूरत नहीं कि केदारनाथ सिंह की कविताएँ कविता भी हैं और कविता की पाठशाला भी।

एक कवि और चिंतक के रूप में केदारनाथ सिंह मातृभाषाओं के पक्षधर थे। उन्होंने जीवन भर अपनी कविताओं में भाषिक साम्राज्यवाद का प्रतिकार किया। 'भोजपुरी' पर लिखी उनकी कविताओं को इसी दृष्टि से देखना चाहिए। कहने की आवश्यकता नहीं कि आर्थिक साम्राज्यवाद और भाषिक

साम्राज्यवाद एक-दूसरे के प्रबल पक्षधर और सहयोगी हैं। पूरी दुनिया में यदि आर्थिक साम्राज्यवाद के साथ-साथ भाषिक साम्राज्यवाद को सफलता मिल जाएगी तो तय है कि एक बड़ी आबादी मुँह में ज़ुबान के बावजूद गूँगी हो जाएगी। माँ के अंतिम संस्कार के बाद गंगा से निवेदन में कही गयी इन पंक्तियों में जो है, वह मात्र अपनी माँ के प्रति व्यक्त की गयी चिंता नहीं है बल्कि आने वाले एक बड़े ख़तरे का संकेतक है :

मैंने भागीरथी से कहा— / माँ,
माँ का ख़याल रखना / उसे सिर्फ़ भोजपुरी आती है।

उनके संग्रह *सृष्टि पर पहरा* में 'भोजपुरी' शीर्षक से एक स्वतंत्र कविता ही है। इसी संग्रह में एक और कविता 'देश और घर' शीर्षक से है जिसमें दो भाषाओं में समानांतर जीवन जीने के सुख और द्वंद्व का प्रभावी अंकन है। 'देव-नागरी' शीर्षक कविता में भाषा सिद्धांतों को धता बताते हुए जो जीवन राग विन्यस्त है, वह केदारनाथ सिंह की असल पहचान है। ऐसा जीवन राग गहरी सामाजिक संलग्नता की कोख से पैदा होता है।

केदारनाथ सिंह का लेखन बताता है कि वे भारतीय भाषाओं के बीच आवाजाही के समर्थक थे। वे हिंदी को प्यार करते थे लेकिन साथ ही अन्य भारतीय भाषाओं के प्रति गहरा अनुराग रखते थे। इस संग्रह में 'हिंदी' शीर्षक से एक कविता है जो मलयालय के सुप्रसिद्ध कवि के. सच्चिदानंदन को समर्पित है। यह समर्पण अपने आप में एक पूरा विचार है। 'अन्य' के प्रति आदर का सूचक है। यह कविता 'राजभाषा' के सरकारी खेल से पर्दा उठाती है। इसमें एक अनन्य हिंदी प्रेमी (जो हिंदी का बड़ा कवि भी है) लगभग आर्त्तनाद करते हुए कहता है :

मेरा अनुरोध है / भरे चौराहे पर करबद्ध अनुरोध
कि राज़ नहीं-भाषा / भाषा-भाषा सिर्फ़ भाषा रहने दो मेरी भाषा को
इसमें भरा है पास-पड़ोस / और दूर-दराज़ की इतनी ध्वनियों का
बूँद-बूँद अर्क / कि मैं जब भी उसे बोलता हूँ /
तो जैसे कहीं गहरे / अरबी-तुर्की बांग्ला तेलुगू
यहाँ तक कि एक पत्ती के हिलने की आवाज़ भी / मैं सब बोलता हूँ ज़रा-ज़रा
जब बोलता हूँ हिंदी / और जब भी बोलता हूँ / यही लगता है— / सारे
व्याकरण में

एक कारक की बेचैनी हूँ / एक तद्भव का दुख / तत्सम के पड़ोस में।

केदारनाथ सिंह की रचनाशीलता का आरम्भ गीतों से हुआ था। यह अकारण नहीं है कि उनकी कविताएँ कविता की शर्त पर 'कविता' है। उन्हें बलात् कविता सिद्ध करने की ज़रूरत नहीं पड़ती। उनकी कविताओं में गहरा अनुशासन विन्यस्त होता है लेकिन उनमें रूप और अंतर्वस्तु को अलगाकर देखना असम्भव है। केदारनाथ सिंह में रूप का आग्रह है लेकिन अपनी पूर्णता में वे अंतर्वस्तु के सौंदर्य के कवि हैं। उनमें उनकी कविताओं से गुज़रते हुए सिर्फ़ विषय का चयन नहीं, शब्दों का चयन और भाषिक विन्यास भी देखना चाहिए। उनकी 'बाज़ार में आदिवासी' कविता हो या कैलाशपति निषाद, शुभनारायण शर्मा और निजामुद्दीन जैसे इस महादेश के साधारण लोगों को समर्पित 'जहाँ से अनहद शुरू होता है' शीर्षक कविता हो, उनकी असंदिग्ध प्रतिबद्धता अपने पाठकों का स्वागत करती मिलती है। उनकी कविताओं में महाकवि निराला की आवाज़ का स्मरण है तो 'आदमी और पशु के बीच पुल बने हीरा भाई' का भी स्मरण है, जिन्हें कोई नहीं जानता। यह याद रखने की बात है कि केदारनाथ सिंह मूलत: उन लोगों के कवि हैं जो दुनिया बनाते हैं लेकिन जिन्हें यह दुनिया न जानती है, न जानना चाहती है।

केदारनाथ सिंह के अब तक के अंतिम *संग्रह सृष्टि पर पहरा* में कई कविताएँ छंद में हैं और आख़िरी कविता में जीवन का छंद है। अमरता की पारम्परिक समझ और धारणा का प्रत्याख्यान करते हुए साधारण के औदात्य का गीत सुनाने वाला यह कवि धीरे से कहता है :

जाऊँगा कहाँ / रहूँगा यहीं / किसी किवाड़ पर / हाथ के निशान की तरह
पड़ा रहूँगा / किसी पुराने ताखे / या संदूक़ की गंध में / छिपा रहूँगा मैं
दबा रहूँगा किसी रजिस्टर में / अपने स्थायी पते के
अक्षरों के नीचे / या बन सका / तो ऊँची ढलानों पर / नमक ढोते खच्चरों की
घंटी बन जाऊँगा / या फिर माँझी के पुल की / कोई कील / जाऊँगा कहाँ
देखना / रहेगा सब जस का तस / सिर्फ़ मेरी दिनचर्या
बदल जाएगी / साँझ को जब लौटेंगे पक्षी
लौट आऊँगा मैं भी / सुबह जब उड़ेंगे / उड़ जाऊँगा उनके संग.....।

सचमुच केदारनाथ सिंह कहीं नहीं गये। जब तक हिंदी कविता का अस्तित्व रहेगा, केदारनाथ सिंह कहीं नहीं जाएँगे। उनकी कविताओं का होना मनुष्यधर्मी भरोसे का होना है।

रामकुमार

बँधे-रुँधे यथार्थ के पार कला

प्रयाग शुक्ल

रामकुमार (1924-2018) की कहानियों और चित्रकृतियों के रचे जाने की यात्रा लम्बी रही है। और इन दोनों ही माध्यमों में उन्होंने जो कृतियाँ रची हैं, वे अप्रतिम हैं, संख्या में बड़ी हैं। पर, वे हम पर कोई संख्या-बोझ नहीं डालतीं। जिस कृति से भी हम मिलते हैं, वह हमसे आत्मीय और धीर ढंग से मिलती है, किसी 'जल्दी' का बोध नहीं कराती। न उसमें रचे जाने की कोई 'जल्दी' है, न अपने को 'प्रकट' करने की जल्दी! 'मुखर' नहीं हैं। चुपचाप बतियाती हैं। कहती बहुत कुछ हैं, अगर इस 'शोर' भरे समय में उस 'बहुत कुछ' को हम सुनना चाहें। उन्होंने जो कुछ रचा बडी तल्लीनता और संलग्नता से रचा है। इस रचे जाने में विचार हैं। भाव हैं। प्रतीतियाँ हैं। स्मृतियाँ हैं। सोच की एक पूरी दुनिया है। इन सबका आपस में एक गुँथापन है। इस 'गुँथेपन' की अपनी शक्ति है। चुम्बकीय शक्ति। वह हमें अपनी ओर खींचती है। और, जो कुछ उनकी कृतियों में है, वह सब मानो हमारे भीतर प्रवेश करा देती है, तत्काल। हम कुछ मुग्ध-चकित उसे देखते-सुनते हैं।

I

उनकी कहानियों पर कम लिखा गया है। चित्रकृतियों पर ज़रूर बहुत सारी चीज़ें उपलब्ध हैं। इनमें सबसे अधिक प्रभावित करती हैं कला-समीक्षक रिचर्ड

बार्थोलोमिव की समीक्षाएँ और रामकुमार की कला पर लिखी गयी अन्य चीज़ें। अच्छा है कि अब ये सारी चीज़ें *रिचर्ड बार्थोलोमिव : द आर्ट क्रिटिक* पुस्तक में संकलित हो गयी हैं। रिचर्ड द्वारा खींची गयी तस्वीरों की भी एक पुस्तक है, *क्रिटिक्स आई*, जिसमें रामकुमार के भी कुछ छाया-चित्र हैं। इनमें भी रिचर्ड ने रामकुमार की भावप्रवणता को बहुत अच्छी तरह पकड़ा है।

हमने रिचर्ड की बात शुरू में इसलिए भी की है कि बिना उनकी लिखी हुई चीज़ों का संज्ञान लिए हुए, रामकुमार पर पूरी बात नहीं की जा सकती। दोनों लगभग समवयसी थे। मित्र भी। रिचर्ड कला पर तो लिखते ही थे, स्वयं चित्र-रचना भी करते थे। फ़ोटोग्राफ़र भी थे। दिल्ली में ही रहते थे। और एक समय वह भी था जब दोनों ने गर्मियों की 'छुट्टियाँ' रानीखेत में साथ-साथ बिताई थीं। मैं स्वयं जब भी रिचर्ड के साथ होता था, हमारे बीच रामकुमार भी 'अदृश्य' ढंग से आ उपस्थित होते थे। ऐसा नहीं कि हम दोनों रामकुमार की कला-कथा पर बात करते थे। उनका ज़िक्र तो कभी-कभार ही होता था। और रिचर्ड बातचीत के वक़्त यों भी किसी की कला पर कोई लम्बी टिप्पणी नहीं करते थे—वह तो वे करते थे लिखकर ही। पर, मुझे उनके साथ होते ही, रामकुमार की भी 'याद' हो आती थी।

रिचर्ड ने लिखा है :

> 1956 में ग्रीस की एक यात्रा ने, और बाद के वर्षों में संजौली (शिमला) में बिताई गयी दो गर्मियों ने— जब राम भीड़-भाड़ और शोर वाली जगहों से दूर थे— उन्हें सैरों (लैंडस्केप्स) के बीच ला दिया। रामकुमार ने प्रकृति के 'स्थायी' रूप-आकारों को बड़ी आत्मीयता से जाना। उन पर ध्यानमग्नता की हद तक सोचा-विचारा और उनकी कला मनुष्य की प्रत्यक्ष स्थिति-परिस्थिति (का संज्ञान लेते हुए भी) 'पार' चली गयी। किसी बँधे-रुँधे यथार्थ के पार। वह उस भूमि, और उन दृश्यावलियों से जुड़ गये, जहाँ साधारण-जन रहते और जीवनयापन करते थे, और जिस जीवयापन से स्वयं जीवनी-शक्ति का बोध होता था।
>
> 1960 के आरम्भिक वर्षों में बनारस में रामकुमार ने जो कुछ देखा, उन तत्त्वों को अपनी कला में जगह दी। बनारस में सदियों से आने वाले तीर्थयात्रियों, और पीढियों के भाव, समय के साथ उनका गुज़र जाना— इस सबमें राम को कई अनुगूँजें सुनाई पड़ीं— स्मृतियों का पूरा एक दृश्य-अदृश्य भण्डार। चित्रों में उभर आयीं जल और आकाश की छवियाँ, पृष्ठभूमि में दीखे शहर के सांकेतिक रूप। जल और आकाश की छवियाँ किसी 'अनंत' की सूचना थीं— सब कुछ को घेर लेने वाली। (पृष्ठ 110-111 से, अंग्रेज़ी से हिंदी में भावानुवाद)

जो अंश हमने यहाँ उद्धृत किये हैं, उनके आगे-पीछे भी कुछ और अंश हैं जिनमें रिचर्ड ने शुरू के रामकुमार के चित्रों में पसरी उदासी और अवसादपूर्ण आकृतियों के बारे में लिखने के साथ वाराणसी की यात्राओं के बाद रामकुमार के कश्मीर-प्रवास को भी याद किया है। कुल मिला कर यह कि रिचर्ड ने रामकुमार की कला के हर दौर को रेखांकित किया है, उस दौर की विशेषताओं के साथ। और इनका एक सम्यक परिचय देने के साथ, रामकुमार के कला-गुणों को, उनके कथ्य को उभारा है, उनके सरोकारों के साथ। उन सूक्ष्म टिप्पणियों और कला-कथनों की बात हम बाद में भी करेंगे।

II

रामकुमार से मेरा परिचय 1962 में हुआ था। तब मैं कलकत्ता में था। 22 वर्ष का था। रामकुमार मुझसे 16 वर्ष बड़े थे। मैं 1957-58 से कविताएँ-कहानियाँ लिखने लगा था जो *कहानी*, कृति, *कल्पना* आदि पत्रिकाओं में प्रकाशित हुई थीं। रामकुमार को तब हम एक प्रमुख और प्रिय कथाकार के रूप में ही अधिक जानते थे। वे एक महत्त्वपूर्ण कलाकार भी हैं इसका भान भी था, क्योंकि उनकी *यूरोप के स्केच* पुस्तक हम पढ़ चुके थे। 1962 में एक कला-सेमिनार के सिलसिले में जब वे कलकत्ता आ रहे थे, उन्होंने मुझे एक पोस्टकार्ड लिखा था कि कलकत्ता में तुमसे भेंट करना चाहता हूँ। मेरी ख़ुशी का ठिकाना नहीं था। एक बड़ा और महत्त्वपूर्ण कथाकार-चित्रकार मुझ जैसे युवा से मिलना चाहता है, यह बात चमत्कारिक लगी थी। उनकी विनम्रता और सदाशयता का परिचय तो दे ही रही थी। मैं उनके साथ कलकत्ता में कोई सप्ताह भर घूमा फिरा था। और उन्हीं के साथ पहली बार कलकत्ता के कला-जगत से परिचय प्राप्त किया था। फिर 1964 के अगस्त महीने में मैं दिल्ली रहने-बसने के इरादे से आ गया। उस दिल्ली में, जिसमें जैनेंद्र और अज्ञेय थे। इब्राहिम अल्काज़ी थे। मक़बूल फ़िदा हुसेन और रविशंकर थे। यामिनी कृष्णमूर्ति थीं। कृष्णा सोबती थीं। मोहन राकेश थे। नयी गतिविधियाँ थीं। सभी कला-माध्यमों में। कॉफ़ी हाउस, टी हाउस थे। अकादमियाँ थीं। सप्रू हाउस था। आइफ़ैक्स था। त्रिवेणी कला संगम था। रवींद्र भवन तो था ही। मेरे मित्र थे महेंद्र भल्ला, कमलेश जैसे। *दिनमान* निकलने वाला था। रामकुमार थे।

एक दिन रामकुमार को मालूम हुआ कि मैं रहने का कोई ठीक-ठिकाना खोज नहीं पाया हूँ। यहाँ-वहाँ, विभिन्न इलाक़ों में, कभी किसी के यहाँ रह रहा हूँ, कभी किसी के यहाँ। उन्होंने कहा, जब तक तुम्हें कमरा नहीं मिल जाता, तुम मेरे स्टूडियो (गोल मार्केट) में रह सकते हो। मैं सुबह कोई नौ बजे आता हूँ, फिर लगभग एक बजे दोपहर घर (करोलबाग़) चला जाता हूँ। उन्होंने सचमुच एक चाभी स्टूडियो की मुझे सौंप दी। मैं वहाँ तीन महीने रहा। उनसे मिलने हुसेन, तैयब मेहता, कृष्ण खन्ना आदि आते थे। आते थे पत्रकार प्राण चोपड़ा, और विदेश सेवा के युवा अधिकारी सलमान हैदर जैसे लोग। सलमान हैदर अनंतर भारत के विदेश सचिव बने। रामकुमार के चित्र भी उन्होंने तब ख़रीदे थे। उनकी पत्नी कुसुम भी आती थीं, जो थियेटर से जुड़ी थीं। ज़ाहिर है रामकुमार की छवि दिल्ली (और देश) में एक ऐसे कलाकार की बन चुकी थी, जो एक 'बुद्धिजीवी' भी था।

रामकुमार चालीस-पचास के दशक में कम्युनिस्ट आंदोलन से, वामपंथी विचारधारा से जुड़े थे। और पचास के दशक में जब पेरिस गये थे तो वहाँ भी उनका यह जुड़ाव बना हुआ था। और वे वहाँ पॉल एलुआर और लुई अरागां जैसे ख्यातिप्राप्त लोगों के सम्पर्क में रहे थे। उनकी और उनके छोटे भाई निर्मल वर्मा, हिंदी के ख्यातनाम लेखक-चिंतक, दोनों का ही यह साम्यवादी रुझान इनके रचनात्मक जीवन के आरम्भिक वर्षों से था। अंतत: निर्मल वर्मा का साम्यवादी विचार-सरणियों और कार्यपद्धतियों से मोहभंग हुआ, और जब प्राग में सोवियत टैंक पहुँचे तो निर्मल ने अपने मोहभंग की बात स्वयं लिखी थी। और, उनका प्रवेश एक नयी तरह की चिंतन-सरणी में हुआ, जिसके बारे में हिंदी के सुधी पाठक अच्छी तरह जानते हैं। निर्मल पर अनंतर महात्मा गाँधी, जयप्रकाश नारायण, लोहिया और रमण महर्षि के विचारों की छाप गहरी हुई। रामकुमार ने साम्यवाद से अपने किसी मोहभंग की बात न तो लिखी, न बताई, पर, वे उसकी ओर किसी सक्रिय ढंग से तो नहीं ही पलटे। कथाओं और चित्रों की रचना में अपनी तरह से संलग्न रहे फिर कहानियाँ भी कुछ पीछे छूटीं, चित्र-संसार ने ही उन्हें छा लिया। और वाराणसी की सम्भवत: पहली ही यात्रा, जो उन्होंने 1960 में प्रेमचंद के बड़े बेटे श्रीपत राय और हुसेन के आग्रह पर की थी, उसने उनकी दुनिया को, सोच को, पूरी तरह बदल डाला।

III

2005 में जब मैंने *कल्पना* काशी अंक का सम्पादन किया, तो रामकुमार ने मेरे आग्रह पर आवरण के लिए एक काशी-चित्र तो दिया ही, 'वाराणसी : एक यात्रा' शीर्षक से एक लेख भी लिखा। सम्भवत: पहली बार, अपनी कला और वाराणसी के संबंध पर कुछ विस्तार से। अब इसका एक अंग्रेज़ी अनुवाद भी उपलब्ध होने जा रहा है।

इसमें रामकुमार लिखते हैं :

> लगभग 40 वर्ष पूर्व जब एक दिन हुसेन (मक़बूल फ़िदा हुसेन) ने मेरे सामने यह प्रस्ताव रखा कि हम दोनों बनारस के स्केच बनाने के उद्देश्य से कुछ दिनों के लिए वहाँ जाएँ, तो मैंने सहर्ष स्वीकृति दे दी। वह पहला और अंतिम अवसर था कि किसी नये शहर को चित्रित करने के उद्देश्य से हम गये हों। इसमें श्रीपत रायजी का भी सक्रिय योगदान रहा था, क्योंकि दिल्ली से हम दोनों पहले इलाहाबाद गये और शायद दो दिन श्रीपत जी के घर पर रहे। फिर उन्हीं के साथ उनकी कार में हम बनारस गये। वह सर्दियों की एक शाम थी। ख़ाली-ख़ाली सी सड़कें, सड़कों पर लगी धुँधली बत्तियाँ, गलियों में घूमते हुए लावारिस कुत्तों— पहला अनुभव काफ़ी निराशाजनक रहा। गौदोलिया में ही श्रीपत जी के बड़े-से मकान के एक कमरे में हम तीनों रुक गये और अगले दिन की प्रतीक्षा करने लगे। जब बनारस को सुबह की रोशनी में देखेंगे।
>
> पहला परिचय ही इतना वशीभूत करने वाला, बहुत दबाव से भरा, विस्मयकारी था कि उसे समझने के लिए कम-से कम-कुछ दिनों का समय ज़रूरी था, लेकिन जिस स्केचबुक को साथ में लाए थे उसके पन्नों पर अपने प्रभावों को चित्रित करने की चिंता भी थी। अकेले घाटों का चक्कर लगाते समय कितनी ही पुरानी स्मृतियाँ मन को घेरने लगती थीं। शिमला में, स्कूल में पढ़े शरत के उपन्यासों में कई बार काशीवास का ज़िक्र पढ़ा था जिसकी अमिट छाप अब भी बनी हुई थी, सत्यजित राय की फ़िल्म *अपराजिता* में वाराणसी में घटी दुर्घटनाएँ और अब वाराणसी सामने था— गंगा का तट, घाटों की सीढ़ियाँ, जो भीतर शहर की अँधेरी सुरंगों में खो जाती थीं, सर्दियों की उजली धूप और अँधेरे में घूमती परछाइयाँ।
>
> इसके बाद तो जब कभी मौक़ा मिला निकल जाता ... कभी-कभी बहुत मूर्त आकारों में वाराणसी की अदृश्य आत्मा को, शहर के भीतर बिखरी अँधेरी गलियों और मंदिरों के अंदर सैकड़ों वर्षों से लोगों की साधना, कुछ पा लेने की कोशिश, मुक्त हो जाने की तपस्या का आभास देने की केवल कोशिश की ...।

इसी लेख में रामकुमार ने शायद पहली बार एक खुलासा और किया :

> दिल्ली के एक मित्र ने बनारस की एक सांस्कृतिक पुस्तिका निकालने की योजना बनाई और मुझसे सामग्री एकत्रित करने का अनुरोध किया जिसे मैंने सहर्ष स्वीकार कर लिया। ... इस अवसर पर लगभग 15 दिन मैंने व्यतीत किये। इस दौरान बहुत से विचित्र अनुभव हुए। शहर की गलियों में पते पूछता हुआ मैं किसी से भेंट करने के लिए जा पहुँचता और प्रश्न पूछने लगता। इस प्रकार से बिस्मिल्ला खाँ, रसूलन बाई, गिरिजा देवी, नंदलाल आदि संगीतकारों से बातचीत करने का अवसर मिला। कभी दालमण्डी, कभी कबीर चौरा और कभी असी घाट के इलाक़ों में घूमना पड़ा। आश्चर्य से सोचता रहा कि भारत के महत्त्वपूर्ण संगीतकारों, लेखकों और नर्तकों का वाराणसी के साथ जितना घनिष्ठ संबंध रहा, वह हमारे दूसरे किसी शहर के साथ नहीं हुआ। ... रसूलन बाई से दालमण्डी में एक पुरानी जर्जर हवेली की तीसरी मंज़िल में खड़े-खड़े जब मैंने उनके जन्म दिन के बारे में पूछा तो वे ठहाका मारकर ज़ोर ज़ोर से हँसने लगीं— 'अरे, बेटा, कौन जानता है, हम कब पैदा हुए ...।' और उनका संगीत मेरे कानों में गूँजता रहा— वैसा ही ठोस, शुद्ध और पवित्र संगीत जैसी उनकी आवाज़ थी।
>
> उन दिनों बनारस का प्रभाव इस तरह से मन और दिमाग़ पर छाया हुआ था कि दिल्ली के स्टूडियो में बैठकर ख़ाली कैनवस पर जब चित्र बनाना शुरू करता तो अधिकतर बनारस के घाट, मंदिर, गंगा के जल का विस्तार, तट पर लगी नावें— उभर कर आ जाते और मैं उस प्रवाह को रोक नहीं सकता था। जापानी स्याही और मोम के साथ क़ागज़ पर बनारस के अनगिनत चित्र बनाए...।
>
> *कल्पना* : काशी अंक (पृ. 59-60)।

'बनारस की अदृश्य आत्मा' में जिस शुद्ध और पवित्र को रामकुमार ने खोजा/अनुभव किया, उसे एक सौंदर्यशील ढंग से अपने चित्रों में उभारा। प्रकृति के सैरों और वाराणसी के घर-घाटों के प्रसंग से रामकुमार की कला में नये रंग उभरे। शुरू के धूसर-स्याह या माटीले से रंगों की जगह, नील जल धारा, नील आकाश, ललछौंह, भूरे, इमारती ढाँचे, कभी-कभी हरियर वृक्ष आदि उभरते चले गये ... इनमें एक 'भारहीनता' का बोध है, ठोस— उसको परे सरका दिया गया है ... यह वाराणसी के प्रसंग से एक मनचाही वाराणसी भी है... रूपांतरित।'

रामकुमार के चित्रों की व्याख्या आसान नहीं है क्योंकि वहाँ 'बोध' पर ही ज़ोर है, उसके खण्डन-विखण्डन पर नहीं! लेकिन इतना तो निश्चयपूर्वक कहा

ही जा सकता है कि रामकुमार की मानवीय संवेदना, और जीवन-मृत्यु के सवालों से घिरे, जीवन-मात्र के प्रति एक करुणा, उसमें है। और है, पर्वतों, जलधाराओं, झंझावातों, शांत प्रवाहों, चट्टानों, क्षितिज आदि का एक ऐसा 'दृश्यालेख' जहाँ प्रकृति और मनुष्य मन की प्रतीतियाँ आपस में टकरातीं, मिलतीं, संयोजित होती हैं, और कलाकार मन का एक ऐसा अंतरंग रचती हैं, जो प्रिय हो उठता है। उनके चित्र एक 'सांत्वना' ही देते हैं। उनके यहाँ आलोड़न है, पर, एक धीरता भी है। गहरी धीरता।

IV

रिचर्ड बार्थोलोमिव : द आर्ट क्रिटिक के पृष्ठ 135 पर 'रामकुमार' शीर्षक से लिखा हुआ एक लेख संकलित है, जो 1961 में 'कुणिका' गैलरी में हुई रामकुमार की प्रदर्शनी के लिए लिखा गया था। इतने वर्षों बाद भी यह लेख रामकुमार से परिचित कराने के लिए पर्याप्त है : 'रामकुमार इन दिनों रानीखेत में हैं। मैं जानता हूँ कि इस समय या तो वे किसी कैनवास के सामने होंगे या किताब के, या अपने लिए चुन लिए गये किसी एकांत कोने में, या वह अपनी अँगुलियों से मित्रों को साफ़ सुथरी लिखावट से चिट्ठी लिख रहे होंगे या फिर अपने पाठकों के लिए कोई चीज़। वह खरे व्यक्ति हैं और गम्भीर। अगर वह इनमें से कुछ भी नहीं कर रहे होंगे तो फिर किसी से संवेगपूर्ण बातचीत कर रहे होंगे, तन्मयता से, धीरता से।' मैंने भी तो रामकुमार को इन्हीं रूपों में देखा-जाना था, जब 1964 में उनके स्टूडियो में रहा था— तीन महीने, और अनंतर भी इन्हीं रूपों में जानता रहा।

रिचर्ड ने आगे लिखा है : 'उनके चित्रों की विषय-वस्तु संश्लिष्ट है, पर, उनकी शैली अपने आप में सरल है। बड़ी विषय वस्तु को अभिजात ढंग से सँवारा गया है सरलता के साथ।' हाँ, रामकुमार में बहुत अच्छे अर्थों में एक अभिजात और कुलीन परिष्कार है। वह सुसंस्कृत व्यक्ति और कलाकार थे। सादे पर गहरे। रिचर्ड ने इस लेख में रामकुमार की कला को, काव्य-परिसर से भी जोड़ा है। कला में, कविता जैसी उड़ान को रेखांकित किया है। रामकुमार के रंगों पर सोचा है। कहा है कि उनका काम एक 'मास्टर' (उस्ताद) का काम है, और अंत में उनके एक चित्र को शब्दों में वर्णित किया है, जिसका भावानुवाद यहाँ प्रस्तुत है :

> 'बनारस-2' शीर्षक चित्र, एक मास्टर का लैण्डस्केप लगता है : समूची 'स्थानीयता' (आंचलिकता) को रंगों की शर्तों पर रूपांतरित कर दिया गया है। रामकुमार के यहाँ, 'रंग की शर्तें', 'रंग के जादू' सरीखी हैं। ऊपर से जब आप नीचे की ओर आते हैं (चित्र में), मंदिर तक, तब बाईं ओर एक उजड़ा-सा वृक्ष है, स्मृति के आईने का प्रतिबिंब-सा लिए हुए। एक पुल के निकट एक टेलीग्राफ़ खम्भा जैसे-तैसे खड़ा है। पुल एक नहर के ऊपर है, और फिर चित्र-गति तेज़ी से नदी की ओर बढ़ती है, चमत्कारी, विमुग्ध परछाइयों के साथ।

हाँ, वाराणसी 1961 तक रामकुमार के चित्रों में एक चमत्कारी परिवर्तन घटित कर चुकी थी। याद करने लायक़ बात यहाँ यह है कि 'वाराणसी', उनके सैरों में, बाद के वाराणसी चित्रों में भी एक 'बीज-मंत्र' की तरह मौजूद रही। उनके चित्र कई प्रसंगों में रूपांतरित होते रहे, विशेष रूप से, उनके यात्रा प्रसंगों से, मसलन लद्दाख और न्यूजीलैण्ड की यात्राओं ने उनके रंगों में एक नया निर्मल-सौंदर्य भरा, पर, कुल मिलाकर जो पवित्रता-बोध वाराणसी ने जगाया था, वह रामकुमार की कला में बना ही रहा। और कई बार पुराने रूप, रूपक, रूपाकार उनकी कला में एक नयी निर्मलता के साथ प्रकट होते रहे। सत्तर के दशक से जो अमूर्तन का दौर अपने चरम पर रहा, उसमें बीच-बीच में उनके पुराने चित्रों की कुछ 'स्मृतियाँ' भी मानो चली आयीं। पर, पिछले डेढ़-दो दशक से तो चित्रों में आकृतियाँ भी उभरी, घर-घाट भी उभरे, वृक्ष उभरे, और कभी-कभी टूटे-अधटूटे से कुछ ढाँचे भी। खँडहरों जैसे रूपाकार भी। ये सब वाहक थे किन्हीं आंतरिक प्रतीतियों के। रिचर्ड ने भी लक्ष्य किया था, औरों ने भी, कि वाराणसी वाले दौर के बाद, अपने लैंडस्केप्स में रामकुमार मानो चीज़ों को दूर से, और दूर तक देख रहे थे : एक 'विहंगम' दृष्टि से भी। दरअसल रामकुमार को ग़ैर-ज़रूरी ढंग से उलझा लेने वाली चीज़ों से परेशानी होती थी, ऐसी कोई भी चीज़ जो 'दृष्टि' को संकुचित कर दे, फिर वह चाहे बातचीत हो, या कोई दृश्य, उन्हें अच्छा नहीं लगता था। इसका यह अर्थ नहीं कि गलियों-सड़कों-बाज़ारों के जीवन से उन्हें कोई विरक्ति थी। वाराणसी की गलियों में वह विचरे ही, और कलकत्ता की गलियों-सड़कों से भी उन्हें एक लगाव-सा था। जहाँ भी प्रीतिकर, आंतरिक, आत्मीय 'जीवन- तत्त्व' उन्हें मिलता था, ग्रहण करते थे। विरक्ति थी उन्हें तो चकाचौंध पैदा करने वाली चीज़ों से। जिन लोगों को उनके

घर के बाहर के नामपटों की याद है, वे जानते हैं कि बरसों-बरस वे धूल-धूप-बारिश में अपने ही एक 'खँडहर'-सा बन जाते थे, पर, उन्हें बदला नहीं जाता था। सुरुचिपूर्ण सादा पहनावा, (जिसके रंग ज़रूर 'चुने' हुए होते थे) सादा खान-पान सादा रहन-सहन ही उन्हें और संगीतप्रेमी पत्नी विमला को पसंद था।

V

रामकुमार कथाकार थे। दो उपन्यास भी उनके हैं, *देर सबेर* और *घर बने घर टूटे*। कहानी संग्रह कोई एक दर्जन, *एक लम्बा रास्ता*, *हुस्नाबीवी और अन्य कहानियाँ*, *झींगुरों के स्वर*, और *समुद्र* जैसे। जब मध्यवर्ग की स्त्री, कामकाज के लिए बाहर निकल रही थी, पढ़ लिख कर। अपने रास्ते, और अपना जीवन-साथी स्वयं चुनना चाह रही थी—अपनी मित्र मण्डली भी— उस 'मोड़' पर रामकुमार ने उसके कई रूप उभारे, अत्यंत संवेदित ढंग से। उनकी कहानियों में एकांतिक रूप से, पारिवारिक संबंधों में पैदा होने वाली चिंताएँ, और आशंकाएँ व्यक्त हुई हैं। अकेलेपन की भी कई कथाएँ हैं। मर्मभरी। उनमें ऋतुओं और जगहों के सूक्ष्म विवरण हैं। कुल मिलाकर वे हमें घेर लेती है गद्य सहज शब्द-सुरुचि से भरा हुआ है।

उनके लेखक-कलाकार का एक पक्ष यह भी रहा है कि उन्होंने *कल्पना*, *कृति*, *कहानी* जैसी पत्रिकाओं को गहरा सहयोग-समर्थन दिया था। जब मुक्तिबोध रोग शैय्या पर थे तो उनका एक पोर्ट्रेट बनाया था, जो *चाँद का मुँह टेढ़ा* है में प्रकाशित हुआ था। जब मैंने *कल्पना* के संचालक-सम्पादक बदरीविशाल पित्ती को प्रणति देने के लिए बदरीविशाल नाम से एक पुस्तक सम्पादित की तो, उन्होंने कल्पना और बदरीविशाल जी के योगदान पर एक टिप्पणी लिखकर दी। उनका कामकाज वास्तव में विपुल है, पर, जैसा कि हम पहले भी उल्लेख कर आये हैं वह सब अपनी विपुलता का कोई भार नहीं डालता— उसमें एक प्रशांति है। कोई हड़बड़ी नहीं। गहराई है। उनका काम भी मानो एकांत कोने में रहना पसंद करता है। इसलिए भी उनके योगदान के कई पहलुओं पर लोगों का ध्यान जाना बाक़ी है।

रामकुमार के जीवनकाल में ही द *जर्नी विदिन* नाम से गगन गिल के सम्पादन में वढ़ेरा आर्ट गैलरी ने उनकी कला पर अंग्रेज़ी में एक सचित्र पुस्तक प्रकाशित की थी, जिसमें रिचर्ड बार्थोलोमिव, शामलाल, निर्मल वर्मा, रंजीत

होसकोटे के लेख हैं। स्वामीनाथन जैसे कला-पारखी, चिंतक और चित्रकार स्वामीनाथन की टिप्पणियाँ हैं। एक लेख रामकुमार की कहानियों पर इन पंक्तियों के लेखक का भी है। इसमें उनकी कला को लेकर बहुतेरे संदर्भ भी हैं। रामकुमार की डायरियाँ, और टिप्पणियाँ भी हैं। ज़ाहिर है ये बहुत काम की हैं। अभी उनके विपुल योगदान पर बहुत कुछ किया और लिखा जाना बाक़ी है।

रामकुमार का 15-16 बैठकों में मैंने एक इंटरव्यू किया था *पूर्वग्रह* के लिए। तब रामकुमार की कला में धूसर रंगों की जगह लाल, हरा, पीला आना शुरू हुए थे। मैंने कहा, लगता है अब आपकी कला से 'अवसाद' पक्ष जा रहा है।' वह छूटते ही बोले, 'लाल रंग भी उदास हो सकता है।' हाँ, कला को, कला-कृतियों को देखने के बहुतेरे कोण हो सकते हैं। उनकी कृतियों के लिए भी नये कोणों की दरकार अभी और होगी।

नामवर सिंह

हिंदी के पहले बुद्धिजीवी समीक्षक की नामवरी

सुधीश पचौरी

नामवर सिंह (1927-2019) जब तक रहे, हिंदी साहित्य की बहसों के अगुआ बने रहे। उनसे सहमत हो कर या फिर असहमत हो कर ही हिंदी साहित्य के समकालीन इतिहास को हाथ लगाया जा सकता था। हममें से बहुतों के लिए वे एक ऐसे मुक़ाम की तरह थे जहाँ से हमें आधुनिक हिंदी साहित्य में प्रवेश मिलता था। उनसे झगड़े बिना, या उनका आशीर्वाद लिए बिना आप आगे नहीं बढ़ सकते थे। उनका आशीर्वाद बहुतों को मिला, लेकिन इन पंक्तियों के लेखक को कभी न मिला और शायद इसीलिए इसके आकर्षण का वे एक अनिवार्य केंद्र बने रहे। न जाने कितनों के वे 'ऑल्टर ईगो' थे। न जाने कितने उनके रहते पनप न पाए। न जाने कितने उनके मुक़ाबले खड़े न हो पाए। उनकी समीक्षक-बुद्धि और उससे अधिक उनकी आकर्षक वक्तृता उन्हें रचनाकारों से भी बड़ा हीरो बनाती रही। वे हिंदी की साहित्यिक गोष्ठियों के स्थायी अध्यक्ष थे।

जिस दौर में आलोचक को रचनाकार का 'मेकअप मेन' माना जाता था, उसी दौर में बहुत से नामी रचनाकारों से कहीं अधिक बड़ा उनका प्रभामण्डल था। चाहे संस्कृत काव्यशास्त्र संबंधी कोई ग्रंथ हो, या अंग्रेज़ी में आयी साहित्य-समीक्षा अथवा मार्क्सवादी विचारधारा संबंधी कोई किताब, उसके कुछ सबसे पहले पाठकों में से एक नामवर होते। आते हुए हर नये विचार या विवाद को वे पकड़ते और अपनी प्रगतिशील दृष्टि से उसका 'संग्रह और त्याग' करते।

आज़ादी के बाद चलन में अधिकाधिक आने वाला 'नया' विशेषण सिर्फ़ कविता कहानी के लिए ही नहीं था, हर नयी चीज़ के लिए था। बदन पर धोती-कुरता और दिमाग़ में एक से एक नये विचार का होना उन्हें एक ही वक़्त में गँवई और ग्लोबल शख़्सियत बना देता। धोती-कुर्ता उनको 'एथ्निक लुक' देते, और पश्चिम के समीक्षा सिद्धांतों पर उनकी गहरी पकड़ अंग्रेज़ीवालों के बीच भी उनका रुतबा क़ायम रखती। सभी जानते-मानते हैं उन्होंने लिखा कम किंतु बोला अधिक। लेकिन उनका बोलना भी लिखे की तरह होता था।

उनके बोलने की कला ने प्रगतिशील आलोचना को एक 'पॉप आलोचना' में बदल दिया। अगर आज छोटे-छोटे क़स्बों, नगरों की गोष्ठियों, सेमिनारों, समारोहों और अखिल भारतीय स्तर पर फैले हिंदी विभागों में होती साहित्य-चर्चाओं में 'साहित्य और समाज' या 'साहित्य और उसकी सामाजिकता' पर बल नज़र आता है तो नामवर सिंह के जगह-जगह दिये भाषणों के कारण। अगर ग़ैर-मार्क्सवादी ख़ित्तों के लोग भी साहित्य की सामाजिक सार्थकता ढूँढ़ते हैं तो नामवर के पचास-साठ साल तक जगह-जगह दिये गये साहित्यिक प्रवचनों और तज्जन्य विमर्शों के कारण!

साहित्य को देखने-समझने के प्रगतिशील नज़रिये को हिंदी पढ़ने-लिखने वालों के बीच नामवर ने जितना स्वीकरणीय बनाया, उतना उनके समकालीनों में से किसी ने नहीं।

पिछली सदी के सातवें दशक के दौर में हममें से बहुत से युवा लेखक मान कर चला करते थे कि साहित्य-समीक्षा के क्षेत्र में मार्क्सवादी विचारधारा का ही बोलबाला है। शिवदान सिंह चौहान, रामविलास शर्मा और नामवर सिंह—यह त्रिमूर्ति हमें आश्वस्त करती कि ये ही हमारे क्रिस्टोफ़र कॉडवेल, ग्योर्ग लूकाच और रेमंड विलियम्स हैं। हम ज्यों-ज्यों अक्लमंद हुए त्यों-त्यों लगने लगा कि इनमें नामवर ही काम के हैं, बाक़ी तो 'कुत्सित समाजशास्त्री' या 'यांत्रिक मार्क्सवादी' हैं जो साहित्य की जटिलताओं में नहीं जाते। वे अपनी 'पसंदीदा' और 'प्रिफ़र्ड' रचना को ही रचना मानते हैं और बाक़ी को ख़ारिज करते हैं।

I

नामवर की नामवरी

हिंदी समीक्षा में मार्क्सवाद का बोलबाला भले रहा हो, साहित्य के बहुत से नये सवाल उसके विषय न बन सके। रचनाओं की समीक्षाएँ होती रहीं, आलोचना-कर्म को लेकर भी चर्चाएँ होती रहीं, लेकिन आलोचना का असली कर्म क्या है— इस पर बहुत कम विचार हुआ।

कोई आलोचक किसी रचना के मूल्यांकन तक कैसे पहुँच जाता है, इसका जवाब आलोचक या आलोचना नहीं दे पाती थी। आलोचना तो नज़र आती, लेकिन उसकी पद्धति समझ नहीं आती थी। आलोचना की पुरानी निगमनात्मक शैली या आगमनात्मक शैली तो समझ में आती, लेकिन पद्धति फिर भी स्पष्ट न होती। आलोचक किस चमत्कार से रचना की महानता तक पहुँच गया, वह प्रक्रिया नहीं दिखती। इसीलिए कोई कृति अचानक साहित्य में छा जाती और फिर ग़ायब हो जाती। सिर्फ़ रामचंद्र शुक्ल की समीक्षा-शैली ऐसी थी, जिसमें उनकी पद्धति भी नज़र आती थी, लेकिन हर बंदा तो शुक्ल की-सी तैयारी नहीं रखता था।

प्रस्तुत पठंत (रीडिंग) में हम नामवर के जीवन-वृत्त की जगह उनकी कुछ महत्त्वपूर्ण कृतियों में से सिर्फ़ *कविता के नये प्रतिमान* पर फ़ोकस करना चाहते हैं ताकि नामवर की काव्यालोचना की पद्धति का एकमुश्त परिचय मिल सके। 'प्रतिमान' से पहले नामवर *कहानी नयी कहानी* में 'हिंदी की पहली नयी कहानी' की 'खोज' कर चुके थे, जिसके लिए वे खूब चर्चित रहे। उससे भी पहले वे *छायावाद* (1955) नामक एक अन्य छोटी-सी पुस्तक लिख चुके थे जिसमें छायावादी कवियों की कविताओं की 'काव्यगत विशेषताएँ' बताई थीं यह रचना साफ़ नहीं करती थी कि वे छायावाद की विशेषताओं तक किस 'पद्धति' से पहुँचे?

बहरहाल, 1955 से 1968 के बीच 'नयी कविता' का 'अवधानतापूर्वक पाठ' करते-करते नामवर समीक्षा की 'पद्धति' के प्रश्न तक पहुँच ही गये। इसका प्रमाण है उनकी समीक्षा पुस्तक *कविता के नये प्रतिमान* (1968)। इस पुस्तक लिखने के दौरान नामवर ने सबसे पहले समीक्षा-पद्धति के होने की समस्या को पहचाना।

जब तक छायावाद रहा तब तक रचना में 'अनुभूति' का बोलबाला रहा! हम कवि की मूल 'अनुभूति' ढूँढ़ते रहते। आलोचक अपनी अनुभूति के हिसाब से कवि की 'अनुभूति' तलाशते रहते और जब दोनों में तादात्म्य हो जाता, तो कविता पकड़ में आ जाती। अनुभूति के तादात्म्य के सहारे आलोचक कविता के अर्थ तक सीधे पहुँच जाते और फ़ैसले दे देते, लेकिन अगर अनुभूति में तादात्म्य न हो तब क्या हो? इसीलिए कृति आलोचक की कृपा पर निर्भर रहती। उसे पसंद आयी तो महान, नहीं तो दो कौड़ी की! आलोचना-कर्म में आलोचक के आत्मगत आग्रह या सब्जेक्टिविटी स्वयं एक समस्या बनी रही। यहीं यह सवाल उठा कि क्या किसी कृति के अर्थ तक पहुँचने के कुछ वस्तुगत तरीक़े भी हो सकते हैं? *कविता के नये प्रतिमान* इसी मायने में हिंदी-आलोचना में एक नया 'ब्रेक थ्रू' करने वाली किताब कही जा सकती है। इस 'वस्तुगत समीक्षा पद्धति' (ऑब्जेक्टिव मेथड) की तलाश में नामवर कितने सफल हुए कितने न हुए, यह अलग बात है। असली बात है किसी 'वस्तुगत समीक्षा पद्धति' की तलाश करना। हिंदी आलोचना का एक वक़्त ऐसा भी रहा, जब ऐसे प्रस्तावों को 'रूपवादी' बता कर ख़ारिज कर दिया जाता था। नामवर पहले हिंदी आलोचक रहे जिन्होंने *कविता के नये प्रतिमान* में सबसे पहले काव्यार्थ के उलझे हुए प्रश्नों को उठाया और अमेरिकी 'नव्य समीक्षा' द्वारा विकसित कुछ सूत्रों को समझने-समझाने और अमल में लाने की कोशिश की।

II

नामवर सामान्य आलोचकों में नहीं आते। वे उनमें नहीं, जिनकी आलोचना बोर करती है, बल्कि वे उनमें से हैं जिनकी आलोचना अपने पाठक को उत्तेजित करती है, छेड़ती है और रचना से पंगा लेती है। वे अपनी बात कम कहते हैं। दूसरों के कथनों के ज़रिये अपनी बात कहते हैं। वे अपने से पूर्व के या समकालीनों की उक्तियों को अपनी तर्क-योजना में कुछ इस तरह पिरोते हैं कि लगता है कि वे सीधे बहस नहीं कर रहे, दूसरों को दूसरों से भिड़ा कर अपनी बात कह रहे हैं। अपनी स्थापना के लिए पहले वे किसी एक उस्ताद की कुछ सटीक लाइनें जुटाते हैं, फिर उसकी काट करने के लिए किसी तीसरे की लाइनें

उद्धृत करते हैं, फिर उसको भी किनारे करने के लिए अगले विद्वान को उद्धृत करते हैं, और अंत में किसी के बहाने अपनी बात कहते हैं। इस तरह वे समीक्षक ही नहीं, समीक्षा के आयोजक भी हैं।

कविता के नये प्रतिमान शुरू से आख़िर तक दूसरे-तीसरे-चौथे समीक्षकों के बीच एक कंट्रोल्ड कुश्ती की तरह है जिसमें वे हर उस व्यक्ति को जिताते हैं जो उनके मनोरथ को पूरा करता है। हर किसी के ताक़तवर और कमज़ोर बिंदुओं की उनको गहरी पहचान है और इसीलिए वे कमज़ोर के तर्कों को हराने के लिए ताक़तवर के तर्क तथा प्रसंग जुटा कर कमज़ोर तर्कतीर्थ को अखाड़े से बाहर करते चलते हैं।

आलोचना उनके लिए एक अखाड़ा है जिसकी ज़मीन वे स्वयं तैयार करते हैं और जोड़ों को भी लड़ाते हैं, लेकिन जीतने वाला अंतिम दाँव उनका ही होता है। वे कृष्ण की तरह दुर्योधन और भीम के गदा-युद्ध में संकेतों से स्वयं को जिताते हैं। खण्डन-मण्डन की यह शैली संस्कृत काव्यशास्त्र और दर्शनों में पाई जाती है लेकिन 'पॉलिमिक्स का चुटीलापन' नामवर में मिलता है वह सीधे मार्क्सवादी चिंतकों से आता है। लेकिन नामवर में और मार्क्सवादी चिंतकों में एक फ़र्क़ है। मार्क्सवादी चिंतक जैसे मार्क्स या प्लेखानोव या लेनिन या ट्राट्स्की अपने प्रतिपक्ष से सीधे टकरा कर उन्हें निरुत्तर कर अपनी बात कहने में यक़ीन करते हैं,लेकिन नामवर अपने प्रतिपक्ष को अन्य प्रतिपक्षी से लड़ाते हुए अपनी लाइन खींचने में यक़ीन करते हैं।

यही नामवर की नामवरी है!

रामविलास अपने प्रतिपक्ष से सीधे भिड़ते हैं। शिवदान भी सीधे टकराते हैं, लेकिन नामवर दूसरे जोड़ों को पहले अखाड़े में उतारते हैं और एक को जिता कर फिर उसे भी चित्त कर के वे अंत में अपनी लाइन का झण्डा फहराते हैं। शायद इसीलिए *कविता के नये प्रतिमान* में लगभग हर अध्याय में दूसरे लेखकों के सटीक उद्धरणों की ऐसी तर्क-शृंखला मिलती है जिसके ज़रिये *तार सप्तक* के प्रकाशन से लेकर बाद के 'सप्तकों' के प्रकाशन का (1943 से 1968 तक) यानी पच्चीस बरसों के बीच हुई 'नयी कविता' और उसकी रचना-प्रक्रिया और

अर्थ-प्रक्रिया से संबंधित अधिकतर पहलुओं का एकमुश्त 'आख्यान' (नैरेटिव) या 'इतिहास' उपलब्ध हो जाता है।

यों यही काम *कहानी नयी कहानी* करती है और *दूसरी परम्परा की खोज* भी करती है लेकिन जिस नियोजित तरीक़े से नामवर *कविता के नये प्रतिमान* तलाशने की कोशिश करते हैं, वह नियोजन अन्य पुस्तकों में नहीं दिखता। यह एक शुरू से आख़िर तक एक सोची समझी गयी रणनीति के तहत लिखी गयी किताब है जबकि अन्य किताबें पश्चात्/संयोजित/सम्पादित या संकलित लगती हैं। नयी कविता संबंधी अन्य समीक्षा पुस्तकों के मुक़ाबले यह पुस्तक पहली 'इंटेलेक्चुअल टच' वाली पुस्तक कही जा सकती है।

हिंदी में 'समीक्षा' की कमी नहीं। लेकिन गुण-दोष विवेचन मात्र समीक्षा नहीं हो जाता। जब तक समीक्षक की तर्कणाशक्ति अपने समय, समाज और अपने वक़्त की कृतियों से इंटेलेक्चुअली न टकराए, या कृति और उसके समय या रचनाकार के बीच पैदा होने वाले तनावों को जाग्रत न करे, तब तक कोई भी समीक्षा अपनी ज़रूरी 'बौद्धिक भूमिका' को निभाती नहीं मानी जा सकती। इसी बिंदु पर आलोचना रचना से जुड़ कर भी उससे अपनी स्वतंत्र जगह बनाती है। रचना के भीतरी और बाहर तनावों और अंतर्विरोधों को बता कर ही समीक्षा अपने देश-काल की समीक्षा बनती है और इसी क्रम में वह रचना की पिछलग्गू न बन कर उससे आज़ाद होकर उसकी अगुआ बन जाती है। वही रचना के सामाजिक स्वीकृति के लिए भूमिका तैयार करती है। बौद्धिक (इंटेलेक्चुअल) समीक्षा से यहाँ हमारा मतलब किसी शुष्क, वैचारिक दार्शनिक कसरत से नहीं है, बल्कि अपने समय के बौद्धिक क्षेत्रों में प्रचलित/स्वीकृत प्रस्थापनाओं को छेड़ने, झकझोरने और बदलने की क्षमता से है। रचना एकबारगी 'पैसिव' रह कर भी ज़िंदा रह सकती है, लेकिन समीक्षा अपनी स्थापना के लिए किसी 'पैसिवनेस' (निष्क्रियता या प्रतिक्रियाहीनता को) को गवारा नहीं कर सकती। इस मायने में हिंदी-समीक्षा में आधुनिक क़िस्म की बौद्धिकता का पहला चरण अगर भारतेंदु के दौर में लिखी समीक्षाओं को माना जाए, तो दूसरा चरण महावीर प्रसाद द्विवेदी के दौर को माना जा सकता है और तीसरा दौर शुक्लजी के दौर को कहा जा सकता है।

उसके बाद समीक्षा का चौथा और असली बौद्धिक चरण मार्क्सवादी समीक्षा से ही आरम्भ होता है।

एडवर्ड सईद और समीक्षक की भूमिका

शीतयुद्ध के बीस तीस बरस के लम्बे दौर में (यही दौर नयी कविता का दौर भी है) मार्क्सवादी समीक्षा के भी दो स्कूल बन जाते हैं। एक स्कूल वह बनता है जिसे 'जड़ मार्क्सवादी' या 'यांत्रिक मार्क्सवादी' या 'कुत्सित समाजशास्त्री' स्कूल कहा जाता है, और दूसरा वह है जिसे 'नव्य समीक्षावादी' यानी 'रूपवादी', 'संशोधनवादी' और 'समर्पणवादी' कहा जाता है। इस घमासान में एक समीक्षक के रूप में नामवर सिंह की 'लोकेशन' को 'लोकेट' करना ज़रूरी है। इस संदर्भ में पहला सवाल यह उठता है कि नामवर सिंह क्या सिर्फ़ समीक्षक हैं या कि उससे कुछ अधिक हैं? अगर वे आम समीक्षक होते तो और बहुत से आम 'मीडियाकर' समीक्षकों की तरह होते जो हिंदी में भरे पड़े हैं। लेकिन नामवर उस तरह के समीक्षक नहीं हैं। वे इन सबसे 'कुछ अधिक' हैं।

यह 'कुछ अधिक' होना क्या है? 'कहने की ज़रूरत नहीं' (यह नामवर का ही 'तकियाकलाम' है) कि नामवर 'कुछ अधिक' हैं क्योंकि वे *कविता के नये प्रतिमान* में साहित्य और समीक्षा से तीखी और आधुनिक क़िस्म की बौद्धिकता की माँग करते हैं। आधुनिक क़िस्म की बौद्धिकता से हमारा मतलब एडवर्ड सईद के 'बौद्धिक' से है। आलोचक को सिर्फ़ साहित्यालोचक मान कर हमने आलोचना-कर्म को सिर्फ़ साहित्य की आख्या-व्याख्या तक सीमित मान लिया है, जबकि एडवर्ड सईद उसे इससे अधिक बताते हैं। वे आलोचक को 'बुद्धिजीवी' मानते हैं और इस तरह उसे 'समाज-समीक्षक' का दर्जा देते हैं। सईद मानते हैं कि 'बुद्धिजीवी अपने समय की संस्कृति का संगठक (ऑर्गनाइज़र) होता है। वह अपने वर्ग यानी पढ़े-लिखे समाज को नयी समझ देता है और अपने 'फ़ॉलोअर' बनाता है। सईद के अनुसार रचना 'की' नहीं जाती बल्कि वह 'होती' है यानी 'घटित होती' है। इसी कारण लेखक समाज को न केवल 'प्रभावित करता' है, बल्कि उससे प्रभावित होता है। सईद की सबसे मौलिक अवधारणा है : समीक्षा और समीक्षक के सेकुलर होने की अवधारणा। ऐसा

समीक्षक सिर्फ़ बौद्धिक क़िस्म की 'विशेषज्ञता' का क़ायल नहीं होता। अपने समय के राजनीतिक यथार्थ से अपने जुड़ाव के कारण ही वह 'सत्ता से सत्य की बात' (टॉकिंग टुथ टू पॉवर) करता है।

ध्यान से देखें तो ग्राम्शी का 'ऑर्गनिक इंटेलेक्चुअल' सईद में आ कर थोड़ा बदल जाता है। वह 'ऑर्गनिक'(आवयविक) के अलावा 'साहित्यिक इंटेलेक्चुअल' भी बन जाता है। साहित्य के समीक्षक की भूमिका को जितने गहराई से एडवर्ड सईद ने खँगाला उतना उनके समकालीनों में और बाद वालों तक में किसी ने नहीं खँगाला। सईद के यहाँ समीक्षक एक बुद्धिजीवी है। समीक्षा-कर्म सईद के लिए एक प्रकार का 'फ़ंक्शन' है यानी एक प्रकार का 'सोशल फ़ंक्शन' है। समीक्षक एक 'सोशल फ़ंक्शनरी' होता है। आज के शब्दों में हम उसे साहित्य का 'एक्टिविस्ट' भी कह सकते हैं जो साहित्य में 'एक्शन' करता है और उसे 'एक्टिव' रखता है। एडवर्ड सईद कहते हैं कि किसी रचनाकार की तरह ही समीक्षक भी अपने समाज में रहता है, उसी में अपना काम करता है। इसी अर्थ में समीक्षक 'एक संस्थान' होता है जो रचना के मूल्य निर्धारण का काम करता है। जब समीक्षा कर्म का स्पेशलाइजेशन हो जाता है यानी समीक्षक स्पेशलिस्ट हो जाता है त्यों ही समीक्षक और उसकी 'जनता' (यानी रचना व आलोचना के पाठकों) के बीच दरार पैदा हो जाती है। इसके बरअक्स बौद्धिक समीक्षक एक 'पब्लिक इंटेलेक्चुअल' होता है जिसके काम का मिज़ाज 'प्रतिरोधात्मक' होता है। सईद ने साहित्य के समीक्षक को इंटेलेक्चुअल के रूप में स्थापित कर समीक्षक की वर्चस्वकारी भूमिका को रेखांकित कर दिया यानी कि गाम्शी के 'आवयविक (आर्गनिक) बुद्धिजीवी' की तरह समीक्षक भी साहित्य का 'आवयविक' अंग होता है जो लोगों को साहित्य सजग करता है। उनकी समझ को बढ़ाता है। सईद के शब्दों में ऐसे बुद्धिजीवी वर्चस्वकारी समुदाय के 'डेपुटी' होते हैं। सईद ने ये अवधारणाएँ अपनी रचना *द वर्ल्ड, द टेक्स्ट ऐंड द क्रिटिक* में विस्तार से पेश की हैं।

नामवर को लोकेट करना हो तो सईद की उक्त अवधारणाएँ बड़ी उपयोगी हैं। उन्हें आधार बनाकर हम नामवर को सहज ही अपने समय का एक बड़ा 'इंटेलेक्चुअल समीक्षक' कह सकते हैं। वे सिर्फ़ समीक्षक नहीं हैं बल्कि

साहित्य के 'संगठक' भी हैं। इसी संदर्भ में हम नामवर की सबसे महत्त्वाकांक्षी पुस्तक *कविता के नये प्रतिमान* को 'पढ़ना' चाहते हैं। एक मायने में यह नामवर का सबसे 'दुर्वह प्रयत्न' है और इस लेखक का भी!

समकालीन हो कर, समकालीन साहित्यिक रचनाओं का आख्यान कहना एक कठिन कर्म है, क्योंकि अपने समय की रचना से अपेक्षित दूरी नहीं हो पाती। अपनी तात्कालिकता में बहुत-सी घटनाएँ, बहुत सी सूचनाएँ अपने पूरे अर्थ नहीं खोल पातीं। उनके मायनों में ठहराव नहीं आ पाता और इस तरह उनको नापना कठिन होता है, लेकिन नामवर इस घमासान में पूरे साहस के साथ उतरते हैं।

नामवर की पुस्तक के नाम में एक दुविधा नज़र आती है : कहा जा सकता है कि उन्हें नयी कविता के प्रतिमान खोजने थे तो शीर्षक 'नयी कविता के प्रतिमान' रखने में क्या बुराई थी। इसका एक कारण तो यह है कि उनसे पहले लक्ष्मीकांत वर्मा 'नयी कविता के प्रतिमान' की चर्चा चला चुके थे। इसलिए वैसा शीर्षक देना नक़ल कहलाता जब कि *कविता के नये प्रतिमान* का मतलब हैं कि 'कविता' तो एक शाश्वत क्रिया है। हाँ, उसके प्रतिमान बदलते रहते हैं, इसलिए बदलते प्रतिमानों को खोजना है तो *कविता के नये प्रतिमान* टाइटिल ही ठीक है। पुस्तक में स्वयं नामवर इस टाइटिल का बचाव करते हैं। यहाँ नामवर का कविता को शाश्वत जैसा मानना अपने आप में एक समस्या है लेकिन हमारी पठंत में यह एक मामूली मुद्दा है। देखना यह चाहिए कि यह पुस्तक किस तरह से प्रतिमान खोजती है और उन्हें स्थापित करती है?

कविता के नये प्रतिमान खण्डन-मण्डनात्मक या विवादात्मक (पॉलिमिकल) शैली में लिखी गयी पुस्तक है। ऐसे में लेखक की अपनी स्थापनाएँ सीधी सामने नहीं आतीं बल्कि दूसरों के तर्कों के खण्डन-मण्डन के ज़रिये आती हैं। नामवर अपने प्रतिमानों को प्राय: अपने शब्दों में कम बल्कि दूसरों के शब्दों में अधिक कहते हैं। इसी कारण उनके द्वारा प्रस्तुत तर्क-शृंखला में से उन स्थापनाओं को अलग से निकालना पड़ता है जो नामवर की अपनी है। इसी कारण हमने यहाँ नामवर के इस 'टेक्स्ट' को शुरू से आख़िर तक 'ट्रेस' करने की कोशिश की है।

'छायावाद' व 'रस-सिद्धांत' का निपटान बतर्ज़ नामवर

यूँ तो पुस्तक के पहले अध्याय में ही 'कविता क्या है?' जैसे बुनियादी सवाल को उठा कर नामवर साफ़ कर देते हैं कि कविता के कर्म में ऐसा कुछ घट चुका है कि कविता के अंदर-बाहर का बहुत कुछ बदल गया है। इस 'बदल गये' को टटोलने के ज़रिये ही नामवर इस अध्याय में, दूसरे अध्याय *कविता के नये प्रतिमान* के लिए जगह बनाते हैं। जगह बनाने के लिए पुराने की 'सफ़ाई' की जानी चाहिए। यह सफाई नामवर अपनी क़लम से करते हैं।

उनकी नज़र में नयी कविता को देखने के रास्ते में बाधा बनने वाली एक बड़ी समस्या चले आते छायावादी और रसवादी संस्कारों की है। उनको बदले बिना आप 'नये प्रतिमान' स्थिर नहीं कर सकते। नामवर का असल कमाल यहीं नज़र आता है। पहले अध्याय में वे सबसे पहले कविता में चले आते 'अनुभूति' के मानक से निपटते हैं। नये कवि जगदीश गुप्त से लेकर नगेंद्र तक मानते हैं कि कविता का मूल तत्त्व है 'अनुभूति' (*कविता के नये प्रतिमान*, पृ. 20)। छायावादी कविता में हर आलोचक 'कवि की अनुभूति' ही खोजा करता था। जो अनुभूति छायावादी की कविता का मानक रही वही अनुभूति अगर नयी कविता का मानक भी मानी जाती हो तो अनुभूति और अनुभूति में फ़र्क़ करना ज़रूरी हो जाता है। नामवर के अनुसार जगदीश गुप्त नयी कविता को छायावाद से जोड़ना चाहते हैं, जबकि नगेंद्र उसे छायावाद में ही समेटना चाहते हैं।

इसे देख नामवर कहते हैं कि 'छायावादी संस्कार आज भी (यानी कविता के नये प्रतिमान लिखते वक़्त तक) प्रबल हैं'... 'इन प्रतिमानों के रहते नयी कविता की स्वीकृति का कोई अर्थ नहीं। जब तक नयी कविता इस संस्कार को तोड़ कर अपने लिए उसमें जगह नहीं बनाती ... तब तक नयी कविता बौद्धिक रूप से स्वीकृत होकर काव्यबोध के स्तर पर हिंदी साहित्य के इतिहास में एक तथ्य मात्र है।' छायावादी संस्कारों से मुक्त करने की छटपटाहट सिर्फ़ हिंदी कविता में ही नहीं दिखती, बल्कि उससे पहले वह अंग्रेज़ी कविता में भी दिखती है। यह बात नगेंद्र भी अपने रस सिद्धांत में मानते हैं जिसे नामवर अपने पक्ष में सटीक तरीक़े से इस तरह उद्धृत करते हैं कि 'अमेरिका और इंग्लैण्ड में नये कवियों ने जिस प्रकार स्वच्छंदतावाद का विरोध किया है, उसी प्रकार भारतीय भाषाओं में

भी (हिंदी, मराठी और बंगला आदि में) स्वच्छंदतावाद के साथ-साथ उसके समानधर्मा रसवाद का भी योजनाबद्ध ढंग से विरोध किया जा रहा है।'

छायावाद और रसवाद का एक प्रतिमान है 'अनुभूति' और दूसरा प्रतिमान है 'उच्छवास' या 'हृदय का उच्छवास'। इस शब्द प्रवर्तन के समक्ष नगेंद्र रसवाद को 'नव भावाभिव्यंजनावाद' कहने लगते हैं ताकि रसवाद नयी कविता समझने में सक्षम नज़र आये। नयी कविता बिम्ब के ज़रिये नये भावों की अभिव्यंजना करती है। नव 'भावाभिव्यंजनावाद' बिम्बों की व्याख्या करने में सक्षम है इसलिए नयी कविता के प्रतिमान रसवाद के घेरे में ही रहते हैं। नामवर के हिसाब से नगेंद्र का 'रस-सिद्धांत' नयी कविता का पीछा आसानी से छोड़ने वाला नहीं है। उनके अनुसार बिम्ब कलात्मक अनुभूति का प्रमाण हैं। प्रमाण के लिए वे अज्ञेय की 'सोन मछली' कविता की रसवादी व्याख्या करके सिद्ध करते हैं कि मछली के बिम्ब के शब्द चित्र को रससिक्त करने वाली संवेदना ही मानव चेतना है। मानवचेतना का स्पर्श पाकर ही बिम्ब रस से सिक्त होकर ग्रहण होता है। नगेंद्र कहते हैं कि बिम्ब निश्चय ही कला की सिद्धि है, पर उस बिम्ब को जीवंत करने वाला तत्त्व तो मानव चेतना का स्पर्श ही है और उसी का नाम रस है। यानी नयी कविता का रूपाकार भले बदल गया हो, लेकिन कविता का अनिवार्य तत्त्व 'अनुभूति' वही का वही है। वह नहीं बदला है। इसलिए रसवाद ही उसका अधिकृत व्याख्याता हो सकता है। नगेंद्र के तर्क इसी तरह से चलते हैं। 'सोन मछली' कविता की 'मछली' कवि अज्ञेय को 'हाँफती' लगती है, लेकिन नगेंद्र को वही 'थिरकती' हुई लगती है। अज्ञेय का नया अनुभव मछली को हाँफता पाता है, जबकि रसवादी नज़र में वह थिरकती हुई दिखती है।

नामवर इस फ़र्क़ का कारण रूप और भाव को अलग-अलग करके देखने की द्वैत-दृष्टि को मानते हैं, जो रूप और भाव को अलग-अलग मान कर चलती है। हमारा मानना है कि यह दो नज़रियों का फ़र्क़ है। रचनाकार मछली को हाँफता महसूस करता है, आलोचक उसे थिरकता महसूस करता है। लेकिन नामवर इस भेद को सिर्फ़ 'रूप' और 'भाव' के 'द्वैत' के हवाले कर देते हैं, जबकि यह भेद 'नये यथार्थ' और 'पुराने यथार्थ' के बीच का है। बदलते यथार्थ के साथ अनुभव बदल रहे हैं— इतना कहना काफ़ी होता।

अपने विचलन को जल्दी ही महसूस कर नामवर फिर अपनी नयी सैद्धांतिक ज़मीन पर आते हैं।

छायावादी-रसवादी काव्य-सिद्धांत के दौर में एक और साहित्य-मानक खूब -चला। यह था 'आस्था'! नगेंद्र ने आलोचक की आस्था लिखी जबकि मार्क्सवादी आलोचक राममिलास शर्मा में भी इस 'आस्था' का खूब बोलबाला रहा। उन्होंने आस्था और सौंदर्य की रचना की। नामवर इसी 'आस्था' यानी 'फेथ' पर चोट करते हुए साही को उद्धृत करते हुए कहते हैं कि 'अनुभूति की सार्वजनीनता अपनी अनुभूति के प्रति कृतिकार की 'तटस्थता' और 'निर्वैयक्तिकता' से उत्पन्न होती है। इसलिए नहीं कि हमारे बीच के 'मान्य सत्य' या 'आस्थाएँ' चिरंतन एवं समान हैं, बल्कि इसलिए कि चिरंतन 'तथ्य' के दबाव में हम रह रहे हैं।' इसी बात को नामवर और साफ़ करते हुए कहते हैं कि 'कवि और पाठक के बीच जोड़ने वाली कड़ी 'आस्था' नहीं 'यथार्थ' है।' इसके ठीक आगे के पैरा में नामवर कहते हैं कि 'यही कारण है कि नयी कविता छायावाद के समान ही 'अनुभूति' पर बल देते हुए भी भावों की शाश्वतता के प्रति उतनी आश्वस्त नहीं है। इसलिए नये कवि अनुभूति से अधिक अनुभूतियों के परिवर्तित संदर्भ पर विशेष बल देते हैं।'

इस बात को और स्पष्ट करने के लिए नामवर अज्ञेय की इन लाइनों को उद्धृत करते हैं जो कहती हैं कि 'जैसे जैसे बाह्य वास्तविकता बदलती है, वैसे-वैसे उससे हमारे रागात्मक संबंध जोड़ने वाली प्रणालियाँ भी बदलती हैं ... और अगर नहीं बदलती तो हमारा उस वास्तविकता से संबंध टूट जाता है। कहना न होगा कि जो आलोचक इस परिवर्तन को नहीं समझ पा रहे हैं, वे उस वास्तविकता से टूट गये हैं जो आज की वास्तविकता है। इस तरह लम्बे खण्डन-मण्डन के बाद नामवर इस नतीजे पर पहुँचते हैं कि 'यदि नयी कविता को कविता के रूप में जाँचना-परखना है तो काव्यानुभति की इस बदली हुई बनावट को ध्यान में रख कर ही परिभाषा करनी पड़ेगी। वे फिर अपने पक्ष को पुष्ट करने के लिए विजय देव नारायण साही से कहलवाते हैं कि 'समूची नयी कविता को ठीक-ठीक देखने के लिए नयी कविता के प्रतिमान की ज़रूरत नहीं बल्कि *कविता के नये प्रतिमान* की ज़रूरत है।

नामवर अपने प्रतिपक्षी से सीधे नहीं टकराते। वे पूर्ववर्ती या समकालीनों के उद्धरणों के हवाले से एक ऐसा तर्कसंगत नैरेटिव गढ़ते हैं कि लगे कि प्रतिपक्ष द्वारा जो स्थापित किया गया है, उसके खण्डन में वे अकेले नहीं हैं, बल्कि अन्य बहुत से हैं। पुराने का तिरस्कार और नये के लिए जगह बनाने के लिए सबसे तगड़ा हमला वे नगेंद्र के रस-सिद्धांत पर करते हैं, उनके छायावादी भावबोध पर करते हैं। इसके लिए वे उनके विरोध में कभी अज्ञेय को जुटाते हैं, कभी साही को लगाते हैं, तब जाकर अपनी बात कहते हैं। इस पुस्तक की विवादप्रियता का यही कारण है।

अगले अध्याय *कविता के नये प्रतिमान* में नामवर एक बार फिर पुराने प्रतिमानों को 'पुराने संस्कार' कह कर 'नये' के लिए जगह बनाते हैं। उनकी नज़र में 'नये से नये प्रतिमानों के लिए सबसे बड़ी चुनौती छायावादी संस्कार है।'

नामवर की एक बड़ी समस्या अवशिष्ट छायावादी संस्कार है। वे स्वयं छायावाद के नाम से एक पूरी पुस्तक लिख चुके हैं, लेकिन अब नयी कविता की चुनौती सामने है, इसलिए पहले वे छायावादी संस्कारों से लड़ते हैं। इसीलिए *छायावाद* के साथ वे एक आत्मीय किंतु लम्बे वैचारिक संघर्ष में संलग्न होते हैं। *कविता के नये प्रतिमान* नामक अध्याय में इसीलिए वे छायावाद के बचे-खुचे संस्कारों से टकराते हैं।

वे बताते चलते हैं कि किस तरह छायावाद का 'अंत' घोषित हो चुका है, कि किस तरह छायावादी भाषा की जगह नयी भाषा ले रही है। सियाराम शरण गुप्त के हवाले से वे बताते हैं कि किस तरह 'नीरस तरुरिह विलसति पुरत:' की भाषा छायावादी संस्कार की भाषा कही जा सकती है और 'शुष्कोवृक्ष:तिष्ठत्यग्रे' की भाषा नयी कविता की भाषा के नज़दीक बैठती है। 'कोमल कांत' पदावली की जगह, रूखी और कठोर भाषा नयी कविता की भाषा के नज़दीक है। यहीं वे कबीर की भाषा और नयी कविता की भाषा में नज़दीकी देखते हैं।

नामवर की शिकायत है कि प्रयोगशील कविता ने शुरुआती प्रतिक्रिया के बाद छायावादी संस्कारों को निर्मूल करने का गम्भीर प्रयास नहीं किया। केदार नाथ सिंह के एक लेख की लाइनें उद्धृत करते हुए वे बताते हैं कि रोमांटिक और आधुनिक के बीच जो स्पष्ट विभाजन अब तक हो जाना चाहिए था वह अगली

पीढ़ी तक के लिए स्थगित कर दिया गया। सब प्रयोग-प्रयोग खेलते रहे, लेकिन 'यथार्थ दर्शन से उत्पन्न होने वाली कुण्ठा के मूल में जाने की ज़रूरत नहीं' समझी गयी। सिर्फ़ मुक्तिबोध ने नयी कविता के इस समझौतावादी रुख़ का विरोध किया। यही कारण रहा कि नयी कविता के पूरे दौर में मुक्तिबोध प्राय: उपेक्षित रहे। नयी कविता ने कहीं न कहीं पूर्ववर्ती रोमांटिकता के साथ चुपचाप समझौता कर लिया।

सावधान करते हुए नामवर आगे कहते हैं कि कविता के नये प्रतिमानों को निर्धारित करते समय अंतर्निहित रोमांटिक संस्कारों का आत्म-विश्लेषण करना आवश्यक है। प्रतिमान-निर्धारण करने का मतलब है कि प्रतिमानों को स्थिर किया जाए, उनको व्यवस्था दी जाए उनको सूत्रबद्ध किया जाए! लेकिन नामवर जानते हैं कि 'प्रतिमानों को सूत्रबद्ध करने के अपने ख़तरे हैं'।

नयी कविता, नामवर और नव्य समीक्षा

एक तरफ़ यह ख़तरा है, तो दूसरी तरफ़ नयी कविता द्वारा पेश की जाती चुनौतियाँ भी हैं : 'नयी कविता ने कविता के नये मूल्यों को प्रतिष्ठित करने के साथ ही कविता की नयी पद्धति की आवश्यकता भी प्रदर्शित की है'। साफ़ है कि नयी कविता को नये पाठक चाहिए, 'अतीतजीवी अबोध या जड़ पाठक' नहीं चाहिए।

नयी कविता के विकास के साथ नये-नये मुद्दे उठ रहे हैं। अज्ञेय *तीसरा सप्तक* की भूमिका में कविता के 'विषय और वस्तु' को अलगाते हैं। नामवर उन्हें उद्धृत करते उनसे कहलवाते हैं कि 'विषय' सम्प्रेष्य नहीं होते बल्कि 'वस्तु सम्प्रेष्य' होती है।

हम इसे और स्पष्ट करें। अज्ञेय का कहना है और नामवर का मानना है कि कविता के 'विषय' मनुष्य से लेकर प्रकृति के तमाम रूप में से हो सकते हैं, लेकिन सम्प्रेष्य सिर्फ़ उनके अंतर्निहित मायने ही हो सकते हैं। विषय यानी कविता का ऊपरी और शाब्दिक कलेवर, वस्तु यानी कवि का अभिप्रेत! यही 'अभिप्रेत' आलोचक के लिए 'ग्राह्य' है। आप कविता के किसी बिम्ब विधान की प्रशंसा करें और उसके कथ्य का तिरस्कार करें, ऐसी आलोचना ठीक नहीं। आलोचना होती है तो 'समग्र कविता' की होती है

यहीं दो तीन पैरों में नामवर नयी कविता की पाठ/पद्धति की ओर इशारा करते हैं कि 'प्रस्तुत शब्दों से प्रारम्भ करके विविध अर्थ-सरणियों पर क्रमश: संचरण करते हुए सम्भाव्य कथ्य तक पहुँचने में आलोचक को स्वयं जो आभास होता है उसी से वह कवि की शब्द-साधना का भी अनुमान करता है और तदनुसार मूल्यांकन भी करता है ... कथ्य से अलग शब्दों और बिम्बों की सुंदरता का सवाल ही नहीं उठता ... इसलिए मूल्य-निर्णय समग्र होता है।

इस तरह नयी कविता 'अवधानता की अपेक्षा' रखती है यानी हर नयी कविता अवधानतापूर्वक पाठ की अपेक्षा रखती है। 'यह सतर्क विश्लेषण/पद्धति केवल पद्धति नहीं बल्कि मूल्यांकन का अनिवार्य अंग है। यानी यह पद्धति में ही मूल्यांकन निहित है।

जिस तरह पहले अध्याय में नामवर नगेंद्र से निपटते हैं, उसी तरह दूसरे में वे रामविलास शर्मा से निपटते हैं। यहाँ वे रामविलास की पुस्तक *आस्था और सौंदर्य* में 'आस्थावादी नज़रिये को ही ख़ारिज करते हैं, क्योंकि आस्थावादी हर कविता में अपनी आस्था का सामान तलाशता है और न मिलने पर उस कविता को ख़ारिज कर देता है। ज़ाहिर है कि नामवर कविता के किसी वस्तुनिष्ठ अ-सरल मानक को आस्था-संचालित सरल मानक से अधिक सटीक मानते हैं।

इसके आगे नामवर नयी कविता के अपने काव्य-सिद्धांत की चर्चा इस तरह करते हैं : 'नयी कविता ने अपने 'अंतर्ग्रंथन' द्वारा यह काव्य-सिद्धांत प्रस्तुत किया कि कविता में किसी 'सामान्यता'... सामान्य विचार भाव या धारणा ... का 'वक्तव्य' उतना नहीं होता जितना एक स्थिति-विशेष का नाट्यकरण या नाट्यरूपांतर।

नाट्यरूपांतर का तत्त्व कविता में ब्योरे का महत्त्व बढ़ा देता है और ये ब्योरे हमें देशकाल से जोड़ देते हैं। यहीं शब्दार्थ की सामाजिकता साफ़ होती है। आगे वे सीधे शब्दार्थ की समस्या को खोलते हैं। इसके लिए वे अज्ञेय की *तीसरा सप्तक* की भूमिका को उद्धृत करते हैं कि 'शब्द की अर्थवत्ता की खोज में शब्द की ऐतिहासिक और अर्थ की सामाजिक परख दोनों निहित हैं और अर्थवान शब्द का सम्प्रेषण हो ही नहीं सकता बिना युगसम्पृक्ति के।' (ध्यान दीजिए : अज्ञेय कह रहे हैं कि शब्द अपने युग से ही अर्थवान होते हैं। आश्चर्य कि अज्ञेय

शब्द की सामाजिकता की बात कर रहे हैं और नामवर उसे अपने पक्ष में उद्धृत कर रहे हैं। ऐसे में अज्ञेय को 'रूपवादी' ठहराना कहाँ तक उचित है?)

इसके ठीक आगे नामवर कविता की 'सापेक्ष स्वायत्तता' के 'सिद्धांत' की बात करते हैं। इसके लिए वे अपने पक्ष में एक ओर अभिनवगुप्त से लेकर मम्मट तक को नियुक्त करते हैं, दूसरी ओर टी.एस. इलियट को नियुक्त करते हैं। वे कहते हैं कि एक वक़्त में अभिनवगुप्त से लेकर मम्मट ने जिस प्रकार कविता की स्वकीयता, स्वायत्तता और सापेक्ष स्वतंत्रता की स्थापना की थी और आधुनिक काल में इलियट ने 'द सेक्रेड वुड' द्वारा कविता की निजी 'इंटेग्रिटी' की रक्षा का प्रयास किया। नयी कविता ने हिंदी में आज कविता के उसी स्वधर्म की प्रतिष्ठा का संकेत दिया है। कहना न होगा कि यह मान्यता कविता के तथाकथित सभी नये प्रतिमानों की आधारशिला है।

कविता की 'इंटेग्रिटी' की रक्षा करने के क्रम में कविता के मनमाने अर्थ करने वाले आलोचकों को आड़े हाथ लेते हुए नामवर एक बार फिर कहते हैं कि 'अवधानतापूर्वक काव्यपाठ की पद्धति इतनी ठोस वस्तुगत और परीक्षण के लिए इतनी खुली हुई, इसलिए श्रमसाध्य है कि यहाँ आसानी से फ़तवे देने की गुंजाइश कम से कम है।' यानी अगर आप नयी कविता का 'अवधानतापूर्वक पाठ' करके मूल्यांकन करें तो कविता को मनमाने फ़तवे नहीं दे सकते क्योंकि कविता को 'अवधानतापूर्वक' पढ़ने की पद्धति एक 'वस्तुगत पद्धति' है।

इस तरह कविता के नये प्रतिमान हैं : कविता की स्वायत्तता और सापेक्ष स्वतंत्रता, कविता का अंतर्ग्रंथन और कविता का अवधानतापूर्वक काव्यपाठ!

नामवर की नव्य समीक्षा

हमने देखा कि कविता के नये प्रतिमान के पहले दो अध्याय में कविता के पुराने प्रतिमानों को नामवर नये प्रतिमानों के लिए नयी वैचारिक ज़मीन तैयार करते हैं। बाद के दो अध्याय भी जैसे 'रस के प्रतिमान की प्रसंगानुकूलता' और 'मूल्यांकन की समस्या : छायावादोत्तर कविता' पहले वाले दो अध्यायों का एक प्रकार से विस्तार , क्योंकि नये प्रतिमानों को स्थापित करने के लिए बचे-खुचे पुराने प्रतिमानों को किनारे करने का काम अभी बचा हुआ है।

हम फिर दुहरा दें : नयी कविता को समझने में दो बड़ी बाधाएँ हैं। पहली बाधा है : छायावादोत्तरी कविता के अवशेष। दूसरी बाधा है : रस-सिद्धांत के मानक और उसमें भी रस-सिद्धांत को साहित्य का शाश्वत सिद्धांत मानने वाले आचार्य नगेंद्र! नगेंद्र ऐसे अंतिम रसवादी आचार्य रहे जो नयी कविता में भी रस का दर्शन कर लेते थे। जैसा कि अज्ञेय की 'सोन मछली' कविता के संदर्भ में हमने देखा। दरअसल, जिन दिनों नयी कविता विकसित हो रही थी उन दिनों नगेंद्र का हिंदी साहित्य जगत में ख़ासा दबदबा था। ज़रूरत नगेंद्रीय रस-सिद्धांत के खण्डन की थी ताकि कविता के नये प्रतिमानों को रस के खूँटे से आज़ाद किया जा सके।

यूँ तो नामवर रस-सिद्धांत को निपटाने का काम पहले अध्याय में कर चुके थे, लेकिन यहाँ ज़रा और जम के करते हैं। इसके लिए वे रामचंद्र शुक्ल को और अभिनवगुप्त को अपने पक्ष में तैनात करते हैं, और लम्बे रस-विमर्श के बाद रस की जगह अभिनवगुप्त की 'रस-ध्वनि' का सहारा लेते हैं और कहते हैं कि रस-निर्णय 'अर्थ निर्णय' पर ही निर्भर होता है। और 'अर्थ निर्णय' कोरी अनुभूति का विषय नहीं बल्कि काव्य के सूक्ष्म विश्लेषण से सम्बद्ध है। इस तरह कविता के लिए रस-मीमांसा की जगह अर्थ-मीमांसा ही अभीष्ट है।

रस-सिद्धांत पर सिर्फ़ नामवर को ही आपत्ति नहीं है बल्कि अज्ञेय को भी है। नामवर अज्ञेय को उद्धृत कर उनसे कहलवाते हैं कि रस का अर्थ है द्वंद्वों की समाहिति, यानी अ-द्वंद्व जबकि नयी कविता द्वंद्व और असामंजस्य की कविता है। यही नहीं, रस अतीतोन्मुखी होता है, जबकि नयी कविता का विषय है क्षणिक अनुभूति। लेकिन, नामवर रस का पूरी तरह निषेध भी नहीं करते बल्कि रस-ध्वनि की ओर जाकर अर्थ-मीमांसा को अपनाने पर बल देते हैं।

यहीं से नामवर अमेरिकी 'नव्य समीक्षा' को अपने पक्ष में खड़ा कर कहते हैं कि आधुनिक मानव को काव्य द्वारा मनोबल प्रदान करना और टूटती हुई काव्य परम्परा की रक्षा ... ये दो मुख्य ध्येय 'नव्य समीक्षा' (न्यू क्रिटिसिज़्म) के भी रहे हैं। नामवर यहाँ वही करना चाह रहे हैं जो अमेरिका में नव्य समीक्षा ने किया : एक ओर वे रस-ध्वनि के ज़रिये काव्य-परम्परा की हिफ़ाज़त करना चाहते हैं। दूसरी ओर 'नये प्रतिमान' खोजकर आधुनिक मानत की काव्याभिरुचि को 'नया' कर उसका मनोबल बढ़ाना चाहते हैं।

नामवर फिर से विजय देव नारायण साही को अपना वकील नियुक्त करके नगेंद्र को लगभग डाँटते हुए कहते हैं कि साही ने कहा कि 'काव्य के ढाँचे पर जाइए।' ढाँचे यानी स्ट्रक्चर को देखना कविता का एक और 'नया प्रतिमान' है। इसी प्रसंग में वे रघुवंश की इन पंक्तियों को उद्धृत करते हैं कि भारतीय काव्यशास्त्र सदा से वस्तुगत चिंतन और रूपवादी विश्लेषण पर बल देता है। इस तरह हिंदी में नव्य समीक्षा की ज़मीन तैयार हो जाती है : एक ओर नव्य समीक्षा का काव्य के ढाँचे पर ज़ोर देना दूसरे भारतीय काव्यशास्त्र का भी वस्तु-परकता और रूप यानी ढाँचे पर ज़ोर देना।

नामवर की समीक्षा-पद्धति को समझना हो तो नये प्रतिमानों की खोज और स्थापना की उनकी पद्धति को देखें। जैसा हम बता चुके हैं, वे किसी पुरानी काव्य अवधारणा या प्रतिमान का सीधे खण्डन नहीं करते। पहले वे पूर्वपक्ष की सीमाओं पर कटाक्ष करते हैं फिर उसके खण्डन के लिए किसी अन्य भारतीय या पश्चिमी विद्वान के सटीक उद्धरणों को अपने पक्ष में जुटाते हैं और फिर अपनी बात कुछ शब्दों में कहते हैं। नामवर का बहुपाठी होना इस काम में उनकी मदद करता है। *कविता के नये प्रतिमान* नयी कविता के पक्ष में नामवर का चलाया वह सुदीर्घ मुक़दमा है जिसे जीतने के लिए वे जितने तर्क देते हैं उससे अधिक अपने पक्ष में गवाह जुटाते हैं।

और गवाह भी कैसे-कैसे! उनके सबसे बड़े गवाह हैं विजय देव नारायण साही और फिर हैं अज्ञेय, और बाक़ी हैं जगदीश गुप्त, रघुवंश आदि जो प्रगतिशील लेखक संघ के विचारों के बरअक्स 'परिमलवादी' हैं। लेकिन *कविता के नये प्रतिमान* खोजने के रास्ते में वे अपने मार्क्सवाद को आड़े नहीं आने देते। (शायद इसी 'खुलेपन' के कारण ही सत्तर के आसपास के कुछ युवा मार्क्सवादी साहित्यकारों ने नामवर को मार्क्सवाद को त्यागकर रूपवाद का सहारा लेने वाला 'संशोधनवादी' कहकर उनकी तीखी आलोचना की थी। ऐसे युवा आलोचकों में एक आलोचक इन पंक्तियों का यह लेखक भी था जिसने 1972-73 में विमल वर्मा द्वारा कलकत्ता से सम्पादित लघु पत्रिका *सामयिक* में 'अँधेरे में नामवर' लेख लिख कर 'अँधेरे में' कविता की नामवर की व्याख्या की तीखी आलोचना की थी जिसके कारण नामवर इस लेखक से बहुत दिन तक ख़फ़ा रहे।)

बहरहाल, आज के उत्तर-आधुनिक और उत्तर-संरचनावादी दौर में नामवर की यह पुस्तक यदि फिर से पठनीय लगी तो क्या आश्चर्य कि यह पहली किताब है जो 1968 के आसपास साही के हवाले से ही सही कविता के 'कंस्ट्रक्शन' यानी कविता की 'निर्मिति' की बात करती है। उत्तर-संरचनावाद के अनुसार, आज कविता ही क्यों हर शब्द एक टेक्स्ट है, हर लाइन एक 'निर्मिति' है, 'कंस्ट्रक्शन' है, 'ढाँचा' है, 'स्ट्रक्चर' है। (कविता के नामवर के खोजे काव्य प्रतिमान तक इन दिनों ख़ासे बदल गये हैं जिन पर चर्चा अभी बाक़ी है जो इस टिप्पणी से स्वतंत्र और अन्यत्र हो सकती है।)

अगले अध्याय 'मूल्यांकन की समस्या : छायावादोत्तर कविता' में नामवर बताते हैं कि नयी कविता के दौर को नगेंद्र 'अराजकता' का दौर मानते हैं दूसरी ओर वे कुँवर नारायण के 'वैचारिक औदात्य', गिरिजा कुमार और भारती के भाव/माधुर्य', अज्ञेय के बिम्ब-विधान की समृद्धि और शमशेर की 'सूक्ष्म तरल संवेदना' को 'आनंददायक' मानते हैं ... नगेंद्र आगे कहते हैं कि 'जब तक गीतकारों में शंभुनाथ सिंह, दोषी, नीरज, राही, त्यागी के आवेग-दीप्त गीत हैं तथा साही और भारतभूषण अग्रवाल की बारीक व्यंग्य वक्रताएँ 'जब तक मेरी चेतना को गुदगुदाने में समर्थ हैं तब तक मैं यह कैसे मान लूँ कि सम-सामयिक साहित्य से मेरा सम्पर्क टूट गया है।'

अब इस पर ज़रा नामवर की टिप्पणी देखिए कि 'जहाँ अज्ञेय और नीरज एक साथ जगह पा सकते हों वह हृदय निस्संदेह बहुत विशाल कहा जाएगा'। नामवर फिर नगेंद्र की इस 'विशाल हृदयता' का मज़ाक़ उड़ाते हुए उसे एक प्रकार की 'संग्रह वृत्ति' का दोषी मानते हैं क्योंकि ऐसे सर्वसंग्रहवाद के चलते कोई 'प्रतिमान' नहीं बन सकते। इसके आगे नामवर नगेंद्र के ख़िलाफ़ सीधे रामविलास को अपने पक्ष में जुटाते हैं, यद्यपि इससे पहले नयी कविता के मूल्यांकन के संदर्भ में रामविलास और नगेंद्र एक ही कोटि के अंतर्गत यानी नयी कविता के विरोधी की तरह पेश किये गये हैं। नामवर अपने नये वकील रामविलास के लिखे को इस तरह उद्धृत करते हैं : 'नगेंद्र जी की अनुभूति सन् 36 के छायावादी की है उनके विचार सन् 26 के अधकचरे फ्रॉयड-भक्तों के'। आगे नामवर नगेंद्र को छायावादी तक नहीं मानते बल्कि 'पतनशील छायावादी' कह कर तसल्ली पाते हैं। लेकिन इसी

प्रसंग में नामवर अपनी उक्त 'अत्युक्ति' से कुछ डरते भी नज़र आते हैं। नगेंद्र को जम कर ठोकने के बाद अपनी रस-विरोधी 'अत्युक्ति' को कुछ संतुलित करने की कोशिश करते नज़र आते हैं कि 'बहस रस से नहीं, रस की नगेंद्री परिभाषा से है'। आगे वे फिर सँभालते हैं कि इसका मतलब यह नहीं कि नयी कविता से बाहर का सारा काव्य मूल्यहीन है।

यहाँ से आगे नयी कविता भी नामवर के लिए बदल जाती है, क्योंकि मुक्तिबोध का *चाँद का मुह टेढ़ा है* का प्रकाशन हो चुका है। मुक्तिबोध की कविता का यह पुनराविष्कार नयी कविता को एक 'भिन्न परिप्रेक्ष्य' में रख देता है जिससे 'नयी कविता के अंतर्गत अरसे से चमकने वाले अनेक तारों की द्युति मंद होती दीखती है'।

यहीं नामवर के 'नये प्रतिमान' का एक सिरा खुलता है। छायावाद के 'मूल्यवान काव्य' के बारे में वे कहते हैं कि कविता की असली चीज़ है उसकी 'रागात्मक समृद्धि'। 'यह रागात्मक समृद्धि वहाँ है जहाँ वास्तविक स्थितियों के बीच से गुज़रते हुए मानव मन की अधिक से अधिक जीवंतता मूर्तिमान हुई है और जहाँ आज की वास्तविकता देखने के लिए कोई 'विज़न' मिलता है। इस प्रकार रागात्मक व्यापकता पंत के 'लोकायत' में नहीं मुक्तिबोध के 'अँधेरे में' में है। (कहाँ पंत की 'लोकायत' और कहाँ मुक्तिबोध की 'अँधेरे में'! इस खींच-खाँच में 'अँधेरे में' छायावादी कवि के तुल्य हो गयी!)

बहरहाल, हम नामवर के उक्त सूत्र को टटोलें। इस सूत्र में तीन शर्तें हैं। पहली है : 'वास्तविक स्थितियाँ', दूसरी है 'इन स्थितियों से गुज़रते हुए 'मानव मन की जीवंतता का मूर्तिमान होना', और अंतिम है इस प्रक्रिया में प्राप्त होने वाला 'वास्तविकता को देखने का विज़न'।

यानी 'वास्तविक स्थितियों की ऐसी जीवंत मूर्तिमानता जिससे वास्तविकता को देखने का विज़न' मिलता हो यानी कि असली नया प्रतिमान है 'वास्तविकता से वास्तविक विज़न देने का काम करने वाली कविता!' कहने की ज़रूरत नहीं कि यह व्याख्या नव्य समीक्षा वाली व्याख्या नहीं है जो कविता के 'अवधानतापूर्वक पाठ' पर बल देती है बल्कि एक 'विचारधारात्मक व्याख्या' है जो नव्य समीक्षा के विपरीत जाती है।

नामवर के इस 'झोल' को यहीं छोड़े और हम अगले अध्याय 'मूल्यों का टकराव : उर्वशी विवाद' को देखें जहाँ एक बार फिर नामवर कहते हैं कि दिनकर की रचना *उर्वशी* के मूल्यांकन के विवाद से एक बार फिर सिद्ध हुआ कि कविता के मूल्यांकन के तरीक़े अब तक सब्जेक्टिव ही रहे हैं और जिसे जैसा भाया वैसा ही नतीजा निकाल दिया, जब कि कविता के कुछ वस्तुनिष्ठ मानक होने चाहिए। इसीलिए नामवर कहते हैं कि 'किसी कृति की साहित्यिकता का निर्णय करने के लिए कोई न कोई सर्वसम्मत प्रतिमान होना ही चाहिए'। यह प्रतिमान मिलता है *उर्वशी* की मुक्तिबोध कृत आलोचना में : 'मुक्तिबोध ने उर्वशी की जो आलोचना की है उसके पीछे नयी कविता का आत्मसजग भावबोध है' और मुक्तिबोध की दिशा ही 'ठीक' है।

मुक्तिबोध का कहना है कि *उर्वशी* का मूल दोष यह है कि वह एक कृत्रिम मनोविज्ञान पर आधारित एक काव्य है' ... वे (दिनकर) काव्यात्मक मनोरति और संवेदनाओं में डूबना-उतराना चाहते हैं। साथ ही इस गतिविधि को सांस्कृतिक आध्यात्मिक श्रेष्ठता प्रदान कर उस श्रेष्ठत्व का प्रतिपादन करना चाहते हैं, अतएव उन्हें काव्यात्मक स्थिति से बाहर जा कर भी सोचना पड़ता है। इसलिए भाषा में बोझिल गुण हैं। यानी 'वागाडम्बरता' है। (यह दिनकर का दुर्भाग्य था कि नयी कविता के युग में महाकाव्य लिखने की ठान बैठे और उसमें भी 'काम' को केंद्रीय काव्य-विषय बना बैठे।)

जिस दौर में हिंदी में 'लिबिडो' को व्यक्त करने वाली यशपाल की कुछ कथाओं को मार्क्सवादी ब्रह्मचारी 'साड़ी जंपर उतार' छाप 'अश्लील' का फ़तवा देने के आदी हों उस दौर में *उर्वशी* में 'काम भाव' की चर्चा किस काम की? संघर्ष के दौर में 'कामभाव' किस काम का? इसलिए *उर्वशी* में चित्रित कामभाव बेभाव निपटा दिया जाता है! सारे ब्रह्मचारी जब एकत्र हों जाएँ तो उर्वशी क्या करेगी? और तब तक हिंदी में स्त्रीत्ववादी नज़रिये की आमद नहीं हुई थी और *उर्वशी* को स्त्रीत्ववादी नज़र से देखा नहीं गया था। अगर आज देखें तो मुक्तिबोध की *उर्वशी* संबंधी आपत्ति यशपाल को लेकर रामविलासीय आपत्ति के बराबर बैठेगी!

उर्वशी-विवाद (मूल्यांकन की समस्या से नहीं उपजा, बल्कि ब्रहाचारियों के ब्रह्मचर्यवादी मानकों से उपजा विवाद है। दिनकर का दूसरा अपराध यह है

कि वे *कामायनी* के बावजूद महाकाव्य लिखने बैठ गये। तीसरे वे नयी कविता के 'ग़ैर-महाकाव्यात्मक' दौर में एक महाकाव्य लिखने की हिमाक़त करने लगे। नयी कविता के एलिटिस्ट बौद्धिक मिज़ाज को जमाने के लिए *उर्वशी* को तो लुढ़काना ही होगा। जिसे पहले ही *कल्पना* ने लुढ़का दिया उसे नामवरजी ने सिर्फ़ फिर से याद दिला दिया, लेकिन समीक्षा की वस्तुनिष्ठता का सवाल तो ज्यों का त्यों रह ही गया!)

इसके आगे आता है 'पुनर्मूल्यांकन का एक उदाहरण : कामायनी' का अध्याय जिसमें नामवर, रामस्वरूप चतुर्वेदी के उद्धरण के माध्यम से कहते हैं कि 'पुनर्मूल्यांकन की बात साहित्य में तब आती है जब किसी रचना, किसी कवि अथवा युग विशेष को देखन-परखने की दृष्टि में जब गुणात्मक अंतर आ जाए!' 'नयी कविता' के संदर्भ 'तनाव' शब्द का प्रयोग नामवर पहले-पहल यहीं करते हैं। लेकिन, *कामायनी* के पुनर्मूल्यांकन के बारे में नामवर अपना कोई अपना मत नहीं देते। वे अधिक से अधिक साही के *कामायनी* में खोजे 'स्वीप ऑफ़ इमेजिनेशन' को उद्धृत करते हैं फिर *कामायनी* में साही द्वारा खोजी 'असंगति' के बारे में बताते हुए कहते हैं कि 'वर्णन की भाषा' और 'बिम्ब की भाषा' में असंगति वस्तुत: 'स्ट्रक्चर' और 'टेक्स्चर' का तनाव है इसलिए आवश्यकता उस असंगति को तनाव में, रूप में देखने की है। इस वाक्य के ठीक आगे नामवर यह सूत्र देते हैं : इससे काव्य के रूपात्मक विश्लेषण के लिए निश्चित रूप से एक स्पष्ट दिशा मिल सकती है और इस प्रकार नये भावबोध के अनुरूप कविता के मूल्यांकन के लिए नयी समीक्षा पद्धति की स्थापना भी हो सकती है— ऐसी समीक्षा पद्धति जो गुणात्मक परिर्वतन की सूचक हो। इतना संकेत देकर यह अध्याय कुछ जल्दबाज़ी में ख़त्म कर दिया जाता है। न यहाँ मुक्तिबोध की *कामायनी* संबंधी लम्बी समीक्षा पर बात की जाती है, न मनु के 'प्रतीकत्व' की समीक्षा की जाती है, बल्कि वे मुक्तिबोध की इस मार्क्सवादी टिप्पणी पर फ़िदा हो जाते हैं कि प्रसाद 'श्रमिकवर्ग की बलबुद्धि और आत्म-विश्वासमयी क्रांतिकारी प्रवृत्ति को न देख सके।'

हाय! क्या ग़ज़ब का मार्क्सवाद है कि प्रसाद से अपेक्षा की जा रही है कि *कामायनी* लिखते वक़्त यानी 1936-37 के दौरान वे 'वर्ग संघर्ष में श्रमिक वर्ग

की क्रांतिकारी भूमिका' को क्यों नहीं समझ सके? अगर वे मार्क्सवादी हो जाते तो *कामायनी* भाववादी दोष से मुक्त होकर क्रांतिकारी कृति हो जाती? ज़रा हम पूछें तो कि 1937 तक कम्युनिस्ट पार्टी किस हाल में थी? उसका प्रभाव-क्षेत्र कितना था और वे किस प्रकार के मार्क्सवाद या स्टालिनवाद से प्रभावित थी? यह कौन-सी मार्क्सवादी आलोचना हुई जो हर लेखक से मार्क्सवादी होने की उम्मीद करके चलती है?

इसी तर्क से हिसाब से क्या हम मुक्तिबोध से उनकी कविता में न आ सके कम्युनिस्ट पार्टी के आसन्न विभाजन के चिह्नों को लेकर जवाब-तलब करें और उन चिह्नों को न पा कर कहें कि मुक्तिबोध भी श्रमिक वर्ग की विचारधारा के अंदरूनी संकट को नहीं देख सके कि पार्टी 1964 में विभक्त हो गयी? और क्या हम मुक्तिबोध से पूछें कि वे 1962 के चीनी हमले को 'अँधेरे में' क्यों जगह न दे सके? हम किसी भी कवि से अपने वक़्त के हिसाब से 'सर्वज्ञ' होने की उम्मीद कर उसकी समीक्षा नहीं कर सकते। हम 1937 में 1964 की ज़रूरतों को पूरा करने की उम्मीद नहीं कर सकते। लेकिन मुक्तिबोध प्रसाद से करते हैं और नामवर इस दोष के लिए मुक्तिबोध को टोकते तक नहीं। इसी तर्क और तर्ज़ से, हम नामवर से क्यों नहीं कह सकते कि वे अपनी समीक्षा में सिर्फ़ नव्य समीक्षा तक ही सीमित क्यों रहे? उसका अतिक्रमण कर जब पश्चिमी समीक्षा संरचनावाद से ले कर उत्तर-संरचनावाद तक आ गयी तो वे उसको लेकर सजग क्यों न हुए? या कि मार्क्सवाद के नये संस्करणों के प्रति वे सजग क्यों नहीं दिखते?

हम कह दें कि हम अगर किसी कवि से वह माँग करते हैं जो उसके टेक्स्ट में दर्ज नहीं है, तो हम उसके टेक्स्ट पर निजी आग्रहों को लादते हैं। मुक्तिबोध प्रसाद पर ऐसा ही अतिचार कर रहे हैं और नामवर उसे सादर उद्धृत कर रहे हैं!

कविता के नये प्रतिमान की सबसे बड़ी सीमा यही है कि नामवर अक्सर अपनी अवधारणाओं को विकसित करने की अपेक्षा दूसरों के कहे को अपना बना कर कहने के आदी हैं। वे स्वयं कुश्ती कम लड़ते हैं, दूसरों से अधिक लड़ाते हैं और इस चक्कर में दूसरों की समझ और भाषा की सीमा उनकी भी समझ और भाषा की सीमा बन जाती है।

इसीलिए इस पुस्तक की योजना में कई जगह झोल आ गये हैं। उदाहरण के लिए यदि अगला अध्याय 'तार सप्तक : इतिहास की आवृत्ति' इस पुस्तक का पहला अध्याय होता तो बेहतर होता, क्योंकि यह नामवर का सर्वाधिक 'मीटी' या कहें दमदार अध्याय है। *तार सप्तक* ही नयी कविता की शुरुआत करने वाला है और यहीं हम उनमें कुछ एडवर्ड सईद वाले 'बौद्धिक' के लक्षण देखते हैं। यहीं वे अपने प्रतिमानों को खुल कर अपेक्षाकृत प्रकट करते हैं।

विश्व भारती क्वार्टरली में 1938 में अंग्रेज़ी में छपे लेख को उद्धृत करते हुए नामवर अज्ञेय से कहलवाते हैं कि 'यह युग संशय, अस्वीकार और कुंठा का है'। नामवर को ऐतराज है कि अज्ञेय को इस दौर में (1938 के आसपास) कविता में आ रहा 'यथार्थवादी रुझान' नहीं दिखता जब कि प्रसादजी नये साहित्य में 'यथार्थवाद की बढ़ती प्रवृत्ति' देख चुके थे। यथार्थ का अर्थ प्रसाद के लिए था 'लघुता की ओर साहित्यिक दृष्टिपात, व्यक्तिगत जीवन के दुखों और अभावों का वास्तविक उल्लेख'।

नामवर के अनुसार 1938 का वर्ष नयी कविता के लिए बड़ा डिफाइनिंग वर्ष रहा। 1938 के आसपास हिंदी के बौद्धिक लेखकों और कवियों का एक ऐसा वर्ग आया जो पश्चिम के 'इंतेलीगेंत्सिया' से भले ही कुछ नीचे हो परम्परागत साहित्य-संस्कारी 'लितराती' से निश्चय ही भिन्न था। इसलिए इनके संशय, दुविधा, अश्रद्धा आदि परम्परागत साहित्य-संस्कारी हिंदी कवि से नितांत भिन्न थे।

नामवर आगे इसे और साफ़ करते हुए कहते हैं कि यह बौद्धिक वर्ग अपनी चिंतन-प्रक्रिया में अपने को नेहरू के सबसे अधिक निकट पाता था। नेहरू की *मेरी कहानी* का अंतिम अध्याय इस युग के मिज़ाज के साथ इस युग के कवियों की मन:स्थिति को समझने में विशेष रूप से सहायक है। अंतर्राष्ट्रीय पैमाने पर फासिज़्म का उदय, म्युनिख समझौता, स्पेन में जनतंत्र की रक्षा के लिए देश-विदेश के लेखकों और बुद्धिजीवियों का मोर्चे पर लड़ना, द्वितीय महायुद्ध की विनाशकारी छाया, राष्ट्रीय स्तर पर कांग्रेसी मंत्रिमण्डलों का निर्माण और पतन, त्रिपुरी कांग्रेस और राष्ट्रीय अंतर्द्वंद्व, राष्ट्रीय आंदोलन में शिथिलता तथा नये उभरने वाले वामपंथी दलों का बढ़ता असंतोष— इन तमाम घटनाओं के बीच

व्यक्तिगत जीवन के अभावों की ज़मीन पर जिस अशांति, घुटन, कुंठा, कशमकश, निरुपायता, आदि का अनुभव नेहरू कर रहे थे। वही गूँज इस दौर के बुद्धिवादी कवियों में भी सुनी जा सकती थी।

यहीं साही एक बार फिर नामवर की आँखें यह कर कर खोलते हैं कि 'छायावाद और नयी कविता के बीच जो दुर्लंघ्य खाई दिखती थी वो वस्तुत: है नहीं'।

नयी कविता के केंद्र में नेहरू और नामवर

1938 का वर्ष नामवर की नज़र में बड़ा क्रिटिकल वर्ष है। यह वही वर्ष है जब नेहरू और नयी कविता एक-दूसरे से जुड़े नज़र आते हैं। जोड़ने वाला तत्त्व है 'रिक्तता' और 'संकट'। इसी दौरान छायावादी 'नैतिक विज़न' टूटने पर हृदय और बुद्धि के अलगाव के रूप में मन का विभाजन हो जाता है।

नेहरू और नयी कविता के इस संबंध को खोजने वाले भी साही ही हैं, लेकिन बल देने वाले नामवर हैं।

उत्तर-छायावादी कवियों की 'भावोच्छ्वासिता' के बरअक्स नयी कविता के कवि 'बौद्धिकता' का मार्ग अपनाते हैं। इसी कारण वे 'राहों के अन्वेषी' (*तार सप्तक* के कवियों की मुख्य टेक) बनते हैं। छायावादी रोमांटिकता के बरअक्स नामवर इलियट के बहाने 'निर्वैयक्तिक काव्य सिद्धांत' पेश करते हैं। *तार सप्तक* में राहों के अन्वेषण पर बल था, तो *दूसरा सप्तक* में 'आत्मान्वेषण' पर बल आ जाता है। नये कवि की समस्या है 'सत्य की खोज'। सत्य दो तरह का है : पहला है: 'वस्तु सत्य' दूसरा है : 'व्यक्ति सत्य'। यहीं नामवर पहली बार अज्ञेय की तीखी आलोचना करते हुए कहते हैं कि 'अज्ञेय द्वारा ... बड़े कौशल से *तार सप्तक* की परम्परा को आत्मनिष्ठ मोड़ दे दिया'... 'वस्तु सत्य' नि:शेष हो गया। तथ्य में और तथ्य भी अपनी रागात्मकता के अधीन होकर अपनी रही-सही वस्तुनिष्ठता खो बैठा'।

नामवर कहते हैं कि आज़ादी मिलने के बाद काव्य का ऐतिहासिक संदर्भ बदल चुका था। आज़ादी के तीन-चार वर्ष भारी उथल-पुथल के थे। इतिहास में भाग लेने वाली सारी शक्तियाँ भावी इतिहास में अपना-अपना स्थान निर्धारित करने के लिए प्रयत्नशील थीं। परिवर्तन की प्रकृति को ठीक-ठीक पहचानना

और पहचान कर उसके साथ अपनी संगति बैठाना आसान न था। लेकिन 1951 के बाद संविधान बनने और चुनाव होने के बाद वह दौर शुरू हुआ जिसे सुविधा के लिए हम 'नेहरू युग' कह सकते हैं। 1938 और सन् 1951 में अंतराल के बावजूद नामवर को साम्य नज़र आता है, क्योंकि दोनों समयों में नेहरू ही केंद्र में हैं। 'यदि 1938 की बौद्धिक कशमकश नेहरू से सम्बद्ध थी तो 1951 का 'आत्मान्वेषण' भी नेहरू की नयी स्थिति से असम्बद्ध नहीं था। नामवर एक बार फिर नेहरू और नयी कविता के 'रिश्ते' पर ज़ोर देते हुए कहते हैं कि यह तथ्य है कि नेहरू 1938 के बुद्धिजीवियों के नायक थे और उनका चिंतन कहीं न कहीं नेहरू के साथ घनिष्ठ रूप से सम्बद्ध था। इसलिए 1951 में नये भारत के नये नेता के रूप में नेहरू को प्रतिष्ठित देख कर यदि *तार सप्तक* युग के कवियों में पूर्ववर्ती तनाव के स्थान पर कुछ आत्मतोष, कुछ आत्मविश्वास, कुछ आशा और कुछ उत्साह का भाव आ गया तो अप्रत्याशित नहीं था। जेल के अंदर भारत की खोज करने वाले नेहरू के सामने अब दुनिया में भारत की खोज का प्रश्न था। इसके समानांतर यदि कवि 'आत्मसत्य' और अपने व्यक्तित्व की खोज की ओर प्रवृत्त हुए तो स्वाभाविक ही कहा जाएगा। परिवेश के साथ काव्य की यह संगति सर्जनात्मक विकास के लिए वरदान सिद्ध हुई। 1951-59 के बीच में नयी कविता के रूप में सर्जनात्मक सम्भावनाओं का जो अभूतपूर्व आवेश दिखाई पड़ता है उसका श्रेय समकालीन परिवेश के साथ कवियों की इस रागात्मक संगति को देना अनुचित न होगा। इस वातावरण में जो भी विसंवादी स्वर निकला अपने आप डूब गया। सृजनशीलता का जादू ऐसा चला कि किसी भी प्रकार के 'आलोचनात्मक' स्वर के लिए गुंजाइश न रही। केदारनाथ अग्रवाल, नागार्जुन, त्रिलोचन ही नहीं मुक्तिबोध की आवाज़ भी इस सृजन-क्षण में डूब गयी। स्वाधीनता की पहली लहर में ऐसा लगा जैसे नव-रोमानवाद का पुनरुत्थान हो रहा हो।

कहने की ज़रूरत नहीं कि *कविता के नये प्रतिमान* के ये बड़े बुनियादी राजनीतिक अंश हैं। नयी कविता में दो वर्ग बन जाते हैं : एक है नेहरू के कवि! दूसरे हैं आलोचनात्मक स्वर वाले कवि, जिनका स्वर नेहरू की उठान में डूब गया और जब नेहरू का जलवा ख़त्म हुआ तब उनको आवाज़ मिली। अगर

मान लें कि नेहरू के जलवे के कारण केदार नाथ अग्रवाल, नागार्जुन, त्रिलोचन जैसे कवियों का क्रिटिकल स्वर भले डूब गया हो, मुक्तिबोध का तब कोई स्वर प्रकाशित ही नहीं हुआ था जो डूबता। और फिर मुक्तिबोध स्वयं नेहरू को बहुत मानते थे। दिल्ली के आयुर्विज्ञान संस्थान में अपनी बीमारी के दौरान भी वे कवि मित्रों से नेहरू के स्वास्थ्य के बारे में पूछताछ करते थे।

मुक्तिबोध तो अपने ही साथियों की उपेक्षा के मारे रहे। जिनमें स्वयं नामवर भी कहे जा सकते हैं क्योंकि मुक्तिबोध की मृत्योपरांत महिमावान होने से पहले नामवर तो ऐसी स्थिति में थे कि मुक्तिबोध की कविताएँ प्रकाशित कर सकते थे। भाकपा के प्रकाशन से तो प्रकाशित कर ही सकते थे। इसलिए नेहरू के प्रभामण्डल में केदार-नागार्जुन का स्वर भले डूबा हो मुक्तिबोध का तो कोई स्वर ही तब तक न था कि डूबता! वे *नया ख़ून* में लिखते थे लेकिन वह डुबोने के लिए काफ़ी कहाँ था?

लेकिन इससे भी बड़ा सवाल है नयी कविता और नेहरू को नामवर द्वारा जोड़ देने का प्रयत्न!

नामवर के विवरण से ऐसा लगता है कि जो मन:स्थिति नेहरू की थी वही नये कवियों की रही। क्य। वाक़ई?

या कि यह सिर्फ़ सीपीआई की लाइन रही जिसके अनुसार नेहरू एक प्रगतिशील नेता थे?

जी हाँ!

इसी प्रसंग। में नामवर आगे कहते हैं कि 'निस्संदेह नेहरू युग के अंतर्विरोध जल्द ही अपने असली रूप में सामने आने लगे और कुछ ही दिनों बाद यह स्पष्ट हो गया कि जिसे स्वाधीनता प्राप्ति के आरम्भिक दौर में 'सत्य' समझा जा रहा था वह वस्तुत: 'भ्रम' था किंतु यह 'भ्रम' बहुत बड़ा था और शायद ऐतिहासिक भी। अनेक वामपक्षी राजनीतिक दल बहुत दिन तक इस भ्रम के शिकार रहे। किंतु कभी-कभी 'भ्रम' भी काव्य में रचनाशीलता के लिए उपयोगी सिद्ध होता है। और कहना न होगा कि इस ऐतिहासिक 'भ्रम' ने नयी कविता के अनेक महत्त्वपूर्ण रचनात्मक कृतियों की सृष्टि की। किंतु इस युग का श्रेष्ठ एवं सार्थक कृतित्व वह है जो इस भ्रम से कम से कम ग्रस्त था अथवा एकदम मुक्त था।

यह लम्बा उद्धरण नामवर के अपने अंतविर्रोधों को प्रकट करता है। एक ओर वे नयी कविता को नेहरू के खूँटे से बाँधते हैं फिर उसे उस खूँटे से मुक्त करते हैं। पहले वे नेहरू के रिक्तताबोध को कविता के रिक्तताबोध से जोड़ते हैं फिर नेहरू की 'भारत की खोज' को नयी कविता के 'राहों के अन्वेषण' से जोड़ते हैं। पहले वे 'स्वाधीनता' को 'सत्य' मानते हैं, फिर उसे 'भ्रम' कहने लगते हैं क्योंकि तब भाकपा के एक धड़े की लाइन थी कि 'यह आज़ादी झूठी है', 'यह आज़ादी एक समझौता है'। कहने की ज़रूरत नहीं कि बाद में भाकपा का यह धड़ा सीपीआई (एम) या माकपा के नाम से जाना गया।

लेकिन उक्त प्रसंग में नामवर भाकपा की जोशी-डांगे की लाइन को सिद्धांतिकी की रूप देते-देते रह गये।

नेहरू की चित्तवृत्ति से नयी कविता की चित्तवृत्ति को जोड़ने का ऐतिहासिक कारण क्या है?

नामवर ने सिर्फ़ एक कारण दिया है। यह कहना अप्रासंगिक न होगा कि अज्ञेय पहले अपनी अंग्रेज़ी कविताओं की भूमिका ही नेहरू से नहीं लिखवाई, बल्कि 1951 में नेहरू की साठवीं वर्षगाँठ के अवसर पर *नेहरू अभिनंदन ग्रंथ* का सम्पादन भी किया।

इन दो घटनाओं के कारण नेहरू और नयी कविता की 'चित्तवृत्ति' एक हो जाती है! इधर नेता को ख़ालीपन महसूस हुआ, उधर कवियों को ख़ालीपन महसूस हुआ! कवि न हुए नेहरू के उपांग हो गये! नयी कविता स्वतंत्र कविता न हुई, अज्ञेय का एक्सटेंशन हो गयी और बाद नयी कविता बिना किसी चूँ-चपड़ किये अज्ञेय के नेहरू के खूँटे से बँधने के कारण स्वयं भी बँध गयी! क्या *तार सप्तक* अज्ञेय के गुलामों का संग्रह था या कि नयी कविता अज्ञेय का हुकुम बजाने वाली थी कि ज्यों ही अज्ञेय ने नेहरू की कोर्निश बजाई कि उनकी नक़ल में नयी कविता भी नेहरू के आगे साष्टांग हो गयी?

जबकि ये कवि के एक-दूसरे से बहुत भिन्न थे। *तार सप्तक* की भूमिका में इस भिन्नता कि बारे में स्वयं अज्ञेय ने कुछ इस तरह कहा है कि ये सात कवि न केवल एक-दूसरे से भिन्न नज़रिया रखते हैं बल्कि इनके कुत्तों तक में मतभेद हैं।

नामवर की सबसे बड़ी समस्या यह है कि एक ओर वे कविता के नये वस्तुनिष्ठ प्रतिमान खोजना चाहते हैं, दूसरी ओर वे अपने विचारधारात्मक आग्रह को भी बनाए रखना चाहते हैं, जबकि दोनों दो नावों की तरह है और दो नावों में पाँव रख कर आप एकमुश्त प्रतिमान नहीं खोज सकते हैं। आपके प्रतिमान भी विभक्त होंगे और ऐसा ही हुआ है। वे अमेरिकी न्यू क्रिटिसिज़म और मार्क्सवाद में संतुलन बिठाने के चक्कर में वैचारिक विभक्ति के शिकार हुए हैं।

ज़रा देखें : एक ओर नया कवि एकदम 'आत्म सजग', 'आत्मान्वेषक' और अपने लिए नयी-नयी राहों का अन्वेषक है। सत्य का अन्वेषक है। उधर वह अज्ञेय जहाँ बाँध देते हैं वह बँध जाता है। अज्ञेय नेहरू का अभिनंदन करते हैं तो मानो समूची नयी कविता ही नेहरू का अभिनंदन करने लगती है। और यह सिर्फ़ एक दिन की बात नहीं है, बल्कि 1938 से 1959 यानी पूरे बीस-इक्कीस साल लम्बी बात है। नयी कविता नेहरू के खूँटे से पूरे बीस-इक्कीस साल बँधी रहती है।

एक ओर नयी कविता को छायावादी और छायावादोत्तर भावुकतावादी कविता के संस्कारों से जूझ कर बनते बताया जाता है, दूसरी और उसे नेहरू का पर्याय और विस्तार मान लिया जाता है। इतिहास की जटिल परिस्थितियों के बीच एक नयी सांस्कृतिक प्रक्रिया यानी नयी कविता क्या किसी एक खूँटे से बँध सकती थी या बाँधी जा सकती है?

कहने की ज़रूरत नहीं कि नेहरू को लेकर नामवर का यह अनुराग भाकपा की कांग्रेस-समर्थक लाइन का ही विस्तार है और इस तर्क से कहा जा सकता है कि *कविता के नये प्रतिमान* के केंद्र में मुक्तिबोध नहीं बल्कि नेहरू हैं।

बेहतर होता कि नामवर साही की लाइन पर आँख मूँद कर न चल कर 1938 के आसपास की स्थितियों का खुल कर विश्लेषण करते। 'रिक्तता' का विश्लेषण करते, कांग्रेस के आंदोलन का विश्लेषण करते। नेहरू के समाजवादी विचारों के प्रभामण्डल में न फँस कर एक मार्क्सवादी होने के नाते उन्हें क्रिटिकली देखते तो पाते कि नयी आसन्न आज़ादी और नयी कविता के बीच समांतरता का या लेन-देन का संबंध सम्भव था। लेकिन उस सबकी जटिलता में न जाकर नयी कविता के सबसे बेहतरीन कृतित्व को नेहरू के नाम समर्पित कर देना साहित्य में डांगेवादी लाइन लेना है, जबकि इस बीच तेलंगाना में

किसानों का सशस्त्र संघर्ष नेहरू की सेनाओं द्वारा कुचला जा चुका है। 1962 में चीन का हमला हो चुका है। नेहरू का जादू उतर चुका है। उसके बाद कम्युनिस्ट पार्टी दो-फाड़ हो चुकी है। माकपा आ चुकी है, जो कांग्रेस को भाकपा की तरह प्रगतिशील नहीं मानती और नेहरू के समाजवाद को मिक्स्ड इकॉनॉमी का समाजवाद मानती है और सिर्फ़ माकपा ही क्यों, 1967 में नक्सलबाड़ी हो चुका है और कई राज्यों में ग़ैर-कांग्रेसी सरकारें आ चुकी हैं। लोहिया का ग़ैर-कांग्रेसवाद अमल में आने लगा है।

सच तो यह है कि नेहरू की छतरी तान कर नामवर नयी कविता के दौर के कई कठिन सवालों से मुक्त हो जाते हैं।

शीत युद्ध की राजनीति और नयी कविता

इन्हीं में से एक सवाल शीत-युद्धीन राजनीति का भी है जिसकी छाया नयी कविता पर यत्र-तत्र पड़ती नज़र आती है जिसे नामवर सिर्फ़ दो पैरों में निपटा देते हैं। कोई कह सकता है कि *कविता के नये प्रतिमान* 1968 में प्रकाशित हुई है और मूल मूल रहे, इस ख़ातिर उसमें बहुत -सी बाद की बातें नहीं दी गयी हैं।

लेकिन शीत-युद्ध तो 1968 की बात नहीं थी— वह तो 1944-45 से ही दुनिया में अपना असर दिखाने लगा था। अमेरिका और सीआईए ने दुनिया भर से कम्युनिस्टों के विचार के प्रभाव को ख़त्म करने के लिए कांग्रेस फ़ॉर कल्चरल फ्रीडम की स्थापना की थी। यह संगठन भारतीय भाषाओं के साहित्यकारों-पत्रकारों को अपने प्रभाव में लाने के लिए प्रयत्नशील रहता था। कांग्रेस फ़ॉर कल्चरल फ्रीडम के भारतीय चेप्टर के चीफ़ मराठी के साहित्यकार प्रभाकर पाध्ये थे जिनकी प्रेरणा से इलाहाबाद में (शायद) 1957 में एक बड़ा लेखक सम्मेलन हुआ था जिसमें बहुत से नये कवि और आलोचक शामिल हुए थे। इसमें साहित्यकारों को राजसत्ता से दूर रहने, उसका सम्मान आदि न लेने और अपनी स्वतंत्रता बनाए रखने पर ज़ोर दिया गया था। (यह प्रसंग अलग से छानबीन माँगता है।)

प्रसंगवश कह दें कि कम्युनिस्टों के फैलते प्रभाव को रोकने-पलटने के लिए कांग्रेस फ़ॉर कल्चरल फ्रीडम और सीआईए के कारनामों को 1968 के आसपास एक अमेरिकी पत्रकार ने एक अमेरिकी अख़बार द *नेशन* में उजागर किया। इस

क्रम में कांग्रेस फ़ॉर कल्चरल फ्रीडम के द्वारा चुपके से फाइनेंस की जाती अंग्रेज़ी साहित्य की नामी पत्रिका *एनकाउंटर* का नाम उजागर हुआ। नतीजतन सम्पादक स्टीफ़न स्पेंडर तथा अन्य नामी हस्तियों को इस्तीफ़ा देना पड़ा।

शीत-युद्ध, दुनिया के दिमागों को जीतने की एक विचारधारात्मक लड़ाई थी जिसके एक ओर अमेरिका के नेतृत्व में पूँजीवादी देश थे दूसरी ओर सोवियत संघ और दुनिया भर में फैली कम्युनिस्ट पार्टियाँ थीं। कांग्रेस फ़ॉर कल्चरल फ्रीडम साहित्यकारों-बुद्धिजीवियों के बीच सोवियत तानाशाही के विकल्प में 'व्यक्ति की आज़ादी' की हिमायत करती थी। नये-नये आज़ाद हुए भारत के नये विकासमान मध्यवर्गीय बुद्धिजीवियों और रचनाकारों को 'व्यक्तिगत स्वतंत्रता' का आइडिया एक आकर्षक मूल्य की तरह महसूस हुआ। अमेरिकी आज़ादी का आइडिया आज़ादी के देशज आइडिया के साथ 'लिप-सिंक' करता नज़र आया। बुर्ज्वा वर्ग का मिज़ाज मार्क्स ने इसी मानी में 'अंतर्राष्ट्रीय' बताया था।

ऐसा नहीं कि नामवर शीत-युद्ध के बारे में न जानते हों। वे ख़ूब जानते थे। इस मामले में वे मुक्तिबोध को यों उद्धृत करते हैं कि 'स्वाधीनता प्राप्ति के उपरांत एक ओर भारत में अवसरवाद की बाढ़ आयी। शिक्षित मध्यवर्ग में भी इसकी ज़ोरदार लहरें पैदा हुईं। साहित्यिक लोग भी उसके प्रवाह में बहे और खूब बहे। इस भ्रष्टाचार, अवसरवाद और स्वार्थपरता की पार्श्वभूमि में पुराने प्रगतिवाद पर ज़ोरदार हमले किये गये और कुछ सिद्धांतों की रूपरेखा प्रस्तुत की गयी। ये सिद्धांत और हमले वस्तुतः उस शीत-युद्ध (बलाघात मुक्तिबोध का) के अंग थे जिसकी प्रेरणा लंदन और वाशिंगटन से ली गयी थी ... नयी कविता के आसपास लिपटे बहुत से साहित्यिक सिद्धांतों में शीतयुद्ध की छाप है'। (*नयी कविता का आत्मसंघर्ष तथा अन्य निबंध* से उद्धृत)

इसके आगे नामवर कहते हैं कि 1951 से 1969 तक तथा सम्भवतः उसके बाद भी नयी कविता की विकास की रेखा में जो कुछ वक्रता दिखाई पड़ती है उसका एक कारण तो शिक्षित मध्यवर्ग का 'अवसरवाद' है और दूसरा कारण साम्यवाद विरोधी शीत-युद्ध की पाश्चात्य विचारधारा का दूषित सांस्कृतिक प्रभाव है।

साफ़ है नामवर शीत-युद्ध के वातावरण से अच्छी तरह अवगत हैं, लेकिन इसका असर जिस 'वक्रता' में देखते हैं उसे नहीं खोलते और इस

वक्रता को भी अवसरवाद और प्रगतिविरोधी विचारों के मत्थे मढ़ देते हैं, मानो प्रगतिशीलता का अवसरवाद से कोई रिश्ता न हो। खेद की बात है कि नामवर शीत-युद्ध से वैचारिक स्तर पर भिड़ने की जगह नयी कविता के वक्र-विचलन को अवसरवाद के मत्थे मढ़ देते हैं जब कि यह निंद्य 'अवसरवाद' भारत के नये पूँजीवादी समाज में अपना अवसर खोजने वाले पढ़े-लिखे निम्न-मध्यवर्ग के लिए जीने की एक तरक़ीब भी हो सकती है। मुक्तिबोध इस अवसरवाद और 'अवसरवाद' में फ़र्क़ करते हैं, नामवर नहीं करते।

यही नहीं 'अपने व्यक्तित्व की खोज' अपने 'आत्म या सेल्फ़ की खोज' और 'नयी राह का अन्वेषण' आदि नये बन रहे भारतीय शहरी बुर्ज़्वा समाज में रहने वाले व्यक्तियों की सहज आकांक्षाएँ हैं। अगर कांग्रेस फ़ॉर कल्चरल फ्रीडम वालों ने इस व्यक्तिवाद को तीखा करने के लिए टारगेट बनाया तो इसलिए कि उसका निरा व्यक्तिवाद विकासशील व्यक्तिवाद के साथ पूरी तरह 'सिंक' कर सकता था। इसके बरअक्स प्रगतिशील विचार पार्टी के आगे 'व्यक्ति के व्यक्तित्व' का 'सरेंडर' चाहते थे।

इतिहास के उस दौर में मध्यवर्ग में 'व्यक्तिगत आकांक्षाएँ' एक स्वाभाविक बात थी जिसे प्रगतिवादी विचार सही नहीं समझता था। लोग समाज के विकास के साथ अपने व्यक्तित्व का विकास भी चाहते थे। लोग अगर सामूहिकतावादी कम्युनिस्ट विचारों से उपराम होकर, कांग्रेस फ़ॉर कल्चरल फ्रीडम के 'व्यक्तिगत आज़ादी' के नारे की ओर अनजाने ही लुढ़क गये तो उसका कारण पूँजीवाद के विकास के चरण में हो सकने वाली व्यक्ति के विकास की अवधारणा ही थी जिसके लिए 'कांग्रेस' को बहुत कुछ न करना पड़ा, बल्कि भारतीय बुर्ज़्वा वर्ग ने अपने विकास के लिए अपने आप ही कर दिया।

नामवर शीत-युद्ध की वैचारिक जटिलता में इसलिए गहरे नहीं पैठते क्योंकि वे स्वयं इस शीतयुद्ध के एक सिरे, प्रगतिशील सिरे के एक खिलाड़ी हैं। अगर गहरे पैठते, तो उनको अपने आप से भी कुछ कठिन सवाल करने पड़ते।

नामवर और कुछ नये प्रतिमान

कविता के नये प्रतिमानों को अगर एकमुश्त देखना हो तो पुस्तक का खण्ड 'दो'

अनिवार्यत: पठनीय है जिसमें नामवर कुछ नये और महत्त्वपूर्ण 'प्रतिमान' स्थापित करते हैं। यहाँ सबसे पहले वे 'कविता की भाषा' और उसके 'कथ्य' की अभिन्नता को स्वीकार करके कविता की 'सापेक्ष स्वतंत्रता' पर बल देते हैं।

यानी कि, कविता एकदम स्वतंत्र नहीं होती बल्कि 'सापेक्ष' भाव के साथ स्वतंत्र' होती है। यही नहीं, कविता की भाषा और उसका अर्थ पृथक्-पृथक् नहीं होते। किसी कविता की भाषा को सुंदर कहने के बाद उस कविता को असुंदर कैसे कहा जा सकता है? यानी भाषा और अर्थ और कथ्य एक-दूसरे से अभिन्न भाव से जुड़े होते हैं। नयी कविता न केवल सत्य जानने का साधन है बल्कि उसे सम्प्रेषित करने का तरीक़ा है। नामवर भाषा वैज्ञानिक सपीर के हवाले से कहते हैं कि भाषा एक स्वत: सर्जनात्मक सम्पूर्ण प्रतीक प्रणाली है। यहीं नामवर कहते हैं कि नये कवि पश्चिमी साहित्य-ज्ञान से अवगत हैं और अगर ज्ञान की कुछ नयी चिंगारी हिंदी में आ रही है तो कोई 'ज़्यादा ग़ज़ब नहीं हुआ'!

नामवर आगे कहते हैं कि कविता का विश्लेषण करना है तो पहले कविता की भाषा का विश्लेषण करें। तभी कविता की भाषा की 'सृजनशीलता' पकड़ में आएगी। यहीं नामवर सृजनशीलता को समझाते हुए कहते हैं कि किसी नये शब्द को खोजने का अर्थ ही है किसी नये अनुभव-खण्ड अथवा वास्तविकता के किसी नये पहलू की खोज', 'नया शब्द' यानी 'नया अर्थ' जो नये अनुभव को बताने वाला हो।

कहने की ज़रूरत नहीं कि समूची नयी कविता में सबसे बड़ी समस्या नये अनुभव को सही भाषा में अभिव्यक्त करने की ही है। सही भाषा या सही शब्द की खोज ही कविता में 'छटपटाहट' पैदा करती है।

नयी कविता का एक बड़ा झगड़ा 'सही भाषा की खोज' का है। नामवर फिर साही को अपना वकील बना कर कहलवाते हैं कि 'आज के विशाल जीवन सागर के उतार चढ़ाव को, उसके प्रामाणिक अस्तित्व को बातचीत की लय के साथ पकड़ा जा सकता है। उस लय की तलाश ही अभिव्यक्ति की तलाश है। यही है 'आज के जीवन की धड़कन को व्यक्त करने वाली लय को गहरे स्तर पर पकड़ना है'।

तब आलोचक का काम क्या है?

नामवर साफ़ करते हैं कि आलोचक 'तादात्म्य रूप में प्रस्तुत कथ्य कथन

के बीच (आलोचक) सेंध लगाता है और अंतर्निहित तनाव की तलाश करता है आलोचक की यह तलाश ही उसकी सृजनशीलता है'। नामवर मानते हैं कि कथ्य और कथन के बीच द्वंद्वात्मक संबंध है जिसे 'विरोधपूर्ण एकता' की संज्ञा दी जा सकती है। इसके आगे वे 'काव्य भाषा विषयक मौन' की बात करते हैं लेकिन मौन सिर्फ़ अज्ञेय की समस्या ही नहीं है वह नयी कविता की भी एक मौलिक समस्या है। जब कवि सही भाषा की तलाश करता है तो कभी-कभी मौन की भाषा ही सही भाषा होती है।

यहीं नामवर को चाहिए था कि वे नयी कविता की रचना-प्रक्रिया में बार-बार उभर रही 'अभिव्यक्ति' की समस्या को विस्तार से खोलते। नयी कविता के उनके प्रिय कवि मुक्तिबोध 'अँधेरे में' में अभिव्यक्ति की समस्या से ही जूझते हैं और अपनी विफलता को स्वीकार करके चलते हैं। स्वयं नामवर ने 'अँधेरे में' को 'परम अभिव्यक्ति की खोज' माना है।

यही नहीं, अज्ञेय की अनेक कविताओं और ख़ास कर 'असाध्य वीणा' में भी अभिव्यक्ति की यही समस्या बार-बार प्रकट होती है। वीणा की असाध्यता का रूपक अपने आप में अभिव्यक्ति की असाध्यता का ही रूपक है।

लेकिन नामवर को अन्य प्रतिमानों को खोजने की जल्दी है, इसलिए वे आगे बढ़ते हैं। शायद इसीलिए वे नयी कविताओं के उदाहरणों के ज़रिये पुराने प्रतिमानों के 'बरअक्स' नये प्रतिमानों को पेश करते हैं जैसे कि : 'बिम्ब विधान' के बरअक्स 'सपाटबयानी' की स्थापना, नयी कविता में 'प्रगीतात्मकता' की जगह उसकी 'नाटकीयता' पर ज़ोर देना, नयी कविता में प्रकट होती 'विसंगति' और 'विडम्बना' पर बल देना, नयी कविता में व्यक्त होती 'अनुभूति की जटिलता' और 'तनाव' पर बल देना, 'ईमानदारी' और 'प्रामाणिक अनुभूति' को रेखांकित करना तथा 'परिवेश और मूल्यों' के बीच के बनते जटिल संबंधों को पकड़ना और उनका बखान करना! ये नयी कविता के कुछ नये मान-मूल्य हैं जिनको नामवर अपनी खण्डन-मण्डनात्मक शैली में ही खोजते हैं और रेखांकित करते हैं। 'बिम्ब योजना कविता के लिए हानिकारक ही सिद्ध हुई है। बिम्ब के कारण कविता बोलचाल की भाषा से दूर हटी है ... विशेषणों का अनावश्यक भार बढ़ा है। और काव्य-कथ्य की ताक़त कम हुई है'। इससे पहले

वे विलियम ऐंप्सन की 'सेविन टाइप्स ऑफ़ एम्बिगुइटी' के हवाले से अस्पष्ट की जगह 'स्पष्ट कविता' को उचित मानते हैं, और आगे राजकमल चौधरी की कविता 'मुक्ति प्रसंग' की कृष्ण नारायण कक्कड़ की समीक्षा के शब्दों में कहते हैं कि 'सपाट बयानी' का मतलब है, कविता में उस भाषा का प्रयोग जो कबीर-सूर की भाषा है जो अपनी बात को सीधे कहते हैं। कहने की ज़रूरत नहीं कि सपाट बयानी के प्रतिमान को खोजने और स्थापित करने का श्रेय नामवर को ही जाता है।

इसी तरह 'नाटकीयता' के प्रतिमान के खोजी भी नामवर हैं। कविता में 'नाटकीयता' के तत्त्व को इससे पहले रेखांकित नहीं किया गया। इसके लिए वे कविता में 'अन्विति' की अनिवार्यता की बात करते हुए निराला की 'तोड़ती पत्थर' से ले कर नागार्जुन की 'पाँच पूत भारत माता के' का ज़िक्र करते हुए अज्ञेय की 'कलगी बाजरे की' को अन्विति का एक बेहतरीन उदाहरण बताते हैं। अन्विति का मतलब है 'संरचना' और 'कथ्य' की 'अन्विति'! यहीं वे नाटकीयता को प्रगीत-कविता की भावुकता से अलग करते हुए श्रीकांत वर्मा, रघुवीर सहाय की कुछ कविताओं को उद्धृत करते ही हैं, साथ ही राजकमल चौधरी, साही और मुक्तिबोध की लम्बी कविताओं को प्रमाण की तरह प्रस्तुत करते हैं कि किस तरह इस दौर की आत्मपरक लम्बी कविताओं की 'अंतर्ग्रंथित' नाटकीयता जीवन की विसंगतियों और विडम्बनाओं को व्यक्त करने में सक्षम हैं। विसंगति, विडम्बना, अनुभूति की जटिलता को व्यक्त करने के कारण ही कविता में नाटकीयता का तत्त्व आता है। नामवर कहते हैं कि 'आज की विडम्बनापूर्ण स्थिति के सम्मुख नाटकीय काव्य के लिए अपार सम्भावनाएँ हैं और नाटकीय रचनाएँ ही इस स्थिति की चुनौती को अच्छी तरह स्वीकार कर सकती हैं'।

नामवर का एक अन्य महत्त्वपूर्ण अध्याय है 'अनुभूति की जटिलता और तनाव'। साही के हवाले से नामवर बताते हैं कि छायावादी काव्य में भी द्वंद्व था लेकिन वह द्वंद्व चरम तक नहीं पहुँचता था। बीच में ही सामंजस्य हो जाता था। यही 'संतुलन का नाटक' था लेकिन 1936 के बाद 'इरविन पैक्ट' के बाद नेहरू ने 'अचानक रिक्तता का अनुभव किया। अर्थात् नेहरू की आस्था गाँधी में थी लेकिन इरविन पैक्ट ने उसमें दरार डाल दी यानी भरोसा टूट गया। नामवर इस दरार

की व्याख्या करते हुए कहते हैं कि 'कविता के क्षेत्र में मन के इस विभाजन का अर्थ था छायावादयुगीन तन्मय एकाग्रता का खण्डन और बाहर तथा भीतर गहरे व्यवधान का बोध। 'तनाव' इसी का 'बाइ प्रोडक्ट' है। इसी क्रम में नामवर फिर मुक्तिबोध से कहलवाते हैं : 'आज की कविता में (जीवन-जगत के साथ) सामजंस्य से अधिक द्वंद्व ही है इसलिए उसके भीतर तनाव या घिराव का वातावरण है।'

इसी से जुड़ा नया मूल्य है 'ईमानदारी'(सिंसियरिटी) जो 'प्रामाणिक अनुभूति' के बिना सम्भव नहीं। रघुवीर सहाय को उद्धृत करते हुए नामवर साफ़ करते हैं कि 'प्रामाणिक अनुभूति' का अर्थ है 'अपने पूर्वग्रहों से' उपर उठ कर 'वस्तुओं की वास्तविकता का सही अनुभव' करना। रघुवीर सहाय के शब्दों में कहें तो 'बुद्धि और हृदय के विभाजन को अस्वीकार करके एक अखण्ड अविभाज्य चेतना के स्तर पर ईमानदारी को प्रतिष्ठित' करना। नामवर फिर रघुवीर सहाय को उद्धृत करते हैं जो ईमानदारी के मायने खोलते हुए कहते हैं कि ईमानदारी में भी वास्तविकता के समांतर एक द्वंद्वात्मकता और कशमकश होती है। इसलिए कवि की ईमानदारी 'यह माँगती है कि समालोचक सामाजिक चेतना के सभी स्तरों पर द्वंद्वात्मक उपादेयता को स्वीकार करे, बौद्धिक विकास की प्रणाली में विचार और आचरण के बीच जो कशमकश होती है उसके प्रति सजग रहे'। इसका मतलब है कि ईमानदारी एक बौद्धिक संगठन है। गरज़ कि ईमानदारी समझदारी का दूसरा नाम है।

ईमानदारी के मूल्य खोजना है तो किसी कविता को उसके कवि के जीवन से मिलाकर देखने की अपेक्षा 'काव्यकृति पर ही आधारित निर्णय' ही अभीष्ट है। अगर हम कविता को कवि के जीवन का पर्याय समझने की भूल करेंगे तो कविता की स्वायत्तता को ही नष्ट कर देंगे। लेकिन अंत तक पहुँचते-पहुँचते नामवर ईमानदारी पर ही संदेह करने लगते हैं और स्त्राविंस्की को उद्धृत करते हुए कहते हैं कि 'ईमानदारी एक अनिवार्य (शर्त) है जो कोई गारंटी नहीं देती'।

इसी को कहते हैं नामवर की नामवरी कि वे किसी एक जगह ठहरते नहीं लगते। इसका कारण शायद उनका बहुपाठीपन है या तज्जन्य आत्मविश्वास की कमी! दूसरों के तर्कों से मुक़दमे लड़ने की भी एक सीमा होती है!

अंतिम अध्याय 'परिवेश और मूल्य' फिर एक बेहतरीन प्रस्तुति है क्योंकि

इसमें नामवर शुरू में ही एक बेहद सटीक उदाहरण पेश करके बाक़ी बातों के लिए एक बेहतरीन भूमिका बना देते हैं। बहुत शुरू में ही वे समकालीन समीक्षा की एक दुविधा पर उँगली रखते हुए कहते हैं कि नयी कविता का मूल्यांकन में सबसे बड़ा 'जोखिम' यह है कि 'जिस परिवेश से यह काव्य सम्बद्ध है वह कवि और आलोचक दोनों का ही साझा परिवेश है'।

इसी प्रसंग में नामवर कविता और उसके परिवेश के अतर्संबंध को समझने के लिए संस्कृत के एक आचार्य राजशेखर से बेहतरीन उद्धरण देते हुए स्पष्ट करते हैं कि 'कविता में आकाश के रूप अथवा सरिताओं के सलिल आदि के 'स्वरूप' का निबंधन नहीं होता बल्कि उनके 'प्रतिभास' का निबंधन होता है'... इस प्रकार काव्य प्रतिभासमय होते हैं। यही 'आधुनिक युग में' आइ.ए. रिचर्ड्स की 'द्वितीय वास्तविकता'(सेकंड रीयलिटी) है। लेकिन कविता का संसार अपने आप में 'स्वत:सम्पूर्ण' संसार नहीं है। नामवर मुक्तिबोध से फिर कहलवाते हैं कि 'कला का अपना स्वायत्त स्वंतत्र राज्य है, किंतु उसकी यह स्वायत्तता और स्वतंत्रता सापेक्ष है'।

नामवर और 'अँधेरे में'

इन प्रतिमानों के अंत में नामवर मुक्तिबोध की कविता 'अँधेरे में' को 'परम अभिव्यक्ति की खोज' कहते हुए उसका 'प्रैक्टिकल क्रिटिसिज़म' प्रस्तुत करते हैं लेकिन जिन प्रतिमानों को वे पहले गिनाते हैं उनको 'अँधेरे में' ढूंढ़ना 'अँधेरे में' के प्रति ज़्यादती होगी। फिर भी, 'अँधेरे में' की नामवरीय समीक्षा की समीक्षा इस मानी में दिलचस्प हो सकती है कि ऐसा करके हम जान सकते हैं कि सिद्धांत के कथन तक तो हर विद्वान बेझोल रहता है, लेकिन ज्यों ही व्यावहारिक समीक्षा के क्षेत्र में आता है, उसकी घोषित समीक्षा पद्धति लड़खड़ाने लगती है।

अगर हम 'अँधेरे में' की उनकी समीक्षा देखें और फिर उनके 'पुनश्च' के हिस्से पढ़ें तो उसमें नामवर की कई झोल-झिझक दिखेंगी। पहला झोल तो समीक्षा के एकदम शुरू में ही नज़र आता है। एकदम शुरू में 'अँधेरे में' को 'परम अभिव्यक्ति की खोज' का शीर्षक देते हैं और और इसके प्रमाण में कविता की

अंतिम कुछ पंक्तियों का हवाला देते हैं, लेकिन इसके तुरंत बाद वे 'अभिव्यक्ति की खोज' को 'अस्मिता की खोज' कहने लगते हैं कि यह कविता का मूल कथ्य है 'अस्मिता की खोज' जो 'आधुनिक मानव की सबसे ज्वलंत समस्या है'।

समीक्षा आगे बढ़ती है : अस्मिता की खोज को मुक्तिबोध 'नाटकीय रूप' देते हैं। नाटकीय कौशल के लिए व्यक्ति को दो में विभक्त कर दिया गया है। एक 'मैं' और दूसरा उसका प्रतिरूप 'वह'। फिर नामवर कविता के स्वप्न दृश्यों का सरलार्थ करते चलते हैं— जैसे 'रहस्यमय व्यक्ति' का कमरे में लगातार चक्कर लगाना, बाहर बुलाना, फिर उसका गुफ़ा में होना, रक्त में नहाये पुरुष का दर्शन और फिर अँधेरा। अँधेरे में भय का वातावरण, फ़ासिस्ट ख़तरे का अहसास, फिर जनक्रांति का सपना, जनक्रांति के बीच ही अस्तित्व की सुगंध महसूस होती है 'मैं' को।

यहीं मुक्तिबोध अभिव्यक्ति की समस्या पर उँगली रखते हैं कि कवि इस जटिल यथार्थ को पूरी तरह से अभिव्यक्त करने में असहाय-सा महसूस करता है : किंतु, असंतोष है मुझको गहरा / शब्दाभिव्यक्ति। अभाव का संकेत!

यानी कवि जो अभिव्यक्त करना चाहता है, उसे पूरी तरह अभिव्यक्त नहीं कर पा रहा है क्योंकि उसके पास शब्द की अभिव्यक्ति का ही अभाव है। कवि सीधे कह रहा है उसकी समस्या अपने समय के जटिल उलझे यथार्थ को शब्दों में व्यक्त करने की है लेकिन वह नहीं कर पा रहा। इसीलिए वह कहता है : अब अभिव्यक्ति के ख़तरे उठाने ही होंगे / तोड़ने ही होंगे मठ और गढ़ सब।

यानी पुराने तरीक़े से नये की अभिव्यक्ति नहीं हो पा रही। इसीलिए नया तरीक़ा खोजना होगा। यह तरीक़ा है फ़ैंटेसी। मुक्तिबोध फ़ैंटेसी का सहारा लेते हैं। 'फ़ैंटेसी' कवि की कल्पना को मुक्त करती है। इसीलिए 'अँधेरे में' एक लम्बी स्वप्न-कथा बन जाती है।

इस तरह मुक्तिबोध 'परम अभिव्यक्ति' की खोज करने की कोशिश करते हैं।

लेकिन मुक्तिबोध के दावे के बावजूद नामवर इसे सिर्फ़ 'अभिव्यक्ति' नहीं मानते। वे 'अभिव्यक्ति' की जगह 'अस्मिता' शब्द को रख देते हैं और कहते हैं कि 'कवि मुक्तिबोध के लिए अस्मिता की खोज व्यक्ति की खोज नहीं है, बल्कि अभिव्यक्ति की खोज है। एक कवि होने के नाते परम अभिव्यक्ति ही

अस्मिता है।' जब परम अभिव्यक्ति ही अस्मिता है तो अस्मिता की उलझन पैदा करने की जगह उसे 'परम अभिव्यक्ति' ही रहने देते।

लेकिन वे नामवर नामवर कैसे जो सुलझे को उलझाए नहीं!

अब हम अस्मिता के बारे में सोचें। नामवर के अस्मिता पर बल देने का कारण रहा शायद 'अस्तित्ववादी दबाव' जो सत्तर के दशक में हिंदी साहित्य में ख़ासे चलन में था। लेकिन नामवर अस्मिता को अस्तित्ववाद से जोड़कर दिखाने की जगह अस्मिता के सवाल को मार्क्स के बेगानेपन के सिद्धांत से जोड़ कर चलते हैं और मुक्तिबोध की एक साहित्यिक की डायरी की यह लाइन उद्धृत करते हैं जिसमें मुक्तिबोध लिखते हैं : 'मैं उस भयानक मशीन का चित्रण करने वाली कहानी नहीं बल्कि उपन्यास लिखने वाला हूँ जिसमें हर आदमी वह नहीं है जो वस्तुत: वह है या होना चाहेगा।' यही व्यक्ति का 'अपने आप से अलगाव' है। यह अलगाव पूरे समाज के स्तर पर वर्गभेद है, तो व्यक्ति के स्तर पर अस्मिता का लोप! मार्क्स मज़दूर वर्ग के अलगाव की बात करते हैं लेकिन नामवर इसे खींच कर निम्न मध्यवर्गीय लोगों के अलगाव तक ले आते हैं कि वे कहते हैं कि इस 'अलगाव का आलम्बन निम्न मध्यवर्ग' ही है।

साफ़ कर लें : मुक्तिबोध मानते हैं कि साहित्यकार निम्न-मध्यवर्ग से आता है, और पाठक भी उसी वर्ग से आता है। दोनों ही अपने आप से अलग यानी 'आत्मविभक्त' (स्प्लिट) हो जाते हैं। पूँजीवाद व्यक्ति के व्यक्तित्व का विभाजन करता है। इससे निकलने का रास्ता क्या है? मार्क्स के अनुसार 'वर्ग संघर्ष का तेज़ होना' ही एक रास्ता है, जबकि मुक्तिबोध का तरीक़ा 'आत्म-संघर्ष' है। यह 'आत्मसंघर्ष' सामाजिक संघर्ष के साथ ही सम्भव है। मार्क्स के बेगानेपन के सिद्धांत से अस्मिता के मुद्दे को जोड़ कर नामवर अस्मिता को अस्तित्ववादी कहे जाने से बचा लेते हैं और इस तरह रामविलास शर्मा द्वारा मुक्तिबोध को 'अस्तित्ववादी' कहे जाने से अपने को अलग कर लेते हैं। मुक्तिबोध का 'आत्मसंघर्ष' अस्तित्ववादी आत्मपीड़न से भिन्न ही नहीं, बल्कि उससे बहुत भिन्न क़िस्म के मार्क्सवादी सिद्धांत और कर्म की सीमा में प्रवेश करता है। नामवर कहते हैं कि मुक्तिबोध का 'संकल्पधर्मा चेतना का रक्त प्लावित स्वर' सारे कुहासे, अनिश्चय, संशय, एकाकीपन, बेचैनी,

अपराधबोध, स्वप्न-दृष्टि, आस्था, आकांक्षा, दुर्बलता, दृढ़ता आदि अनेक मन:स्थितियों को अपने ताप में पिघला कर एक वैज्ञानिक-दृष्टि और मानव आस्था में ढाल देता है।

मुक्तिबोध की अस्मिता की खोज को अस्तित्ववादी कहना उनको प्रतिक्रांतिकारी सिद्ध करना है। रामविलास यही करते हैं। उनके जबाव में मुक्तिबोध को क्रांतिकारी सिद्ध करने के लिए नामवर मार्क्स की '1844 की *इकनॉमिक फ़िलॉसफ़िकल मेन्युस्क्रिप्ट* का हवाला देते हुए कहते हैं कि अलगाव और वस्तुकरण पूँजीवादी व्यवस्था के अभिशाप हैं जिसका सबसे अमानुषिक प्रभाव मजदूर वर्ग पर पड़ता है। इस अलगाव की प्रक्रिया से मुक्त होने का उपाय मार्क्स की दृष्टि में 'वर्ग चेतना' है। इस प्रकार से 'वर्ग चेतना' ही 'अस्मिता की खोज' कही जा सकती है।

लेकिन यह क्या? कहाँ 'क्लास कांशसनेस' और कहाँ अस्मिता की खोज! इस फँसावट से निकलने के लिए नामवर फिर उसी 'अभिव्यक्ति' की ओर लौटते हैं : *अभिव्यक्ति के सारे ख़तरे उठाने होंगे / तोड़ने ही होंगे मठ और गढ़ सब*। यानी 'यह अभिव्यक्ति काव्यनायक के अपने व्यक्तिगत ख़यालों के दायरे से निकलकर क्रांति के लिए सन्नद्ध जन यूथ में घुल मिल कर उसके साथ पूरी तरह एकाकार हो जाती है। जब लग गया कि अस्मिता एक 'थियरिटीकल मुसीबत' है, तो नामवर अंत में फिर अभिव्यक्ति का पल्ला पकड़ते हैं और कहते हैं कि कविता के इस प्रतिमान (यानी सपाटबयानी) के संदर्भ में 'अँधेरे में' की समीक्षा की यही संगति है कि यह कविता मुक्तिबोध की परम अभिव्यक्ति के साथ उत्तम मूल्यों की मूर्तिमान काव्य-प्रतिमा है'।

कहने की ज़रूरत नहीं कि 'अस्मिता की खोज' नामवर की अपनी खोज है जो उनसे आगे चलकर 'पुनश्च' लिखवाती है। कारण कि उनकी पहली व्याख्या को देख किसी ने कविता में सशस्त्र क्रांति तक के दर्शन कर डाले, तो किसी ने (रामविलास शर्मा ने) उनको 'अस्तित्ववादी', 'रहस्यवादी' कह डाला।

नामवर ने तो *कविता के नये प्रतिमान* में सिर्फ़ मुक्तिबोध की एक कविता की चर्चा की थी। लेकिन सत्तर के दशक की वामपंथी बौद्धिक उठान के दौर में बहुत से युवा वामपंथी समीक्षकों का ध्यान मुक्तिबोध के विचार-साहित्य की

ओर भी गया। उनकी रचनावली (1980) आ चुकी थी इसलिए युवा लोगों के लिए मुक्तिबोध सिर्फ़ 'अँधेरे में' तक सीमित न रहे। मुक्तिबोध का प्रभामण्डल फैला। वे नये क़िस्म के रचनात्मक मार्क्सवादी चिंतक की तरह उभरे। नये मार्क्सवादियों ने उनके इस रूप को हाथों-हाथ लिया और 'अँधेरे में' की नामवरीय व्याख्या तक वे सीमित न रहे। बजाय इसके वे कविता के बिम्बों और प्रतीकों तक में मुक्तिबोध की क्रांतिकारिता खोजने लगे और इसी प्रक्रिया में उनको नामवर के नव्य समीक्षा की शरण में जाने का तीखा अहसास हुआ। तब के युवा मार्क्सवादियों की नज़र में नामवर जैसे प्रगतिशील समीक्षक का अचानक अमेरिकी नव्य समीक्षा और इलियट की ओर भक्तिभाव से मुड़ जाना कुफ्र से कम नहीं था। *कविता के नये प्रतिमान* में जगह-जगह नामवर का 'प्रति-क्रियावादी' परिमलियों को परम विद्वानों की तरह उद्धृत करना नये मार्क्सवादी विचारकों को मार्क्सवाद से गद्दारी लगा। जबाव में नामवर पर जमकर विचार-धारात्मक हमले हुए।

कविता के नये प्रतिमान के 'अँधेरे में : पुनश्च' में नामवर का मार्क्स के बेगानेपन और अस्मिता की थीसिस तक पहुँचने के पीछे नये मार्क्सवादियों के हमले थे जिनका हवाला नामवर ने स्वयं दिया है।

निष्कर्षत : कुछ बातें और

कविता के नये प्रतिमान की अपनी इस 'पठंत' (रीडिंग) के अंत में हम यह कुछ बातें अवश्य कह सकते हैं कि :

- कविता के नये प्रतिमान की सबसे बड़ी विशेषता यह है कि इसमें नयी कविता के पच्चीस वर्षों का रचनात्मक और वैचारिक आख्यान लगभग समग्रता के साथ आ गया है।
- नयी कविता के जीवन-मूल्य और प्रतिमान किस तरह से अपनी पूर्ववर्ती छायावादी और छायावादोत्तर कविता से भिन्न हैं और नयी कविता को पढ़ने के अपने तरीक़े ज़रूरी हैं, इस बात पर अगर किसी समीक्षक ने ज़ोर दिया तो *कविता के नये प्रतिमान* के लेखक ने दिया।
- नयी कविता को समझने के लिए नये क़िस्म की समीक्षा की

आवश्यकता है और उसे अमेरिकी नव्य समीक्षा की कुछ अवधारणाओं की सहायता से बेहतर विकसित किया जा सकता है। इसका जैसा तीखा अहसास नामवर को रहा वैसा उनके समकालीन किसी समीक्षक को नहीं रहा। इस मानी में वे बिला शक नयी कविता के प्रतिनिधि और शायद एकमात्र समीक्षक हैं।

◆ अपनी इस पुस्तक के ज़रिये नामवर ने हिंदी समीक्षा को एक बौद्धिक ऊँचाई दी। यही नहीं, हिंदी समीक्षा को समीक्षकों के 'निजी पसंद नापसंद' (सब्जेक्टिविटी) से मुक्त कर हिंदी समीक्षा के लिए एक 'वस्तुगत समीक्षा पद्धति' विकसित करने का साहस किया। इसके लिए उन्होंने न केवल अमेरिकी नव्य समीक्षा से सहायता लेने से परहेज़ नहीं किया बल्कि वे संस्कृत काव्यशास्त्र तक से सहायता लेने से नहीं चूके।

◆ मार्क्सवादी समीक्षा की यांत्रिकता और शास्त्रीय जड़ता की जगह नामवर ने समीक्षा को सहयोगी प्रयास कहकर उसे एक विमर्श का दर्जा दिया।

◆ *कविता के नये प्रतिमान* की सार्थकता को बताने वाली ऐसी बहुत-सी बातें और भी कही जा सकती हैं लेकिन साथ-साथ यह भी कहा जाना चाहिए कि :

◆ *कविता के नये प्रतिमान* खोजते-खोजते 'नयी कविता के सबसे बेहतरीन कृतित्व' के दौर को नेहरू के नाम कर नामवर ने अपने समूचे प्रयत्न को एकांगी बना लिया।

◆ नामवर की समीक्षा-पद्धति अपने ढंग की 'खण्डन-मण्डनात्मक' क़िस्म की एक जटिल समीक्षा पद्धति है। यह जटिलता इसलिए आती है क्योंकि वे अपनी बात भी दूसरों विद्वानों के 'ब्याज' से (यानी उद्धरणों से और तर्कों से) कहते हैं और इस चक्कर में दूसरों की तर्कपद्धति की ताक़त तो उनको मिलती ही है उनकी कमज़ोरियाँ भी जाने-अनजाने उनको स्वीकार करनी पड़ती हैं। वे अपने शब्दों में अपना पक्ष कम ही कहते हैं और ऐसा लगता है कि उनसे अधिक सटीक तो दूसरे हैं। इसीलिए साही उनकी समीक्षा में उनके उस्ताद की तरह उभरते हैं मानो साही से बड़ा उस वक़्त

कोई दिमाग़ न हो। यह बात इस लेखक को कुछ हज़म नहीं होती।

- *कविता के नये प्रतिमान* यह भी स्पष्ट करती है कि नयी कविता क्यों 'बौद्धिक' और 'ऐलिटिस्ट' होती गयी और क्यों छायावादोत्तरी कवियों यथा बच्चन व दिनकर आदि की कविताएँ 'भावोच्छवासी' कही जा कर 'हीन' बना दी गयीं। इसके लिए अज्ञेय से लेकर रघुवीर सहाय तक सभी नये कवि ज़िम्मेदार हैं साथ ही प्रतिमान के खोजी नामवर भी ज़िम्मेदार हैं। इसीलिए आज अपनी जनता से 'कविता' एकदम कटी नज़र आती है। ऐसा लगता है कि जहाँ कविता' है वहाँ जनता नहीं, जहाँ जनता है वहाँ कविता नहीं है।
- नयी कविता के मानकों ने कविता को 'हाई कल्चर' की कोटि में रख दिया। बाक़ी कविता को 'लो कल्चर' की कविता की कोटि में रख दिया। आज कविता अपनी जनता से महरूम है तो उसका कारण नयी कविता के माने गये मानक हैं। इसलिए कविता के नये प्रतिमान को हम कुछ 'क्रिटिकली' ही स्वीकार कर सकते हैं। कहने की ज़रूरत नहीं कि इससे जनता और कविता दोनों का ही नुक़सान हुआ है।
- नामवर के बहुत से तर्क-बिंदुओं की समीक्षा हमने यथाप्रसंग कर दी है, इसलिए उनका कहना यहाँ आवश्यक नहीं है। उन्हें यथास्थान पढ़ा जा सकता है।

अंत में हम एडवर्ड सईद के शब्दों में नामवर को हिंदी का पहला 'बुद्धिजीवी समीक्षक' कह सकते हैं।

कुँवर नारायण

उत्तर-समय में शब्दों की गवाही

पंकज कुमार बोस

व्यर्थ है / बहुत दूर तक उसे सोचना
जो आसमान में एक बिंदु भर जगह / और पल भर समय में संचित है।
मैं तब की बात कर रहा हूँ / जब तुम रुकोगे कुछ देर
अभी बहुत उतावली में हो / कहीं और जाने की / कुछ और पाने की
कुछ से कुछ और हो जाने की ...
बात तब की है / जब केवल मेरे शब्द होंगे मेरी जगह
तब उस विकलता को समझोगे / जो सब कुछ— शब्द तक—
यहीं छोड़ जाने में होती है।

आधुनिक हिंदी कविता के उत्कर्ष के पर्याय कुँवर नारायण (1927-2017) से पहली बार तब मिला जब जीवन में असह्य निराशाओं का दौर था। अँधियारा बढ़ता जा रहा था। उनसे पहली बार मिलना सैकड़ों काली अँधेरी रातों के बाद सहसा एक सूर्य के आँगन में आने-सा था। आँगन खुला था और चारों ओर रोशनी के झरने ही झरने! मैं और हमारे कुछ साथी उनके अंतिम कुछ वर्षों में उनकी पुस्तकों के प्रकाशन की तैयारी में उनका हाथ बँटाते। उनकी पाण्डुलिपियाँ तैयार करते और एक बेहद आत्मीय वातावरण में उनसे संवाद और विचार-विमर्श करते। उनके पास बैठ कर और उनके साथ

कुछ करते हुए हमेशा ही एक पुनीत कर्तव्य में संलग्न होने का बोध होता, जीवन की सार्थकता की अनुभूति होती।

कुँवरजी जब अपने कमरे से निकलते हुए बैठक की ओर आते तो हमें उनके पैरों की नहीं, बल्कि छड़ी की आहट सुनाई पड़ती। छड़ी की हल्की ठक-ठक आवाज़ पगध्वनि के संगीत की तरह धीरे-धीरे पूरे घर में गूँज उठती और हवा में तैरते हुए हमारे कानों तक आती। इस आवाज़ और संगीत के हम इतने आदी हो चुके कि इसके बिना उनके आने की कल्पना ही नहीं कर सकते। इस पगध्वनि को सुनते ही हम आश्वस्त होने लगते, उम्मीदों से भर जाते। हमारे चेहरे पर आशाएँ और होठों पर मुस्कानें तैर जातीं। हसरत भरी निगाहों से हम उस ओर देखने लगते। उन्हें सहारा देकर लाया जाता, लेकिन वे ऐसे आते जैसे परिवार के किसी बुज़ुर्ग के साथ कोई विनयी बालक आ रहा हो। एक सम्पूर्ण विश्वास के साथ अपनी छड़ी को थामे, मानो वह उनका पिता हो और वे एक बालक जो पहली बार घर से बाहर कहीं बहुत दूर निकल रहा है— अपनी लाल-लाल कोमल अँगुलियों से पिता की अनुभवी और खुरदरी अँगुलियों को थामे हुए ... जब-जब उनके आने के उन सुखद दृश्यों की याद आती है तो इसी रूप में आती है। वे आते... अपने पिता के साथ एक उत्साही बालक की तरह आते और आ कर हम बालकों के साथ बैठ कर बातें करते... ।

यूँ तो कमरे से बैठक का यह फ़ासला बहुत ही कम होता लेकिन महज़ इतनी दूरी पार करने में उन्हें अच्छा समय लगता। वे विज्ञान के विद्यार्थी रहे और विज्ञान को भरपूर जिया भी, और शायद इसलिए समय, गति और दूरी को लेकर हमेशा चौकन्ने रहे। दो कमरों की दूरी पार करते हुए वे एक ही साथ दो समय और दो स्पेस को पार करते। यों टाइम और स्पेस के बीच वे हमेशा आवाजाही करते। उनके लिए कमरे से बैठक में आने का मतलब होता एक समय और स्पेस से दूसरे समय और स्पेस में आना, एक दुनिया से निकलकर दूसरी दुनिया में आना। अक्सर बातचीत में जब हम उनके किन्हीं समकालीन यश:काय रचनाकार के बारे में पूछते तो वे कहते कि 'मेरे लिए तो ये सब मानो कल की ही बातें हैं।' मैं और हमारे कुछ साथी अक्सर इस बात पर सहमत होते कि 'वे तो हमेशा सर्कुलर टाइम में जीते हैं।' अपनी रचनाओं में भी उन्होंने बराबर इसके

भरपूर संकेत दिये हैं। वे एक संसार में जीते हैं, फिर वहाँ से दूसरे संसार की यात्रा करते हैं और फिर लौट आते हैं। बात ज़रा दार्शनिक लगती है लेकिन उनके लिए बहुत ही व्यावहारिक। उनका दृढ़ विश्वास है कि हमारे सभी ज्ञान, दर्शन और शास्त्रों का उत्स हमारी इस दुनिया का भरा-पूरा जीवन ही है। उनके लिए जीवन ही साधन है, और साध्य भी। एक उत्कट जिजीविषा के वशीभूत होकर वे जीवन की ही खोज और पुनर्खोज करना चाहते हैं। लगातार। इसलिए वे बराबर लौटना चाहते हैं। 'लौटना' उनकी जीवन-दृष्टि का और उनकी रचना-यात्रा का एक स्थायी भाव रहा है। बीज शब्द। उनकी कविताओं में सर्वाधिक सारगर्भित और साभिप्राय क्रिया है 'लौटना'। कोई देख सकता है कि चक्रव्यूह से लेकर कुमारजीव तक इस क्रिया की बहुआयामी यात्राओं के दिशा संकेत बिखरे पड़े हैं। इस पूरे संदर्भ में लगभग एक घोषणा-पत्र की तरह लिखी हुई उनकी पंक्ति कानों में हमेशा गूँजती रहती है : 'अबकी अगर लौटा तो / बृहत्तर लौटूँगा।'

I

कमोबेश दो शताब्दियों की सीमा-रेखा को छूने वाली कुँवर नारायण की रचना-यात्रा छह दशकों से भी अधिक समय तक व्याप्त रही है। अपने सारभूत रूप में उनकी कविताएँ जीवन और मृत्यु से जुड़ी चिंताओं, राजनीति और संस्कृति की विसंगतियों, मानवीयता और नैतिकता की समयानुकूल अनिवार्यताओं, मिथक और इतिहास की सर्जनात्मक सम्भावनाओं, व्यक्ति-परिवार-समाज के बीच सापेक्षिक संबंधों को लेकर लगातार मुखर रही हैं और जहाँ कहीं भी ज़रूरत हुई, उन्हें प्रश्नांकित करती रही हैं।

उनकी कविताओं और चिंतन में एक बड़ी मानवीय दुनिया के निर्माण के लिए संकल्पित सांस्कृतिक चेतना और सह-अस्तित्व की भावना भी है जिसे अभी तक बहुत कम लक्षित किया गया है। इसके अलावा 'समय' की अवधारणा का व्यावहारिक विनियोग और उसके सतत जैविक बोध को लेकर उनके रचना-संसार में जो चिंतन व्यक्त किया है, वह उन्हें वैश्विक स्तर के कवि-चिंतकों की अगली पंक्ति में खड़ा कर देता है। इन अर्थों में वे हमारे समय के सम्भवतः अकेले ऐसे कवि

रहे जिन्होंने हिंदी रचनाशीलता में भारतीय साहित्य की श्रेष्ठ परम्पराओं का समन्वय किया और उसे वैश्विक मानकों के अनुरूप बनाया।

कुँवर नारायण ने अपनी प्रत्येक रचना में जीवन को एक विशाल कार्निवाल के रूप में देखा है और उसमें उत्सवधर्मिता के साथ भागीदारी की है। काव्य-विषय कोई भी हो, वे उसमें हमेशा जीवन या जिजीविषा के किसी न किसी घटक को लक्षित कर लेते हैं। अक्सर उनकी कविता पढ़ते हुए लगता है कि शायद हमारे हाथ कोई ताज़ा पौधा लग गया है जिसे अभी-अभी कच्ची मिट्टी से उखाड़ा गया है और जिसकी जड़ें अभी भी माटी के सोंधेपन से महमहा रही हैं। वे अपने केंद्रीय अनुभव या घटना-प्रसंगों की बुनियाद से इतने सघन रूप से जुड़े होते हैं कि केवल कवि के अनुभव न होकर हमारे और आपके अनुभव बन जाते हैं, हमारी और आपकी दुनिया में रच-बस जाते हैं।

एक कवि द्वारा उसके रचे इस संसार में पाठक के रूप में अबाध विचरण करने के लिए आप स्वतंत्र होते हैं। उनके रचना-संसार की यात्रा आपके लिए एक रोमांचक और यादगार अनुभव बन जाती है क्योंकि इस प्रक्रिया में हर मोड़ पर कुछ न कुछ नया और आश्चर्यजनक होता है। तब आप केवल एक पाठक नहीं रह जाते, धीरे-धीरे कविता के महावन में विचरने वाले एक यायावर बन जाते हैं। यों कुँवर नारायण की कविताएँ इस महायात्रा में आपका पाथेय होती हैं और मनुष्यता के संकट या दुविधा के किसी भी मोड़ पर गाढ़े के साथी की तरह काम आती हैं। कुँवर नारायण जीवन के सम्मुख विनम्रता से खड़े रहने वाले और उसका सामना करने वाले कवि हैं। बानगी के तौर पर उनके अंतिम संग्रह *सब इतना असमाप्त* में संकलित एक छोटी कविता : 'तुम जो लिख रहे हो / क्या उसे जीकर दिखा सकते हो— ज़िंदगी ने पूछा / मैं जो जी रहा हूँ / उसे ही लिख रहा हूँ—मैंने कहा / ज़िंदगी को यक़ीन न हुआ / वह सब इतना बेमानी हो सकता है / जो इतना ठोस लगता / इतना आसमानी हो सकता है।'

II

हिंदी में कुछ लोगों की धारणा है कि कुँवर नारायण एक 'ओवररेटेड' कवि रहे हैं। ऐसे लोगों में कुछ वरिष्ठ रचनाकार और आलोचक-पाठक भी शामिल हैं।

इस धारणा के पीछे कम-से-कम दो बातें हैं। ऐसे लोगों को कुँवर नारायण की उस कवि-छवि से एतराज है जिसमें उनकी मनुष्य छवि भी घुलमिल कर एकाकार है। यानी एक व्यक्ति और एक कवि के रूप में कुँवर नारायण में कोई अंतर या फाँक नहीं है। विचार और रचना, चिंतन और व्यवहार, दैनिक चर्या और लेखन उनके लिए अलग-अलग चीज़ें नहीं हैं। इसलिए अपनी बहुत-सी कविताओं में राजनीतिक स्वर रखते हुए भी वे कवि या व्यक्ति के रूप में कभी भी पूर्णत: राजनीतिक नहीं हो पाते। वे हमेशा 'ग़ैर-राजनीतिक' रहते हैं। इसके बाद भी एक श्रेष्ठ कवि में रूप में अपनी जगह बनाए रखते हैं। उक्त धारणा वाले लोगों को कुँवर नारायण से पहली समस्या यही है। चूँकि वे किसी भी पंक्ति में फ़िट नहीं हो पाते इसलिए उनकी दृष्टि में वे अनुकूल नहीं है। उनमें साहित्य या राजनीति की किसी दौड़ में शामिल होने की बेचैनी नहीं है। वे 'लिस्टों से बाहर' कविता में लिखते हैं : 'कुछ लोग किसी भी लिस्ट में / कभी भी फ़िट नहीं बैठते / उन्हें किसी भी लिस्ट में रखते ही / लिस्ट का संतुलन बिगड़ जाता है।' यह कविता उनके व्यक्तित्व के बारे में जितनी सटीक है उतनी ही उनके कवि के बारे में भी।

कुँवर नारायण को 'ओवररेटेड' कहने के पीछे जो दूसरा तर्क है वह है उन पर लिखित आलोचनात्मक साहित्य। कुँवर नारायण के साहित्यिक अवदान पर लेखों, पुस्तकों, शोध-ग्रंथों और सम्पादित पुस्तकों के रूप में अब तक जो विपुल कार्य हुआ है उनमें बहुधा आलोचना कम और प्रशंसा अधिक है। ऐसा तमाम प्रशंसात्मक लेखन भी उन्हें 'ओवररेटेड' समझने का भ्रम पैदा करता है। इस संदर्भ में एक ऐसे लेख का ज़िक्र ज़रूरी है जिसमें कुँवर नारायण की, विशेषत: उनके खण्डकाव्य *आत्मजयी* की कटु आलोचना की गयी है। एक तरह से यह कुँवर नारायण को 'अंडररेट' करने की भी कोशिश है। श्रीकांत वर्मा ने इलाहाबाद की 'विवेचना' गोष्ठी में *आत्मजयी* की तीखी समीक्षा करते हुए उसमें उठाए गये मुद्दों का खण्डन किया है। श्रीकांत वर्मा का मूल समीक्षा-निबंध 'नचिकेता के बावजूद' शीर्षक से सितम्बर' 65 की *माध्यम* पत्रिका में और बाद में 'नचिकेता की वापसी' शीर्षक से उनके निबंध संग्रह *जिरह* (1973) में प्रकाशित हुआ। यहाँ श्रीकांत वर्मा की कुछ महत्त्वपूर्ण स्थापनाओं से संवाद करते हुए हम यह बताने की कोशिश करेंगे कि साहित्य में सतही तौर पर

'अंडररेटेड' या 'ओवररेटेड' का पैमाना बनाने से बेहतर होगा कि हम वाद-विवाद-संवाद के ज़रिये किसी कवि के मूल्यांकन का रास्ता अपनाएँ। दरअसल किसी बड़े रचनाकार की स्मृति के निमित्त उसका मूल्यांकन करते हुए यह हमारी नैतिक ज़िम्मेदारी भी होनी चाहिए।

आत्मजयी पर समीक्षा आरम्भ करते हुए समीक्षक श्रीकांत वर्मा ने 'चक्रव्यूह' की 'आशय' शीर्षक कविता के मूल मंतव्यों को कुँवर नारायण की कवि-दृष्टि के लिए अस्वीकारते हुए तमाम दैहिक और ऐंद्रिक आशयों-प्रसंगों से इतर कविताओं को ही कविता माना है। इस तर्क से *आत्मजयी* कुँवर नारायण की 'अपनी कविता' है और नचिकेता 'अपना प्रतीक'। श्रीकांत वर्मा ने औपनिषदिक पात्र नचिकेता और कुँवर नारायण के नचिकेता के बीच परिस्थितिगत भिन्नता को लक्षित करते हुए आधुनिक दृष्टि से नचिकेता की प्रस्तुति में असंगति बतलाई है। उन्हें कुँवर नारायण में एक बड़ा अंतर्विरोध लगता है और यही अंतर्विरोध 'नचिकेता के कुँवर नारायण द्वारा निरूपित चरित्र में शुरू से ही विसंगति का कारण है।'

कुँवर नारायण उपनिषद् में व्यक्त भारतीय या हिंदू दर्शन की चिंताओं को *आत्मजयी* में प्रासंगिक बना कर उठाते हैं, जबकि समीक्षक के लिए ये सारी चिंताएँ अस्तित्ववादी दर्शन की हैं। अस्तित्ववादी दर्शन की विशेषताओं के अनुकूल वह *आत्मजयी* की व्याख्या कर पाता है। जबकि स्वयं कवि के लिए वे अपनी चिंताओं से उद्भूत और औपनिषदिक दर्शन से सगर्भित हैं। समीक्षक जीवन, मृत्यु, अस्तित्वबोध, आत्मबोध, नैराश्य, मुक्ति आदि स्थितियों की अस्तित्ववादी व्याख्या करते हुए कुँवर नारायण के औपनिषदिक चिंतन पर कई प्रश्नचिह्न लगाता है। ज़ाहिर है कि इससे कवि के रूप में कुँवर नारायण की चिर-परिचित विशेषता 'बौद्धिकता' या 'वैचारिकता' को ही प्रश्नांकित किया गया है।

श्रीकांत वर्मा ने अपनी अगली स्थापना के तौर पर कुँवर नारायण की आस्था पर प्रश्न उठाया है। यह सच है कि कुँवर नारायण आस्था के कवि हैं लेकिन इसका अर्थ यह नहीं कि वे कट्टर हिंदूवादी कवि हैं। आस्था उनके लिए एक जीवन-मूल्य है। इस दृष्टि से *आत्मजयी* जीवन-दृष्टि का काव्य है। केवल कवि-दृष्टि का नही। *तीसरा सप्तक* के अपने 'वक्तव्य' में कुँवर नारायण ने जीवन

को 'कार्निवाल' और कवि को 'बहुरूपिये' की संज्ञा दी है 'जिसका हर मनोरंजक रूप किसी न किसी सतह पर जीवन की एक अनुभूत व्याख्या है।' स्पष्ट है कि जीवन के व्यापक परिप्रेक्ष्य में कवि का भी कोई एक (अलग-अलग समयों और भूमिकाओं में) परिप्रेक्ष्य होता है। *आत्मजयी* में जीवन-दृष्टि या जीवन-मूल्यों के प्रति आस्था की बात करते हुए कवि कवि-दृष्टि अर्जित करता है। चूँकि वह विचारशील है, इसलिए अर्जन की प्रक्रिया में एक स्वाभाविक प्रश्नाकुलता है। ऐसे में श्रीकांत वर्मा द्वारा प्रस्तुत यह सामान्य सिद्धांत *आत्मजयी* के संदर्भ में ग़लत ठहरता है कि 'कवि अपनी कविता की खोज करता हुआ अपनी आस्था अर्जित करता है; आस्था की खोज करता हुआ काव्य अर्जित नहीं करता।' समीक्षक के अनुसार पहली आदर्श स्थिति है जबकि कुँवर नारायण के यहाँ दूसरी स्थिति है। ज़ाहिर है कि कवि की मूलभूत जीवन-दृष्टि और समीक्षक की मूलभूत जीवन-दृष्टि में विपर्यय है, इसलिए समीक्षक की स्थापनाओं से समीक्षक के मंतव्यों को समझने में जितनी मदद मिलती है, कृति के मूल्यांकन में उतनी ही निराशा हाथ लगती है।

अस्तित्ववादी दर्शन से संबंधित श्रीकांत वर्मा का अंतिम निष्कर्ष *आत्मजयी* के नचिकेता को 'मनुष्य के पतन का साक्षी' कहता है, जबकि औप-निषदिक नचिकेता ऐसा नहीं है। 'मनुष्य के पतन' से समीक्षक का अभिप्राय विश्व-युद्धों के बाद उपजे अस्तित्व संबंधी संकटों से है, जिनमें यूरोप अग्रणी रहा है। केवल इस तथ्य के आधार पर यह कहना कि यूरोप के व्यक्ति ने ही पतन देखा है, पर्याप्त नहीं है। चूँकि *आत्मजयी* में मृत्यु अंतिम सत्य या परिणति नहीं है, इसलिए मृत्यु मनुष्य का पतन भी नहीं है। समीक्षक मृत्यु संबंधी निराश मन:स्थितिवाली पंक्तियाँ उद्धृत कर नचिकेता को 'मनुष्य के पतन का साक्षी' सिद्ध करना चाहता है। विश्व-युद्ध के फलस्वरूप उपजे भयावह मृत्यु-बोध के बाद आत्यंतिक रूप से मृत्यु ही 'मनुष्य के पतन' का पर्याय बन गयी थी और उसके अस्तित्व-संकट के लिए अंतिम सीमा भी। आत्मजयी में मृत्यु-बोध या चिंतन, अनंत यात्रा के लिए एक पाथेय की तरह है। दूसरे शब्दों में, अस्तित्ववादी दर्शन 'मृत्यु' तक आकर पूर्ण-विराम लगा देता है जबकि भारतीय दर्शन की मूल चिंता वहाँ से आरम्भ ही होती है। इस प्रकार अस्तित्ववादी दर्शन की

एकांगिकता के हवाले से भारतीय दर्शन की बहुआयामिता को चुनौती देना एक बौद्धिक दुस्साहस है जिसे हम समीक्षा-निबंध में यथास्थान देख सकते हैं।

प्रसंगत: श्रीकांत वर्मा ने कुँवर नारायण के 'बौद्धिक' कवि होने-न-होने की बात उठाई है। बौद्धिक कवि होने-न-होने की बात जितनी आवश्यक है, उतना ही आवश्यक है यह जानना कि कुंवर नारायण विचारधारा विशेष के आग्रही नहीं हैं, विचारशील अवश्य हैं। *आत्मजयी* के नचिकेता की समस्या भी 'एक विचारशील व्यक्ति की समस्या' है। समीक्षक श्रीकांत वर्मा ने ऐसे विचारशील पात्र नचिकेता को 'औपनिषदिक युग का सम्भावनाहीन चरित्र' कहा है। भारत-विद्या और भारतीय चिंतन परम्परा के गम्भीर अध्येता वासुदेवशरण अग्रवाल ने 'जिज्ञासा' की दार्शनिक व्याख्या करते हुए माना है कि 'हमारे साहित्य में जिज्ञासा वृत्ति का सर्वोत्तम उदाहरण नचिकेता है।' यह दो बिल्कुल विपरीत धुरी वाले मस्तिष्क के दो अलग-अलग सर्वेक्षण हैं। कहने की ज़रूरत नहीं कि *आत्मजयी* के मूल्यांकन-पुनर्मूल्यांकन के लिए किसका मत अधिक प्रासंगिक है!

वस्तुत: श्रीकांत वर्मा ने अपनी समीक्षा में अस्तित्ववादी अवधारणाओं को समूचे *आत्मजयी* पर थोपना चाहा है, जिससे स्वयं उनका कोई मुकम्मल निष्कर्ष उभरकर सामने नहीं आ पाया है। उसकी समीक्षा को एक 'सायास विध्वंसक समीक्षा' कह सकते हैं जिसमें *आत्मजयी* के परवर्ती अध्ययन-मूल्यांकन के लिए कोई सम्भावना नहीं है। एक सम्भावनाहीन समीक्षा! भाषा के बारे में कहते हुए समीक्षक ने स्वयं समीक्षा की भाषा की गरिमा का ध्यान नहीं रखा है। ऐसा लगता है कि वह विचारधारा विशेष के दबाव में बहता ही चला जा रहा है और कृति से ध्वनित होने वाले मूल्यों-प्रसंगों की जानबूझकर उपेक्षा कर रहा है। मिथक, धर्म, विश्वास, आस्था, जीवन-मृत्यु जैसे अन्य सनातन प्रश्न और इनसे सम्बद्ध कवि-दृष्टि पर उसने कुछ नहीं कहा है। औपनिषदिक पात्र नचिकेता को 'सम्भावनाहीन चरित्र' कहते हुए वह भूल गया कि यदि भारतीय परम्परा में कवि या साहित्यकार को 'स्रष्टा' या 'प्रजापति' जैसी संज्ञाएँ दी गयी हैं, तो इसके पीछे कुछ न कुछ तर्क तो अवश्य रहा है। सामान्य मनुष्यों को जहाँ कोई सम्भातना नहीं दिखती, वहीं से वह अनंत सम्भावनाओं की खोज कर ले जाता है। इस दृष्टि से, औपनिषदिक पत्रों से

सम्भावना ग्रहण करने का एक उदाहरण यदि *आत्मजयी* है तो दूसरा हजारी प्रसाद द्विवेदी का उपन्यास *अनामदास का पोथा* जिसमें उन्होंने *छांदोग्योपनिषद्* के नितांत सम्भावनाहीन पात्र रैक्व को केंद्र में रखकर एक जीवन-दर्शन ही उपस्थित कर दिया है। *कठोपनिषद्* के पात्र नचिकेता में तो फिर भी अनंत सम्भावनाएँ हैं। इन सम्भावनाओं को कवि ने अद्यतन स्वीकृति भी दी है।

यहाँ श्रीकांत वर्मा की समीक्षा पर किंचित विस्तार से चर्चा करने का हमारा स्पष्ट प्रयोजन है। आज यदि हम कुँवर नारायण के खण्डकाव्य *आत्मजयी* (जो एक कवि के रूप में उनकी प्रसिद्धि या उनके लोकप्रिय होने का बहुत बड़ा कारण रहा है) की चर्चा करना चाहें तो मूल पाठ के बाद जो आलोचनात्मक पाठ है उसका भी ध्यान रखें। *आत्मजयी* का एक आलोचनात्मक पाठ प्रभाकर श्रोत्रिय, मारियोला आफ़्रीदी और कृष्णदत्त पालीवाल जैसे आलोचकों का है जो व्याख्या या विश्लेषण के ज़रिये कवि के समर्थन की दिशा में जाते हैं। दूसरा पाठ श्रीकांत वर्मा और रामस्वरूप चतुर्वेदी जैसे आलोचकों का है जिन्होंने दोष-दर्शन के ज़रिये कवि और उसके मंतव्यों का खण्डन करने की कोशिश की है। आज के आलोचकों को मूल पाठ के साथ-साथ इन दोनों सह-पाठों का सम्यक विवेचन करके ही पुनर्मूल्यांकन का कोई नया रास्ता तैयार करना पड़ेगा। नैतिक ज़िम्मेदारी यह है और इसके लिए 'ओवररेटेड' और 'अंडररेटेड' जैसे संकीर्ण और पूर्वाग्रही वर्गीकरण हमारे किसी काम नहीं आ सकते।

III

कुँवर नारायण ने विविध कलाओं को संदर्भित करके भी कुछ कविताएँ लिखी हैं और उनके माध्यम से समकालीन सामाजिक-राजनीतिक सच्चाइयों को उजागर किया है। और, केवल कविताएँ ही नहीं लिखीं, कला पर मौलिक विचार भी किया है। इसलिए यदि उनकी कला-दृष्टि के आलोक में भी कविताओं को समझने का उपक्रम किया जाए तो उनके अध्ययन-मूल्यांकन में एक नया आयाम जुड़ सकता है। उनकी कविताओं की रचना-प्रक्रिया में विभिन्न कलाओं की समन्वित चेतना का निर्णायक योगदान रहा है। इस दृष्टि

से उनके अंतिम संग्रह की कुछ उल्लेखनीय कविताएँ हैं 'पत्थर के प्राण', 'अंकोर वाट', 'ओरछा की एक हवेली में' और 'राग भटियाली'। इन कविताओं की ओर ध्यान दिलाने का एक मक़सद कला संबंधी उनके विचार और उनकी कविताओं में कलात्मक तत्त्वों की सर्जनात्मक उपयोगिता पर फ़ोकस करना भी है। यहाँ विस्तार से तो नहीं लेकिन समकालीन परिस्थितियों में कलाकार या रचनाकार के अस्तित्वगत परिदृश्य को रेखांकित करने वाली कुछ कविताओं की चर्चा अपेक्षित है।

'पत्थर के प्राण' कविता में एक मूर्तिकार के उदाहरण के माध्यम से कला और कलाकार के आपसी द्वंद्व को दिखाया गया है जिसमें मूर्ति की रचना-प्रक्रिया वस्तुत: कविता की रचना-प्रक्रिया का साक्ष्य बन जाती है। पत्थर पर चोट पड़ती है और 'आह' की आवाज़ निकलती है। उसकी 'आह' उसके प्राण को संकेतित करती है। यानी मूर्तिकार के लिए जैसे यह ज़रूरी है कि वह पत्थर के भीतर के जीवन-स्पंदन को सुने, वैसे ही कवि के लिए ज़रूरी है कि वह शब्दों के भीतर उनकी धड़कनों को महसूस कर सके। मूर्तिकार पत्थर में प्राण की तलाश करता है और इसी खोज में वह एक नयी मूर्ति बना डालता है। इस प्रक्रिया में घायल दोनों होते हैं—पत्थर और मूर्तिकार या शब्द और शब्दकार। घायल होने की पीड़ा के बीच से ही रचना का जन्म होता है। सम्भवत: इसी कोटि के क्लेश को कालिदास ने पुनर्नवता की उपलब्धि कहा है : 'क्लेश : फलेन हि पुनर्नवतां विधत्तो।' यानी रचना के बनने की पीड़ा एक नयी उपलब्धि में परिणत हो जाती है। कालिदास जिस प्रक्रिया को सिद्धांत के रूप में प्रस्तुत करते हैं, कुँवर नारायण उसे फिर से व्यावहारिक प्रक्रिया के स्तर पर ले आते हैं।

'अंकोर वाट' कविता में कला और राजनीतिक यथार्थ को आमने-सामने रखा गया है। यह कविता इन दिनों संग्रह की 'खजुराहो' और 'हाशिये का गवाह' संग्रह की 'संदर्भ : गुएर्निका' जैसी कविताओं के अगले पड़ाव या अगली उपलब्धि का संकेत देती है और अपने अविशिष्ट कथ्य और संरचना के विश्लेषण के लिए अंतर्सांस्कृतिक अध्ययन की माँग करती है। लेकिन फ़िलहाल संक्षेप में यह बताना ज़रूरी है कि काम्पूचिया (कम्बोडिया) स्थित अंकोर वाट की संरचना में जैसे दो स्थापत्यों (मंदिर और वृक्ष की जड़ों) का

सहमेल है, उसी तरह अपनी कविता में कुँवर नारायण जड़ों के शिल्प को बोधिसत्त्व से संबंधित साधना-पद्धतियों से जोड़ते हैं। जड़ों और शिलाओं का शिल्प एक ठोस बिम्ब के रूप में इन साधनाओं को परिभाषित करता है। यह कविता का एक पक्ष है जो उसे संस्कृति के व्यापक परिप्रेक्ष्य में लाकर खड़ा कर देता है। इसका एक दूसरा पहलू भी है जिसमें वह स्वयं ही इतिहास की क्रूरताओं के सामने जाकर खड़ी हो जाती है। और यहीं पर कविता खुल जाती है :

किसी पोल पोट के नृशंस यथार्थ के विरुद्ध
कलाओं का शांतिवन / रचता / महाकरुणा का अतियथार्थ

पोल पोट कम्पूचिया का तानाशाह शासक था। उसने कम्युनिस्ट पार्टी की केंद्रीय समिति के मुख्य सचिव के रूप में अपना काम शुरू किया और बाद में वहाँ का प्रधानमंत्री भी बना। अपनी नृशंस नीतियों के कारण उसने 1975-1979 के बीच कम्पूचिया की लगभग दो लाख आबादी का विनाश कर दिया। नियत समय से अधिक कार्य, रोग, भुखमरी और फाँसी जैसी अमानवीय परिस्थितियों में मानवीय अस्तित्व की सामूहिक विनाश लीला के घिनौने यथार्थ के बरअक्स कवि मानवीय और प्राकृतिक कला के सहभाव को अतियथार्थ के रूप में प्रस्तुत करता है। यहाँ, बल्कि अन्यत्र भी, अदम्य मानवीय सर्जनेच्छा के प्रति कुँवर नारायण का यह दृढ़ विश्वास उभर कर सामने आता है कि ऐसी तमाम विनाश लीलाओं की आत्यंतिक, नारकीय परिस्थितियों के बावजूद भी जीवन के प्रति हमारे आशा-तंतुओं को सँभाल कर रखा जा सकता है। वास्तव में एक कवि की ओर से इससे बड़ा प्रतिरोध या प्रति उत्तर और क्या हो सकता है!

कुँवर नारायण संगीत के भी प्रेमी रहे हैं और संगीत के प्रति उनका यह लगाव महज़ 'एलीट इंटरटेंमेंट' नहीं है। वास्तव में उनकी कविता में कलाओं की उपस्थिति कविताओं के 'बाय-प्रोडक्ट' या 'अनुरचना/उपरचना' के रूप में है। और सबसे बड़ी बात है कि कलाएँ उनके लिए जीवन के बहुत नज़दीक से गुज़रने वाली पटरियों की तरह हैं, जिन पर चलते हुए एक अलग तरह की समृद्ध यात्रा का आनंद लिया जा सकता है। संगीत में सबसे पहले वे जीवन की राग-रागिनियों की पहचान करते हैं और फिर कविता को संगीत की सिंफनी में ढाल कर प्रस्तुत करते हैं। इसलिए इस कोटि की उनकी कविताओं को एक

जीवन-राग की तरह पढ़ना चाहिए। 'राग भटियाली' कविता के फॉर्म और कंटेंट में भी यह बात है। लेकिन यहाँ हम जिस कविता की चर्चा करने जा रहे हैं उसमें संगीत का प्रसंग एक अकल्पनीय विडम्बना का प्रसंग बन जाता है। यह कविता है 'नीरो का संगीत-प्रेम'। *हाशिये का गवाह* में संकलित।

रोमन सम्राट नीरो के बारे में प्रसिद्ध था कि वह बेला बजाता था और अपने को बेजोड़ बेलाकार समझता था। एक दिन उसके सिपाहियों ने देश के एक बड़े गायक को पकड़ कर उसके सामने पेश किया। वह इतना भयभीत था कि उसके सामने गा ही न सका। सिपाहियों ने जब उसे यंत्रणा देनी शुरू की तो वह चीख उठा। सम्राट को उसका चीखना सुरीला लगा क्योंकि अपनी बेला पर अब तक वह ऐसा एक भी आर्तनाद नहीं निकाल पाया था। कविता और आगे जाती है। सम्राट के दैनिक मनोरंजन के लिए उसे क़ैद में रखा जाता है। अंत में कुँवर नारायण का काव्यावलोकन है कि 'कला और दर्द के बीच रिश्ते को / समझने का / नीरो का यह अपना तरीक़ा था!' हमारे समय के सजग कवि राजेश जोशी ने जब इस कविता को पहली बार पढ़ा तो उन्हें 'यह एक विचलित कर देने वाली कविता लगी।' उन्होंने टिप्पणी की कि 'एक कला वह है जिसने अपनी श्रेष्ठता को स्वयं घोषित कर रखा है जबकि दूसरी कला वह है जो लोगों द्वारा स्वीकृति प्राप्त कर चुकी है।' उन्होंने नीरो के सुख को 'परपीड़ा से उपजा सुख' कहा। हमारा प्रेक्षण राजेश जोशी से थोड़ा-सा अलग है। हम इसे ऐसे देखते हैं कि एक कला मुक्त करती है और एक कला बाँधती है। 'परपीड़ा से उपजा सुख' वास्तव में 'दूसरों को बाँध कर रखने के अधिकार' से उपजा हुआ सुख है। ऐसा लगता है कि इस कविता का वर्तमान भारतीय परिदृश्य पर हू-ब-हू मंचन किया जा रहा है और इस मंचन को देखने वाले बाक़ी कलाकारों और रचनाकारों का अस्तित्व ख़तरे में है। दोनों कविताओं के बीच का मौलिक अंतर आज की विडम्बना पर से पर्दा उठाता हुआ लग रहा है। राग भटियाली शेष स्वरों को बाँधता नहीं, इसलिए अंत में भी उनसे बँधता नहीं। जबकि हमारे इस नाजुक समय में राग नीरो ने शेष स्वरों को बेरहमी से बाँध कर रखा है और अंत तक उनके बंधनों से वेपरवाह बना रहता है। कवि आज के बँधे हुए स्वरों से स्वर मिलाकर बोल रहा है। यह कविता इन सबके साथ है और नीरो ऐसी तमाम

कविताओं से बेख़बर है। आज भारत में भी कहीं राग नीरो बज रहा है और बहुत तेज़ बज रहा है। संगीन की नोकों पर गायकों को जबरन गवाया जा रहा है। पीड़ा के स्वर जैसे-जैसे बढ़ रहे हैं, वैसे-वैसे नीरो का आनंद द्विगुणित होता जाता है। और चरम आनंद के क्षणों में कौन मौन नहीं रहता! राग नीरो एक प्रतीक बन कर उभरता है। एक ऐसी रक्त-पिपासु दानवी आत्मा के रूप में, जो आज अपने ही एक समानधर्मा की काया में पैबस्त हो चुका है। *कुमारजीव* में बिल्कुल ऐसा ही एक प्रसंग है। ऐसा लगता है कि कवि ने उस दानवी आत्मा की पदचापों को बहुत पहले ही महसूस कर लिया था :

सम्राट के आतंक से घबरा कर / लोगों ने बहुत धीमे बोलना सीख लिया है
कभी-कभी तो इतना धीमे बोलते हैं / मानो वह भाषा में नहीं
केवल आहों और हिचकियों में बोल रहे हों

यदि 'नीरो का संगीत-प्रेम' कविता को *कुमारजीव* के इन अंशों के साथ मिला कर पढ़ा जाए तो लगेगा कि हम भारतीय राजनीति-शास्त्र का कोई पाठ्यक्रम पढ़ रहे हैं जिसकी इसी सत्र में शुरुआत की गयी है। इस पाठ्यक्रम को कविता में 'रीराइट' करते हुए कुँवर नारायण राजनीति की छद्म नैतिकता के रेशे-रेशे को उघाड़ देते हैं। जहाँ-जहाँ राजनीति बहुत लम्बे समय तक मौन साधे रहती है वहाँ-वहाँ कुँवर नारायण की कविता बेहद मुखर हो जाती है। यूँ कला के संदर्भ वाली कुँवर नारायण की ऐसी कविताएँ सामयिक राजनीति की भाष्य करती हुई कविताएँ हैं।

कुँवर नारायण इसी तरह कविता में इतिहास और राजनीति की विडम्बनाओं की पूर्व-रचना करते हैं। उन्हें रचना पड़ता है, क्योंकि इतिहास और राजनीति के प्रति वे एक रचनाकार की नैतिक ज़िम्मेदारी को बड़ी शिद्दत से महसूस करते हैं। 'नीरो का संगीत-प्रेम' कलाकार के बंधन की विडम्बनाओं की कविता है, 'राग भटियाली' कलाकार या संगीतकार की उन्मुक्ति की कविता है जहाँ 'उन्मुक्ति' कोई दार्शनिक चीज़ नहीं, बल्कि रचनात्मक अनुभव की चरम ऊँचाई का साक्षात्कार है। कुँवर नारायण राग को शब्द देते हुए कविता में संगीत का प्रभाव पैदा करते हैं। स्थापत्य को शब्द देते हुए ('अंकोर वाट') उसके सौंदर्य का प्रभाव पैदा करते हैं। 'पत्थर के प्राण', अंकोर वाट' और 'राग भटियाली' कविताओं में हम देखते हैं कि कवि एक कुशल

शिल्पी, स्थपति या गायक की भूमिकाओं को बखूबी निबाहता है। ये तीनों बहुत ही ऊँचे पाए की कविताएँ हैं। क्योंकि उनकी कला-चेतना अनिवार्यत: जीवन के मामलों से जुड़ी है, जीवन को जीने और बरतने के ढंगों से जुड़ी है। दूर-दूर तक विलास की कोई गंध उनमें नहीं है।

इतने ऊँचे दर्जे की कविताओं में भाषा कितनी सरल है! 'राग भटियाली' की भाषा तो एकदम 'सहज' के स्तर तक आ जाती है, उसी 'सहजता' के स्तर तक जो इस कविता में आये बाउलों की बुनियादी विशेषता रही है। नीरो वाली कविता के संदर्भ में राजेश जोशी इसी सहजता को भाषा के हवाले से रेखांकित करते हैं : 'क्रूर और त्रासद प्रसंगों में कुँवर नारायण अपनी भाषा के तापक्रम को लगता है और कम कर देते हैं जिससे स्थिति की क्रूरता और भयावहता को हम उसके नग्नतम रूप में महसूस कर सकें। बयान के बीच कवि का हस्तक्षेप कम हो जाता है।' एक पाठक के रूप में हम इस टिप्पणी से सहमत हो सकते हैं क्योंकि 'कंटेंट' में अलग होते हुए भी 'राग भटियाली' कविता में भाषा का तापक्रम उतना ही कम है। वह इतनी पिघली हुई है कि 'सहजता' के स्तर तक आ गयी है। और यह सरलता या सहजता यों ही नहीं है, यह बहुत ऊँची साधना माँगती है क्योंकि आचार्य हजारी प्रसाद द्विवेदी पहले ही कह गये हैं कि सीधी रेखा खींचना बेहद कठिन कार्य है!

सब इतना असमाप्त में एक और महत्त्वपूर्ण कविता है 'जब वह नहीं रहता'। यह कविता एक विचारशील मनुष्य की हत्या के बारे में है। इस कविता को किसी ईसा, किसी गाँधी, किसी सोल्झेनित्सिन या किसी कलबुर्गी के जीवन से जोड़कर देखने पर अलग से कोई टिप्पणी करने की ज़रूरत ही नहीं है। इतना ही नहीं, इसे किसी भी संवेदनशील व्यक्ति के जीवन की त्रासद विडम्बना से जोड़कर देखना चाहिए। इसे रघुवीर सहाय की कविता के रामदास जैसे आदमी से भी जोड़कर पढ़ सकते हैं। कुँवर नारायण की ऐसी बहुत-सी कविताएँ हैं जो ऐतिहासिक चरित्रों और कवि-व्यक्तित्वों पर केंद्रित हैं। लेकिन उन सबको पढ़ते हुए भी यदि यह ध्यान में रखा जाए कि अंतत: वे सभी मनुष्य हैं और अपने-अपने समय को उन्होंने यथासम्भव जीने की भी कोशिश की है, तो उनके अभिप्रायों को बिल्कुल सही संदर्भों में ग्रहण किया जा सकेगा। यह कविता एक बार फिर वर्तमान भारतीय

परिस्थितियों से सीधे जुड़ती है, जैसा कि हमने 'नीरो का संगीत-प्रेम' के प्रसंग में भी देखा है। कविता की पंक्तियाँ बहुत देर तक 'हांट' करती हैं, विचलित कर देती हैं। यहाँ सहज ही एक प्रश्न उठता है। यदि इन सबके विचारों का भी कोई जीवन है तो क्या अंततः किसी ईसा, किसी गाँधी, किसी सोल्झेनित्सिन, किसी कलबुर्गी या किसी रामदास की हत्या करके उनकी उपस्थिति को हमेशा के लिए मिटाया जा सकता है? हाल के भारतीय परिवेश में कवि और साहित्यकार जिन त्रासद स्थितियों का सामना करते आ रहे हैं; अख़बारों में बयान देकर और पुरस्कारों को लौटा कर ऐसी तमाम नृशंसताओं के प्रति अपना विरोध दर्ज करा रहे हैं, उससे तो यही लगता है कि अभिव्यक्ति की स्वतंत्रता के अभियान को अभी और बहुत आगे ले जाने की ज़रूरत है। और यह सब एक रचनात्मक तरीक़े से होना चाहिए जिसमें किसी भी तरह की हिंसा की कोई गुंजाइश न हो। स्वयं कुँवर नारायण भी हिंसा को अमान्य ठहराते हुए कहते हैं कि 'अभिव्यक्ति की स्वतंत्रता पर पड़ने वाले नकारात्मक दबाव निंदनीय हैं।' लेकिन यह कविता अधिक कहती है, विरोध दर्ज कराने वाले किसी बयान से भी बहुत-बहुत अधिक :

क्या हत्या करने वाले / नहीं जानते
कि एक शरीर में हो सकता है इतना भी रक्त
कि वह सदियों तक बहता रहे, / इतनी सहनशीलता कि उसमें
डूब जाएँ रक्त की नदियाँ!

बात केवल इतनी ही नहीं है कि यह कविता वर्तमान भारतीय परिस्थितियों की आलोचना प्रस्तुत करती है। यह कविता हमारे समय की घटनाओं से कुछ पहले ही लिखी गयी है। दूसरे शब्दों में, लिखी पहले गयी है और घटित हो रही है आज। एक अर्थ में कहें तो कुँवर नारायण समय की नब्ज़ को लगभग एक दूरदर्शी-कालदर्शी की तरह पकड़ते हैं और उसकी आहटों को अपने क़रीब पहुँचने से बहुत पहले ही महसूस कर लेते हैं। तकनीक की दृष्टि से कहा जा सकता है कि यह 'फ़्लैश-बैक' की जगह 'फ़्लैश-फ़ॉरवर्ड' में लिखी गयी बेहद सधी हुई कविता है। इसलिए कुँवर नारायण की ऐसी कविताएँ केवल तात्कालिक ध्यानाकर्षण के लिए ही नहीं होतीं, बल्कि उससे बहुत आगे जाकर 'सामयिक' और 'दैशिक' के सायुज्य में विकसित हो जाती हैं, जो किसी भी

समय के अनुकूल मानी ग्रहण कर सकती हैं। इस अर्थ में वे उन कवियों से एकदम अलग हैं जो घटनाओं पर फ़ौरी प्रतिक्रियाओं के रूप में कविताएँ लिखा करते हैं। एक कवि के रूप में कुँवर नारायण में पूर्व-आभास या पूर्व-कल्पना की दुर्लभ, अप्रत्याशित और कल्पनातीत क्षमता है।

अपने एक निबंध '*आत्मजयी* तथा मेरी अन्य कविताएँ' में वे अपनी ऐसी ही कुछ कविताओं के (जो उन्होंने आपातकाल के पहले ही लिखी थी लेकिन उनका कथ्य आपातकाल के दौरान घटित हो रहा था) रचना-प्रसंग की बात करते हैं और बतलाते हैं कि वे कविताएँ संबंधित घटना के घटित होने के दौरान नहीं, 'बल्कि उससे कुछ पहले ही लिखी गयी थीं— कुछ ऐसी आशंका के साथ कि किसी भी समय इस तरह की कोई घटना हो सकती है। मैं सोचता हूँ कि मानसिक क्षितिज का क्रमश: विकास होता है। जब यह समय के एक विस्तृत मानक पर काम करता है तो मनुष्य की प्रकृति के बारे में अलग से एक प्रत्यक्ष-ज्ञान होता है।' उनका समय-बोध बहुत तीव्र और अग्रगामी रहा है। समय के प्रचलित तीनों आयामों को वे एक सायुज्य की स्थिति में परिकल्पित करते हैं। इसलिए वे तुरंत जोड़ते हैं, 'मेरा अभिप्राय अतीत और वर्तमान को अलग-थलग विभाजित सत्ताओं के रूप में नहीं, बल्कि एक अखण्डता में देखने से है।' फ़िलहाल यहाँ कुँवर नारायण की कविताओं के कथ्य और उनके वक्तव्य पर बराबर ध्यान रखते हुए हम कह सकते हैं कि कला-कलाकार या रचना-रचनाकार के संदर्भ वाली ये कविताएँ कवि के कला-बोध के साथ-साथ उनके काल-बोध की भी एक संकल्पना हमारे सामने प्रस्तुत करती हैं।

IV

एक बार पुन: कवि कुँवर नारायण से व्यक्ति कुँवर नारायण की ओर मुड़ते हुए कुछ महत्त्वपूर्ण बातों की ओर ध्यान जाता है। नयी पीढ़ी के बहुत-से युवा रचनाकारों के पास उनसे जुड़े कई रोचक संस्मरण और प्रेरक अनुभव हैं लेकिन युवाओं से उनकी आत्मीयता के महत्त्वपूर्ण प्रमाण हैं *कुमारजीव* के बाद प्रकाशित उनकी दो पुस्तकें। ये दो पुस्तकें विश्व कविताओं के अनुवाद और सिनेमा पर केंद्रित हैं। *न सीमाएँ न दूरियाँ* उन्होंने 'हिंदी कविता की नयी पीढ़ी

को समर्पित' किया है। *लेखक का सिनेमा* का समर्पण लिखा है, 'बढ़ती हुई व्यावसायिकता और स्पर्धा से जो अभी भी बचे हुए हैं उनको समर्पित।'

कुँवर नारायण की कृतियों में, शुरू से ही देखें तो, आपको समर्पण नहीं मिलेगा। एक-दो अपवाद ज़रूर हैं। ऐसे में यह सोचना लाज़िमी है कि क्या कारण रहा कि अपनी अंतिम पुस्तकें वे युवा पीढ़ी को समर्पित कर रहे हैं। जीवन के अंतिम समय में वे सीधे-सीधे नयी पीढ़ी को सम्बोधित कर रहे हैं। जो उन्हें नज़दीक से जानते हैं उन्हें मालूम है कि निजी जीवन में भी वे युवाओं को काफ़ी तवज्जो देते रहे हैं, बराबरी के स्तर पर जाकर उनसे संवाद करते रहे हैं। इस रूप में वे उन विरल साहित्यकारों में हैं जिनकी कथनी और करनी में, सिद्धांत और व्यवहार में कभी कोई फाँक नहीं दिखता। उनका आचरण-व्यवहार हमेशा उनके विचार और सिद्धांत को प्रमाणित करता रहा है। नयी पीढ़ी के लिए उनके यहाँ हमेशा एक खुलापन या स्वीकार का भाव है। हजारी प्रसाद द्विवेदी ने जिसे 'आकाशधर्मिता' कहा है, वह है। यदि आप उनके सान्निध्य में हैं तो वे हमेशा आपको खिलने-खुलने के लिए पूरा अवसर देते। आत्मजयी में उन्होंने युवा मानस के लिए इसे विशेष रूप से रेखांकित किया है : 'तुझमें स्रष्टा की आकुलता / उसको एक आकाश चाहिए / तुझमें अब कृतित्व का कारण / उसको नया विकास चाहिए।' *आत्मजयी* के पचास साल बाद *कुमारजीव* में भी लिखते हैं : 'मुझे दो वसंत : फूलूँगा / मुझे दो वर्षा : भीगूँगा / मुझे दो शिशिर : काँपूंगा / मुझे दो ग्रीष्म : तापूँगा'। आरम्भ से लेकर अंत तक कुँवर नारायण में नयी पीढ़ी में निहित आधुनिक भाव-बोध, तर्क-पद्धति और नयी जीवन-दृष्टि के स्वीकार के प्रति एक उत्सुक और उत्कट भाव रहा है।

इन्हीं कुछ दुर्लभ गुणों के कारण उनके सान्निध्य में देवत्व की उपस्थिति का बोध होता। वहाँ जाने वाला कोई भी आदमी पहले से बड़ा होकर ही लौटता। लघुता छीजती जाती, भीतर का निहित स्वार्थ गलता जाता। जड़ता थोड़ी-सी पिघल जाती, आत्मा कुछ और तृप्त हो जाती। वे कलकल बहती हुई एक नदी की तरह थे जहाँ हर अगली बार जाने पर एक नया पानी मिलता। नयी जलधारा और नया प्राण! वह धीरे-धीरे हमारे भीतर संचारित होता। कुँवरजी से पहली बार मिलने पर संजीवनी मिली और प्रत्येक अगली बार मिलने पर पुनर्नवा।

कुँवर नारायण ने एक रचनाकार के रूप में समकाल और पुराकाल को, इतिहास और कल्पना को, निजता और सामाजिकता को, राजनीति और दर्शन को, मानवीयता और नैतिकता के मूल्यों को जोड़ते हुए उन्हें अपना काव्य-मूल्य बनाया। व्यक्तिगत जीवन में भी वे एक बहुपठित और सभ्य-सुसंस्कृत नागरिक थे। साहित्य और कविता के अलावा विभिन्न कलाओं के पारखी रसिक थे, शालीन और उदारमना सज्जन थे, बेहद संवेदनशील पारिवारिक और सामाजिक मनुष्य थे। यों उनका व्यक्ति और कवि-रूप जीवन की कई विधाओं का एक सतरंगी इंद्रधनुषी था।

आज वह सतरंगी इंद्रधनुष समय की अनंत-यात्रा में कहीं लुप्त-सा हो गया है, लेकिन ढूँढने वालों को उनकी रचना-यात्रा में बिजली की कौंध-सा वह दिखलाई पड़ सकता है। इसलिए कुँवर नारायण को उनकी समय-यात्रा के साथ-साथ उनकी रचना-यात्रा में भी ढूँढ़ना चाहिए। यह उनके अवसान के बाद उनकी उपस्थिति के आकलन का एक संतुलित उपक्रम भी हो सकता है।

कृष्णा सोबती

प्रेम की स्त्री-भाषा

रश्मि रावत

कालजयी साहित्यकार कृष्णा सोबती (1925-2019) को पढ़ते हुए यह ख़याल बार-बार सिर उठाता है कि लेखक के लिए राजनीतिक विचारधारा ज़रूरी है, या राजनीतिक पक्षधरता। उनके जीवन और लेखन में बहुत गहरी और एकदम साफ़ राजनीतिक पक्षधरता दिखाई पड़ती है, मगर विचारधारात्मक प्रतिबद्धता नहीं। नरेंद्र मोदी के नेतृत्व वाली भारतीय जनता पार्टी सरकार के ख़िलाफ़ जिन कुछ लेखकों ने आवाज़ उठाई, उनमें कृष्णा सोबती शायद सबसे बड़ी हैं। आज अगर वे होतीं तो 2019 के चुनावी परिणाम उन्हें मायूस करते, लेकिन उनका जीवट एक नयी और लम्बी लड़ाई के लिए सबको हौसला भी देता। कृष्णा सोबती बतौर ज़िम्मेदार लेखक और जागरूक नागरिक देश की सामाजिक-राजनीतिक व्यवस्था को लेकर हमेशा सक्रिय रही हैं। शब्द सोबती की बहुत बड़ी ताक़त हैं और विरोध के कारगर हथियार भी। पिछली आधी सदी से साहित्य के पृष्ठों पर व्यंजना के सहारे उनकी भाषा पाठकों को संवेदित करती रही है। साथ ही प्रासंगिक मुद्दों पर अभिधा में बोले गये उनके शब्द पूरे माहौल को नयी ऊर्जा से भरने में सदा सक्षम रहे हैं। सत्ता के संवेदनहीन निर्णयों पर अपना रोष प्रकट करने में उन्होंने कभी कोताही नहीं की। मसलन, सरदार सरोवर बाँध से जिन हज़ारों आदिवासियों को विस्थापन की पीड़ा झेलनी पड़ती, उनके प्रति गहरे सरोकार के साथ राष्ट्रपति को लम्बा

काव्यात्मक पत्र उन्होंने लिखा था, 'हम भी लोकतंत्र के भागीदार हैं/ हमसे हमारे होने को ही क्यों समेटा जा रहा है /... क्या हम आपके गणतंत्र की सौतेली संतानें हैं।' राष्ट्र की भारतीय निर्मिति के एकाश्म अर्थग्रहण से उन्हें सख़्त गुरेज़ रहा। उनका मानना था कि 'दूसरेपन के सम्मान' के लिए हमारी परम्परा में हमेशा से आदर रहा है। उनके मुताबिक़ साझी संस्कृति के ताने-बाने समाज की अंदरूनी शक्ति से जुड़े थे न कि 'सेकुलरिज़म' की किसी कृत्रिम अवधारणा से। वे मानती थीं कि राष्ट्र की आत्मा में स्पंदित महाकाव्यात्मक आख्यान को बचाने की कोशिश एक ईमानदार लेखक को करनी ही चाहिए और उसे सत्ता-प्रतिष्ठान से दूर ही रहना चाहिए। 2010 में उन्होंने यह कहते हुए पद्मभूषण लेने से मना कर दिया था, 'साधारण आदमी की भी अपनी विशिष्टता होती है। मैं उनकी नुमाइंदगी करती हूँ तो मुझे इस्टैब्लिशमेंट से दूर रहना चाहिए, ताकि जब मैं कुछ लिखना चाहूँ तो लिख सकूँ।'

नब्बे की उम्र पार करने के बाद भी विरोध की ऊर्जा वे अपने भीतर से वे खींच ही लाती थीं। वरना दिल्ली के मावलंकर हॉल में एक नवम्बर, 2015 को ऐसी प्रचण्ड ऊर्जा नहीं पैदा हो सकती थी जो सत्तासीन सरकार की असहिष्णुता के प्रतिरोध में उनके वक्तव्य की गर्जना से वहाँ गूँजी। 'पहले बाबरी, फिर दादरी और हिंदुत्व के नाम पर फिर बहादुरी, नपुंसक बहादुरी' जैसे वाक्यों की अनुगूँज दूर तक सुनाई पड़ी। बुद्धिजीवियों और लेखकों की स्वतंत्रता पर हमले के ख़िलाफ़ उन्होंने बड़ी तत्परता से विरोध दर्ज किया था। जिन मूल्यों को अपनी कृतियों में उन्होंने स्थापित किया उनकी रक्षा के लिए जीवन-जगत में भी मुस्तैदी से टिकी रहीं। *जनसत्ता* के तत्कालीन सम्पादक ओम थानवी के इन शब्दों से उनके मुखर विरोध की ताक़त को समझा जा सकता है, 'ऐसे में राजपथ पर पुलिस के हिंसक रवैये पर कृष्णा सोबती का फ़ोन पर व्यथा प्रकट करना मेरे लिए मार्मिक क्षण था। और 31 दिसम्बर को उनका यह कहना कि, कुछ लिखा है, अगर *जनसत्ता* में प्रकाशित करना चाहें। ...नब्बे वर्ष की उम्र को छूते हुए और गर्दन की पीड़ा से जूझते हुए वे आँखों पर बहुत बड़ा चश्मा लगाती हैं, ख़ुर्दबीन के सहारे पढ़ती हैं और स्केच पेन से बड़े-बड़े हर्फ़ों में लिखती हैं। लेकिन स्वाधीन राष्ट्र की सम्प्रभुता के प्रतीक राष्ट्रपति के नाम उन्होंने पत्र की शक्ल में अपनी

पीड़ा, फ़िक और सरोकारों को अपने धारदार गद्य में जिस तरह पिरोया, उसने मुझे एक अजीब ख़ालीपन के एहसास से उबरने में बड़ी मदद की ...।'

अपनी सारी धनराशि और सम्पत्ति साहित्यिक सरोकारों के लिए दे कर जाना भी दिखाता है कि उन्हें समाज में लेखक की भूमिका कितनी महत्त्वपूर्ण लगती थी। रचनाकारों के समय और ऊर्जा की इज़्ज़त की जाए और उन्हें संसाधनों का अभाव न हो, इस बात के लिए वे फ़िक्रमंद थीं। हिंदी में उनके अतिरिक्त शायद ही कोई इतना वरिष्ठ साहित्यकार दूसरा हो जो अपनी पाण्डुलिपि पढ़ने और पेपर छाँटने के लिए अपने से कनिष्ठ लेखक को अच्छा-ख़ासा मानदेय देता हो। लेखकों के लिए मन में इतनी ऊँची जगह होने के कारण ही उनके अपने दायित्वों से डिगने और सफलता के लिए तिकड़में करने को वह कभी पचा नहीं पायीं। साहित्यिक भ्रष्टाचार पर उनका रोष कृष्ण बलदेव वैद के साथ उनके संवाद में और *शब्दों के आलोक में* पुस्तक में जगह-जगह फूटा है।

कृष्णा सोबती को इस बात की साफ़ समझ थी कि जीवन, समाज और राजनीति सब एक-दूसरे से गुँथे हुए हैं। उन्होंने राजनीति को वैचारिक साँचे के भीतर से नहीं, अपितु अपने जीवन-अनुभव की तरह देखा था। उनके पास विभाजन के अनुभव थे, स्त्री की स्थिति के अनुभव थे, दफ़्तरी राजनीति की बजबजाती ज़िंदगी के अनुभव थे। उनके जीवनानुभवों का कैनवस बहुत बड़ा है। उनकी हर कृति नये विषय और नयी भंगिमा के साथ पाठकों के सामने आयी। उन्होंने कभी ख़ुद को दोहराया नहीं। जब देश स्वतंत्र हुआ तब वे बाईस साल की थीं। इन वर्षों में वे बहुत सी उठापटकों से वे गुज़रीं। पाकिस्तान के गुजरात में सन् 1925 में उनका जन्म हुआ। लाहौर में उन्होंने लम्बा समय गुज़ारा। विभाजन के भयावह अनुभव से गुज़रने के बाद दिल्ली से होती हुई भारत के गुजरात पहुँची। इस दौरान झेली गयी हिंसा और यातना का अनुमान इससे भी किया जा सकता है कि जिस विभाजन का दंश सोबती की चेतना में हमेशा बना रहा, उसी विभाजन के अपने अनुभव लिखने की हिम्मत करने में उन्हें पूरे सात दशक लग गये। 'सिक्का बदल गया', 'आज़ादी शम्मोजान की', 'मेरी माँ कहाँ', 'डरो मत मैं तुम्हारी रक्षा करूँगा' कहानियाँ तथा *चन्ना* उपन्यास विभाजन की विषय-वस्तु पर लिखी गयी रचनाएँ हैं तो *ज़िंदगीनामा* उपन्यास

के मूल में पंजाब के सीमांत खेतिहर गाँव की साझी संस्कृति की सूक्ष्म पड़ताल के ज़रिये उन बारीक़ दरारों की खोज करना है जो बाहर से शांत दिखते देश-काल के भीतर ही भीतर कहीं ख़ामोशी से पल रही होती हैं। उन्हीं दरारों को तो सियासत अपने हक़ में जनता के विरुद्ध इस्तेमाल करके चौड़ा करती जाती है और इंसान बँटता जाता है। विभाजन एक अनवरत प्रक्रिया है जो एक बार घट जाने पर व्यतीत नहीं होती, बल्कि देश-काल में विभाजनकारी शक्तियों को हमेशा के लिए सक्रिय कर देती है। सत्ता इन शक्तियों को अपने स्वार्थ हित के लिए बनाए रखती है।

विभाजन सोबती की संवेदना भूमि का मूल स्वर है। 91-92 वर्ष की उम्र में लिखी रचना *गुजरात पाकिस्तान से गुजरात हिंदुस्तान* में उस दुर्दांत हिंसा की स्मृतियों और दु:स्वप्नों के चंद टुकड़े पुस्तक में दर्ज हैं जिससे गुज़र कर उन्होंने अपनी बचपन की सहेली समेत कई अपनों को खो दिया था। रूह को लहूलुहान करने वाले भीषण अनुभव रचना में साकार तो किये ही गये हैं, पर अधिक उकेरा गया है उस जीवट को जो सब चुक जाने पर भी सोचता है, 'पर तुम ख़ुद तो हो अपने आप में'। और अपने भीतर से नये व्यक्तित्व को उगाता जाता है। उनकी बचपन की सहेली बिम्बो की माँ को छाती पीट-पीट कर रोते-पिटते देख कर सबका दिल दहल जाता था। 'हाय दुश्मनों उसे वहीं रख लिया होता। उसका चोला बदल दिया होता। उसकी बाँहें क्यों काट फेंकी? ...अरे सरकार वालो-कुर्सियोंवालो, तुम्हारी भी वहीं जाए जहाँ हमारी पली-पलाई सजरी परणाई बेटी गयी। अरे ख़लकत को बचाने के लिए तुम्हारे पास पुलिस-फ़ौज नहीं थी तो क्यों बँटवारा माना था। बापू गाँधी, तुम क्यों चुप हो? जिस नेहरू को तुमने अपना पुत्र बनाया, उससे अपना हुक्म क्यों न मनवाया!' इसी अनुभव पर उन्होंने 'डरो मत, मैं तुम्हारी रक्षा करूँगा' कहानी उन्होंने लिखी थी। एक पन्ने की कहानी। 'डरो मत, मैं तुम्हारी रक्षा करूँगा' बुदबुदाते-बुदबुदाते पथराई आँखों, सूखे बाल और नीले अधर लिए निर्जीव से लड़के की जान निकल जाती है। उसकी मिट्टी मिट्टी से मिल गयी। लेखिका को लगता है कि मिट्टी से धीमी-सी आवाज़ अब भी उठती जा रही है, 'डरो मत, मैं तुम्हारी रक्षा करूँगा'। अपने अनुभवों को सोबती इस सजगता के साथ साकार करती हैं कि पाठक पर अंतिम

प्रभाव आदमियत की उस कौंध का होता जो हर कालिख को चीर कर किसी तरह अपना अस्तित्व बचा ही लेती है। जैसे 'मेरी माँ कहाँ ...' कहानी में बलोच रेजीमेंट के युनूस ख़ाँ को अपने से कोई मुहब्बत नहीं। 'वतन के आगे अपना कोई ख़याल नहीं। क्रांति बिना ख़ून के नहीं आती। और इसी क्रांति से तो उसका नन्हा सा वतन पैदा हुआ है जिससे बढ़ कर उसके लिए कुछ भी नहीं।' इस तर्क से अनेक लोगों की जान ले चुका युनूस रक्त से भीगी सलवार में मूर्च्छित पड़ी एक छोटी बच्ची को देख कर रहम और मोहब्बत से भर उठता है। ख़ून बहाने वाले हाथ शिथिल पड़ जाते हैं। अब वह किसी भी तरह बच्ची को बचाने के लिए बेचैन है और इस बेचैनी ने ही वतन के लिए हिंसा को जायज़ ठहराने वाले उसके तर्कों को सुन्न करके उसे आदमी बना दिया है।

पाकिस्तान से विस्थापित हो कर अपनी हवेली-जायदाद सब लुटा कर भारत के गुजरात में टिन के कमरे में किसी तरह अपनी गुज़र-बसर करने वाली मौसी से लेखिका की मुलाक़ात होती है तो 'मौसी-भाँजी ने एक-दूसरे की ओर बाँहें बढ़ा दीं। ऐसी सावधानी से कि बँटवारे वाले आँसू न निकल आये। दोनों मुस्करा-मुस्करा एक-दूसरे से आँखें चुराती रहीं और आँखों की नमी को बचाती रहीं।' ऐसी ही सावधानी से आँखों की नमी बचाते हुए कृष्णा सोबती ने विभाजन की मर्मांतक पीड़ा को पन्नों में चित्रित किया है। वह भूखण्ड, वह कालखण्ड, जो पैर के नीचे से सरक कर समय में खो गया, जिससे लेखिका का वजूद जुड़ा हुआ था, उस के जनजीवन को उसी के मुहावरे में उसी देश-काल में पकड़ कर पन्नों में सदा के लिए सुरक्षित करने का उपक्रम *ज़िंदगीनामा* में दिखता है। इस रचना की भाषा में पंजाब का ठेठ अक्खड़पन है। वहीं की बोली-बानी में परिवेश को सजीव किया गया है। कृति में धड़कता तो है अँचल विशेष ही, मगर इसकी संवेदना दुनिया की किसी भी आबादी से जुड़ती है। पंजाब के खेतिहर लोगों के अपने भाषा-संस्कार में लिखे होने के कारण पंजाबी-उर्दू से अपरिचित हिंदीभाषियों को इस कृति को पढ़ने में दिक़्क़त आयी। किंतु लेखिका का स्पष्ट मत था कि अँचल के रंग, गंध, स्पर्श में रली-मली भदेस भाषा में ही इंसानी गरमाहट आकार ले सकती है। इन बोलियों से हिंदी समृद्ध ही होगी क्योंकि लोकभाषाएँ अपनी ताक़त धरती से खींचती हैं और इसी भाषा में ज़िंदा विचार वहन किया जा सकता है।

15 अगस्त, 1947 का दिन। देश में स्वतंत्रता के समारोह का जश्न ज़ोर-शोर से मनाया जा रहा है। 'आज़ादी शम्मोजान की' शम्मोजान और मुन्नीजान का आज़ादी के इस दिन का जो पाठ है, उसके माध्यम से व्यवस्था पर तीखा व्यंग्य किया गया है। जब उन्हें बहला-फुसला कर कोठे तक पहुँचाते वक़्त कहा गया था कि अब वे आज़ाद हो गयी हैं। अपनी इस तथाकथित आज़ादी की दिनोंदिन बढ़ती विकृति और कुरूपता को वे रोज़ झेलती हैं इसलिए 'देश आज़ाद हो गया' सुन कर अट्टहास कर रही हैं कि जो आज़ादी उनके पास वर्षों से है वह देश को आज मिली है।

कृष्णा सोबती का इतिहास-बोध साफ़ है। वे विषय-वस्तु को काल के उस मोड़ से उठाती हैं, जहाँ इतिहास की धार टूटती है। समृद्ध और अनूठी भाषा तथा अनुभवों का विराट संसार उनके पास है। इसलिए समय की दहलीज़ पर खड़े होकर इस ओर उस पार की बनती-बिगड़ती दुनिया को इस खूबसूरती के साथ वे साधती हैं कि पाठक ढहते हुए युग की धड़कनें सुन सकता है। साथ ही भविष्य की पदचाप का बोध भी ग्रहण कर पाता है। 'सिक्का बदल गया' कहानी ज़मींदारों और सामंतों के हाथ से सत्ता फिसल कर नये लोगों के पास जाने के बीच की धार पर अवस्थित है। केंद्र में हैं शाह-शाहनी (ज़मींदार/सामंत)। कहानी मुख्यत: लिखी ही गयी है शाहनी के कोण से। विपरीत परिस्थितियों में सबके प्रेम के बीच सब पर आशीष बरसाती हुई शाहनी बड़ी गरिमा से राज बदलने के सच को ग्रहण करती है। किसी के लिए दिल में मैल लाए बिना जगह छोड़ती है। उस अँचल से जुड़ी हर चीज़ से शाहनी को इतना अधिक मोह है कि वह कुछ भी वहाँ से ले नहीं जाना चाहती। उन चीज़ों की क़ीमत उस भू-भाग विशेष में रहने से ही है। शाहनी का व्यक्तित्व भी उसी अँचल से जुड़ने पर सार्थक होता है। जब असली सोना, जैसे खेत, नदियाँ, प्रकृति छोड़नी ही है तो नक़दी और जेवर ले जाने से क्या बनेगा। अपनी मिट्टी, पानी, प्रकृति, लोगों से इतनी गहरी आत्मीय सम्बद्धता के भीतर से ही तो असल देशप्रेम उपजता है।

उनकी कई रचनाओं में भविष्य में उभरने वाले अस्मिता-विमर्शों की बारीक-सी पदचाप भी सुनाई पड़ती है। उन्हें समझ है कि हाशिये की सभी पहचानें देर-सवेर सिर उठाएँगी ही, इसलिए उन्हें बराबरी का नागरिक मानने की

और उनका हक़ देने की तालीम सभी को जुटा लेनी चाहिए। अतीत की व्यवस्थाओं का ध्वंस उन्हें ज़रूरी लगता है, मगर फिर भी उसकी ढहती संरचनाओं के भीतर से अतीत के सौंदर्य और भव्यता को वे पूरे मन से साकार करती हैं। वर्चस्व-सम्पन्न उन लोगों के प्रति भी लेखिका के मन में सहानुभूति है जिन्होंने अपनी इंसानियत को महफ़ूज़ रखा है। मध्यकालीन नैतिकता के सौंदर्य बोध को खुले मन से उकेरने में उन्हें कोई संकोच नहीं होता।

सोबती दो साल सिरोही के राजकुमार तेज़ सिंह की गवर्नेस भी रहीं। रियासतों के तौर-तरीक़ों को भी उन्होंने क़रीब से देखा कि शासन का रुतबा किस तरह इस वर्ग के ख़ून में बहता है। राजमहल का हवा-पानी, पूरा माहौल ही ऐसा है कि राज-बोध बचपन से ही भीतर तक पुष्ट कर दिया जाता है। इन अनुभवों को उनकी 'खम्माघणी, अन्नदाता' कहानी बयाँ करती है। राजा के रूप में अंतिम रात बिताने पर राजा के मन में बेतरह आँधियाँ चल रही हैं। अगली सुबह उनकी रियासत लोकतंत्र में जनता के हाथों चली जाएगी। यह तथ्य वह स्वीकार नहीं कर पा रहा है और उसका मानसिक संतुलन बिगड़-सा गया है। राजा को लग रहा है कि जनता अंधी है, इतिहास अंधा हो गया है। हमारी सत्ता में ही प्रजा का हित और सुख था। देर-सवेर जनता को राजा की ज़रूरत पड़ेगी ज़रूर। अभी तो लगता है इतिहास रास्ता भूल गया है। जनतंत्र राजा की कल्पना में अँट ही नहीं पा रहा है। 'वे इतिहास के पहियों को मनमानी नहीं करने देंगे। यह तो अन्याय है कि जिधर सड़क नहीं है, उधर को ही हो पहिये। आख़िर रास्ता देख कर ही तो चलना चाहिए इतिहास को भी। यह तो सारथी का कार्य नहीं कि एक अन्याय को मिटाने के लिए दूसरा अन्याय करे।' जनता की अवज्ञा राजा से क़तई नहीं झेली जा रही है।

स्त्री-सशक्तीकरण में कृष्णा सोबती की रचनाओं का महत्त्वपूर्ण योगदान है। उन्होंने अपनी कृतियों में *चन्ना*, मित्रो, रत्ति, महकबानो, लड़की, अम्मू, पासो, मन्नो जैसे व्यक्तित्व-सम्पन्न पात्र रच कर सामान्यीकरण की सूक्ष्म हिंसा का रचनात्मक प्रतिकार किया है। वर्चस्वशाली वर्ग की प्रवृत्ति होती है कि वह हाशिये के लोगों की वैयक्तिकता की उपेक्षा करके उन्हें एक सामान्यता के साँचे में ढाल कर देखता है। परम्परा को ठेंगा दिख़ाने वाली तेज़-तर्रार स्त्री हो, या

गृहस्थ रस में आनंदमग्न कोई पारम्परिक स्त्री— बने-बनाये संकीर्ण साँचों में सोबती के स्त्री पात्र नहीं अटते। उनके व्यक्तित्व का ताप इन साँचों को पिघला कर समय के पृष्ठ पर सशक्त हस्तक्षेप करता है। उनके पुरुष पात्रों का सामान्यीकरण किया जा सकता है, उनमें व्यक्ति वैशिष्ट्य प्रायः नहीं है। वे बस पितृसत्तात्मकता का वहन करने वाले प्रतिनिधि पात्र हैं। 'दादी अम्मा' कहानी में गृहस्थ रस का सरस चित्रण किया गया है। परिवार के भीतर की सारी हलचलें स्त्री-सदस्यों के दम से है। सास से बहू, फिर उसकी बहू ... बहू-दर-बहू परिवार की सत्ता स्थानांतरित होती जाती है। परिवार-वृक्ष फलता-फूलता जाता है। वह दादी अम्मा का परिवार कहलाता है। पुरुष पात्रों का तो उसमें नाम तक नहीं है। वे तो मानो बस निमित्त मात्र हैं बहू लाने के लिए। नामालूम-सी उपस्थिति भर है उनकी। समाज की मूलभूत इकाई परिवार की बागडोर पकड़ा दी लेखिका ने स्त्रियों के हाथों। कृष्णा सोबती जैसी खुद्दार शख़्सियत अपने चरित्रों को अपनी सहानुभूति कभी नहीं देती। उनकी नायिकाएँ अपने दम-ख़म से पन्नों पर भरपूर ढंग से जीवंत होती हैं— मानो ललकारती हुई कह रही हों कि जीवन की सभी महत्त्वपूर्ण हलचलें, ज़िंदगी का सब रस हमारे दम से है। ठीक है काल के किसी मोड़ पर इतिहास के हर महत्त्वपूर्ण स्थल पर नाम लिख लिया होगा पुरुषों ने अपना।

उनकी पारम्परिक नायिकाएँ भी रोती-बिसूरती नहीं, तो फिर अपने तेज़ से हिंदी के साहित्य जगत में विक्षोभ उत्पन्न करने वाली मित्रो के मनोबल के तो क्या कहने। पति सरदारी लाल उसे मारता है तो ज़रा भी आँखें नहीं झुकाती। उसकी पितृसत्ता का संज्ञान तक नहीं लेती— बस कहती है कैसा पुरुष है जिसे स्त्री से व्यवहार करना तक नहीं आता। मानो उफनते दूध में ठण्डे पानी की छींटें दे कर सत्ता के अभिमान को फुस्स कर रही हो। ये स्त्रियाँ अधिकार को पूरे चाव से ऐसी भंगिमा में जीती हैं कि शोषक का ख़ुद ही मनोबल टूट जाए। पुरुष को सत्ता के औज़ार भोथरे से लगने लगते होंगे जब स्त्री की आँखों में प्रेम, ममता, गृहस्थ रस की स्निग्ध तरलता की चमक तो दिखती है पर वंचना की पीड़ा और आत्मदया का धुँधलापन नहीं। आत्मविश्वास से भरपूर ऐसी स्त्री के सामने पितृ-सत्तात्मकता के शस्त्र व्यर्थ होते दिखते हैं। मध्यवर्गीय पारिवारिक सौंदर्य और

उसकी सीमा दोनों ही सोबती के साहित्य में बखूबी सजीव हुए हैं। परम्परा के उज्ज्वल पक्ष को कितना ही सराहा जाए; परिवार में हर सुबह नये सूरज के उगने जैसे कितने ही जीवन रस छलकाते, उमगते, सरसते चित्र खींचे जाए; मगर किसी विधवा, निस्संतान, अविवाहित स्त्री या संसाधनहीन लोगों से मुठभेड़ होते ही एहसास हो जाता है कि इन सुखों के सौंदर्य की चौहद्दी कितनी सीमित है और चौहद्दी के बाहर कौन रहेगा – भीतर कौन, यह भी क़ाबिलियत से नहीं क़िस्मत से ही तय होता है। तो ज़ाहिर है कि अपनी आगे की कृतियों में वे आधुनिक मूल्यों को खोजने के क्रम में सामयिक विमर्शों और सिर उठाती पहचानों और तर्कों को खँगाल कर देखती हैं।

उनके अंतिम उपन्यास *समय सरगम* में कई विमर्श शरण्या और ईशान की बातचीत में सीधे तौर पर आये हैं। सबसे मुखर है, परिवार-ढाँचे की प्रासंगिकता। शरण्या का स्पष्ट मत है कि परिवार की सुव्यवस्थित अस्मिता और गरिमा का मूल्य भी उन्हें चुकाना होता है जिनका खाता दुबला हो। 'ऐ लड़की' में भी बच्चा बनाने को दुनिया का महानतम काम मानने वाली और समृद्ध खुशहाल पारिवारिक ज़िंदगी को डूब कर जीने वाली ज़िंदादिल माँ भी यह कहती है कि परिवार का चप्पू चलाने में स्त्री का कोई आपा नहीं बचता। पत्नीत्व और मातृत्व में स्त्री का सारा व्यक्तित्व होम हो जाता है। चन्ना में भी विवाह-पूर्व अध्यापिका रही श्यामा के घर में पति के मरने के बाद किताबों की अलमारी पहली बार दिखती है, वर्ना व्यक्तित्व के सारे आयाम पति में समाहित थे। 2019 में छपे किंतु सबसे पहले लिखे गये उपन्यास चन्ना की मुख्य पात्र चन्ना शाह-शाहनी की एकमात्र पुत्री की पुत्री अपने ननिहाल और ददिहाल के घर की एकमात्र संतान है। उसे बचपन से ही लड़कों की तरह पाला गया है। शारीरिक, मानसिक क्षमताओं में वह लड़कों पर भारी ही पड़ती है। कमतर तो किसी तरह नहीं है। निर्णायक क्षमता से भरपूर ठोस व्यक्तित्व की सबकी लाडली चन्ना को जीवन के हर महत्त्वपूर्ण मोड़ पर लड़की होने के कारण बेदख़ल होना पड़ता है। नाना और पिता की मृत्यु होने पर दोनों ही घरों की पूरी विरासत दूर-दराज़ के संबंधियों को मिलती हैं जिनकी एकमात्र योग्यता उनका पुरुष होना होता है। चन्ना मन में स्त्री-सुलभ प्रेम की, मातृत्व की इच्छाएँ होते हुए भी वह विवाह का रास्ता नहीं

अपनाती, क्योंकि उस समय परिवार में स्त्री की उपस्थिति का एकमात्र तरीक़ा अपने व्यक्तित्व का विलय करके रहने का ही था और वह नाना की ज़मींदारी सँभालना चाहती है, क्योंकि नाना के मरने के बाद जिन नालायक़ हाथों में सत्ता गयी है, उससे गाँव वालों का और धरती का भी काफ़ी अहित हो रहा है। चन्ना की किशोरावस्था में उसकी देह के बदलाव और जैविक क्रियाओं के उस पर प्रभाव का भी उपन्यास में वर्णन है। अपनी देह के भीतर सहज ढंग से निवास करने के लिए शारीरिक परिवर्तनों के प्रति सहज होना ज़रूरी है, 50 के दशक में भी लेखिका ने समझ लिया था और इस विषय पर अकुंठ भाव से लिखा।

सोबती की बहुचर्चित पात्र मित्रो को आलोचकों ने निरी शारीरिकता से जोड़ कर देखा है, जबकि मित्रो एक व्यक्तित्व-सम्पन्न सचेतन चरित्र है जिसे देहबोध के साथ-साथ कालबोध भी है। वह देह की कामनाओं को भी जानती है और समय के साथ उसके छीजते जाने को भी। इसलिए समय रहते भरपूर जीना चाहती है। मगर उसके जीने में मन बाँटना, थाली बाँटना, सुख-दुख बाँटना, धन बाँटना सबका सब आता है। अपने पति सरदारी लाल की एक नज़र के लिए उसके आगे-पीछे डोलती रहती है। वह आँख उठा के देख भर ले तो इमरती बन जाती है। ये तो साहचर्य से उत्पन्न प्रेम रस है। वह निरी देह नहीं मगर निरी स्त्री है। मित्रो-सी अकुंठ निरी स्त्री को देखने की आँख सभ्यता के पास नहीं है इसलिए जिस संयुक्त परिवार में वह ब्याही गयी है, वह उस पर तरह-तरह की तोहमतें जड़ता है। मगर साथ रहते-रहते मित्रो के भीतर से बजने वाले आदिम राग की तरंगें परिजनों तक भी पहुँचने लगती हैं। पोर-पोर रस की गगरिया है मित्रो। उसके बतरस, दर्शन रस का सबको चाव होने लगा है। जिधर ही वह जाती है ननदिया, जिठानी मोहबिद्ध से बिंधे चले जाते हैं उसी ओर। दूसरी ओर जिठानी का बेशर्त बेशुमार स्नेह और सास-ससुर की ममता की छाँव में रहते हुए संयुक्त परिवार में मित्रो की आंतरिकता का भी विस्तार होता है। मित्रो के साहचर्य में सरदारी लाल के प्राणों में भी आदिम जीवन-राग का संगीत जगने लगा है। मन में पूरी जाग लगती है तो तन जागता है। मित्रो तो रोम-रोम तन-मन को जीना जानती है। ज़िंदा गरमाहटों का अपना भी तो व्याकरण होता है, वह तो उसी से संचालित होती है। सभ्यता के परदों के भीतर से जीवन को देखना

वह नहीं जानती इसलिए उसे एहसास ही नहीं है कि अपनी ही देह की किसी तह में छिपी हुई रस की पोटली को उसे चोरी-छिपे दबे-ढके-अँधेरे पलों में उड़ा ले भागने की तकनीक साधनी है। इन पलों का दिन के बाक़ी हिस्सों से कोई संबंध नहीं। संयुक्त परिवार में पले उसके पति का भावबोध तो ऐसा ही होगा। रचना के अंत तक एक-दूसरे की संगत में विकसित होते हुए ज़िंदगी की साँझी लौ उन्होंने पा ली है। उस पल के संक्षिप्त मगर बेहद जीवंत चित्रण में ही कृति पूरी हो जाती है। उस पल में ठोस मांसलता है जो चेतना के पूरे जगने से ही सम्भव है, उस पल की कोख से एकनिष्ठता और साझा भविष्य, स्थायित्व फूटते दिखते हैं। पर नैतिकता के निर्वहन के तौर पर नहीं। दो प्राणों के स्पंदनों के चरम बिंदु सधने से उत्पन्न संवेग की उछाल से यह लम्बे साहचर्य की राहें फूटती हैं। *मित्रो मरजानी* के अंतिम वाक्य से लगता है मानो अब जा के सरदारी लाल को उसने असली पुरुष बना ही डाला, ऐसा पुरुष? जिसे स्त्री-मन समझने की सलाहियत हो। 'फिर बाँहों से अँगड़ाई ली, हाथों को चटखा-मुरका उठ बैठी। सैयाँ के हाथ दाबे, पाँव दाबे, सिर-हथेली ओठों से लगा झूठ-मूठ की थू कर बोली – कहीं मेरे साहिबजी को नज़र न लग जाए इस मित्रो मरजानी की।'

स्त्री-विमर्श ने इस कृति में देह-विमर्श खोजा तो परम्परावादियों ने इसे भटकी हुई स्त्री की परिवार तक की यात्रा बताया। सोबती के साहित्य के बहुकोणीय दर्पण में हर कोई अपना-अपना अक्स देख कर उसकी सराहना तो कर लेता है किंतु उनके साहित्य पर मुकम्मल काम अब तक नहीं हुआ है। इस मामले में कृष्णा सोबती मित्रो जितनी भाग्यशाली नहीं रहीं। मित्रो के लिए परिवार भी अपनी लचक बढ़ाता है, दायरा बढ़ाता है। कृष्णा सोबती की लेखनी की आमद से हिंदी साहित्य में जो स्पेस बनना चाहिए था वह नहीं बना। उनके साहित्य की बहुस्तरीयता से संवाद तक होता नहीं दिखाई देता। सातवें दशक में स्त्री-विमर्श के प्रभाव से हिंदी में जिन मुद्दों पर बात होनी शुरू होती है, वे सब कृष्णा सोबती पाँचवें छठे दशक में ही उठा रही थीं। *सूरजमुखी अँधेरे* के उपन्यास की नायिका रत्ती का बचपन में बलात्कार की शिकार होती है। बिना अपनी किसी ग़लती के भी उसे समाज के बदले हुए रवैये के कारण बहुत दर्द और अकेलापन झेलना पड़ता है। फिर भी उसे किसी की सहानुभूति की दरकार

नहीं। उसका व्यक्तित्व स्वाभिमानी है, विश्वसनीय है। प्रेम लेने-देने की शक्ति उसकी बनी हुई है। असद से मिलते ही उसके तन-मन में जैसी सुखद टिमकियाँ-सी उठती हैं। काल के क्रूर हाथ उसे भी छीन लेते हैं। अपने मित्र दम्पती के नन्हें से बेटे कुमू के लिए उसके मन में प्यार ऐसे उमड़ता है ज्यों दूध की बूँद उमड़ी हो। उससे मिलना उसे ज़िंदगी से मिलना लगता है। उनके गृहस्थ रस के बारे में जिस चाव से सुखविभोर वर्णन रत्ती का करती है। स्वस्थ मानसिकता के व्यक्ति के ही शब्द ऐसे हो सकते हैं। अपराध समाज के प्रति होता है फिर भी उस अकेली ने सजा पाई अपराधी से भी और समाज से भी। इस कारण संवेदनशीलता का तनिक बढ़ जाना तो स्वाभाविक ही कहा जाएगा। मगर आत्मनिष्ठ, एकाकी पात्र वह क़तई नहीं लगती जैसा कि आलोचकों ने उसे बताया है। मन्नू भंडारी ने स्त्रियों को बरजने के लिए जैसे *स्त्री सुबोधिनी* लिखी थी। *सूरजमुखी अँधेरे के* पुरुष सुबोधीकरण का काम कर सकती है। रत्ती का के तमाम पुरुष-मित्र जिस उद्दंडता के साथ उससे अंतरंग होने की कोशिश करते हैं, कोई भी संवेदनशील स्त्री उसे बरदाश्त नहीं कर सकती। ज़िंदा अस्तित्व और कमरे के भीतर प्रवेश करने के लिए दी गयी खटखटाहट में कोई अंतर क्या नहीं होना चाहिए? दिवाकर जिस मानवीय संस्पर्श के साथ रत्ती का के साथ पेश आता है, उससे रत्ती के तन-मन में रस का संचार होता है। दिवाकर-रत्ती का के अंतरंग संबंध को चार-पाँच पृष्ठों में मिठास के साथ सोबती ने साधा है। प्रेम की नितांत नयी भाषा रची है— स्त्री-भाषा— इसे हिंदी-साहित्य की उपलब्धि कहा जा सकता है।

समाज और साहित्य में हम पाते हैं कि उम्र बढ़ने के साथ स्त्री का महत्त्व कम होने लगता है। चेतन तत्त्व तो काल के साथ विकसित ही होता है। जड़ तत्त्व काल के साथ जर्जर होता है। तो क्या स्त्री में जड़ तत्त्व पुरुष के मुक़ाबले ज़्यादा होता है? सोबती के साहित्य में तो यह मान्यता ग़लत लगती है। प्रौढ़ उम्र के प्रेम के स्पंदनों को बड़ी मुलायमियत से उन्होंने अपनी कृतियों में उकेरा है। दिवाकर-रत्ती का और ईशान-अरण्या का प्रेम यादगार निधि है उनके साहित्य की। *दिलो-दानिश* की महकबानो अपने सौंदर्य और रुआब से अपनी बेटी के विवाह-समारोह में सारी महफ़िल को मंत्र-मुग्ध करती है। लगता था जैसे कोई परी आ गयी हो। बेटी

की शादी में परी माँ। उम्र की इसी अवस्था में वकील ख़ान साहब उसके साथ ज़िंदगी साझा करने के लिए लालायित हैं। इस तरह सोबती प्रतिरोध की शब्दावली अपनाए बिना स्त्री-विरोधी मान्यताओं को दरकाती चलती हैं। उनकी स्त्रियों में व्यक्तित्व की यह चमक अपने भीतर की ताक़त से, संघर्षधर्मिता से आती है। उनके लगभग सभी चरित्र गत्यात्मक हैं। प्रौढ़ उम्र होने पर कृपानारायण अपनी पत्नी कुटुम्बबानो एवं गृहस्थी की ओर खिंचने लगते हैं। उनके तथा महकबानो के दोनों बच्चे भी पिता की सत्ता के कारण उस ओर झुक जाते हैं तो महकबानो अकेली रह जाती है। उसे घर से बाहर जाने के लिए जूतियाँ पहनने की लम्बे अरसे के बाद ज़रूरत पड़ी तो उसे एहसास होता है कि जूतियाँ तो अपनी थीं लेकिन पैर किसी और को दिये हुए थे। और फिर अपने पैर, अपनी चाल अपने नियंत्रण में लेना उसके नये व्यक्तित्व का प्रस्थान बिंदु बनता है।

वैद के साथ संवाद में और *हम हशमत* के चार भागों में लिखे गये संस्मरणों में सोबती ने साहित्यिक, सांस्कृतिक परिदृश्य पर व्यापक और गहन ढंग से विचार-विमर्श किया है। आलोचना को साहित्य के केंद्र में स्थापित होना उन्हें महत्त्वपूर्ण लगता है। अगर आलोचना-साहित्य सक्षम होता तो कथा-साहित्य की गुणवत्ता काफ़ी बेहतर होती। यदि कृष्णा सोबती के साहित्य की मुकम्मल आलोचना हो पाती या कम से कम उनके द्वारा उठाए गये प्रासंगिक बिंदुओं की सटीक पहचान होती तो और भी उत्कृष्ट रचनाएँ सामने आतीं। उनकी रचनाओं को पुरानी कसौटी पर ही कस के देखा गया। स्त्री होने ने भी सोबती के संघर्षों को कई गुना बढ़ा दिया। सम्पादक, आलोचक के रूप में अधिकतर निर्णायक पदों पर पुरुष ही विराजमान थे। सामान्यीकरण पुरुष के हिसाब से ही तय करने का माहौल था तो धीरे-धीरे कृष्णा सोबती जीने और लिखने में मर्दवादी मुहावरा अपनाती गयीं। भले हशमत बन कर या मर्दवादी मुहावरे में बात कह कर अच्छी कृतियाँ रची हों, मगर उसमें नया क्या था? स्त्री-दृष्टि नयी परिघटना है। प्रेम की स्त्री-भाषा रचना उनकी मौलिक उपलब्धि है।

ऐ लड़की उपन्यासिका की अम्मू कहती है कि बेटी होने से माँ निरंतरा, सदाजीवी हो जाती है। बेटी के भीतर माँ ज़िंदा रहती है। उन्हें अपने लिए इस बात का संतोष भी है और बेटी के लिए कसक भी है कि उसने अपनी बेल नहीं

बनायी। पूरी कृति में बेटी ही वह गर्वोन्नत पर्वत है जिस पर होकर माँ के जीवनानुभवों को निर्झर बहता है। माँ-बेटी के भिन्न अनुभव मिल कर एक जीवन-वृत्त बनाते हैं। घर-परिवार में फँसे रहने से अम्मू की घूमने की पहाड़ों में चढ़ने की गहरी साध रह गयी है। इसलिए उन्हें सपने में भी अक्सर ऊँचाइयाँ चढ़ती-उतरती जूतियाँ दिखती रहती हैं। कृष्णा सोबती के साहित्य में जगह-जगह चलने का, पहाड़ियों-वादियों को जूतियाँ पहन कर नापते जाने का इतना अधिक वर्णन आता है कि लगता है कि उन एक जोड़ी जूतियों में माँ-बेटी दोनों यात्रा कर रहे हैं। चलने की सुखद थिरकन, रोटी की लहक, पहाड़ों की चढ़ाई-उतराई ... ज़िंदगी की तमाम सुखद हलचलों से उनके पन्ने भरे होते हैं। सोबती से पहले चाव से खाते-पीते, चलते-दौड़ते स्वस्थ, गतिशील स्त्री व्यक्तित्वों का स्त्री साहित्य में अभाव था। उनकी रचनाओं से ताक़त पाने वाली स्वस्थ जीवन-बोध ग्रहण करने वाली स्त्रियों की बेल दूर-दूर तक फैल गयी है। उनके भीतर कृष्णा सोबती भी सदाजीवी हो गयी हैं। और उनकी क़लम से ही कभी कृष्णा सोबती के वे सम्भाव्य स्त्री चरित्र उकेरे जाएँगे जिनकी पदचाप इन रचनाओं में सुनाई पड़ती है।

गिरीश कारनाड

मन की अबूझ लिखावटें

प्रयाग शुक्ल

कम ही लेखक ऐसे होते हैं जिनकी कृतियाँ विचार और विमर्श का एक स्थायी 'संदर्भ' बन जाती हैं। उनमें उठाए हुए प्रश्न/प्रसंग कुछ इतने अर्थ-भरे, विचलित करने वाले भी, होते हैं कि उन्हें लेकर एक मंथन हमेशा ज़ारी रहता है। किसी सरल उत्तर या समाधान को प्रस्तुत करने की जगह वे विचार-सरणियों को सक्रिय करने वाले होते हैं; और हाँ, उन कृतियों का एक 'काम' यह भी होता है कि ये मानवीय न्याय के पक्ष में हमें अधिकाधिक खड़ा करती हैं। किसी 'भूल-ग़लती' को या 'सही-ग़लत' को पहचानने में हमारी मदद तो करती ही हैं। गिरीश कारनाड (1938-2019) ऐसी ही कृतियों के प्रणेता थे। *तुग़लक* सहित उनके अन्य नाटक, जब लिखे गये तो तब से लेकर आज तक, विमर्श और बहसों को जन्म देते आये हैं। आगे भी देते रहेंगे क्योंकि वे 'सत्ता की भूख' और उसकी निरंकुशता को गहराई में जाकर परखते हैं। स्त्री पर पुरुष के 'स्वेच्छाचारी अधिकार' को प्रश्नांकित करते हैं। ब्राह्मणवादी, तथाकथित 'कुलीन' या दैवी विधान को एक छल की चीज़ मानते हैं। गिरीश कारनाड के स्त्री-पुरुष पात्र यह भी रेखांकित करते हैं कि जिन्हें मानवीय प्रवृत्तियाँ कहा जाता है, उन्हें प्रकृति-प्रदत्त मानकर बख़्शा नहीं जा सकता है— अन्यथा मनुष्य समाजों की 'मानवीयता' ही ख़तरे में पड़ जाएगी। ये पंक्तियाँ लिखते हुए ज़ाहिर है कि गिरीश कारनाड की लिखी हुई नाट्य कृतियाँ— *तुग़लक*, *ययाति*,

हयवदन, *अग्नि और बरखा* आदि मेरे दिमाग़ में घूम रही हैं, जिनमें से कुछ को पढ़ा भी है, और उनके एक से अधिक मंचन भी देखे हैं। यहीं यह भी नोट कर लेना चाहता हूँ कि जो विमर्श उनकी कृतियाँ बनाती हैं, वे कोरी सैद्धांतिक, वैचारिक पृष्ठभूमि वाले नहीं हैं : उनके पीछे हाड़-मांस के पात्र हैं, शारीरिक उपस्थितियाँ हैं, कोमल क्रूर मांसल स्पर्श हैं, और हैं, मनुष्य मन की कुछ अबूझ लिखावटें भी जिनकी कुंजी आसानी से हाथ नहीं लगती है। इन 'अबूझ लिखावटों' को पढ़ने का, डिकोड करने का एक उद्यम भी वहाँ है। प्रश्न भी कुछ भरभराते हुए 'दुविधा' के साथ आते हैं— वे इतने दो टूक नहीं हैं कि विस्मय की, उत्कंठा, उत्सुकता की दुनिया खो जाए और चीज़ों को धीरज और प्रक्रिया में समझने की बनिस्बत, हम अपने भीतर जल्दी से किसी निष्कर्ष पर पहुँचने की उतावली पाल लें। कारनाड की कृतियों की एक ख़ूबी यह भी है कि उनमें वह ज़रूरी कथा-रस भी हमेशा बसा-बना रहता है, जो एक 'सरसता' की सृष्टि करता है, और उनके धारदार संवाद, उस रस-धार को तीखा और तीव्र किये रहते हैं।

गिरीश कारनाड का सब तरह का कामकाज इतना अर्थपूर्ण और मानवीय अनुभवों से इतना सम्पन्न है, कि आने वाली पीढ़ियाँ भी इन्हें कई तरह से याद करती रहेंगी। उन्हें खोजेंगी, और उनके लिखे हुए, और किये हुए, का साथ चाहेंगी। कारनाड ने अपना पहला नाटक *ययाति* 23 वर्ष की उम्र में लिखा था, और *तुग़लक* जैसा नाटक भी 26 वर्ष की आयु में, जो अब मील का पत्थर बन चुका है। यहीं से मिथकों और इतिहास में जाने की उनकी यात्रा का आरम्भ होता है, पर यह यात्रा गड़े मुर्दे उखाड़ने की नहीं थी— वह तो मिथकीय और ऐतिहासिक चरित्रों की कुछ इस तरह की 'पड़ताल' की थी, जो वर्तमान के लिए तो प्रासंगिक हो, भविष्य में भी प्रासंगिक बनी रहे। सत्ता का खेल, स्त्री-पुरुष संबंध, सामाजिक विसंगतियाँ, उनके लेखन में एक विमर्श रचते हुए प्रकट हुए। ब्राह्मणवादी व्यवस्था को भी उन्होंने प्रश्नांकित किया।

वे एक अप्रतिम नाटककार थे। कुशल अभिनेता थे। कुशाग्र संस्कृतिकर्मी थे। अच्छे वक्ता थे। अपनी बातों को विश्वासपूर्वक, बौद्धिक-वैभव के साथ रखना जानते थे। थियेटर और फ़िल्म की दुनिया में कई युवाओं के प्रेरणास्रोत थे। लिखते कन्नड़ में थे, पर, अनुवादों के माध्यम से वह अखिल भारतीय स्तर

पर पहचाने गये। पढ़े गये। साठ के दशक में विजय तेंदुलकर, मोहन राकेश, बादल सरकार की जो पीढ़ी उभरी, वे उसके अभिन्न सदस्य थे। इन चारों नाटककारों ने भारतीय नाटकों और रंगमंच की दशा-दिशा बदली, और उसे ऐसी भूमि पर खड़ा किया जो 'यथार्थ' की थी। विमर्श की थी। और जो इतनी प्रयोगशील भी थी कि उसमें भारतीय समाज की कई तरह की ध्वनियाँ और छवियाँ देखी-पढ़ी जा सकें। और मनुष्य मात्र की कई तरह की प्रवृत्तियों की एक नयी तरह की खोजबीन की जा सके। और उस खोजबीन की रोशनी में, उन मानवीय मूल्यों को पहचाना जा सके, जो व्यक्ति और समाज के काम आ सकें।

क्रूरता वाली प्रवृत्तियों की पहचान अपनी तरह से कारनाड ने भी की, और विजय तेंदुलकर ने भी की। और कह सकते हैं कि इन दोनों नाटककारों ने, व्यक्ति और समाज को, कई तरह से परत-दर-परत पहचानने की कोशिश एक नयी तरह से की। हाँ, दोनों के विषय, तरीक़े, और फ़लक अलग-अलग थे। कुल मिला कर यह कि कारनाड जिस पीढ़ी के सदस्य थे, उस पीढ़ी ने एक आधुनिकता-बोध के साथ, गहरी संवेदना और अंतर्निहित करुणा के साथ— सत्ता, समाज और व्यक्ति, को एक-दूसरे के आईने में देखने और दिखाने की कोशिश की। और इस पीढ़ी के नाटकों ने स्वयं भारतीय रंगमंच का चेहरा बदल दिया। जो भी, और जिस चीज़ की भी पड़ताल उन्होंने की, वह रंगमंच पर कई तरह से निखरी, और आधुनिक भारतीय रंगमंच को, उनके इन नाटकों ने, एक नयी मंच सज्जा के नये विधि-विधान के लिए प्रेरित किया। जब राष्ट्रीय नाट्य विद्यालय के तत्कालीन निर्देशक इब्राहिम अल्क़ाज़ी ने कारनाड के *तुग़लक* को दिल्ली के पुराने क़िले में किया तो लगा कि इस नाटक के साथ इसी तरह की प्रस्तुति न्याय कर सकती थी। स्वयं इब्राहिम अल्क़ाज़ी के कामकाज में इस प्रस्तुति ने बहुत कुछ जोड़ा, जो *तुग़लक* नाटक की अनोखी बुनावट, उसके संवादों और उसके धारदार कथ्य की वजह से ही सम्भव हो सका। उसके फ़लक की वजह से भी। नाटकों को नये प्रदर्शन-स्थल मिलने लगे। सभागारों से उनका बाहर निकलना शुरू हुआ। उनकी वेशभूषा, मंच-सज्जा और आलोक-परिकल्पना को लेकर एक नया मंथन शुरू हुआ। स्वयं अल्क़ाज़ी ने पुराना क़िला में ही *अंधायुग* का मंचन भी किया। और अनंतर भानु भारती ने मंचन के लिए फ़िरोज़शाह कोटला के खँडहरों को पृष्ठभूमि के लिए चुना।

तुग़लक और *अंधायुग* जैसे नाटकों के साथ ओम शिवपुरी, सुधा शिवपुरी, नसीरुद्दीन शाह, ओम पुरी, मोहन महर्षि, रामगोपाल बजाज, मनोहर सिंह, उत्तरा बावकर, सुरेखा सीकरी आदि का क्रमश: थियेटर जगत में क्रमश: पदार्पण हुआ : चुनौतीपूर्ण भूमिकाओं के लिए साहस और विश्वास जागा।

यही बात सुपरिचित कन्नड़ लेखक अनंतमूर्ति के उपन्यास *संस्कार* पर आधारित इसी नाम की फ़िल्म के बारे में भी कही जा सकती है। कन्नड़ में ही बनी इस फ़िल्म की प्रमुख भूमिका में गिरीश कारनाड ही थे। और प्राणेशाचार्य के पात्र को उन्होंने सभी सूक्ष्मताओं के साथ अभिनीत किया था। इसने 'नये सिनेमा' या समांतर सिनेमा की दुनिया में एक नया कीर्तिमान स्थापित किया। इसको कन्नड़ सिनेमा के इतिहास में इसलिए भी याद किया जाता है कि यह पहली फ़िल्म थी कन्नड़ की, जिसको राष्ट्रपति का स्वर्ण-कमल पुरस्कार मिला। इसे पट्टाभिरामा रेड्डी ने निर्देशित किया था। निर्माता भी वही थे। इसी में समाजचेता अभिनेत्री स्नेहलता रेड्डी का भी अभिनय था। अत्यंत प्रशंसनीय। डॉ. राम मनोहर लोहिया उनके कामकाज से परिचित थे, और जहाँ तक मुझे याद है, डॉ. लोहिया ने *संस्कार* देख कर, उसे देखने के लिए औरों को भी प्रेरित किया था।

संस्कार को तो स्वर्ण-कमल मिला ही, स्वयं कारनाड ऐसे अभिनेता बने जिन्हें दस बार राष्ट्रीय पुरस्कार अभिनय के लिए मिला— कुल गिलाकर। फ़िल्मफेयर जैसे अवार्ड भी मिले। साहित्य की दुनिया, तो उनकी पहली दुनिया थी, वहाँ भी पुरस्कारों की लड़ियाँ-कड़ियाँ बनती चली गयीं। कन्नड़ साहित्य अकादेमी, केंद्रीय साहित्य अकादेमी से तो वे सम्मानित-पुरस्कृत हुए ही, ज्ञानपीठ पुरस्कार भी उन्हें मिला। पद्मभूषण से वे अलंकृत हुए थे। सत्ता प्रतिष्ठानों से पुरस्कृत होने के बावजूद वह अपने विचारों और गतिविधियों में प्रतिरोधी स्वर के अगुवा बने रहे। देश की बड़ी सांस्कृतिक संस्थाओं के वह एक समय अध्यक्ष रहे— संगीत नाटक अकादेमी के, पुणे के फ़िल्म ऐंड टेलीविज़न इंस्टीट्यूट के। लंदन के नेहरू सेंटर के निदेशक भी रहे। और जहाँ भी रहे, वहाँ उस संस्था को पर्याप्त समय देते रहे। वह वास्तविक अर्थों में ऐसे लेखक-बुद्धिजीवी थे, जो सामाजिक-सांस्कृतिक कार्यों को पर्याप्त समय देते हैं, और सार्वजनिक जीवन में भी ऐसा 'एकांत' ढूँढ़ लेते हैं, जो उनकी रचना-रुचियों को धूमिल नहीं होने देता।

न ही सार्वजनिक जीवन के कामकाज की धार भी उनकी नज़रों से ओझल होती है। वे उसे भी चमकाए रखते हैं। ऐसा संतुलन और समर्पण एक विरल प्रतिभा के भी साक्ष्य हैं। वे अपनी बात, अपनी तरह से कहने से चूकते नहीं थे। एकाधिक बार उन्होंने ऐसे विचार सामने रखे, जो राजनीतिक सत्ता को सुहाने वाले नहीं थे। विवादास्पद भी थे। पर, गिरीश कारनाड एक लेखक और बुद्धिजीवी की अंतरात्मा की बात ही कहते-सुनते रहे। कारनाड के इस वक्तव्य से ख़ासा विवाद पैदा हुआ था कि रवींद्रनाथ बड़े कवि तो हैं, पर, बड़े नाटककार नहीं। वी.एस. नायपाल को भी, उनकी भारत-दृष्टि के कुछ पहलुओं को लेकर, उन्होंने आड़े हाथों लिया था। पर, गिरीश कारनाड का क़द कुछ ऐसा था लेखक, बुद्धिजीवी और संस्कृतिकर्मी के रूप में कि उनकी विवादास्पद बातें भी, ध्यान से सुनी गयीं— भले ही उन पर सहमतियाँ-असहमतियाँ दोनों ही प्रकट की गयीं।

यह निरा संयोग नहीं था कि कारनाड ने जिन फ़िल्मों में काम किया वे किसी न किसी विमर्श, और प्रगतिकामी दृष्टि से जुड़ी हुई थीं। अगर *संस्कार* ब्राह्मणवादी व्यवस्था को प्रश्नांकित करती थी तो श्याम बेनेगल की फ़िल्म *मंथन* एक सामाजिक क्रांति, और एक नये उद्यम की कथा कहती थी।

गिरीश के नाटक की ख्याति केवल राष्ट्रीय स्तर की नहीं थी, उन्हें अंतर-राष्ट्रीय स्तर पर भी भारत के लेखकीय और थियेटर जगत का प्रतिनिधि माना जाता था। प्रतिवर्ष विश्व रंगमंच दिवस पर जो संदेश प्रसारित किया जाता है, दुनिया भर में, और प्रत्येक वर्ष जिसे किसी देश का कोई प्रतिनिधि नाटककार या रंगकर्मी लिखता है, उसे भारत के प्रतिनिधि के रूप में बस एक बार गिरीश कारनाड ने ही लिखा है।

कारनाड को अपने नाटक *तुग़लक* के अनुवाद के लिए ब.व. कारंथ जैसा सुयोग्य रंगकर्मी मिला। उनके नाटकों को निर्देशित करने वालों में इब्राहिम अल्काज़ी के अलावा, देश के अनेक सुपरिचित रंगकर्मी शामिल रहे हैं, कई पीढ़ियों के। इनमें भी ब.व. कारंथ समेत भानु भारती, अरविंद गौड़, दिनेश ठाकुर आदि कई नाम हैं, जो अल्काज़ी के बाद वाली पीढ़ियों के हैं। कह सकते हैं कि आज के तमाम ख़्यात अभिनेताओं/अभिनेत्रियों में भी प्राय: सभी ने उनके नाटकों में कभी न कभी अभिनय किया है। कारंथ तो हिंदी में *हयवदन* की

प्रस्तुति के एक प्रमुख प्रयोगकर्ता रहे हैं। इसके लिए उन्होंने हिंदी के सुपरिचित कवियों कुँवर नारायण और सर्वेश्वर दयाल सक्सेना से गीत लिखवाए थे, जो बहुत लोकप्रिय हुए थे। सत्तर के दशक के आरम्भिक वर्षों में दिल्ली में *हयवदन* के मंचन ने एक हलचल मचाई थी। यह भी न भूलें कि विभिन्न भारतीय भाषाओं में, अंग्रेज़ी समेत, उनके नाटकों के मंचन भारत और दुनिया के कई शहरों में हुए हैं। और स्वयं उन नाट्य दर्शकों की कमी नहीं है, जो गिरीश कारनाड के नाटकों और उनके सांस्कृतिक कार्यों के प्रशंसक बने हैं। फ़िल्मों में भी उनके अभिनय को याद करने वालों की संख्या भी बहुत बड़ी है। यह अकारण नहीं है कि उनके न रहने के बाद इलेक्ट्रानिक मीडिया और प्रिंट मीडिया ने उन्हें कई तरह से याद किया है। अख़बारों ने, विभिन्न भाषाओं के अख़बारों ने, पूरे पेज के पेज उन्हें समर्पित किये हैं। ये सारी चीज़ें इसी ओर इंगित करती हैं कि, उन्होंने मिथकीय पात्रों, और 'आज' के पात्रों को विषय बनाकर जो नाटक लिखे, और उन्हें जिस 'आधुनिक-बोध' और धारदार दृष्टि के साथ बरता, वह सब पाठकों-दर्शकों के मर्म को कहीं न कहीं स्पर्श करता रहा है। सोचने-विचारने की सामग्री देता रहा है। यह भी कम बड़ी बात नहीं है कि विभिन्न भाषाओं के प्रतिष्ठित लेखकों ने या तो उनके किसी नाटक का स्वयं अनुवाद किया, या कारनाड को लेकर कुछ कहा-किया। हाँ, इस सबके प्रमाण समय-समय पर मिलते रहे हैं। बांग्ला के सुप्रसिद्ध कवि बुद्धिजीवी, ज्ञानपीठ पुरस्कार विजेता शंख घोष ने भी उनके एक नाटक का बांग्ला में अनुवाद किया है।

व्यक्ति रूप में, कारनाड के मित्र उन्हें हमेशा प्रेम और लगाव से याद करते रहे हैं। कारनाड से मैं स्वयं जितनी बार मिला, उनके गरिमामय और मानवीय व्यवहार से प्रभावित हुआ। एक बार हम एक विदेशी भूमि में साथ थे। सहसा कारनाड ने मुझसे पूछा कि अब आप यहाँ से कहाँ जाएँगे? मैंने कहा, 'नार्वे'। वहाँ मेरी छोटी बेटी रहती है। उन्होंने बेटी के कामकाज के बारे में कुछ पूछा, फिर कुछ गर्वित से स्वर में अंग्रेज़ी में मुझसे बोले, जिसका आशय था, 'ओह! वे (भारतीय संतानें) अब किस तरह दुनिया भर में छितर गयी हैं।' जब मैं संगीत नाटक अकादेमी की पत्रिका *संगना* का सम्पादक बना, और उन्हें कुछ लिखने के लिए आमंत्रित किया तो जवाब सकारात्मक और उत्साहवर्धक ही आया।

जब उन्हें अंग्रेज़ी में अनूदित अपनी कविताओं का संग्रह भेजा, तो भी हाथ से लिखी हुई चिट्ठी आयी (वह अब भी मेरे पास है।) जाहिर है वह अपने कामकाज में बहुत व्यवस्थित थे। समय का मोल जानते थे। अनुशासन प्रिय तो थे ही। कारंथ से उनकी अनुशासनप्रियता के कई क़िस्से सुने भी थे।

वे ऑक्सफ़र्ड में भी पढ़े, रोड्स स्कॉलर वृत्ति उन्हें मिली। विदेशों में रहे। पर, बहुत गहरे अर्थों में उनकी जड़ें भारतीय माटी में थी। धारवाड़ के अपने युवा दिनों में सुप्रसिद्ध कवि-लेखक-अनुवादक ए.के. रामानुजम से अपने मिलने, और वहाँ के यक्षगान शैली में रमे वातावरण के बीच बड़े होने को वह कभी भूले नहीं। लोक-कथाओं और लोक-जीवन से भी संपृक्त रहे। *मालगुडी डेज़* सीरियल की भूमिका के लिए कोई उन्हें याद करता है, कोई किसी नाटक, या उनके रचे किसी पात्र के लिए। किसी को उनके किसी नाटक में किसी अभिनेता या निर्देशक के कामकाज की याद आती है—हाँ, वह आती ही आती है। आती रहेगी भी।

लेखकीय स्वतंत्रता के वे ज़बरदस्त हिमायती थे। और इस स्वतंत्रता की रक्षा के लिए एकाधिक बार वह मोर्चों और जुलूसों में भी शामिल हुए हैं। निश्चय ही लम्बी-ऊँची क़द काठी वाले गिरीश कारनाड की उपस्थिति, एक प्रेरक उपस्थिति बनी रही थी। उनकी स्मृति भी प्रेरक बनी रहेगी।

इब्राहिम अलकाज़ी

एक युग का अंत

अमितेश कुमार

बात 1964 की है जब कलकत्ता में रंग समूह अनामिका कला संगम द्वारा आयोजित राष्ट्रीय नाट्य समारोह के परिसंवाद में 'नाटक और निर्देशक' विषयक सत्र की अध्यक्षता एक 39 साल का व्यक्ति कर रहा था। बलराज साहनी, पृथ्वीराज कपूर, जैसे दिग्गज इस सत्र के मुख्य वक्ताओं में से थे और शम्भू मित्र मुख्य अतिथि। व्यक्ति ने आख़िर में अपने अध्यक्षीय वक्तव्य में आत्मविश्वास से भरी घोषणा की कि उसके द्वारा निर्देशित *अंधा युग* और *आषाढ़ का एक दिन* को राष्ट्रीय नाट्य विद्यालय (आगे रानावि) में ऐसी शैली में प्रस्तुत किया गया है जिसकी रंगमंच में आगे चलकर एक परम्परा बनेगी और इससे हिंदी रंगमंच और नाटककार गौरवान्वित होगा। उस व्यक्ति के अध्यक्षीय भाषण में गहराई, अंतर्दृष्टि और भविष्यमुखी स्पष्टता थी। इस व्यक्ति को रानावि का निदेशक बने हुए अभी बस दो साल हुए थे, लेकिन उसके इरादे की झलक इस भाषण में दिख रही थी। वह व्यक्ति थे इब्राहिम अलकाज़ी जो भारतीय रंगमंच में जीते जी ही एक किंवदंती बन गये थे। जिसको रंगमंच की हर पीढ़ी ने सुना, और उन्हें अपने नज़दीक पाया, बिना उन्हें या उनका काम देखे जबकि वो रंगमंच 1977 में ही छोड़ गये थे और नब्बे के दशक में एक छोटे वक़्फे के लिए ही वापसी की थी। 4 अक्टूबर, 2020 को जब इस किंवदंती ने आख़िरी साँस ली तो सही मायनों में एक युग का समापन हुआ और ऐसे युग का, जिसका

अधिकांश उनके द्वारा निर्मित किया गया था। आधुनिक रंगमंच पर प्रस्तुति और प्रशिक्षण को पेशेवर रुख़ उन्होंने ही प्रदान किया और आधुनिक भारतीय रंगमंच को आत्मविश्वास प्रदान किया।

इब्राहिम अलकाज़ी का जन्म 18 अक्टूबर, 1925 को हुआ था। पिता एक व्यापारी थे और अरब से उनका ताल्लुक़ था, माता कुवैत से थीं। पुणे के जिस सेंट विंसेंट स्कूल में उनकी पढ़ाई हुई थी वहीं पर रंगमंच का बीज उनमें पड़ा जो मुम्बई में सेंट ज़ेवियर्स कॉलेज में शिक्षा-दीक्षा के दौरान और विकसित हुआ। इन्हीं दिनों ये सुल्तान पद्मसी के सम्पर्क में आये जो मुम्बई में अंग्रेज़ी भाषा में प्रयोगधर्मी रंगमंच समूह द *थियेटर* ग्रुप के सूत्रधार थे। सुलतान पद्मसी का असमय देहांत हो गया था। 1948 में रंगमंच में विधिवत् प्रशिक्षण के लिए अलकाज़ी लंदन चले गये, दाख़िला *ब्रिटिश ओल्डविक थियेटर* में लेना चाहते थे लेकिन रॉयल एकेडमी ऑफ़ ड्रामेटिक आर्ट्स (आगे राडा) में लेना पड़ा जहाँ इन्होंने अभिकल्पना में विधिवत् प्रशिक्षण लिया और प्रशिक्षण के दौरान ही तय किया कि उनको भारत लौटना ही है। भारत लौटने के बाद 1951 में वापस द *थियेटर* ग्रुप से जुड़े। 1954 में अलकाज़ी ने महसूस किया कि इस समूह के लोगों की रुचि रंगमंच को शौक़िया स्तर पर ही जारी रखने की है जबकि अलकाज़ी इसमें एक पेशेवर अभिवृत्ति लाना चाहते थे। उस समय तक इस समूह के लिए रंगमंच शौक़िया काम था जिसे बाक़ी कामों के साथ किया जाना था लेकिन अलकाज़ी चाहते थे कि रंगमंच को अन्य कामों की तरह ही पेशेवर तौर पर किया जाए इसलिए इसे वह पूरा समय देना चाहते थे।

इस दौरान अलकाज़ी बम्बई के प्रोग्रेसिव आर्ट्स ग्रुप से भी जुड़े थे। एफ़.एन. सूज़ा, एम.एफ़. हुसेन जैसे चित्रकारों से सम्पर्क था, ख़ुद भी चित्रकार थे लेकिन उन्होंने रंगमंच में रहने का फ़ैसला किया था। उनकी रंगभाषा पर चित्रकला के प्रभाव को आलोचकों ने दर्ज किया है। अलकाज़ी ने महसूस किया कि रंगमंच से कोई भी, नाटककार, अभिनेता, अभिकल्पक, निर्देशक आदि किसी भी रूप में शामिल होना चाहता है तो उसे प्रशिक्षण लेना चाहिए। द *थियेटर* ग्रुप में इस काम के लिए जगह न देखकर उन्होंने 1954 में थियेटर यूनिट स्कूल ऑफ़ ड्रामेटिक आर्ट्स का गठन किया जिसके अंतर्गत नाटकों का

निर्देशन किया और रंगकर्मियों को प्रशिक्षण दिया। 1962 में रानावि का निदेशक पद स्वीकार करने पर अलकाज़ी दिल्ली चले आये लेकिन मुम्बई में अपने रंगकर्म की छाप वह छोड़ चुके थे। अलकाज़ी ने मुम्बई में मुख्यत: अंग्रेज़ी भाषा का रंगकर्म किया और सोफ़ोक्लीज़, मॉलियर, लोर्का, जॉर्ज बर्नार्ड शॉ, ज्यां अनूई , हेनरिक इब्सन, आर्थर मिलर, टी.एस. इलियट, टेनेसी विलियम्स, सैमुअल बेकेट जैसे नाटककारों के नाटकों का मंचन किया। दिल्ली आने के बाद उनकी एक अलग यात्रा शुरू हुई। आते ही प्रस्तुति के लिए उन्होंने पहला नाटक चुना, मोहन राकेश का *आषाढ़ का एक दिन* ।

रानावि का निदेशक पद का प्रस्ताव अलकाज़ी ने पहली बार में ठुकरा दिया था। 1954 में ही भारत सरकार के शिक्षा मंत्रालय ने उन्हें रंगमंच के एक राष्ट्रीय प्रशिक्षण संस्थान की परिकल्पना के लिए आमंत्रित किया था, इस संस्थान में प्रधानमंत्री नेहरू की भी रुचि थी। अलकाज़ी ने इसकी परिकल्पना तैयार करके सरकार को दे दी। सरकार की तरफ़ से उन्हें संस्थान का नेतृत्व करने का प्रस्ताव दिया गया। इस समय उनकी आयु महज उनतीस साल थी। और उन्हें लगता था कि वह अभी इस पद के लिए तैयार नहीं है। सात साल बाद उन्होंने इस प्रस्ताव को मंजूर किया, तब तक वे ख़ुद को राष्ट्रीय भाषा में और राष्ट्रीय स्तर पर काम करने के लिए तैयार कर चुके थे। रानावि का निदेशक रहते हुए उन्होंने इसे अंतरराष्ट्रीय मानकों के अनुकूल गढ़ा और ऐसे स्नातक तैयार किये जिस पर संसार का कोई भी रंगमंच गर्व कर सकता है। उन्होंने रानावि को भारतीय रंगमंच के केंद्र में भी स्थापित कर दिया।

इब्राहिम अलकाज़ी 1962 से 1977 तक रानावि के निदेशक पद पर रहे और यहाँ कई ज़िम्मेदारियाँ एक साथ निभायीं। वो अध्यापक थे, निर्देशक थे, अभिकल्पक थे, वस्त्र विन्यास भी करते थे, रंगकर्म के हर क्षेत्र पर नज़र रखने के साथ ही छात्रों की तैयारी पर भी नज़र रखते थे। छात्र पढ़ क्या रहे हैं, उनका अनुशासन क्या है? वह दिख कैसे रहे हैं? उनको क्या चुनना चाहिए अभिनय कि निर्देशन? कब उन्हें शिक्षक के निर्देश से बाहर निकल कर अपनी स्वतंत्र भूमिका की तलाश करनी चाहिए? इन सब का ध्यान रखने वाले अलकाज़ी रानावि छात्रों के बीच 'चचा' के नाम से जाने गये, बम्बई में उनके साथी उन्हें 'एल्क' कहते थे।

इब्राहिम अलकाज़ी ने रानावि का निदेशक पद ग्रहण किया तो उनके पास राष्ट्रीय रंगमंच का एक ख़ाका तैयार था जिसमें राष्ट्रीय की प्राप्ति के लिए स्थानीय विविधता को बिल्कुल अनदेखा नहीं किया गया था। इसमें केंद्र और राज्य दोनों ही द्वारा संचालित रंगकेंद्रों की परिकल्पना की थी। अलकाज़ी इस परिकल्पना में प्रशासनिक, आर्थिक विवरण देते हैं और पेश आने वाली दिक़्क़तों से भी आगाह करते हैं। इस परिकल्पना की एक शाखा के रूप में ही उन्होंने रानावि का संचालन किया। संस्थान को लेकर अलकाज़ी की अवधारणा में एक औदात्य है। वह कहते हैं कि 'कोई भी संस्थान हमेशा जीवित नहीं रहता लेकिन जब तक जीता है राष्ट्र की सोच को आकार देता है, यह उसकी आकांक्षा का प्रतीक हो सकता है और युग की आत्मा को सँजोये रहता है। और यहाँ तक कि अपने पतन में भी अतिप्राचीन अतीत के फलदाई वृक्ष की तरह अपने सौंदर्य की अवर्णनीय आभा बिखेरता है। अपने अवश्यम्भावी मृत्यु में भी यह प्रेरक बना रह सकता है।' अलकाज़ी ने पंद्रह सालों तक रानावि को इसी उद्देश्य से चलाया। रानावि के अंतर्गत स्थापित रंगमंडल भी उनकी ही परिकल्पना का प्रतिफल था। जिसने व्यावसायिक रंगमंच संचालन का एक आदर्श स्थापित किया, इसकी प्रस्तुतियाँ भारतीय रंगमंच में प्रेरणा और चर्चा का केंद्र बन गयी।

इब्राहिम अलकाज़ी यह महसूस करते थे कि रंगमंच में किसी भी नयी प्रतिभा को रंगमंच में प्रवेश से पहले कुछ बुनियादी प्रशिक्षण दिया जाना चाहिए। अन्यथा जैसा कि अधिकतर जगहों पर हुआ है, रंगमंच हमेशा शौक़िया स्तर पर ही रहेगा और इसे शौक़िया स्तर से ऊपर उठ कर कठिन कार्य करना होगा। राडा से लौटने के बाद अलक़ाजी मुम्बई में थियेटर यूनिट के अंतर्गत प्रशिक्षण की भी शुरुआत करते हैं। उनकी स्पष्ट मान्यता थी कि उम्दा क़िस्म का रंगमंच तैयार और अनुशासित अभिनेताओं के बिना सम्भव नहीं। राडा में अलकाज़ी ने सीखा कि रंगमंच में क्या नहीं करना चाहिए। उन्होंने महसूस किया कि कोई भी संस्थान वैसा प्रशिक्षण नहीं दे सकता जैसा आप चाहते हैं। आपको अपना प्रशिक्षण स्वयं करना होता है। यहाँ यह सवाल पूछा जा सकता है कि फिर प्रशिक्षण और संस्थान क्यों? अलकाज़ी उत्तर देते हैं कि अतीत के प्रवाह

के रूप में अपने समय को पहचानने, उनसे संवाद करने, अपने शरीर पर नियंत्रण करने, शिल्प के रूप में अभिनय को साधने, कला के रूप में इसका आनंद लेने के लिए प्रशिक्षण ज़रूरी है। अनुशासित रहने और माध्यम को समझने के लिए भी ताकि एक पेशेवर नजरिया विकसित हो।

अलकाज़ी को यह सवाल भी परेशान करता है कि अभिनेता की, ख़ासकर भारत में, प्रशिक्षण की क्या शैली होगी जहाँ रंगमंच की इतनी शैलियाँ हैं और दो शैलियों के बीच इतना बुनियादी अंतर है। जैसे, रस और द्वंद्व का जो संस्कृत और पाश्चात्य नाटकों में है। इसका जवाब भी वो देने की कोशिश करते हैं 'किसी एक समय में कुछ निश्चित मान्यताएँ सत्य मानी जाती हैं और इन मान्यताओं के आधार पर अभिनेता का प्रशिक्षण निर्मित करना चाहिए। कोई भी स्वीकार करेगा कि अभिनय एक कला है और रंगमंच में अभिनेता कलाकार। वह दूसरे की रचना का रचयिता और व्याख्याता दोनों है। उसका यंत्र उसका शरीर है, इसमें वह एक ही समय में रचयिता और रचना दोनों है। ये समझ कुछ हद तक अभिनेता के प्रशिक्षण की गुणवत्ता और प्रकार निर्धारित कर देते हैं।' अलकाज़ी की चिंता यह भी थी कि भारतीय रंगमंच की रंगभाषा क्या होगी? भारतीय रंगमंच और पाश्चात्य रंगमंच का संवाद कैसे होगा? आधुनिकता और परम्परा का संवाद कैसे होगा? और उन्हें रानावि में यह भी ध्यान में रखना था कि अलग-अलग भाषा, वर्ग, क्षेत्र, से सम्बद्ध छात्रों के लिए एक मुकम्मल प्रशिक्षण कैसे होगा?

इस क्रम में उन्होंने पूरा ध्यान रखा कि छात्रों का विश्व की प्रमुख रंग परम्पराओं से व्यावहारिक रूप से अवगत कराया जाए। इसके लिए उन्होंने ग्रीक, यथार्थवादी, फ़ार्स, विसंगतवादी शैली के नाटकों की प्रस्तुतियाँ निर्देशित की। साथ ही ब्रेख़्त की शैली में प्रशिक्षित, जापान की काबुकी शैली में प्रशिक्षित निर्देशकों को रानावि में प्रशिक्षण और प्रस्तुति के लिए आमंत्रित किया। भारत की पारम्परिक रंग परम्परा के प्रशिक्षण के लिए यक्षगान, नौटंकी, भवई के प्रशिक्षकों के साथ छात्रों की कार्यशाला हुई और प्रस्तुति भी। अपने साथी अध्यापकों और दूसरे निर्देशकों को भी अलग-अलग रंग शैली में प्रस्तुति करने के लिए प्रेरित किया। सोजो सातो, कार्ल वेबर, रिचर्ड शेखनर, गिर्राज

प्रसाद, शिवराम कारंत जैसे देसी-विदेशी विशेषज्ञ रानावि में उनके दौरान प्रशिक्षण और प्रस्तुति के लिए आये थे।

अलकाज़ी ने रानावि का जो पाठ्यक्रम बनाया था उसमें विविध शैलियों के नाटक खेलने होते थे, जैसे संस्कृत, समकालीन आधुनिक नाटक और पाश्चात्य नाटक। उनके आधुनिक अभिनेताओं के पास यह सुविधा नहीं है कि वे किसी एक शैली में प्रशिक्षित हों और एक ही शैली में काम करें। एक ही सत्र में वह कालिदास के नाटक में अभिनय कर रहा होता है तो ब्रेख़्त, शेक्सपीयर या मोहन राकेश के नाटक में भी। अलकाज़ी ने प्रशिक्षण के लिए वह शैलीगत विविधता तैयार की थी जिससे अभिनेता की शैली में एक लचीलापन आ जाए और वह सभी नाटकों में अपने को आत्मसात् कर सके। भारत में विविधतापूर्ण शैलियों की उपस्थिति और पाश्चात्य प्रभावों से उपजे आधुनिक शैलियों में भी पर्याप्त विविधता देखते हुए प्रशिक्षण का यह तरीक़ा अद्वितीय था।

प्रशिक्षण की प्रक्रिया में सीखने से अधिक सीखे हुए को पीछे छोड़ने की भूमिका भी चलती है। क्योंकि अधिकांश प्रशिक्षु सिनेमाई अभिनय या तब के समय में पारसी या व्यावसायिक रंगमंच के अतिरंजित अभिनय को ही अभिनय मान के सीखने चले आते थे। उनको इस अनुभव से आज़ाद कराना प्रशिक्षक के लिए बड़ी चुनौती थी। अलकाज़ी कहते हैं कि 'यह स्थिति नाट्य प्रशिक्षक के काम को अत्यंत कठिन कर देती है। अतः प्रशिक्षक को चाहिए कि वह अपने प्रशिक्षणार्थियों को पूरी तरह अनावृत कर दें, नवजात शिशु की तरह। उसके शरीर का पुनर्जन्म की तरह संस्कार करे। उसकी कुंठाओं और आंतरिक जटिलताओं से मुक्त कराने के लिए पूरा प्रयत्न करे। और फिर अभिनेताओं को अपने शारीरिक अवयवों, उनकी आंतरिक सुंदरता, अंतर्मन की अंतहीन छायाओं और प्रतिछायाओं को स्वयं समझना होगा।' रानावि के अभिनेता किसी एक क्षेत्र में विशेषज्ञता की उपाधि ज़रूर लेते थे लेकिन उनको रंगकर्म के हर क्षेत्र का गहन प्रशिक्षण दिया जाता था। रानावि की शुरुआती दौर की छात्र रहीं और प्रसिद्ध अभिनेत्री उत्तरा बावकर बताती हैं कि सारे विषय पढ़ाए जाते थे। हम सबको अलग-अलग नाटकों में मौक़ा मिलता था कि वस्त्र विन्यास करना है या लाइटिंग करनी है तो कैसे करनी है क्यों करनी है? किस तरह से हर नाटक के लाइट का अरेंजमेंट होता है? सिर्फ़ लाइट जलाने से थोड़े

ही न नाटक बन जाता है। किस समय किन भावनाओं के साथ कैसे नाटक की लाइटिंग का संबंध बनता है। हर चीज़ का संबंध जिससे सम्पूर्णता में नाटक बनता है उन सारी चीज़ें को हमने रानावि में अलकाज़ी साहब से सीखा।

अलकाज़ी यह जान रहे थे कि वह अभिनेता को किसी निर्वात में नहीं गढ़ रहे उसे अपने समाज और संदर्भ से जुड़ना ही होगा और रंगमंच के साथ-साथ अन्य कलाओं के आस्वाद के लिए ख़ुद को प्रशिक्षित करना होगा और अपने व्यक्तित्व को भी गढ़ना होगा। उनके लिए शिक्षा का पहला चरण है विद्यार्थी के व्यक्तित्व का एकीकरण जिसका लक्ष्य है उसके (विद्यार्थी) और उसके पर्यावरण के बीच सजीव रिश्ता क़ायम करना। कलाकार के लिए भ्रम नाम की कोई चीज़ नहीं है। पहली शर्त है विचार और अभिव्यक्ति की सफ़ाई। इसलिए उसे प्रशिक्षण के पहले चरण में उसकी कलास्वादन की क्षमता को बढ़ाया जाता है। रंगमंच जैसी मिश्रित कला के लिए यह ज़रूरी भी है कि चित्रकला, फ़ोटोग्राफ़ी नृत्य आदि अन्य कलाओं और अन्य विधाओं के प्रति अभिनेताओं की रुचि हो। अलकाज़ी रानावि में स्वयं इस बात का ध्यान रखते थे कि उनके विद्यार्थियों का समग्र विकास हो। और उनके लिए अभिनेता कैसा होना चाहिए? इसको अपने ही छात्र मनोहर सिंह के लिए कही बातों में पढ़ा जा सकता है।

'एक जिस्मानी एनर्जी जो थियेटर में वाइब्रेट करती है। एक रौशन ख़याल एनर्जी जो रौशनी की चादर की तरह बिछ जाती है। एक जज़्बाती और नफ़सानी एनर्जी जो उकसाती और पुचकारती है। एक इमैजिनेशन की एनर्जी जो नाटक को ऊँची सतह तक ले जाती है और उसके साथ दर्शकों को भी उन ऊँचाइयों तक ले जाती है।' अलकाज़ी अपने चिंतन में यह बराबर ख़याल रखते हैं कि वे कहीं भी ऐसी शब्दावली का इस्तेमाल न करें जिससे लगे कि वे अभिनेताओं के प्रशिक्षण में अपने विचार थोप रहे हैं। प्रशिक्षण के लिए भी वे 'नर्सिंग' शब्द का इस्तेमाल करते हैं जिसमें धीरे-धीरे अभिनय को तराशा जाता है। वे नहीं मानते कि प्रशिक्षण कुछ सिखा सकता है। उनके अनुसार प्रशिक्षक और प्रशिक्षु साथ-साथ सीखने की प्रक्रिया में ही सीख सकते हैं।

अलकाज़ी तैयारी को बहुत महत्त्व देते थे। नाटक निर्देशित करने से पहले उसकी पूरी परिकल्पना तैयार रहती थी। प्रस्तुति का कैनवास तय रहता था

जिसमें रंग वह पूर्वाभ्यास के दौरान भरते। प्रसिद्ध रंग निर्देशक और अलकाज़ी के छात्र रहे देवेंद्र राज अंकुर लिखते हैं कि नाटक का पाठ करने से पहले उसकी पूरी संकल्पना उनके यहाँ मौजूद रहती थी। हर दृश्य के पीछे, हर गति के पीछे, हर उपकरण के पीछे यानि मंच पर उपस्थित किसी भी तत्त्व को लेकर एक ज़बरदस्त सोच, व्यवस्था, सलीक़ा और सफ़ाई मौजूद है। कई बार तो ये गुण कुछ 'आरोपित' से भी लगने लगते हैं, जब मंच पर उपस्थित जीवंत अभिनेता मात्र कठपुतली की तरह आचरण करते दिखाई देते हैं। फ़िल्म और रंगमंच के अभिनेता और निर्देशक नसीरुद्दीन शाह ने भी अपनी आत्मकथा में जिक्र किया है कि चित्रकला, स्थापत्य, संगीत, साहित्य और रंगमंच ने अलकाज़ी की प्रज्ञा को इस तरह बना दिया था कि उनको पता चल जाता था कि एक विशेष रचना से पूरी प्रस्तुति में क्या प्रभाव उत्पन्न हो सकता है। प्रस्तुति में मनचाहा नतीजा पाने के लिए अलकाज़ी अपने अभिनेताओं से ख़ूब मेहनत कराते थे, ख़ुद को उनके सामने नज़ीर रख कर। इसलिए नसीर कहते हैं कि उनकी परिकल्पना देख कर पता लगता है कि आख़िर रंगभाषा में 'चमक' का क्या मतलब है।

इब्राहिम अलकाज़ी पर आरोप लगता है कि उनका मानसिक गठन पश्चिमी था, इसलिए वह भारतीय रंगमंच को पाश्चात्य रंगभाषा में ढालना चाहते थे। अलकाज़ी निर्देशित नाटकों के अवलोकन में पाश्चात्य नाटकों की अधिक संख्या देख कर ऐसा लगता भी है लेकिन किसी निर्णय पर पहुँचने से पहले कुछ तथ्यों का ध्यान भी करना चाहिए। अलकाज़ी रानावि में पाश्चात्य नाटक पढ़ाते थे इसलिए भी उनके द्वारा निर्देशित प्रस्तुतियों में पाश्चात्य नाटकों की संख्या अधिक है। *अनामिका* के जिस सत्र की चर्चा ऊपर हुई उसी सत्र में अलकाज़ी ने कहा था कि परिचालक यानि निर्देशक नाटककार का सेवक होता है। नाटककार की सीमा जहाँ ख़त्म होती है वहीं निर्देशक का काम शुरू होता है और निर्देशक का काम नाटक की व्याख्या है। वह यह भी कहते हैं कि उनके द्वारा चयनित नाटक का आधार है प्रासंगिकता और समकालीनता। कोई भी नाटक चाहे वो क्लासिक हो या संस्कृत या ग्रीक परम्परा का जब तक समकालीन संदर्भ में व्याख्यायित नहीं किया जाएगा प्रासंगिक नहीं होगा। साफ़ है अलकाज़ी साहब की जो तैयारी थी उसमें उनको व्यवस्थित शब्द चाहिए थे

यानि जिसे अंग्रेज़ी में वेल क्राफ़्टेड या वेल मेड नाटक कहते हैं वह। तभी वो अभिनेताओं को अपनी परिकल्पना के ढाँचे में खड़ा कर पाते। इसीलिए उनके नाटकों की सूची में अधिकतर सुपरिभाषित नाटक हैं जिनकी पश्चिम में समृद्ध परम्परा थी और भारतीय नाटककार अभी आधुनिक नाट्यलेखन के व्याकरण को साधना सीख रहे थे।

रानावि में पंद्रह सालों में उन्होंने विविध प्रकार की प्रस्तुतियाँ की जिससे उनकी रंग भाषा ने आकार लिया और विद्यार्थियों का भी गहन प्रशिक्षण हुआ। इस विविधता का अंदाज़ा नाटक की सूचियों से लगाया जा सकता है। *अभिज्ञान शांकुतलम्* (कालिदास) और *मृच्छकटिकम्* (शूद्रक) जैसे संस्कृत नाटकों का मंचन किया तो नये भारतीय नाटककारों को भी जिनमें शामिल थे — *आषाढ़ का एक दिन* (मोहन राकेश), *अंधा युग* (धर्मवीर भारती), *तुग़लक* (गिरीश कारनाड), *तीसवीं शताब्दी* (बादल सरकार), *सूर्यमुख* (लक्ष्मीनारायण लाल), *सुलतान रज़िया* (बलंवत गार्गी), *जाग उठा है रायगढ़* (वसंत कानेटकर)।

पाश्चात्य नाटकों में सोफ़ोक्लीज़ का *इडिपस* रेक्स और यूरीपिडीस का *ट्रोजन वुमन* जैसे ग्रीक क्लासिक, मॉलियर के व्यंग्य नाटक *बिच्छू, कंजूस, बीवियों का मदरसा,* शेक्सपीयर का *किंग लीयर, ऑथेलो* को प्रस्तुत किया। आधुनिक पाश्चात्य नाटकों में इब्सन (*गुड़िया घर, प्रेत*), चेखव (*थ्री सिस्टर्स*) जैसे यथार्थवादी, सैमुअल बैकेट के विसंगतवादी नाटक *वेटिंग फ़ॉर गोदो* के साथ ज्यां अनुई (*एंटिगनी*), स्ट्रिंडबर्ग (द फादर), पिरैंदलो (*सिक्स कैरेक्टर्स इन सर्च ऑफ़ द ऑथर*), लोर्का (*यर्मा*), ब्यूखनर (*दांतो 'ज डेथ*), एडवर्ड बॉन्ड (*नैरो रोड टू द डीप नार्थ*), जॉन ऑसबार्न (*लुक बैक इन ऐंगर*), ज्यां पॉल सार्त्र (*मैन विदाउट शैडोज़*) को भी प्रस्तुत किया। स्पष्ट है कि पाश्चात्य नाटकों के चयन में भी शैलीगत विविधता है।

अलकाज़ी की मानसिक चेतना का गठन बहुसांस्कृतिक और सार्वदेशिक था। वे अरबी माँ-बाप की संतान थे जिसके घर में सिर्फ़ अरबी ही बोलने का नियम था लेकिन जिनकी माँ उर्दू, हिंदी, मराठी, गुजराती, पिता अरबी और टूटी-फूटी हिंदुस्तानी जानते थे। बचपन और किशोरावस्था बम्बई की विविधतापूर्ण सामाजिक संरचना में गुज़रा था और वे ख़ुद स्वीकार करते थे कि

उनके बनने में विभिन्न अस्मिताओं का योगदान है। वे विश्व की सभी रंग-परम्पराओं से अवगत थे और उनके उदाहरण भी वहीं से आते हैं। वे बराबर यह ज़ोर देते हैं कि आधुनिक समय में कला ही वह स्थल है जहाँ देश की सीमाएँ धुँधली हो जाती हैं और कला की कोई भी प्रगति किसी देश की प्रगति न होकर समूची मानवता की प्रगति है और आधुनिक समय की माँग है कि एक अंतरराष्ट्रीय शैली विकसित हो जो एक ही समय में उतना ही देशी हो जितनी अंतरराष्ट्रीय। अलकाज़ी रंगमंच की किसी एक स्थिति को भारतीय स्थिति नहीं मानते। उन्हें पता था कि भारत में रंगमंच की तीन परम्पराएँ हैं : एक संस्कृत की है जिसका सम्पर्क टूट गया है, और उसका जीवित साक्ष्य नाटकों के अतिरिक्त नहीं मिलता शैली और स्थापत्य के रूप में। दूसरा समकालीन रंगमंच जिसकी प्रेरणा पश्चिमी रंगमंच है और इन दोनों (संस्कृत और आधुनिक) के बीच इतनी चौड़ी खाई है कि जिसे पाटा नहीं जा सकता। अलकाज़ी लोक परम्परा को ऐसी कड़ी मानते हैं जो प्राचीन रीतियों और यथार्थवादी युक्तियों को जोड़ सकती है। उनके अनुसार भारतीय नाटककारों की असफलता का एक कारण है पाश्चात्य नाट्य शैलियों की कृत्रिम चमक और प्रस्तुति के लिए लोक को तिरस्कारपूर्ण ढंग से ख़ारिज करना। अलकाज़ी यह भी कहते हैं कि पारम्परिक शैलियों की प्रस्तुति से अधिक ज़रूरी है कि आधुनिक मंच के अनुकूल उनको कैसे बरता जाए इसका रास्ता खोजा जाना चाहिए जिसे नाटककार ही खोजेंगे।

अलकाज़ी एक ख़ास प्रकार की भारतीयता को ही भारतीय मानने से सहमत नहीं हैं। वे भारतीयता का अनुसंधान परम्परा से संवाद के साथ परम्परा से प्रश्न पूछने में भी करना चाहते हैं। ब्रेख़्त का अनुसंधान जब भारतीय रंगमंच में होता है तब अलकाज़ी भी उसको अपने निकट पाते हैं। लेकिन जिस ब्रेख़्त को, उस परम्परा को यथास्थिति में स्वीकार न करके उससे संवाद करता है और उसको अपने युग के अनुकूल व्याख्यायित भी करता है। स्पष्ट है कि परम्परा चाहे संस्कृत की हो, पश्चिम की हो या लोक की अलकाज़ी ऐसे ही स्वीकार नहीं करना चाहते। वह बार-बार युगानुकूलता को महत्त्व देते हैं और परम्परा से प्रश्न करने की बात करते हैं। ग़ौरतलब है कि भारतीय मनीषा की परम्परा इसी संवाद और विवाद में है, जहाँ कोई भी दर्शन कोई भी शैली, कोई भी धर्म, कोई

भी मत न प्रश्न से परे है और न ही सर्वमान्य। उनकी आलोचना भी परम्परा में मौजूद है। इस क्रम में अलकाज़ी सभी परम्पराओं से सर्वश्रेष्ठ ग्रहण करने की वकालत भी करते हैं, और केवल भारतीय में ही नहीं यदि वह उन्हें जापान की काबुकी में मिलता है तो वहाँ से भी लेते हैं और शेक्सपीयर से भी। अलकाज़ी जवाहरलाल नेहरू द्वारा परिकल्पित उस भारत के विचार के प्रतिनिधि वाहक थे जिसमें किसी भी सांस्कृतिक, धार्मिक, वर्गीय पृष्ठभूमि का व्यक्ति भारत के विचार के साथ अपना लगाव स्थापित करके राष्ट्रवादी परियोजना में सम्मिलित हो सकता था इसको गढ़ने में अपना योगदान दे सकता था। उसे अपनी देशभक्ति लगातार प्रमाणित करने की ज़रूरत नहीं थी। लेकिन अलकाज़ी का निधन ऐसे समय में हुआ जिसमें बहुलतावादी और सांस्कृतिक विविधताओं के भारत का विचार ही ख़तरे में है।

1977 में छात्रों का उनके प्रति बढ़ता अविश्वास, कर्मचारियों का असंतोष और राजनीतिक परिस्थितियाँ बदलने से भी अलकाज़ी रानावि से इस्तीफ़ा दे देते हैं। यह ऐसा प्रसंग है जिसके बारे में उनके छात्र कम ही बात करना पसंद करते हैं। 1990 तक वह रंगमंच से दूर रहे और इस बीच में सिर्फ़ एक बार लौटे रानावि रंगमंडल की लंदन में होने वाली प्रस्तुति *तुग़लक* निर्देशित करने के लिए। 1990 में अलकाज़ी के शिष्य रामगोपाल बजाज, जो उस समय रानावि रंगमण्डल के निर्देशक थे, ने उन्हें रंगमण्डल के लिए नाटक निर्देशित करने के लिए आमंत्रित किया। उन्होंने तीन नाटक चुने जिसमें गिरिश कारनाड का एकदम नया नाटक *रक्त कल्याण*, लोर्का का द *हाउस ऑफ़ बर्नाड अल्बा (दिन के अँधेरे*) और शेक्सपीयर का *जूलियस सीजर* था। इनमें *दिन के अँधेरे* को सबसे अधिक प्रशंसा मिली लेकिन आलोचकों और समीक्षकों ने महसूस किया था कि उनकी रंगभाषा में वह तेज़ नहीं था। रंगमंच आगे बढ़ गया था और उनका शिल्प पुराना पड़ रहा था। अलकाज़ी ने 1992 में एक संस्था शुरू की लिविंग थियेटर। इसमें छात्रों को प्रशिक्षण दिया जाता और प्रस्तुति की जाती। अभिनेता को केवल अभिनय का प्रशिक्षण न देकर उसकी रुचियों, आदतों और तैयारी को भी प्रशिक्षित किया जाना चाहिए का विचार यहाँ भी प्रशिक्षण में मौजूद था। लिविंग थियेटर में *विरासत* (महेश एलकुंचवार,) *थ्री सिस्टर्स* (चेखव) *अ स्ट्रीटकार नेम्ड डिज़ायर* (टेनेसी विलियम्स), द *रॉयल हंट ऑफ़ द सन* (पीटर्स

सैफ़र्स), *इफेजेनिया इन औलिस, एगामेममोन, एलेक्ट्रा, डेथ ऑफ़ अ सेल्समैन* (आर्थर मिलर) और यूजिन ओ नील के नाटक *डिजायर अंडर द एल्मस* की प्रस्तुति *बाल्दे टिब्बे* नाम से पंजाबी में की। इस दौर के रंगकर्म में समीक्षकों ने उल्लेख किया है कि समय आगे बढ़ गया था लेकिन अलकाज़ी साहब नहीं। रंग समीक्षक जावेद मलिक उल्लेख करते हैं कि 'नाटकों की सार्वजनिक प्रस्तुतियों को ठीक-ठाक दर्शकों ने देखा पर इनमें अलकाज़ी के पहले की प्रस्तुतियों जैसी जीवंतता और आकर्षण नहीं था। रानावि को छोड़ने के बाद, और उस अल्पावधि की निस्तेज वापसी के बीच अलकाज़ी भारतीय रंगमंच के पृष्ठ से ग़ायब होते गये। भारतीय रंगमंच अलग दिशा की ओर बढ़ता गया जो अलकाज़ी के समय से काफ़ी अलग थी।' सिनेमा और टीवी का प्रभाव भी इस दौर में बढ़ गया था अभिनेता रंगमंच को एक पड़ाव के तौर पर इस्तेमाल कर रहे थे ताकि वह अपने को तैयार करने के बाद सिनेमा और टीवी की तरफ़ जा सकें जहाँ पर्याप्त अवसर थे। अलकाज़ी साहब को भी लगा कि कब तक वो अप्रशिक्षित अभिनेताओं को प्रशिक्षण देते रहेंगे ... और उनसे पेशेवर थियेटर की उम्मीद रखेंगे। आख़िरकार 'लिविंग थियेटर' को उन्होंने 1996 में बंद कर दिया। इसके लिए अलकाज़ी कहीं से फ़ंड नहीं लेते थे लेकिन प्रशिक्षुओं को स्कॉलरशिप देते थे। नाटक पर जो ख़र्चा होता वह भी अपनी जेब से भरते थे। 'लिविंग थियेटर' बंद करने के बाद वापस अलकाज़ी अपनी कला की दुनिया में तल्लीन हो गये जिसे उन्होंने रानावि छोड़ने के बाद त्रिवेणी आर्ट गैलरी में शुरू किया था। वहीं पर वो अपने छात्रों से मिलते-जुलते और सांस्कृतिक गतिविधियों में दर्शकों की भूमिका भी निभाते थे। कलाकृतियों की और तस्वीरों की दीर्घा लगाते। उनके पास औपनिवेशिक दुनिया की दुर्लभ तस्वीरों का ज़ख़ीरा था।

अपने छात्रों के बीच चचा नाम से जाने जाने वाले अलकाज़ी सख़्ती के लिए मशहूर थे, लेकिन उदार थे। 1967 में रानावि रंगमण्डल से अलग होकर उनके छात्रों ने *दिशांतर* नामक समूह बनाया तो रंगमण्डल की गठन की चिंता में होते हुए, नाराज़गी के बावजूद अलकाज़ी ने *दिशांतर* के लिए बादल सरकार के *तीसवीं शताब्दी* को *हिरोशिमा* नाम से निर्देशित किया। रंगमंडल के लिए

निर्देशित किये मौलियर के नाटक *कंजूस* के अधिकतर अभिनेता *दिशांतर* में चले गये तो उसे दिशांतर के तहत मंचित करते रहने की अनमुति दे दी। इब्राहिम अलकाज़ी का अपने छात्रों से सम्पर्क कभी नहीं टूटा। उनकी शुरुआती रानावि की छात्रा और प्रसिद्ध अभिनेत्री उत्तरा बावकर बताती हैं कि उनकी ख़राब तबीयत के बारे में जानकर अलकाज़ी साब ने उन्हें कुवैत से फ़ोन किया था। लिविंग थियेटर के दिनों के छात्र और आज के जाने माने अभिनेता सुशांत सिंह बताते हैं अलकाज़ी छात्रों की छोटी-मोटी ज़रूरतों का भी ख़याल रखते थे। जे.एन. कौशल भी ज़िक्र करते हैं त्रिवेणी आर्ट गैलरी में वह अपने छात्रों से मिलते रहते थे, उनकी प्रस्तुतियाँ भी देखते थे।

इब्राहिम अलकाज़ी ने रंगमंच को व्यापक दर्शक वर्ग से जोड़ने की कोशिश की और प्रॉसीनियम के वैकल्पिक स्पेस की तलाश की। मुम्बई में भूलाभाई देसाई मेमोरियल इंस्टीटयूट और दिल्ली में कैलाश कॉलोनी के घर के पीछे का अस्थाई रंगमंच के साथ फ़िरोज़ शाह कोटला, पुराना क़िला, मेघदूत थियेटर जैसे रंगस्थल में नाटकों को लेकर गये जहाँ बड़ी संख्या में नाटक देखने दर्शक आये। रानावि की प्रस्तुतियों को शुरू से ही उन्होंने दर्शकों से जोड़ा। वह दर्शकों की अहमियत जानते थे और यह भी कि रंगमंच को लोकप्रियता हासिल करनी ही चाहिए। रानावि की रंग प्रस्तुतियों की भाषा इसलिए हिंदी थी क्योंकि हिंदी सम्पर्क भाषा थी ही, उसका व्यापक दर्शक वर्ग भी था। हिंदी को राष्ट्रीय रंगमंच की भाषा या रंगमंच की केंद्रीय भाषा बनाने में भी उनका अहम योगदान है। उन्होंने अपने दिल्ली आगमन के बाद और रानावि की स्थापना के बाद हिंदी भाषा की उम्दा प्रस्तुतियों से लगभग यह तय कर दिया कि हिंदी ही दिल्ली रंगमंच की केंद्रीय भाषा होगी। इब्राहिम अलकाज़ी दिल्ली जब आये तो यह उनको 'एक परम सांस्कृतिक रेगिस्तान' लगी जहाँ उनको सब कुछ शून्य से शुरू करना था। यहाँ के अंग्रेज़ी रंगमंच से वह बहुत प्रभावित नहीं थे। उनका स्पष्ट विचार था कि रंगमंच की भाषा अंग्रेज़ी रखने से इसका व्यापक दर्शक वर्ग कभी तैयार नहीं हो पाएगा। क्योंकि अंग्रेज़ी एक छोटे से वर्ग की भाषा है और रंगमंच की निरंतरता के लिए इसे मध्य और निम्न वर्ग तक पहुँचना होगा जिसकी भाषा हिंदी या कोई भी क्षेत्रीय भाषा ही होगी। ग़ौर करने वाली बात

यह है कि इब्राहिम अलकाज़ी मुम्बई से दिल्ली आते हैं जहाँ वह लगभग एक दशक तक मुख्यतः अंग्रेज़ी भाषा में रंगकर्म कर चुके हैं। वे स्वीकारते भी हैं कि अंग्रेज़ी का उपयोगितावादी इस्तेमाल करेंगे ताकि दुनिया से जुड़े रह सकें लेकिन रंगकर्म की भाषा अंग्रेज़ी नहीं होगी।

अलकाज़ी रंगमंच के लिए कहते हैं कि यह हाँ-हाँ नहीं कर सकता, इसे संदेह करना चाहिए, प्रश्न करना चाहिए और अभियोग लगाना चाहिए। रंगमंच की सामाजिक भूमिका से इतर उन्हें कुछ भी स्वीकार्य नहीं। यद्यपि वे मानते हैं कि सामाजिक भूमिका का निर्वाह तभी हो सकेगा जब अपने युग की नब्ज़ को थामा जाएगा और यह तभी होगा जब आपको अन्य कलाओं, और अन्य विधाओं जैसे इतिहास, अर्थशास्त्र, दर्शन इत्यादि की जानकारी हो। रंगमंच को परिभाषित करते हुए अलकाज़ी कहते हैं 'रंगकर्म मनुष्य को साँस लेने के समान आवश्यक है। वह जीवन और मृत्यु के अर्थ खोजने, समाज में मनुष्य की भूमिका पहचानने और व्यक्ति के अंतरंग मानस संसार की थाह लेने का सामूहिक प्रयत्न है' और 'रंगमंचीय अनुभव मनुष्य के लिए स्तब्धकारी जीवनानुभव हो सकता है। यह एक त्रासद उद्घाटन हो सकता है या मनुष्य पर और उसके मसलों पर कटु व्यंग्य, या हास्य के ज़रिये चेतना पर हल्का दबाव या व्यंग्य का एक बड़ा आघात जो अभीष्ट समापन को क़रीब ले आये।' वे बताते हैं कि 'रंगमंच सत्य की शाश्वत तलाश है अनजाने और नये इलाक़ों के ज़रिये जो रंगमंच को अपना जादू, उत्साह और भय प्रदान करता है। इस तरह रंगमंच जीवन को देखने का एक तरीक़ा है। जो स्वाभाविक सत्य के ख़िलाफ़ प्रश्न करता है, उसे रोकता है जिसे बहुत पहले स्वीकार कर लिया गया है अनुर्वर मान कर।' ऐसा कहते हुए वे ज़ोर देते हैं कि रंगमंच हमेशा जाने गये सत्य से परे जा कर नये सत्य की तलाश करता है और यह तलाश जीवन से जुड़ कर ही सम्भव है। रंगमंच अलकाज़ी के लिए जीवन के प्रति दृष्टिकोण है। 'सब शिल्प पद्धतियाँ समाज में मनुष्य के अस्तित्व के प्रति किसी दृष्टि से ही जुड़ कर सार्थक हो सकती हैं। ऐसी ही सम्पूर्ण दृष्टि को मैं नाट्य दृष्टि कहूँगा। यह मनुष्य को अपने चारों ओर के संसार को रूप देने के समर्थक एक सक्रिय, सकारात्मक एवं निश्चयात्मक शक्ति मानती है।' रंगमंच की तारतम्यता बदलते हुए परिवेश से है इसलिए वह हमेशा बदलता

रहता है। समय की धारा में पीछे मुड़ कर वह जीवन की अभिव्यक्ति नहीं करता, या अतीत के किसी रोमान को पुनर्जीवन नहीं देता, उसकी दृष्टि हमेशा वर्तमान पर टिकी होती है। अलकाज़ी निश्चयात्मक रूप में कहते हैं 'रंगमंच को हमेशा आधुनिक होना होगा अपने पीछे की परम्परा की पूरी समृद्धि अपने साथ लिए हुए। आधुनिक रंगमंच का केवल एक ही वैध प्रकार है। और इसे अवांगार्द रंगमंच कहा जाता है, जो रंगमच की मूल प्रवृत्ति है।' साफ़ है अलकाज़ी रंगमंच का लक्ष्य 'किसी स्थापित सत्य पर संदेह और युगीन सत्य की तलाश' निर्धारित करते हैं और इस परिप्रेक्ष्य में रंगमंच का कार्य बदलाव है यथास्थिति का पोषण नहीं। वे आधुनिक चेतना के विकास की ज़िम्मेदारी भी रंगमंच को देते हैं।

अलकाज़ी के लिए रंगमंच जीवन और तात्कालिकता से सम्पृक्ति के बिना अस्तित्वहीन जीवंतता रहित क़वायद भर है। इसी समझ के तहत वह रंगमंच की सामाजिक भूमिका को और अधिक सक्रिय करने की बात कहते हैं। 'मैं सोचता हूँ कि राजनीति और रंगमंच के बीच और सामाजिक स्थिति और रंगमंच के बीच बहुत ही क़रीबी रिश्ता है। मेरे अनुसार ज़रूरी है कि रंगमंच लोगों के जीवन को तराशने और अधिक लोगों के लिए सार्थक सरकार बनाने के लिए प्रगतिशील सोच बनाने में रंगमंच को अधिक सक्रिय भूमिका निभानी चाहिए।' इसलिए रंगमंच को जनता से जुड़ना होगा और जनता की भागीदारी भी रंगमंच में बढ़ानी होगी, सक्रिय भागीदारी। अलकाज़ी रंगमंच को जनता का रंगमंच बनाना चाहते थे न केवल कुछ जुनूनी लोगों का शौक़ भर। अलकाज़ी यह पहचान रहे थे कि रगमच और रंगकर्मी जब सामाजिक भूमिका का निर्वाह करने को अपनी ज़िम्मेदारी नहीं मानते तब वे अपनी चमक-दमक बढ़ाने के लिए रंगकर्म करते हैं और फिर एक नक़ली क़िस्म का रंगमंच विकसित होता है। इब्राहिम अलकाज़ी जीवन व रंगमंच के बीच एकता को सच्चे रंगकर्म के लिए अनिवार्य मानते हैं। इसके लिए वे बौद्धिक ईमानदारी और बौद्धिक एकाग्रता की अपेक्षा करते हैं जो रंगकर्मियों में हो और ऐसा प्रशिक्षण से ही आ सकता है।

स्वातंत्र्योत्तर रंगमंच में अपने समकालीन दिग्गजों — हबीब तनवीर, सत्यदेव दुबे और ब.व. कारंथ की तुलना में अलकाज़ी की रंगमंच पर उपस्थिति कम रही है लेकिन प्रभाव बहुत व्यापक रहा। रानावि का निदेशक रहते हुए उन्होंने अपने स्नातकों के माध्यम से भारतीय रंगमंच को निर्देशित किया। न केवल

अभिनेता और निर्देशक तैयार किये, नाटककारों को नया नाटक लिखने के लिए प्रेरित किया और उन्हें मंच दिया। आख़िरी साँस लेने से बहुत पहले उनका सम्पर्क रंगमंच और कला की दुनिया से टूट चुका था लेकिन उनकी व्याप्ति बरक़रार थी। अलकाज़ी साहब ने भारतीय रंगमंच को सच्चे मायनों में आधुनिक और गम्भीर बनाया। उनकी विरासत उनकी कृतियों और सबसे अधिक उनके छात्रों में सुरक्षित है। आज़ादी के बाद भारतीय रंगमंच के इतिहास का बड़ा हिस्सा अलकाज़ी और उनके छात्रों के रंगकर्म का इतिहास है।

शम्सुर्रहमान फ़ारूक़ी

संस्कृति का समावेशी आलोक

उदयन वाजपेयी

बीते बरस के दिसम्बर महीने की पच्चीस तारीख़ को भारत के श्रेष्ठ उपन्यासकार, साहित्य-सिद्धांतकार और मुझ नाचीज़ के अज़ीज़ जनाब शम्सुर्रहमान फ़ारूक़ी का निधन हो गया। उन्हें कोविड संक्रमण होकर ठीक हो गया था। लेकिन अपने फेफड़ों की कमज़ोरी पर यह बीमारी उन्हें भारी पड़ी। उनके जाने से कितनी जगहों पर ख़ालीपन पैदा होगा, यह हमें धीरे-धीरे पता चलता रहेगा। हम जाने कितनी बार सोचेंगे, 'फ़ारूक़ी होते तो ये हो सकता!' अपनी इस बीमारी के दौरान वे अस्पताल आते और जाते रहे। दिल्ली में वे अपनी बेटी प्रोफ़ेसर बाराँ फ़ारूक़ी के साथ रहते थे। उनकी दूसरी बेटी मेहर अफ़शाँ अमरीका के एक विश्वविद्यालय में उर्दू साहित्य की प्रोफ़ेसर हैं। वे भी फ़ारूक़ी साहब की तबीयत बिगड़ने के समय भारत आ गयी थीं। उनके अस्पताल में रहने के दौरान मेरी उनसे एक बार फ़ोन पर बात हुई थी। वे इलाहाबाद जाने की ज़िद पकड़े हुए थे। अस्पताल में रहना उन्हें बिल्कुल भी नहीं सुहा रहा था। मैं बाराँ जी से उनके हाल-चाल लगभग हर रोज़ पूछ लेता था। उस दिन उन्होंने जब मुझे यह बताया कि वे अस्पताल छोड़ने की ज़िद कर रहे हैं, मैंने उन्हें फ़ोन कर धीरज रखने का आग्रह किया। उन्होंने बुझे मन से मेरी बात सुनी और निराशा में भरकर अस्पताल में रहने को राज़ी हो गये। यह मेरी उनसे आख़िरी बातचीत थी। उनकी उस खरखराती आवाज़ का मेरा आख़िरी

अनुभव। उनके बोलने में एक ख़ास क़िस्म की लचक थी। यानी वे इस तरह बोलते थे कि उन्हें सुनते समय यह अंदाज़ लगाना नामुमकिन था कि उनकी आवाज़ के सहारे हम कहाँ पहुँचने वाले हैं। उसमें एक आकर्षक बहाव था पर किसी ऐसी नदी का नहीं जो बने-बनाए रास्ते पर बह रही हो, बल्कि पानी का ऐसा बहाव जो हर क्षण ऐसा भाव जगाता हो कि वह कई दिशाओं में से कोई भी ले सकता है। उनकी आवाज़ किसी अध्येता की तरह गुरु-गम्भीर न होकर गाँव के किसी बुज़ुर्ग की-सी हल्कापन लिए हुए थी, इस आवाज़ में वही हल्कापन था जिसे प्लेटो ने 'वह हल्की पंखों वाली चीज़' कहते हुए कविता के मर्म को चिह्नित करने का प्रयास किया था।

पाँच या छह बरस पहले हमने *समास* में फ़ारूक़ी साहब से एक लम्बी बातचीत प्रकाशित करने का मन बनाया। हमें यह पता था कि वे ख़ासे ज़ईफ़ हैं। उनका बौद्धिक आतंक भी मुझ पर कम नहीं था। न होता भी कैसे? मैंने उनका लिखा जो कुछ भी पढ़ा था वह इतने ऊँचे स्तर का था कि जिसकी कोई मिसाल भारत के किसी और लेखन से देना मुश्किल है। मिसाल के तौर पर उनका उपन्यास *कई चाँद थे सरे आसमाँ* का विस्तार। वह एक मिनिएचर चित्र में बनी आकृति के एक सचमुच की स्त्री से साम्य होने पर हुई घटना से शुरू होकर आख़िरी मुग़ल बादशाह, बहादुर शाह ज़फ़र के शहज़ादे की मृत्यु पर ख़त्म होता है। इस बीच कई अंग्रेज़ अफ़सर, दाग़ देहलवी की माँ वज़ीर ख़ानम, ग़ालिब और भी अनेक चरित्रों की जीवंत दीर्घा से गुज़रता हुआ हमें हमारी सभ्यता के एक ऐसे पहलू से अवगत कराता है जिसकी इतनी जीवंत समझ कहीं और उपलब्ध नहीं है।

उसे पढ़कर यह अहसास गहराता है कि भारत के मुसलमानों को सिर्फ़ *क़ुरआन* के आधार पर विश्लेषित करना कितना बचकाना है (जैसे किसी स्मृति ग्रंथ के आधार पर हिंदुओं को, मनुष्य का मर्म किसी भी ग्रंथ में निःशेष नहीं हो सकता) क्योंकि मुसलमान *क़ुरआन* को मानते हैं तो उनका मन उर्दू और फ़ारसी की उस शायरी से भी गहरे तक प्रभावित है जो इस्लाम पूर्व के ईरान और भारतीय दार्शनिक दृष्टियों के संयोग से बनी है। साथ ही हज़ारों ऐसे रिवाज भी उनको प्रभावित किये रहते हैं जिन्हें इस देश में जगह-जगह सम्पन्न किया जाता

है, जिसमें सभी भारतीय साझा करते आये हैं। दूसरे शब्दों में हमारे राजनेता मुसलमानों का जो सरलीकृत चित्र पेश कर हमें विभाजित करते जा रहे हैं, वह ग़लत-सलत है और हम सब भारतीय थोड़े-थोड़े सनातनी हैं, थोड़े-थोड़े बौद्ध, थोड़े-थोड़े मुसलमान, थोड़े-थोड़े पारसी, थोड़े-थोड़े सिक्ख आदि-आदि। इन्हें अलगाने के लिए इनमें से हरेक की शल्यचिकित्सा करनी होगी।

मैंने डरते-डरते एक सुबह उन्हें फ़ोन लगाया। उस ओर से आती उनकी आवाज़ मेरे लिए अजनबी नहीं थी। मैं उनसे एक बार आगरा में तक़रीबन पंद्रह बरस पहले मिल चुका था। वहाँ उर्दू के देवनागरीकरण पर एक गोष्ठी आयोजित हुई थी जिसमें मुख्य वक्तव्य वागीश शुक्ल का था और मुख्य उपस्थिति फ़ारूक़ी साहब की थी। इससे भी पहले भारत भवन के बेहतर दिनों में मैं फ़ारूक़ी साहब का काव्यपाठ सुन चुका था। लेकिन तब तक मुझे उनकी विराटता का वैसा गहरा अहसास नहीं था जो मुझे उनकी कुछ पुस्तकें पढ़ने के बाद हुआ था। उस सुबह वे इलाहाबाद में ही थे। मेरे यह कहने पर कि मैं उनसे *समास* के लिए लम्बी बातचीत करना चाहता हूँ, उन्होंने मुझे जितना बन सका, पूरी सहजता से हतोत्साहित किया। मुझे यह कहा कि यह सब करने का कोई अर्थ नहीं है, इससे कुछ होता नहीं है, जिस देश में लोग पुस्तकें ही नहीं पढ़ते वे लेखक से बातचीत क्या पढ़ेंगे। पर मुझे पता था कि फ़ारूक़ी साहब को जानने की बहुत से पाठकों की इच्छा होगी। उन्हें आज नहीं तो कल लोग पढ़ेंगे ही। ऐसे लेखक के जीवन और विचारों से हिंदी भाषिक संस्कृति समृद्ध ही होगी। वे मुझे कुछ देर हतोत्साहित करते रहे पर विफल रहे। आख़िरकार मैंने उन्हें बातचीत के लिए मना लिया। तब तक यह तय नहीं हो पाया कि यह बातचीत कहाँ होगी, इलाहाबाद में या दिल्ली में। वे इन दोनों ही शहरों में रहते थे। इलाहाबाद में कुछ ज़्यादा, दिल्ली में कुछ कम। भारतीय डाक सेवा से निवृत्त होकर फ़ारूक़ी साहब इलाहाबाद में ही बस गये थे। उनकी पत्नी जमीला जी ने वहाँ एक स्कूल बनवाया था। उनके गुज़र जाने के बाद उसकी देख-रेख का ज़िम्मा फ़ारूक़ी साहब और उनकी बेटी बाराँ पर रहा है। यहाँ यह याद करना शायद बेहतर हो कि जिस पत्रिका *शबख़ून* का प्रकाशन और सम्पादन फ़ारूक़ी साहब ने कई दशकों तक किया और जिसके फलस्वरूप उर्दू साहित्य में लेखन की अनेक

नयी क़िस्मों को प्रकाश में आने का अवसर मिला, उसे जमीला जी का सहयोग प्राप्त रहा था। अगर मैं ग़लती नहीं कर रहा तो *शबख़ून* के प्रकाशन का वित्तीय भार जमीला जी ने ही उठाया था। फ़ारूक़ी साहब की आत्मीय बातचीत में वे अक्सर अदृश्य रूप से उपस्थित रहा करती थीं। यह एक संयोग ही होगा कि फ़ारूक़ी साहब की मृत्यु भी लगभग उन्हीं स्थितियों में हुई जिनमें जमीला जी की हुई थी : फ़ारूक़ी साहब भी जमीला जी की तरह ही जैसे ही दिल्ली से इलाहाबाद के अपने घर में पहुँचे, उन्होंने यह संसार छोड़ दिया।

कई बार फ़ोन पर बातचीत के बाद यह तय हुआ कि हम दिल्ली में प्रोफ़ेसर बाराँ के घर पर ही तीन बैठकों में बात करेंगे। मैं उन नागरिकों में नहीं हूँ जो दिल्ली जैसे नगर में सिर्फ़ लिखे हुए पते के आधार पर अपना गंतव्य ढूँढ़ ले। इसलिए, ज़ाहिर है, मैं इधर-उधर भटकने के बाद उनसे मिलने तयशुदा वक़्त पर नहीं पहुँच सका। ग़नीमत यह थी कि उस सुबह खुद फ़ारूक़ी साहब भी कुछ देर से ही ग़ुसल के लिए गये थे। मैं कुछ देर पहली मंज़िल के उस घर की बैठक में अकेला बैठा रहा। एक बेहद शिष्ट महिला मेरे आगे चाय की केतली और कप रखकर भीतर चली गयीं। उन्हें वे 'उस्तानी जी' कहकर बुलाते थे। उन्होंने बाराँ जी की बच्ची को *क़ुरआन* पढ़ाई है इसलिए उन्हें इस तरह सम्बोधित किया जा रहा था। कमरे में किताबों के कुछ शेल्फ़ थे जिनके काँच के भीतर से उनके शीर्षक बाहर झाँक रहे थे। जब मैं उनमें अपनी पढ़ी हुई किताब को पाता, मैं कुछ सहज होने लगता। और जब कोई ऐसी किताब पाता जिसे मैंने तब तक पढ़ा नहीं था, मैं उसके विषय में कुछ-कुछ जिज्ञासु होने लगता और यह भूल जाता कि मैं उस कमरे में क्यों बैठा हुआ हूँ। जब कुछ देर बाद ख़ूबसूरत सफ़ेद कुर्ते और पायजामे में फ़ारूक़ी साहब वहाँ आये, मुझे यह तो लगा ही कि आख़िरकार मेरी उनसे भेंट हो गयी पर यह भी लगा कि मानों मैं उनसे अचानक मिल गया हूँ।

उन्होंने पूरी गर्मजोशी से मुझे गले से लगाया और चाय की केतली के साथ ख़ाली पड़े कपों को देखकर बोले, 'तुमने अब तक चाय नहीं बनाई? तुमको तकल्लुफ़ की क्या ज़रूरत थी?' उनके इन दो वाक्यों के ज़ोर से मैं उनके क़रीब आ गया। इसके कुछ देर बाद हमारी बातचीत शुरू हो गयी और क़रीब तीन-तीन

घंटों तक तीन सुबहों तक चली। हर दिन की बातचीत के बाद हम साथ बैठकर खाना खाते और गप्पें करते। वे कभी-कभी बोलते हुए थक जाते तो कह देते कि 'भाई, अब थकान हो गयी, कुछ देर रुककर चाय पीते हैं।'

2

हमने बमुश्किल उन्हें ग़ालिब और मीर पर व्याख्यान देने भोपाल आने पर राज़ी कर लिया। बमुश्किल इसलिए क्योंकि वे भोपाल आना तो चाहते थे पर उनकी सेहत उन्हें इसकी इजाज़त नहीं दे रही थी और उनका भोपाल आना लगातार टल रहा था। पर आख़िरकार उनकी भोपाल आने की इच्छा और हमारे इसरार की ताक़त उन्हें भोपाल ले ही आयी। वे चाहते थे कि वे भोपाल डाक विभाग के गेस्ट हाउस में ही रुकें, इससे हमारा उन्हें ठहराने का ख़र्च कम हो सकता। वे हवाई अड्डे से सीधे वहाँ पहुँचे, उनके साथ बाराँ जी भी थीं जिन्हें फ़ारूक़ी साहब के व्याख्यानों के बाद उन्नीसवीं शती की उर्दू की गद्य लेखिकाओं पर वक्तव्य देना था। गेस्ट हाउस की दीवारों से सीलन की गंध आ रही थी। उनके कमरे में यह गंध कुछ ज़्यादा ही थी। लेकिन इसके बावजूद वे चुप रहे आये। उनके प्रति चिंता में भरकर बाराँ ने ही हमसे कहा कि उन्हें कहीं और ठहरना चाहिए। हम इसके लिए सहज ही तैयार थे।

वे जिस कमरे में ठहरे थे उसमें उनसे मिलने आने वाले उर्दू लेखकों की ख़ासी बड़ी संख्या थी। उनके व्याख्यानों में भी बड़ी संख्या में श्रोता एकत्र होते थे। शहर के उर्दू लेखक उनके भोपाल आने से बहुत ख़ुश थे और हमारे प्रति कृतज्ञ थे। दो शाम वे ग़ालिब और मीर की शायरी पर बोले, तीसरी शाम उर्दू के अनूठे उपन्यासकार ख़ालिद जावेद से उनका सार्वजनिक संवाद हुआ। इन तीनों ही अवसरों पर फ़ारूक़ी साहब बहुत धीरज और सहजता से कठिन-से-कठिन प्रत्ययों की अद्वितीय व्याख्या करते रहे। ग़ालिब और मीर के कई अशांआर उनकी आवाज़ में जिस ख़ूबसूरती से उद्घाटित हुए, वह यादगार था। अपनी कमज़ोर सेहत के बावजूद, वे अपने पुराने दोस्त और उर्दू के अफ़सानानिगार इक़बाल मजीद से मिलने उनके घर गये और इक़बाल साहब के परिवार के हर सदस्य से उसी आत्मीयता से मिले जैसे वे इक़बाल मजीद से मिले थे। उनके बीच ज़्यादा बातचीत

नहीं हो सकी। इक़बाल साहब को मुश्किल से सुनाई पड़ता था और फ़ारूक़ी साहब देर तक ज़ोर-ज़ोर से नहीं बोल सकते थे। लेकिन इससे उनके बीच बहती आत्मीयता में थोड़ी भी कमी आयी नहीं लगती थी।

3

हमारी गाड़ी जब इलाहाबाद स्टेशन पर पहुँची, फ़ारूक़ी साहब का भेजा ड्राइवर हमारा इंतज़ार कर रहा था। उन्होंने दो दिन पहले ही मुझसे हमारी यात्रा का कार्यक्रम पूछ लिया था। हम एक ऐसी रेलगाड़ी से इलाहाबाद पहुँचने वाले थे जिसके बारे में उन्हें पता नहीं था। पहले तो उन्हें यह लगा कि हमने कोई ग़लत-सलत गाड़ी चुन ली है जो इलाहाबाद जाएगी ही नहीं और हम कहीं के कहीं पहुँच जाएँगे। (उन दिनों तक रेलगाड़ियाँ अपना गंतव्य भूली नहीं थीं, वो तो भला हो प्रवासी मज़दूरों की वापसी की मजबूरी का कि हमारी रेलगाड़ियों पर से अपने गंतव्यों को याद रखने का बोझ हट गया।) लेकिन जब मैंने उन्हें रेलवे की समय-सारणी ही भेज दी तब जाकर उन्हें यक़ीन आया कि हम सचमुच उनके शहर जाने वाली गाड़ी में यात्रा करने वाले हैं। हमारे पहुँचने के लगभग चौबीस घंटे पहले से ही उन्हें इस बात की चिंता सताने लगी थी कि हमें लेने कौन जाएगा, उसे घर से कितना पहले निकलना होगा कि वह समय पर स्टेशन पहुँच जाए, आदि। हमारे गाड़ी में रहते हुए भी उनका दो-एक बार फ़ोन आ गया था।

हम उनके चिंतित होने पर चिंतित थे।जब हम हेस्टिंग्स रोड के उनके घर पहुँचे, वे भीतर के बरामदे की कुर्सी पर बैठे थे और उनके सामने की मेज़ पर चाय की केतली, कप और चम्मच रखे थे। उन्होंने पूरे विस्तार से मेरे बेटे हुताशन से हमारे सफ़र की जानकारी ली और हमसे बातचीत करने लगे। हम अगले कुछ घंटे वहीं बैठे गपियाते रहे। मुझे इस बीच उस कमरे की एक झलक दिख चुकी थी जहाँ बैठकर वे लिखते थे। वे थककर कुछ देर आराम करने अपने कमरे की ओर चल दिये और मैं उनसे पूछकर उनकी 'स्टडी' में जाकर बैठ गया। वह कमरा किसी भी लेखक का सपना हो सकता था। चारों दीवारों पर छत तक जाते रैक्स थे जिनमें हज़ारों की संख्या में अंग्रेज़ी, उर्दू, फ़ारसी आदि भाषाओं की किताबें रखी थीं। उन किताबों को क़रीब से देखकर यह अंदाज़

लगाना मुश्किल नहीं था कि यह जीवंत पुस्तकालय है। यहाँ की किताबों को लगातार पढ़ा जाता है। कमरे के एक तरफ़ मेज़ पर कंप्यूटर रखा था जिसके सामने एक कुर्सी थी। मुझे पता था कि फ़ारूक़ी साहब सीधे कंप्यूटर पर भी लिखते हैं। पर यह भी सच था कि कंप्यूटर पर काम करने कोई व्यक्ति उनके पास आया करते थे। कमरे के दूसरी ओर बड़ी-सी मेज़ थी जिसके एक ओर वह कुर्सी थी जिस पर बैठे हुए फ़ारूक़ी साहब को मैंने तस्वीर में देखा था, मेज़ के दूसरी ओर तीन कुर्सियाँ रखी थीं जिस पर उनसे मिलने वाले बैठते थे। उस दिन सारी दोपहर हम उन्हीं कुर्सियों पर बैठे रहे और सामने अपनी जगह पर बैठकर फ़ारूक़ी साहब हमें उर्दू के बेहतरीन समकालीन शायर मुनीर नियाज़ी की ग़ज़लें और नज़्में सुनाते हुए उनकी अनोखी व्याख्या करते रहे। यह जानते हुए कि वे उर्दू शायरी की शास्त्रीय परम्परा के हामी है, मुझे उनसे अपने पसंदीदा शायर मुनीर नियाज़ी का ज़िक्र करने में भी संकोच हो रहा था कि कहीं वे मेरी इस पसंद को सुनकर चिढ़ न जाएँ। मेरी ख़ुशक़िस्मती थी कि मुनीर नियाज़ी फ़ारूक़ी साहब की कठिन कसौटी पर भी खरे उतर चुके थे, इसीलिए मेरे उनका ज़िक्र करने पर वे मुझसे न सिर्फ़ नाराज़ नहीं हुए बल्कि मुझे उस पूरी दोपहर उनकी शायरी सुनाते और समझाते रहे। कई पाठकों को यह लगता है कि कोई भी कविता बिना कवि-समय को जाने पढ़ी जा सकती है। यह एक हद तक शायद सच भी हो पर कवि-समय जाने बग़ैर कोई भी पाठक कविता के सूक्ष्म आशयों या व्यंजना को शायद ही समझ सकेगा। यह बात उर्दू और फ़ारसी कविताओं के लिए और अधिक सही है। कवि-समय से हमारा आशय उन रिवायतों या काव्य-रूढ़ियों से है जिनका संकेत रूप में हर भाषा का कवि अपनी तरह से निर्वाह करता है। इन रिवायतों को जाने बग़ैर कविता में उपस्थित उनके संकेतनों को समझना मुश्किल होता है। आनंदवर्धन ने सदियों पहले यह कहा भी था कि कविता को व्याकरण और शब्दकोश के सहारे नहीं पढ़ा जा सकता, उसे पढ़ने के लिए पाठक का सहृदय होना आवश्यक है। सहृदय वह पाठक है जो कविता में निहित सूक्ष्म संकेतों को कवि-समय के आलोक में पढ़ पाता है। इसीलिए उसका संस्कार संपन्न होना आवश्यक माना गया है। कविता का पठन, जैसा कि वागीश शुक्ल ने कहा है, प्राचीन लिपियों को पढ़ने जैसा कार्य है और इसे

कवि की भाषा की रिवायतों के सहारे ही संपन्न किया जा सकता है। ये रिवायतें कविता को बाँधती नहीं, बल्कि पाठ को उसके मर्म तक जाने का रास्ता प्रशस्त करती हैं। उन्हें कवि की कल्पना को उसकी काव्य परम्परा का आधार देने वाली भूमि भी कह सकते हैं। फ़ारूक़ी साहब ने इस दिशा में भी अपूर्व कार्य किया है। उन्होंने पिछली कई शताब्दियों की उर्दू और फ़ारसी की कविताओं की रिवायतों को रेखांकित करने के साथ-साथ उनके छंद विधान और साहित्यिक मूल्यों को भी आलोकित किया है। अपने अद्वितीय निबंध 'सबक़-ए-हिंदी' में उन्होंने विस्तार से भारतीय शायरों और भारत के प्रभाव में लिखी ईरानी शायरों की फ़ारसी की कविताओं की जो व्याख्या की है, वह उनकी इन सभ्यता के संवाद की गहरी समझ को बताती है। इस निबंध में उन्होंने शिबली नोमानी जैसे 'सबक़-ए-हिंदी' के व्याख्याकारों की आलोचना करते हुए यह दर्शाया है कि कैसे अनेक जगह उन्होंने कई शायरों को विक्टोरियाई मूल्यों के आधार पर प्रश्नांकित करते हुए उन्हें कमतर बताकर भारी चूक की है। मैं सोचता हूँ कि यह प्रश्नांकन आज और अधिक प्रासंगिक हो गया है क्योंकि इन दिनों हमारे देश में सनातन परम्पराओं की जो व्याख्याएँ की जा रही हैं उनमें से अधिकांश में विक्टोरियाई मूल्यों को ही इन परम्पराओं का मुख्य आधार बताने की कोशिश है। विक्टोरियाई मूल्यों को भारतीय पारम्परिक मूल्यों की तरह प्रस्तुत करने की कहानी लम्बी है और इसमें हमारी औपनिवेशीकरण के कारण पैदा हुई ग्लानि को कम करने के लिए उन मूल्यों को अपने मूल्य विधान में अनुकूलित करने का प्रयास महत्त्वपूर्ण रहा है। फ़ारूक़ी साहब हमारे देश के उन बहुत थोड़े से लेखकों में हैं जिन्होंने हमारी समावेशी संस्कृति के विभिन्न अनुषंगों को उनके वैशिष्ट्य में देखा है। उनके अनेक निबंधों में अरबी, फ़ारसी और संस्कृत के साहित्यिक मूल्यों की चर्चा होती है और वे इन्हीं मूल्यों के आलोक में उर्दू और फ़ारसी की सत्रहवीं, अठारहवीं और उन्नीसवीं शती की कविताओं को देखते हैं और उनसे निःसृत कल्पनाशील दृष्टियों को हमारे सामने रखते हैं।

4

इलाहाबाद में दूसरी शाम वे बार-बार हमसे कहते, 'तुम लोग गंगा जी के दर्शन कर आओ।' इलाहाबाद में कुम्भ मेला ख़त्म हुए बहुत कम दिन हुए थे। सारी सड़कें प्रदेश और देश के शासकों के चेहरों से ढँकी महसूस होती थीं। जिधर देखो लम्बे-से पोस्टर पर कोई मुस्कुराता शासक चेहरा नज़र आता था। मुझे यह पता था कि राजा हर्ष और उनके बाद के कई राजा कुम्भ में अपना सारा ख़ज़ाना ख़ाली करने आते थे और अपने शरीर पर चढ़ी पोशाक को भी दान करके अपनी बहन से एक कपड़ा लेकर अपना शरीर ढँकते थे। कुम्भ धार्मिक उतना नहीं जितना सामाजिक अवसर होता था। लेकिन आज के कुम्भ में शासन का सारा ख़ज़ाना राजनेताओं के चेहरों को दिखाने में ख़र्च हो रहा है और उसका सामाजिक पक्ष कमज़ोर होता चला जा रहा है।

ऐसे कितने राजनेता हैं जो कुम्भ में अपना ख़ज़ाना ख़ाली करते हैं और इस तरह अपना 'धन-बल' निःशेष कर अपनी स्वीकृति का सच्चा आधार ख़ुद अपने लिए उजागर करने की हिम्मत रखते हैं। यह कैसी विडम्बना है कि हमारे समय में कवियों-लेखकों से कर्म की अपेक्षा रहती है। शब्द के सौंदर्य और उसमें अंतर्निहित नैतिक दृष्टि की नहीं जबकि राजनेता जिनका माध्यम कर्म है, वे कर्म करने की जगह सिर्फ़ शब्दों का इस्तेमाल करते हैं और अपनी अकर्मण्यता से शब्दों को झूठा करते जाते हैं। इस तरह कवि-लेखकों का काम कठिन करते हैं।

मैं त्रिवेणी संगम जाने में संकोच कर रहा था क्योंकि मैं कुम्भ के बाद गंगा की हालत के बारे में पढ़ चुका था। लेकिन उनका मान रखते हुताशन और मैं वहाँ चले गये। कुम्भ के मेले के जगह-जगह लगे तम्बू उखड़ रहे थे। थोड़ी-सी दुकानों में हल्की-सी रोशनी थी जिनसे रोशनी का कम, आसपास फैले अँधेरे का अहसास कहीं अधिक होता था। फ़ारूक़ी साहब के शहर की गंगा जी का पानी लगभग काला पड़ गया था। यमुना जी भी वैसी ही थीं। यह कैसी सभ्यता है जिसमें अपने सम्मान्य को ही चोटिल किया जाता रहता है। या यह इस सभ्यता के ह्रास की ऐसी प्रक्रिया है जिसके हम साक्षी बने हुए हैं और जिसे धार्मिक शोरोगुल और शासन तंत्र की युक्तिहीनता की दीवारों से

आँखों के दायरे से बाहर रखा जाता है। ऐसी कोई पैगन सभ्यता विश्वसनीय नहीं हो सकती जो अपने परिवेश, अपनी मनुष्येतर प्रकृति के प्रति पूरी तरह ग़ैर-ज़िम्मेदार हो। जब हम वापस घर पहुँचें, फ़ारूक़ी साहब हमारे अनुभव सुनकर वैसे ही निराश हो गये, जैसे हम थे।

5

उनके जाने के बाद उनका आख़िरी उपन्यास *क़ब्ज़े ज़मा* देवनागरी में प्रकाशित हुआ। इसका हिंदी रूपांतरण भोपाल में ही रिज़वानुल हक़ ने किया था और इसका एक हिस्सा उनकी बातचीत के साथ पहले ही प्रकाशित हुआ था। वे तीसरा उपन्यास लिख रहे थे। वह अधूरा ही छूट गया। उसके विषय में उन्होंने मुझे इतना बताया था कि वह शायद दो सदी पहले के लखनऊ के किन्हीं दो शुअरा के बीच हुए हिंस्र विवाद के चारों ओर बुना जाना था। उसमें सदी दो सदी पहले की लखनऊ की संस्कृति को धड़कना था जैसा कि *कई चाँद थे सरे आसमाँ* में उन्नीसवीं सदी की दिल्ली की संस्कृति धड़कती है। फ़ारूक़ी साहब के उपन्यासों और अफ़सानों के चरित्र का उनकी संस्कृति से गहरा ताल्लुक़ हुआ करता है। यहाँ तक कहा जा सकता है कि उनमें हरेक चरित्र का स्वभाव अपनी सांस्कृतिक परिवेश में ही उद्घाटित होता है इसीलिए उनके उपन्यास न सिर्फ़ विशेष चरित्रों की नियति को रेखांकित करते हैं बल्कि उनकी सांस्कृतिक चेतना के विस्तार, उसके चलन, उसकी ख़ुशबू को भी जीवंत कर देते हैं। मानों हम उनके चरित्रों के सहारे भारत के विशेष सांस्कृतिक आयामों को अनुभव कर रहे हों। इस मायने में वे उत्तर भारत के कुछ मुख्य शहरों की संस्कृति के दास्तानगो थे, इन संस्कृतियों के गाथाकार।

6

कोरोना के दौरान फ़ारूक़ी साहब ने अपनी आख़िरी कहानी 'फ़ानी बाक़ी' लिखी। इस कहानी में ऐसी कमाल की उठान है जो इसे चिंतनशील साहित्य की बहुत ऊँची पायदान पर रख देती है। इसकी हर पंक्ति मानों ऐसी सीढ़ी हो जिससे पाठक ऊपर और ऊपर चढ़ता जाता है और जल्द ही पाता है कि वह बाहर नहीं अपने ही

'अवघट' का सफ़र कर रहा है। इसे पढ़ते हुए महसूस होता है मानों आप *योगवाशिष्ठ* का कोई आख्यान पढ़ रहे हों। ऐसा होना आश्चर्य का विषय भी नहीं है। फ़ारूक़ी साहब जिस 'सबक़-ए-हिंदी' के सिद्धांतकार रहे हैं, उसके एक महान शायर मिर्ज़ा क़ादिर बेग़ 'बेदिल' (जिनका ग़ालिब की शायरी पर गहरा असर था और जिन्हें फ़ारूक़ी साहब पसंद करते थे।) ने *योगवाशिष्ठ* के आधार पर पूरी मसनवी लिखी है : *इरफ़ान*।

7

किसी एक मुलाक़ात के दौरान वे मुझसे बोले, 'अगर तुम्हें किसी पर यक़ीन हो तो तुम कम-से-कम उसके कंधे पर सिर टिका सकते हो।' वे यह कहते वक़्त मनुष्य से कहीं बृहत्तर और व्यापक सत्ता की ओर इशारा कर रहे थे और साथ ही लेखक के उस एकांत को भी जिसका कोई समाधान न ख़ुद उसके पास होता है, न किसी और के। यह कितनी अजीब बात है कि जो सारी उम्र साधारण में असाधारण (आचार्य आनंदवर्धन) की प्रतिष्ठा करता रहा, उसी के पास टिकाने को ऐसा कोई कंधा नहीं रहा जिसकी छाया उसके लिखे हर शब्द में काँपती है।

भाग – तीन

मोर्चे पर ज्ञान

विनोद रैना

जन-शिक्षा के लिए आजीवन संघर्ष

सी.एन. सुब्रह्मण्यम
अनुवाद : नरेश गोस्वामी

बीमारी से एक लम्बी जंग लड़ते हुए आख़िरकार विनोद रैना (1950-2013) बारह सितम्बर को हमारे बीच से चले गये। और अपने पीछे उपलब्धियों की एक विस्तृत और बहुरंगी विरासत छोड़ गये। उनकी इस विरासत में वे तमाम सहयोगी भी हिस्सेदार हैं जिन्हें विनोद ने अपनी शख़्सियत से सँवारा और प्रेरित किया था। विनोद स्वप्नदर्शी, अनथक योद्धा और योजनाकार भी थे। उनकी विरासत उत्कट कल्पना, गहरे विवादों और ठोस समाधान की एक ऐसी मिसाल है जो एक ही साथ मज़बूत, अनिश्चित और बहसतलब भी रही। यह स्मृति-लेख एक ऐसे बेमिसाल दोस्त और उसके योगदान को याद करने की एक विनम्र-सी कोशिश है, जो हमारे जैसा ही एक इंसान था।

कश्मीर और दिल्ली विश्वविद्यालय

विनोद का बचपन श्रीनगर में गुज़रा था। उन्हें अपने कश्मीरी होने पर फ़ख़्र था। घाटी के समुदायों के प्रति उनके मन में गहरा आदर था और वे गाहे-बगाहे इस बात का ज़िक्र करते रहते थे कि घाटी के इस समाज ने अपनी विविधता कैसे क़ायम रखी। रिश्ते के इस ताने-बाने में विनोद वहाँ की प्रकृति, स्थापत्य, खान-पान, जबान, संगीत व ऋषियों और लल्लदद के दौर से मौजूदा वक़्त तक चली आ रही साझी धार्मिक विरासत का भी ज़िक्र किया करते थे। कश्मीर के

ज़ख़्मों— राज्य द्वारा बरपाई गयी हिंसा, कश्मीरियत के जज़्बे पर आतंकवाद की चोट और घाटी से पण्डितों के पलायन को विनोद हर दम अपने साथ लिए फिरते थे। विनोद के दोस्तों को उनका दिलकश कहवा और कश्मीरी मिर्ची, सौंफ़ तथा सौंठ से बना खाना हमेशा याद रहेगा। अल्लामा इकबाल की प्रार्थना 'लब पे आती है दुआ बनके तमन्ना मेरी' उनके जीवन में अज़ान की तरह थी।

विनोद छठे दशक के आख़िरी और ज़ुनूनी सालों में विज्ञान की पढ़ाई के लिए दिल्ली आये। यह वह समय था जब आज़ादी के बाद उभरी पहली पीढ़ी का मोहभंग होने लगा था। अपने कई साथियों की तरह विनोद ने भी नक्सल आंदोलन में शामिल होने के लिए बिहार का रुख़ किया और वहाँ उन्होंने अपने कई साथियों को असमय मौत का शिकार बनते देखा। इसके बाद उन्हें लगा कि समाज को बदलने के लिए ज़्यादा खुले और प्रभावशाली तरीक़ों की खोज करनी होगी। और, विनोद सामाजिक बदलाव की इस प्रतिबद्धता को मन में लिए वापस लौट आये। विनोद की भौतिक शास्त्र में रुचि थी जिसमें उन्होंने प्रोफ़ेसर प्रमोद भार्गव के निर्देशन में पीएच.डी. भी पूरी की। उन्होंने कम्प्यूटर प्रोग्रामिंग में भी महारत हासिल की जो उस समय एक उभरता हुआ क्षेत्र था। कम्प्यूटर दक्षता की बदौलत उन्हें सुखमय चक्रवर्ती और सुमित सरकार जैसे समाज-वैज्ञानिकों के सम्पर्क में आने और विज्ञान के सामाजिक संदर्भ तथा उसका इस्तेमाल करने का मौक़ा मिला। हिंदुस्तानी शास्त्रीय संगीत में भी उनकी दिलचस्पी इसी दौर में परवान चढ़ी। संगीत कार्यक्रमों में जाने का सिलसिला शुरू हुआ और उनके पास रिकॉर्डिंग का अच्छा-ख़ासा ज़खीरा खड़ा हो गया। संगीत के प्रति उनमें एक ज़ुनून-सा था जिसे कहवे के प्यालों के साथ अपने दोस्तों से बाँटना उन्हें खुशी से भर देता था। विनोद फ़ैज़ के ऐसे मुरीद थे कि कीर्नन के विख्यात संस्करण से उनकी नज़्म पढ़ने का कोई मौक़ा नहीं चूकते थे। फ़ैज़ की नज़्म 'मुझसे पहली सी मुहब्बत मेरे महबूब न माँग' को विनोद बहुत नगमगी अंदाज़ में गाते थे।

होशंगाबाद : विज्ञान शिक्षण कार्यक्रम और एकलव्य

अनिल सद्गोपाल के संगठन किशोर भारती तथा सुदर्शन कपूर के नेतृत्व में फ्रैंड्स रूरल सेंटर ने 1972 में मध्य प्रदेश के होशंगाबाद जिले में माध्यमिक

स्कूल के स्तर पर विज्ञान शिक्षण का एक कार्यक्रम शुरू किया था। इस क्रम में दोनों संगठनों ने अनेक विश्वविद्यालयों तथा शोध संस्थानों से सहयोग के लिए दरयाफ़्त की। दिल्ली विश्वविद्यालय के विज्ञान विभाग ने सबसे जल्दी उत्तर दिया और अपने कई उत्साही अध्यापकों और छात्रों को होशंगाबाद रवाना किया। विनोद इसी खेप में शामिल थे। होशंगाबाद विज्ञान शिक्षण कार्यक्रम की ताक़त उसकी बहुमुखी प्राश्निकता और कार्यों में निहित थी। कार्यक्रम विज्ञान शिक्षण के कुछ बुनियादी प्रश्नों से जूझ रहा था : विज्ञान और वैज्ञानिक ज्ञान का स्वरूप क्या है; उसका समुदाय के पूर्व-प्राकृतिक ज्ञान और समझ से क्या रिश्ता है; कक्षा की प्रक्रिया तथा अध्यापकों का विद्यार्थियों पर क्या प्रभाव पड़ता है; और खुद विद्यार्थियों के आपसी संबंध कैसे होने चाहिए; शिक्षा की बृहत्तर व्यवस्था का चरित्र और उसमें अध्यापक और अकादमिक जगत की सूरत कैसी है। इस कार्यक्रम की ख़ूबी यह थी कि उसने ऐसे हर मुद्दे को लोकतंत्रीकरण की प्रक्रिया के समक्ष ला खड़ा किया था। कहना न होगा कि तीसरे और चौथे दशक में नयी तालीम आंदोलन के बाद यह दूसरा मौक़ा था जब शैक्षिक क्षेत्र में किसी पहल ने परिवर्तनधर्मी बुद्धिजीवियों को इस क़दर आंदोलित किया था।

विनोद रैना होशंगाबाद कार्यक्रम के सूत्रधारों की मुख्य क़तार में शामिल हुए। उनके हिस्से में कार्यक्रम को ज़िला स्तर पर लागू करने की ज़िम्मेदारी आयी जिसे उन्होंने जी-जान से निभाया। अध्यापकों के प्रशिक्षण के लिए चलाई जाने वाली कक्षाओं और महीने के आख़िर में आयोजित की जाने वाली बेठकों में भाग लेने वाले बहुत से अध्यापक आज भी याद करते हैं कि विनोद स्थानीय सामाजिक मुद्दों को कक्षा में पढ़ाए जा रहे विज्ञान के साथ किस आसानी से गूँथ डालते थे और अध्यापकों के सामने विज्ञान की ज्ञान-मीमांसा तथा पद्धति के गहरे दार्शनिक सवालों का संसार खोल देते थे। इसी वक़्फ़े में उन्होंने जीवन भर साथ चलने वाले दोस्त और रिश्ते बनाए। इसी दौरान उनकी मुलाक़ात उस होशंगाबादी लड़की अनीता रामपाल से हुई, जो बाद में उनकी जीवनसंगिनी बनी और दिल्ली विश्वविद्यालय में अध्यापक भी।

किशोर भारती और फ्रैंड्स फ़ॉर रूरल सेंटर की दिलचस्पी शिक्षण कार्यक्रम के बजाय ग्रामीण विकास में ज्यादा थी। लिहाज़ा एक समय बाद यह

तय किया गया कि स्कूली शिक्षा व्यवस्था में सुधार लाने के लिए नये संगठन की शुरुआत की जाए। नतीजतन, विनोद के नेतृत्व में समूह ने एक नयी संस्था की नींव रखी जिसका 1982 में *एकलव्य* के नाम से पंजीकरण कराया गया। संगठन का लक्ष्य सूक्ष्म स्तर पर आजमाये गये नवाचारों को बड़े पैमाने पर क्रियान्वित करना था। संगठन का प्राथमिक उद्देश्य यह था कि सरकारी क्षेत्र और स्वैच्छिक क्षेत्र के बीच आपसी सहयोग का ढाँचा कैसे क़ायम किया जाए। संगठन को इस बात का एहसास था कि सरकारी क्षेत्र अपनी समूची ताक़त और दूरगामी पहुँच के बावजूद नियमों की सख़्ती, लाल-फ़ीताशाही और पदानुक्रम की समस्याओं से ग्रस्त है, जबकि स्वयंसेवी क्षेत्र अपने समस्त नवाचार, लचीलेपन और स्कूली व्यवस्था के तमाम स्तरों की व्यापक जानकारी के बावजूद अपने काम का दायरा आगे नहीं बढ़ा सकता।

एकलव्य की प्रगति में किशोर भारती और फ्रैंड्स फ़ॉर रूरल सेंटर की पूर्वपीठिका तो ज़रूर शामिल थी लेकिन भौगोलिक पहुँच तथा स्कूली शिक्षा में विभिन्न क्षेत्रों को समाहित करने के लिहाज़ से उसका दायरा ज़्यादा व्यापक साबित हुआ। *एकलव्य* के दो कार्यक्रमों— प्रशिका अर्थात् प्राथमिक स्तर पर पढ़ाएँ जाने वाले समस्त विषयों से संबंधित नवाचारी कार्यक्रम तथा माध्यमिक स्कूल के स्तर पर सामाजिक विज्ञान के शिक्षण को एक महती उपलब्धि माना गया। *एकलव्य* ने सरकारी स्कूलों के बेहद निंदित अध्यापकों पर भरोसा करके व प्रमुख शोध संस्थानों तथा विश्वविद्यालयों के विभागों के विद्वानों को जोड़कर स्कूली व्यवस्था को नयी ऊर्जा से सराबोर कर दिया।

स्वयंसेवी संस्थाएँ सातवें और आठवें दशक में जड़ पकड़ने लगी थीं। दुर्भाग्य से उनके सांगठनिक ढाँचे पर विद्वानों का ध्यान कम ही गया है। विनोद और उनके सहयोगी *एकलव्य* में एक अलग तरह की व्यवस्था क़ायम करना चाहते थे। वे *एकलव्य* को अपने समय की अनेक स्वयंसेवी संस्थाओं की तर्ज़ पर एक व्यक्ति द्वारा नियंत्रित संगठन नहीं बनाना चाहते थे। उनके ज़ेहन में संगठन की एक ऐसी व्यवस्था थी जिसकी बागडोर किसी अजनबी सरकारी निकाय के बजाय परिषद के सक्रिय सदस्यों और संगठन के कर्मचारियों के हाथों में रहे। उन्होंने यह भी तय किया कि *एकलव्य* किसी एक परिसर में केंद्रित

होने के बजाय कई ज़िलों में फैला होगा और उसके कई केंद्र होंगे जिन्हें स्वायत्त ढंग से काम करने का अधिकार होगा। इसके साथ उन्होंने संगठन को औपचारिक संस्थाओं और संवादहीन विभाजन से बचा कर उसे सक्रिय कार्यकर्ताओं के समुदाय में ढालने का भी निर्णय लिया। इन आदर्शों को ज़मीन पर उतारने और उन्हें सांगठनिक ढाँचा देने के लिए बहुत बड़ी राशि की दरकार थी। इसे हासिल करने के लिए सरकार के साथ बातचीत करना और भी टेढ़ा काम था। इस काम में एक ओर सरकार के सामने अपना पक्ष रखते हुए उसे राज़ी करना पड़ता था तो दूसरी ओर विरोधी विचारों से भी जूझना पड़ता था। यह एक दुष्कर काम था जो हमेशा विनोद के हिस्से में रहता था। उन्हें फंडर और सरकार से धन का यह प्रबंध एक ऐसी संस्था के लिए करना पड़ता था जिसका मिजाज़ बेहद लोकतांत्रिक और संघीय था। साथ ही, उन्हें अपने समूह को भी यह बात समझानी पड़ती थी कि किसी एक केंद्र के इर्द-गिर्द, जवाबदेही और अनुशासित ढंग से काम करना लोकतांत्रिक उसूलों के ख़िलाफ़ नहीं जाता और इस चीज़ से ख़ुद संगठन का ही भला होता है। *एकलव्य* के महत्त्वपूर्ण कार्यक्रमों— प्रशिका, समाज-विज्ञान और प्रकाशन कार्यक्रमों को शुरू करने में भी विनोद की अहम भूमिका रही। बच्चों की पत्रिका *चकमक* शुरू करवाने में उनकी ख़ास दिलचस्पी थी। विनोद ने हिंदी के अख़बारों के लिए विज्ञान फ़ीचर सेवा भी शुरू की थी। भोपाल गैस त्रासदी और बाद में नर्मदा बचाओ आंदोलन के दौरान एक समय ऐसा भी आया जब उनके लिए संगठन को यह समझाना मुश्किल होता गया कि इतना सब होने के बावजूद सरकार के साथ क्यों और कैसे काम किया जाए।

आठवाँ दशक ख़त्म होते-होते यह साफ़ होने लगा था कि राज्य ऐसे नवाचारी कार्यक्रमों और उनके क्रियान्वयन में स्वयंसेवी संस्थाओं की केंद्रीयता को स्वीकार नहीं कर रहा है। अब तक यह भी ज़ाहिर हो चुका था कि *एकलव्य* जैसा संगठन इन कार्यक्रमों को ख़ाली अपने बूते पर व्यवस्थित ढंग से नहीं चला सकता। इससे स्वयंसेवी संस्था और सरकार की साझेदारी के स्वरूप और नवाचार के भविष्य को लेकर बहस खड़ी होने लगी। बहस के इस माहौल में विनोद ने यह विचार रखा कि समान विचारधारा वाले समूहों का एक राष्ट्रीय

नेटवर्क बनाया जाए। उनका एक सुझाव यह भी था कि नेटवर्क के ज़रिये होशंगाबाद कार्यक्रम के नवाचारी तत्त्वों का प्रसार करते हुए सम्बद्ध समूहों की संख्या को इस स्तर पर ले जाया जाए कि एक समय के बाद वह मुख्यधारा की व्यवस्था पर प्रभाव डालने की स्थिति में आ जाए। लेकिन *एकलव्य* के बाक़ी लोग इसे लेकर विनोद की तरह उत्साहित नहीं थे। उनकी राय थी कि *एकलव्य* को काम की गुणवत्ता और गम्भीरता पर ज़्यादा ध्यान देना चाहिए। नतीजतन अगले एक दशक में विनोद और *एकलव्य* के बीच यह दूरी बढ़ती चली गयी और अंततः उन्होंने *एकलव्य* में पूर्णकालिक कार्यकर्ता की भूमिका को अलविदा कह दिया। पर औपचारिक संबंधों की समाप्ति के बावजूद वे *एकलव्य* की गतिविधियों और महत्त्वपूर्ण विचार-विमर्श में बदस्तूर हिस्सा लेते रहे।

भोपाल गैस त्रासदी और नर्मदा बचाओ आंदोलन

भोपाल गैस त्रासदी (1984) कई मायनों में एक युगांतरकारी घटना थी। इसने न केवल उद्योगीकरण और हरित क्रांति के उत्साह को स्वाहा कर दिया बल्कि विज्ञान के शांतिपूर्ण उपयोग पर भी सवाल खड़े कर दिये। इससे औद्योगिक सुरक्षा के उल्लंघन और पीड़ित लोगों के अधिकारों के हनन के मामले में राज्य और बहुराष्ट्रीय निगमों की मिली-भगत भी बेपर्द हो गयी। त्रासदी से उपजे माहौल में नये तरह के जनांदोलन प्रकट होने लगे जो किसी पार्टी से तो संबंधित नहीं थे पर उनकी एक ख़ास राजनीतिक दृष्टि थी जो किसी मुद्दे से प्रभावित लोगों को गोलबंद करने पर ज़ोर देती थी। जनांदोलनों की इस नयी राजनीति ने *एकलव्य* जैसे संगठनों के सामने क्या करें क्या न करें का संकट खड़ा कर दिया। ऐसे संगठन इस आंदोलन में शिरकत भी करना चाहते थे और साथ ही सरकारी स्कूलों की व्यवस्था में अपनी जगह भी नहीं गँवाना चाहते थे। क्या ऐसे संगठन सरकार को नाराज़ किये बिना राज्य विरोधी एजेंडे में शामिल हो सकते थे?

भोपाल गैस पीड़ितों का आंदोलन जैसे-जैसे आगे बढ़ा, विनोद और अनिल सद्गोपाल के रास्ते अलग होते गये। सद्गोपाल के विपरीत विनोद इस आंदोलन को राजनीति से दूर रखना चाहते थे जबकि सद्गोपाल राज्य और बहुराष्ट्रीय निगम, दोनों को निशाना बना रहे थे। विनोद केरल शास्त्र साहित्य

परिषद (केएसएसपी) के नज़रिये के ज़्यादा नज़दीक थे जो बहुराष्ट्रीय निगमों को ज़्यादा बड़ा अपराधी मानता था। विनोद ने भोपाल गैस त्रासदी को लेकर 1987 में केएसएसपी, ख़ास तौर पर एम.पी. परमेश्वरन के साथ मिल कर एक देशव्यापी जत्थे का आयोजन किया। आल इण्डिया पीपुल्स साइंस नेटवर्क का गठन इस आयोजन के बाद ही किया गया था। साइंस नेटवर्क के लिए काम करने के दौरान विनोद का ज़मीनी स्तर पर काम करने वाले संगठनों— भोपाल ग्रुप फ़ॉर इन्फ़र्मेशन ऐंड एक्शन तथा कैम्पेन अगेंस्ट इंदिरा सागर डैम के साथ भी नाता बना रहा। ग़ौरतलब है कि नर्मदा बचाओ आंदोलन की नींव में ऐसे संगठनों की ख़ास भूमिका थी। ऑल इण्डिया साइंस नेटवर्क से जुड़ने वाले कुछ समूह बड़े बाँधों को विकास के लिए ज़रूरी मानते थे। जबकि विनोद इस बात पर ज़ोर दे रहे थे कि पुनर्वास का मसला न्यायपूर्ण ढंग से हल किया जाना चाहिए। वे बड़े बाँधों को सस्ती ऊर्जा और सिंचाई के लिहाज़ से भी अनुपयोगी समझते थे। हरसूद में 28 सितम्बर, 1989 को आयोजित ऐतिहासिक रैली में आदिवासी जनता और निमाड़ के किसानों के बड़े हिस्सों तथा बाबा आम्टे और मेधा पाटकर जैसी शख़्सियतों ने भाग लिया था। इस रैली के आयोजन में विनोद की अहम भूमिका रही थी। विनोद उन चंद लोगों में थे जिन्होंने नर्मदा बाँध के प्रस्तावित लाभों की गहरी तकनीकी, वैज्ञानिक और आर्थिक पड़ताल करते हुए सरकार और बाँध के पैरोकारों के दावों पर सवालिया निशान लगाए। बाँध के संबंध में प्रचारित किये जा रहे दावों की यह समीक्षा अदालती झमेलों के दौरान नर्मदा बचाओ आंदोलन के लिए बड़ी कारगर सिद्ध हुई थी। देश के शिक्षित मध्यवर्ग में नर्मदा बचाओ आंदोलन को इन्हीं प्रयासों के दम पर व्यापक वैधता हासिल हुई थी। विकास के नाम पर किया जा रहा विस्थापन तभी से विनोद का स्थायी सरोकार बन गया। बाद में उन्होंने एशिया के कई विद्वानों के साथ मिलकर 1992 में अरेना प्रेस द्वारा प्रकाशित एक किताब *द डिस्पज़ैस्ड्स : विक्टिम्स ऑफ़ डिवेलपमेंट इन एशिया* का सम्पादन भी किया। इस किताब में चीन, दक्षिण-पूर्व एशिया सहित एशिया के तमाम देशों में विस्थापितों की दयनीय स्थिति का मुआयना किया गया था।

साक्षरता आंदोलन तथा भारत ज्ञान-विज्ञान समिति

जन-विज्ञान समूहों के बीच 1985 में जब निकटता बढ़ी तो उसका एक परिणाम यह हुआ कि बच्चों में विज्ञान व अन्य विषयों की पढ़ाई के प्रति रुचि जगाने के लिए नये तौर-तरीके आजमाये जाने लगे। संगठन के सदस्यों ने इन तरीक़ों की देश के अन्य भागों में भी आज़माइश करके देखी। जन-विज्ञान समूहों की पहलक़दमी से प्रेरित होकर ऑल इण्डिया पीपुल्स साइंस नेटवर्क ने जन-शिक्षा के क्षेत्र में हस्तक्षेप करने का निर्णय लिया। 1989 में संपूर्ण साक्षरता के एर्नाकुलम अभियान की सफलता के बाद नव-गठित भारत ज्ञान-विज्ञान समिति ने इस अभियान को देशव्यापी स्तर पर चलाने का फ़ैसला किया। साक्षरता के क्षेत्र में काम करने वाले एम.पी. परमेश्वरन जैसे लोगों के साथ विनोद ने भी इस प्रक्रिया में बढ़-चढ़ कर भाग लिया। विनोद राष्ट्रीय साक्षरता अभियान के सदस्य भी रहे। विनोद को देश के दूरदराज़ के इलाक़ों में काम कर रहे ज़मीनी संगठनों के बीच जाकर बात करना, महत्त्वपूर्ण मसलों की शिनाख़्त करना और उन्हें सरकार के सबसे ऊँचे स्तरों पर पेश करना तथा इन मसलों का हल तलाशने के लिए उनकी बारीक़ियों की पड़ताल करना सबसे प्रीतिकर लगता था। उन्हें यह अच्छी तरह पता था कि अभियान की सफलता को देखकर कई राज्य झूठे आँकड़े गढ़ने लगे थे और सम्पूर्ण साक्षरता के संबंध में फ़र्ज़ी दावे करने लगे थे। अभियान के असर में राज्य सरकारों ने एक ऐसा विमर्श भी खड़ा करने की कोशिश की थी जो साक्षरता और शिक्षित लोगों की तस्वीर को बढ़ा-चढ़ा कर पेश कर रहा था। लेकिन शिक्षा व्यवस्था पर सम्पूर्ण शिक्षा अभियान के सकारात्मक प्रभाव को देखते हुए विनोद इस तरह की आलोचनाओं को ज़्यादा तूल नहीं देते थे।

विनोद मानते थे कि देश में प्राथमिक शिक्षा को सर्वसुलभ बनाने की माँग के पीछे साक्षरता अभियान की विशेष भूमिका रही है। उन्हें लगता था कि साक्षरता के महत्त्व को आत्मसात् करने के बाद लोगबाग़ स्कूलों की ख़राब हालत पर स्वत: सवाल उठाने लगेंगे और यह समझने लगेंगे कि व्यापक निरक्षरता के लिए स्कूल क्यों और किस तरह ज़िम्मेदार हैं। विनोद का यक़ीन था कि साक्षरता अभियान के कारण अधिकाधिक बच्चे स्कूल जाने लगे हैं और प्राथमिक शिक्षा को सार्वभौम बनाने की माँग ने स्कूली-तंत्र को मजबूर

कर दिया है कि वह सच्चाई को क़ुबूल करे। इस दबाव से बचने के लिए अनेक राज्यों ने सरकारी स्कूलों की व्यवस्था को कमज़ोर बनाने के लिए पैरा-अध्यापकों की नियुक्ति का सहारा लिया और पैरा-स्कूल स्थापित करने शुरू कर दिये (मध्य प्रदेश सरकार की एजुकेशन गारंटी स्कीम आदि)। विनोद इस गोरख-धंधे के सख़्त आलोचक थे, बावजूद इस तथ्य के कि सरकार में बैठे जिन लोगों ने इन योजनाओं को अंजाम दिया था उनमें से कई लोग विनोद के काफ़ी क़रीबी रहे थे। विनोद ने इन क़दमों की खुले तौर पर भर्त्सना की। वे सरकारी स्कूलों में बढ़ती स्तरहीनता तथा ख़ास तौर पर हिंदी पट्टी में राष्ट्रीय स्वयं सेवक संघ द्वारा संचालित स्कूलों के बढ़ते प्रसार से बेहद क्षुब्ध थे। उन्हें लगता था कि इस प्रवृत्ति पर अंकुश लगाने के लिए भारत ज्ञान-विज्ञान समिति के तत्वावधान में समुदाय समर्थित स्कूल स्थापित किये जाने चाहिए। देश के कई भागों में ज्ञान-विज्ञान शाला स्थापित करने का विवादास्पद निर्णय इसी पृष्ठभूमि से निकला था। इस फ़ैसले का कई राज्यों की ओर से विरोध भी किया गया क्योंकि ज्ञान-विज्ञान शाला के तहत पढ़ाई का बोझ अभिभावकों पर डाल दिया गया था। साथ ही उसमें शिक्षा के निजीकरण की बू भी आ रही थी। परंतु इसके बावजूद ज्ञान-विज्ञान शाला खोलने के विचार को मुल्तवी नहीं किया गया और एक के बाद एक कई हज़ार ज्ञान-विज्ञान शालाओं की स्थापना की गयी। और विनोद इस काम को दुरुस्त करने में मसरूफ़ हो गये।

एक नयी दुनिया की ओर

1992 में सोवियत संघ के पतन और उसके बाद वामपंथी आंदोलनों में उपजी निराशा से विनोद भी गहरे में क्लांत हुए थे। उस दौर में वे अक्सर फ़ैज़ की यह मार्मिक नज़्म दोहराया करते थे :'अब तुम ही कहो क्या करना है'। लेकिन विनोद पर यह निराशा ज़्यादा समय तक तारी नहीं रही और उन्होंने जल्द ही बराबरी और न्याय की दुनिया का ख़्वाब फिर बुनना शुरू कर दिया।

विस्थापन के मुद्दे पर काम करते हुए बिनोद दुनिया के अनेक विद्वानों और कार्यकर्ताओं के सम्पर्क में आये थे। यहाँ से उनकी दिलचस्पी कार्बन

उत्सर्जन जैसे पर्यावरण संबंधी विषयों और वार्ताओं में बढ़ने लगी। विकास और विकल्प के नये मॉडलों को समझने के लिए उन्होंने दक्षिणी अमेरिका की ओर देखना शुरू किया। ऊर्जा संकट का हल करने के मामले में विनोद क्यूबा के प्रयासों की मुक्त कंठ से प्रशंसा करते थे, क्योंकि उनके अनुसार क्यूबा ऊर्जा के इस संकट को तकनीकी विकल्पों की खोज और शिक्षा व्यवस्था में तदनुरूप बदलाव किये बिना हल नहीं किया जा सकता था। विनोद विश्व सामाजिक मंच के सक्रिय सहभागी थे। मंच के मुम्बई अधिवेशन में उनकी ख़ास भूमिका रही थी। भारत के अंदरूनी परिदृश्य की बात की जाए तो विनोद केरल में पंचायती स्तर पर चल रहे नियोजन संबंधी प्रयोगों को लेकर काफ़ी उत्साहित थे। एम.पी. परमेश्वरन और विनोद एक ऐसे समाज का सपना देख रहे थे जिसमें साम्यवाद की बराबरी और गाँधी का ग्राम स्वराज एक ही डाल पर बैठे दिखाई देते थे। परमेश्वरन को अपनी इस हिमाक़त के लिए मार्क्सवादी कम्युनिस्ट पार्टी में अपने पद से हाथ धोना पड़ा।

शिक्षा का अधिकार

सामाजिक महत्त्व के मसलों पर सोचते हुए विनोद इस सम्भावना की टोह लेना चाहते थे कि क्या राज्य पर क़ानूनी दबाव बनाकर इच्छित बदलाव पैदा किया जा सकता है। इस सम्भावना की तलाश विनोद को अधिकार केंद्रित दृष्टि की ओर ले गयी। बहुत सम्भव है कि इस मामले में विनोद सूचना अधिकार की सफलता और उसमें न्यायिक सक्रियता की सम्भावना से भी मुतास्सिर रहे हों। ग़ौरतलब है कि उन्नीकृष्णन-फ़ैसले में शिक्षा के अधिकार को जीवन के अधिकार का अंग बताया गया था जिससे सरकार पर अधिकार को परिभाषित करने का दबाव पैदा हो गया था और उसे अंतत: संविधान में संशोधन करना पड़ा। संशोधन के तहत केंद्रीय सरकार पर यह आयद हो गया था कि वह शिक्षा के अधिकार को क़ानूनी शक्ल दे। विनोद इसे राज्य पर प्राथमिक शिक्षा के लिए एक कानूनी ढाँचा तैयार करने के एक अवसर के तौर पर देख रहे थे। जीवन के आख़िरी दशक में विनोद एक तरफ़ इस ख़्वाब को हक़ीकत में बदलने की लड़ाई लड़ रहे थे और

दूसरी ओर कैंसर से जूझ रहे थे। इस लड़ाई के कई वैचारिक मोर्चे थे : एक तरफ़ मानव संसाधन मंत्रालय के बाबू, वित्त मंत्रालय और योजना आयोग थे जो धन पर कुंडली मारे बैठे थे, तो दूसरी तरफ़ क़ानून मंत्रालय के पेचोख़म थे। शिक्षा संबंधी क़ानून के विभिन्न मॉडलों पर अमल करने के लिए दीर्घकालिक वित्त व्यवस्था की ज़रूरत थी। वित्त मंत्रालय को यह बात समझाने के लिए उन्हें लम्बा संघर्ष करना पड़ा। इसके लिए उन्हें कई समझौते करने पड़े पर ग़नीमत यह रही कि इससे मिलने वाली क़ामयाबियाँ भी कम सार्थक नहीं थीं। विनोद को य़कीन था कि एक बार क़ानून बन जाने और शिक्षा के अधिकार को न्यायिक हैसियत मिल जाने के बाद यह अधिकार न्यायिक सक्रियता के ज़रिये ख़ुद-ब-ख़ुद मज़बूत होता चला जाएगा। यही वजह थी कि विनोद अधिकार में स्तरीयता या गुणवत्ता के मसले को शामिल करना एक बड़ी उपलब्धि मानते थे। क़ानून में 2005 में राष्ट्रीय पाठ्यचर्या द्वारा प्रस्तावित मानकों को संदर्भ माना गया था। इसलिए उन्हें लगता था कि पाठ्यक्रम के साम्प्रदायिकीकरण की किसी सम्भावित स्थिति में, जैसा कि राजग सरकार के दौरान एक बार हो भी चुका था, न्यायिक सक्रियता चीज़ों को ख़ुद ही दुरुस्त कर देगी। उन्हें यह उपलब्धि कम बड़ी नहीं लग रही थी कि आज़ादी के साठ सालों के बाद आख़िरकार सभी बच्चों को स्कूल जाने का मौक़ा मिल रहा था। और क़ानून के तहत इन स्कूलों को अपने यहाँ न्यूनतम सुविधाओं की भी गारंटी करनी पड़ रही थी। देश में तीन-चौथाई स्कूल सुविधाओं के इन मानकों पर ख़रे नहीं उतरते। लिहाज़ा सुविधाओं का छोटे से छोटा पैमाना भी सरकार को भारी-भरकम निवेश के लिए मजबूर कर देता है। सरकार की बेशर्मी देखिए कि वह यह न्यूनतम राशि भी ख़र्च नहीं करना चाहती। विनोद निजी स्कूलों में वंचित तबक़ों के पच्चीस फ़ीसदी छात्रों को अनिवार्य रूप से प्रवेश देने के प्रावधान को बड़ी बात नहीं मानते थे, जिसे लेकर ऐसे स्कूल अदालत का दरवाज़ा खटखटाते रहे हैं। उनका मानना था कि इससे वंचित तबक़ों के तो मुट्ठी भर छात्रों का ही भला होगा पर एलीट स्कूलों को ज़रूर समावेशी बनने का अवसर मिलेगा।

अधिनियम पारित हो जाने के बाद विनोद उसके नियमन का ढाँचा तैयार करने में व्यस्त थे। वे राज्य सरकारों के सामने इस बात की पैरवी करने में लगे थे कि अधिनियम के प्रावधान क़ानून की भावना के अनुरूप बनाए जाएँ। इसके लिए उन्हें विभिन्न राज्यों की राजधानियों के चक्कर लगाने पड़ते थे और अधिकारियों व मंत्रियों के साथ बैठकें करनी होती थीं। इस सिलसिले में उन्हें अधिनियम के विरोधियों से, जिनमें उनके कई पुराने सहयोगियों और दोस्त थे, भी जूझना पड़ रहा था। अनिल सद्गोपाल जैसे कटु आलोचकों की दलील थी कि अधिनियम में शिक्षा के अधिकार को कतर दिया गया है क्योंकि उन्नीकृष्णन-फैसले में आयु की कोई सीमा नहीं रखी गयी थी। सद्गोपाल की एक दलील यह भी थी कि अधिनियम में बराबरी के मुद्दे को जगह नहीं दी गयी। ऐसे कई मामलों में अधिनियम वाक़ई कमज़ोर साबित हुआ था और उसने निजी शिक्षण संस्थाओं की भूमिका पर भी मुहर लगा दी थी। यह निस्संदेह सरकार का अपनी ज़िम्मेदारी से पीछे हटना था और शिक्षा में बराबरी के सरोकार को ख़त्म करना था। कई अन्य आलोचकों ने औपचारिक स्कूलों को प्राथमिकता देने और सभी स्कूलों को एक खाने में रखे जाने की प्रवृत्ति पर भी सवाल खड़े किये। विनोद इस अधिनियम की हिमायत में अकेले दम लड़ते रहे। अधिनियम की कमज़ोरियों को वे भी स्वीकार करते थे पर उनका मानना था कि अगर क़ानून को अमली जामा पहनाने के लिए निगरानी समूह गठित कर दिये जाएँ तो बात आगे बढ़ सकती है। अधिनियम के पक्ष में उनकी ख़ास दलील यह थी कि देश में सामाजिक असमानता की भयावहता को देखते हुए समान शिक्षा की बात करना एक ख़ामख़याली है लेकिन इन हालात में कम से कम यह तो किया ही जाना चाहिए कि सर्वाधिक वंचित वर्गों के बच्चे, जिन्हें अब तक स्कूल जाने का मौक़ा ही नहीं मिला है, स्कूलों का मुँह देख सकें और थोड़ी बहुत स्तरीय शिक्षा हासिल कर सकें। अपने आप में यह भी कम बड़ा काम नहीं था पर इसके लिए भी राज्य को बाज़ाब्ता मजबूर करना ख़ास था।

विनोद रैना अपनी बात बहुत सफ़ाई से रखते थे और अपनी इस ख़ूबी का इस्तेमाल करने में माहिर थे। व्यक्तिगत संबंधों में वे बेहद उदार और संवेदनशील

थे। विरोधी दृष्टिकोण को देर तक और दूर तक जगह देते थे। उनमें एक समय के बाद आलोचना को एक तरफ़ रख कर काम पर पिल जाने की क़ुव्वत थी। विनोद को इसका भारी ख़मियाजा चुकाना पड़ा। उन्हें कई सारे नज़दीकी दोस्त और सहयोगी खोने पड़े। उन्होंने इस अजाब को सहा पर अपने ध्येय के प्रति अटल रहे। शायद यह कहना ग़ैरज़रूरी होगा कि विनोद के दोस्तों, सहयोगियों और आलोचकों को उनके नज़रिये की बेबाकी, प्रतिबद्धता और उनकी विनम्रता लम्बे समय तक खलती रहेगी।

असग़र अली इंजीनियर

इसलाम में लिबरेशन थियोलॉजी की तलाश

हिलाल अहमद

असग़र अली इंजीनियर (1939-2013) को समाज-विज्ञान और जनांदोलनों की दुनिया में अलग-अलग संदर्भों में जाना जाता है। कुछ लोग उन्हें इसलामी धर्म-सुधारक मानते हैं, कुछ के लिए वे सेकुलरवादी हैं, कुछ के लिए इसलाम के स्थापित विद्वान हैं, तो कुछ उन्हें एक कर्मठ एक्टिविस्ट के तौर पर देखते हैं। इंजीनियर की ये सारी छवियाँ उनके व्यक्तित्व और लेखन से उपजी हैं। सत्तर के दशक में उन्होंने मुसलिम बोहरा समाज के भीतर इसलाम के नाम पर होने वाले सामाजिक और आर्थिक दमन का विरोध किया। इसी वजह से बोहरा धर्म गुरु सेयादना ने उनका और उनके परिवार का हुक़्क़ा-पानी बंद कर दिया। दूसरी तरफ़ साम्प्रदायिकता का विरोध और साम्प्रदायिक दंगों का विश्लेषण इंजीनियर के लेखन का केंद्र-बिंदु रहा। इसी वजह से उन्हें सेकुलर विद्वान के तौर पर जाना गया। यही बात उनके इसलाम और जनांदोलनों संबंधित लेखन के विषय में भी कही जा सकती है। वे सामाजिक सरोकारों से जुड़े हर ज्वलंत मुद्दे पर लिखते रहे और साथ ही साथ सामाजिक आंदोलनों का हिस्सा भी बने रहे। इंजीनियर की तक़रीबन पचास पुस्तकें और उर्दू, हिंदी, अंग्रेज़ी में असंख्य लेख, रपटें और टिप्पणियाँ यह साबित करने के लिए काफ़ी हैं कि वे एक मँजे हुए लेखक थे। उनकी बौद्धिक योग्यताओं का सम्मान करते हुए कोलकाता विश्वविद्यालय ने उन्हें डॉक्टरेट की मानद उपाधि से सम्मानित

किया। 1997 में उन्हें राष्ट्रीय एकता पुरस्कार और 2004 में अंतर्राष्ट्रीय राइट टू लाइवलीहुड अवार्ड (जिसे वैकल्पिक नोबल पुरस्कार भी कहा जाता है) प्रदान किया गया।

इंजीनियर का जीवन और लेखन इतना रोचक है कि यदि इसे आत्मविश्वास, संघर्ष और राजनीतिक सक्रियता की जीवंत कहानी कहा जाए तो कोई अतिशयोक्ति नहीं होगी। लेकिन यह कहानी दोहराने से इंजीनियर जैसे सृजनात्मक लेखक की व्यक्ति-पूजा तो सम्भव है, पर उनके व्यापक योगदान की विशेषता उजागर करना मुश्किल हो जाएगा। यह सही है कि वे अपनी मृत्यु के दिन तक सामाजिक आंदोलनों की राजनीति में सक्रिय रहे और लेखन भी जारी रहा; परंतु यह भी सही है कि उन्होंने न केवल लेखन और राजनीतिक सक्रियता की स्थापित व्याख्याओं से हट कर एक विशिष्ट बौद्धिक राजनीति की मान्यता क़ायम की, बल्कि उस पर अमल करके भी दिखाया। इंजीनियर को जानने का सबसे अच्छा तरीक़ा यही होगा कि उनकी बौद्धिक राजनीति की अवधारणा का विश्लेषण किया जाए ताकि उसकी विशिष्टताओं के विभिन्न पहलुओं पर चर्चा हो सके।

इंजीनियर के कृतित्व के दो ऐसे पहलू हैं जिन पर विस्तार से चर्चा नहीं हुई है। इनमें एक है उनके द्वारा अपनाया गया राजनीतिक व्याख्या-शास्त्र जिसके तहत उन्होंने विवेचना का एक ख़ास तरह का सिद्धांत विकसित किया ताकि धार्मिक ग्रंथों और समुदायों के सामाजिक गठन के इतिहास की ग़ैर-रूढ़िवादी और उन्मुक्त व्याख्या की जा सके। दूसरा पहलू है तर्क प्रस्तुत करने की उनकी विशिष्ट तकनीक जिसके ज़रिये वे एक ऐसे खुले तार्किक विमर्श की प्रस्तुति कर पाते थे जो राजनीतिक तौर पर प्रतिबद्ध तो था लेकिन जिसमें सामाजिक परिवर्तनों को आत्मसात् करने की क्षमता भी थी।

इंजीनियर का शुरुआती लेखन दिखाता है कि जहाँ एक ओर वे इसलाम को महज़ धार्मिक रीति-रिवाज में लिप्त परम्परा नहीं मानना चाहते थे, वहीं वे साठ और सत्तर के दशक के समाज-वैज्ञानिक विमर्श से भी नाखुश थे। उस समय तक धर्म को समाज का ज्ञान ग्रहण करने की वैध और व्यवस्थित श्रेणी के तौर पर नहीं देखा जाता था। यह मान्यता थी कि विज्ञान और प्रगति से जाति और धर्म के बंधन ढीले होंगे, व्यक्ति स्वायत्त होता चला जाएगा और परिणामस्वरूप

धर्म स्वत: विलुप्त हो जाएगा। यही कारण था कि तत्कालीन भारतीय मार्क्सवाद 'धर्म केवल अफ़ीम है' का नारा लगा कर उसकी मार्क्सवादी व्याख्या से बचता था। वहीं आधुनिकतावादी उदारतावादियों के लिए धर्म व्यक्ति को स्वायत्त बनाने से रोकने में सबसे बड़ी रुकावट थी। इस परिस्थिति का नतीजा यह निकलता था कि धर्म का विमर्श पूरी तरह से ख़ुद को धार्मिक कहने वाले रूढ़िवादियों के नियंत्रण में चला जाता था।

इंजीनियर ने इन दोनों स्थापित विमर्शों से परे जा कर धर्म को एक सामाजिक परिघटना के तौर पर समझने की कोशिश की। उल्लेखनीय है कि इस प्रयास में इंजीनियर ने मार्क्सवाद का सहारा लिया। लेकिन मार्क्सवाद का यह इस्तेमाल न तो क्रांति के किसी तयशुदा अर्थ को निकालने का प्रयास था और न ही किसी तरह की बौद्धिक इंजीनियरिंग। यह एक ऐसी जद्दोजेहद थी जिसके ज़रिये इंजीनियर इसलाम को समझने का एक दृष्टिकोण विकसित करना चाहते थे। यह कोशिश महज़ किताबी नहीं थी। उनके लिए हिंदुस्तानी मुसलमानों के मुद्दे इसलाम की आज़ाद समझ से जुड़े हुए थे। 1975 से 1980 तक का उनका लेखन, ख़ासकर उनकी पुस्तक *इसलाम, मुसलिम, इण्डिया* (1975) इस तथ्य का परिचायक है।

इंजीनियर की यह तलाश उन्हें लिबरेशन थियोलॉजी के सिद्धांत तक ले गयी। इंजीनियर का कहना था कि धर्म की मौजूदा समझ मूलत: वर्चस्ववादी वर्ग के हितों और उद्देश्यों की रक्षा करने का एक माध्यम भर है। यह कोई नयी बात नहीं थी। प्रचलित मार्क्सवाद काफ़ी पहले से धर्म को अफ़ीम बताता चला आ रहा था। मार्क्सवादी होने का सबसे पहला और स्थापित अर्थ नास्तिक होना बन चुका था। अपने को मार्क्सवादी कहने वाले लोग, ख़ासकर अंग्रेज़ीदाँ मध्यवर्गीय मार्क्सवादी, इस आत्मविश्वास से परिपूर्ण थे कि उन्होंने धर्म का सवाल हल कर लिया है। लेकिन इंजीनियर के लिए धर्म कोई गणितीय सवाल या वैज्ञानिक दुविधा नहीं थी जिसे मार्क्स द्वारा प्रतिपादित किसी प्रमेय से हल कर लिया जाएगा। उनके लिए धर्म एक सामाजिक-ऐतिहासिक परिघटना थी और मार्क्सवाद एक सृजनात्मक दर्शन, जिसके ज़रिये धर्म की समतामूलक समझ विकसित की जा सकती थी।

इंजीनियर ने अपनी पुस्तक *इसलाम ऐंड लिबरेशन थियोलॅजी* (1990) में यह दर्शाने की कोशिश की कि यदि धर्म को उसके ऐतिहासिक संदर्भ में समझा जाए तो यह स्पष्ट हो जाता है कि वह अपने शुरुआती दौर में एक सामाजिक आंदोलन ही होता है। पैगम्बर मुहम्मद के जिस धर्म को इसलाम कहा गया, वह दासों, महिलाओं और ग़रीबों पर होने वाले अत्याचारों के ख़िलाफ़ लोकप्रिय जनाक्रोश की सामूहिक अभिव्यक्ति थी। यही कारण है कि क़ुरान, ज़ालिम का विरोध करने और मज़लूम का पक्ष लेने को ईमान की पहली शर्त बताता है। लेकिन एक समय के बाद इसलाम एक व्यवस्थित धर्म बन गया। इसका कारण यह था कि वर्चस्ववादी वर्ग ने इसलाम को स्वीकार कर लिया और जिन कुरीतियों का विरोध पैगम्बर कर रहे थे वे सब इसलाम के नाम पर स्थापित कर दी गयीं। इंजीनियर का मत है इस सब के बावजूद वर्चस्ववादी वर्ग क़ुरान के समानता के संदेश को मिटा नहीं सका जिस कारण अपने वर्तमान स्वरूप में भी इसलाम सामाजिक बराबरी का पक्षधर नज़र आता है। इसलाम के इसी रैडिकल मूलतत्त्व को इंजीनियर सामाजिक परिवर्तन के लिए अनिवार्य शर्त मानते हैं। दूसरे शब्दों में इंजीनियर की लिबरेशन थियोलॅजी न तो यह कहती है कि इसलाम एक ऐसी जीवन पद्धति है जिसमें इनसानी ज़िंदगी के हर सवाल का अर्थ छिपा है और न ही इस बात को मानने को तैयार है कि इसलाम एक रूढ़िवादी-कट्टरपंथी मज़हब है, जिसमें आज़ादी और सामाजिक बराबरी के लिए कोई स्थान नहीं है।

यही कारण है कि इंजीनियर का राजनीतिक व्याख्या-शास्त्र क़ुरान की समकालीन व्याख्या तक सीमित नहीं रहा। उन्होंने अपनी इस पद्धति को केंद्र में रख कर हिंदुस्तानी मुसलमान समुदायों की आंतरिक शक्ति-संरचना का विश्लेषण प्रस्तुत किया। मुसलिम पर्सनल लॉ और शाहबानो के मुद्दे पर उपलब्ध उनके लेखन से यह तर्क निकला कि इसलाम की एक स्त्रीवादी समझ भी सम्भव है। मुसलमानों के लिए आरक्षण के सवाल को उन्होंने मुसलिम जाति व्यवस्था विशेषकर दलित मुसलिम के मुद्दे से जोड़ा और मुसलमानों के आर्थिक-शैक्षणिक पिछड़ेपन के प्रश्न को भूमण्डलीकरण के संदर्भ में समझने पर बल देते रहे।

इंजीनियर का साम्प्रदायिकता-विरोध, मुसलमान अभिजन की उनकी आलोचना और यहाँ तक कि उनका रूढ़िवादी मार्क्सवाद के प्रति असंतोष एकतरफ़ा नहीं था। उनकी आलोचना लफ़्फ़ाजी पर नहीं टिकी थी। इसके बरअक्स, उनकी दिलचस्पी अपने विरोधी तर्क की आंतरिक संरचना को समझने में थी ताकि न केवल तर्क समझा जा सके बल्कि उसके समर्थन में दिये जाने वाले प्रमाणों का औचित्य भी स्पष्ट हो सके। उदाहरण के लिए उत्तर-औपनिवेशिक मुसलिम राजनीति की उनकी आलोचना केवल सेकुलरवाद के गुणगान पर नहीं टिकी हुई है; अपितु वे यह साबित करने की कोशिश करते हैं कि जिन आधारों पर मुसलमान अभिजन धर्म की राजनीति कर रहा है, वे इसलामसम्मत नहीं हैं।

यह तर्क-पद्धति दो तरह से सामने आती है। पहला, अपने तर्क को स्थापित करने के लिए तथ्यपरक प्रमाणों को प्रस्तुत करना; और दूसरे, एक ऐसा साफ़ रुख़ लेना जो राजनीतिक तौर पर कटिबद्ध तो हो पर उसे वक़्त और हालात के अनुरूप ढाला जा सके। दंगों पर इंजीनियर का लेखन उनकी तर्क-पद्धति की पहली ख़ासियत उजागर करता है। अन्य सेकुलर राजनीतिक पण्डितों की तरह इंजीनियर भी यह कहते हैं कि साम्प्रदायिक दंगों का कारण हिंदू-मुसलमान का धार्मिक होना नहीं है बल्कि वे स्थानीय मुद्दे और द्वंद्व हैं जो साम्प्रदायिक हिंसा का स्वरूप ले लेते हैं। लेकिन यह महज़ नैतिक दावेदारी नहीं थी। इंजीनियर ने अपने जीवन का एक बड़ा हिस्सा साम्प्रदायिक दंगों के स्थानीय कारणों को सूचीबद्ध करने में लगाया ताकि साबित किया जा सके कि जो तर्क वे दे रहे हैं, वह लफ़्फ़ाजी नहीं है। इंजीनियर की यही अनुभवपरकता हमें उनकी तर्क-पद्धति को दूसरी विशिष्टता की ओर ले जाती है। उन्होंने अपने लेखन में विचारधारा की पूजा करने के बजाय सामाजिक मुद्दों की जटिलता को केंद्र में रखा। बदलते सामाजिक विरोधाभासों के अध्ययन ने उन्हें एक स्पष्ट राजनीतिक पोजीशन दी, पर साथ ही उन्हें किसी भी विचारधारा का ग़ुलाम होने से भी बचाया। परिणामस्वरूप, इंजीनियर ऐसा मार्क्सवाद रच पाये जिसमें उनकी इसलामिक समझ के लिए जगह थी। वे मुसलमानों के लिए आरक्षण का

ऐसा तर्क दे सके जिसके ज़रिये भूमण्डलीकरण की आलोचना सम्भव थी। साथ ही वे बिना यह कहे कि इसलाम में सब कुछ है, उसके दायरे में स्त्री-अधिकारों की मौजूदगी साबित कर सके।

संदर्भ

असग़र अली इंजीनियर (1975), *इसलाम, मुस्लिम्स, इण्डिया*, लोकवाङ्गमय गृह, मुम्बई.

————————(1990), *इसलाम ऐंड लिबरेशन थियोलॅजी*, स्टर्लिंग पब्लिशर्स, नयी दिल्ली.

————————(2011), *अ लिविंग फ़ेथ : माई क्वेस्ट फ़ॉर पीस, हारमॅनी ऐंड सोशल चेंज*, ओरिएंट ब्लैक स्वान, नयी दिल्ली.

शरद पाटिल (1976), 'अ मार्क्सिस्ट एक्सपोज़ीशन ऑफ़ इसलाम', *सोशल साइंटिस्ट*, खण्ड 4, अंक 10.

फ़िदेल कास्त्रो

क्रांतिकारी राष्ट्रवाद के पैरोकार

कमल नयन चौबे

क्यूबा की मार्क्सवादी क्रांति के सर्वोच्च नेता और पिछले पचास सालों से अमेरिकी साम्राज्यवाद को लगातार चुनौती देने वाले फ़िदेल अलेजान्द्रो कास्त्रो रूज़ (13 अगस्त, 1926-25 नवम्बर, 2016) एक अनूठी और प्रेरक शख़्सियत के मालिक होने के साथ-साथ क्रांतिकारी राष्ट्रवाद के बेमिसाल पैरोकार भी थे। चूँकि उन्होंने अपने क्रांतिकारी राष्ट्रवाद का सूत्रीकरण मार्क्सवादी दृष्टिकोण से किया था इसलिए वे सोवियत पराभव के दिनों में भी पूँजीवादी भूमण्डलीकरण के मुक़ाबले साम्यवादी भूमण्डलीकरण की पैरोकारी करने में कामयाब रहे। कास्त्रो 1959 से 1976 तक रिपब्लिक ऑफ़ क्यूबा के प्रधानमंत्री और 1976 से 2008 तक उसके राष्ट्रपति रहे। उन्होंने मार्क्सवाद-लेनिनवाद के अनुरूप क्यूबाई समाज के पुनर्निर्माण का प्रयास किया। इसके लिए उन्होंने उद्योगों और व्यापार का राष्ट्रीयकरण करते हुए क्यूबाई समाज को सोशलिस्ट पैटर्न पर नये सिरे से गढ़ने की परियोजना चलाई। 1961 से लेकर 2011 तक वे कम्युनिस्ट पार्टी ऑफ़ क्यूबा के प्रथम सचिव भी रहे। सोवियत ख़ेमे के ढहने के बावजूद उनके शासन के अंतर्गत क्यूबा एक-दलीय समाजवादी राज्य क़ायम रहा।

कास्त्रो के नेतृत्व में हुई क्यूबाई क्रांति को लातीनी अमेरिकी परिस्थितियों में राष्ट्रवाद और मार्क्सवाद के सफल संश्रय के लिए भी जाना जाता है। क्रांति

की यह प्रक्रिया अपने अनूठेपन के कारण छापामार युद्ध के माध्यम से सत्ता पर क़ब्ज़ा करने की एक विशिष्ट विधि के रूप में चर्चित हुई। कास्त्रो का छापामार युद्ध माओ द्वारा सूत्रीकृत दीर्घकालीन लोक-युद्ध के तहत होने वाले छापामार युद्ध से अलग तरह का था। इसके पैरोकारों ने दावा किया कि प्रतिबद्ध छापामारों का एक दल क्रांति सम्पन्न कर सकता है और उसके लिए व्यापक जनता को गोलबंद करने या उनकी राजनीतिक चेतना उन्नत करने के लिए दीर्घकालीन प्रयास करना एक पूर्व-शर्त नहीं है। दरअसल, क्रांतियों के समाजशास्त्र में क्यूबाई क्रांति के अनुभव का अपना योगदान है जिसके सूत्रीकरण में कास्त्रो के प्रमुख साथी चे गुएवारा की भूमिका भी थी। इसे क्रांति की लेनिन-उत्तर और माओ-उत्तर सैद्धांतिकी कहा जा सकता है, क्योंकि यह मॉडल न तो माओ की भाँति सशस्त्र क्रांति के लिए आम जनता के अनिवार्य समर्थन पर निर्भर है, और न ही यह लेनिन की भाँति क्रांतिकारी परिस्थिति को लाज़िमी मानता है। क्यूबाई क्रांति के तीन बुनियादी सबक़ों का सार-संकलन करते हुए चे गुएवारा साफ़ तौर पर कहते हैं कि लोकप्रिय हथियारबंद शक्तियाँ फ़ौज के ख़िलाफ़ जीत हासिल कर सकती हैं, इसके लिए क्रांतिकारी परिस्थिति बनने का इंतज़ार करना आवश्यक नहीं है क्योंकि विद्रोह अपने आप यह काम कर देगा। कास्त्रो और चे की मान्यता थी कि अविकसित अमेरिकी महाद्वीप में हथियारबंद संघर्ष को ग्रामीण क्षेत्र में ही केंद्रित करना होगा। इन्हीं बातों को फ़्रांसीसी सिद्धांतकार रेजिस देब्रे ने आगे बढ़ाया और 'फ़ोको इंज़रेक्शनल' की थियरी विकसित की। इसके मुताबिक़ पहले गुरिल्ला फ़ोर्स बनेगी, और वही इसके बाद बनने वाली पार्टी का केंद्रक या न्यूक्लियस होगी। छापामार पुलिस और फ़ौज पर हमले करके अराजकता फैला देंगे जिससे जन-गोलबंदी की परिस्थितियाँ तैयार होंगी। शुरुआत में किसानों को इन कार्रवाइयों में शामिल करना उचित नहीं होगा, क्योंकि वे छापामारों पर अविश्वास के कारण उन्हें धोखा भी दे सकते हैं।

कास्त्रो का जन्म क्यूबा के बिरन, ऑरियन्टे नामक स्थान पर एक समृद्ध किसान परिवार में 13 अगस्त, 1926 को हुआ था। उनके पिता एंजेल कास्त्रो आर्गिज उत्तर-पश्चिमी स्पेन के गैलिसिया नामक स्थान से आकर इस क्षेत्र में बसे थे। माता का नाम लिना रूज़ गोंज़ालेज़ था। आठ साल की उम्र में ही इन्हें

रोमन कैथॅलिक चर्च की धार्मिक दीक्षा दी गयी और इसी कारण उनकी आरम्भिक स्कूली शिक्षा सेंटियागो में चर्च के बोर्डिंग स्कूल में हुई। बाद में स्कूली शिक्षा के लिए वे हवाना चले गये। 1945 में युनिवर्सिटी ऑफ़ हवाना में क़ानून का अध्ययन करते हुए उन्होंने छात्र राजनीति में हिस्सेदारी की। कास्त्रो ने कैरेबियायी क्षेत्र में अमेरिकी दख़ल का विरोध किया और इसी प्रक्रिया में उनका रुझान साम्राज्यवाद-विरोधी वामपंथी विचारधारा की ओर हुआ। 1947 में कास्त्रो अपने समय के वरिष्ठ राजनेता एडवर्डो चिबास द्वारा स्थापित दल पार्टी ऑफ़ द क्यूबन पीपुल (परटिडो ऑर्टोडॉसो) में शामिल हो गये। चिबास ने सामाजिक न्याय और भ्रष्टाचार-मुक्त शासन और राजनीतिक आज़ादी की वकालत की। 1948 के आम चुनावों में यह पार्टी तीसरे स्थान पर आयी, लेकिन इसके बाद भी कास्त्रो इस पार्टी से जुड़ कर काम करते रहे। अपनी राजनीतिक गतिविधियों के कारण पुलिस की नज़रों में आने के बावजूद कास्त्रो ने जून, 1947 में डॉमिनिकन रिपब्लिक के फ़ौजी तानाशाह के ख़िलाफ़ बग़ावत में हिस्सा लिया। यह विद्रोह फ़ौजी शासकों को मिले अमेरिकी समर्थन के कारण विफल रहा। कास्त्रो ने अप्रैल, 1948 में कोलम्बिया की राजधानी बगोटा की यात्रा की जहाँ एक प्रसिद्ध वामपंथी नेता की हत्या के ख़िलाफ़ आंदोलन चल रहा था। कास्त्रो ने भी उसे अपना समर्थन प्रदान किया। इसी वर्ष क्यूबा वापस आने पर इन्होंने मिर्टा डायज़ लार्ट से विवाह किया।

क्यूबा और उसके आस-पास के देशों में हो रही हिंसा और दमन ने कास्त्रो को इन समाजों पर साम्राज्यवादी ताक़तों के वर्चस्व और देशज अभिजनों से उनकी साँठ-गाँठ के प्रति जागरूक कर दिया। इसी दौर में उन्होंने मार्क्स, एंगेल्स और लेनिन की कृतियों का अध्ययन किया। उन्होंने स्वयं स्वीकार किया है कि मार्क्सवाद ने ही उन्हें समाज और इसमें व्याप्त शोषण को समझने की दृष्टि प्रदान की। क्यूबा की समस्या को पूँजीवादी समाज से अभिन्न समस्या के रूप में परिभाषित करते हुए उन्होंने इस बात पर बल दिया कि सिर्फ़ सर्वहारा क्रांति द्वारा ही सार्थक राजनीतिक बदलाव लाया जा सकता है। सितम्बर, 1950 में उन्होंने क़ानून की अपनी पढ़ाई पूरी करके वकालत शुरू की लेकिन राजनीतिक गतिविधियों पर केंद्रित रहने कारण उन्हें इसमें सफलता नहीं मिली। छात्र संगठनों

पर लगे प्रतिबंध के ख़िलाफ़ चले आंदोलन में भागीदारी करने के समय तक उनका जुड़ाव चिबास और पार्टिडो ऑर्टोडॉसो से बना हुआ था। जून, 1952 में होने वाले चुनावों में उन्हें पार्टी ने हाउस ऑफ़ रिप्रज़ेंटेटिव का उम्मीदवार बनाया। लेकिन इसी बीच पूर्व राष्ट्रपति फ़ुलगेंसियो बतिस्ता ने मार्च, 1952 में फ़ौजी तख़्ता पलट द्वारा सत्ता पर क़ब्ज़ा कर लिया और तत्कालीन् राष्ट्रपति प्रायियो भाग कर मैक्सिको चले गये। बतिस्ता ने ख़ुद को राष्ट्रपति घोषित करते हुए राष्ट्रपति के लिए होने वाले चुनावों को रद्द कर दिया और नयी व्यवस्था को 'अनुशासित लोकतंत्र' की संज्ञा दी। कास्त्रो ने इसे एक व्यक्ति के तानाशाही की संज्ञा दी। बतिस्ता ने अपनी स्थिति मज़बूत करने के लिए दक्षिणपंथी ताक़तों से अपनी नज़दीकी बढ़ाई। उन्होंने अपने देश के सम्पत्तिशाली अभिजन और संयुक्त राज्य अमेरिका से अपने संबंध प्रगाढ़ किये, सोवियत संघ से कूटनीतिक संबंध तोड़ लिए तथा श्रमिक संघों पर पाबंदी लगाते हुए क्यूबा के समाजवादी समूहों का दमन किया। कास्त्रो ने बतिस्ता के विरोध में सरकार के ख़िलाफ़ कई मुक़दमे दायर किये, लेकिन इनका कोई नतीजा सामने नहीं आया। इस नाकामी के चलते वे इस शासन को उखाड़ फेंकने के वैकल्पिक तरीक़ों पर विचार करने लगे।

मार्क्सवाद और राष्ट्रवाद का गठजोड़ : छापामार युद्ध की विजय

तीस के दशक से ही क्यूबा में क्रांतिकारी विचार समाजवादी सिद्धांतों और राष्ट्रवाद के संश्रय के आधार पर विकसित हो रहा था। चालीस के दशक के आख़िरी और पचास के दशक के शुरुआती दौर की रैडिकल क्यूबाई राजनीति में एक ओर ऑर्थोडॉस थे जो जोसे मार्ती की परम्परा पर ज़ोर देते थे। दूसरी ओर, डायरेटोरियो रेवोल्यूशनेरियो थे जो 1933 में हुए आंदोलन के नेता आंटोनियो गुटेरस से प्रभावित थे। ये लोग दमनकारी राज्य के ख़िलाफ़ हिंसक कार्रवाई पर ज़ोर देते थे। क्यूबा की कम्युनिस्ट पार्टी, जिसकी स्थापना 1925 में हुई थी, सोवियत यूनियन के प्रभाव में अपनी कार्य दिशा बदलती रही थी। 1935 के बाद वह बतिस्ता के साथ सहयोग करने लगी। इसलिए क्रांतिकारी राष्ट्रवाद पर विश्वास करने वाले फिदेल कास्त्रो जैसे युवक कम्युनिस्टों को संदेह की निगाह से देखने लगे। दूसरी ओर कम्युनिस्टों ने भी रैडिकल राष्ट्रवादियों

की इस आधार पर आलोचना की कि वे वर्ग आधारित विश्लेषण के बजाय राष्ट्रवाद के नाम पर लोगों को संगठित करने की कोशिश कर रहे हैं।

कास्त्रो ने 1952 में द *मूवमेंट* नाम से एक समूह का गठन किया जो भूमिगत समाचार-पत्र निकालने और बतिस्ता विरोधी युवाओं को सैन्य प्रशिक्षण देने का काम करता था। एक निश्चित संख्या में प्रशिक्षित युवाओं के एकत्रित हो जाने के बाद कास्त्रो ने छापामार संघर्ष द्वारा मानेकाडा स्थित शस्त्रागार पर क़ब्ज़ा करने की योजना बनायी। दरअसल वे उन्नीसवीं सदी के क्यूबाई स्वतंत्रता सेनानी जोसे मार्ती से काफ़ी प्रभावित थे। मार्ती ने क्यूबा की स्वतंत्रता के लिए संघर्ष करते हुए स्पेनी हथियारख़ाने पर क़ब्ज़ा कर लिया था। 26 जुलाई, 1953 को कास्त्रो ने अपनी योजना को मूर्त रूप देने का प्रयास किया। यह हमला बेहद प्रभावशाली था और इसमें बतिस्ता की सेना के बहुत से जवान मारे गये। लेकिन, कुल मिला कर कास्त्रो विफल रहे और उनके कई साथी मारे गये। उन्हें सियेरा मेस्त्रा की पहाड़ियों में छिपना पड़ा। बाद में उन्हें और उनके पच्चीस साथियों को पकड़ कर सेंटियागो के जेल में डाल दिया गया। यहाँ कास्त्रो ने अपने समूह का नाम बदलकर ट्वेंटी सिक्स्थ ऑफ़ जुलाई मूवमेंट (जे-26-एम) कर दिया। जेल में उन्होंने अपने साथियों के साथ मिलकर मार्क्स, लेनिन और मार्ती की रचनाओं का गहन अध्ययन किया और उसके आधार पर क्यूबा की सामाजिक-आर्थिक स्थिति को समझने की कोशिश की। जेल में अपने साथियों के साथ बतिस्ता विरोधी गीत गाने के आरोप में उन्हें उनके साथियों से अलग-थलग क़ैद में डाल दिया गया। इसी दौर में उन्हें यह ख़बर मिली कि उनकी पत्नी मिर्टा ने सरकारी नौकरी कर ली है। इसके कारण उनका अपनी पत्नी से विवाद बढ़ गया जिसका नतीजा तलाक़ में निकला। बतिस्ता ने पकड़े गये विद्रोहियों में से कई को बहुत प्रताड़ित किया और बहुतों को मौत की सज़ा भी सुनायी। ख़ुद कास्त्रो पर भी मुक़दमा चलाया गया और उन्हें 15 साल की सज़ा दी गयी। मुक़दमे के दौरान कास्त्रो द्वारा अपने बचाव में दी गयी दलीलों का ऐतिहासिक महत्त्व है। उन्होंने देश में फैले भ्रष्टाचार पर हमला किया और 1940 के उदारतावादी संविधान को फिर से लागू करने पर ज़ोर दिया। कास्त्रो ने छोटे किसानों को ज़मीन का पट्टा देने, विदेशी स्वामित्व वाली बड़ी सम्पत्तियों के राष्ट्रीयकरण और दूसरे देशों के

लोगों के स्वामित्व वाले कारख़ानों में मज़दूरों को फ़ायदा देने जैसे कार्यक्रमों की माँग की। इसके अलावा कास्त्रो ने सार्वजनिक सेवाओं के राष्ट्रीयकरण, लगान में कटौती और शिक्षा में सुधार पर भी ज़ोर दिया। इस तरह कास्त्रो ने क्रांति के बाद के क्यूबा की तस्वीर पेश की। फ़िदेल कास्त्रो और दूसरे बाग़ी नेताओं के साथ हुए बर्ताव ने जन-आक्रोश को भी बढ़ाया। इसके विरोध में हुए प्रदर्शनों के कारण जुलाई, 1955 में एमनेस्टी लॉ का इस्तेमाल करके कास्त्रो को जेल से रिहा कर दिया गया। कास्त्रो इसके छह हफ़्ते बाद देश छोड़ कर मैक्सिको चले गये। लेकिन उन्होंने वायदा किया वे अपने संघर्ष को आगे बढ़ाने के लिए वापस आएँगे।

फ़िदेल और उनके साथियों को अब तक यह भरोसा हो गया कि छापामार गुरिल्ला युद्ध के द्वारा ही बतिस्ता की शक्ति का मुक़ाबला किया जा सकता है। कास्त्रो नये सशस्त्र विद्रोहियों की फ़ौज तैयार करना चाहते थे। उन्हें भरोसा था कि क्रांतिकारियों की कार्रवाई से जन-विद्रोह पैदा होगा। इसी नज़रिये के तहत मैक्सिको में फ़िदेल कास्त्रो ने अपने हथियारबंद गुरिल्ला दस्ते तैयार करने की कोशिश की। इसके अलावा वे राजनीतिक गठजोड़ बनाने की कोशिश भी करते रहे। यहीं उनकी मुलाक़ात एक युवा दंत-चिकित्सक अर्नेस्टो चे गुएवारा से हुई। दोनों ही गुरिल्ला युद्ध द्वारा क्रांति करने की संकल्पना पर सहमत थे। दोनों को ही स्पेनिश युद्ध के वरिष्ठ योद्धा अलबर्टो बायो ने मैक्सिको में चाल्को के एक फ़ॉर्म में प्रशिक्षित किया। कास्त्रो और चे ने दिसम्बर, 1956 में मोटर विसेज ग्रेनमा से 82 गुरिल्ला लड़ाकों के साथ क्यूबा वापस आने की योजना बनायी।

लेकिन जब 3 दिसम्बर, 1956 को वे क्यूबा के तट पर पहुँचे तो इन्हें बतिस्ता के सैनिकों का सामना करना पड़ा। उनकी मदद के लिए जे-26-एम के शहरी इलाक़ों के सदस्य आये थे, लेकिन वे इंतज़ार करके चले गये क्योंकि कास्त्रो के छापामार निश्चित तारीख़ (30 नवम्बर) के बजाय काफ़ी देर से पहुँचे थे। बतिस्ता के सैनिकों के हमले में अधिकांश गुरिल्ला लड़ाकू मारे गये। लेकिन फ़िदेल, चे और फ़िदेल के छोटे भाई राउल कास्त्रो इस हमले में बच गये। तक़रीबन 15 दिनों के बाद घायल अवस्था में ये लोग सियेरा मेस्त्रा के जंगलों में एक-दूसरे से मिले। उन्होंने शहर में जे-26-एम से सम्पर्क क़ायम किया और

जंगलों में ही गुरिल्ला लड़ाकों को इकट्ठा करना शुरू कर दिया। लेकिन यहाँ के ग़रीब किसानों को प्रशिक्षित क्रांतिकारी बनाना बहुत मुश्किल था। किसान कभी भी क्रांति का काम छोड़ कर खेती करने के लिए वापस जाने को तैयार रहते थे या विरोधी ख़ेमा उन्हें पैसे आदि का लालच देकर अपने पक्ष में खींच सकता था। चे गुएवारा के लिए यह ज़्यादा चिंता की बात थी। इसलिए उन्होंने सख़्त अनुशासन तथा अनुशासन तोड़ने वाले को सख़्त सज़ा देने पर ज़ोर दिया। दूसरी तरफ़ एक समस्या यह भी थी कि क्यूबा में काम करने वाले दूसरे क्रांतिकारी संगठनों, मसलन डायरेटोरियो और 26 जुलाई मूवमेंट, का शहरी नेतृत्व कास्त्रो और चे की गुरिल्ला योजनाओं से पूरी तरह सहमत नहीं था। क्यूबा कम्युनिस्ट पार्टी भी इनकी आलोचक थी। ख़ुद चे और फ़िदेल के बीच भी कम्युनिस्ट लक्ष्यों को लेकर मतभेद था। चे का ज़्यादा ज़ोर मार्क्सवाद की ओर था, जबकि कास्त्रो पर क्यूबाई राष्ट्रवाद का गहरा प्रभाव था।

कास्त्रो ने सियेरा मेस्त्रा के पहाड़ी और जंगली क्षेत्रों या इसके नज़दीकी ग्रामीण क्षेत्रों को अपना अड्डा बनाया और लगातार बतिस्ता की सेना और अन्य ठिकानों पर हमला करते रहे। यह गुरिल्ला तकनीक काफ़ी लाभप्रद साबित हुई क्योंकि संख्या और साधनों में ज़्यादा सशक्त होने के बावजूद बतिस्ता की सेना को गुरिल्ला युद्ध का कोई अनुभव नहीं था। तीन साल (1956 से लेकर 1958 के आख़िर तक) के संघर्ष के उपरांत बतिस्ता की स्थिति कमज़ोर हो गयी और उन्हें 31 दिसम्बर, 1958 को हवाना छोड़कर भागना पड़ा। कास्त्रो और उनके साथियों ने 2 जनवरी, 1959 को सभी प्रमुख स्थानों पर अपना नियंत्रण करते हुए क्यूबा की स्वतंत्रता की घोषणा कर दी। कुछ समय के लिए मैनुएल उर्रटिला लेलो देश के कार्यवाहक राष्ट्रपति बने।

16 फ़रवरी, 1959 को कास्त्रो ने क्यूबा के प्रधानमंत्री के रूप में शपथ ली और सत्ता पर अपना पूर्ण नियंत्रण स्थापित कर लिया। आरम्भ में कास्त्रो ने अपनी सरकार को समाजवादी मूल्यों वाली सरकार नहीं माना, और न ही यह दावा किया कि वे एक कम्युनिस्ट समाज बनाने का लक्ष्य रखते हैं। लेकिन उनके द्वारा किये जाने वाले भूमि सुधारों और सरकार के भीतर प्रमुख मार्क्सवादियों को स्थान देने से अमेरिका को उनके इरादों पर शक हो गया।

धीरे-धीरे कास्त्रो की सरकार के कम्युनिस्ट रुझान स्पष्ट होते चले गये। जुलाई, 1961 में फ़िदेल कास्त्रो की 26 जुलाई मूवमेंट ने पॉपुलर सोशलिस्ट पार्टी और डायरेटोरियो के साथ मिलकर रिवोल्यूशनरी ऑर्गनाइज़ेशंस नामक दल का गठन किया, जिसने कम्युनिस्ट विचारों के प्रति अपनी आस्था व्यक्त की। 26 मार्च, 1962 को इस दल का नाम बदल कर यूनाइटेड पार्टी ऑफ़ द क्यूबन सोशलिस्ट रिवोल्यूशन कर दिया गया और 3 अक्टूबर, 1965 को यही पार्टी कम्युनिस्ट पार्टी ऑफ़ क्यूबा बन गयी।

अमेरिकी साम्राज्यवाद का विरोध, क्रांतिकारी संघर्ष की हिमायत और गुटनिरपेक्ष आंदोलन

अमेरिका अपने दक्षिण में स्थित क्यूबा जैसे एक छोटे देश में कम्युनिस्ट शासन की स्थापना नहीं चाहता था। उसने कास्त्रो सरकार का तीखा और लगातार विरोध किया और कास्त्रो की हत्या के भी कई विफल प्रयास किये। आर्थिक नाकेबंदी द्वारा भी क्यूबा की अर्थव्यवस्था को तहस-नहस करने और कास्त्रो की सरकार के ख़िलाफ़ बग़ावत भड़काने का प्रयास किया गया। असल में अमेरिका के साथ क्यूबा के रिश्ते कास्त्रो के सत्ता सँभालने के बाद से ही बिगड़ने लगे थे। जनवरी, 1961 में क्यूबा की सरकार ने अमेरिका से अपने तीन सौ सदस्यीय हवाना दूतावास में कर्मचारियों की संख्या कम करने को कहा क्योंकि उसे संदेह था कि इनमें से बहुत से कर्मचारी सीआईए के एजेंट हैं। इस पर अमेरिका ने अपनी नाराज़गी जताते हुए अपना दूतावास बंद कर दिया। इसी के बाद सीआईए ने खुलकर क्यूबा की विद्रोही ताक़तों को मदद देने और भड़काने की शुरुआत की। परिणामस्वरूप इन्हीं ताक़तों ने बे ऑफ़ पिग्स पर अप्रैल 1961 में हमला कर दिया। लेकिन क्यूबा की सरकार इस हमले को नाकाम करने में सफल रही।

चूँकि फ़िदेल कास्त्रो का स्पष्ट रुझान मार्क्सवाद-लेनिनवाद की ओर था, इसलिए सोवियत संघ उनका स्वाभाविक सहयोगी था। लेकिन, इसी के चलते उनका अपने सहयोगी चे गुएवारा से संबंध तनावपूर्ण हो गया, क्योंकि गुएवारा सोवियत संघ से ज़्यादा चीन के समर्थक थे। बहरहाल, शीत-युद्ध के दौर में क्यूबा अमेरिकी आँखों की किरकिरी बना रहा। 1962 के अक्टूबर में एक ऐसी

घटना हुई जिसने पूरी दुनिया को परमाणु युद्ध के कगार पर ला खड़ा किया। इसे इतिहास में क्यूबाई मिसाइल संकट के नाम से जाना जाता है। यह संकट अक्टूबर, 1962 में 13 दिनों (16 से 28 अक्टूबर) तक चला। असल में ख्रुश्चेव ने नाटो की तुलना में अपनी कमज़ोर सैन्य शक्ति को संतुलित करने के लिए क्यूबा में अपने परमाणु मिसाइलों की तैनाती की। इस पर अमेरिका ने क्यूबा में अन्य मिसाइलों की तैनाती रोकने के लिए सैन्य नाकेबंदी कर दी। इससे स्थिति काफ़ी तनावपूर्ण हो गयी। कई दिनों तक चली गहन बातचीत के बाद सोवियत संघ अपनी मिसाइलों को अमेरिका के इस आश्वासन के बाद हटाने को तैयार हुआ कि अमेरिका क्यूबा पर हमला नहीं करेगा। स्पष्टत: क्यूबा मिसाइल संकट यह रेखांकित करता है कि कास्त्रो वैश्विक स्तर पर कम्युनिस्ट देशों के साथ मिल कर काम करने के लिए किसी भी हद तक जाने को तैयार थे। उन्होंने लगातार वैश्विक क्रांति का आह्वान किया और विभिन्न देशों के वामपंथी दलों को आर्थिक सहायता दी। क्यूबा की विदेश नीति साम्राज्यवाद विरोधी थी और इसमें इस बात पर बल दिया गया था कि प्रत्येक देश का अपने प्राकृतिक संसाधनों पर अधिकार है।

फ़िदेल कास्त्रो के नेतृत्व में क्यूबा ने सोवियत संघ की मदद से अपने देश में उद्योग और व्यापार के साथ ही साथ स्वास्थ्य और शिक्षा के क्षेत्र में अभूतपूर्व प्रगति की। क्यूबा गुटनिरेपक्ष आंदोलन का भी एक सक्रिय सदस्य रहा है। 1979 में गुटनिरपेक्ष आंदोलन का सम्मेलन क्यूबा की राजधानी हवाना में हुआ और फ़िदेल कास्त्रो को इसका अध्यक्ष चुना गया। वे 1982 तक इस पद पर रहे। इस आंदोलन के अध्यक्ष के रूप में संयुक्त राष्ट्र संघ की महासभा में दिये अपने भाषण में उन्होंने दुनिया के अमीरों और ग़रीबों के बीच व्याप्त असमानता को मिटाने पर बल दिया। हालाँकि अफ़गानिस्तान में सोवियत युद्ध के समय क्यूबा द्वारा संयुक्त राष्ट्र संघ की महासभा के निंदा प्रस्ताव का समर्थन न करने से गुट-निरपेक्ष आंदोलन की छवि को धक्का भी लगा।

नव-उदारतावादी विश्व में कम्युनिस्ट आदर्शों के पुरोधा

सोवियत संघ में मिखाइल गोर्बाचेव के राष्ट्रपति बनने के बाद अमेरिका और सोवियत संघ के संबंधों में सुधार हुआ और इसके साथ ही अमेरिकी दबाव के

चलते सोवियत संघ से क्यूबा को मिलने वाली सहायता में भी कटौती होने लगी। 1990 आते-आते सोवियत संघ की स्थिति काफ़ी ख़राब हो गयी। इससे क्यूबा को कई आर्थिक मुश्किलों का सामना करना पड़ा। 1990 के बाद दो साल के भीतर इसकी अर्थव्यवस्था में 40 प्रतिशत तक की गिरावट आयी, देश में खाद्यान्न संकट पैदा हो गया, बड़े पैमाने पर भुखमरी फैल गयी और रोज़मर्रा की चीज़ों का अभाव हो गया। दिसम्बर, 1991 में सोवियत संघ का औपचारिक रूप से विघटन हो गया। इस दौर में क्यूबा को संकट से उबारने के लिए कास्त्रो ने पूँजीवादी देशों से संबंध सुधारने और वैश्विक स्तर पर ख़ुद को कट्टर के बजाय उदार नेता के रूप में प्रस्तुत करने का प्रयास किया। इस कठिन दौर में यद्यपि क्यूबा में कास्त्रो के ख़िलाफ़ कुछ विरोध प्रदर्शन हुए, लेकिन कोई बड़ा विरोध सामने नहीं आया। हालाँकि इसका श्रेय कास्त्रो सरकार के कठोर नियंत्रण को भी दिया जा सकता है।

इस दौर में क्यूबा की सरकार ने कई हलक़े में लेकिन उल्लेखनीय आर्थिक सुधार के क़दम भी उठाए। सरकार ने किसानों के स्वतंत्र बाज़ार और छोटे स्तर के निजी उद्यमों की स्थापना की अनुमति प्रदान की। छोटे स्तर पर लोकतांत्रिक चुनावों के पक्ष में भी माहौल बना। यह अलग बात है कि इस दिशा में कोई उल्लेखनीय प्रगति नहीं हुई। भयंकर आर्थिक संकट से निपटने के लिए कास्त्रो ने अपने देश में पर्यटन को बढ़ावा देने का प्रयास किया। उन्होंने धर्म के प्रति अपने तीखे विरोधी रुख़ को ढीला किया और धार्मिक विश्वास वाले लोगों को भी कम्युनिस्ट पार्टी में सम्मिलित होने की अनुमति दी। यद्यपि वे रोमन कैथॅलिक चर्च को प्रतिक्रियावादी और पूँजीवाद समर्थक संस्था मानते थे, लेकिन जनवरी, 1998 में उन्होंने क्यूबा में पोप जॉन पॉल द्वितीय को बुलाया। इससे अंतर्राष्ट्रीय ईसाई जगत में कास्त्रो सरकार की स्थिति मज़बूत हुई। 1990 के दशक के आरम्भिक वर्षों में ही कास्त्रो ने पर्यावरणवाद को अपनाया और बढ़ते वैश्विक ताप (ग्लोबल वार्मिंग) के ख़िलाफ़ अभियान चलाते हुए अमेरिका पर विश्व का प्रमुख प्रदूषक होने का आरोप लगाया। 2006 में क्यूबा एकमात्र ऐसा देश था जिसने संयुक्त राष्ट्र विकास कार्यक्रम के सतत विकास की परिभाषा की कसौटियों को पूरा किया। कास्त्रो पूँजीवादी वैश्वीकरण का विरोध करने वाले

आंदोलनों के प्रमुख समर्थक थे और उन्होंने बहुराष्ट्रीय कम्पनियों के माध्यम से अमेरिकी वर्चस्व क़ायम करने का विरोध किया। वे हमेशा दक्षिण अफ्रीका के रंगभेद विरोधी आंदोलन का समर्थन करते रहे, जिसके चलते जेल से छूटने के बाद नेल्सन मण्डेला ने सार्वजनिक रूप से उनका आभार व्यक्त किया।

1999 में वेनेज़ुएला में समाजवादी और साम्राज्यवाद-विरोधी ह्युगो शावेज़ को राष्ट्रपति चुनावों में सफलता मिली। इसी प्रकार 2003 में ब्राज़ील में लुला डी सिल्वा और बोलीविया में इवो मोरालेस को जीत मिली। इन सभी नेताओं का वामपंथी राजनीति की ओर झुकाव था। मीडिया में वामपंथी रुझान वाले इन नेताओं की जीत को 'पिंक टाइड' की संज्ञा दी गयी। यह आर्थिक संकट से जूझते क्यूबा के लिए एक सकारात्मक स्थिति थी और फ़िदेल कास्त्रो ने इन देशों के साथ सहयोग बढ़ा कर अपने देश की आर्थिक परेशानी को काफ़ी हद तक कम किया। फ़िदेल कास्त्रो की पहल और ह्युगो शावेज के समर्थन से दिसम्बर, 2004 में 'बोलीवेरियन ऑल्टरनेटिव फ़ॉर द अमेरिकाज़' (अल्बा) का गठन हुआ, जिसमें अप्रैल, 2006 में बोलीविया भी सम्मिलित हो गया। बाद में इस संगठन के नाम से 'ऑल्टरनेटिव' की जगह 'एलायंस' शब्द का प्रयोग किया जाने लगा। इसमें इस क्षेत्र के कुल ग्यारह देश सदस्य हैं और यह सदस्य देशों के बीच सम्पदा के समान पुनर्वितरण के लक्ष्य हेतु काम करता है। अल्बा संयुक्त राज्य अमेरिका के वर्चस्व का भी विरोधी है।

स्वास्थ्य संबंधी कारणों से फ़िदेल कास्त्रो ने 31 जुलाई, 2006 को राष्ट्रपति पद से जुड़े सारे काम करने का अधिकार अपने भाई राउल कास्त्रो को सौंप दिया। फ़रवरी, 2008 में कास्त्रो द्वारा राष्ट्रपति और कमाण्डर ऑफ़ चीफ का पद पूरी तरह छोड़ने की घोषणा करने के बाद 24 फ़रवरी, 2008 को क्यूबा के नैशनल एसेम्बली ऑफ़ पीपॅल्स पॉवर ने राउल कास्त्रो को निर्विरोध नया राष्ट्रपति चुन लिया। साथ में यह भी तय किया गया कि अत्यंत महत्त्वपूर्ण मसलों पर फ़िदेल की सलाह ली जाती रहेगी। फ़रवरी, 2011 में कास्त्रो ने पार्टी के सेंट्रल कमेटी से इस्तीफ़ा दिया। लेकिन वे कई मसलों पर सक्रिय बने रहे। मार्च, 2011 में उन्होंने लीबिया में नाटो के नेतृत्व में हुए सैन्य कार्रवाई की निंदा की। दिसम्बर, 1914 में उन्हें अमेरिका के साथ अपने संबंधों को सुधारने के

प्रयास और परमाणु युद्ध रोकने की कोशिशों के लिए चीन की ओर से कनफ़्यूशस शांति पुरस्कार दिया गया। यद्यपि फ़िदेल कास्त्रो ने अमेरिका से संबंधों को सामान्य बनाने का समर्थन किया और अमेरिका पर हुए आतंकवादी हमलों की भी तीखी निंदा की, लेकिन वे अपने साम्राज्यवाद विरोधी दृष्टिकोण पर भी अडिग रहे। मार्च, 2016 में अमेरिकी राष्ट्रपति बराक ओबामा की क्यूबा यात्रा के दौरान वे उनसे नहीं मिले और यह भी स्पष्ट कर दिया कि 'उन्हें साम्राज्य से तोहफ़ों की ज़रूरत नहीं है।' 25 अप्रैल, 2016 को क्यूबा के राज्य टेलीविजन ने कास्त्रो के देहावसान की घोषणा की।

एक मार्क्सवादी-लेनिनवादी के रूप में फ़िदेल कास्त्रो ने कई महत्त्वपूर्ण योगदान दिये। पहला, वे चे गुएवारा की इस थीसिस से प्रभावित थे कि क्यूबा समाजवाद के विभिन्न चरणों की उपेक्षा करके सीधे साम्यवाद की ओर जा सकता है। दूसरा, कास्त्रो ने क्यूबा के संदर्भ में मार्क्सवाद-लेनिनवाद और राष्ट्रवाद तथा देशभक्ति को एक साथ जोड़ा। ख़ास बात यह थी कि उन्होंने क्यूबा के प्रति अपनी देशभक्ति को अंतर्राष्ट्रीय कम्युनिस्ट आंदोलन को प्रोत्साहन देने की अपनी वचनबद्धता के आड़े नहीं आने दिया। पूरी दुनिया में कम्युनिस्टों से उनके जुड़ाव के चलते ही नब्बे के आरम्भिक वर्षों क्यूबा की जनता के सामने भुखमरी की स्थिति पैदा होने पर भारत की मार्क्सवादी कम्युनिस्ट पार्टी ने पूरे देश से सामान एकत्रित कर क्यूबा भेजा था (जो भारत सरकार द्वारा दी गयी मदद के अलावा था)। तीसरा, कास्त्रो ने क्यूबा को अर्ध-उपनिवेशवाद और दासता की स्थिति से निकाल कर एक ऐसे समाज में तब्दील किया जहाँ सार्वभौमिक शिक्षा, स्वास्थ्य सेवा, खाद्य उपलब्धता और महिला अधिकारों को सुनिश्चित करते हुए नस्लीय भेदभाव को पूरी तरह ख़त्म किया गया। चौथा, सोवियत संघ के विघटन के बाद कास्त्रो ने बहुत मज़बूती से मार्क्सवादी-लेनिनवादी रूपरेखा की प्रासंगिकता पर बल दिया और उन्होंने नव-उदारतावादी एजेण्डे का विरोध किया। पाँचवाँ, उन्होंने पर्यावरणवादी चिंता, परमाणु हथियारों के विरोध और प्राकृतिक संसाधनों पर बहुराष्ट्रीय कम्पनियों के हमले का पुरज़ोर विरोध किया। इस लिहाज़ से उन्होंने मार्क्सवादी चिंतन के दायरे में इन नये आयामों को जोड़ा। उन्होंने सोवियत संघ के विघटन के बाद

मार्क्सवाद-लेनिनवाद के प्रति अपनी निष्ठा क़ायम रखते हुए ख़ुद को अंतर्राष्ट्रीय स्तर पर ज़्यादा स्वीकार्य बनाने का प्रयास किया और इसके लिए पोप को भी क्यूबा में आमंत्रित किया।

लेकिन, यह भी सच है कि कास्त्रो क्यूबा में प्रेस की स्वतंत्रता और लोगों के विरोध प्रदर्शन की आज़ादी जैसे कुछ बुनियादी लोकतांत्रिक मूल्यों को बढ़ावा देने में नाकाम रहे, बल्कि कई मौक़ों पर उन्होंने अपने विरोधियों का दमन भी किया। वे मार्क्सवादी-लेनिनवादी राज्यों के लोकतंत्र विरोधी होने के आरोपों को दूर कर क्यूबा में एक बेहतर उदाहरण देने की कोशिश कर सकते थे, लेकिन सोवियत संघ के विघटन के बाद भी उन्होंने ऐसा नहीं किया।

अनुपम मिश्र
पर्यावरण-सजगता का शब्द-शिल्प

कुमार प्रशांत

अनुपम मिश्र अपने उसी पर्यावरण में जा मिले जिससे स्वयं एकाकार होने और सबको एकाकार करने की प्रार्थना में उनका जीवन 5 जून, 1948 से चला और 19 दिसम्बर, 2016 को रुका! सफ़र शुरू हुआ था महात्मा गाँधी के वर्धा में और अंत हुआ महात्मा गाँधी के ही राजघाट पर। गाँधी से गाँधी तक का यह सफ़र अनुपम ने बड़ी सहजता से, लेकिन गहरी शिद्दत के साथ पूरा किया। गाँधीवाले कह कर जिन्हें हम जानते-पहचानते हैं, वे अक्सर या तो बेहद एकांगी मिलते हैं या बेहद रूखे! अनुपम इनसे अलग थे, बहुत अलग! उनके जीवन में खुद का अपनाया हुआ संयम था, अपनी चुनी हुई सादगी थी और कला की एक वह गहरी नज़र भी थी जो सब कुछ को हरा-भरा बना देती है। वे बहुत अपने लगते हुए भी हमेशा एक चुनौती देते भी लगते थे कि जीने का एक मिज़ाज यह भी है! सफलता और दुनियावी प्रतिष्ठा के बहुत सारे प्रतिमान ऐसे थे जो उन तक पहुँचते भी थे, लेकिन वे उनसे अलग खड़े हो जाते थे। जीना दूसरों की नक़ल से नहीं होता है और रास्ते दूसरों के कहने से नहीं चुने जाते हैं— इसकी समझ उनमें थी और इसे जी सकने का साहस भी उनमें भरपूर था। ऐसा संतुलन बहुत कम देखने को मिलता है कि आप नेपथ्य में और मंच पर समान सहजता से उपस्थित होते हैं। अनुपम में यह संतुलन सहज प्रतिफलित हुआ।

पिता कवि थे— अनुपम कवि थे। भवानीप्रसाद मिश्र! अज्ञेय ने अपनी *तार सप्तक* शृंखला में जब उन्हें शामिल किया तब से नहीं, उससे काफ़ी पहले से भवानीबाबू कविता के साथ जीते थे और उससे ही पहचाने जाते थे। लेकिन वे गाँधी के साथ भी उतनी ही निमग्नता से जीते थे। कम-से-कम हिंदी में भवानीबाबू जैसा एक्टिविस्ट कवि दूसरा कोई है, तो मैं जानता नहीं हूँ। आज़ादी की लड़ाई में छोटी-बड़ी भूमिका निभा कर अपने सामाजिक दायित्व की इतिश्री मान लेने वाले साहित्यकार-कवि कई हैं लेकिन आज़ादी के आंदोलन से ले कर अपनी साँस टूटने तक लगातार भवानीबाबू जिस तरह सामाजिक व बौद्धिक मोर्चों पर सक्रिय रहे, उसकी चर्चा कम ही करते हैं हम। 'जी हाँ हुज़ूर मैं गीत बेचता हूँ' वाली 'गीत-फ़रोश' कविता लिख कर छद्म साहित्यिक मुद्रा पर उनका प्रहार गवाह है कि वे कवि या साहित्यकार होने को अपने होने की इतिश्री मानने को तैयार नहीं थे। हम पहचान सकें या नहीं, लेकिन जीवन की ऐसी सार्थक, संतुलित भूमिका गाँधी के पास ही मिलती है। नागपुर सेंट्रल जेल में तीन साल लम्बी सज़ा हुई तो भवानी बाबू को हम कहीं कातर हुआ नहीं पाते। उन्होंने यह लम्बी जेल काटी तो कविता को साथ ले कर ही काटी। यहाँ से छूटे तो भवानीबाबू सीधे गाँधी के वर्धा पहुँचे और उस महिलाश्रम में रहने लगे जिसे तभी बापू ने शिक्षा के, ख़ास कर लड़कियों की शिक्षा के, नये प्रयोगों के लिए चुना था। यह गाँधी के साथ खुद को अंतिम रूप से जोड़ देने का फलित था।

गाँधी गये तो कालक्रम से विनोबा और जयप्रकाश ने वह विरासत सँभाली। इन दोनों में से कोई गाँधी का शिष्य नहीं था इसलिए दोनों ने इतिहास के नाज़ुक मोड़ों पर बड़े अभिनव तरीक़े से गाँधी का उत्तराधिकार सँभाला और उसे श्री-सम्पन्न किया। भवानीबाबू ने यह पहचाना और अपनी तरह से भूदान-ग्रामदान-ग्रामस्वराज्य के आंदोलनों में काम करने लगे और कविता भी करते रहे। फिर एक बड़ा विग्रह आया। विनोबा और जयप्रकाश में मतभेद हुआ। सर्वोदय का पूरा आंदोलन, संगठन और सिपाही सभी व्यग्र और व्यथित हुए लेकिन मतभेद बढ़ता ही गया। गाँधी की विरासत सँभालने वालों के लिए बड़े गहरे मनोमंथन का दौर था यह! दोनों में आख़िरी अलगाव हुआ और सारे

आंदोलन को अपनी-अपनी भूमिका चुननी पड़ी। यह आसान नहीं था। अपनी जड़ें उखाड़ना और उसे फिर से, उसी रचनात्मक ऊर्जा के साथ नयी ज़मीन पर रोपना एक बवण्डर में घुस कर बाहर निकलने जैसा था। जयप्रकाश की सम्पूर्ण क्रांति के जनांदोलन ने सारे देश में प्लावन ला दिया। पक्ष व विपक्ष के स्थापित राजनीतिक दलों में गहरी दरारें पड़ीं। सारे दल टूट गये। लोकतंत्र के बुनियादी आधारों के बारे में हमारी समझ पर चोट पड़ने लगी और वे भी टूटीं। संसद, सामाजिक संगठन, न्यायपालिका सब इस तूफ़ान में डूबे-उतराए। अपने अंतिम हथियार के रूप में सत्ता ने जब आपातकाल का चाबुक फटकारा तब लोकतंत्र की हमारी समझ का पर्दाफ़ाश हुआ। कम नहीं थे ऐसे लेखक-पत्रकार जिन्होंने नये सिरे से वर्णमाला सीखी। कवियों-साहित्यकारों-पत्रकारों की बहुत बड़ी जमात दुम हिलाने के नये-नये अंदाज़ ईजाद करने में जुट गयी। ऐसे में भवानीबाबू निष्कम्प अपनी दिशा में, अपना काम करते रहे। आपातकाल में वे कवियों में अकेले थे जिसने तानाशाही को त्रिकाल-संध्या का व्रत ले कर चुनौती दी थी— सुबह, दोपहर और शाम तीनों काल, तीन कविताएँ लिख कर आपातकाल को चुनौती देने का संकल्प, बीच के सालों में बहुत कुछ किया भवानीबाबू ने लेकिन एक ही काम नहीं किया कि गाँधी की तरफ़ पीठ नहीं की। संपूर्ण गाँधी वांग्मय की हिंदी परियोजना का सम्पादन, गाँधी शांति प्रतिष्ठान की पत्रिका *गाँधी-मार्ग* का सम्पादन फिर सर्वोदय आंदोलन की पत्रिका के सम्पादक रहे भवानीबाबू, जिसके सम्पादक कभी विनोबा और दादा धर्माधिकारी आदि भी रहे थे। पिता का इतना परिचय ज़रूरी इसलिए है कि हम समझ सकें कि अनुपम कहाँ से चले थे, कहाँ से रस पाते थे और उनका कम्पास इतना मजबूत कैसे था !

अनुपम की अपनी चुटिया गाँधी से कब और कैसे बँधी, इसके पीछे कोई नाटकीय घटना नहीं थी। वे काम करते-करते, सोचते-चलते-मिलते-बतियाते गाँधी तक पहुँचे थे। लोहिया, समाजवादी युवजन सभा आदि का बहुत छोटा दौर भी उनके साथ रहा लेकिन वह पानी की गहराई नापने से अधिक नहीं था। अनुपम की कई विशेषताओं में से एक विशेषता यह भी विकसित हुई थी कि वे सबके साथ थे, सबके थे लेकिन पहले और आख़िरी तौर पर वे गाँधी के थे;

और गाँधी की समझ भी उनकी अपनी थी। गाँधी को खूब-खूब पढ़ना और गाँधी को ठिकाने से समझना भिन्न बातें हैं। यह तो हो सकता है कि पढ़-पढ़ कर गाँधी को समझा जाए लेकिन यह नहीं हो सकता है कि जिये बिना गाँधी को समझा जाए। यह अक्सर नक़ली व्यक्ति गढ़ता है या नक़ली गाँधी तक पहुँचता है। गाँधी को जीने का मतलब गाँधी के जड़ हो चुके प्रतीकों की नक़ल करना या उनसे चिपकना नहीं है। गाँधी को बेअसर करने का यह आसान नुस्ख़ा है कि गाँधी के प्रतीकों से चिपक कर, गाँधी की तरफ़ पीठ कर दी जाए। जयप्रकाश ने कभी अपनी अनुपम शैली में इसे इस तरह कहा था कि गाँधी की पूजा ऐसा ख़तरनाक खेल है जिसमें पराजय ही मिलने वाली है। अनुपम ने यह रहस्य समझा था। इसलिए वे एक सामान्य मनुष्य की तरह जीते थे। गाँधी के तत्त्व उनमें इतनी सरलता और सहजता से रमते थे कि कुछ भी बनावटी या आरोपित नहीं होता था। वे साहित्य भी पढ़ते थे, फ़िल्में भी देखते थे, कभी खूब फ़ोटोग्राफ़ी भी की और यात्राएँ भी; नियमित पत्रकारिता भी की और किताबें भी लिखीं। खाने-पीने का आनंद लेना व देना भी वे खूब जानते थे। नये लोगों से सहजता से मिलना-बातें करना और उन पर हावी हुए बिना उन्हें अपने साथ लेना उनकी प्रयासहीन वृत्ति थी। इसलिए उनको जानने-चाहने वालों का संसार जितना बड़ा था, उतना ही वैविध्यपूर्ण भी था।

एक थे बनवारीलाल चौधरी। कृषि-विज्ञानी थे और सरकारी नौकरी में थे। गाँधी ने आज़ादी की लड़ाई में जब सबको पुकारा तो कई-कई लोगों ने जवाब दिया। बनवारीलालजी भी तब नौकरी छोड़ कर गाँधी के साथ खड़े हो गये। और फिर ताउम्र खड़े ही रहे। गाँधी के बाद ग्रामीण भारत को ध्यान में रख कर जिन लोगों ने आधारभूत रचनात्मक कार्य की दिशा खोजी, उनमें बनवारीलालजी का नाम भुलाया नहीं जा सकता। पिता भवानीबाबू ने, संस्कृत में एमए कर अपनी ज़मीन तलाशते अनुपम को इन्हीं बनवारीलालजी की तरफ़ उन्मुख किया। हम सबके जीवन में एक वह काल जो आता है जब हम अपनी दिशा तय करते हैं, अनुपम ने वह काल बनवारीलालजी के निटाया केंद्र पर जिया। अब न बनवारीलालजी रहे, न रहे अनुपम लेकिन रह गया बनवारीलालजी का दिया वह सरल, साधारण-सा सूत्र कि साधनों की

कमी या विपुलता से परिणाम की गहराई या सफलता नहीं मापी जा सकती है। और फिर गाँधी ने तो पूछा ही न कि साधनों की क़िल्लत हो जहाँ वहाँ आप विवेक कैसे खो सकते हैं? और फिर कहा : ग़रीबी हर्गिज़ नहीं चाहिए, क्योंकि वह मनुष्य का सर्वाधिक अपमान करती है। चाहिए स्वेच्छा से स्वीकारी हुई ग़रीबी! यह स्वेच्छा अनुपम का स्वभाव बन गयी। इसलिए उन पर सादगी सजती थी।

उनका लेखन और उनकी पत्रकारिता भी इसी सादगी में से निकली थी और इसलिए अनुपम थी। अगर साधनों की विपुलता से परिणाम को नहीं नापा जाना चाहिए तो भाषा-विन्यास और शब्द-जाल से लेखन की सार्थकता क्यों और कैसे मापी जा सकती है! तो तवा घाटी का मिट्टी बचाओ हो या चम्बल में डाकुओं का समर्पण हो या पहाड़ों में चला चिपको आंदोलन हो या बड़े बाँधों की विनाश-लीला या राजस्थान के जल-संकट में उतरना या देश भर के तालाबों का अध्ययन— अनुपम ने वहाँ साथ रह कह, जी कर पत्रकारिता और भाषा का नया स्वरूप उभारा। भाषा का यह सहज सौंदर्य उनके व्याख्यानों में भी अनुपम स्वरूप में उभरता है जिन्हें बहुत-बहुत आग्रह के बाद, लगभग जबरन स्वीकारते हुए वे कहते ही थे कि मुझे बोलना तो आता भी नहीं है। लेकिन टेड (टीईडी) से ले कर तमाम तरह के देशी-विदेशी मंचों से उन्होंने कुछ अनोखे व्याख्यान दिये जो अपनी भाषा व शैली के कारण भी और अपनी प्रतिस्थापनाओं के कारण भी मन में टँगे हैं। अपनी यह भाषा उन्होंने लोगों के बीच रह कर सीखी व पहचानी थी, क्योंकि मौक़ा-ए-वारदात पर जा कर रिपोर्टिंग करने वाले पत्रकारों में वे नहीं थे। वे जिन-जिन कामों से जुड़े, उन-उन के साथ जा कर लम्बे-लम्बे अरसे रहे और जो, जितना पचा उसके बाद लिखा। लिखा इसलिए कि दुनिया इस काम को जाने, और लिखा इसलिए कि दुनिया इस काम को अपनी-अपनी तरह से, अपने-अपने लोगों व अपने-अपने साधनों द्वारा करे। इसलिए उनकी भाषा में निरंतर परिष्कार दिखाई देता है— सहज से सहजतर की तरफ़; सरल से सरलतर की तरफ़! वे हमारे दौर के उन थोड़े से शब्द-शिल्पियों में थे जिनके लिखने-बोलने के बीच खाई कम-से-कम थी।

पर्यावरण की चिंता में उन्होंने कभी युद्ध घोषित नहीं किये हालाँकि पर्यावरण के प्रति जागरूकता बनाने और उसे ज़मीन पर उतारने का उनका काम किसी से भी, किसी मानी में कमतर या कमज़ोर नहीं था। आज इतने अधिक लोग, इतनी आक्रामकता से पर्यावरण की रक्षा करने में जुटे हैं कि उनसे ही पर्यावरण को ख़तरा पैदा हो गया है। अनुपम इस भीड़ से एकदम अलग खड़े और अपने काम में मन से, मन भर डूबे, तन्मय नज़र आते थे तो इसलिए कि वे पर्यावरण के विनाश को मनुष्य से अलग कर के नहीं देखते थे और उनके सहजीवन में ही उसकी सार्थकता मानते थे। वे पर्यावरण के विनाश के पीछे किसी वर्ग की शैतानी किसी हद तक देखते-समझते तो थे लेकिन उसे जवाब देने का युद्ध घोषित करने से कहीं अधिक ज़रूरी वे यह मानते थे कि समाज को सजग बनाया जाए।

समाज अपने परम्परागत विज्ञान को पहचाने, खोजे और उसका अनुसरण करे तो समस्या की काट ही नहीं मिलेगी बल्कि आज के संदर्भ में उसका नव-संस्करण भी मिलेगा, ऐसा गहन विश्वास उनका था। इसलिए पर्यावरण पर काम करने वाला कोई एनजीओ उन्होंने बनाया नहीं, किसी एनजीओ के साथ खुद को जोड़ा नहीं। गाँधी शांति प्रतिष्ठान के जिस कमरे की, जिस मेज़ से उन्होंने अपनी विभिन्न ज़िम्मेदारियों का निर्वहन किया, उसी से पर्यावरण कक्ष भी चलता रहा, *गाँधी-मार्ग* भी निकलता रहा तथा देश-दुनिया के तमाम लोग-बाग वहीं आ कर उनसे मिलते, सलाह करते रहते। *भारत का पर्यावरण* पहली वार्षिकी थी तो अनुवाद-सी ही, लेकिन उसने अनुपम की मौलिकता का पहला प्रमाण दिया था। फिर *राजस्थान की रजत बूँदें*, फिर *आज भी खरे हैं तालाब* ने एक-के-बाद एक हमें अचम्भित भी किया और मोहित भी! इन किताबों के इर्द-गिर्द जैसा लोक-जागरण हुआ— हज़ारों की संख्या में नये-पुराने तालाब तैयार हो गये— वैसा किताबों से सम्भव हो सकता है, यह सत्य के पुनराविष्कार सरीखा था। कितनी ही भाषाओं में, कितने ही संस्करण इसके प्रकाशित हुए, व्यावसायिक प्रकाशकों ने मनमानी क़ीमत पर, मनमाने प्रकाशन किये, कितने अलग-अलग माध्यमों से काम करने वालों ने इन किताबों की मदद ली, जानना-गिनना सम्भव नहीं

है। अनुपम ने किताबों के शुरू में ही लिखा था : इसे या इसके किसी अंश को प्रकाशित करने के लिए अनुमति की ज़रूरत नहीं है। कॉपीराइट और इंटे-लेक्चुअल प्रोपर्टी राइट का जब तुमुल छिड़ा हो तब कोई इस तरह निहत्था मैदान में उतर आये तो आप क्या कहेंगे? इतना तो कहेंगे न कि उसका कोई सिरा गाँधी से ज़रूर जुड़ता है! अनुपम के लिए इतना पर्याप्त होता था। सबके लिए खुला है मंदिर ये हमार— तुकडो महाराज के इसी भजन से वे बने थे और इसी तरह जीते भी थे। अपनी किताबों से उन्होंने एक पैसे की कमाई नहीं की। कभी कुछ कमाई हुई तो जिस गाँधी शांति प्रतिष्ठान के साथ जुड़ कर वे काम करते रहे, उसे भेंट कर दी।

कोई दस माह पहले अचानक ही कैंसर का पता चला। फिर तो अस्पताल, डॉक्टर, दवाएँ, कीमियो, न्यूक्लियर मेडिसिन आदि-आदि के चक्र से घिर गये। जैसा कहते हैं— कैंसर से लड़ाई जारी है, वैसा ही मैंने कहा, तो पतली-सी मुस्कान उभरी : काहे की लड़ाई, मैं तो इससे दोस्ती साधने में लगा हूँ! लड़ते तो उससे हैं जिससे जीतने की कोई सम्भावना हो। इस राजरोग से तो कुछ हो सकती है तो दोस्ती ही हो सकती है।

दोस्ती ही बनी होगी शायद जो यह राजरोग उन्हें अपने साथ ले गया— असमय, अकारण और अवांछित! यह शून्य जो बना है वह बहुत भारी इसलिए है कि पर्यावरण के लिए काम करने वालों की डरावनी भीड़ के मध्य यह एक आदमी था जो पर्यावरण में काम करता था। आधुनिक विज्ञान समझता था और पर्यावरण की भाषा में बात कर, उसे उसकी मर्यादा समझाता था।

हम पर्यावरण की इस नज़र को जानें, समझें और जीएँ तो कहीं से कोई अनुपम अंकुरण होगा, इसमें न उन्हें कभी शक था, न हमें है।

अस्मा जहाँगीर

प्रतिरोध का अनवरत प्रयोग

नरेश गोस्वामी

अमन की शहज़ादी, तुम काले बादलों से घिरी रहीं
तुम्हारे रास्ते पर ज़हरीले बल्लम बिछाए गये
मगर तुम आगे बढ़ती रहीं शहर दर शहर
तुम जब मुस्कुराती थीं तो परेशान चेहरे खिल जाते थे।

—किश्वर नाहीद

पाकिस्तान में मानवाधिकारों, स्त्री-अधिकारों और लोकतंत्र की बहाली के लिए ज़िंदगी के आख़िरी क्षणों तक लड़ने वाली अस्मा जहाँगीर (27 जनवरी, 1952-18 फ़रवरी, 2018) की मौत नागरिकता के वैश्विक स्वप्न और भारत-पाक संबंधों में कूटनीति की जगह लोगों की आवाजाही पर ज़ोर देने वाली एक संवादी तान का टूट जाना है।

पूरे जीवन सेना, सामंती-पूँजीवादी अभिजन तथा धार्मिक-राष्ट्रवादी राजनीति का प्रतिवाद करने वाली अस्मा जहाँगीर की सक्रियता केवल अल्पसंख्यकों के अधिकारों की पैरवी और कट्टरतावादी सोच के विरोध तक सीमित नहीं थी। इन सरोकारों के लिए उन्होंने ताउम्र संघर्ष किया। पचास साल के सक्रिय और सार्वजनिक जीवन में उन्होंने ठीक वही किया जो पाकिस्तान के सत्ता-प्रतिष्ठान को सख़्त नापसंद था। सत्रह साल की उम्र में

उन्होंने पहली बार पंजाब के गवर्नर के आवास की ओर कूच करती स्त्रियों के मार्च में भाग लिया और पुलिस से दो-दो हाथ किये।

राजनीति के पूर्व-स्थापित ढाँचे को स्वीकार न करने का यह फ़ित्न आख़िरकार वहाँ तक पहुँचा कि स्त्री-अधिकारों और लोकतंत्र के पक्ष में आवाज़ बुलंद करने के लिए फ़ौजी हुकूमत के सरबराह ज़िया-उल-हक़ सरकार को उन्हें 1983 में नज़रबंद करना पड़ा। चूँकि अस्मा के लिए सामान्य जनता के अधिकारों की वकालत और हिफ़ाज़त एक स्थायी सरोकार था, इसलिए 2007 में जब पाकिस्तान के तत्कालीन जनरल-राष्ट्रपति परवेज़ मुशर्रफ़ के ख़िलाफ़ लोकतंत्र की बहाली का आंदोलन शुरू हुआ और अस्मा ने इस आंदोलन में शिरक़त शुरू की तो उन्हें एक बार फिर घर की चारदीवारी में क़ैद कर दिया गया।

वे सर्वोच्च न्यायालय की बार कौंसिल की पहली महिला अध्यक्ष थीं। उन्होंने असंगठित क्षेत्र के मज़ूदरों—ख़ास तौर पर ईंट-भट्ठों में काम करने वाले बँधुआ मज़दूरों की मुक्ति के लिए लगातार क़ानूनी जंग लड़ी; 1989 में उन्होंने पाकिस्तान में एक अनौपचारिक मानवाधिकार आयोग की स्थापना की; लाहौर गें वीगेंस एक्शन फ़ॉरग की नींव रखी तथा संयुक्त राष्ट्र संघ के लिए न्यायेतर हत्याओं के संबंध में विशेष रिपोर्ट तैयार की। उन्हें 1995 में मैग्सेसे सम्मान से भी विभूषित किया गया। इन तमाम व्यस्तताओं के बीच उन्होंने *डिवाइन सैंक्शन* और *चिल्ड्रन ऑफ़ लैसर गॉड* नामक दो किताबें भी लिखी।

अंतर्राष्ट्रीय बिरादरी में अस्मा जहाँगीर का नाम ख़ास इज़्ज़त से लिया जाता था, लेकिन अपने देश के भीतर सैन्य-प्रतिष्ठान और दक्षिणपंथी राजनीतिज्ञों को वे कभी नहीं सुहायीं। कभी उन्हें ग़द्दार कहा गया, तो कभी भारत का एजेंट बताया गया। पाकिस्तान के राष्ट्रवादियों को उनसे हमेशा यह शिकायत रही कि वे देश के अल्पसंख्यकों और स्त्रियों के अधिकारों पर ही क्यों ज़ोर देती रहती हैं। एक ऐसे ही तंज़िया सवाल का उन्होंने बहुत ज़मीनी जवाब दिया था। *हेराल्ड* के पत्रकार से बात करते हुए एक बार उन्होंने कहा था : 'मैं भारत में कश्मीरी अवाम के मानवाधिकारों को लेकर भी दुखी हूँ; मुझे बर्मा के रोहिंग्या समुदाय की नियति पर भी दुख होता है, लेकिन मुझे यह भी आपत्तिजनक लगता है कि ओड़ीशा में ईसाइयों के साथ क्यों नृशंसता हो रही है।'

इशारे में कहें तो अस्मा जहाँगीर जानती थीं कि सवाल करने वाला ही ग़लत सवाल कर रहा है! इसीलिए, इस बातचीत में उन्होंने यह भी साफ़ कर दिया था कि मानवाधिकारों के उल्लंघन के मामलों में उन्हें अपने देश की फ़िक्र इसलिए ज़्यादा है क्योंकि रोज़मर्रा की ज़िंदगी में उनका साबक़ा इन्हीं लोगों से ज़्यादा पड़ता है। इस सिलसिले में उन्होंने यह भी कहा था कि, 'अगर मैं कश्मीरियों के अधिकारों की बात कहती रहूँ, लेकिन यहाँ लाहौर में क़त्ल की गयी औरत के बारे में कुछ न कहूँ तो यह बेमानी होगा'।

अस्मा की मौत एक अंतर्राष्ट्रीय ख़बर इसलिए थी क्योंकि उनके सरोकार केवल अपने देश तक सीमित नहीं थे। उनकी फ़िक्र का दायरा पाकिस्तान या भारत तक सीमित नहीं था। दुनिया में जहाँ कहीं भी धर्म के नाम पर अल्पसंख्यक समूहों का दमन किया गया; अंध-राष्ट्रवाद की आड़ में मनुष्य के मूलभूत अधिकारों पर चोट की गयी, अस्मा जहाँगीर ने इसकी खुले शब्दों में भर्त्सना की।

लेकिन, यह देखना दिलचस्प है कि अस्मा के जनाज़े में ऐसे लोग भी शामिल हुए जिनका उनके विचारों, मूल्यों और नज़रिये से दूर-दूर तक वास्ता नहीं था। यह दरअसल, मीडिया द्वारा किसी की प्रतिबद्धता को लोकप्रिय बना देने का क्षण था। मीडिया ने उनका गुणगान करते हुए चंद दिनों के लिए उन पर देवत्व का लेप चढ़ा दिया। अस्मा की इन छवियों से यह पता नहीं चलता था कि एक नागरिक के रूप में उनकी क्या बेचैनियाँ थीं; धर्म और तानाशाही के रिश्ते को वे कैसे देखती थीं और मोटे तौर पर स्त्री-अधिकारों की चेतना से रिक्त अपने समाज में स्त्रियों की आज़ादी और अधिकारों की बात क्यों करती थीं?

अस्मा का मानना था कि भारत और पाकिस्तान सहित समूचे दक्षिण एशिया में जातीयताओं, धार्मिक अल्पसंख्यकों या सशस्त्र संघर्ष की समस्या आर्थिक वंचना में छिपी है। वे मानवाधिकार के प्रश्न को राजनीति से परे नहीं मानती थीं। उनका कहना था कि मानवाधिकारों को राजनीतिक प्रक्रिया से जोड़ कर देखा जाना चाहिए क्योंकि दक्षिण एशिया के भू-भाग में हर जगह अलग-अलग जातीय समुदाय पाए जाते हैं। इसलिए उनका कहना था कि जातीय भिन्नताओं के बीच संतुलन पैदा करने के लिए राजनीतिक व्यवस्था—लोकतांत्रिक संरचनाओं को अलग ढंग से संवेदनशील होने की दरकार है। उनके

अनुसार इस क्षेत्र के समस्त देशों में क़ानूनी संस्थाओं का एक ऐसा कारगर ढाँचा बनाया जाना चाहिए कि लोगबाग़ केवल अपनी सरकारों से ही नहीं बल्कि समाज के अन्य संगठित समूहों और व्यक्तियों के सामने भी अपने अधिकारों की दावेदारी कर सकें। इस तरह, अस्मा जहाँगीर व्यक्ति के निजी अधिकारों को सामुदायिक अधिकारों से ज़्यादा तरजीह देती थीं। उनका स्पष्ट मानना था कि व्यक्ति के अधिकारों के बजाय समुदाय के अधिकारों को ज़्यादा महत्त्व देना उक्त समुदाय के वंचित सदस्यों के लिए नुक़सानदेह होता है।

उनका विचार था कि वैश्वीकरण के बाद राष्ट्रीय सम्प्रभुता की अवधारणा इस बिंदु के इर्द-ग़िर्द सिमटने लगी है कि कोई देश अपनी सीमाओं के भीतर रह कर आर्थिक और प्रौद्योगिकीय क्षेत्रों में किस स्तर का प्रदर्शन करता है। उनके मुताबिक़ दक्षिण एशिया के देशों का एक साझा संकट यहाँ की अशांति है जिसके चलते कोई भी देश अपनी पूरी क्षमता का उपयोग नहीं कर पाता। इस संकट को दूर करने के लिए उन्होंने दक्षिण एशियाई देशों में एक साझे न्यायालय या कम से कम एक आयोग स्थापित करने का प्रस्ताव रखा था।

पाकिस्तान की आंतरिक राजनीति के बारे में अस्मा जहाँगीर की राय बड़ी बेबाक़ थी। उनका कहना था कि पाकिस्तान का सत्ता-प्रतिष्ठान अभी तक शीत-युद्ध की मानसिकता से बाहर नहीं निकल पाया है, लिहाज़ा उसकी विदेश, रक्षा और प्रतिरक्षा संबंधी नीतियाँ आज भी उसी दृष्टिकोण से संचालित हो रही हैं। उनके अनुसार अ़फगानिस्तान की समस्या के दौरान पाकिस्तान शीत-युद्ध के एक सहयोगी की भूमिका में इस क़दर लिप्त हो गया कि उसने अपने आर्थिक भविष्य के बारे में लगभग सोचना ही छोड़ दिया। इसलिए, आज वह एक ऐसी स्थिति में पहुँच गया है जहाँ उसकी राजनीति सुरक्षा के मुद्दे से आगे नहीं बढ़ पाती।

अस्मा का मानना था कि दक्षिण एशियाई क्षेत्र के देशों की सरकारों और उनकी जनता के बीच का फ़ासला बढ़ता जा रहा है। उन्हें लगता था कि इन देशों की सरकारों और जनता के हितों के बीच एक टकराव पैदा होता जा रहा है। यहाँ उनका आशय दक्षिण एशियाई क्षेत्र के उस शक्तिशाली वर्ग से था जो किसी भी क़िस्म की राजनीतिक व्यवस्था में अपने हितों को सुरक्षित रखने की तरक़ीब जानता है।

भारत और पाकिस्तान जैसे देशों में क़ानूनी संरचनाओं की अंतर्निहित कमज़ोरियों का विश्लेषण करते हुए उन्होंने एक बार कहा था कि इन देशों की क़ानूनी प्रक्रियाएँ नैतिकता से अलग-थलग पड़ गयी हैं। इस मामले में वे पश्चिमी देशों के लोकतंत्र की तारीफ़ करती थीं, जहाँ उनके अनुसार क़ानून को नैतिकता तथा नैतिकता को क़ानून के संदर्भ में आँकने का नज़रिया लगभग एक संस्था का रूप ले चुका है। इस प्रसंग में अस्मा पश्चिम के मानवाधिकार आंदोलन का उदाहरण दिया करती थीं। उनके मुताबिक़ इन देशों में मानवाधिकारों से जुड़ी संस्थाएँ नैतिक दबाव का संगठित ढंग से उपयोग करती हैं :

इसके लिए वहाँ मानवाधिकार आयुक्त की नियुक्ति और मानवाधिकार उल्लंघन की घटनाओं पर रपट तैयार करने जैसे उपायों की सहायता ली जाती है और इस तरह उत्तरदायी संस्थाओं पर धीरे-धीरे व क्रमबद्ध ढंग से दबाव बनाया जाता है; जबकि भारत और पाकिस्तान जैसे देशों में यह पूरी मुहिम विरोध-प्रदर्शन से आगे नहीं बढ़ पाती।

अस्मा जहाँगीर ने पाकिस्तान में 1989 में जिस मानवाधिकार आयोग का गठन किया था, वह मूलत: एक ग़ैर-सरकारी क़िस्म की संस्था थी। लेकिन, उन्हें इस बात की साफ़ समझ थी राजनीति का विरोध करके ऐसा कोई प्रयास कभी सफल नहीं हो सकता। इसलिए, एक संस्था के तौर पर राजनीतिक पार्टी का विकल्प ढूँढ़ने की कोशिश करना उन्हें एक व्यर्थ की क़वायद लगती थी। इसके बजाय, वे इस नुक़्ते पर ज़ोर देती थीं कि राजनेताओं के ऊपर दबाव बनाये रखना जन-राजनीति का सबसे अहम काम होता है।

अपनी पूरी ज़िंदगी सामाजिक-राजनीतिक सक्रियता के नाम करने के बावजूद अस्मा जहाँगीर इस सच्चाई को जानती थीं कि एकाध अपवाद को छोड़ कर दक्षिण एशिया की राजनीति अक्सर पितृसत्तावादियों और परम्परा के हाथों में खेलती रहती हैं। इसलिए, यहाँ औरतों की ग़ैर-बराबरी जैसे मुद्दे तथा लोकतांत्रिक चेतना के फैलाव की बातें राजनीतिक प्रक्रिया का निर्णायक अंग नहीं बन पाती। सत्ता के स्त्री-विरोधी और भ्रष्ट चरित्र से उनका साबक़ा 1983 में ही पड़ चुका था। ज़िया-उल-हक़ की फ़ौजी हुक़ूमत के ख़िलाफ़ जब अस्मा जहाँगीर जैसी स्त्रियों ने प्रदर्शन किया तो शासन और उसके समर्थक मीडिया ने

उन्हें रातों-रात आवारा, लम्पट और चरित्रहीन घोषित कर दिया था। उनके विरुद्ध इतना घृणास्पद प्रचार किया गया कि सामान्य स्त्रियाँ उनसे कतराने लगीं। अस्मा के ज़ेहन में ये सारे तज़ुरबे दर्ज थे। इसलिए बदलाव की बात करते हुए वे कभी बड़बोलेपन का शिकार नहीं होती थीं।

एक तरह से कहें तो उनका सक्रिय जीवन प्रतिरोध का निज़ाम क़ायम करने का एक अनवरत प्रयोग था। लेकिन इस प्रयोग में वे अकेली नहीं थीं। पाकिस्तान की नारीवादी कार्यकर्ता मरियम हुसैन ने उन्हें श्रद्धांजलि देते हुए कहा था :

उन्हें प्रतिरोध के प्रतीक या मशाल की तरह याद रखा जाना चाहिए, लेकिन हमें यह नहीं भूलना चाहिए कि 1983 की गिरफ़्तारी और लाठी चार्ज के वक़्त वे अकेली नहीं थीं। उनके साथ बहुत सी अनाम औरतें खड़ी थीं। इसलिए, जब हम यह कहते हैं कि अस्मा एक बेमिसाल शख़्सियत थीं या वे हमारे आदर्शों का एकमात्र प्रतीक थीं तो हम शायद ऐतिहासिक तथ्यों और सामूहिकता की ताक़त के साथ अन्याय कर रहे होते हैं। अगर हम ऐसा कहते हैं तो हम अनजाने उन नामालूम लोगों की हिम्मत और जज़्बे का अपमान कर रहे होते हैं जिनसे एक अन्यायी व्यवस्था ने उनकी पहचान छीन ली है। इसलिए, अस्मा को याद करते हुए हमें अपनी मौज़ूदगी का भी ख़याल रखना चाहिए। अस्मा आज हमारे बीच मौज़ूद नहीं हैं, लेकिन अपनी मुहिम और लड़ाई के साथ हमें अगले दौर तक ज़िंदा रहना है। आज जब अस्मा अपनी भौतिक देह से दूर जाकर हमारे सामूहिक संघर्ष का प्रतीक बन चुकी हैं, तो हमें इस प्रतीक का दैवीकरण नहीं करना चाहिए।

परिशिष्ट

कार्ल मार्क्स की मृत्यु पर एंगेल्स का शोक-संदेश

हाइगेट सिमेटरी, लंदन, 17 मार्च, 1883

अनुवाद : नरेश गोस्वामी

चौदह मार्च, दोपहर पौने तीन बजे हमारे समय के महानतम विचारक की चिंतन-धारा थम गयी। उन्हें हमने बमुश्किल दो मिनट के लिए अकेला छोड़ा होगा, और जैसे ही हम वापस आये तो उन्हें अपनी आराम-कुर्सी में सोते पाया— लेकिन सदा के लिए।

इस व्यक्ति के देहांत से युरोप एवं अमेरिका के जुझारू सर्वहारा तथा ऐतिहासिक विज्ञान को अपूरणीय क्षति हुई है। इस महामानव के प्रयाण से जो रिक्तता पैदा हुई है उसकी भरपाई करना असम्भव होगा।

जैसे डार्विन ने विकास या प्रकृति के नियम की खोज की थी, वैसे ही मार्क्स ने मानव-विकास के इतिहास का सूत्र खोज कर यह प्रतिपादित किया : विचारधारा की खरपतवार ने आज तक यह सरल-सी सच्चाई छिपा रखी थी कि मनुष्य राजनीति, विज्ञान, कला और धर्म आदि के क्षेत्र में रोजी-रोटी, कपड़े और मकान की ज़रूरतें पूरी हो जाने के बाद ही कोई योगदान कर सकता है। और यह भी कि किसी भी देश या युग में आर्थिक विकास का स्तर प्रदत्त भौतिक साधनों के उत्पादन पर निर्भर करता है तथा तत्कालीन राज्य की संस्थाएँ, क़ानूनी अवधारणाएँ और कला— यहाँ तक कि धर्म संबंधी विचार भी इन्हीं साधनों से प्रतिकृत और विकसित होते हैं। इसलिए, उनकी व्याख्या प्रचलित ढर्रे के बजाय उक्त साधनों के आलोक में की जानी चाहिए।

किंतु मार्क्स का योगदान यहीं तक सीमित नहीं है। उन्हें समकालीन पूँजीवाद की उत्पादन-प्रणाली तथा उससे उत्पन्न बुर्जुआ समाज के शक्ति-केंद्र

की खोज का श्रेय भी जाता है। उनके द्वारा प्रतिपादित अधिशेष मूल्य का सिद्धांत समस्या के उस मर्म पर यकायक उंगली रख देता है जिसकी पड़ताल में बूर्ज़्वा अर्थशास्त्री और समाजवादी टीकाकार लम्बे समय से अँधेरे में तीर चलाते आ रहे थे।

एक व्यक्ति के लिए अपने पूरे जीवन में ऐसी दो खोज कर पाना ही पर्याप्त होता है। जीवन में कोई एक भी ऐसी खोज कर जाए तो उसके लिए यह खुशी की बात होती है। लेकिन मार्क्स ने जिस भी क्षेत्र को हाथ लगाया—और यह न भूलिए कि उन्होंने कई क्षेत्रों में गहरा अनुसंधान किया, उसमें बेहद संजीदगी से काम किया। उन्होंने गणित जैसे अनुशासन में भी कई स्वतंत्र स्थापनाएँ दीं।

विज्ञान में इस व्यक्ति की इतनी दख़ल थी। लेकिन, इससे उनके व्यक्तित्व का आधा हिस्सा भी रौशन नहीं होता। मार्क्स विज्ञान को इतिहास की एक गतिशील और क्रांतिकारी शक्ति के रूप में देखते थे। वे विज्ञान की उन नयी सैद्धांतिक खोजों पर प्रसन्न होते थे जिनके बारे में उस समय तक यह भी स्पष्ट नहीं होता था कि उनका व्यावहारिक उपयोग क्या होगा, लेकिन उद्योग के क्षेत्र में होने वाले क्रांतिकारी परिवर्तन तथा ऐतिहासिक महत्त्व की घटना पर उनकी खुशी देखने लायक़ होती थी। मसलन, विद्युत के क्षेत्र में हो रही नयी खोजों पर वे बारीक नज़र रखते थे। पिछले दिनों वे मार्सेल डिप्रेज़ के शोध में दिलचस्पी ले रहे थे।

मार्क्स कुछ भी होने से पहले एक क्रांतिकारी थे। उनकी ज़िंदगी का मक़सद किसी न किसी तरह पूँजीवादी समाज और उस पर आधारित राज्य-संस्थाओं के उन्मूलन में सहभागी होना था। वे आधुनिक सर्वहारा के मुक्ति-संघर्ष में योगदान करना चाहते थे। यह मार्क्स ही थे जिन्होंने सर्वहारा को उसकी वास्तविक स्थिति और ज़रूरतों से परिचित कराया था और उसे बताया था कि उसकी मुक्ति का रास्ता कहाँ से जाता है। संघर्ष उनके वुजूद का बुनियादी गुण था। और इस संघर्ष में उन्होंने इतने जोश, दृढ़ता और सफलता के साथ भाग लिया जिसकी दूसरी मिसाल ढूँढ़ना मुश्किल है। हाइनिशे ज़ायतुंग के पहले संस्करण (1842), दी पेरिस फोरवैत्स (1844), डॉयचे ब्रस्सेल्स ज़ायतुंग (1847), नोये हाइनिशे ज़ायतुंग (1848-49) तथा न्युयॉर्क ट्रिब्यून के अलावा

विचारोत्तेजक पर्चों, पेरिस, ब्रस्सेल्स और लंदन के संगठनों में उनका काम तथा आख़िर में और सबसे ऊपर इंटरनेशनल वर्किंग मेंस एसोसिएशन जैसे महान संगठन की स्थापना। अगर इन पत्रों का संस्थापक जीवन में और कुछ भी न करता तब भी वह अपनी उपलब्धि पर गर्व कर सकता था।

मार्क्स इसीलिए अपने समय के सबसे निंदित और विवादित व्यक्ति थे। सरकार —चाहे एकाधिकारवादी हो या रिपब्लिकन, किसी ने भी उन्हें अपने राज्य में पनाह नहीं दी। रूढ़िवादी और अति-लोकतांत्रिक बूर्ज़्वा, दोनों ही उनके ख़िलाफ़ दुष्प्रचार करते रहे। मार्क्स इस कुत्सा को मकड़ी के जाले की तरह हटाते रहे। उन्होंने ऐसे लोगों को बहुत ज़रूरी होने पर ही जवाब दिया। लोगबाग उनसे प्रेम करते रहे। उनका सम्मान करते रहे। उनकी मृत्यु पर साइबेरिया की ख़ानों से लेकर कैलिफ़ोर्निया के लाखों कामगारों ने शोक मनाया। यह मेरी हिमाक़त लग सकती है, पर सच्चाई ये है कि उनके विरोधी तो बहुत थे, लेकिन कोई भी उनसे व्यक्तिगत दुश्मनी नहीं रखता था।

उनका नाम और काम युगों-युगों तक जीवित रहेगा।

लेखक-परिचय

सी.एन. सुब्रह्मण्यम एकलव्य फ़ाउंडेशन, होशंगाबाद (म.प्र) से जुड़े रहे हैं। subbu.hbd@gmail.com

नरेश गोस्वामी डॉ. बी.आर. अम्बेडकर विश्वविद्यालय, दिल्ली के भारतीय भाषा, ज्ञान-प्रणाली एवं अभिलेखागारीय अनुसंधान केंद्र (आरसीए-आइआइ-एलकेएस) में अकादमिक फ़ेलो हैं। naresh.goswami@gmail.com

वरिष्ठ समाजशास्त्री **सतीश देशपाण्डे** दिल्ली स्कूल ऑफ़ इक्नॉनॉमिक्स, नयी दिल्ली में प्रोफ़ेसर हैं। sdeshpande7@gmail.com

फ़्रंचेस्का ओर्सीनी स्कूल ऑफ़ ओरिएंटल ऐंड अफ़्रीकन स्टडीज़, लंदन में उत्तर भारतीय साहित्य की प्रोफ़ेसर हैं। fo@soas.ac.uk

सुभाष गाताडे सामाजिक कार्यकर्ता और स्तम्भकार हैं। subhash.gatade@gmail.com

प्रो. अभय कुमार दुबे डॉ. बी.आर. अम्बेडकर विश्वविद्यालय, दिल्ली के भारतीय भाषा, ज्ञान-प्रणाली एवं अभिलेखागारीय अनुसंधान केंद्र (आरसीए-आइआइएलकेएस) के निदेशक हैं। abhaydubey@csds.in

आदित्य निगम विकासशील समाज अध्ययन पीठ (सीएसडीएस), दिल्ली में प्रोफ़ेसर हैं। aditya@csds.in

कमल नयन चौबे दिल्ली विश्वविद्यालय के दयाल सिंह कॉलेज में राजनीति विज्ञान के एसोसिएट प्रोफ़ेसर हैं। kamalnayanchaube@gmail.com

हिलाल अहमद विकासशील समाज अध्ययन पीठ (सीएसडीएस), दिल्ली में एसोसिएट प्रोफ़ेसर हैं। ahmed.hilal@csds.in

इतिहासकार **देवेश विजय** अध्यापन से स्वैच्छिक अवकाश करने के बाद स्वतंत्र अध्येता हैं। पूर्व में आईसीएसएसआर फ़ेलो रह चुके हैं। deveshvij@gmail.com

अविनाश झा दर्शनशास्त्र के स्वतंत्र अध्येता और विकासशील समाज अध्ययन पीठ, दिल्ली (सीएसडीएस) के पुस्तकालयाध्यक्ष रह चुके हैं। avinash@csds.in

साहित्यालोचक **जितेंद्र श्रीवास्तव** इंदिरा गाँधी मुक्त विश्वविद्यालय, नयी दिल्ली के हिंदी संकाय में प्रोफ़ेसर हैं। jitendra82003@gmail.com

हिंदी के वरिष्ठ कवि और अपने कला संबंधी लेखन-चिंतन के लिए विख्यात **प्रयाग शुक्ल** राष्ट्रीय नाट्य विद्यालय की पत्रिका 'रंग प्रसंग' के संपादक रह चुके हैं। prayagshukla@gmail.com

कई पुस्तकों की लेखक इतिहासकार **शैल मायाराम** विकासशील समाज अध्ययन पीठ (सीएसडीएस), दिल्ली में प्रोफ़ेसर रह चुकी हैं। shail@csds.in

साहित्येतिहास में दलित साहित्य को उसका उपयुक्त स्थान दिलाने के लिए अनुसंधानरत **बजरंग बिहारी तिवारी** देशबंधु कॉलेज में हिंदी साहित्य के एसोसिएट प्रोफ़ेसर हैं। bajrangbihari@gmail.com

अमितेश कुमार इलाहाबाद विश्वविद्यालय के हिंदी विभाग में असिस्टेंट प्रोफ़ेसर हैं। amitesh0@gmail.com

अरविंद कुमार जामिया मिलिया इस्लामिया के डॉ. के.आर. नारायणन सेंटर फ़ॉर दलित ऐंड माइनॉरिटी स्टडीज़ में असिस्टेंट प्रोफ़ेसर हैं। akumar3@jmi.ac.in

कन्नड़ के जानेमाने साहित्यालोचक **राजेंद्र चेन्नी** कुवेम्पु विश्वविद्यालय में अंग्रेज़ी साहित्य के अध्यापक हैं। rajendrachenni@gmail.com

गरिमा श्रीवास्तव जवाहरलाल नेहरू विश्वविद्यालय के हिंदी विभाग में प्रोफ़ेसर हैं। drsgarima@gmail.com

रश्मि रावत दिल्ली विश्वविद्यालय के दिल्ली कॉलेज ऑफ़ आर्ट्स ऐंड कॉमर्स में हिंदी साहित्य की असिस्टेंट प्रोफ़ेसर हैं। rasatsaagar@gmail.com

विख्यात आलोचक **सुधीश पचौरी** सेवानिवृत्ति से पहले दिल्ली विश्वविद्यालय के हिंदी विभाग में प्रोफ़ेसर रहे हैं। spachauri17@gmail.com

कुँवर नारायण के कृतित्व पर अनुसंधानरत **पंकज कुमार बोस** दिल्ली विश्वविद्यालय के इंद्रप्रस्थ महिला महाविद्यालय में हिंदी के प्राध्यापक हैं। parikshit.du@gmail.com

इतिहासकार **सलिल मिश्रा** डॉ. भीमराव आम्बेडकर विश्वविद्यालय में प्रोफ़ेसर हैं। misras06@gmail.com

हिंदी की दिवंगत विमर्शकार **अर्चना वर्मा** लम्बे समय तक 'हंस' के सम्पादन से जुड़ी रही थीं।